全国高校古籍整理委员会经费资助出版

全唐文作者小传辨证

王辉斌　著

图书在版编目(CIP)数据

全唐文作者小传辨证/王辉斌著.—武汉:武汉大学出版社,2019.9
ISBN 978-7-307-20975-6

Ⅰ.全…　Ⅱ.王…　Ⅲ.作家—传记—中国—唐代　Ⅳ.K825.6

中国版本图书馆 CIP 数据核字(2019)第 112565 号

责任编辑:蒋培卓　　责任校对:李孟潇　　版式设计:马　佳

出版发行:**武汉大学出版社**　(430072　武昌　珞珈山)
(电子邮箱:cbs22@whu.edu.cn 网址:www.wdp.com.cn)
印刷:北京虎彩文化传播有限公司
开本:720×1000　1/16　印张:38.75　字数:536 千字　插页:1
版次:2019 年 9 月第 1 版　2019 年 9 月第 1 次印刷
ISBN 978-7-307-20975-6　定价:99.00 元

自　序

本书是我对三十多年前一部旧书稿整理的结果。当时，我在通读《全唐诗》(1978—1982 年)、《全唐文》(1984—1988 年)时，曾有意识地做了两类笔记：一为“方言汇录”(主要为《全唐诗》)；一为“小传纠谬”(主要为《全唐文》)。1988 年 10 月到 1989 年 5 月，我用了半年多的时间，将二者略作整理；再之后，我又于 1990 年 4 月到 1993 年 2 月，再次对其进行了整理，并将前者取名为《唐代方言汇释》(约四十万字)，后者取名为《全唐文作者小传校考》(约六十万字)。此后，便束之高阁，使之沉睡于尘封中，谁知这一沉睡，居然竟有二十余年之久，这是我当时所不曾料想到的。

2018 年 6 月，当我将《乐府诗通论》的书稿交出版社后，才想到了要对《全唐文作者小传校考》做一次较全面之整理，于是，也就有了这部前后历经了三十五年的《全唐文作者小传辨证》的问世。这次的全面整理，除了改笔记之名《全唐文作者小传校考》为书名《全唐文作者小传辨证》外，还主要做了六个方面的工作：一是修撰凡例；二是新编目录；三是调整体例；四是补充注释；五是核对引文；六是削芜去杂。其中，补充注释与核对引文为最关键之所在。作为本书“底本”的《全唐文作者小传校考》，原本是没有注释的(因为当时只是一种读书笔记)，此次整理，则共补充了四百余条注释，随之而来的，即是对这些注释所涉及之各类书籍，进行所引原文的逐一核对，其工作之繁琐，工作量之大，仅此便可见其一斑。

如此这般，待到2019年初，整理才算全部结束。三十多年前约六十万字的读书笔记，即借助这次的整理，而成为一部颇具文学文献学特点的专书。在我四十余年的学术生涯中，作如此之研撰者，此书乃为第二种，第一种即此前所出版的《商周逸诗辑考》(黄山书社2012年版)一书。这两种专书的梓行，所反映的是我终年之面壁读书，乃是以文史相兼、专博互为的。以专而言，《全唐诗》《全唐文》即为代表，就博以论，《商周逸诗辑考》一书则是我通读一百四十余种子史文集后的一份结晶；而《诸子集成》《十三经注疏》等著述，即为既文而史、既史而文之典范。正因此，面壁读书形成了我学术研撰的个性特点，即多在开山伐林中讨生活，如《唐后乐府诗史》《中国乐府诗批评史》《乐府诗通论》《宋金元诗通论》《明清戏著史论》等，皆属人所未为之者。之所以称《乐府诗通论》也属于人所未为之者，是因为我的这部《通论》，不仅内容此前无人涉及("乐府源流论"一章除外)，而且所通论之乐府诗，乃是由商周而清末，至若对少许研究之作的涉及，则还延伸到了二十世纪七十年代。对一种文学品类作如此之通论者，以我之孤陋寡闻，此书之前似乃别无他人他作。

《乐府诗通论》与《全唐文作者小传辨证》在内容方面虽无直接关联，但其均为我"文学史研究打通关"的计划之作，而此，也是我在结束《乐府诗通论》之研撰后，便全力对《全唐文作者小传校考》进行整理的原因所在。众所周知，《全唐文》是清代继《全唐诗》后官修的又一部唐人总集，是研治唐代文学与历史者的必备之作。全书凡整千卷，裒辑唐五代文18488篇，作者3042人。这3042位作者，从"小传"的角度而言，大致可分为三种类型：一是有作者姓名与作者小传者，一为有作者姓名而无作者小传者，一即无作者姓名的无名氏(或称"阙名")。这一实况表明，《全唐文》中的作者小传，并非是每位作者都有的。而就其卷次以论，卷九四五及其前者，所有作者都有小传；卷九四六至卷九五九，凡十四卷，为只有作者姓名而无小传者；卷九六〇至卷一千，共四十一卷，属无名氏。这一实况所反映的是，《全唐文》中有作者姓名与作者小传者，乃为卷一至卷九四五，所以，本书的“作者小传辨证”，所辨证者即为卷九四五及其前之作者小传。大致而言，本书的辨证，主要是针对小传中的错讹而为，但也兼及与小传相关的文献资料讹误的考辨与订正，前者是“辨证”的主体，后者则以“附考”为之。二者所依文献，除七种正史(《隋书》、两《唐书》、两《五代史》、《宋史》、《十国春秋》)与《资治通鉴》外，各类史料笔记、地理丛书、金石碑刻、总集别集、目录文献、佛道典藏等，凡与《全唐文》之作者小传相关者，即尽量予以搜求并原文引录。而在具体的辨证过程中，无论是“辨证”抑或“附考”，皆以胡适的“有一分材料说一分话”为准绳，宁可存疑、阙如，而决不做结论上的强求。正因此，此次全面整理，删除了十余万字的原“校考”文字。质而言之，校考、纠谬、证伪、订正，乃为本书辨证之大端，目的则是为使用《全唐文》之“作者小传”者，提供一份较为可靠的材料依据，以避免因小传之错讹，而导致新的错讹产生。

由通读《全唐文》到本书的出版，历史的车轮在我的学术之旅中，已然留下了三十五道深深的印记。虽然如此，当年的读书笔记，却因了这些印记的存在，而显得弥足珍贵，以至于使我此次用了半年多的时间，对其进行了一次全面整理。而我三十五年前“坐冷板凳”之状况，研撰文学、文献学著作之轨迹，以及对唐代文史之雅好，对学术之执着等，亦皆寓其中。因之，仅就这一方面言，本书又不啻是我的一部“学术小史”。所以，此书之出版，不仅使我数十年前的一大摞读书笔记在经过三次整理之后成为了一部真真正正的学术专书，而且也了却了我数十年来的一桩心愿，因而是很值得自我庆贺的！

竟陵居士王辉斌

2019 年 1 月 15 日于古隆中求是斋

凡　　例

一、本书以中华书局1983年影印本《全唐文》为工作本，首次对全书中之作者小传进行了较全面之校考与辨订。在形式方面，全书所涉各小传，主要由“原小传”“辨证”“按”“考补”“附考”所组成。其具体如下：

(1)“原小传”所引文字，以有各种错误者为主，无错误者则以省略号代替。凡全文引录小传原文者，是指该小传传主正史无传，或者小传材料出处不明，旨在以利于重新认识传主生平事迹为旨归。又，所引小传文字之断句标点，除特殊情况外，一般以《全唐文》之断句标点为准，对于其错讹较为严重者(指直接影响对传主生平事迹之认识)，则于“辨证”中予以指出并订正，如卷一“高祖皇帝李渊传”即为其例。

(2)“辨证”是对小传所述传主的生平事迹，如表字、籍贯、及第、历职、交游、卒年、享年等之误进行文献方面的校考与订正。如作者姓名为误者，则于“辨证”之开首，用引号为之，以示其误，如“贾敦颐”(卷一六一)、“裴宏献”(卷一六二)、“吴扬昊”(卷一六五)、“姚班”(卷一六九)等，即皆为其例。并于“辨证”中对其予以订正。但避讳者不在此列。

(3)“按”包含着三种情况：一是经考察小传所述传主事迹不误者，如蒋挺小传(卷二〇八)；二是难以确求小传内容所据何籍者，如王孝通小传(卷一三四)；三是既考出小传所用材料之来源，又证知其内容不误者。

(4)“考补”主要表现在两个方面：一是传主正史无传者；二是正史有传但所考补内容为正史所未载者。在行文上则有两种形式：一是直接注明见“××”；二是引录原文，但原文较长者，则只注明书籍名称、作者、卷次而不据引。又，所补考内容甚多，所涉书籍亦多者，则于某书名前以“又”隔开，如“又，王钦若等《册府元龟》卷××云”等。凡所“考补”之传主的职官，无论多少，为避免误会，以逗号标点为主。

(5)“附考”之内容，或纠谬，或订正，虽与小传无直接关系，但却多为“辨证”所引之原书，如徐松《登科记考》、陈垣《释氏疑年录》等。

二、凡正史有传而小传所述传主生平事迹不误者，其传文或有字词之舛，或有断句标点之讹者，本书一般不予立目“辨证”(因其并不影响对传主生平事迹的认识)；但传主生平事迹有误，而传文已有字词或断句标点之讹者，则于“辨证”中予以订正。

三、本书所引文献典籍，除《隋书》《旧唐书》《新唐书》《旧五代史》《新五代史》《宋史》《十国春秋》与《资治通鉴》八种常见史籍，以及《全唐诗》《全唐文》二种常见总集外，其余各类子史文集(含唐人的单篇诗、文、碑刻)等，均于正文与注释中标明作者、卷次、版本，以便于检核。

四、为便于行文，本书凡引用《旧五代史》《新五代史》《十国春秋》三书之《纪》《传》，如《新五代史·南平世家第九·高季兴》《十国春秋·北汉四·李让》等，一律简称为《新五代史·高季兴传》《十国春秋·李让传》，并于首次简称时以括号的形式予以说明，如“(以下简称为《十国春秋·李让传》)”。

五、本书所引录之各种文献资料，凡属唐人之文、之诗者，若存在文字上的讹误，则以《文苑英华》所著录为主；凡《文苑英华》之文字与传主别集相佐者，则以别集为主。如无二者之情况者，一般以《全唐文》所著录为主。

六、本书择善引录近人与今人的相关成果，并一一注明出处。

七、本书不为《全唐文》中的各类作者重新撰写小传。

八、书末附《〈全唐文〉作者小传概论》一文，有助于对《全唐文》作者小传之学术价值、材料来源、错讹概况等方面进行宏观认识与把握。

目　录

高祖皇帝李渊(卷一)

原小传云:"帝姓李氏,讳渊,字叔德。……隋大业十二年十二月为太原留守。……在位九年八月,传位太子。年七十一,谥曰大武皇帝,庙号高祖。"

辨证:李渊,两《唐书》有传。小传此之所述,乃是据《旧唐书·高祖纪》而为,但有误。检《新唐书·高祖纪》,李渊"为太原留守"时,乃在"大业十三年"。小传既本《旧唐书·高祖纪》而作"大业十二年",当是受《隋书·炀帝纪》《资治通鉴·唐纪》之影响所致,盖因此二书之所载,均为"大业十二年"。一为"大业十二年",一为"大业十三年",二者异。但或《旧唐书·高祖纪》为是,或《新唐书·高祖纪》为是,则有待作进一步之考察后,方可确断。

又,小传述李渊"在位九年八月,传位太子"者,实乃句读之误,其正确者应为:"在位九年,八月传位太子。"检《旧唐书·高祖纪》云:"武德九年……八月癸亥,诏传位于皇太子。"是为明证。同此者,另有《新唐书·高祖纪》、两《唐书·太宗纪》。

又,小传所述李渊享年"七十一"者,亦误。检《旧唐书·高祖纪》云:"(贞观)九年五月庚子,高祖大渐……是日,崩于大安宫之垂拱前殿,年七十。"《新唐书·高祖纪》则云:"(贞观)九年五月,崩垂拱前殿,年七十一。"二者一作"年七十",一作"年七十一",实则又异。检吴海林等《中国历史人物生卒年表》,其载李渊生于"陈天嘉七年丙戌(公元566)",卒于"唐贞观九年乙未(公元635)",合勘之,李渊享年整七十岁,则小传作"年七十一"者,应据改。

太宗皇帝李世民(卷四)

原小传云:“帝讳世民,高祖神尧皇帝次子。明年改元贞观,在位二十三年,年五十三。谥曰文皇帝,庙号太宗。”

辨证:李世民,两《唐书》有传。小传此之所述,乃是据《新唐书·太宗纪》而为,但有误。检《旧唐书·太宗纪》,乃作“年五十二”。二者异。故吴缜《新唐书纠谬》卷四认为:“此是五十二,而本纪以年五十三,则误也。”①考钱大昕《二十二史考异》卷四十二、赵绍祖《新旧唐书互证》卷一,均从《旧唐书·太宗纪》作“年五十二”。对于吴、钱、赵诸家之说,岑仲勉《唐集质疑》“太宗十八举义兵”条,则从白居易《七德舞》载太宗生平中有关行事之年代予以考证,认为李世民享年应如《新唐书》作“年五十三”。然其又认为:“余今所未尽明者,太宗三十五岁,当贞观六年,突厥先于四年被灭,白氏称六年以至太平,在历史上殊无特征……白诗其即取意于是欤?”②此则表明,岑氏对“年五十三”之说亦表示怀疑。如此,则小传所载之“年五十三”,存疑可也。

关于李世民享年,另可参见拙著《唐人生卒年录》(以下简称《年录》)第66页“李世民”条③。

---

① 吴缜:《新唐书纪谬》卷四,《四库全书》本,上海古籍出版社1987年影印。

② 岑仲勉:《唐集质疑·太宗十八举义兵》,《唐人行第录》外三种之一,上海古籍出版社1962年版。

③ 王辉斌:《唐人生卒年录》,贵州人民出版社1989年版。

睿宗皇帝李旦(卷十八)

原小传云："帝讳旦，高宗第八子。……上元三年徙封相王……神龙二年改封安国相王。……在位三年，年五十五。谥曰大圣贞皇帝，庙号睿宗。"

辨证：李旦，两《唐书》有传。小传此之所述，当是据《旧唐书·高宗纪》而为，但有误。按李旦"徙封相王"之时间，《新唐书·高宗纪》未及，《旧唐书·高宗纪》作"(上元三年)春正月戊戌，徙封冀王轮为相王"。但同书《睿宗纪》则云："上元二年，徙封相王。"检《资治通鉴·唐纪》卷十八云："仪凤元年春正月壬戌继冀王轮为相王。"胡三省注云："是年十一月方改元。"则《资治通鉴·唐纪》所载之"是年"，实指上元二年。所以，小传之"上元三年"，应据此改为上元二年。

又，《旧唐书·中宗纪》有云："神龙元年正月丙午……以并州牧相王旦……有诛易之兄弟功，相王加号安国相王，进拜太尉，同凤阁鸾台三品。"并云："(是年)二月……辛未，太尉、安国相王旦固让太尉及知政事，遂从其请。"《新唐书·中宗纪》、两《唐书·睿宗纪》同。则小传之"神龙二年"，应据改为神龙元年。

玄宗皇帝李隆基(卷二〇)

原小传云："帝讳隆基，睿宗第三子。……垂拱元年生。年七十八。谥曰至道大圣大明孝皇帝，庙号元(玄)宗。"

辨证：李隆基，两《唐书》有传。小传此之所述，乃据《旧唐书·玄宗纪》而为，但误。考郑万钧《代国长公主碑》有云："公主……睿宗大圣皇帝之第四女，今上之仲妹也。……初，则天太后御明堂宴，圣上六岁……岐王五岁，为卫王……公主年四岁，与寿昌公主对舞西凉殿上。”①文中的“今上”“圣上”，所指即唐玄宗。又，《旧唐书·则天皇后纪》有云：“永昌元年春正月，神皇亲享明堂，大赦天下，改元，大酺七日。”《新唐书·则天皇后纪》则云：“(垂拱四年十二月)辛亥，改明堂为万象神宫。”按“永昌元年”为公元689年，是年玄宗六岁，故其生年应为公元684年，亦即唐中宗嗣圣元年，或唐睿宗文明元年与武则天光宅元年，而非垂拱元年(685年)。郑万钧不仅与唐玄宗同时，而且其子又为玄宗之婿，则其之所言，自当较《旧唐书·玄宗纪》更为可信。

肃宗皇帝李亨(卷四十二)

原小传云：“帝讳亨，元(玄)宗第三子。……开元十五年徙封忠王，改名浚，又改名玙。二十六年六月册为皇太子，改名绍。……在位七年，年五十二。谥曰文明武德大圣大宣孝皇帝，庙号肃宗。”

辨证：李亨，两《唐书》有传。小传此述，所本何籍，待考，但误。复次《旧唐书·肃宗纪》云：“开元十五年正月，封忠王，改名浚。……二十三年，改名玙。”《新唐书·肃宗纪》于“封忠王，改名浚”同《旧唐书·肃宗纪》，于“改名绍”则作开元二十八年。又，《旧唐书·玄宗纪》有云：“(开元十三年)三月甲午……陕王嗣升改名浚，徙封忠王。”并云：“(开元二十六年)六月庚子，立忠王玙为皇太子。秋七月己巳，册皇太子。”合勘之，可知小传所述应为：开元十三年封忠王，改名浚；二十三年改名玙。

又，检唐玄宗《册忠王为皇太子文》(《全唐文》卷三十八)一文，以

① 郑万钧：《代国长公主碑》，《全唐文》卷二七九，中华书局1983年影印本。

及两《唐书·玄宗纪》之所载可知，其均无李亨在开元二十六年为皇太子时曾改名“绍”之记载。

德宗皇帝李适(卷五〇)

原小传云：“帝讳适，代宗长子。……至德元年封奉节郡王。……在位二十一年，年六十四。谥曰神武孝文皇帝，庙号德宗。”

辨证：李适，两《唐书》有传。小传此述，所本何籍，待考，但误。检《新唐书·德宗纪》云：“肃宗元年建丑月，封德宗奉节郡王。”文中之“肃宗元年”，所指为上元二年。同书《肃宗纪》又有云：“(上元二年)九月壬寅，大赦……去‘上元’号，称元年，以十一月为岁首，月以斗所建辰为名。”又，《旧唐书·德宗纪》云：“天宝元年四月癸巳，生于长安大内之东宫。其年十二月，拜特进，封奉节郡王。”若以李适生年为天宝元年计，则《旧唐书·德宗纪》所载其封为奉节郡王时，尚不足一岁，而《新唐书·德宗纪》载其封是职时乃为二十岁，均与小传所载不合。检《旧唐书·代宗纪》有云：“(宝应元年四月)诏……特进，奉节郡王适可天下兵马元帅。”据此，知李适之封为奉节郡王，就必在宝应元年之前，但其具体究竟为何年，待考。总之，小传作“至德元年”者，乃误。

昭宗皇帝李晔（卷九〇）

原小传云：“帝讳煜，懿宗第七子。……乾符四年遥领幽州。……在位十六年，年三十八。谥曰圣穆景文孝皇帝，庙号昭宗。”

辨证：李晔，两《唐书》有传。小传此述，所本何籍，待考，但误。检两《唐书·昭宗纪》《资治通鉴·唐纪》，均载作“帝讳晔”，即唐昭宗名晔，而非名煜。所以，小传作“帝讳煜”者，乃误。又李晔遥领幽州的时间，小传之所述，虽本《旧唐书·昭宗纪》而为，实则又误。检《新唐书·昭宗纪》有云：“乾符三年，领幽州卢龙军节度使。”又，《资治通鉴·唐纪》于乾符三年内云：“三月，以(李)可举为卢龙留后。……五月……以卢龙留后李可举为节度使。”则李晔之“遥领幽州”，是必在乾符三年五月之前的。小传作“乾符四年”者，乃不的。

玄宗江妃(卷九十八)

原小传云：“妃名采频，莆田人。开元初，高力士选入。……帝因其好，名为梅妃。”

辨证：江妃，两《唐书》无传。小传此之所述，当是据托名曹邺所撰《梅妃传》而为，但有误。复次《梅妃传》有云：“开元中，高力士使闽、粤，妃笄矣。见其少丽，选归。”①检两《唐书·高力士传》与郭湜《高力士外传》，可知高力士一生，其于开元十七年前后因迎生母麦氏曾到过岭南一次，而开元十七年乃为“开元中”，则高力士将采频“选入”，当即在是时。所以，小传应改“开元初”为“开元中”。

彭王志暕(卷一〇〇)

原小传云：“志暕，彭思王元则曾孙，嗣爵。开元中官宗正卿，加上柱国，历左千牛上将军。”

辨证：李志暕，两《唐书》传附《彭王元则传》后。小传此述，所本何籍，待考，但误。检《旧唐书·彭王元则传》云：“彭王元则，高祖第

① 曹邺：《梅妃传》，《四库全书》本，上海古籍出版社1987年影印。

十二子也。……无子，以霍王元轨子继嗣，龙朔中封南昌王。子志暕，神龙初封嗣彭王。景龙初，加银青光禄大夫。开元中，宗正卿同正员，卒。"《新唐书》元则本传同。此则表明，李志暕为彭王元则之孙者，乃无疑。又小传述李志暕"官宗正卿"后之"加上柱国，历左千牛上将军"二职，两《唐书·彭王元则传》均不载。检《新唐书·宗室世系表下》，李志暕有兄志谦，志暕为彭王曾孙，小传所云或本此，然甚误，盖因彭王子绚(以霍王元轨第五子继)后，乃为一空格故也。又，《新唐书·宗室世系表下》载志暕为"左千牛卫将军"，小传作"左千牛上将军"者，亦误。

皇太子瑛(同卷)

原小传云："瑛，元(宗)第二子，本名嗣谦。……开元……十年加元服。"

辨证：李瑛，两《唐书》有传。小传此述，所本何籍，待考，但误。按李瑛"加元服"之事，《旧唐书》李瑛本传、《资治通鉴·唐纪》均未载。检《新唐书·皇太子瑛传》有云："开元……七年，诏太子、诸王入国学行齿胄礼，太常择日谒孔子，太子献。……明年，瑛加元服，见太庙。"又，《旧唐书·玄宗纪》有云："(开元)八年春正月甲子朔，皇太子加元服。乙丑，皇太子谒太庙。"综之可知，李瑛"加元服"乃在开元八年，小传作"十年"者，实误，应据改。

金城公主(同卷)

原小传云："公主，邠王守礼女。出降吐蕃弃绪缩赞，太和中归国，薨。"

辨证：金城公主，两《唐书》无传。小传此之所述，应是据《旧唐书·吐蕃传上》而为，但误。对此，岑仲勉《读全唐文札记》虽已指出，然未及正，兹作补考如次。按《旧唐书·吐蕃传上》云："中宗神龙元年……以所养雍王守礼女为金城公主许嫁之。……开元……二十九年春，金城公主薨，吐蕃遣使来告丧，仍请和，上不许之。"又，同书《章怀太子传》有云："有三子光顺、守礼、守义。……守礼本名光仁，垂拱初改名守礼，受太子洗马，封嗣雍王。"合勘之，知小传之"邠王守礼"，乃为"雍王守礼"之误，小传应据改。

梁太祖朱温(卷一〇一)

原小传云："帝姓朱氏，讳晃，初名温，宋州砀山人。……天祐……四年四月受唐禅，改今名。……在位六年，年六十一。谥曰神武元圣孝皇帝，庙号太祖。"

辨证：朱温，两《五代史》有传。小传此之所述，乃是据《旧五代史·梁书·太祖纪》而为，但其言朱温"改今名"在"受唐禅"之后，则乃倒误。又，《新五代史·梁本纪·太祖纪》有云："开平元年……夏四月壬戌，更名晃。甲子皇帝即位，大赦，改元，国号梁。"王钦若等《册府元龟》卷一八二同。所以，小传之"天祐……四年四月受唐禅，改今名"，应据改为：天祐四年四月，改今名，受唐禅。

梁末帝朱瑱(卷一〇二)

原小传云："帝讳瑱，初名友贞，太祖第四子。……在位十一年，年三十六。"

辨证：朱瑱，两《五代史》有传。小传此之所述，乃是据《旧五代史·梁书·末帝纪》而为，但误。检《新五代史·梁本纪·末帝纪》云："末帝，太祖第三子友贞也。"邵晋涵《旧五代史考异》云："欧阳史作第三子，《五代会要》与薛史同，盖并假子博王友文而数之。"亦不的。按，据《旧五代史·梁书·宗室列传二》可知，博王友文在朱温诸子中排列第八，其显然年幼于第三子朱瑱，故其不可能与第一至第七之诸子"而数之"。若此载不误，则朱瑱乃为朱温第三子。所以，小传之"太祖第四子"者，乃误。

后唐太祖李克用(卷一〇三)

原小传云："帝姓朱耶氏，赐姓李，讳克用。……龙纪元年，封陇西郡王。……天祐五年正月薨，年五十三。同光元年追谥武皇帝，庙号太祖。"

辨证：李克用，两《五代史》有传。小传此述，所本何籍，待考，但误。检《旧唐书·僖宗纪》云："中和……四年……秋七月壬午……加克用阶特进，封陇西郡王以悦之。"(《新唐书·僖宗纪》未载此事)又，《旧五代史·唐书·武皇纪》云："中和四年……秋七月……寻加守太傅、同平章事、陇西郡王。"《新五代史·唐本纪·庄宗纪》同，并有云："(光启)二年二月，复拜克用河东节度使、陇西郡王，加检校太师兼中书令。"合勘此三者，知李克用两次封陇西郡王之时间，均与"龙纪元年"无关，则李克用封"陇西郡王"之时间，是必在"龙纪元年"之前或之后的。所以，小传作"龙纪元年"者，乃误。

后唐庄宗李存勖(同卷)

原小传云："帝讳存勖，太祖长子。……在位四年，年四十二。谥曰光圣神闵孝皇帝，庙号庄宗。”

辨证：李存勖，两《五代史》有传。小传此之所述，当是据《五代会要》卷一而为，但有误。同《五代会要》卷一之载者，另有司马光《资治通鉴・后唐纪》。检《旧五代史・唐书・明宗纪》有云：“(同光四年四月)甲午，崩于绛霄殿之庑下，时年四十三。”《新五代史・唐本纪・庄宗纪》则云：“(同光四年夏四月)丁亥朔，皇帝崩。”徐无党注云：“年四十三。”则小传之“年四十二”者，乃为“年四十三”之误，应据改。

后唐明宗李亶(卷一〇六)

原小传云：“帝讳亶，初名嗣源，代北人。……同光元年授蕃汉马步总管，加太尉。……在位八年，年六十七。谥曰圣德和武孝皇帝，庙号明宗。”

辨证：李亶，两《五代史》有传。小传此述，所本何籍，待考，但误。检《旧五代史・唐书・明宗纪》(以下简称《旧五代史・明宗纪》)云：“同光二年……六月进太尉，移镇汴州。代李存审为蕃汉总管。”《资治通鉴・后唐纪》于同光二年内云：“五月壬子，新宣武节度使兼中书令蕃汉马步总管李存审卒于幽州。……六月……壬辰，以天平节度使李嗣源为宣武节度使，代李存审为蕃汉内外马步总管。”合勘之，知李亶“加太尉”在前，“授蕃汉马步总管”在后，且时间均为同光二年。又，李亶“代李存审为蕃汉总管”，度其时，当在同光二年秋冬之际。按李存审即符存审，为后唐赐姓李。对此，《旧五代史・唐书・符存审传》有载，并云：“(同光二年)五月十五日卒幽州官舍，年六十三，遗命葬太原。”以此合勘《旧五代史・明宗纪》《资治通鉴・后唐纪》之所载，知李嗣源“代李存审为蕃汉内外马步总管”，时间不长，则李亶“授蕃汉马步总管，加太尉”在同光二年秋及其后者，当可论断。所以，小传之“同光元年授蕃汉马步总管，加太尉”者，乃误。

后唐末帝李从珂(卷一一三)

原小传云："帝讳从珂……明宗养为己子。……应顺元年四月……即位。……在位二年，年五十二。"

辨证：李从珂，两《五代史》有传。小传所述李从珂为"明宗养为己子"者，《五代会要》《旧五代史》《新五代史》《资治通鉴》所载皆同，唯《唐废帝实录》与此有异。司马光《通鉴考异》引《唐废帝实录》云："废帝，讳从珂，明宗之元子。……帝以光启元年正月二十三日生于外舍，属用兵不息，音问阻绝，帝甫十岁，方得归宗。"据此，则李从珂非为明宗养子，而为其"元子"(长子)。又，据两《五代史》与王溥《五代会要》所载，李从珂卒于清泰三年闰十一月，以此上推其即位的应顺元年(即清泰元年)四月，其"在位"实为三年，小传作"在位二年"者，乃误。又小传所言李从珂享年，未知所依何本。检《旧五代史·唐书·末帝纪》，乃作"年五十三"。而《新五代史·唐本纪·废帝纪》载徐无党注则为"年五十一"，《资治通鉴》卷二八〇同。一作"年五十三"，一作"年五十一"，小传则作"年五十二"，三者孰是孰非，因资料所限，难以裁断，兹拈出以俟淹贯者。

晋少帝石重贵(卷一一八)

原小传云："帝讳重贵，高祖从子。……开运三年，契丹迁帝于黄龙府，降封负义侯。后徙建州，居塞北凡十八年。在位五年，年五十一。"

辨证：石重贵，两《五代史》有传。小传此述，所本何籍，待考，但误。检《旧五代史·晋书·少帝纪》云："(开运三年十二月)丙戌晦，百官宿封禅寺。明年正月朔，契丹主次东京城北，百官列队，遥辞帝于寺，诣北郊以迎契丹主。……辛卯，契丹制，降帝为光禄大夫、检校太尉，封负义侯，黄龙府安置，其地在渤海国界。……癸卯，帝与皇太后李氏……军健二十人从行。宰臣赵莹……随帝入蕃，契丹主遣三百骑援送而去。”又，邵晋涵《旧五代史考异》云：“案《郡斋读书志》云：《晋朝陷蕃记》，范质撰。……记少帝初迁于黄龙府，后居于建州，凡十八年而卒。案：契丹丙午岁入汴，顺数至甲子岁为十八年，实太祖乾德二年也。”文中“丙午岁”为开运三年，而《旧五代史·晋书·少帝纪》乃明载晋末帝迁黄龙府为天福十二年，则计“凡十八年”者，应以是年干支(丁未)为准，如此，末帝之卒，为宋太祖乾德三年乙丑年而非二年甲子年者，即乃甚明。按石重贵生于乾化元年，享年五十一岁，正与卒年为乾德三年合。又，王溥《五代会要》卷二有云：“开运四年三月，(皇后李氏)与少帝同迁于契丹之黄龙府。”此亦可证，小传之所述，与邵晋涵《旧五代史考异》之所考，乃皆误。

后唐明宗曹皇后(卷一二七)

原小传云：“明宗后曹氏，初封梦国夫人。天成三年正月册为淑妃。”

辨证：曹皇后，两《五代史》有传。小传此述，所本何籍，待考，但有误。检《旧五代史·唐书·明宗纪》云；“(天成三年正月)甲戌，制以楚国夫人曹氏为淑妃，以韩国夫人王氏为德妃。”此当为小传之所本。同此者，另有王溥《五代会要》。但《新五代史·唐明宗家人传·皇后曹氏传》则云：“明宗天成元年，封楚国夫人曹氏为淑妃，追封夏氏为晋国夫人。”一作“天成三年”，一作“天成元年”，二者异。而且，前者之“制”是“以韩国夫人王氏为德妃”，后者则为“追封夏氏为晋国夫人”，亦不相同。所以，小传之“天成三年正月册为淑妃”者，实乃不确，待考。

晋高祖李皇后(同卷)

原小传云："高祖后李氏，后唐明宗第五女。天成三年四月封永宁公主，长兴四年九月进封魏国长公主，清泰二年九月改封晋国长公主。晋天福元年十一月册为皇后，七年六月尊为皇太后。"

辨证：李皇后，两《五代史》有传。小传此述，所本何籍，待考，但误。考王溥《五代会要》卷二云："高祖皇后李氏，唐明宗第三女。"①马端临《文献通考》卷二五八《帝系九》则载明宗凡四女："永宁公主适晋高祖，兴平公主适赵延寿，寿安公主，永乐公主。"②此二者表明，"适晋高祖"之永宁公主为明宗长女。二者异。又小传所述李氏进封"魏国长公主""晋国长公主"之时间，乃皆据王溥《五代会要》而为，但《新五代史·晋家人传·高祖皇后李氏传》(以下简称《新五代史·高祖皇后李氏传》)则作"清泰二年封魏国长公主"，二者亦异。

又，李氏"册封皇后"及"皇太后"，小传所述乃误。检《旧五代史·晋书·后妃列传·李皇后传》引王溥《五代会要》云："天福六年十一月，尊为皇后，七年六月，尊为皇太后。"小传所述，所本当即此，其"元年"乃为"六年"之讹。又，《新五代史·高祖皇后李氏传》有云："(天福)七年夏五月，高祖已病，乃诏尊太妃为皇后，然卒不奉册而高祖崩，故后讫高祖世亦无册命。出帝天福八年七月，册尊皇后为皇太后。"又，马端临《文献通考》卷二五六《帝系七》云："晋高祖皇后李氏……天福二年有司请立皇后，帝以宗庙未立，谦抑未遑，帝崩，出帝即位，乃尊为皇太后。"合勘之，知晋高祖在世时，李氏是不曾被册立

① 王溥：《五代会要》卷二，《四库全书》本，上海古籍出版社1987年影印。

② 马端临：《文献通考》卷二五八，中华书局1986年影印本。

为皇太后的。而小传之“(天福)七年六月尊为皇太后”，亦与“出帝天福八年七月，册尊皇后为皇太后”相悖，所以，小传此之所述为误，乃殆无疑义。

后汉高祖李皇后(同卷)

原小传云：“高祖皇后李氏，晋阳人。……天福十二年册为皇后，隐帝即位，尊为皇太后。……显德元年薨。”

辨证：李皇后，两《五代史》有传。小传此之所述，乃综合两《五代史》李氏本传而为，但误。按《旧五代史·汉书·后妃列传·李皇后传》云：“天福十二年，册为皇后。隐帝即位，尊为皇太后。”而《新五代史·汉家人传·高祖皇后李氏传》(以下简称《新五代史·高祖皇后李氏传》)则云：“高祖即位，立为皇后。高祖崩，隐帝册尊为皇太后。”据同书《汉本纪·高祖纪》所载，刘知远即帝位于天福十二年，则其立李氏为皇后者，即为是年。但徐无党于《新五代史·高祖皇后李氏传》注云：“隐帝[纪]、旧史、实录皆无皇后。帝立三年崩，时年二十，盖未尝立后也。”如此，则“帝立”而“未尝立后也”，所表明的是小传之“天福十二年册为皇后”者，乃误。

吴王杨行密(卷一二八)

原小传云：“行密，字化源，庐州合肥人。……天祐二年十一月薨，年五十四。”

辨证：杨行密，两《五代史》有传。小传此述，所本何籍，待考，但误。检《新五代史·吴世家·杨行密传》云：“天祐二年十一月薨，年五十四。”小传所本者，或即此，但《旧五代史·僭伪列传·杨行密传》则云：

“(天祐)三年，行密以疾卒于广陵。”考沈颜《武忠王神道碑》、殷文圭《武忠王墓志》、游恭《威王墓志》三文，皆作天祐三年二月十三日，甚是。又，《资治通鉴·唐纪·天祐二年》《十国春秋·吴·太祖世家杨行密传》亦皆作“天祐二年十一月”，其显然是据《新五代史·吴世家·杨行密传》而为，故乃有此误。所以，小传应改“天祐二年”为天祐三年。

前蜀王王建(卷一二九)

原小传云：“建，字光图，许州舞阳人。……光天元年六月殂，年七十二。”

辨证：王建，两《五代史》有传。小传此之所述，乃是据《新五代史·前蜀世家·王建传》(以下简称《新五代史·王建传》)而为，但误。复次《新五代史·王建传》云：“王建字光图，许州舞阳人也。”同此者，另有马端临《文献通考》卷二七六、《十国春秋·前蜀·高祖纪》。但《旧五代史·僭伪列传·王建传》之所载，却与此异。其云：“王建，陈州项城人。”舞阳与项城，虽均在今河南，但舞阳为今漯河市所辖，项城则为今周口市所辖，即二者古今并非一地。如此，则王建之籍贯，或“许州舞阳”，或“陈州项城”，待考。

后蜀主孟知祥(同卷)

原小传云：“知祥，字保允，邢州龙冈人。”

辨证：孟知祥，两《五代史》有传。小传此述，所本何籍，待考，但误。检《旧五代史·僭伪列传·孟知祥传》云：“孟知祥，字保裔，邢州龙冈人。”又，《新五代史·后蜀世家·孟知祥传》则云：“孟知祥，字保胤，邢州龙冈人。”同此者，另有《十国春秋·后蜀·高祖本纪孟知祥》。二者一作“字保裔”，一作“字保胤”，小传则又作“字保允”，三者孰是？因材料所限，未可论断，兹拈出以俟淹贯者。

南汉第三主刘晟(同卷)

原小传云：“晟，初名宏熙，南汉先主龑第四子。”

辨证：刘晟，两《五代史》有传。小传此之所述，前者本《十国春秋·南汉·中宗本纪刘晟》而为：“中宗名晟，初名弘熙，封晋王。”小传作“初名宏熙”，此则作“初名弘熙”，二者异。又，《旧五代史·僭伪列传·刘陟传》云：“刘陟，即刘龑，初名陟。……晋天福七年夏四月，陟以疾卒，凡僭号二十六年，年五十四。……晟，陟第二子也。”则小传作“南汉先主龑第四子”者，乃误。又，《新五代史·南汉世家·刘晟传》云：“晟，初名洪熙，封晋王。”而同书《南汉世家·刘龑传》则云：“子玢立。”又，同书《南汉世家·刘玢传》有云：“玢，初名洪度，封秦王。”据此，知刘洪度尚有弟洪熙、洪昌，则刘晟之“初名宏熙”或“弘熙”者，乃皆误，其正确者应为“初名洪熙”。

吴越武肃王钱镠(卷一三〇)

原小传云：“开平二年进封吴越王……加守太保。……贞明二年加诸道兵马元帅，寻进天下兵马都元帅。”

辨证：钱镠，两《五代史》有传。检《新五代史·吴越世家·钱镠传》云：“开平二年，加镠守中书令。……三年，加守太保。……末帝贞明三年，加镠天下兵马都元帅。”又，《十国春秋·吴越·武肃王世家钱镠》云：“天宝二年(即开平三年)夏四月，梁授王守太保。……六月壬寅……礼部员外郎罗衮授王吴越王册礼。”钱镠封“吴越王”及“守太保”之时间，均在开平三年，小传作“二年”，乃误。又钱镠加天下兵马都元帅，《旧五代史·世袭列传·钱镠传》云：“同光中，为天下兵马都元帅”。其中之“同光”，为后唐李存勖年号，凡四年，即公元923年至公元926年，其时距钱镠“加诸道兵马元帅”的贞明二年(916年)，乃有近十年之隔。所以，小传之“寻”字应删。

吴越忠懿王钱俶(同卷)

原小传云：“俶，字文德，文穆王第九子。……周显德中加天下兵马都元帅。”

辨证：钱俶，两《五代史》有传，但均甚略。小传此之所述，当是据《十国春秋·吴越·忠懿王世家钱俶传》(以下简称《十国春秋·钱俶传》)之所载而为，但误。复次《十国春秋·钱俶传》云：“(显德元年)秋七月丁丑，周遣使加授王天下兵马都元帅。”则小传之“显德中”乃“显德初”之误，因之，小传应据改为“显德初”，或径作显德元年。

闽第六主王羲(同卷)

原小传云：“羲，初名延羲，闽太祖审知少子。……自称……闽国王，更今名。”

辨证：王羲，两《五代史》有传。小传此述，所本何籍，待考，但误。检《新五代史·闽世家·王延羲传》云：“延羲，审知少子也。既立，更名曰羲……改元永隆。”与小传异。又，《十国春秋·闽·景宗本纪王羲》云：“景宗名羲，初名延羲，太祖第二十八子也。……及康宗遇害，延羲自称威武节度使、闽国王，更今名，时通文四年闰七月壬午也。”小传此之所述，或本此。但《十国春秋》之所言与《新五代史》之所载，孰是孰非，因资料所限，尚难判定，兹拈出以俟淹贯者。

王绩(卷一三一)

原小传云："绩，字无功，绛州龙门人。隋大业中应孝弟廉洁举，授扬州六合县丞。弃官还乡里，躬耕于东皋。……贞观十八年卒。"

辨证：王绩，两《唐书》有传。小传此之所述，乃是据《旧唐书·隐逸·王绩传》而为，虽不误，但欠精审。考吕才《王无功文集序》(以下简称"吕《序》")云："大业末，应孝悌廉洁举，射策高第，除秘书正字。"①辛文房《唐才子传·王绩》同。又，《隋书·炀帝纪》云："(大业十年五月)诏举郡孝悌廉洁各十人。"则王绩之及第与授职正字，是必在大业十年的。按炀帝以"大业"纪元者，凡十四年，大业十年正可称"大业末"。吕《序》又云："及为正字，端簪理笏，非其好也。以疾罢，乞署外职，除扬州六合丞。"此则表明，王绩之除六合丞，乃在其供职"正字"之后。或以《古镜记》为据，认为王绩除六合丞在大业十年者，乃误。而小传之"大业中应孝弟廉洁举"者，亦误。

又，据韩理洲《王无功文集五卷本会校·前言》②可知，王绩一生曾三仕三隐，所以，小传之"弃官还乡里，躬耕于东皋"乃不确，应据改。

宇文歆(卷一三三)

原小传云："歆，武德中官右卫将军。"

辨证：宇文歆，两《唐书》无传。检《新唐书·巢王元吉传》云："刘

---

① 吕才：《王无功文集序》，《全唐文》卷一六〇，中华书局1983年影印本。

② 韩理洲：《王无功文集五卷本会校·前言》，上海古籍出版社1987年版。

武周略汾、晋，诏遣右卫将军宇文歆助守。”小传所述，所本或即此。又，同书《高祖纪》云：“武德二年……四月庚子，并州总管、齐王元吉及刘武周战于榆次，败绩。……九月……辛巳，刘武周陷并州……十月……壬戌，刘武周寇晋州。”宇文歆以右卫将军衔奉调“助守”李元吉，即在是时。则小传之“武德中”，应改为武德初。

又，《资治通鉴·唐纪》于武德五年九月云：“弘州总管宇文歆……击突厥于三观山，破之。”《新唐书·高祖纪》则云武德五年“九月……丙申，洪州总管宇文歆又败之于崇岗”。《新唐书》所载之“洪州”，乃“弘州”之误。对此，岑仲勉《通鉴隋唐纪比事质疑》已曾指出，认为：“初唐讳弘，故洪、弘往往混写。……唐置洪州系在五年十月平林士弘之后，《通鉴》同时复著录洪州总管，则歆非洪州总管，比观而自明。”①所言甚是。而宇文歆所官之弘州总管，则可补小传之阙。

王孝通(卷一三四)

原小传云：“孝通，武德中官通直郎、太史丞。”

按：王孝通，两《唐书》无传。小传此述，所本何籍，待考。

考补：算历博士。

检《新唐书·历志一》有云：“(武德)六年，诏吏部郎中祖孝孙考其得失。孝孙使算历博士王孝通以《甲辰历》法诘之。”

陈子良(同卷)

原小传云：“子良，吴人。武德时官右卫率府长史，隐太子学士，

① 岑仲勉：《通鉴隋唐纪比事质疑》，中华书局1962年版。

贞观六年卒。”

辨证：陈子良，两《唐书》无传。小传此之所述，当是综合计有功《唐诗纪事》“陈子良”条与《全唐诗》“陈子良小传”而为。检《唐诗纪事》卷四“陈子良”条云：“子良，吴人。与萧德言、庾抱同为太子学士。贞观六年卒。”《全唐诗》卷三十九“陈子良小传”，则于《唐诗纪事》的基础上增加了“隋时为杨素记室”及“入唐官右卫率府长史”二职，小传则合二者而为之。按《全唐文》是卷著录陈子良《辨正论序》有云：“弟子颍川陈子良。”则《唐诗纪事》与《全唐诗》载陈子良为“吴人”者，乃皆误。又，陈子良《平城县正陈子干诔》有云：“余弟少府……名子干，字元桢，梁右将军信义太守之孙，陈晋王府谘议吴平侯之第三子也。……以大业十二年八月……毙于阵中，春秋三十有一。……余以贞观六年二月十日夜，于相如县梦见尔灵，仍于梦中，共驰哀恸。”①据此，知《唐诗纪事》所载子良卒于“贞观六年”者，当是据此文所载而为，而小传则又据《唐诗纪事》而为。但是文仅云陈子良“以贞观六年二月十日夜”梦见“尔灵”而“哀恸”，即其时并不曾死，则小传作“贞观六年卒”者，乃不的。

考补：相如县令。

见上引《全唐文》是卷录陈子良《平城县正陈子干诔》一文。

孔德绍(同卷)

原小传云：“德绍，越州山阴人。事窦建德为中书侍郎，尝草檄文指斥太宗，既克建德，执德绍登汜水楼，殒之。”

按：孔德绍，两《唐书》无传。小传此述，所本何籍，待考。

---

① 陈子良：《平城县正陈子干诔》，《全唐文》卷一三四，中华书局1983年影印本。

考补：景城丞，内史侍郎(即中书侍郎)。

检《旧唐书·窦建德传》有云："武德元年冬至日……有宗城人献玄珪一枚，景城丞孔德绍曰……建德从之。……二年，宇文化及僭号于魏县，建德谓其纳言宋正本、内史侍郎孔德绍曰……建德称善。"又，《新唐书·窦建德传》云："(隋大业十四年七月)景城丞孔德绍曰……改元五凤，以德绍为内史侍郎。"另见《新唐书·孔述睿传》。

张公谨(同卷)

原小传云："公谨，字雄慎，魏州繁水人。……武德元年以(洧)州城归唐，授邹州别驾。……贞观中封邹国公。转襄州都督，卒官，年三十九。"

辨证：张公谨，两《唐书》有传。小传此之所述，乃是据《旧唐书·张公谨传》而为，但有误。检《新唐书·张公谨传》云："进封邹国公，改襄州都督，以惠政闻。卒官，年四十九。"一作"年三十九"，一作"年四十九"，二者异。按《资治通鉴·唐纪》于贞观六年内有云："夏四月辛卯，襄州都督邹襄公张公谨卒。"又，《旧唐书·张公谨传》云："武德元年，与王世充所署洧州刺史崔枢以州城归国，授邹州别驾。"据《资治通鉴·唐纪》之所载，以小传及《旧唐书·张公谨传》所言张公谨享年推之，则张公谨乃生于隋开皇十三年，至武德元年乃有二十四年。而其于此前为王世充所署洧州刺史者，则年岁较此更小。所以，张公谨之享年，应以《新唐书·张公谨传》之"年四十九"为是。又，陈思《宝刻丛编》卷三引《复斋碑录》法琳撰《唐襄州刺史邹襄公张公谨碑》，贞观七年七月立，其载公谨"春秋四十九"①，正与《新唐书》合，则小传之"贞观

---

① 法琳：《唐襄州刺史邹襄公张公谨碑》，《宝刻丛编》卷三，《四库全书》本，上海古籍出版社1987年影印。

中封邹国公”者，应改为贞观初封邹国公。又，《旧唐书·张公谨传》云：“贞观元年，拜代州都督……破定襄，败颉利，玺书慰劳，进封邹国公。”《新唐书》本传同。《资治通鉴·唐纪》则系此事于贞观三年。合勘之，知张公谨之“封邹国公”，乃确在“贞观初”而非“贞观中”，小传误。

高俭(同卷)

原小传云：“俭，字士廉，以字显，渤海蓨人。……贞观二十一年卒，年七十一。”

辨证：高俭，两《唐书》有传。小传此之所述，应是据《旧唐书·高俭传》而为，但误。复次《旧唐书·高俭传》云：“(贞观)二十一年正月壬辰，薨于京师崇仁里私第，时年七十二。”而《新唐书·高俭传》则作“年七十一”，即与小传所载同。一作“年七十一”，一作“年七十二”，二者孰是？考王昶《金石萃编》卷四十八著录《高士廉碑》有云：“公讳俭，字士廉。……以贞观二十一年正□五日，薨于正寝，中使还□清□出宫。”①此之所载，虽无享年，但卒年却与《旧唐书·高俭传》同。所以，小传所述之高俭卒年，虽与《高士廉碑》同，但《旧唐书·高俭传》作“年七十二”者，当不的。

崔仁师(卷一三五)

原小传云：“仁师，定州安喜人。……以罪流龚州。”

辨证：崔仁师，两《唐书》有传。小传此之所述，乃是据《旧唐书·

① 孙元裕：《高士廉碑》，《金石萃编》卷四十八，中国书店1985年影印本。

崔仁师传》而为，但误。检《新唐书·崔仁师传》云："（贞观）二十二年，迁中书侍郎……中书令褚遂良忌之，会有伏阁诉者，仁师不时上，帝大怒，流连州。"两《唐书·太宗纪》同。所以，小传之"以罪流龚州"，应改为以罪流连州。

孔颖达（卷一四六）

原小传云："颖达，字仲远，冀州衡水人。……二十二年卒，赠太常卿。"

辨证：孔颖达，两《唐书》有传。小传此述，所本何籍，待考，但误。按孔颖达之表字，《旧唐书·孔颖达传》作"冲远"，《新唐书·孔颖达传》作"仲达"，而小传又作"仲远"，三者异。检《新唐书·宰相世系表五下》有云："颖达字冲远，国子祭酒，曲阜宪公。"此当所本为《旧唐书·孔颖达传》。考于志宁《大唐故太子右庶子银青光禄大夫国子祭酒上护军曲阜宪公孔公碑铭》有云："公讳颖达，字冲远。"①于志宁与孔颖达同时，所言乃可据信，如此，则《新唐书·孔颖达传》与小传之所述，乃皆误，且小传应据改。

褚亮（卷一四七）

原小传云："亮，字希明，杭州钱塘人。……卒年八十八。赠太常卿，谥曰康。"

辨证：褚亮，两《唐书》有传。小传此之所述，前者乃本《旧唐书·

① 于志宁：《大唐故太子右庶子银青光禄大夫国子祭酒上护军曲阜宪公碑铭》，《全唐文》卷一四五，中华书局1983年影印本。

褚亮传》而为。《新唐书·褚亮传》《唐诗纪事》卷四所载略同。考《金石萃编》卷四十八《褚亮碑》有云："府君讳亮，字□□，□南阳翟人也。"又，赵明诚《金石录》卷二十五《唐褚亮碑》跋尾云："右《唐褚亮碑》。《唐书》云'亮，杭州钱唐人'，而《碑》云'晋南迁，家于丹阳'。按《元和姓纂》自有钱唐褚氏，与亮族系不同。《唐史》盖失之。"①又，《新唐书·宰相世系表二下》云："褚氏出自子姓。……元、成间有褚先生少孙，裔孙重，始居河南阳翟。"而《新唐书·褚遂良传》则云："褚遂良……通直散骑常侍亮子。……咸通九年，诏访其后护丧归葬阳翟云。"合勘之，知"河南阳翟"乃为褚亮郡望，但其籍贯究为钱塘抑或丹阳，则尚难裁断，兹拈出以俟淹贯者。

又，褚亮卒年，上引《褚亮碑》与两《唐书·褚亮传》均不载。检《旧唐书·褚遂良传》有云："(贞观)二十一年，以本官检校大理卿，寻丁父忧解。明年，起复旧职，俄拜中书令。"又，《新唐书·太宗纪》有云："贞观二十一年……十月癸丑，褚遂良罢。……二十二年……二月，前黄门侍郎褚遂良起复黄门侍郎。"王昶于《金石萃编·褚亮碑》之跋语，即据此二起材料，认为褚亮的卒年为贞观二十一年。按王说乃误。古人居父丧之期，据《礼记·三年问第三十八》，知周制为"三年之丧，二十五月而毕"。所以，张柬之《驳王元感丧服论》乃有云："三年之丧，二十五月，不刊之典也。……今皆二十七月复常，从郑仪也。"②所谓"从郑仪"，乃指"从"东汉郑玄在注《仪礼》中所提出的居丧"二十七月"之说。自东汉至唐初、武周之时，居丧期为"二十七月"，则两《唐书》所载褚遂良"丁父忧"不足五月者，可见当误。而此，又可证小传之"卒年八十八"者，乃不确。

---

① 赵明诚：《唐褚亮碑》跋尾，《金石录》卷二十五，《四库全书》本，上海古籍出版社 1987 年影印。

② 张柬之：《驳王元感丧服论》，《全唐文》卷一七五，中华书局 1983 年影印本。

姚思廉(卷一四八)

原小传云："思廉，本名简，以字行，陈吏部尚书察子。……贞观十二年卒。"

辨证：姚思廉，两《唐书》有传。小传此之所述，乃是据《新唐书·姚思廉传》而为，但有误。检《旧唐书·姚思廉传》有云："姚思廉字简之，雍州万年人。"小传作"本名简，以字行"，此则作"字简之"，二者异。按《新唐书·宰相世系表四下》虽列思廉之名，却未及其字。若依《新唐书》姚思廉传，"思廉"乃为其表字；若依《旧唐书》，"简之"则为其表字，二者孰是孰非，待考。又小传之"本名简"，勘之《旧唐书·姚思廉传》，知"简"后乃脱"之"字，应据补。

刘思立(卷一五三)

原小传云："思立，宋州宁陵人。高宗时侍御史，迁考功员外郎。"

辨证：刘思立，两《唐书》无传。小传此之所述，主要是据《旧唐书·刘宪传》而为，但有误。而"迁考功员外郎"，刘肃《大唐新语》卷十一、王定保《唐摭言》卷一、《新唐书·韦万石传》皆载之，不误。刘思立任是职之时间，杜佑《通典·选举三》有载，云："至调露二年，考功员外郎刘思立始奏二科并加帖经。"王定保《唐摭言》卷一同。按此"调露二年"，《新唐书·选举志上》、马端临《文献通考》卷二十九，皆作"永隆二年"，二者异。检徐松《登科记考》卷二云："按此调露二年事，故列放改元永隆之前。按此为经帖之始。"①则作"永隆二年"者，乃非。

① 徐松：《登科记考》卷二，中华书局1984年版。

又，刘思立于调露二年“始奏二科并加帖经”事，小传应据补。

杨誉(卷一五四)

原小传云：“誉，赠华州刺史志诚父，官右卫副帅，慈、汾二州刺史，谥曰静。”

辨证：杨誉，两《唐书》无传。小传此之所述，当是据张说《赠太州刺史杨公神道碑》而为，但有误。复次张说《杨公神道碑》云：“大父故右卫副率，慈、汾二州刺史，静公讳誉，考故常州刺史……讳崇敬。”① 此则表明，杨志诚乃杨誉之孙而非其子。检《新唐书·宰相世系表一下》“杨氏观王房”有云：“誉，汾州刺史、静公。子崇礼、崇敬。崇敬子志诚，吏部员外郎。”此亦可证，小传之述乃误。

孙思邈(卷一五八)

原小传云：“思邈，京兆华原人。……永淳元年卒。”

辨证：孙思邈，两《唐书》有传。小传此之所述，乃是据《旧唐书·孙思邈传》而为，但误。检《新唐书·孙思邈传》云：“永淳初，卒，年百余岁。”据两《唐书·高宗纪》可知，唐高宗李治以“永淳”纪元仅一年，故“永淳初”者，实则为永淳元年。而两《唐书·孙思邈传》既皆云孙思邈卒于永淳元年，若以《新唐书·孙思邈传》所载之“年百余岁”相推，其生年至晚也应在北周宣帝大定元年。而《旧唐书·孙思邈传》则云：“周宣帝时，思邈以王室多故，隐居太白山。”按周宣帝在位凡四年

---

① 张说：《赠太州刺史杨公神道碑》，《全唐文》卷二二九，中华书局1983年影印本。

（578—581 年），届时孙思邈仅为一岁左右之幼儿，焉能“以王室多故，隐居太白山”？若以《旧唐书·孙思邈传》载其生于“隋开皇辛酉年”与“享年九十三年”勘之，则其所载享年又误。这是因为，隋开皇以干支纪年，无辛酉。至若《旧唐书·孙思邈传》所载是年为孙思邈生年，勘之以永淳元年卒，则其享年又为八十二岁。且这一享年，不仅与《旧唐书·孙思邈传》所载“九十三岁”不符，更与“以王室多故，隐居太白山”相去甚远。所以，小传之“永淳元年卒”，乃必误无疑。

王宏直（卷一六〇）

原小传云：“宏直，雍州咸阳人。为汉王元昌友，徙荆王友，龙朔中卒。”

辨证：“王宏直”，两《唐书》传附《王方庆传》后，极简略。检《旧唐书·王方庆传》云：“王方庆，雍州咸阳人也。……父弘直，为汉王元昌友……转荆王友，龙朔中卒。”此即小传之所本。又，《新唐书·宰相世系表二中》于“琅邪王氏”有“弘直”条，并云：“字长宗，魏州刺史。”据此，知小传之“王宏直”，应据改为王弘直，而其“字长宗，魏州刺史”，则可补小传之阙。

蒋俨（同卷）

原小传云：“俨，常州义兴人。……擢明经第。为左屯卫兵曹参军。太宗朝，再迁殿中少监蒲州刺史。永徽二年为右卫大将军。……垂拱三年卒，年七十八。”

辨证：蒋俨，两《唐书》有传。小传此之所述，乃综合两《唐书》本传而为，但有误。如蒋俨擢第后所任之“左屯卫兵曹参军”，两《唐书·

蒋俨传》均作“右屯卫兵曹参军”，则小传之“左”，当正之为“右”。又蒋俨牧蒲州，两《唐书》本传皆载为高宗朝，小传作“太宗朝”者，亦误。又蒋俨之于高宗朝任蒲州刺史，乃在永徽二年为右卫大将军之后，而非如小传所述在其前。检《旧唐书·张憬藏传》云：“蒋俨年少时，尝遇憬藏，因问禄命，憬藏曰：‘……年至六十一，为蒲州刺史。十月三十日午时禄绝。’俨后皆如其言。……及在蒲州，年六十一矣。”考李昉等《太平广记》卷二二一引《定命录》亦载此事，但“年六十一”为“八十三”①。按据《旧唐书·蒋俨传》之所载，知蒋俨“垂拱三年卒于家，年七十八”，以此计之，则《张憬藏传》所载“年六十一”，乃为总章三年，其距永徽二年乃有十余年之隔。又《定命录》作“八十三”者，“八”或为“六”之讹，若然，则蒋俨之牧蒲州，凡两年左右。

张昌龄(卷一六一)

原小传云：“昌龄，冀州南宫人。第进士。贞观中补长安尉。”

辨证：张昌龄，两《唐书》无传。小传此述，所本何籍，待考，但有误。检计有功《唐诗纪事》卷八“张昌龄”条有云：“昌龄举进士，与王公治齐名，皆为考功王师旦所绌。太宗问之，答曰：‘昌龄等华而少实，其文浮靡，非令器也。……’帝然之。后献《翠微宫颂》，敕于通事舍人里供奉。”又据杜佑《通典》、王溥《唐会要》、王钦若等《册府元龟》所载，知王师旦以考功员外郎知贡举，乃始于贞观二十年，终于贞观二十三年，则张昌龄、王公治为其“所绌”者，即在是时。而据两《唐书·张昌龄传》、潘昂霄《金石例》之所载，知张昌龄为唐太宗“敕于通事舍人里供奉”后，尝一度为记室，则其之“补长安尉”，当在贞观二十二年后。此则表明，小传之“贞观中”，应乃“贞观末”之误。

---

① 李昉等：《太平广记》卷二二一，中华书局1961年版。

贾敦颐(同卷)

原小传云：“敦颐，曹州冤句人。贞观中为沧州瀛州刺史。永徽五年转洛州，卒。”

辨证：“贾敦颐”，两《唐书》有传。小传此之所述，乃是据《旧唐书·贾敦颐传》而为，但有误。检《旧唐书·薛大鼎传》、《新唐书·贾敦颐传》、李昉等《太平御览》卷二五八、王钦若等《册府元龟》卷六七七，均从《旧唐书》本传作是名者，乃皆误。考赵明诚《金石录》卷四《唐洛州刺史贾公清德颂》有注云：“贾公名敦赜。”①又，是书卷二十五《跋尾》卷十五云：“此《碑》载初除洛州制书有云：‘三川之境，是称都会；六条之寄，允属时英。蒲州刺史贾敦赜，体业强正，识用优敏。’盖其名乃‘敦赜’也。又《武后实录·敦实传》中亦作‘敦赜’。以此知《唐史》传写之误。”②则小传作“敦颐”者，乃为“敦赜”之误。又，林宝《元和姓纂》卷七“宛句贾氏”作“贾敦”，亦误。至若贾敦赜之任瀛州刺史，非在“贞观中”而为“贞观末”，对此，《旧唐书·贾敦颐传》已有载，云：“(贞观)二十三年，转瀛州刺史。”又，慧立本等《大唐大慈恩寺三藏法师传》卷七云：“(永徽)二年春正月壬寅，瀛州刺史贾敦颐(赜)……因朝集在京，公事之暇，相命参法师请授菩萨戒。”③据此，知贾敦赜永徽二年尚在瀛州刺史任上。

---

① 赵明诚：《唐洛州刺史贾公清德颂》注，《金石录》卷四，《四库全书》本，上海古籍出版社 1987 年影印。

② 赵明诚：《跋尾》卷十五，《金石录》卷二十五，《四库全书》本，上海古籍出版社 1987 年影印。

③ 慧立本等：《大慈恩寺三藏法师传》卷七，中华书局 1983 年版。

裴宏献(卷一六二)

原小传云："宏献，贞观朝官蜀王司法参军。"

辨证："裴宏献"，两《唐书》无传。小传此述，所本何籍，待考，但有误。检《新唐书·宰相世系表一上》云："弘献，刑部郎中、颍州刺史，初以蜀王府法曹参军删改律令。"据此可知，不仅小传之"宏献"应作弘献，而且所述之"司法参军"，乃为"法曹参军"之误。又检《新唐书·百官志四下》，知司法参军、法曹参军二职皆为从七品下，然法曹参军乃为王府与大都护府置，司法参军则乃上州所属。《新唐书·宰相世系表一上》明载裴弘献供职蜀王府，故其所任之职，只能是法曹参军，而不得为"司法参军"。

闾邱允(同卷)

原小传云："允，贞观时官台州刺史。"

辨证：闾邱允，即闾邱胤，两《唐书》无传。小传此之所述，当是据《新唐书·艺文志四》而为，但欠精审。复次《新唐书·艺文志四》于《对寒山子诗》下有注云："天台隐士。台州刺史闾丘胤序，僧道翘集。"《全唐文》本卷著录闾邱允《寒山子诗集序》云："允乃进途，到任台州，不忘其事。到任三日后……乃令勘唐兴县，有寒山拾得是否……"考陈耆卿《嘉定赤城志》卷八"历代郡守"，于贞观十六年云："闾邱(太祖御讳下一字)。"所谓"御讳下一字"者，即讳宋太祖赵匡胤之"胤"字。据此，知闾邱胤为台州刺史，乃在贞观十六年，小传作"贞观时"者，虽不误，但欠精审，故可改为"贞观末"，或者径作贞观十六年官台州刺史。

尹伊(同卷)

原小传云:“伊(注云:“一作若”),太宗朝官坊州司户。”

按:尹伊,两《唐书》无传。小传“一作若”之注,乃误。考刘肃《大唐新语》卷十“从善第二十”有云:“贞观中,金城坊有人家为胡所劫者……司法参军尹伊异判之曰……尹伊尝为坊州司户,尚药局牒省索杜若,省符下坊州供送。伊判之曰……由是知名,改补雍州司法。”①小传之所述者,可当本此,不误。

考补:雍州司法。

见上引刘肃《大唐新语》卷十。

徐有功(卷一六三)

原小传云:“有功,名宏敏,避讳以字行。……长安二年卒,年六十二。赠司刑卿。中宗立,加赠越州都督。”

辨证:徐有功,两《唐书》有传。小传此之所述,乃是据《旧唐书·徐有功传》而为,但有误。检《新唐书·徐有功传》云:“改司仆少卿。卒,年六十六。”小传作“年六十二”,此则作“年六十六”,二者异。按若以《旧唐书·徐有功传》所载之卒年与享年相推,则徐有功生于贞观十五年。如此生年不误,再勘之以《新唐书·徐有功传》之“年六十六”,其卒年就应在景龙元年。《新唐书·徐有功传》又有云:“中宗即位,加赠越州都督。”《全唐文》卷十六著录李显《赠徐有功越州都督》一文,乃可证《新唐书·徐有功传》之此载不诬。而据《资治通鉴》卷二〇七,知

① 刘肃:《大唐新语》卷十,中华书局1984年版。

中宗即位于神龙元年(705 年)，而景龙元年(707 年)尚后神龙元年二年，则《新唐书·徐有功传》之“年六十六”者，乃必误无疑。但徐有功之享年，是否确如小传所述之“年六十二”者，则有待作进一步之考察，方可确断。

贾公彦(卷一六四)

原小传云：“公彦，洺州永平人。永徽中官太学博士。”

辨证：贾公彦，两《唐书》有传。小传此之所述，乃是据《旧唐书·贾公彦传》而为，但有误。检《新唐书·张士衡》云：“士衡以《礼》教诸生，当时显者永年贾公彦、赵[郡]李玄植。”据李吉甫《元和郡县图志》卷十五、两《唐书·地理志》可知，洺州所领县有永年而无“永平”，故小传应正“永平”为永年。

李嗣真(同卷)

原小传云：“嗣真字承胄，赵州柏人人。……卒赠济州刺史。”

辨证：李嗣真，两《唐书》有传。小传此之所述，乃是据《新唐书·李嗣真传》而为，但误。考李吉甫《元知郡县图志》卷十七云：“赵州，管县九：平棘、元氏、临城、柏乡、高邑、赞皇、昭庆、宁晋、栾城。”①又，《旧唐书·李嗣真传》云：“李嗣真，滑州匡城人也。父彦琮，赵州长史。”检《新唐书·宰相世系表二上》之“赵郡李氏·西祖房”，列李嗣真名，官太常卿。是《表》于“赵郡李氏”并有云：“辑……高密太守，子慎敦，居柏仁……是晃南徙……故辑、晃皆称南祖。”据此，则

---

① 李吉甫：《元和郡县图志》卷十七，中华书局 1983 年版。

小传之“柏人”乃“柏仁”之误。按柏仁治所在今河北隆尧县，而“柏乡”为隋开皇十六年置，治所在今河北柏乡县。是《表》又有云：“楷……徙居常山，五子，辑、晃、芬、劲、睿。……睿为东祖，芬与弟劲共称西祖，辑与弟晃共称南租。自楷徙居平棘南，通号平棘李氏。”此则表明，小传与《新唐书·李嗣真传》作“柏人”或“柏仁”者，乃皆就李氏郡望而言，而《旧唐书·李嗣真传》作“匡城”者，则当为李嗣真原籍。

吴扬昊(卷一六五)

原小传云：“扬昊，成均监太学博士。”

辨证：“吴扬昊”，两《唐书》无传。小传此述，所本何籍，待考，但误。岑仲勉《读全唐文札记》云：“卷一六五吴扬昊成均监太子博士下，收《不毁化胡经议》一首，又卷二〇八吴扬吾圣历初成均博士下，收《明堂告朔议》一首，据新书五九，议毁化胡经在万岁通天元年，其后二年即为圣历，此两名显然一人，盖昊、吴形近，吴、吾音通，必涉此而讹，唯一未知两孰正耳。”①岑氏于此虽然举出了问题之存在，但却未能就其孰甲孰乙予以裁断。检《新唐书·张齐贤传》有“成均博士吴扬吾等共言”之载，而《旧唐书·礼仪志二》则有“成均博士吴扬吾”云云，合勘之，“吴扬昊”当为“吴扬吾”之误。又，刘肃《大唐新语》卷十三“谐谑第二十八”有“将名作姓李千里，将姓作名吴扬吾”之语②，可证应以“吴扬吾”为是。唯《旧唐书·王方庆传》作“成均博士吴扬善”者，“善”字乃误。所以，小传应据改“扬昊”为扬吾。

---

① 岑仲勉：《读全唐文札记》，《唐人行第录》外三种之一，上海古籍出版社1962年版。

② 刘肃：《大唐新语》卷十三，中华书局1984年版。

刘如璇(同卷)

原小传云:“如璇,武后朝太中大夫、秋官侍郎,为来俊臣所诬,流汉州。”

辨证:刘如璇,两《唐书》无传。小传此之所述,乃是据刘肃《大唐新语》卷十二而为,但其中之“汉州”,乃为“襄州”之误。复次《大唐新语》卷十二“酷忍第二十七”有云:“秋官侍郎刘如璇不觉言唧唧而泪下。乃俊臣奏如璇党恶人,下狱。……处以绞刑。则天宥之,流于襄州。”又,李昉等《太平广记》卷二六九引《御史台记》同。所以,小传应据之改“汉州”为襄州。

员半千(同卷)

原小传云:“半千,字荣期,齐州全节人。本名余庆,少师事王义方……因改名半千。……开元九年卒,年九十四。”

辨证:员半千,两《唐书》有传。小传此之所述,乃是据《新唐书·员半千传》而为,但有误。检《旧唐书·员半千传》云:“员半千,本名余庆,晋州临汾人。少与齐州人何彦先同师事学士王义方……因改名半千。……开元二年卒。”二者所异甚多。而值得注意的是,《全唐诗》卷九十四之“员半千小传”,则将两《唐书·员半千传》合二为一,即于籍贯取《旧唐书》,于卒年与享年则从《新唐书》。又,计有功《唐诗纪事》卷六“员半千”条未及卒年、享年,籍贯则同《新唐书·员半千传》。检《旧唐书·王义方传》云:“门人何彦光、员半千为义方制师服,三年丧毕而去。半千者,齐州全节人也。”则《旧唐书·员半千传》作“晋州临汾人”者,乃误。

又，员半千卒年，上引《旧唐书》本传载为“开元二年”，而《新唐书·员半千传》则作“开元九年”，二者异。按若以开元二年为准，上推享年“九十四岁”，则员半千当生于武德四年。按《全唐文》是卷著录员半千《陈情表》有云：“臣贫穷孤露……立身三十有余。”其中之“三十有余”，即以三十五岁计之，可知员半千上是表时乃为显庆元年。又，《新唐书》本传云：“咸亨中，上书自陈……书奏，不报。”此处的“上书”之“书”，所指即《陈情表》。按“咸亨”为唐高宗年号，凡四年，“咸亨中”即以咸亨元年相计，员半千上是《表》时已年届五十，显然与《表》中之“立身三十有余”不符。另者，若以此合勘《新唐书·员半千传》所载之卒年与享年，则员半千生年又为贞观二年，而以贞观二年历“三十余岁”，亦与“咸亨中”迥乎不同。据此，知小传所述员半千之卒年与享年，乃皆误。

卢照邻(同卷)

原小传云：“照邻，字升之，幽州范阳人。……投颍水死，年四十。”

辨证：卢照邻，两《唐书》有传。小传此之所述，乃是据《旧唐书·卢照邻传》而为，但有误。关于卢照邻的生年、卒年与享年，具体参见拙著《唐人生卒年录》第38页“卢照邻”条，此不具引，特此说明。

郭正一(卷一六八)

原小传云：“正一，定州彭城人。……永昌元年为酷吏所陷，流死岭南。”

辨证：郭正一，两《唐书》有传。小传此之所述，乃是据《新唐书·

郭正一传》而为，但有误。按郭正一之籍贯，《旧唐书·郭正一传》作“定州鼓城”。中华书局1975年版《旧唐书·郭正一传》于此撰校勘记云：“鼓城，各本原作‘彭城’，据《新书》卷一〇六《郭正一传》改。”检李吉甫《元和郡县图志》卷八，知定州为河北道所辖，管县十，其“县十”中既无彭城，亦无鼓城。又据《元和郡县图志》卷九、卷十七可知，鼓城为恒州辖县，彭城为徐州辖县，据此，知小传之“定州彭城”，当乃“徐州彭城”之误。

又，郭正一之卒地，小传作“岭南”，乃是本《旧唐书·郭正一传》之所载。其云：“则天临朝，转国子祭酒，罢知政事。寻聘为晋州刺史，入为麟台监，又检校陕州刺史。永昌元年，为酷吏所陷，配流岭南而死。”《资治通鉴·唐纪》、《全唐诗》卷四十四“郭正一小传”同。然《新唐书·郭正一传》则云：“武后专国，罢为国子祭酒，出检校陕州刺史。与张楚金、元万顷皆为周兴所诬构，杀之，籍入其家，妻息流放。”而《旧唐书·则天皇后纪》则云：“永昌元年八月……辛丑，杀陕州刺史郭正一。”是郭正一死于陕州甚明。小传作“流死岭南”者，乃误。

裴守真(同卷)

原小传云：“守真，绛州稷山人。……长安中卒。赠户部尚书。”

辨证：裴守真，两《唐书》有传。小传此之所述，乃是据《新唐书·裴守真传》而为，但有误。考王维《裴仆射(耀卿)济州遗爱碑》有云：“公名耀卿，字涣之，河东闻喜人。……父守真，太常博士判驾部夏官员外。今上楚王谘议参军，郊、宁二州刺史。”①则小传之“绛州稷山”乃误。又，孙逖《唐齐州刺史裴公德政碑》云：“父守真，皇

① 王维：《裴仆射济州遗爱碑》，《王右丞集笺注》卷二十一，上海古籍出版社1961年影印本。

朝成(当为"郊"之误——引者注)、宁二州刺史，赠晋州刺史，又赠兖州都督，皆受祉必大，垂裕不朽。"①以王维、孙逖二《碑》勘之，知两《唐书·裴守真传》所载裴守真卒后"赠户部尚书"者，乃不确，而《旧唐书·裴守真传》未及此者，又可为之证。所以，小传之"赠户部尚书"应删；要之，作存疑可也。

杨德裔(同卷)

原小传云："德裔，龙朔时司宪大夫。"

辨证：杨德裔，诗人杨炯之伯父，两《唐书》无传。小传此之所述，当是据《资治通鉴·唐纪》而为。是书《唐纪》于龙朔二年内有云："(冬十月癸丑)左相许圉师之子奉辇直长自然，游猎犯人田……司宪大夫杨德裔不为治。"按，唐高宗以"龙朔"纪元者，凡二年，龙朔二年应为"龙朔末"，小传作"龙朔时"者，欠精审，应据改。

考补：讳德裔，字德裔，弘农华阴人。历官太子左千牛，秀容、华亭、福昌、雒四县令，颍州、幽州司马，御史中丞，饶州、括州、越州都督府长史。文明元年卒，年八十五。

按《杨炯集》卷九《常州刺史伯父东平杨公(德裔)墓志铭》云："公讳德裔，字德裔，弘农华阴人也。……始以父任为太子左千牛备身，转秀容、华亭、福昌、雒四县令，诏封东平公，策勋上柱国。……擢拜颍州、幽州二司马。……诏征尚书郎御史中丞……寻以公事去官，复拜饶州、括州、越州都督府三州长史。……维文明元年夏四月某日，薨于正寝，春秋八十有五。"②

① 孙逖：《唐齐州刺史裴公德政碑》，《全唐文》卷三一二，中华书局 1983 年影印本。

② 杨炯：《常州刺史伯父东平杨公(德裔)墓志铭》，《杨炯集》卷九，中华书局 1980 年版。

苏瓌(同卷)

原小传云："瓌，字昌容，京兆武功人。……开元四年加赠司徒。"

辨证：苏瓌，两《唐书》有传。小传此之所述，乃是据《旧唐书·苏瓌传》而为，但其中之"加赠司徒"，乃在开元十年，与小传作"开元四年"者，异。但检《旧唐书·玄宗纪》《新唐书·玄宗纪》《新唐书·苏瓌传》，均无此"加赠司徒"之载。考王昶《金石萃编》卷六十九著录张说《苏瓌碑》一文，其中亦无"加赠司徒"之载。如此，则小传从《旧唐书·苏瓌传》作"加赠司徒"者，或误；要之，作存疑可也。

李宽(同卷)

原小传云："宽，京兆万年人。高宗朝为太常卿，封陇西公。"

按：李宽，两《唐书》无传。小传此述，所本何籍，待考。

考补：贞观二十年任邢州刺史，永徽二年官晋州刺史。

检《新唐书·地理志三》于"晋州临汾县"有注云："永徽二年，刺史李宽自东二十五里夏柴堰引潏水溉田。"又，李鸿章等《畿辅通志》卷一五三于"隆平县"引《光业寺大佛堂碑》有云："贞观二十年，遣左骁卫府长史长孙无忌与邢州刺史李宽、越州刺史杜敖等令谒茔域，画图进上。"

姚班(卷一六九)

原小传云："班，赠太常卿思廉孙。"

辨证："姚班"，两《唐书》有传。小传此作"姚班"者，乃为"姚珽"之误。检《旧唐书·姚思廉传》有云："子处平，官至通事舍人。处平子珽。"又，两《唐书·姚珽传》，《新唐书》卷七十四下《宰相世系表四下》、卷八十一《节愍太子重俊传》等，亦皆作姚珽。又，检张万起《新旧唐书人名索引》可知，两《唐书》只有姚珽而无姚班。所以，小传作"姚班"者，乃必误无疑。考司马光《通鉴考异》卷五十二云："班、珽字形相涉，或宋初避讳，珽字缺末笔，后人误为班耳。"①甚是。

张鷟(卷一七二)

原小传云："鷟，字文成，深州陆泽人。……调露初登进士第，授岐王府参军。凡八应举，皆甲科，再授长安尉。"

辨证：张鷟，两《唐书》无传。小传此之所述，乃是据《旧唐书·张荐传》而为，但有误，如"调露初登进士第"者，即为其一。又小传之"凡八应举，皆甲科"者，亦如是。检徐松《登科记考》卷二、卷四、卷五，先后引《登科记》《大唐新语》《册府元龟》《唐会要》《容斋续笔》《顺宗实录》诸材料，考订张鷟上元二年登进士第，仪凤二年试下笔成章科，神龙二年分别应下笔成章、才膺管乐二科，景云二年中贤良方正科。据此，知张鷟一生"凡五应举"而非"八应举"。又小传云"皆甲科"亦不确，对此，徐氏《登科记考》亦考之甚详，可参看，兹不具引。

崔行功(卷一七五)

原小传云："行功，恒州井陉人。……后迁兰台侍郎卒。"

---

① 司马光：《通鉴考异》卷五十二，《四部丛刊》本。

辨证：崔行功，两《唐书》有传。小传此之所述，乃是据《新唐书·崔行功传》而为："迁兰台侍郎，卒。"小传因标点者未于"卒"前点断，遂误为崔行功卒于"兰台侍郎"任上。而《新唐书·崔行功传》所载又甚为简略，小传撰写者亦未及复核相关材料，以至于其之所述，乃为误中又误。复次《旧唐书·崔行功传》云："迁兰台侍郎。咸亨中，官名复旧，改为秘书少监。上元元年，卒官。"上元元年与"咸亨中"至少有两年之隔，而在此两年间，崔行功是否仍在兰台侍郎(即秘书少监)任上，乃无任何材料可证。更何况，王溥《唐会要》卷六十五载兰台侍郎"官名复旧"者，乃在唐高宗咸亨元年，故小传之所述与小传标点之点断，乃均误。即小传正确者应为：后迁兰台侍郎，卒。

张柬之(同卷)

原小传云："柬之，字孟将，襄州襄阳人。……第进士，累补青城丞。永昌元年以贤良征，时年七十余矣，试策第一，擢拜监察御史。……授襄州刺史。寻为武三思所构，贬新州司马，愤恚卒，年八十二。"

辨证：张柬之，两《唐书》有传。小传此之所述，前者乃本《新唐书·张柬之传》，但误；后者则据《旧唐书·张柬之传》而为，亦有不确者。检徐松《登科记考》卷三，张柬之永昌元年登"贤良方正科"，而无"时年七十余矣"之载。《新唐书·张柬之传》之"时年七十余矣"，所据为何，不得而知。又，《旧唐书·中宗纪》有云："(神龙元年七月)乙未，以特进、汉阳郡王张柬之为襄州刺史。"并于神龙二年六月戊寅内云："特进、襄州刺史，汉阳郡王张柬之贬新州司马。"而《旧唐书·张柬之传》则云："寻为武三思所构，贬新州司马。愤恚而卒，年八十二。"然《新唐书·张柬之传》却又与此为异："俄及贬，又流泷州。"小传所述，据《新唐书》张柬之本传而不及"又流泷州"者，甚憾。

又，据《旧唐书·中宗纪》《张柬之传》之所载，知张柬之神龙二年“愤恚而卒，年八十二”，推之，则其生年为武德八年。从武德八年顺数至张柬之“以贤良征”之永昌元年，其年为六十四而非“七十余”，则《新唐书·张柬之传》所载者，乃必误无疑。又，李昉等《太平广记》引《定命录》有云：“张柬之任青城县丞，已六十三矣。”若此记载不误，即表明张柬之进士及第在垂拱四年，及第后补青城丞，并于翌年再试“贤良方正科”。据此，则小传从《新唐书·张柬之传》所载“年七十余”之“七”，当乃“六”之讹。

袁楚客(卷一七六)

原小传云：“楚客，陈郡人，神龙中官酸枣县尉。”

辨证：袁楚客，两《唐书》无传。小传此之所述，乃是综合《新唐书·魏元忠传》《资治通鉴·唐纪》而为，误。复次《新唐书·魏元忠传》云：“神龙二年，为尚书右仆射，知兵部尚书，当朝用事，群臣莫敢望。……至是辅政……不能赏善罚恶，誉望大减。陈郡男子袁楚客者以书规之。”文中称“陈郡男子”者，表明届时袁楚客尚未入仕。而《资治通鉴·唐纪》于神龙二年内则径称“酸枣尉袁楚客”，表明袁楚客于神龙二年已为酸枣尉。二者孰是？考刘肃《大唐新语》卷十有云：“开元中，天下无事。玄宗听政之后，从禽自娱。……酸枣尉袁楚客以为天子方壮，宜节之以雅，从禽好郑、卫，将荡上心。乃引由余、太康之义，上疏以讽，玄宗纳之，迁下邽主簿。”①又，据徐松《登科记考》卷五，知袁楚客开元二年以“贤良方正、能直言极谏科”登第。合勘之，袁楚客之任酸枣尉，必在其开元二年登“贤良方正、能直言极谏科”之后，其时距神龙二年至少有八年之隔，故知小传之“神龙中官酸枣县尉”者，乃误。

① 刘肃：《大唐新语》卷十，中华书局1984年版。

考补：下邽主簿。

见上引刘肃《大唐新语》卷十。

王勃(卷一七七)

原小传云："勃，字子安，绛州龙门人。……上元二年，渡南海坠水卒，年二十八。"

辨证：王勃，两《唐书》有传。小传此之所述，乃是据《旧唐书·王勃传》而为，但有误。关于王勃的生年、卒年、享年，具体详见拙著《唐人生卒年录》第11页"王勃"条，此不具述。

杜君绰(卷一八六)

原小传云："君绰，高宗朝官左戎卫大将军，封怀宁县公。"

按：杜君绰，两《唐书》无传。小传此述，所本何籍，待考，不误。

考补：右领军将军，加上护军，检校左武卫将军，检校右武卫大将军兼知右厢诸门兵马队使，检校左卫将军，太子左卫率，左领军将军，怀宁县开国公，左戎卫大将军兼太子左典戎卫率。龙朔二年卒，享年六十二。赠荆州都督。

考王昶《金石萃编》卷五十四著录无名氏《大唐故左戎卫大将军兼太子左典戎卫率赠荆州都督上柱国怀宁县开国襄公杜公(君绰)碑》一文，云："(贞观)廿三年，正除右领军将军，加上护军……检校左武卫将军，又检校右武候大将军兼知右厢诸门兵马队使。……加上柱国。……从幸许州，敕检校左卫将军……太子左卫率。诏曰左领军将军、怀宁县开国公。……顷之，奉使于鄜州道简点。明年，又□□东道经略大使。……龙朔二年，册拜左戎卫大将军兼太子左典戎卫率。……春秋六十有二，以龙朔□□□□廿五□□朝薨……粤以三年岁次癸亥二月乙酉朔十□日壬寅，迁窆于陵东南。”①

附考：按《旧唐书·高宗纪下》有云：“(咸亨二年)十一月……庚戌，幸许、汝等州教习。癸酉，冬狩，校猎于许州叶县昆水之阳。”《碑》云“从幸许州”者，所指必为是年无疑，因据《旧唐书·高宗纪》所载，知高宗幸许州者只此一次，且是当年“十二月丙戌，还东都”。如此，则杜君绰“敕检校左卫将军”，亦必在斯时。又杜君绰之卒年，《碑》作“龙朔□年……薨”，又云“粤以三年岁次癸亥二月……迁窆于□陵东南”。文中的“岁次癸亥”，即龙朔三年。合勘之，杜君绰“迁窆”既在龙朔三年二月，则其卒年当为龙朔二年，而王昶跋考其卒年，亦正为是年。

权善才(同卷)

原小传云：“善才，上元中左金吾卫大将军上柱国开国侯。”

按：权善才，两《唐书》无传。小传此述，所本何籍，待考，但有误(详下“考补”)。

考补：仪凤中官武卫大将军。

考刘肃《大唐新语》卷四“持节第七”有云：“权善才，高宗朝为将军，中郎将范怀义宿卫昭陵，有飞骑犯法，善才绳之。……大理丞狄仁杰断善才罪止免官。”②按此事，《旧唐书·狄仁杰传》亦载之，且时间为“仪凤中”，权善才届时为武卫大将军。据《新唐书·职官志一》，知武卫大将军与左金吾卫大将军品阶相同，皆“正第三品”。如此，则小传之“上元中左金吾卫大将军”之“上元中”，应以“仪凤中”为是。

---

① 无名氏：《唐故左戍卫大将军兼太子左典戎卫率赠荆州都督上柱国怀宁县开国襄公杜公(君绰)碑》，《金石萃编》卷五十四，中国书店1985年影印本。

② 刘肃：《大唐新语》卷四，中华书局1984年版。

至于小传所述之“上柱国开国侯”者，则无考。

孔志约(同卷)

原小传云：“志约，高宗朝官太常博士礼部郎中。”

辨证：孔志约，两《唐书》无传。小传此之所述，乃是据《旧唐书·李义府传》而为，但有误。复次《旧唐书·李义府传》云：“初，五礼仪注自前代相沿……太常博士萧楚材、孔志约以皇室凶礼为预备凶事……义府深然之。”《旧唐书·礼仪志一》亦载此事，然孔志约届时所官者却非“太常博士”，而是“符玺郎”。其云：“高宗初，议者以《贞观礼》节文未尽，又诏……太学博士史道玄、符玺郎孔志约、太常博士萧楚才……等重加辑定……至显庆三年奏上之。……李义府用事……以为不及贞观。”又，《新唐书·艺文志三》于《图经》有注云：“礼部郎中兼太子洗马、弘文馆大学士孔志约……等撰。”又，《旧唐书·礼仪志二》有云：“永徽二年七月二日……内直丞孔志约据《大载礼》……为九室。”合勘可知，孔志约在高宗朝之永徽二年至显庆四年间，根本不曾任太常博士，而上述官衔之品阶又均较太常博士为高，所以，小传之此述，当乃为误。

考补：符玺郎，内直丞，太子洗马，弘文馆大学士。

前二职分别见上引《旧唐书·礼仪志一》《礼仪志二》；后二职俱见上引《新唐书·艺文志三》。

骆宏义(同卷)

原小传云：“宏义，高宗朝庭州刺史。”

辨证：“骆宏义”，两《唐书》无传。小传此之所述，乃是据《新唐书·突厥传》而为，但其作“骆宏义”者则误，即应以骆弘义为是。按

《资治通鉴·唐纪》卷十五、王钦若等《册府元龟》卷三六六，亦皆作骆弘义，则小传作“宏义”者非。又，林宝《元和姓纂》卷十作“知义”，“知”与“弘”形近，当为传抄之误。关于唐人“宏”与“弘”之混写而成误者，可具体参见本书“宇文歆(卷一三三)”条引岑仲勉《通鉴隋唐纪比事质疑》之辨证，此不具述。

李敬贞(同卷)

原小传云：“敬贞，麟德时罗含府果毅。”

辨证：李敬贞，两《唐书》无传。小传此述，所本何籍，待考，但误。按李敬贞“麟德时”所官之“罗含府果毅”，其“罗含府”乃“罗文府”之误，而王溥《唐会要》卷七作“罗文府”者，即可为之证。又，中华书局排印本《旧唐书·礼仪志二》所引李敬贞文，即《全唐文》是卷所收《请以阴燧取明水奏》，其于校勘记八有云：“今按《新书》(卷三七)《地理志》华州下注云：有府二十，其十二为罗文，是含为文之误也。”甚是。所以，小传应改“罗含府果毅”为罗文府果毅。

陆遵(卷一八七)

原小传云：“遵，乾封时太常博士。”

辨证：“陆遵”，两《唐书》无传。小传此述，所本何籍，待考，但误。按小传之“遵”后乃脱“楷”字，应补，即“陆遵”乃为“陆遵楷”之误(参见下引杜佑《通典》卷四十五)。又小传所述陆遵楷所官“太常博士”一职，应以作“奉常博士”为是。检《新唐书·百官志三》云：“高宗即位……龙朔二年，改太常寺为奉常寺，九寺卿皆曰正卿，少卿曰大夫。武后光宅元年，复改太常寺曰司礼寺。”此则表明，太常博士与奉常博士、司礼博士，虽名异而职同，但陆遵楷任此职时既在高宗朝，则自当以奉常博士为是。

又，《旧唐书·礼仪志一》云："乾封初，高宗东封回……司礼少常伯郝处俊等奏曰……又下诏依郑玄义祭五天帝，其雩及明堂，并准敕祭祀。于是奉常博士陆遵楷……等议称。"此作"奉常博士"者，即为明证。而为《旧唐书·礼仪志》所引陆遵楷"议称"之文，即《全唐文》是卷所著录其《北郊用十月致祭议》一文，然其作"陆尊楷"者，则"尊"乃"遵"之误。又杜佑《通典》卷四十五亦引此文，作陆遵楷，甚是。

乔师望(同卷)

原小传云："师望，高宗朝封襄邑县子驸马都尉。显庆三年为凉州刺史。上元二年移华州。"

辨证：乔师望，诗人乔知之之父，两《唐书》无传。小传此述，所本何籍，待考，但有误。检《旧唐书·乔知之传》云："父师望，尚高祖女庐陵公主，拜驸马都尉，官至同州刺史。"《新唐书·诸帝公主·庐陵公主传》略同。乔师望显庆三年为凉州刺史，见《唐大诏令集》卷六十三高宗《册乔师望凉州刺史文》。而其出牧华州，刘遇奇等《续华州志》卷三《官师列传》则有载："唐上元五年银青光禄大夫检校华州刺史……驸马都尉乔师望制文。"据此，知小传作"上元二年"者，乃误。又高宗以"上元"纪年，凡四年，《续华州志》卷三作"上元五年"者，应为"上元四年"之误，或者"上元末年"之讹。

权无二(卷一八九)

原小传云："无二，高宗朝太常博士，历太子文学。"

辨证：权无二，两《唐书》无传。小传此述，所本何籍，待考。按权无二与陆遵楷同时，均于高宗朝官奉常博士，小传作“太常博士”者，乃不确，具体参见本书“陆遵[楷]小传(卷一八七)”之辨证。权无二“历太子文学”，《新唐书·艺文志三》于“复礼《十门辨惑论》二卷”之注释有载，小传所本当即此。

骆宾王(卷一九七)

原小传云：“宾王，婺州义乌人。……武后时数上书言事，下除临安丞。”

辨证：骆宾王，两《唐书》有传。小传此之所述，乃是据《旧唐书·骆宾王传》而为，但其中之“临安丞”，乃“临海丞”之误。对于骆宾王“下除临海丞”之载，具体参见两《唐书·骆宾王传》，以及郗云卿《骆宾王文集序》(《骆临海集注·附录》)，此不具引。

卫宏敏(卷二〇〇)

原小传云：“宏敏，显庆元年官豫州刺史，徙吴兴，迁右清道府率。”

辨证：“卫宏敏”，两《唐书》无传。小传此之所述，当是据谈钥《嘉泰吴兴志》卷十四而为，其云：“卫弘敏，显庆元年自豫州刺史授，迁右清道府率。”但小传之“宏敏”应作“弘敏”，具体参见本书“骆宏义小传”之辨证。又小传与《嘉泰吴兴志》所述卫弘敏“官豫州刺史”之时间为“显庆元年”者，乃误。考拓本《大唐故使持节青州诸军事青州刺史国赠司徒杨州大都督虢庄王(李凤)墓志铭并序》云：“(贞观)十八年除使持节豫州诸军事、豫州刺史……廿一年服阕，又复本任……显庆三年，除使持节宋州诸军事、宋州刺史。”①李凤既于贞观十八年至显庆三年均在豫州任上，则卫弘敏就不可能于“显庆元年官豫州刺史”。此则表明，小传之“显庆元年”，当为“显庆五年”之误。《嘉泰吴兴志》卷十四亦如是。

贺遂亮（同卷）

原小传云：“遂亮，显庆中官侍卫御史。出为陵州刺史。”

辨证：贺遂亮，两《唐书》无传。小传此之所述，前者本之刘肃《大唐新语》卷九，后者则据《全唐文》是卷所著录其《大唐平百济国碑铭》而为。是《碑》有云：“□州长史判兵曹贺遂亮，滥以庸材，谬司文翰，学□□□，气□风云……官称博士。”此《碑》又见于王昶《金石萃编》卷五十三，洪良浩引《东史》跋云：“唐高宗显庆五年，新罗武烈王上表言进贡之路，经百济、高勾丽，辄为两国所梗，帝大怒，遣将军苏定方领舟师渡海征百济。……刻石……以纪功。撰者陵州刺史贺遂亮，书者洛州河南权怀素。”②又王昶跋此《碑》云：“撰文者□州长史判兵曹贺遂亮，已见文内。”据此，知小传之“出为陵州刺史”者，实则所出者为“陵州长史”，故小传应据改。

沈成福（同卷）

原小传云：“成福，永徽时人。”

按：沈成福，两《唐书》无传。小传此述，不误（详下引陈耆卿《嘉

---

① 拓本：《大唐故使持节青州诸军事青州刺史国赠司徒杨州大都督虢王（李凤）墓志铭并序》，《中国历代拓片汇编》，中州古籍出版社1989年版。

② 洪良浩：《大唐平百济国碑铭》跋语，《金石萃编》卷五十三，中国书店1985年影印本。

定赤城志》卷八)。

考补：通议大夫，简、台、庐三州刺史。

考林宝《元和姓纂》卷七“吴兴武康县沈氏”云：“成福，简、台、庐等州刺史。”上图藏拓片《唐故绛郡龙门县尉沈府君(知敏)墓志铭并序》云：“父成福，通议大夫，台州刺史。”又，陈耆卿《嘉定赤城志》卷八“历代郡守”内有云：“垂拱四年，沈福。”按此“沈福”，乃为“沈成福”之误。

薛孤吴仁(卷二〇一)

原小传云：“吴仁，龙朔朝官右金卫将军，封朔方公。”

辨证：薛孤吴仁，两《唐书》无传。小传此之所述，当是据林宝《元和姓纂》卷十“薛孤氏”而为。检林宝《元和姓纂》卷十之所载，知薛孤吴仁于龙朔二年官右金吾将军，与小传所云“右金卫将军”稍异。但唐高宗以“龙朔”纪元者，凡二年，龙朔二年即龙朔末，小传之“龙朔朝”应改为龙朔末，或径作“龙朔二年官右金卫将军”。

又，《新唐书·西域传》载有萨孤吴仁其人，其贞观九年从李靖征曼都山，十三年任交河道副总管，当与薛孤吴仁为一人，即“萨”与“薛”形近，或为传抄所致误。若果尔，则其中之“交河道副总管”，乃可补小传之阙。

李尚一(同卷)

原小传云：“尚一，赵郡元氏人。”

辨证：李尚一，李乂长兄，两《唐书》无传。小传此述，所本当为李尚一《大唐开耀二年岁次壬午二月乙丑朔八日壬申李公碑并序》(以下简称《开业寺碑并序》）一文（详下），但误。检《新唐书·李乂传》云："李乂字尚真，赵州房子人。……乂事兄尚一、尚贞孝谨甚。……尚一终清源尉，尚贞博州刺史。"《旧唐书·李乂传》《新唐书·宰相世系表二上》"赵郡李氏房"同。据李吉甫《元和郡县图志》卷十七，知"房子"乃汉县名，唐为高邑县，与元氏县均为赵州所辖。又，《全唐文》本卷著录李尚一《开业寺碑并序》一文，其中有李裔"赵郡元氏人"云云，小传撰写者乃将其误置于"李尚一小传"（因二人皆姓李），而使之成为"赵郡元氏人"者，实乃不的。所以，小传应据《新唐书·李乂传》之所载，改"赵郡元氏人"为赵州房子人。而《新唐书·李乂传》中之"清源尉"，则可补小传之阙。

颜元孙（卷二〇三）

原小传云："元孙，琅邪临沂人，垂拱初进士，考功员外郎。历官长安尉，太子舍人，亳州刺史。

辨证：颜元孙，两《唐书》传附《颜杲卿传》后。小传此之所述，即是综合此二《传》而为，但因二《传》之所载各有讹误，故小传亦误。检《旧唐书·颜杲卿传》云："父元孙，垂拱初登进士第，考功员外郎刘奇榜其词策，文瑰俊拔，多士耸观。历官长安尉、太子舍人、亳州刺史。"但其中之"考功员外郎"，实乃为刘奇之所任，小传撰写者则将其误作颜元孙之所任。又"亳州刺史"，《新唐书·颜杲卿传》作"濠州刺史"。考颜真卿《朝议大夫守华州刺史上柱国赠秘书监颜君（元孙）神道碑铭》有云："君讳元孙，字聿修，京兆长安人。举进士……省试《九河铭》《高松赋》……考功郎刘奇乃先标榜……由是名动天下，解褐鼓城主簿，历登封尉。与弟……以高等同登甲科，相代为长安尉。……皆迁中书舍人。……起为濠州刺史，累加朝议大夫，上柱国。……开元二十年秋七月……薨于绛州翼城县丞之官舍。”①据《碑》文可知：(1)小传之“亳州”乃为“濠州”之误。(2)小传之“太子舍人”乃为“中书舍人”之误。(3)小传之“琅邪临沂人”乃为“京兆长安人”之误。

考补：鼓城主簿，登封县尉，朝议大夫，上柱国。开元二十年卒。

俱见上引颜真卿《朝议大夫守华州刺史上柱国赠秘书监颜君(元孙)神道碑铭》。

刘承庆(同卷)

原小传云：“承庆，圣历初太常博士。”

辨证：刘承庆，两《唐书》无传。小传此之所述，当是据《新唐书·张齐贤传》而为，但有误。复次《新唐书·张齐贤传》云：“中宗即位，因武后东都庙改为唐庙，议满七室，以凉武昭王为始祖。……于是祝钦明等上言：‘博士等三百人为两说：齐贤等不祖武昭王，刘承庆等请迁宣皇帝。臣等欲皆可其奏。’诏可。”据此，知刘承庆之官太常博士，乃在中宗朝而非武则天时期的“圣历初”。又，《旧唐书·礼仪志二》云：“证圣元年正月丙申夜……左拾遗刘承庆上疏。”此则可证，刘承庆在则天朝所任之职为左拾遗。证圣元年后三年为“圣历初”，后十年为中宗即位的神龙元年，刘承庆从则天朝的从八品左拾遗到中宗朝的从七品太常博士，乃为正常之擢升。而杜佑《通典》卷四十七、《新唐书·礼仪志》所引刘承庆《明堂灾后求直言疏》一文，称其官衔正为太常博士，且其年份又恰好为神龙元年。所以，小传之“圣历初”，应改为“神龙初”，或径作神龙元年太常博士。

---

① 颜真卿:《朝议大夫守华州刺史上柱国赠秘书监颜君(元孙)神道碑铭》,《全唐文》卷三四一，中华书局1983年影印本。

李义范(同卷)

原小传云："义范，龙朔中官右戎卫长史。"

按：李义范，襄邑恭王李神符之子，两《唐书》有传。小传此述，所本何籍，待考。

考补：怀州刺史，上柱国，广川郡公。

考陆心源《唐文续拾》卷十四著录无名氏《大唐司空开府仪同三司杨州荆州二大都督并州大总管上柱国襄邑恭王(神符)之碑铭》一文，有云："子……义范，怀州刺史、上柱国。"又，《旧唐书·李神符传》云："有子七人，武德初，并封郡王，后例降封县公。"《旧唐书》本传同。《新唐书·宗室世系表上》"大郑王房"列李义范名，官广川郡公，《旧唐书·李神符传》之"有子七人，武德初，并封郡王"者，其中李义范之"并封"，所指当为此。

李行敏(同卷)

原小传云："行敏，龙朔中官右崇掖卫长史。"

按：李行敏，两《唐书》无传，小传此述，所本何籍，待考。

考补：左威卫长史。

检《新唐书·宰相世系表二上》"赵郡李氏东祖房"列李行敏名，云："德，隋司徒长史。(子)行敏，左威卫长史。"

柳元贞(同卷)

原小传云："元贞，龙朔中官内府监丞。"

按：柳元贞，李义府女婿，两《唐书》无传。小传此述，所本何籍，待考。

考补：少府主簿，因凭恃受赃而长流延州。

检《旧唐书·李义府传》云："义府次子率府长史洽……子婿少府主簿柳元贞等，皆凭恃受赃，并除名长流延州。朝野莫不称庆，时人为之语曰：'今日巨唐年，还诛四凶族。'四凶者，谓洽及柳元贞等四人也。"

李洽（卷二〇四）

原小传云："洽，龙朔中官右清道卫长史。"

按：李洽，李义府次子，两《唐书》无传。小传此述，所本何籍，待考。

考补：率府长史，因凭恃受赃而长流延州。

检《旧唐书·李义府传》云："义府次子率府长史洽……等……并除名长流延州。……四凶者，谓洽及柳元贞等四人也。"

李晦（同卷）

原小传云："晦，龙朔中官右威卫将军。"

辨证：李晦，河间元王李孝恭子，两《唐书》有传，但其均未载李晦曾任"右威卫将军"一职。考无名氏《大唐故秋官尚书河间公（晦）碑》有云："公讳晦……父河间元王孝恭。……贞观末……累迁□□卫将军、右金吾将军。……咸亨之始……加云麾将军，右金吾将军。……高宗晏驾……以诏命授户部尚书。……拜左武威卫大将军。……检校右金吾大将军，寻拜秋官尚书。……永昌元年二月廿七日薨于位，春秋六十有三。”①《碑》文中“累迁□□卫将军”之所阙，勘之《新唐书·百官志》，知当为“右威”二字，即李晦曾一度任过“右威卫将军”。若然，则小传所述或本此。但《碑》文载李晦供“右威卫将军”之时，为“贞观末”，与小传所云之“龙朔中”，乃有十余年之隔。此则表明，小传之“龙朔中”乃误。

考补：父河间元王孝恭。历任右金吾将军，云麾将军，右金卫将军，户部尚书，左武威卫大将军，检校右金吾大将军，秋官尚书。永昌元年卒，年六十三。

俱见上引无名氏《大唐故秋官尚书河间公(晦)碑》。

王元策(同卷)

原小传云：“元策，贞观十二年为右卫率府长史，使西域，为中天竺所抄掠，元策发吐蕃兵破之。”

辨证：王元策，两《唐书》无传。小传此之所述，乃是据《旧唐书·吐蕃传上》而为，但其中之“贞观十二年”，乃为“贞观二十二年”之误，即小传之“十二”前乃脱“二”字。同此者，另有《新唐书·西域传上》，《资治通鉴·唐纪》卷十五。所以，小传应据改“贞观十二年”为贞观二十二年。

宋璟(卷二〇七)

原小传云：“璟，邢州南和人。举进士，调上党尉。”

---

① 无名氏：《大唐故秋官尚书河间公(晦)碑》，《全唐文》卷九九二，中华书局1983年影印本。

辨证：宋璟，两《唐书》有传。小传此之所述，乃是据《新唐书·宋璟传》而为，虽不误，但欠精审。检《旧唐书·宋璟传》云：“博学，工于文翰。弱冠举进士，累转凤阁舍人。”与《新唐书·宋璟传》同。即此二《传》皆未明载宋璟进士及第之时间，故徐松《登科记考》卷二十七乃将其归于“附考”中。考韩休《苏颋文集序》有云：“十七游太学，对策甲科。……后因选集时属糊名考判，公与宋璟俱入殊等。”①又，《新唐书·苏颋传》云：“武后封嵩高，举贤良方正异等，除左司御率府胄曹参军。”又，苏颋《授姚元之等兼太子庶子制》有云：“……中散大夫检校吏部尚书同中书门下三品宋璟等，以贤良方正、茂才异等著于天下。”②而《资治通鉴·唐纪》则云：“(天册万岁二年)腊月甲申，封神岳，改元万岁登封。”则宋璟与苏颋皆于是年擢第乃无疑。所以，小传应正为：“武后天册万岁二年，以贤良方正，茂才异等科擢第，调上党尉。”

阎朝隐(同卷)

原小传云：“朝隐，字友清，赵州栾城人。”

辨证：阎朝隐，两《唐书》有传。小传此述，所本何籍，待考，但误。检《新唐书·阎朝隐》传云：“阎朝隐，字友倩，赵州栾城人，少与兄镜几、弟仙舟皆著名。”同此者，另有计有功《唐诗纪事》卷十一“阎朝隐”条，《全唐诗》卷六十九“阎朝隐小传”。据此，知小传作“友清”者，当为传抄致误，盖因“清”“倩”形近故也。

---

① 韩休：《苏颋文集序》，《全唐文》卷二九五，中华书局1983年影印本。

② 苏颋：《授姚元之等兼太子庶子制》，《全唐文》卷二五二，中华书局1983年影印本。

皇甫琼(同卷)

原小传云："琼(注云："一作伯琼")，永昌元年进士。"

辨证："皇甫琼"，两《唐书》无传。小传注云"一作伯琼"者，良是。考徐松《登科记考》卷三，嗣圣元年"词标文苑科"内有皇甫伯琼，即皇甫伯琼乃为"嗣圣元年进士"。并云："见《册府元龟》《唐会要》。按《文苑英华》作'皇甫琼'，引《登科记》作'皇甫伯琼'。"①李昉等《文苑英华》所引之《登科记》，乃唐人撰著，则其作"皇甫伯琼"者，自是可以据信的。又，考刘肃《大唐新语》卷四"持法第七"有云："魏元忠、张说为二张所构，流放岭南……(夏官)郎中皇甫伯琼等八人并送于郊外。"是"皇甫琼"为"皇甫伯琼"之夺误者，乃甚明。而小传之"永昌元年"，则应据之改为嗣圣元年。至若《大唐新语》所载"夏官郎中"一职，则可补小传之阙。

蒋挺(卷二〇八)

原小传云："挺，义兴人。武后朝官殿中侍御史内供奉，历湖延二州刺史。"

按：蒋挺，两《唐书》无传。小传此之所述，乃是据《旧唐书·高智周传》(是传作"蒋捷"，误)而为，不误。

考补：国子司业，申王府长史。

检《新唐书·许景先传》云："(开元)十三年，帝自择刺史……国子司业蒋挺湖州。"又，谈钥《嘉泰吴兴志》卷十四"郡守题名"有蒋挺，云：

---

① 徐松：《登科记考》卷三，中华书局1984年版。

"开元五年自国子司业授，选申王府长史。"

陈子昂(卷二〇九)

原小传云："子昂，字伯玉，梓州射洪人。……以父老解官归侍……忧愤卒，年四十三。"

辨证：陈子昂，两《唐书》有传。小传此之所述，乃是据《新唐书·陈子昂传》而为，但有误。考卢藏用《陈子昂别传》云："因命蓍自筮，卦成，仰而号曰：'天不祐吾，其死矣！'于是遂绝，年四十二。"①卢藏用为陈子昂诗友，其于《陈子昂别传》中作"年四十二"者，应最为可信。又，陈子昂《麈尾赋序》云："甲申岁，天子在洛阳，余始解褐。"赵儋《故右拾遗陈公旌德碑》则云："年二十四，文明元年，进士射策主第。……年四十有二，葬于射洪独坐山。"②

关于陈子昂之卒年、享年与及第时间等，另可参见罗庸《陈子昂年谱》(《国学季刊》第五卷第二号)，韩理洲《陈子昂生卒年考辨》(《陈子昂研究》)，拙作《陈子昂死因新探》(《唐代诗人探赜》第一章)，此不具引。

崔神庆(卷二三四)

原小传云："神庆，贝州武城人。坐前推张昌宗狱不实，流钦州，卒年七十。"

---

① 卢藏用：《陈子昂别传》，《文苑英华》卷七九三，中华书局1966年影印本。

② 赵儋：《故右拾遗陈公旌德碑》，《全唐文》卷七三二，中华书局1983年影印本。

辨证：崔神庆，两《唐书》有传。小传此之所述，乃是据《旧唐书·崔神庆传》而为，但有误。复次《旧唐书·崔神庆传》云：“神龙初，昌宗等伏诛，神庆坐流钦州。寻卒，年七十余。明年，敬晖等得罪，缘昌宗被流贬者例皆雪免，赠神庆幽州都督。”一作“卒年七十，一作“年七十余”，二者异。但比较而言，似小传之“卒年七十”乃脱“余”，即其应从《旧唐书·崔神庆传》作“卒年七十余”。是否如此，兹拈出以俟淹贯者。

俞文俊(卷二三五)

原小传云：“文俊，荆州江陵人。武后载初年，新丰因风雷山移，乃改县名为庆山，文俊上书谏，武后怒，流岭外，为六道使所杀。”

辨证：俞文俊，《旧唐书》有传。小传此之所述，即是据《旧唐书·俞文俊传》而为，但有误。按《旧唐书·五行志》亦载此事，且引录俞文俊《上则天书》(即《全唐文》是卷所著录之文)全文，但其中却无“武后载初年”之载。又，《新唐书·地理志一》之“关内道京兆府”有昭应县，云：“本新丰，垂拱二年曰庆山，神龙元年复故名。”《旧唐书·地理志》同。据此，知庆山县非改名于“载初年”甚明。又，《新唐书·五行志二》有云：“垂拱二年九月己巳，雍州新丰县露台乡大风雨，震电，有山涌出，高二十丈，有池周三百亩……后怒，流于岭南。”合勘之，新丰县改名与俞文俊上书，均在垂拱二年，小传作“武后载初年”者，乃误，应据改。

席豫(同卷)

原小传云：“豫，字建侯，襄阳人。……天授中举手笔俊拔科，补襄邑尉。"

辨证：席豫，两《唐书》有传。小传此之所述，乃是据《新唐书·席豫传》而为，但有误。复次《新唐书·席豫传》云："长安中，举学兼流略、词擅文场科擢上第，时年十六，以父丧罢。复举手笔俊拔科，中之。补襄邑尉。"又，《旧唐书·席豫传》云："天宝……七载，卒于位，时年六十九。"据此，知席豫生年为永隆元年，以此计之，其初试"学兼流略、词擅文场科"的"时年十六"，乃为武则天万岁通天元年而非"长安中"。又，据徐松《登科记考》卷四，知武则天朝试"文擅词场科"(《新唐书·席豫传》作"词擅文场科"，乃倒误)，仅为大足元年一年，而是年，席豫二十一岁，与"时年十六"亦不合。另，席豫之"举手笔俊拔科"，据《登科记考》卷四引王钦若等《册府元龟》，知在景云三年(亦即太极元年)，届时，席豫已为三十三岁，与"时年十六"相去更远。所以，《新唐书·席豫传》之"时年十六"云云，乃不可据信。而席豫"举手笔俊拔科"既在景云三年，其补襄邑尉亦当在是时，如此，则小传作"天授中"者，乃误。

韦嗣立(卷二三六)

原小传云："嗣立，字延构……开元初为太子宾客。……七年卒，年六十六。"

辨证：韦嗣立，两《唐书》有传。小传此之所述，乃是综合两《唐书·韦嗣立传》而为，但有误。检《旧唐书·韦嗣立传》云："开元七年卒。"《新唐·韦嗣立传》则云："开元中……会卒，年六十六。"小传之"七年卒，年六十六"，即是综此所致。考张说《中书令逍遥公(韦嗣立)墓志铭》有云："公……讳嗣立……春秋六十有六，构疾陈郡，还医洛师，开元七年九月二日，薨于归德里。”①两《唐书·韦嗣立传》之所载，当本此。但张说是文，又为《全唐文》卷二三二著录，却作“春秋六十”。其云：“时命或推移，苍生之望恒在。春秋六十，构疾陈郡，还医洛师，开元七年九月二日，薨于归德里。”二者异。揣度之，《全唐文》所著录是文，当因抄工所致而脱“六”字，否则，《文苑英华》卷九三六所著录张说《中书令逍遥公墓志铭》中之“春秋六十有六”者，即当误。而此文既误，则两《唐书·韦嗣立传》与小传之所述，乃皆误。其是耶非耶，兹拈出以俟淹贯者。

姜晞(同卷)

原小传云：“晞，赠岷州都督謩曾孙，永隆元年进士。官工部侍郎，袭封郕国公。”

辨证：姜晞，《旧唐书》有传，附《姜行本传》后，极简略：“(姜謩子行本，行本子简，简)子晞嗣，开元初左散骑常侍。”而小传此之所述，则是将《旧唐书·姜行本传》误作《姜晞传》所致，即小传之“永隆元年进士。官工部侍郎，袭封郕国公”者，乃皆为姜行本所官，而与姜晞毫无关系。

检《全唐诗》卷九十五“姜晞小传”云：“姜晞，上邽人，登永隆元年进士第。官工部侍郎、散骑常侍。封金城郡公。”但此小传之载，乃是将姜行本之“官工部侍郎，封金城郡公”与姜晞之“散骑常侍”合而为之，且有误，如“散骑常侍”为“左散骑常侍”之误，“封金城郡公”为“封郕国公”之误，即为其例。所以，小传之“官工部侍郎，袭封郕国公”，乃应删除。又，计有功《唐诗纪事》卷十五“姜晞”条有云：“晞，登永隆二

---

① 张说：《中书令逍遥公(韦嗣立)墓志铭》，《文苑英华》卷九三六，中华书局1966年影印本。

年进士。”徐松《登科记考》同。如此，则知小传与《全唐诗》“姜晞小传”作“永隆元年”者，乃皆为“永隆二年”之误，小传应据改。

任知古(同卷)

原小传云：“知古，朝议郎，行麟台郎。”

按：任知古，两《唐书》无传。小传此述，不误(参见岑仲勉《读全唐文札记》之“任知古”条)。

考补：侍御史，凤阁侍郎，同凤阁鸾台平章事，长寿元年贬江夏令。

检《旧唐书·严挺之传》有云：“时侍御史任知古恃宪威……挺之深让之，以为不敬。”又，同书《徐有功传》云：“俄而凤阁侍郎任知古、冬官尚书裴行本等七人被构陷当死……行本竟以免死。”又，《新唐书·则天皇后纪》有云：“(天授二年)六月庚戌……鸾台侍郎乐思晦、凤阁侍郎任知古，同凤阁鸾台平章事。……长寿元年正月……庚午，贬任知古为江夏令。”

李朝隐(同卷)

原传云：“朝隐，字光国，京兆三原人。明法中第。开元时……出为岭南采访处置使，兼判广州。二十八年卒，年七十。”

辨证：李朝隐，两《唐书》有传。小传此之所述，乃是据《旧唐书·李朝隐传》而为，但有误。复次《旧唐书·李朝隐传》云：“(开元)二十一年，兼判广州事，仍摄御史大夫，充岭南采访处置使。明年，卒于岭外，年七十。”文中明载李朝隐出牧广州为开元二十一年，“明年，卒于岭外”，则为开元二十二年，与小传之“二十八年卒”相差六年。考王钦若等《册府元龟》卷一六二于开元二十三年二月云，“辛亥，初置十道处置使……太常卿广州事岭南经略使李朝隐为岭南采访使”①。按《新唐书·百官志四下》有云：“贞观初……有巡察、安抚，存抚之外。……开元二年，曰十道按察采访处置使……二十年采访处置使，分十五道，各置采访使。两畿以中丞领之，余皆择贤刺史领之。”合勘之，表明李唐之置采访使的年代，乃是大有问题的，所以，李朝隐出牧广州之时间，乃需作进一步之考察。

按据杜佑《通典》卷一七二、两《唐书·地理志》之所载可知，李唐采访使之设置，乃有“十道”与“十五道”之分，“十道”置于唐太宗贞观元年，“十五道”置于唐玄宗开元二十一年二月十九日。据此，知李朝隐赴任广州之时间，就当在开元二十一年。又，据王钦若等《册府元龟》卷二七七所载，开元二十三年七月以前的广州都督为义王李遂，合勘之，则李朝隐之卒，是必在开元二十一年二月至二十三年七月之间的。而此，与《旧唐书·李朝隐传》之“明年，卒于岭外”之载，又互可印证。所以，小传之“二十八年卒”者，乃必误无疑。而其卒年既误，则“年七十”是否可靠，也就颇值得怀疑了。

于知微(卷二三七)

原小传云：“知微字辨机，太仆少卿立政子。……太极二年卒。”

辨证：于知微，于志宁之孙，两《唐书》无传。小传此述，所本何籍，待考，但有误。考姚崇《兖州都督于知微碑》有云：“以□□二年六月二十五日，薨于长安常乐之里第，春秋七十九。”②《碑》中“二年”前所缺二字为何，不得而知。若以小传之“太极二年”言，似所缺者当为

① 王钦若等：《册府元龟》卷一六二，中华书局1985年影印本。

② 姚崇：《兖州都督于知微碑》，《全唐文》卷二〇六，中华书局1983年影印本。

“太极”，然则唐睿宗以“太极”纪元者，尚不足十月，焉有“太极二年”之谓？对此，《旧唐书·睿宗纪》乃有明载，云：“(景云三年春正月)乙丑，大赦天下，改元为太极。……五月戊寅，亲祀北郊。辛未，大赦天下，改元为延和。……八月庚子，帝传位于皇太子，自称太上皇帝。……甲辰，大赦天下，改元为先天。”是为明证。

合勘姚崇《于知微碑》之所载，于知微“景云二年封□海郡公”与“□□二年”卒，其所缺二字，若非“先天”，就必为“开元”。这是因为，据两《唐书·睿宗纪》、两《唐书·玄宗纪》、《资治通鉴·唐纪》、王溥《唐会要》等所载可知，在睿宗景云二年后的“太极”“延和”“先天”“开元”四个纪元年号中，只有“先天”与“开元”有“二年”可言。据此，知《于知微碑》之“□□二年”，若非“先天二年”，就必为“开元二年”，但其究竟为何，则因资料所限，而难以确断。

张易之(卷二三九)

原小传云：“易之，左仆射行成族子。”

辨证：张易之，两《唐书》有传。小传此之所述，乃是据《新唐书·张行成传》而为，但不确。检《旧唐书·张行成传》云：“行成之族孙易之、昌宗。易之父希臧，雍州司户。”又，据《新唐书·宰相世表二下》：张长谐，子行钧；行钧子希臧，雍州司户参军。希臧子昌期、昌仪、同休、易之、昌宗。”则小传从《新唐书·张行成传》作“族子”者，乃皆为“族孙”之误。所以，小传应据改。

薛曜(同卷)

原小传云：“曜，中书令元超子。尚城阳公主。圣历中附张易之，与修《三教珠英》，官正谏大夫。”

辨证：薛曜，两《唐书》有传。小传此之所述，乃是据《旧唐书·薛曜传》而为，但有误。复次《旧唐书·薛曜传》云：“（元超）子曜，亦以文学知名，圣历中，修《三教珠英》，官至正谏大夫。”但无“尚城阳公主”之载。检《新唐书·诸帝公主传·太宗二十一女·城阳公主传》（以下简称《新唐书·城阳公主传》）云：“城阳公主，下嫁杜荷，坐太子承乾事诛，又嫁薛瓘。”一作“薛曜”，一作“薛瓘”，二者异。考陈思《宝刻丛编》卷九引《京兆金石录》有《唐附马都尉房州刺史薛瓘碑》，可证尚城阳公主者为薛瓘，而非薛曜。上引《新唐书·城阳公主传》又有云：“麟德中，瓘历左奉宸卫将军。主坐巫蛊，斥瓘房州刺史。”据两《唐书·薛曜传》可知，薛曜一生不曾官房州刺史，则尚城阳公主者，非薛曜无疑。所以，小传之“尚城阳公主”，应删除。

甘子布（卷二五九）

原小传云：“子布……年十七，为左卫长史，登封时卒。”

按：甘子布，两《唐书》无传。小传此之所述，当从张鷟《朝野佥载》（见《太平广记》卷一四六引）而为。

考补：监察御史。

考刘肃《大唐新语》卷十三“谐谑第二十八”云：“益州每岁进柑子皆以纸裹之。……俄有御史甘子布使于蜀……及子布到驿，长吏但叙以布裹柑子为敬。子布初不之知，久而方悟。”其中之“御史”，即监察御史。

颜惟贞（同卷）

原小传云：“惟贞字叔坚，曲阜人。……历温州永昌长安三尉。”

辨证：颜惟贞，两《唐书》无传。小传此之所述，当本颜真卿《唐故通议大夫行薛王友柱国赠秘书少监国子祭酒太子少保颜君(惟贞)碑铭》一文而为，但其中之“温州”，乃为“温县”之讹。复次《太子少保颜君(惟贞)碑铭》有云：“天授元年，糊名考试，判入高等，以亲累授衢州参军。……又选授洛州温县、永昌二尉。……遂代兄为长安尉、太子文学。”①又，小传之“曲阜人”者，乃是就颜氏郡望而言。考殷亮《颜鲁公(真卿)行状》云：“公姓颜，名真卿，字清臣，小名羡门子，别号应方，京兆长安人也。颜氏乃春秋小邾子之苗裔……五代祖北齐黄门侍郎讳之推，自丹阳居京兆长安……父薛王友赠太子少保讳惟贞，即秘书监师古之曾侄孙也。”②是颜惟贞籍贯为京兆长安，而非“曲阜人”。所以，小传应据改为京兆长安人。

路敬淳(同卷)

原小传云：“敬淳，贝州临清人。贞观末官申州刺史。垂拱四年官宏文馆学士。”

辨证：路敬淳，两《唐书》有传。小传此之所述，乃是据《旧唐书·路敬淳传》而为，但有误。按岑仲勉《读全唐文札记》云：“(卷二五九)路敬淳小传，‘敬淳，贝州临清人，贞观末，官申州刺史，垂拱四年，官弘文馆学士’。余按敬淳证圣元年始官著作佐郎，见会要二六，据旧书一八九下本传，‘父文逸，隋大业末，阖门遇盗，文逸潜匿草泽……遂免于难，贞观末，官至申州司马’，徐氏误以父官为子官，且复讹司

① 颜真卿：《唐故通议大夫行薛王友柱国赠秘书少监国子祭酒太子少保颜君(惟贞)碑铭》，《全唐文》卷三四〇，中华书局1983年影印本。

② 殷亮：《颜鲁公(真卿)行状》，《全唐文》卷五一四，中华书局1983年影印本。

马为刺史也。"①又小传之"官宏文馆学士"，两《唐书》路敬淳传皆作"崇贤馆学士"，当正之。

苏诜(同卷)

原小传云："诜字廷言，雍州武功人，宰相瓌子。……卒赠礼部侍郎。"

辨证：苏诜，两《唐书》有传，均附《苏瓌传》后。小传此之所述，乃是据《新唐书·苏诜传》而为，但有误。复次《新唐书·苏诜传》云："卒，赠吏部侍郎。"《旧唐书·苏诜传》未及。又，《全唐诗》卷四十八张九龄集有《故徐州刺史赠吏部侍郎苏公挽歌词》三首，题中"苏公"即苏诜，此则可证，《新唐书·苏诜传》所载不诬。如此，则苏诜卒后所获"赠"者为吏部侍郎，而非"礼部侍郎"，小传应据而改之。

孙嘉之(同卷)

原小传云："嘉之，河朔人。……开元二十七年卒。"

辨证：孙嘉之，文章家孙逖之父，两《唐书》有传，皆附《孙逖传》后。小传此述，所本何籍，待考，但有误。检《旧唐书·孙逖传》云："孙逖，潞州涉县人。"《新唐书·孙逖传》则云："孙逖，博州武水人。"一作"潞州涉县人"，一作"博州武水人"，小传则作"河朔人"，三者异。考孙逖《宋州司马先府君(嘉之)墓志铭》云："府君讳嘉之，字某，

① 岑仲勉：《读全唐文札记》，《唐人行第录》外三种之一，上海古籍出版社1983年版。

魏郡武水人。"①按"魏郡"乃隋及其前旧郡名，唐初废。检李吉甫《元和郡县图志》卷十六"河北道·博州"所管"县六"，其中有武水县，所谓"魏郡武水人"，实即"博州武水人"。所以，小传应改"河朔人"为武水人。

辛怡谏(卷二六〇)

原小传云："怡谏，陇西人。官殿中侍御史内供奉。"

按：辛怡谏，两《唐书》无传。小传所述辛怡谏官"殿中侍御史内供奉"，乃据《御史台精舍题台》而为，不误。

考补：成均博士，职方员外郎，寿州刺史。

《全唐文》是卷著录辛怡谏《卫州共城县百门陂碑铭》一文，乃据王昶《金石萃编》卷六十五而收入，其开首第一行有云："前成均博士陇西辛怡谏文。"又，林宝《元和姓纂》卷三"陇西逖道辛氏"云："怡谏，职方员外郎、寿州刺史。"辛怡谏所任此二职，又见欧阳修等《新唐书·宰相世系表三上》、《千唐志·大唐故相州林虑县尉邢公墓志文并序》。

魏归仁(同卷)

原小传云："归仁，武后时人。"

辨证：魏归仁，两《唐书》无传。小传此述，本之何籍，待考，但误。检岑仲勉《读全唐文札记》云："(卷二六〇)魏归仁小传，'归仁，武后时人'。余按元和姓纂，'彦深，隋著作郎；孙归仁，一名克己，

① 孙逖：《宋州司马先府君(嘉之)墓志铭》，《全唐文》卷三一二，中华书局1983年影印本。

吏部侍郎、同州刺史’，旧书一九三魏氏传，父克己，有词学，则天时为天官侍郎，说之集一作吏部侍郎魏仁归；复据会要七四，弘道元年十二月，吏侍魏克己贬太子中允，又封氏闻见记三铨曹条，弘道中，侍郎魏克己出为同州刺史，则应称高宗时人。”①

考补：一名克己，吏部侍郎，同州刺史。

见上引岑仲勉《读全唐文札记》引林宝《元和姓纂》。

李师旦(同卷)

原小传云：“新丰人，官会稽尉。”

按：李师旦，两《唐书》无传。小传此述，所本何籍，待考。检《新唐书·宰相世系表二上》“赵郡李氏东祖房”有李师旦，官右领军录，为殷州刺史李德琏之子，未知是否即此李师旦，兹拈出以俟淹贯者。

康璀(同卷)

原小传云：“康璀，武后时擢书判拔萃科。”

辨证：康璀，两《唐书》无传。小传此述，所本何籍，待考。按据王谠《唐语林》、王钦若等《册府元龟》、徐松《登科记考》等之记载可知，武则天即帝位后，以“书判拔萃科”取士者，仅有大足元年一次，则康璀之“武后时擢书判拔萃科”，或当为是年。然则徐松《登科记考》卷四之“大足元年·拔萃科”中，列及第者六人姓名，而无康璀，则小传之“武后时擢书判拔萃科”为误者，当乃无疑。

---

① 岑仲勉：《读全唐文札记》，《唐人行第录》外三种之一，上海古籍出版社1962年版。

吴师道(同卷)

原小传："师道，垂拱元年进士。开元时官司勋仓部员外郎户部郎中。"

辨证："吴师道"，两《唐书》无传。小传此述，所本何籍，待考，但有误。按据林宝《元和姓纂》卷三、劳格等《唐尚书省郎官石柱题名考》卷八可知，唐代只有吴道师，而无"吴师道"。岑仲勉《郎官石柱题名新考订》同。所以，小传之"吴师道"，应改为吴道师。吴道师之登第时间，徐松《登科记考》卷三据《玉芝堂谈荟》，考订为光宅二年，小传作"垂拱元年"者，乃误。

司马鍠(同卷)

原小传云："鍠，洛州温人。神龙中官黄门侍郎卒。"

辨证：司马鍠，两《唐书》有传，但《新唐书》传附《刘宪传》后。小传此之所述，乃是据《旧唐书·司马鍠传》而为，但有误。检《新唐书·刘宪传》所附《司马鍠传》云："鍠，河南人，神龙初，以中书侍郎卒。"一为"黄门侍郎"，一为"中书侍郎"，二者异。考林宝《元和姓纂》卷二"河内温县司马氏"有云："鍠，吏部、黄门、中书三侍郎，京兆尹。"①此则表明，司马鍠既曾任职黄门侍郎，又曾官中书侍郎。又，据两《唐书·玄宗纪》、两《唐书·地理志》可知，京兆尹始置于开元元年，若《元和姓纂》所载不误，则司马鍠之卒年，就当在开元元年之后，而非如小传所述之"神龙中官黄门侍郎卒"。所以，小传应改为：开元初官

---

① 林宝：《元和姓纂》卷二，中华书局1984年版。

京兆尹，卒。

郝连梵(同卷)

原小传云："连梵，武后朝对策擢第。"

辨证：郝连梵，两《唐书》无传。小传此述，所本何籍，待考，但误。按郝连梵之"对策擢第"时间，徐松《登科记考》卷一考订为贞观二十年，小传作"武后朝"者，应据改。

李邕(卷二六一)

原小传云："邕，字泰和，秘书郎善子。……天宝初为汲郡北海太守，旋为吉温罗织，敕使就郡决杀之，时年七十年余。"

辨证：李邕，两《唐书》有传。小传此之所述，乃是据《旧唐书·李邕传》而为，但有误。按李邕被"决杀"("杖杀"之讹)，事在天宝六载，两《唐书·玄宗纪》《资治通鉴·唐纪》，均有明确之记载。而李邕之享年，《新唐书·李邕传》则作"时年七十"，与小传作"年七十余"者为异，是知其中必有一误。

考李邕《辞官归滑州表》有云："况臣今兹，六十有七……悬车之岁，仅有三年。即以今日归州，不任逮远涕恋之极。"①此文之作年，据陈思《宝刻丛编》卷五著录《唐淄川令裴大智碑》之结衔，乃在"开元二十九年十一月"②。合勘之，知李邕生年为上元二年(675年)，以此顺数至被"决杀"的天宝六载(747年)，其享年为七十三岁。

---

① 李邕：《辞官归滑州表》，《全唐文》卷二六一，中华书局1983年影印本。

② 陈思：《宝刻丛编》卷五，《丛书集成初编》本。

对于李邕的生年、卒年与享年，另可参见拙著《唐人生卒年录》第74页、75页“李邕”条。

孙处元(卷二六六)

原小传云：“处元(玄)，润州人。长安中征为左拾遗。神龙初，功臣桓彦范等用事，处元遗彦范书，言时事得失，不纳，乃去官还乡里。”

辨证：孙处元(玄)，两《唐书》无传。小传此之所述，乃是据计有功《唐诗纪事》卷二十九“孙处立”条而为，但其作“孙处立”者则误。检《新唐书·艺文志四》于《包融诗》下有注云：“曲阿有余杭尉丁仙芝……江宁有右拾遗孙处玄……十八人皆有诗名。殷璠汇次其诗，为《丹扬(阳)集》者。”同此者，另有《全唐诗》卷一一四“孙处玄小传”，唯其有注云：“一作立。”所指当即《唐诗纪事》卷二十九。考黄元之所作《润州江宁县瓦棺寺维摩诘画像碑》有云：“邑人左补阙冯宗，右拾遗孙处元等，并资忠履孝。”①据是文，知孙处元(玄)与黄元(玄)为“邑人”，其不作“孙处立”而作孙处元(玄)者，表明《唐诗纪事》之作“孙处立”者，实则乃误。而据《润州江宁县瓦棺寺维摩诘画像碑》一文，又可知小传之“左拾遗”，乃“右拾遗”之误，应据改。

李乂(同卷)

原小传云：“乂，字尚真，赵州房子人。第进士，举茂才异等，累

---

① 黄元之：《润州江宁县瓦棺寺维摩诘画像碑》，《全唐文》卷二六六，中华书局1983年影印本。

调万年尉……卒年六十八。”

辨证：李乂，两《唐书》有传。小传此之所述，乃是据《新唐书·李乂传》而为，但有误。考苏颋《唐紫微侍郎赠黄门监李乂神道碑》有云：“享年六十，开元丙辰岁仲春癸酉，薨于京师宜阳里第。”①《李乂神道碑》中之“开元丙辰”，为开元四年，表明李乂卒于是年。按苏颋又有《故刑部尚书中山李公(乂)诗法记》一文，云：“……中山公薨于京师宜阳里私第，享年六十。”②综此二文，可知李乂之享年，乃为整六十岁，而非小传之“卒年六十八”。所以，小传应据改。

考补：十九郡举茂才策第，调补潞州壶关尉，武义尉，蓝田尉，迁乾封，万年尉。

上引苏颋《唐紫微侍郎赠黄门监李乂神道碑》有云：“十九郡举茂才策第，考功郎刘思立一见又如之，调补潞州壶关、婺州武义尉。……秩满诣选……特授蓝田尉。又策高第，累迁乾封、万年尉。”

严善思(同卷)

原小传云：“善思……消声幽薮科擢第。……开元十七年卒，年八十五。”

辨证：严善思，《新唐书》有传。小传此之所述，乃是据《新唐书·严善思传》而为，但有误。复次《新唐书·严善思传》云：“麟德三年春正月戊辰朔，车驾至泰山顿。是日亲礼昊天上帝于封礼坛，以高祖、太宗配飨。……壬申……改麟德三年为乾封元年。”而据潘自牧《记纂渊海》卷二十所载，是年以“幽素科”取士。合勘之，则严善思以“消声幽

① 苏颋：《唐紫微侍郎赠黄门监李乂神道碑》，《全唐文》卷二五八，中华书局1983年影印本。

② 苏颋：《故刑部尚书中山李公(乂)诗法记》，《全唐文》卷二五八，中华书局1983年影印本。

薮科擢第”者，当在乾封元年。又据潘自牧《记纂渊海》之所载，乾封元年擢第者为十三人，而徐松《登科记考》卷二于是年只录有十二人，所缺者当即严善思。

严善思之卒年，刘昫等《旧唐书》本传作开元十七年，《新唐书》本传则为开元十六年，二者相差一年，未知孰是，待考。

严识元(卷二六七)

原小传云：“识元(玄)，武后朝官魏州刺史，后为兵部郎中。”

按：严识元(玄)，两《唐书》无传。小传作“识元”者，乃讳明皇庙号故。小传此之所述，乃是据刘肃《大唐新语》卷十一而为(详下)，不误。

考补：巩县令。

刘肃《大唐新语》卷十一“惩戒第二十五”云：“严识玄为巩令……后转魏州刺史……俄又俱为兵部郎中。”其中的“巩令”，即巩县令。

徐峤(同卷)

原小传云：“峤，字维岳，赠吏部侍郎师道子。历赵湖洛润三州刺史，入为中书舍人大理寺卿，赠左散骑常侍。”

辨证：“徐峤”，两《唐书》无传。小传于峤下有注云：“《新唐书》作峤之。”作“峤之”者是。检岑仲勉《读全唐文札记》云：“(卷二六七)徐峤(新唐书作‘峤之’)小传，‘历赵、湖、洛、润三州刺史’，州有四而曰三，不合。又古刻丛钞《徐氏山口谒石》，峤之历典赵、衢、豫、吉、湖、洺六州，《徐浩碑》亦作洺，作峤及洛均误。况全文所收峤之

《洺州贴》，固云蒙恩奖擢，授洺州，一岁三迁也。又六州中亦无润。”①据此，知小传之“赵湖洛润三州刺史”，“洛”为“洺”之误，“润”则为衍。

又，《全唐文》著录张式《金仙长公主碑》一文，赵明诚《金石录》卷六《目录》及卷二《跋尾》，王昶《金石萃编》卷八十四，均作徐峤之撰。徐峤之，大历间书法家徐浩之父，张式《徐浩神道碑》略载其生平，云：“公姓徐氏，讳浩，字季海，东海郯人。……益州□□县尉赠吏部侍郎师道之孙，银□□禄大夫□州刺史赠散骑常侍峤之子。”②小传误徐峤之为徐峤者，乃是据《旧唐书·徐浩传》而为，其云：“父峤，官至洛州刺史。”其既于“峤”后脱“之”，又误“洺”为“洛”。考赵明诚《金石录》卷二十六《唐孝义寺碑阴记》跋尾云：“开元二十三年徐峤之为湖州刺史。”而《宝刻丛编》引《复斋碑录》载此《碑阴记》则云：“陈人徐陵撰，十世孙徐峤之正书，开元二十二年正月十五日立，在乌程县。”又，考《宝刻丛编》卷十四亦录此《碑阴记》，并引《金石录》跋尾作“开元十三年”。而陈耆卿《嘉泰吴兴志》卷十四“郡守题名”则云：“徐峤之，开元十三年自吉州刺史授，迁洺州刺史。”上述诸材料所载，竟是如许矛盾。按《嘉泰吴兴志》所云开元十三年者，当为“开元二十三年”之误，即徐峤之开元二十三年自吉州转牧洺州，未久即为采访使荐举入京，其至吉州之前，则乃在湖州任上。换言之，开元二十三年，徐峤之由湖州转牧吉州，又由吉州奉调洺州，此即《洺州贴》中之“一岁三迁，自南徂北，即近都邑”之谓也。

又小传载徐峤之为润州刺史者，诚如岑文之所考，乃误“徐峤”为“徐峤之”。徐峤之牧守润州，李华《润州鹤林寺故径山大师碑铭》、张彦远《历代名画记》卷三、赞宁《宋高僧传》卷九均有记载，兹不具引。

---

① 岑仲勉：《读全唐文札记》，《唐人行第录》附录，上海古籍出版社 1962 年版。

② 张式：《徐浩神道碑》，《全唐文》卷四四五，中华书局 1983 年影印本。

辟闾仁谞(同卷)

原小传云："仁谞，圣历中官司礼博士。"

辨证：辟闾仁谞，两《唐书》无传。小传此之所述，当是据《旧唐书·礼仪志二》而为，但有误。按《全唐文》是卷录辟闾仁谞《明堂告朔议》一文，杜佑《通典》卷七十、《旧唐书·礼仪志二》均载之。检《旧唐书·礼仪志二》有云："圣历元年正月，又亲享受朝加贺。……司礼博士辟闾仁谞奏议曰……"杜佑《通典》同。此则表明，小传所述辟闾仁谞"圣历中"官司礼博士，应改作"圣历初"，或者径作圣历元年。

又，王溥《唐会要》卷十二云："圣历元年闰腊月十九日制，每月于明堂行告朔之礼。司礼博士闾仁谞、班思简等奏议……"则辟闾仁谞是文乃写于圣历元年，正与"圣历初"合。而王溥《唐会要》作"闾仁谞"者，乃脱一"辟"字。又，据《新唐书·百官志二》所载，知太常博士乃太宗朝职官名，高宗朝于龙朔二年改为奉常博士，武后朝光宅元年改为司礼博士，杜佑《通典》、《旧唐书·礼仪志》、王溥《唐会要》，均明载辟闾仁谞上《明堂告朔议》为圣历元年，所以，《新唐书》应改太常博士为司礼博士。同书《艺文志三·神仙类》亦属如此。

权若讷(卷二六八)

原小传云："若讷，中宗朝官右补阙。"

辨证：权若讷，两《唐书》无传。小传此述，所本何籍，待考，但误，即其中之"中宗朝"应改为则天朝(具体详见下引权德舆《唐故通议大夫梓州诸军事梓州刺史上柱国权公(若讷)文集序》一文)，也即权若讷"官右补阙"在武则天时期。

考补：天水略阳人。武则天朝历霍邑、咸阳二尉，由右补阙拜起居郎。中宗朝出为蜀州司马，改梓州长史，彭州别驾，拜歙州刺史，迁桂州都督，梓州刺史。

考权德舆《唐故通议大夫梓州诸军事梓州刺史上柱国权公(若讷)文集序》云："公讳若讷，字某，天水略阳人。……永徽、开耀之后，以人文求士应诏，累践甲科，极天人之际，陈教理之本。……自晋州霍邑县尉四迁至咸阳尉，由右补阙拜起居郎。在中宗时，尝以禁中书籍编脱缪，诏朝廷文学大官十人绪正之。而公以秩卑名重，特居其选，时拜贶于执事者。……出为蜀州司马，改梓州长史、彭州别驾。……拜歙州刺史。迁桂州都督、梓州长史。……以某年月日，奄捐馆舍，享年若干。"①又，《新唐书·宰相世系表五下》"权氏"云："若讷，桂、歙、梓三州刺史。"

张廷珪(卷二六九)

原小传云："廷珪，河南济源人。……神龙初为中书舍人，再迁礼部郎。开元初累迁少府监，封范阳县男。……二十二年卒，年七十余。"

辨证："张廷珪"，两《唐书》有传。但两《唐书》本传、王钦若等《册府元龟》卷一七二，均作是名。考拓本《唐故赠工部尚书张公(庭珪)墓铭并序》(《文物》一九八一年第三期)，崔佑甫《卫尉卿洪州都尉张公(庭珪)遗爱碑并序》(《全唐文》卷四〇九)，《金石萃编》卷七十二《修孔子庙铭》三文，皆作张庭珪，则当以张庭珪为是。据此，知小传"张廷珪"之"廷"，乃为"庭"之误，应据改。

---

① 权德舆：《唐故通议大夫梓州诸军事梓州刺史上柱国权公(若讷)文集序》，《权德舆文集》卷二十四，甘肃人民出版社 1999 年版。

又，小传所述张庭珪官历，乃是据《新唐书 · 张廷珪传》而为，但有误。复次《新唐书 · 张廷珪传》有云：“景龙末，为中书舍人，再转洪州都督……开元初，入为礼部侍郎。……出为沔州刺史，又历苏、宋、魏三州刺史。入为少府监，加金紫光禄大夫，封范阳男。”而拓本《张公(庭珪)墓志铭》则有云：“(历)中书舍人、礼部侍郎、尚书左丞、黄门侍郎、少府监；持节颖、洪、沔、苏、宋、魏、汴、饶、同等州刺史，前后……九典外郡。”又据陈舜俞《庐山记》卷五著录之《兀兀禅师碑》，知张庭珪“开元十七年岁在己丑七月己丑朔十五日癸卯”日，乃在同州刺史任上，则其入朝为“少府监”，就必在是时之前后，小传作“开元初”者，应为“开元中”之误。又，拓本《张公(庭珪)墓志铭》载张庭珪宦历，乃以“中书舍人”冠于诸职之前，合勘其“九典外郡”之时间，知应以刘昫等《旧唐书 · 张廷珪传》所载为是，即小传之“神龙初为中书舍人，再迁礼部侍郎”者，应改作“景龙末为中书舍人，再迁礼部侍郎”。

又，小传所述张庭珪享年为“年七十余”，乃不确。盖因拓本《张公(庭)墓志铭》明载张庭珪卒于开元二十二年八月十九日，春秋七十七，则小传应据改“余”为“七”。

韦虚心(同卷)

原小传云：“虚心，字无逸，右庶子维子。……入为工部尚书东都留守。……卒赠扬州大都督，谥曰正。”

辨证：韦虚心，两《唐书》有传。小传此之所述，乃是据《新唐书 · 韦虚心传》而为，但有误。检《旧唐书 · 韦虚心传》云：“虚心父维，终于左庶子。……虚心历户部尚书、东都留守，卒，年六十七。”考孙逖《东都留守韦虚心神道碑》云：“命公作仓部、左司二员外，户部、兵部、左司三郎中，左、右丞，兵部侍郎，以至于工部尚书。……享年七十，以开元二十九年……薨于东都宁仁里之私第……赠谥曰贞。……列考曰维……终左庶子。”①据《旧唐书·韦虚心传》及此《碑》文，知小传所述韦虚心父韦维为“右庶子”，以及韦虚心卒后谥曰“正”等，乃皆误。而韦虚心“享年七十，以开元二十九年”薨于东都者，则可补小传之阙。

刘穆之(卷二七〇)

原小传云：“穆之，神龙时中书舍人内供奉。”

辨证：刘穆之，两《唐书》无传。小传此述，所本何籍，待考，但有误。按《全唐文》是卷著录刘穆之《洛州荥阳县头陀逸僧识法师上颂圣主中兴得贤令卢公清德文》一文，王昶《金石萃编》编于卷六十九，其落款有“神龙三年岁次丁未五月戊戌朔八月己巳”之确切时间记载，开首并标有“前中书舍人内供奉刘穆之纂”一行文字，合勘之，知刘穆之所任中书舍人与内供奉，皆非在“神龙时”，而是在神龙之前。所以，小传应据改为神龙前中书舍人内供奉。

考补：先天元年为石州刺史，翌年卒于汾州，年六十二。

按罗振玉辑《芒洛冢墓遗文续编》卷下著录《唐故石州刺史刘君(穆之)墓志铭并序》一文，有云：“丁太夫人忧，服阙，除石州刺史。……以大唐先天二年十二月二十二日，卒于汾州介休县官舍，春秋六十二。”

卢粲(卷二七一)

原小传云：“粲，幽州范阳人。……景龙二年迁给事中，以忤安乐

① 孙逖：《东都留守韦虚心神道碑》，《全唐文》卷三一三，中华书局1983年影印本。

公主出为陈州刺史。累转秘书少监，开元初卒。”

辨证：卢粲，两《唐书》有传。小传此之所述，乃是据《旧唐书·卢粲传》而为，但有误。检《新唐书·卢粲传》云：“神龙中，累迁给事中。”又，《资治通鉴·唐纪》于神龙元年有云：“秋七月……安乐公主请用永泰公主故事，以崇训墓为陵，给事中卢粲驳之。……公主怒，出粲为陈州刺史。”则卢粲神龙元年已任给事中，小传作“景龙二年”者，乃误。而卢粲“出为陈州刺史”者，亦如是。所以，小传应据改。

元行冲(卷二七二)

原小传云：“行冲，名澹，以字显，河南人。开元中为国子祭酒……封常山郡公。”

辨证：元行冲，两《唐书》有传。小传此之所述，乃是据《旧唐书·元行冲传》而为，但有误。复次《旧唐书·元行冲传》云：“(开元)七年，复转左散骑常侍。九迁国子祭酒，月余，拜太子宾客、弘文馆学士。累封常山郡公。”其中的“九迁国子祭酒”之“九”后乃脱“年”，即是句应作“九年，迁国子祭酒”，乃可与下文“月余”衔接。若指元行冲一生曾九次迁国子祭酒，则与史实不符。检《新唐书·元行冲传》，其中不仅无“国子祭酒”一职，而且“常山郡公”作“常山县公”，二者异。按《旧唐书·玄宗纪上》有云：“(开元九年)冬十一月丙辰，左散骑常侍元行冲上《群书四录》二百卷，藏之内府。”则元行冲开元九年并不曾任国子祭酒。同此者，另有《旧唐书·经籍志·序》《新唐书·艺文志》，唯“左散骑常侍”乃“右散骑常侍”之误。又，《资治通鉴·唐纪》于开元九年内云：“十一月丙辰，国子祭酒元行冲上《群书四录》，书四万八千一百六十九卷。”《资治通鉴》之此述，不仅与上述诸材料在职官上为异，而且所载书名与卷次亦不相符。小传之“开元中为国子祭酒”者，或本此。而《资治通鉴·唐纪》所载元行冲开元九年任国子祭酒之时间，则又可证《旧唐书·元行冲传》之“九迁国子祭酒”乃误。所以，小传应据改。

辛替否(同卷)

原小传云：“替否，字协时，京兆万年人。……天宝初卒，年八十余。”

辨证：辛替否，两《唐书》有传。小传此之所述，乃是据《旧唐书·辛替否传》而为，但有误。检《新唐书·辛替否传》云：“累迁颖王府长史。卒，年八十。”一作“年八十余”，一作“年八十”，二者异。而计有功《唐诗纪事》卷十二“辛替否”条则云：“累迁颍王府长史，卒。”辛替否之享年，究竟是“年八十余”，抑或“年八十”者，因资料所限，难以确断，兹拈出以俟淹贯者。

刘子元(卷二七四)

原小传云：“子元本名知几，以避元(玄)宗讳名改。……长安中擢拜凤阁舍人。景龙初封居巢县子。景云中迁太子左庶子兼崇文馆学士。”

辨证：刘子元，即著名史学家刘知几，两《唐书》有传。小传此之所述，乃是据《旧唐书》本传而为，但有误。对此，傅振伦《刘知几年谱》已有载。兹据傅《谱》之所考，就小传之所述订正如次：长安四年擢拜凤阁舍人，景云元年迁太子左庶子，兼崇文馆学士，开元四年受封居巢县子①。

---

① 傅振伦：《刘知几年谱》，商务印书馆1956年版。

卢怀慎(卷二七五)

原小传云："怀慎，滑州灵昌人。……先天二年同中书门下三品。开元中迁黄门监兼吏部尚书。卒赠荆州大都督。"

辨证：卢怀慎，两《唐书》有传。小传此之所述，乃是据《旧唐书·卢怀慎传》而为，但有误。复次《旧唐书·卢怀慎传》云："先天二年，与侍中魏知古于东都分掌选事，寻征还同中书门下三品。开元三年，迁黄门监。……四年，兼吏部尚书。"又，《旧唐书·玄宗纪》云："先天二年，十二月庚寅朔，大赦天下，改元为开元。……开元元年十二月……甲寅，门下侍郎卢怀慎同紫微黄门平章事。"《新唐书·玄宗纪》《新唐书·宰相表》所载同。此则表明，卢怀慎"同中书门下三品"者，乃在开元元年之后，小传作"先天二年"者，误，应据改。

朱温(卷二七六)

原小传云："温，中宗朝擢书判拔萃科。"

辨证：朱温，两《唐书》无传。小传此述，所本何籍，待考，但误。检徐松《登科记考》卷四可知，在唐中宗李显即位的嗣圣、神龙、景龙三个年号共七年中，均不曾试"书判拔萃科"，则小传此述必误。又据《登科记考》卷四可知，武则天朝的载初元年、大足元年，唐玄宗朝的开元九年、十三年、十七年、十九年、二十四年，唐廷均曾试"书判拔萃科"，合勘之，小传之"中宗朝"，似当为"玄宗朝"之误。然则在武则天朝十二年与唐玄宗朝的五年中，徐松《登科记考》均无朱温"擢书判拔萃科"之记载。如此，则知在唐中宗、武则天、唐玄宗三朝，朱温均不曾擢"书判拔萃科"，则小传之述乃必误无疑。

范贞朏(同卷)

原小传云:“贞朏,中宗朝擢书判拔萃科。”

辨证:范贞朏,两《唐书》无传。据徐松《登科记考》卷四、卷五,知中宗朝不曾以“书判拔萃科”取士,则小传之“中宗朝”,当为“则天朝”或“玄宗朝”之误。具体参见本书对“朱温小传”之辨证。

裴宽(卷二七八)

原小传云:“宽,绛州闻喜人。……景云中,举拔萃科,累官御史中丞,兵部侍郎。”

辨证:裴宽,两《唐书》有传。小传此之所述,乃是据《旧唐书・裴宽传》而为,但有误。据徐松《登科记考》卷五可知,唐睿宗景云年间不曾以“拔萃科”取士。复次《旧唐书・裴宽传》云:“景云中,为润州参军,刺史韦铣……以女妻之。后应拔萃,举河南丞。”此所述之二事,一为“景云中”,一在“景云中”之“后”,乃甚为明白,小传撰写者乃将二者皆归入“景云中”,实则不的。又,据徐松《登科记考》卷六,知唐玄宗李隆基即位后,首次以“拔萃科”取士者,乃在开元九年,则裴宽“举拔萃科”当为是年。因之,小传所述裴宽擢第后所官之二职,亦均应改为开元中。

按《旧唐书・裴宽传》又有云:“兵部尚书萧嵩为河西节度使,奏宽及郭虚己为判官,累年专见委任,嵩加中书令,宽历中书舍人、御史中丞、兵部侍郎。”萧嵩为“河西节度”,《旧唐书・玄宗纪》明载为开元十五年闰九月。考王钦若等《册府元龟》卷七十二云:“(开元)十六年十一月，以河西节度使判凉州萧嵩为兵部尚书、同中书门下平章事。”①则裴宽历御史中丞、兵部侍郎二职，亦当为是年。据此，知小传应正为：开元九年，举拔萃科，开元十六年，累官御史中丞、兵部侍郎。

崔莅(同卷)

原小传云：“莅，中宗朝官左台侍御史。睿宗景云二年为吏部员外郎。”

辨证：“崔莅”，崔挹第四子，两《唐书》无传。小传此述，所本何籍，待考，但有误。检岑仲勉《郎官石柱题名新考订》之“吏部员外郎”内有云：“崔位，赵钺谓位为石刻涖字之误，沈炳震谓涖是擢子，均可从；今《辩证》五六只言湜兄液、弟涤，不见涖。《全唐文》二七八云，景云二年涖为吏外。”②又，《旧唐书·崔仁师传》云：“挹子……早有才名，弟液、涤及从兄，并有文翰，居清要……自比东晋王导、谢安之家。”又，《新唐书·选举志下》有“殿中侍御史崔涖”云云。合勘之，知小传之“崔莅”，乃为“崔涖”之误。而《新唐书·选举志下》载崔涖于“中宗朝”官殿中侍御史者，则可补小传之阙。

又，小传述崔涖“中宗朝官左台侍御史”者，乃不确。检《旧唐书·职官志三》于“御史台”有云：“秦汉曰御史府……光宅元年分台为左右，号曰左右肃政台。……神龙复为左右御史台。”其中所言“光宅元年”为武则天年号，而“神龙”则为中宗李显登帝位时所改之年号，合勘可知，小传之“中宗朝”，乃为“武周朝”或“则天皇后朝”之误。即崔涖官“左台侍御史”之时间，非如小传所述在“中宗朝”，盖因中宗即位后，已将左右台复为御史台故也。

① 王钦若等：《册府元龟》卷七十二，中华书局1985年影印本。

② 岑仲勉：《唐郎官石柱题名新考订》，上海古籍出版社1984年版。

刘秀（同卷）

原小传云："秀，中宗朝官修文馆学士。"

辨证：刘秀，两《唐书》无传。小传此之所述，当是据《全唐文》本卷所著录刘秀《凉州卫大云寺古刹功德碑》一文而为，但有误。考王昶《金石萃编》编是《碑》于卷六十九，开首第一行有云："前倾修文阁学士刘秀撰。"王昶跋云："按碑题前倾修文阁学士刘秀撰，前倾二字未详……则恐前倾、朝行及不列书人，亦皆脱误也。"①据此，知小传之"修文馆学士"，乃为"修文阁学士"之误，应据改。又，是《碑》结衔为"大唐景云二年"，"景云"为唐睿宗年号，则刘秀为"修文阁学士"者，即在是时。所以，小传应将"中宗朝"改为睿宗朝。

潘好礼（卷二七九）

原小传云："好礼，贝州宋城人。……开元中转邠王府长史。"

辨证：潘好礼，两《唐书》有传。小传此之所述，乃是据《新唐书·潘好礼传》而为，但有误。检中华书局点校本《旧唐书·潘好礼传》云："潘好礼，贝州宗城人。……开元三年，累转邠王府长史。俄而邠王出为滑州刺史，以好礼兼邠王司马，知滑州事。"点校本于此撰《校勘记》云："各本原作'宋城'，据本书卷三九《地理志》《新书》卷一二八《潘好礼传》改。"又，郁贤皓《唐刺史考·滑州》于"潘好礼"条云："开元'三年'，当为'元年'之误。"综勘之，知小传之"宋城""开元中"，乃为"宗

① 王昶跋：《凉州卫大云寺古刹功德碑》，《金石萃编》卷六十九，中国书店1985年影印本。

城”“开元初”之误，所以，小传皆应据改之。

萧嵩(同卷)

原小传云：“嵩，左仆射宋国公瑀曾孙。”

辨证：萧嵩，两《唐书》有传，小传此述，所本何籍，待考，但误。按萧嵩乃萧瑀之曾侄孙，小传脱“侄”字。检《旧唐书·萧嵩传》云：“萧嵩，贞观初左仆射、宋国公瑀之曾侄孙。……祖钧，中书舍人，有名于时。”又，《新唐书·萧瑀传》云：“钧，瑀从子……子瓘为渝州长史，居丧以毁卒。……嵩，子。”又，韩休《梁宣帝明帝二陵碑》(《全唐文》卷二九五)云：“钧子瓘……嗣子曰嵩。”皆可为之证。又，《新唐书·宰相世系表一下》亦同，且作萧瓘，与韩休《碑》之所载合。所以，小传应改“曾孙”为曾侄孙。

萧至忠(卷二八〇)

原小传云：“至忠，沂州丞人。”

辨证：萧至忠，两《唐书》有传。小传此述，所本何籍，待考，但其认为萧至忠为“沂州丞人”，则误。检《新唐书·萧至忠传》云：“萧至忠，沂州承人。”中华书局点校本李吉甫《元和郡县图志》卷十一于“沂州”内云：“管县五：临沂、沂水、费、承、新泰。”并于“承”作《校勘记》云：“承，《考证》：‘承宜作氶’，乐史并误。顾祖禹曰：‘氶城，汉氶县，以氶水所经而名。读拯。’徐松曰：‘县以水得名，作‘承’者误。《新志》《旧志》并作‘氶’，不从‘手’，此传抄之误。”①则小传之

① 李吉甫：《元和郡县图志》卷十一，中华书局1983年版。

“丞”乃“承”之误，应据改。

崔湜(同卷)

原小传云：“湜，字澄澜，閰州刺史仁师子……玄宗将诛萧至忠，召湜对问，失旨，徙海外。”

辨证：崔湜，两《唐书》有传。小传此述，所本何籍，待考，但有误。检《旧唐书·崔仁师传》云：“神龙初，以子挹为国子祭酒，恩例赠同州刺史。挹子湜。”《新唐书·宰相世系表二下》同。此则表明，崔湜乃崔挹之子。又小传述崔湜“失旨”后乃“徙海外”，据两《唐书·崔湜传》、《资治通鉴·唐纪》所载，“海外”乃“岭外”之误，应据改。

严挺之(同卷)

原小传云：“挺之，名浚，以字行，华州人。……开元中……出为洛州刺史。”

辨证：严挺之，严武之父，两《唐书》有传。小传此之所述，乃据《旧唐书·严挺之传》而为，但有误。按小传之“出为洛州刺史”，两《唐书·严挺之传》均作“洺州刺史”，则应以“洺州刺史”为是。又，《资治通鉴·唐纪》于开元二十四年云：“十一月……严挺之贬洺州刺史。”按“开元”为唐玄宗年号，凡二十九年，《资治通鉴·唐纪》既载严挺之“贬洺州刺史”的时间为开元二十四年，则小传之“开元中”应改为开元末。

李迥秀(卷二八二)

原小传云：“迥秀，赠秦州都督大宽族孙。”

辨证：李迥秀，两《唐书》有传。小传此之所述，乃是据《旧唐书·李迥秀传》而为，但误。按岑仲勉《读全唐文札记》云："（卷二八二）李迥秀小传，'赠秦州都督大宽族孙'，大宽，大亮之讹。"小传应据改。

李乔年（同卷）

原小传云："乔年，礼部侍郎景伯子，官左司郎中。"

辨证：李乔年，两《唐书》无传。小传此之所述，乃是据《新唐书·宰相世系表二上》"赵郡李氏西祖房"而为，但误。复次《宰相世系表二上》列李乔年名，云："景伯，礼部侍郎，生彭年、乔年。彭年吏部侍郎，生收、孚。收，给事中。乔年，右司郎中。"据此，知小传之"左司郎中"，乃为"右司郎中"之误。

李夷吾（同卷）

原小传云："夷吾，睿宗时官竟陵太守。"

辨证：李夷吾，两《唐书》无传。小传此之所述，乃是据《新唐书·宰相世系表二上》"汉中李氏"而为，但有误。复次《新唐书·宰相世系表二上》云："李百药四子：宗师、宗臣、宗玄、宗墨。宗墨三子：容成，寿春太守卫；力牧，余杭太守；夷吾，竟陵太守。"检《旧唐书·玄宗纪下》有云："（天宝元年二月）丙申，合祭天地于南郊。制……天下诸州改为郡，刺史改为太守。"《资治通鉴·唐纪》同。如此，则李夷吾牧守竟陵，就必在天宝元年及其后，小传作"睿宗时"者，乃"玄宗时"之误也。

另据《湖北通志》卷四十八《职官一》，知李夷吾曾为郢州刺史。郢州毗连竟陵，其牧守竟陵或由郢州奉调，若果尔，则李夷吾之刺牧郢州，即当在开元末年，但准确时间难以裁断。

郭谦光(同卷)

原小传云："谦光，景龙时人。"

按：郭谦光，两《唐书》无传。小传此之所述，乃是据《全唐文》是卷所著录郭谦光《大唐□部将军功德记》一文而为，不误。

考补：国子博士、太子侍读。

检《旧唐书・褚无量传》云："开元元年驾还……遽令……国子博士郗恒通、郭谦光，左拾遗潘元祚等，为太子及郯王已下侍读。"《新唐书・褚无量传》同。

晁良贞(同卷)

原小传云："良贞，景云二年进士。"

辨证：晁良贞，两《唐书》无传。小传此之所述，乃是据《全唐文》是卷著录其《应文可经邦科对策》一文而为，但误。检徐松《登科记考》卷五，知景云二年所试为"文可经国科"，景云三年则为"文可经邦科"，小传作"景云二年"者，"二"乃"三"之讹。又，晁良贞以"文可经邦科"及第，属于"诸科"而非"进士科"，故小传正确者应为：景云三年以"文可经邦科"擢第。

封希颜(同卷)

原小传云："希颜，睿宗朝官右乐丞。开元中历侍御史内供奉，迁户部员外郎。"

按：封希颜，两《唐书》无传。小传此述，所本何籍，待考。

考补：右补阙。

检《旧唐书·魏知古传》云："知古……及知吏部尚书事，又擢用密县尉宋遥、左补阙袁晖、右补阙封希颜、伊阙尉陈希烈，后咸累居清要，时论以为有知人之鉴。"《新唐书·魏知古传》同。按据两《唐书·魏知古传》所载，魏知古卒于开元三年，则其"擢用"封希颜为左补阙者，自当在开元三年前。

王泠然(卷二九四)

原小传云："泠然，开元五年进士，官校书郎。"

辨证：王泠然，两《唐书》无传。小传此之所述，当是据辛文房《唐才子传》卷二《王泠然》而为，不确。考王泠然一生，凡两试进士科，第一次在开元五年，虽及第，但未授职官；第二次在开元九年，所官为"守太子校书郎"①。小传撰写者乃将王泠然此两次"应进士"合二为一("开元五年"取第一次应试时间，"官校书郎"则为第二年及第后之授职)，实则乃误。

考补：任将仕郎，守太子校书。字仲清，太原人，适右威卫兵曹参军，开元十二年卒，享年三十三。

检《全唐文》是卷著录王泠然《论荐书》一文，云："将仕郎、守太子校书郎王泠然谨再拜上书相国燕公阁下。"又，罗振玉《墓志征存目录》卷三《唐故右威卫兵曹参军王府君墓志铭序》云："公讳泠然，字仲清，太原人也。……七岁见称于乡党，二十则宾于王庭，以秀才擢第。……授东宫校书郎。……移右威卫兵曹参军。……以开元十二年十二月十八

---

① 具体参见傅璇琮主编：《唐才子传校笺》卷二《王泠然》，中华书局1987年版。

日不禄于位，享年三十有三。”

吕太一（卷二九五）

原小传云：“太一，景云中为洹水令，拜监察御史里行，迁户部员外郎。”

辨证：吕太一，两《唐书》无传。小传此之所述，乃是综合两《唐书·魏知古传》而为，但有误。考梁肃《外王父赠秘书少监东平吕公（太一）神道表铭》云：“公之先出自姜姓……遂居于河东，今为蒲东人也。……郴州之嗣曰仁晦，以文学称，与从父兄太一俱用射策科。太一历御史、尚书郎、中书舍人、户部侍郎、右庶子。”①其中“御史”一职，当即小传之“监察御史”，但无“里行”二字。又，唐睿宗以“景云”纪元者，凡二年，小传之“景云中”，应以“景云末”为宜。又，劳格等《唐尚书省郎官石柱题名考》、岑仲勉《郎官石柱题名新著录》《郎官石柱题名新考订》，于“户部员外郎”内均无吕太一名，以《外王父赠秘书少监东平吕公（太一）神道表铭》勘之，小传之“户部员外郎”，当为“户部侍郎”之误。

考补：蒲东人，射策高第，历尚书郎、中书舍人、右庶子。

俱见上引梁肃《外王父赠秘书少监东平吕公（太一）神道表铭》。又，《新唐书·张嘉贞传》云：“所荐中书舍人苗延嗣、吕太一，考功员外郎员嘉靖……皆位清要，日与议政事。”

赵居贞（卷二九六）

原小传云：“居贞，国子祭酒冬曦弟。擢进士第，官吴郡太守兼江

① 梁肃：《外王父赠秘书少监东平吕公（太一）神道表铭》，《全唐文》卷五二二，中华书局1983年影印本。

南采访处置使。”

按：赵居贞，两《唐书》无传。小传此之所述，乃是据《新唐书·赵冬曦传》而为，不误。

考补：天水人。官中散大夫，天宝十一载持节北海郡诸军事，北海郡太守。

赵居贞《新修春申君庙记》一文，云：“唐天宝单阏岁除日，中散大夫、守吴郡太守兼江南道采访处置使、柱国天水赵居贞记。”①又，毕沅等《山左金石志》著录赵居贞《云门山投龙诗刻》，天宝十一载立，称：“中散大夫使持节北海郡诸军事守北海郡太守柱国天水赵居贞。”②此二文均载赵居贞为天水人，且《新修春申君庙记》乃赵居贞新撰，自当为可信。据此，知《新唐书·赵冬曦传》作“定州鼓城人”者，乃误。而小传既据《新唐书·赵冬曦传》而为，则其亦误者，自不待言。

吴兢(卷二九八)

原小传云：“兢，汴州俊义人。……封长垣县子。”

辨证：吴兢，两《唐书》有传。小传此之所述，乃是据《旧唐书·吴兢传》而为，但有误。复次《旧唐书·吴兢传》云：“累迁台、洪、饶、蕲四州刺史，加银青光禄大夫……封襄垣县子。”《新唐书·吴兢传》则作“长垣县男”。一作“襄垣县子”，一作“长垣县男”，小传则作“长垣县子”，三者异。但或“长垣”或“襄垣”，或“县子”或“县男”，因资料所限，难以确断，兹拈出以俟淹贯者。

考补：水部郎中，刑部郎中，知国史事。

按《全唐文》是卷著录吴兢《让夺礼表》一文，云：“草土臣兢言：伏

① 赵居贞：《新修春申君庙记》，《全唐文》卷二九六，中华书局1983年影印本。

② 毕沅等：《山左金石志》，国家图书馆藏嘉庆刻本。

奉去年八月十日恩赦，追臣赴京，起复尚书水部郎中，依旧兼判刑部郎中，知国史事，闻命惊号，心手无措。臣兢中谢。”

裴光庭(卷二九九)

原小传云：“光庭，字连城。赠太尉行俭子。……开元……二十七年加光禄大夫，封正平县男。卒年五十八。”

辨证：裴光庭，两《唐书》有传。小传此之所述，乃是据《旧唐书·裴光庭传》而为，但有误。复次《旧唐书·裴光庭传》云：“光庭早孤。……(开元)二十年，扈从祠后土，加光禄大夫，封正平男。”《新唐书·裴光庭传》同。此则表明，小传之“(开元)二十七年加光禄大夫，封正平县男”者，其“七”字乃衍，即小传之“(开元)二十七年”，乃为“(开元)二十年”之误。

又，据张九龄《侍中兼吏部尚书裴光庭神道碑》(《文苑英华》卷八八四)有云：“二十有一年春三月癸卯，遘疾薨于京师平康里之私第，春秋五十八。”其中所载之卒年，小传应据补。

杨若虚(同卷)

原小传云：“若虚，元(玄)宗时人。”

按：杨若虚，两《唐书》无传。小传此之所述，乃是据《全唐文》本卷著录杨若虚《应知合孙吴运筹决胜科对策》之“开元四载投匦”等而为，不误。

考补：开元九年以“知合孙吴远筹决胜科”擢第。

《全唐文》是卷著录杨若虚《应知合孙吴运筹决胜科对策》一文云：“臣以不才，展效州郡，每怀报国，屡上微言。神龙二年进状，论沙场丧败；开元四载(年)投匭，言降户得失。”又，据宋敏求《唐大诏令集》，知唐玄宗以“知合孙吴、远筹决胜科”取士，乃在开元九年，则杨若虚之擢第即在是年。而徐松《登科记考》卷二考订杨若虚是年“诸科”及第者，又可为之佐证。

张嘉贞(同卷)

原小传云：“嘉贞，字嘉贞，蒲州猗氏人。应五经举。……历梁、秦二州都督。”

辨证：张嘉贞，两《唐书》有传。小传此之所述，乃是据《新唐书·张嘉贞传》而为，但有误。检《旧唐书·张嘉贞传》云：“历秦州都督、并州长史。”未及督梁州事。又检两《唐书·睿宗纪》、两《唐书·玄宗纪》，以及《资治通鉴·唐纪》，亦均无张嘉贞督梁州之载。则小传从《新唐书·张嘉贞传》之此载者，应误。

李元纮(卷三〇〇)

原小传云：“元纮，字大纲，京兆万年人。……开元……二十年起为太子詹事。”

辨证：李元纮，两《唐书》有传。小传此之所述，乃是据《旧唐书·李元纮传》而为，但有误。检《新唐书·李元纮传》，其虽载李元纮曾官“太子詹事”一职，但却无任是职之具体时间；而《旧唐书·李元纮传》虽有具体时间，但却作“开元二十一年”。若以《旧唐书·李元纮传》为据，则小传之“二十年”乃脱“一”字，即李元纮任太子詹事之时间，乃为开元二十一年，而非“开元二十年”。

牛仙客(同卷)

原小传云："仙客，泾州鹑觚人。……封邠国公，加左相。"

辨证：牛仙客，两《唐书》有传。小传此述，所本何籍，待考，但有误。检《旧唐书·牛仙客传》云："明年，特封豳国公。……天宝年，改易官名，拜左相，尚书如故。"又，《旧唐书·玄宗本纪》云："(开元二十五年七月)封李林甫为晋国公，牛仙客为豳国公。……天宝元年……七月……辛未，左相、豳国公牛仙客卒。"据此，知牛仙客不曾为"邠国公"，小传作"邠国公"者，乃为"豳国公"之误。而据《新唐书·牛仙客传》之载，又知牛仙客是先"左相"而后"豳国公"，小传之所述，则颠倒了二者之次序，应改。

崇宗之(同卷)

原小传云："宗之，开元时官礼部员外郎。"

辨证："崇宗之"，乃"崔宗之"之误，两《唐书》无传。小传此述，所本何籍，待考，但有误。按岑仲勉《读全唐文札记》云："(卷三〇〇)崇宗之小传，'宗之，开元时官礼部员外郎'，按崇，劳氏疑崔之讹，是也。英华七〇二崔佑甫《齐昭公崔府君集序》，嗣子宗之，开元中为起居郎，再为尚书礼部员外郎。"所以，小传应改"崇"为崔。

刘彤(卷三〇一)

原小传云："彤，开元时官右拾遗。"

辨证：刘彤，两《唐书》无传。小传此述，所本何籍，待考，但误。考杜佑《通典》卷十《食货十》有云："大唐开元元年十一月，左拾遗刘彤论盐铁上表曰……"其引文即《全唐文》是卷所著录刘彤之《论盐铁表》一文。又，《旧唐书·食货志》、王溥《唐会要》卷八十八、王钦若等《册府元龟》卷四九三，皆作"左拾遗刘彤"。据此，知小传应作开元初官左拾遗。

李休烈(同卷)

原小传云："休烈，开元中官洛阳尉。"

辨证：李休烈，两《唐书》无传，小传此之所述，乃是据计有功《唐诗纪事》卷十三"李休烈"条而为，但误。复次《唐诗纪事》卷十三于"李休烈"条，其有注云："出《大唐新语》。"检中华书局点校本刘肃《大唐新语》卷八"文章第十八"有云："开元初，诏毁天枢，发卒销烁，弥月不尽，洛阳尉李休烈赋诗以咏之。"此则表明，李休烈官洛阳尉在"开元初"，小传作"开元中"者，乃误。

袁晖(同卷)

原小传云："晖，以魏知古荐为左补阙。开元中自邢州司户参军召入，校正群籍。"

按：袁晖，两《唐书》无传。小传此之所述，乃是据计有功《唐诗纪事》卷十三而为，不误。另参见两《唐书·魏知古传》。

考补：景云二年以"文以经国科"擢第。

见徐松《登科记考》卷一引王钦若等《册府元龟》、王溥《唐会要》之载。

李昂(卷三〇二)

原小传云："昂，开元时官仓部员外郎，迁考功郎中，终吏部尚书。"

辨证：李昂，两《唐书》无传。辛文房《唐才子传》卷一有其传，但讹误颇多。小传此之所述，乃是将《新唐书·宰相世系表二上》"东祖李氏"中之李昂与"陇西房"之李昂混为一人，故而成误。按"开元时官仓部员外郎"的李昂，出自赵郡李氏东祖房，为都水使者李谏之子。检罗振玉《芒洛冢墓遗文·赵郡李方□志》云："参军生都水使君讳谏，都水生仓部员外郎讳昂，即公(李思谅)之大父也。"陇西李昂所官者为考功员外郎，而非如小传之"考功郎中"。又，《芒洛冢墓遗文·李昊志》云："烈考左羽林卫长上令终。……府君即羽林之第二子也，与季弟考功员外、吏部郎中昂，幼差肩学诗，寻比迹入仕。考功以文词著称。"小传作"考功郎中"者，乃是将李昂所官考功员外、吏部郎中二职合称并省略了"员外""吏部"而致误。又陇西李昂以考功员外郎知贡举，刘肃《大唐新语》卷十、王定保《唐摭言》卷一、王溥《唐会要》卷五十九，以及《新唐书·选举志上》等，均有记载，可参看，此不具引。

又，小传所云"终吏部尚书"未知何据？因为综二李昂之生平行事可知，二人均不曾官此职，待考。又，据徐松《登科记考》卷五、卷七所载，开元二年，李昂为王丘知贡举时中进士科状元，开元九年则以拔萃科擢第。又，据王溥《唐会要》卷七十七所载，李昂与孙逖、王泠然皆有交往，则此李昂当为陇西李昂，而非赵郡李昂。而徐松《登科记考》之载，乃可补小传之阙。

孙翃(卷三〇三)

原小传云："翃，开元三年对策擢第。"

辨证：孙翃，两《唐书》无传。小传此述，所本何籍，待考，但误。按《全唐文》是卷著录孙翃《应文辞雅丽科对策并问》一文，《文苑英华》编在卷四八五，然其目录与正文所署之作者，均为孙珝，一“孙珝”，一“孙翃”，二者异，实则应以“孙翃”为是，即《文苑英华》乃误。按徐松《登科记》卷六引孙翃《应文辞雅丽科对策并问》一文，考订孙翃对策擢第为开元七年者，即可为之佐证。又据《登科记》卷六，知小传之“开元三年对策擢第”者，乃为“开元七年”之误。又，计有功《唐诗纪事》卷二十二“孙翃”条有云：“张曲江在洪州，有《郡南江上别孙侍御》诗……时以监察御史奉使洪州。”按“张曲江”即张九龄。据徐浩《张九龄神道牌》(《全唐文》卷四四〇)，两《唐书·张九龄传》，知张九龄牧守洪州，乃在开元十五年三月，于开元十八年秋离豫章，转桂州刺史兼岭南按察使，则孙翃“以监察御史奉使洪州”者，即在此时。而孙翃“以监察御史奉使洪州”，则可补小传之阙。

又，《全唐诗》卷一一三徐仁友《古意赠孙翃》诗有云：“南望缑氏岭，山居共涧阴。”诗中“缑氏岭”，一作“缑氏山”，在今河南偃师县，以徐仁友诗意度之，知孙翃未擢第之前，曾一度隐居于缑氏山“涧阴”，小传则可据而补之。

杨相如(同卷)

原小传云：相如，洪州南昌人。神龙初进士，补当涂尉，徙晋陵陆浑，召拜右拾遗。”

辨证：杨相如，两《唐书》无传。小传此述，所本何籍，待考，但有误。检《旧唐书·宇文融传》有云：“开元初……左拾遗杨相如上书，咸陈括客为不便。”(《新唐书·宇文融传》无此之载)据此，知小传之“右拾遗”者，乃为“左拾遗”之误，且时间在“开元初”而非“神龙初”。

卢贞(同卷)

原小传云:“贞,开元时官度支员外郎,授汝州刺史,充本州防御使。”

辨证:卢贞,两《唐书》无传。小传此述,所本何籍,待考,但误。检计有功《唐诗纪事》卷四十九,内有两卢贞,其一为“前侍御史内供奉官范阳卢贞,年八十二”;其二为“字子蒙,会昌五年,为河南尹,乐天九老会,贞元年未七十,亦与焉。时又有内供奉卢贞”。此二卢贞,均与小传之卢贞时代相去甚远。小传中之卢贞,赵钺、劳格《唐尚书省郎官石柱题名考》、岑仲勉《郎官石柱题名新著录》、《郎官石柱题名新考订》之“度支员外郎”内,均无其名。又,岑仲勉《唐郎官石柱题名新考订·度支员外郎》内有卢徵,据《旧唐书·卢徵传》,知其官度支员外郎乃在兴元年间。又,同书《德宗纪》有云:“(贞元十年三月)壬申,以同州刺史卢徵为华州刺史、潼关防御、镇国军等使。”其中“贞”与“徵”音近,而“开元”与“兴元”,“汝州”与“华州”,又皆乃一字之差,小传所述之“卢贞”,或为“卢徵”之误。因资料所限,未能确断,兹拈出以俟淹贯者。

崔琪(同卷)

原小传云:“琪,天宝九载宣德郎,试大理评事。”

按:崔琪,两《唐书》无传。小传此之所述,乃是据王昶《金石萃编》卷八十八《灵运禅师塔铭》而为。是《塔铭》有云:“宣德郎试大理评事崔琪撰。”《塔铭》结衔为“天宝九载四月十五日门人坚顺建”①,合勘

① 僧坚顺:《灵运禅师塔铭》,《金石萃编》卷八十八,中国书店1985年影印本。

之，小传不误。

附考：按《新唐书·宰相世系表下》之崔氏“清河大房”与“博陵安平二房”，各有一崔琪，其一为唐宣宗时人，一为唐武宗宰相，虽与此崔琪并无关系，但表明唐代之名崔琪者，非为一人，兹录此以备考。

崔明允(同卷)

原小传云：“明允，博陵人，天宝二年官朝议郎左拾遗内供奉。”

按：崔明允，两《唐书》无传。小传此之所述，乃是据王昶《金石萃编》卷八十六《庆唐观金录斋颂》而为，不误。另参见赵明诚《金石录》卷七。

考补：天宝元年以“文词秀逸科”及第。

见徐松《登科记考》卷九。

附考：检辛文房《唐才子传》卷二于《陶翰传》有云：“开元十八年崔明允下进士及第”。崔明允擢第既在天宝元年，则《唐才子传》此载必误。正因此，徐松《登科记考》卷七于“知贡举”内乃有注云：“崔明允又见卷九天宝元年文词秀逸科。本年知贡举疑为进士及第之误。”甚是。

郑老莱(卷三〇四)

原小传云：“老莱，洛邑人。遂州刺史叔则父。”

辨证：郑老莱，两《唐书》无传。小传此述，所本何籍，待考，但误。考穆员《福建观察使郑公(叔则)墓志铭》一文云：“唐贞元八年四月十六日……郑公薨于位。……公讳叔则，字某，荥阳人。……凡五叶至皇朝遂州刺史老莱，代以婚姻德义，俱为家法相授。公则遂州之冢子也。”①据此可知，官遂州刺史者乃郑老莱，而非老莱之子郑叔则。又据《福建观察使郑公(叔则)墓志铭》知郑老莱籍贯为荥阳(今河南荥阳市)，而非“洛邑”(今河南洛阳白马寺东)，则小传应据以正之。

崔涵(同卷)

原小传云：“涵，开元六年官秘书少监。”

辨证：崔涵，两《唐书》无传。小传此之所述，乃是据《全唐文》是卷所著录崔涵《议州县官月料钱状》一文而为。但崔涵是文，王溥《唐会要》收录于卷九十一，作者却为崔沔，并有云：“开元六年七月，秘书少监沔议州县月料钱状曰……”中华书局影印本《全唐文·出版说明》即据此认为“崔涵”乃“崔沔”之讹。然检两《唐书·崔沔传》及国家图书馆藏拓片《崔沔墓志》，均不载崔沔“开元六年官秘书少监”事，故此“崔涵”是否即“崔沔”之误，尚可怀疑。又，《唐会要》卷九十一所载《议州县官月料钱状》一文，曾被《资治通鉴·唐纪》原文录载，作者亦作崔沔。据以上之实况，若“崔涵”确为“崔沔”之误，则两《唐书·崔沔传》及《崔沔墓志》皆漏载其所官秘书少监一职；若“崔涵”非“崔沔”之误，则王溥《唐会要》与《资治通鉴·唐纪》乃皆误。但其孰是孰非，因资料所限，皆难以裁断，兹拈出以俟淹贯者。

崔尚(同卷)

原小传云：“尚，久视六年进士。大中大夫行尚书祠部郎中。”

---

① 穆员：《福建观察使郑公(叔则)墓志铭》，《全唐文》卷七八四，中华书局1983年影印本。

辨证：崔尚，两《唐书》无传。小传此之所述，乃是据计有功《唐诗纪事》卷十四而为，但有误。检《新唐书·宰相世系表二下》“南祖崔氏”有崔尚，祠部郎中，二子，长子侑，无官；次子重，下邽主簿。其及第时间，小传作“久视六年”者误，盖因据两《唐书》则天皇后纪可知，武则天即帝位后，以“久视”纪元者，凡三年，根本无“六年”可言。又，检徐松《登科记考》卷四有云：“圣历三年，五月癸丑，改元为久视。……按‘六’亦‘元’字之讹。”则小传应以“久视元年”为是。另关于崔尚进士及第之时间，可参见岑仲勉《读全唐文札记》之“崔尚”条，此不具引。

考补：祠部郎中，郑州刺史。

崔尚官祠部郎中，见上引《新唐书·宰相世系表二下》“南祖崔氏”；而任郑州刺史，杨伦《杜诗镜铨》卷十五乃有载。是卷之《壮游》诗有云：“往昔十四五，出游翰墨场。斯文崔魏徒，以我似班扬。”有自注云：“崔郑州尚，魏豫州启心。”①

李适之（同卷）

原小传云：“适之，初名昌……神龙初起家左卫郎将。开元中拜刑部尚书。”

辨证：李适之，两《唐书》有传。小传此之所述，乃是据《旧唐书·李适之传》而为，但误。复次《旧唐书·李适之传》云：“开元二十七年，兼幽州大都督府长史，知节度使。……俄拜刑部尚书。”同此者，另有《旧唐书·玄宗纪》《新唐书·李适之传》。按唐玄宗以“开元”纪元者，凡二十九年，“开元二十七年”为“开元末”，则小传之“开元中拜刑部尚书”者，应改为开元末拜刑部尚书。

---

① 杨伦：《杜诗镜铨》卷十五，上海古籍出版社1962年版。

徐安贞(卷三〇五)

原小传云:“安贞,初名楚璧,信安龙邱人。……封东海县子。”

辨证:徐安贞,两《唐书》有传。小传此之所述,乃是据《新唐书·徐安贞传》而为,但有误。复次《新唐书·徐安贞传》云:“徐楚璧,初应制举,三登甲科……终中书侍郎,东海县子。”按此处之“东海县子”,乃为“东海县男”之误。考王昶《金石萃编》卷八十三《易州田公德政碑》之开首有云:“大中大夫守中书侍郎、集贤院学士、上柱国、东海县开国男徐安贞撰。”①此即为明证。

考补:大中大夫,上柱国。

见上引《金石萃编》卷八十三《易州田公德政碑》。

库狄履温(同卷)

原小传云:“履温,元(玄)宗朝官尚书员外郎,兼充节度判官,摄御史,为劝农判官。”

辨证:库狄履温,两《唐书》无传。小传此之所述,当是据《全唐诗》卷一二〇“库狄履温小传”条而为。经考察,《全唐诗》“库狄履温小传”之所据者有二:一为库狄履温《夏晚初霁南省寓直有余字》一诗,其题下有注云:“时兼尚书郎、节度判官。”二即杜佑《通典》卷七《食货七》之所载:“开元九年正月,(宇文融)遂奏置劝农判官,长安尉裴宽等二十九人,并摄御史分往天下。”(二十九人中有库狄履温)。而据后者,又知库狄履温

---

① 徐安贞:《易州田公德政碑》,《金石萃编》卷八十三,中国书店 1985 年影印本。

任劝农判官在先，摄御史为后，小传将其颠倒，应正之。

又，厍狄履温之“库”，正确者应为“厍”，说详下。

考补：襄阳令，驾部员外郎，充朔方节度使判官(未任之)。

检赵明诚《金石录》卷七有《唐襄阳令厍狄履温颂》，周择从撰，萧诚行书，天宝三载正月立。此为厍狄履温曾任襄阳令之确证。按金文明《金石录校证》于《唐襄阳令厍狄履温颂》作“校勘记”云：“‘厍’，吕本、三长本皆作‘库’。案此字当作‘厍’，但古书‘厍’‘库’多相混。厍狄履温，亦见《全唐文》卷三〇五、《全唐诗》卷一二〇。”①据此，知《金石录校证》认为“库”当作“厍”者，主要是针对《全唐文》《全唐诗》均作“库”而言，但其殊不知上引杜佑《通典》卷七乃作“厍”而不作“库”。又，崔湜《御史台精舍碑》(《金石丛编》卷七十四)亦作“厍狄履温”，可见作“厍狄履温”为是。如此，则《全唐诗》卷一二〇、《全唐文》卷三〇五作“库狄履温”者，即非。小传亦然。

又，《全唐文》是卷著录厍狄履温《让起复表》一文，云：“授臣驾部员外郎，充朔方军判官，诏书临门……臣又近染风疾……必不堪命……在激流俗，无任荒恳。”据此，知厍狄履温所受此二职，当皆未任之。

崔希逸(同卷)

原小传云：“希逸，开元中为散骑常侍河西节度使，迁河南尹。”

辨证：崔希逸，两《唐书》无传。小传此之所述，当是综合刘肃《大唐新语》卷七、孙逖《授崔希逸河南尹制》而为，但有误。检《旧唐书·牛仙客传》云：“(开元二十四年)右散骑常侍崔希逸代牛仙客知河西节度事。”吴廷燮《唐方镇年表》同。则小传之“开元中”，应改为“开元末”，或者径作开元二十四年。又，据《旧唐书·牛仙客传》，知小传

① 金文明：《金石录校证》卷七，上海书画出版社 1985 年版。

“散骑常侍”前乃脱“右”字。又，据《旧唐书·吐蕃传》《资治通鉴·唐纪》，知崔希逸为河南尹在开元二十六年五月，未几卒于任，小传应据而补之。

孙翌(同卷)

原小传云：“翌，字季良，河南偃师人。开元中为左拾遗集贤院直学士。”

辨证：孙翌，《旧唐书》有传。小传此之所述，即是据《旧唐书·孙翌传》而为，但有误。按《全唐文》是卷著录孙翌《苏州常熟县令孝子太原郭府君(思谟)墓志铭并序》一文，王昶《金石萃编》卷七十三径作《郭思谟墓志铭》，其第一行有云：“进士吴郡孙翌文。”既称“吴郡孙翌”，则小传之“河南偃师人”乃误。又，同书卷七十五孙翌《高延福墓志》第一行云：“丽正殿修撰学士校书郎孙翌字季良撰。”①而据《旧唐书·玄宗纪》所载，丽正殿即集贤院，唐玄宗开元十三年改名。如此，则小传之“集贤院直学士”，乃为“集贤院修撰学士”之误，或者径作“丽正殿修撰学士”可也。

考补：进士。校书郎。

前者见上引《金石萃编》卷七十三《郭思谟墓志铭》；后者见上引《金石萃编》七十五《高延福墓志》。

杨仲昌(卷三〇六)

原小传云：“仲昌，字曼卿，太子宾客魏国公元(玄)炎子。……终

① 孙翌：《高延福墓志》，《金石萃编》卷七十五，中国书店1985年影印本。

吏部郎中。”

辨证：杨仲昌，两《唐书》有传，皆附《杨元(玄)琰传》后，且极简略。小传此之所述，乃是综合二《传》而为，但有误。按据两《唐书·杨元琰传》，知仲昌父名元琰而非“元炎”，小传作“元炎”者，乃误。又，《新唐书·杨元琰传》云：“子仲昌，字蔓。”与小传作“曼卿”者异。考《全唐文》卷二三五著录席豫《唐故朝请大夫吏部郎中杨府君碑铭》有云：“公讳仲宣，字蔓。”其中之“仲宣”，当为传抄所致误(详下)，而“字蔓”，则应为《新唐书·杨元琰传》之所本，小传可据而改之。

又，席豫《唐故朝请大夫吏部郎中杨府君碑铭》，赵明诚《金石录》卷六著录，但题却作《唐吏部尚书杨仲昌碑》，并有注云：“开元二十八年立。”据《全唐文》著录席豫此《碑铭》之题，知杨仲昌所官者为“吏部郎中”，卒于开元二十九年秋七月，而赵明诚《金石录》既名为《唐吏部尚书杨仲昌碑》，且立于“开元二十八年”，则二者必有一误。以常理揆之，赵明诚《金石录》所著录之《唐吏部尚书杨仲昌碑》，在碑主职官等方面，理应是不可与之相佐的，因而颇疑《金石录》之注“开元二十八年立”者，乃为“开元二十九年立”之误。而《碑》之题作“吏部尚书”者，或为杨仲昌卒后之所谥，其是耶非耶，兹拈出以俟淹贯者。

张楚(同卷)

原小传云：“楚，初仕为临淄椽，调长安尉，转起居舍人，迁礼部员外郎。出历司马长史治中。”

按：张楚，两《唐书》无传。小传此述，所本何籍，待考。

考补：开元七年以“文词雅丽科”擢第。

见徐松《登科记考》卷六。

孙逖(卷三〇八)

原小传云:“逖,路州涉县人。……(开元)十年应制登文藻鸿丽科,拜左拾遗。”

辨证:孙逖,两《唐书》有传。小传此之所述,乃是据《旧唐书·孙逖传》而为,但有误。检《新唐书·孙逖传》云:“孙逖,博州武水人……举手笔俊拔、哲人奇士隐沦屠钓及文藻宏丽等科。开元十年,又举贤良方正。”小传之“(开元)十年应制登文藻鸿丽科,拜左拾遗”,与此迥不相及。又,检孙逖《宋州司马先府君(嘉之)墓志铭》有云:“府君讳嘉之,字某,魏郡武水人。”①按孙嘉之乃孙逖之父,而《宋州司马先府君(嘉之)墓志铭》又出自孙逖之手,其言“魏郡武水人”者,显然是较小传之“路州涉县人”更为可靠的。对于小传之此误,另可参见岑仲勉《读全唐文札记》“孙逖”条,兹不具引。

又,孙逖开元十年擢第,《旧唐书·孙逖传》载所试者为“文藻宏丽科”,而《新唐书·孙逖传》则作“贤良方正科”,二者异。考常衮《叔父故礼部员外郎(无名)墓志铭》云:“开元十年,举文藻宏丽……与孙逖同入第二等。”②则《新唐书·孙逖传》所载为误,乃不言而喻。又据常衮此《叔父故礼部员外郎(无名)墓志铭》,知开元十年所试者为“文藻宏丽科”,小传作“文藻鸿丽科”者,亦误。

---

① 孙逖:《宋州司马先府君(嘉之)墓志铭》,《全唐文》卷三一三,中华书局1983年影印本。

② 常衮:《叔父故礼部员外郎(无名)墓志铭》,《文苑英华》卷九四二,中华书局1966年影印本。

李华(卷三一四)

原小传云“华，字遐叔，赵州赞皇人。……大历初卒。”

辨证：李华，两《唐书》有传。小传此之所述，乃是据《新唐书·李华传》而为，但有误。按李华之卒年，梁肃《为常州独孤使君祭李员外(华)文》乃略有所载，其云：“维大历元年五月日，朝散大夫守常州刺史赐紫金鱼袋独孤某，谨以清酌之奠，祭于故尚书吏部郎赵郡李遐叔三兄之灵。”①《新唐书·李华传》载李华“大历初卒”者，所本当即此。然则梁肃《祭》文中的“元年”，乃误。按据梁肃《祭》文之题，知其乃代常州刺史独孤及而撰，但独孤及刺牧常州乃始于大历九年，止于大历十二年，对此，梁肃《朝散大夫持节常州诸军事守常州刺史赐紫金鱼袋独孤公(及)行状》一文，乃有详载，云：“甲辰岁冬十月二十日……为郡四载。大历十二年四月壬寅晦，暴疾薨于位。”②独孤及大历十二年卒于常州刺史任上，另有崔佑甫《故常州刺史独孤公神道碑》《祭独孤常州文》(均见《全唐文》卷四〇七)二文可证，如此，则李华之卒年，就当在大历九年至大历十二年四月之间。

又，李华《与外孙崔氏二孩书》有云：“八月十五日，翁告崔氏之子两孩省：吾出身入仕。行四十年，晚有汝母，已养汝二人矣。”③据徐松《登科记考》卷八，知李华进士及第在开元二十三年，为其“入仕”之始，以此历“行四十年”，为大历九年。李华的《与外孙崔氏二孩书》一文，

---

① 梁肃：《为常州独孤使君祭李员外(华)文》，《全唐文》卷五二二，中华书局1983年影印本。

② 梁肃：《朝散大夫持节常州诸军事守常州刺史赐紫金鱼袋独孤公(及)行状》，《全唐文》卷五二二，中华书局1983年影印本。

③ 李华：《与外孙崔氏二孩书》，《全唐文》卷三一五，中华书局1983年影印本。

被其长子李羔编入李华《中集》之中，而斯时李华曾将是集托独孤及撰序，且文中又有“八月十五日”的具体时间之载，合勘之，知大历九年之八月十五日，李华尚健在人世。又前引梁肃《为常州刺史独孤使君祭李员外(华)文》中之大历“元年”虽误，但其载李华的卒时为“五月日”者，则颇可注意，若以此勘之独孤及卒于大历十二年四月之史实，可知李华之卒年，若非大历十年的五月，就必为大历十一年的五月。而斯时，乃皆为“大历末”而非“大历初”，故小传之“大历初卒”者，应改为大历末卒①。

萧颖士(卷三二二)

原小传云：“颖士，字茂挺。……客死汝南，年五十二。”

辨证：萧颖士，两《唐书》有传。小传此之所述，乃是据《新唐书·萧颖士传》而为，但有误。考李华《扬州功曹萧颖士文集序》云：“君七岁能诵数经。……十岁以文章知名，十五誉满天下，十九进士及第。”②检计有功《唐诗纪事》卷二十一著录李华《寄赵七侍御》诗一首，有自注云：“华与赵七侍御骅、故萧十功曹颖士、故邵十六轸，未冠进太学，皆苦贫共弊。同年三人登科，相次典校。”③李华进士及第，独孤及《检校尚书吏部员外郎赵郡李公(华)中集序》(《全唐文》卷三八八)明载为开元二十三年，若以是年萧颖士年“十九”推之，知其生年为开元五年。又，李华《祭萧颖士文》有云：“维乾元三年二月十日，孤子赵郡李华，

① 关于李华的卒年，另可参见拙著《唐代诗人探赜》第五章之《李华卒年辨析》一文，贵州人民出版社 2005 年版。

② 李华：《扬州功曹萧颖士文集序》，《全唐文》卷三一五，中华书局 1983 年影印本。

③ 计有功：《唐诗纪事》卷二十一，上海古籍出版社 1965 年版。

以清酌之奠，敬祭于亡友故扬州功曹兰陵萧公之灵。"①据是文，知萧颖士乃卒于乾元三年，也即上元元年，合勘之，则萧颖士客死汝南时为年四十四，而非小传所载之"年五十二"。所以，小传误，应据改。

王维(卷三二四)

原小传云："维，字摩诘，太原祁人。……乾元元年转尚书右丞，二年卒。"

辨证：王维，两《唐书》有传。小传此之所述，乃是据《旧唐书·王维传》而为，但有误。按《新唐书·王维传》卒年作"上元初"者，亦误。关于王维的卒年，《佛祖通载》卷十三载为"上元辛丑"，即上元二年，误甚。关于王维的生年、卒年、享年，可具体参见拙作《王维生卒年考实》(载《山西师大学报》2018 年 1 期)一文，此不具述，特此说明。

张嵩(卷三二八)

原小传云："嵩，初举进士，常以边任自许，代郭虔瓘为安西都护。开元十年转太原尹。"

辨证："张嵩"，两《唐书》无传。小传此之所述，乃是据《旧唐书·郭虔瓘传》而为，但有误。复次《旧唐书·郭虔瓘传》云："其后，又以张嵩为安西都护以代虔瓘。嵩身高七尺，伟姿仪。"实则此"张嵩"乃张孝嵩之夺误。检《旧唐书·西戎·龟兹传》有云："开元初有张孝嵩、杜暹，皆有政绩，为夷所伏。"又，《新唐书·郭虔瓘传》亦云："久之，卒军中。以张孝嵩为安西副都护。"此二《传》之所载，皆作张孝嵩之实况，

---

① 李华：《祭萧颖士文》，《全唐文》卷三二一，中华书局 1983 年影印本。

表明小传之“张嵩”，乃确为“张孝嵩”之误。但《新唐书·郭虔瓘传》则又云：“(开元)十二年，安西都护张孝嵩为太原尹。”此则表明，张孝嵩是先为“安西副都护”，待至开元十二年，乃擢升为“安西都护”，之后，乃“为太原尹”。又，《资治通鉴·唐纪》于开元十四年四月有云：“丁亥，太原尹张孝嵩奏……”据此，知张孝嵩开元十四年尚在太原尹任上。所以，小传之“开元十年”，乃为“开元十二年”之误，应据改。

关于张孝嵩刺牧太原时间，另可参见岑仲勉《读全唐文札记》之“张嵩”条，此不具引。

胡晧(同卷)

原小传云：“晧，开元三年朝请大夫秘书丞，兼昭文馆学士。”

辨证：胡晧，两《唐书》无传。小传此述，所本何籍，待考，但有误。按《全唐文》是卷著录胡晧《巂州都督赠幽州都督吏部尚书谥文献姚府君碑铭并序》一文，赵明诚《金石录》卷五《目录》著录之，但其题却作《唐巂州都督姚懿碑》，并有注云：“胡皓撰，徐峤之正书，开元三年七月。”一作“胡晧”，一作“胡皓”，二者异。金文明《金石录校证》卷五之于此作“校勘记”云：“胡皓，‘皓’，《叙录》作‘晧’，与‘皓’同；《校碑》作‘浩’，疑非是。”①“晧”与“皓”相同的依据为何，“校勘记”未作任何交代，难以令人据信。所以，小传之“晧”，应以《金石录》作“皓”为是。

王邱(同卷)

原小传云：“邱，字仲山，光禄卿同晈从子。”

---

① 金文明：《金石录校证》卷五《唐巂州都督姚懿碑》，上海书画出版社 1985 年版。

辨证：王邱，两《唐书》有传。小传此之所述，乃是据《旧唐书·王丘传》而为，但有误。复次《旧唐书·王丘传》云："王丘，光禄卿同皎从兄子也。"又，《新唐书·王丘传》有云："王丘字仲山，同皎从子也。"二《传》皆作"王丘"而非"王邱"，则小传当误。又，孙逖《赠太子詹事王公(晊)神道碑》有云："嗣子太子宾客丘……作人元龟。"①据此，知小传作"王邱"者，乃必误无疑。又，《旧唐书·王丘传》作"同皎从兄子"，《新唐书·王丘传》则作"同皎从子"，二者稍异，但其孰是孰非，则难以裁断。

韩赏(卷三三〇)

原小传云："赏，开元中官侍御史，历右补阙户祠二部员外郎。"

辨证：韩赏，"韩荆州"韩朝宗子，两《唐书》无传。小传此述，所本何籍，待考，但有误。按岑仲勉《读全唐文札记》云："(卷三三〇)韩赏小传，'赏，开元中，官侍御史，历右补阙、户祠二部员外郎'。按赏官至给事中，见前卷三二〇条，尝历兵外，见卷三二九条，今郎官石柱题名并无韩赏。"则小传之"户、祠二部员外郎"者，当误。

又，岑仲勉《读全唐文札记》所云之"见前卷三二〇条"，所指为李华《润州鹤林寺故径山大师碑铭》一文，其中有"故给事中韩延赏"句，岑氏云："按英华八六二文粹八四祗作韩赏，元和姓纂，韩朝宗生赏，给事中，前引三一九同人《龙泉寺律师碑》亦作赏，此外石刻如郎官石柱及《告太师君文》皆同，延字衍。"按《御史台精舍题名》亦作韩赏，其题名在"碑阴下层"与"碑石棱"处。又《御史台精舍题名》中之"碑右侧题名"的"侍御史兼殿中"内亦有韩赏，表明韩赏曾官殿中侍御史。考王

---

① 孙逖：《赠太子詹事王公(晊)神道碑》，《文苑英华》卷九〇二，中华书局1966年影印本。

维《大唐吴兴别驾前荆州大都督府长史山南东道采访使京兆尹韩公(朝宗)墓志铭》(以下简称《韩公(朝宗)墓志铭》)云:“长子曰某官,居忧而卒;次子某,前殿中侍御史,贬晋陵郡司户。”①又,林宝《元和姓纂》卷四“二十五寒”云:“朝宗生贲、赏、质。”合勘之,知王维《韩公(朝宗)墓志铭》中的“次子某”,即为韩赏,则其曾为“晋陵郡司户”,小传未及,可据补。

沈东美(同卷)

原小传云:“东美,少詹事佺期子。初为府掾,天宝中除膳部员外郎。”

按:沈东美,两《唐书》无传。小传此之所述,当是综合《全唐诗》卷二五五、仇兆鳌《杜诗详注》卷三而为,不误。

考补:司勋员外郎。

见岑仲勉《郎官石柱题名新考订·司勋员外郎·删补》。

孟匡朝(同卷)

原小传云:“匡朝,开元末官御史,迁左司员外郎,擢翰林学士。”

按:孟匡朝,两《唐书》无传。小传此之所述,乃是综合《御史台精舍题名》、《郎官石柱题名考》卷二、《翰林志》三者而为,不误。

考补:左拾遗,天宝二年贬官岭外。

徐松《登科记考》卷九引王钦若等《册府元龟》云:“(天宝二年)考

① 王维:《大唐吴兴别驾前荆州大都督府长史山南东道采访使京兆尹韩公(朝宗)墓志铭》,《全唐文》卷三二七,中华书局1983年影印本。

判官礼部郎中裴朏、起居舍人张烜、监察史宋昱、左拾遗孟朝，皆贬岭外。”其中之“左拾遗孟朝”，岑仲勉《登科记考订补》云“应作‘孟匡朝’，《册府》避宋讳省‘匡’字”，是。

崔颢(同卷)

原小传云：“颢，开元中进士，累官司勋员外郎。天宝十三载卒。”

辨证：崔颢，两《唐书》有传。小传此之所述，乃是据《旧唐书·崔颢传》而为，但有误。关于崔颢的行年与宦历，谭优学《崔颢年表》(载《唐诗人行年考》)已有考订，可参看。据《崔颢年表》，知崔颢生年为武则天延载元年，卒年在乾元元年前后，小传作“天宝十三载卒”者，应据改。

赵煜(同卷)

原小传云：“煜，字云卿，邓州穰人。开元中举进士，连擢科第，授大理评事。乾元初，累拜左补阙，迁秘书少监。建中四年卒，追赠华州刺史。”

辨证：“赵煜”，两《唐书》无传。小传此述，所本何籍，待考，但有误。检两《唐书·赵宗儒传》可知，“赵煜”应作“赵骅”。按李华《杨骑曹集序》《三贤论》(《全唐文》卷三一五、卷三一七)，以及《新唐书·宰相世系表三下》、王钦若等《册府元龟》卷七七七、计有功《唐诗纪事》卷二十七，亦皆作“赵骅”而非“赵煜”。又，《旧唐书·忠义传下》亦作“赵晔”。对此，岑仲勉《读全唐文札记》云：“同卷。赵煜小传：‘煜，字云卿，邓州穰人。开元中举进士，连擢科第，授大理评事。乾元初，累拜左补阙，迁秘书少监。建中四年卒，追赠华州刺史。’按此即宗儒之父也，本书卷二一五及三一七，元和姓纂、旧书一六七、新书七三下及一五一，唐诗纪事三七均作‘骅’，唯旧书上一八七下作‘晔’，无作‘煜’者，疑因晔讳改之。”按李华与赵骅为至交，上举二文均作“骅”，所以，作“骅”者是。

阳伯成(卷三三一)

原小传云：“伯成，开元时官尚书左司郎中河南少尹。”

辨证：阳伯成，两《唐书》无传。小传此述，所本何籍，待考。按阳伯成“开元时”任左司郎中，《旧唐书·张说传》有载。其官“河南少尹”，《全唐文》是卷著录阳伯成《大智禅师碑阴记》末之“编者按”亦有载，云：“谨案碑刻严挺之大智禅师碑铭之下，题河南少尹阳伯成撰，通直郎行河南府伊阙县尉集贤院侍制兼校理史惟则书。”王昶《金石萃编》卷八十一著录《大智禅师碑阴记》与此同。但王溥《唐会要》卷十七、卷三十七、卷八十，皆作“杨伯成”，一作“阳伯成”一作“杨伯成”，二者孰是？按《全唐文》是卷著录《大智禅师碑阴记》作“阳伯成”者，主要是据《金石萃编》卷八十一所著录之《大智禅师碑阴记》而为，而王溥撰著《唐会要》并于多处作“杨伯成”且无“一作阳伯成”之注的事实表明，王溥所凭藉之文献当均作“杨伯成”。如此，则似当以作杨伯成为是。其是耶非耶，以俟淹贯者确断。

考补：户部郎中。

钱大昕《潜研堂金石跋尾》卷三云：“碑阴记，河南少尹伯成撰。伯成尝为户部郎中，见唐书崔沔传。”按阳伯成官户部郎中，王溥《唐会要》卷十七、卷三十七均载之，前者作开元二十二年，后者作开元二十三年，且皆作“杨伯成”。

李元成(同卷)

原小传云:“元(玄)成，天宝时官考功郎中知制诰，迁中书舍人。”

按:李元成，两《唐书》无传。小传此之所述，乃是据孙逖《授李玄成中书舍人制》(《文苑英华》卷三八二)而为，不误。

考补:朝议郎。

见孙逖《授李玄成中书舍人制》。

附考:《全唐文》是卷著录李元成《应贤良方正科对策》一文，徐松《登科记考》卷五据之考订李玄成开元二年进士及第，却又将其归类于“哲人奇士、隐沦屠钓科”。按李昉等《文苑英华》卷四八二著录《贤良方正策》七道，皆列入开元二年，并有注云:“《登科记》作‘哲人奇士、隐沦屠钓科’。”若是注不误，则李玄成是文之题应改;若此文之题不误，则李玄成之及第非在开元二年。或此或彼，二者必有一误。

崔器(同卷)

原小传云:“器……天宝中举明经，为奉先令。”

辨证:崔器，《旧唐书》有传。小传此述，所本何籍，待考，但误。检《旧唐书·崔器传》云:“器有吏才，性介而少通，举明经，历官清谨。天宝六载，为万年尉。……十三年，量移京兆府司录，转都官员外郎，出为奉先令。”据此，知崔器举明经之时间，乃在天宝六载为万年县尉之前，届时属“天宝初”而非“天宝中”。徐松《登科记考》据《旧唐书·崔器传》之所载，将崔器系于卷二十七“附考·明经科”，虽可备一说，但其却并没有指出“天宝中”乃为“天宝初”之误。又，据《旧唐书·崔器传》可知，崔器之为奉先令，乃在天宝十三载与长安陷没的天宝十五载六月之间，届时乃为“天宝末”，小传将其载于“举明经”后，则乃大误。

房琯（卷三三二）

原小传云：“琯，字次律，河南人。……遇贼于陈涛斜，败绩，罢为太子少师。”

辨证：房琯，两《唐书》有传。小传此之所述，乃是据《新唐书·房琯传》而为，但有误。按据《旧唐书·房琯传》《资治通鉴·唐纪》，以及杜甫的有关诗作可知，房琯陈涛斜兵败在至德元载十月，当时的情况是“上并宥之”，“帝虽恨琯丧师，而眷任未衰”。故而，房琯“罢为太子少师”，乃是在董廷兰事件之后，而非与“败绩”直接关联，这从“上并宥之”者，可为之证。又，《旧唐书·房琯传》云：“（至德）二年五月，贬为太子少师，仍以镐代琯为宰相。”二者在时间上虽仅为七个月之隔，但其实则为两码事，小传将之连载，实则不的。对于房琯陈涛斜兵败事，以及杜甫之于陈涛斜兵败的认识等，陈贻焮《杜甫评传》上册乃有详析，可参看，此不具引。

苑咸（卷三三三）

原小传云：“咸，成都人，登进士，为李林甫书记。开元末上书，拜司经校书中书舍人。”

辨证：苑咸，两《唐书》无传。小传此之所述，乃是综合两《唐书·李林甫传》、计有功《唐诗纪事》卷十七而为，但有误。检《新唐书·艺文志四》于《苑咸集》下有注云：“京兆人。开元末上书。拜司经校书，中书舍人，贬汉东郡司户参军，复起为舍人，永阳太守。”据此，知小传从《唐诗纪事》将苑咸载作“成都人”者，乃误。又，《唐诗纪事》卷十七“苑咸”条云：“咸，成都人。开元末上书，拜司经校书、中书舍人。……后贬汉东郡司户参军，复起为舍人，终永阳太守。”但其却又有云：“始，咸举进士在京，仲夏忽染疾而卒。三日复苏。云见人追至阴司，见刘敬则为冥官，乃同举进士也。”小传之“登进士”，所本即此。而徐松《登科记考》卷二十七，亦据此载将苑咸列入“附考·进士科”。实则二者皆误。按《唐诗纪事》所载“咸举进士在京”云云，实乃小说家之言，虚幻荒诞之极，焉可据以认为苑咸在“为李林甫书记”前曾“登进士”呢？所以，小传之“登进士”应删。而《登科记考》卷二十七“附考·进士科”所列苑咸之名者，亦如是。

考补：汉东司户参军，永阳太守，库部员外郎。

前者见《新唐书·艺文志四》；后者见赵殿成《王右丞集笺注》卷十《重酬苑郎中》诗之题下注。

邵轸(同卷)

原小传云；“轸，汝南人。”

按：邵轸，两《唐书》无传。小传此述，当是据李华《三贤论》而为，不误。

考补：字纬卿，弱冠游太学，开元二十五年及第，官司仓参军，后以冤贬卒南中。

李华《三贤论》(《全唐文》卷三一七)有云：“汝南邵轸纬卿，词举标干。”徐松《登科记考》卷八引王定保《唐摭言》云：“李华与赵晔(骅)、萧颖士、邵轸弱冠游太学，李、赵、萧三人同年，开元二十三年及第。邵十六司仓后二年擢第。”又，计有功《唐诗纪事》卷二十一李华《寄赵七侍御》诗有云：“纬卿陷非罪，折我昆吾锋。”原注云：“邵字纬卿，以冤横贬，卒南中。”

綦毋潜(同卷)

原小传云："潜，字季通，荆南人。开元十四年进士，调宜寿尉。入为集贤院待制，迁右拾遗，终著作郎。"

辨证：綦毋潜，两《唐书》无传。小传此之所述，乃是据辛文房《唐才子传》卷二《綦毋潜》而为，误。检《新唐书·艺文志四》著录《綦毋潜诗》一卷，有注云："字孝通……终著作郎。"辛文房《唐才子传》卷二同此。则小传之"字季通"者，乃为"字孝通"之误。另，关于綦毋潜之籍贯、宦历、行踪等，兹据拙著《唐代诗人探赜》第五章第二节《綦毋潜生平考实》①，作订正如下：

綦毋潜，字孝通，行三，吴郡人。生于武则天天授元年。开元十四年及第，授职校书郎。开元十七年春入集贤院待制为直学士，未久离京洛至洪州与张九龄过从。数年后再为校书郎。天宝二年秋辞职还江东。天宝五载夏，再至长安，干谒房琯，授宜寿尉。天宝十载前，拜中书省右拾遗。天宝十二载，因邢縡之乱，于岁末挂冠还江东，唐玄宗闻之，诏拜著作郎，未就。卒。

王湮(同卷)

原小传云："湮，开元中进士。"

辨证：王湮，两《唐书》无传。小传所述，所本何籍，待考，虽不误，但欠精审。按《全唐文》是卷著录王湮《花萼楼赋》一篇，李昉等《文

① 王辉斌：《唐代诗人探赜》，贵州人民出版社2005年版。

苑英华》编在卷四十九，且是卷共著录五人的同题之作，除王湮外，另四人依序为高盛、张甫、陶皋、敬括。徐松《登科记考》卷八，即据之考订王湮等五人进士及第在开元二十五年。如此，则小传之“开元中”，应正为“开元末”，或者径作开元二十五年。

常建(卷三三四)

原小传云：“建，开元中进士，大历中为盱眙尉。”

辨证：常建，两《唐书》无传。小传此之所述，当是据辛文房《唐才子传》卷二《常建》而为，但有误。对于《唐才子传》卷二之此误，傅璇琮主编《唐才子传校笺·常建传》已曾涉及。其云：“要之，常建之是否任盱眙尉，尚在两可之间，至《才子传》谓大历时任盱眙尉，则更无可能。……观今存常建诗，并无安史乱后行踪，肃、代时人亦未有提及常建者。其卒或即在天宝末、至德初。”如此，则小传载常建“大历中为盱眙尉”者为误，乃自不待言。

万齐融(卷三三五)

原小传云：“齐融，越州人。官秘书省正字，出为昆山令。”

按：万齐融，两《唐书》无传。小传此之所述，乃是综合《全唐文》是卷著录万齐融《阿育王寺常住田碑》与计有功《唐诗纪事》卷二〇二“万齐融”条而为，不误。

考补：宣州泾县令。

赞宁《唐会稽开元寺昙一传》云：“时丞相燕国公张说、广平宋璟、尚书苏瓌、兖国陆象先、秘书监贺知章、宣州泾县令万齐融，皆以同声并为师友。”①

附考：中华书局点校本《新唐书·于休烈传》有云：“休烈……与会稽贺朝万、齐融、延陵包融齐名。”按此处因断句之故，乃将“贺朝、万齐融”误为“贺朝万、齐融”。又中华书局点校本《旧唐书·贺知章传》亦如是：“知章与越州贺朝万、齐融……名扬于上京。朝万止山阴尉，齐融昆山令。”此外，《旧唐书·贺知章传》目录径作“齐融”者，脱“万”字，亦为误。

薛邕(同卷)

原小传云：“邕，太原人。开元中官监察御史，累迁吏部侍郎。贞元中由尚书左丞贬歙州刺史。”

辨证：薛邕，两《唐书》无传。小传此述，所本何籍，待考，但有误。检《旧唐书·代宗纪》云：“(大历八年)五月乙酉，贬吏部侍郎徐浩明州别驾，薛邕歙州刺史，京兆尹杜济杭州刺史，皆坐典选也。”《资治通鉴·唐纪》大历八年所载同。又据《旧唐书·代宗纪》所载，知薛邕被贬歙州刺史前所官非为“尚书左丞”，而是吏部侍郎，对此，刘长卿《送郑诜之歙州谒薛侍郎》(《全唐诗》卷一四八)一诗，即可为之证。所以，小传之“由尚书左丞”五字，当删除。

考补：开元四年进士及第。先后历右补阙，礼部员外郎，礼部侍郎。

检徐松《登科记考》卷五于开元四年有云：“《文苑英华》载《丹甑赋》有薛邕、史翙，盖二人以此赋登第也。按翙与李蒙同溺曲江而死，见《太平广记》引《定命录》，其事在(开元)五年。则翙之登科非三年即

---

① 赞宁：《唐会稽开元寺昙一传》，《宋高僧传》卷十四，中华书局1987年版。

此年(四年)矣。"①又，王定保《唐摭言》卷十四云："至德二年，驾临岐山，右补阙兼礼部员外薛邕下二十一人。后至大历，拜礼部侍郎，联翩四榜，共分八十人。"

颜真卿(卷三三六)

原小传云："真卿，字清臣，琅琊临沂人。"

辨证：颜真卿，两《唐书》有传。小传此之所述，乃是据《旧唐书·颜真卿传》而为，但有误。考殷亮《颜鲁公行状》云："公姓颜，名真卿……京兆长安人也。……至公之十六代祖……居琅琊，葬临沂县西七里。十二代祖……自琅琊居丹阳……五代祖……自丹阳居京兆长安。"②据此《状》可知，颜真卿为"京兆长安人"，而"琅琊临沂"则为其郡望。同此者，另有令狐峘《颜真卿墓志铭》(《全唐文》卷三九四)与《旧唐书·颜真卿传》。所以，小传应改"琅琊临沂人"为京兆长安人。

张巡(卷三四五)

原小传云："巡，字巡，邓州南阳人(注云：旧唐书云蒲州河东人，又乐史太平寰宇记亦云巡蒲州河东人)。开元末擢进士第三以书判拔萃入等。"

辨证：张巡，两《唐书》有传。小传此之所述，乃是据《新唐书·张巡传》而为，但有误。考柳宗元《唐故特进赠开府仪同三司扬州大都督

① 徐松：《登科记考》卷五，中华书局1984年版。
② 殷亮：《颜鲁公行状》，《全唐文》卷五一四，中华书局1983年影印本。

南府君（霁云）睢阳庙碑并序》有云："惟公与南阳张公巡、高阳许公远，义气悬合，讦谋大同。"①柳宗元与张巡的生活年代相去非远，其言"南阳张公巡"者，自是可信。又，计有功《唐诗纪事》卷二十五、穆彰阿等《大清一统志》等，亦皆作"邓州南阳人"，则小传之"注云"可删。又，据徐松《登科记考》卷八，张巡开元二十四年进士及第，小传作"开元末"者，虽不误，但欠精审，应以改作"开元二十四年擢进士第"为宜。又据徐松同书卷二十七，张巡还曾以"书判拔萃科入等"，小传则可据补。

许远（同卷）

原小传云："远，杭州盐官人，右相敬宗曾孙。……赠荆州大都督。"

辨证：许远，两《唐书》有传。小传此之所述，乃是据《旧唐书·许远传》而为，但有误。考林宝《元和姓纂》卷六"高阳北新城县许氏"有许远，则许远当为"新城县"人。同此者，另有《新唐书·宰相世系表三上》、李鸿章等《畿辅通志》卷二〇〇。又，乐史《太平寰宇记》卷九十三，王象之《舆地纪胜》卷二，皆作杭州新城人，亦与小传所述之"杭州盐官人"异。按"盐官"与"新城"均在今浙江，一为海宁县，一为新登县，则其非二名一地可知。检《旧唐书·许敬忠传》云："许敬忠，杭州新城人。"《新唐书·许敬忠传》同。许远既为许敬忠曾孙，揆之情理，其籍贯理应为"杭州新城"而非"杭州盐官"，故小传应据改。

---

① 柳宗元：《唐故特进赠开府仪同三司扬州大都督南府君（霁云）睢阳庙碑并序》，《柳宗元集》卷五，中华书局 1977 年版。

李光弼(同卷)

原小传云:“光弼,营州柳城人。……宝应二年进封临淮郡王,赐铁券,藏名太庙,图形凌烟阁。长庆二年薨,年五十七。”

辨证:李光弼,两《唐书》有传。小传此述,所本何籍,待考,但有误。考颜真卿《李光弼神道碑铭》云:“公讳光弼,京兆万年人。……宝应元年夏五月进封临淮郡王。广德元年秋七月,赐铁券,藏名太庙,仍图画于凌烟阁。……广德二年秋七月五日己亥,薨于徐州之官舍。”①两《唐书·李光弼传》载李光弼之卒年、享年,皆同颜《碑》。所以,小传应据颜《碑》而改。又,颜《碑》所涉李光弼之籍贯、宦历等,小传亦可据改。

达奚珣(同卷)

原小传云:“奚珣,开元时官礼部侍郎,污安禄山伪命。”

辨证:达奚珣,两《唐书》无传。小传此之所述,当是据孙逖《授韦陟吏部侍郎达奚珣中散大夫礼部侍郎制》而为,但有误。是文有云:“上骑都尉达奚珣,忠公淑慎……可中散大夫守礼部侍郎。”②据是文,知达奚珣官礼部侍郎与韦陟任吏部侍郎乃在同一年。又,据徐松《登科记考》卷八,知达奚珣以礼部侍郎知贡举者,乃始于天宝二年,止于天宝五载,则小传之“开元时”当正为“天宝初”,或者径作“天宝二年礼部

① 颜真卿:《李光弼神道碑铭》,《全唐文》卷三四二,中华书局1983年影印本。

② 孙逖:《授韦陟吏部侍郎达奚珣中散大夫礼部侍郎制》,《全唐文》卷三〇八,中华书局1983年影印本。

侍郎”。

考补：开元五年及第，授郑县尉。历任监察御史，朝议大夫，职方郎中，中书舍人，河南尹。至德二载十二月卒。

考张楚《与达奚侍郎书》云：“公……为御史也，则察视臧否，纠遏奸邪。其任郎官也……其拜舍人也……寻应制举，同赴洛阳……(开元五年)公授郑县。”①又，徐松《登科记考》卷五据王钦若等《册府元龟》、王溥《唐会要》二书，考订达奚珣开元五年以“文史兼优科”擢第，张楚《与达奚侍郎书》既云“公授郑县”在开元五年“寻应制举”后，则其擢第后所授职当即郑县尉。又，孙逖《授达奚珣中书舍人制》云：“敕朝仪大夫守职方郎中，兼试知制诰达奚，文学兼优……可守中书舍人，散官如故。”②张楚《与达奚侍郎书》《资治通鉴·唐纪》天宝十四载所载同。又，《旧唐书·肃宗纪》云：“(至德二载十二月)庚午，制：‘人臣……达奚珣等一十八人，并宜处斩，陈希烈等七人，并赐自尽。’……是日斩达奚珣等于子城西南隅独柳树。”

陈希烈(同卷)

原小传云：“希烈，宋州人。开元中……累迁秘书少监。李林甫引为左相兼兵部尚书同知政事，封颍川郡开国公。”

辨证：陈希烈，《新唐书》有传。小传此述，所本何籍，待考，但有误。检《新唐书·陈希烈》云：“(天宝)五载，进同中书门下平章事，迁左丞相兼兵部尚书，许国公。”又，《旧唐书·玄宗纪》有云：“(天宝十三载)秋八月丁亥，以久雨，左相、许国公陈希烈为太子太师，罢知政事。”二者之所载，皆为“许国公”，则小传之“封颍川郡开国公”者，

---

① 张楚：《与达奚侍郎书》，《全唐文》卷三〇六，中华书局1983年影印本。

② 孙逖：《授达奚珣中书舍人制》，《全唐文》卷三〇八，中华书局1983年影印本。

应改为封颍川郡许国公。

贺兰进明(同卷)

原小传云："进明，开元十六年进士。肃宗朝历北海太守。……后贬秦州司马。"

辨证：贺兰进明，两《唐书》无传。小传此之所述，当是综合计有功《唐诗纪事》卷十七"贺兰进明"条、《资治通鉴·唐纪》卷二一九而为，但有误。检《资治通鉴·唐纪》于乾元二年十一月有云："庚午，贬(第五)琦忠州刺史。御史大夫贺兰进明贬溱州员外司马，坐琦党也。"按"溱州"为黔中道所辖(治所在今重庆市綦江县东南)，其地毗邻贵州镜，为唐人被贬之地，若为"秦州"，其距京师长安甚近(治所在今天水市秦安县境)，是断不至于为官吏被贬之地的。所以，小传应据改。

考补：主客员外郎，衢州刺史。

按贺兰进明为主客员外郎，见岑仲勉《唐郎官石柱题名新考订》卷一。又，李华《衢州刺史厅壁记》云："开元天宝中，始以尚书郎超拜名郡，贺兰大夫为之，李郎中为之。……贺兰起北海之师，郎中佐浙东之幕，有文有武，家颂户歌。"①又，陈思《宝刻丛编》卷十三于"衢州"有云："《唐西楚霸王祠堂记》，唐贺兰进明撰，贺兰成行书，姚韩卿篆额，天宝十三年十月八日建。"②《全唐文》是卷著录贺兰进明《西楚伯王庙颂并序》，即《宝刻丛编》卷十三之《唐西楚霸王祠堂记》一文。此《祠堂记》，又见赵明诚《金石录》卷七，编目为"第一千三百二十五"，可参看。

---

① 李华：《衢州刺史厅壁记》，《全唐文》卷三一六，中华书局1983年影印本。

② 陈思：《宝刻丛编》卷十三，《丛书集成初编》本。

咸廙(同卷)

原小传云："廙(注云：新唐书作廙业)，平阳人，官华阴县尉。景云中殿中侍御史内供奉。开元初官大理评事集贤院修撰，迁直学士。坐事迁余杭令。"

辨证："咸廙"，即咸廙业，小传"新唐书作廙业"之注是。两《唐书》无传。小传此之所述，当是综合《全唐文》是卷著录咸廙《华岳精享昭应碑》、《新唐书·赵冬曦传》而为，但有误。按咸廙此《昭应碑》，王昶《金石萃编》著录之，编在卷七十二，其开首有云："宣议郎行华州华阴县主簿平阳咸廙撰。"又，《新唐书·赵冬曦传》云："开元初……召(曦)还复官，与秘书少监贺知章、校书郎孙季良、大理评事咸廙业入集贤院修撰。……与季良、廙业、知章、吕向皆为直学士。……业亦坐事左迁余杭令。"①又，《新唐书·艺文志二》于《唐六典》三十卷下有注云："开元十年……张说知院，委徐坚，以岁无规制，乃命……余钦、咸廙业、孙季良、韦达参撰。……二十六年书成。"又，王昶跋《华岳精享昭应之碑》云："撰文者宣议郎华阴县主簿平阳咸廙。开元时有咸冀为十八学士之一，图形含象亭。又咸廙业唐书附赵冬曦传……似与此撰文之咸廙皆不合，姑识之。"是当以咸廙业为是。如此，则知《华岳精享昭应之碑》之"华阴县主簿平阳咸廙撰"，乃应作"华阴县主簿平阳咸廙业撰"，即其乃脱一"业"字。

又，据《金石萃编》卷七十二所载，《华岳精享昭应之碑》立于开元八年，表明咸廙业开元八年前曾任宣议郎、华阴县主簿。而《新唐书·艺文志》载咸廙业开元十年与孙季良等修撰《唐六典》，则其开元十年前已入集贤院，即可论断。检《新唐书·赵冬曦传》，又知咸廙业入集贤

---

① 欧阳修等：《新唐书·赵冬曦传》，中华书局1975年版。

院前为大理评事，时间在开元九年，此正与开元八年咸廙业为华阴主簿相接。又，《御史台精舍题名》中之“殿中侍御史并内供奉”及“监察御史”内，均有咸廙业，表明其曾先后任过殿中侍御史、内供奉、监察御史诸职。又，顾炎武《金石文字记》有云：“按此为华阴县主簿咸廙，而《新唐书·赵冬曦传》有大理评事咸廙业，亦开元时人，恐即是一人。”①其所言是。

又，徐松《登科记考》卷四据王钦若等《册府元龟》、王溥《唐会要》作“成业”，“成”与“咸”音、形俱近，“成业”乃“咸业”之误。如此，则咸廙业于神龙二年以“才膺管乐科”之擢第者，小传可据补。

刘长卿(同卷)

原小传云：“长卿字文房，河间人。开元二十一年进士。德宗朝为监察御史检校祠部员外郎转运使判官，知淮南鄂岳转运留后。终随州御史。”

辨证：刘长卿，两《唐书》无传。小传此之所述，当是综合《新唐书·艺文志四》、高仲武《中兴间气集》卷下李季兰评语、姚合《极玄集》卷下“刘长卿小传”而为，但有误。考林宝《元和姓纂》卷五“诸郡刘氏”云：“考功郎中刘庆约，宣州人；刘长卿，随州刺史。”姚合《极玄集》卷下、陈振孙《直录书斋解题》卷十九同。则小传应正“河间”为“宣州”，即刘长卿非“河间人”。

刘长卿及第之时间。傅璇琮《唐代诗人丛考·刘长卿事迹考辨》认为在天宝六载后，可从。刘长卿为监察御史，《新唐书·艺文志四》载作唐肃宗“至德”年间，晁公武《郡斋读书志》卷十七、辛文房《唐才子传》卷二《刘长卿》皆同。小传作“德宗朝”者，显然为“肃宗朝”之误，

① 顾炎武：《金石文字记》，《四库全书》本，中华书局 1987 年影印本。

应据改。

员俶(卷三五一)

原传云："俶，半千孙。开元十六年，以能言佛道孔子者，召入禁中相答难，屈其坐人。"

按：员俶，两《唐书》无传。小传此述，所本何籍，待考。

考补：开元四年进书召试及第，授散官文学，直弘文馆。

按《新唐书·艺文志三》于员俶《太玄幽赞》十卷下有注云："开元四年京兆府童子，进书，召试及第，授散官文学，直弘文馆。"

袁映(同卷)

原小传云："映，玄宗时人。"

按：袁映，两《唐书》无传。小传所述，所本何籍，待考，不误。

考补：开元十四年以"贤良方正科"擢第。

按《全唐文》是卷著录袁映《神岳举贤良方正策》一文，徐松《登科记考》卷七据以考订其开元十四年以"贤良方正科"擢第。

贾彦璇(同卷)

原小传云："彦璇，玄宗时人。"

按：贾彦璇，两《唐书》无传。小传此之所述，乃是据《全唐文》是卷著录贾彦璇《李府君碑》而为，不误。

考补：工部员外郎，监察御史。

前者见林宝《元和姓纂》卷七；后者见《御史台精舍碑》(王昶《金石萃编》卷七十四)，文不具引。

郭纳(同卷)

原小传云："纳，开元朝陈留采访使。"

辨证：郭纳，两《唐书》无传。小传此述，所本何籍，待考，但有误。检岑仲勉《读全唐文札记》云："(卷三五一)郭纳小传，'纳，开元朝陈留采访使'。据元龟六四三，纳，开元二十六年及第，又据旧书二〇〇上，天宝十四载，陈留太守郭纳降禄山，'开元朝'应作天宝末。"检《新唐书·玄宗纪》有云："(天宝十四载十二月)辛卯，陷陈留郡，执太守郭纳，张介然死之。"《资治通鉴·唐纪》天宝十四载同。

考补：给事中。

林宝《元和姓纂》卷十"颍川郭氏"云："纳，给事中，陈留采访使。"

张环(卷三五二)

原小传云："开元中进士，官侍御史。"

辨证：张环，两《唐书》无传。小传此述，所本何籍，待考，但有误。按检徐松《登科记考》卷五至卷八，其所列开元元年至开元二十九年间之进士，并无张环之名，则小传所述张环"开元中进士"者，乃误。又，王昶《金石萃编》卷七十四《御史台精舍碑》之"监察御史并□□□"内有张环名，则其所官为"监察御史"，小传作"侍御史"者，亦误。

樊衡(同卷)

原小传云："衡，相州人。"

按：樊衡，两《唐书》无传。考崔颢《荐樊衡书》云："夫相州者，先王之旧都……窃见县人樊衡，年三十……虽白面书生，有雄才大略……可以安塞裔。"①小传所述者，当本此，不误。

考补：开元十七年以"武足安边科"及第。开元二十四年至河西供职崔希逸幕府。

樊衡开元十七年以"武足安边科"及第，见徐松《登科记考》卷七。又，《全唐文》是卷著录樊衡《河西破蕃贼露布》有云："朝议大夫守左散骑侍郎，河西节度经略使，营田九姓长行转运等副使，判武威郡事、赤水军使，摄御史中丞赐紫金鱼袋，上柱国臣某破蕃贼露布事。"据此，知《河西破蕃贼露布》一文为樊衡代人所撰，则其题首乃脱"代"字。此"代"者为谁？考孙逖《授崔希逸河南尹制》云："朝散大夫左散骑常侍，持节河西节度经略支度，营田九姓长行转运等副大使，知节度使判凉州事、赤水军使，上护军，摄御史中丞赐紫金鱼袋崔希逸……可银青光禄大人、河南尹。"②二者所述完全一致，则樊衡此文之所代者，当为崔希逸无疑。准此，又知是文之题，应改作《代崔希逸河西破蕃贼露布》。

崔希逸牧守河西(凉州)，《旧唐书·牛仙客传》乃有载，云："(开元二十四年)右(当为左)散骑常侍崔希逸代仙客知河西节度事。"又，《资治通鉴·唐纪》于开元二十六年有云："七月……丙申，崔希逸为河南尹。"合勘之，知崔希逸牧守河西凡二年，而樊衡供职崔希逸幕府，即当在斯时。

---

① 崔颢：《荐樊衡书》，《全唐文》卷三三〇，中华书局 1983 年影印本。

② 孙逖：《授崔希逸河南尹制》，《全唐文》卷三〇九，中华书局 1983 年影印本。

齐浣(卷三五三)

原小传云："浣，字洗心，定州义封人。……圣历初进士，以拔萃补州司法参军。"

辨证：齐浣，两《唐书》有传。小传此之所述，乃是据《新唐书·齐浣传》而为，但有误。考孙逖《宋州司马先府君(嘉之)墓志铭》云："府君讳嘉之……久视初预拔萃，与吴炅、齐浣同升甲科，解褐蜀州新津县主簿。"①又，徐松《登科记考》卷四有云："按久视无拔萃科，故附是年(大足元年)。"据此，知小传在"以拔萃补州司法参军"前，应加上"大足元年"四字。

源涓(卷三五四)

原小传云："涓，天宝中□南道观察使。"

辨证："源涓"，两《唐书》无传。小传此述，所本何籍，待考，但有误。按"源涓"之"涓"，乃为"洧"之误。检岑仲勉《读全唐文札记》云："(卷三五四)源涓小传，'涓，天宝中□南道观察使'。按元龟二四，天宝十四载，□南道观察使源涓，即全文所本。考元和姓纂，光裕生洧，给事中、江陵节度采访留后使，新表亦作洧，全文所收《上云气图奏》云'江陵郡古纪城东有紫气成云……臣谨书图奏献'，是源氏时官江陵，空格当补'山'字，涓应作洧。"②源洧，两《唐书》有传。

① 孙逖：《宋州司马先府君(嘉之)墓志铭》，《全唐文》卷三一三，中华书局1983年影印本。

② 岑仲勉：《读全唐文札记》，《唐人行第录》外三种之一，上海古籍出版社1962年版。

复次《旧唐书·源洧传》云："光裕子洧……天宝中，为给事中、郑州刺史、襄州刺史、本道采访使。及安禄山反，既犯东京，用洧为江陵郡大都督府长史、本道采访防御使，摄御史中丞。……洧至镇卒。"又，《旧唐书·玄宗纪下》有云："(天宝十四载二十月)以永王璘为山南节度使，以江陵长史源洧副之。"据此，知源洧所官者，乃分别为山南节度副使、本道采访防御史，而不曾任"观察使"(此三职各不相同，具体详见《新唐书·百官志四下》及杜佑《通典·职官典》)，岑仲勉《读全唐文札记》与小传皆作"山南道观察使"者，乃误。又，源洧任"山南道观察使"的天宝十四载，为"天宝末"而非"天宝中"，小传应正之。又，据杜佑《通典·州郡二》、两《唐书·地理志》可知，唐朝以"道"为行政区划者，凡两次，一为唐太宗贞观元年，一为唐玄宗开元二十一年，前者分天下为十道，后者分天下为十五道，源洧"天宝中"所官者，理应为十五道。《旧唐书·源洧传》既载源洧"天宝中"官"襄州刺史、本道采访使"，则其"山南道"乃为"山南东道"之误，盖因据李吉甫《元和郡县图志》卷三十二、两《唐书·地理志》可知，襄州乃为山南东道治所，故而采访使、节度使、观察使均驻襄州。所以，小传之"天宝中□南道观察使"者，应改正为：天宝中山南东道采访使。

齐光乂(同卷)

原小传云："光义，开元中郴州博士。"

辨证："齐光义"，乃"齐光乂"之误，两《唐书》无传。小传此述，所本何籍，待考，但误。检岑仲勉《读全唐文札记》云："同卷。齐光义小传，'光义，开元中郴州博士'，劳氏已订其误，按卷三四五李林甫《进御刊定礼记月令表》，天宝五载上，内作注者有宣城郡司马齐光乂，新书五七亦作光乂，乂字草写类于义，故全文误为光义也。"检林宝《元和姓纂》卷六"是氏"云："天宝秘书少监是光乂，改姓齐氏。"此处的

“光乂”之“乂”，亦乃为“乂”之误。又据此，知齐光乂本姓是，于天宝年间改为齐姓。考李白《赵公西候新亭颂》有云：“长史齐光乂，人伦之师表。”①据王琦《李太白年谱》(《李太白全集》附)，李白是文作于天宝十四载，《颂》文中的“新亭”在宣城，则齐光乂于天宝末又曾为宣城郡长史。

又，王应麟《玉海》卷五十四引《集贤记注》云：“开元二十二年一月，秘书正字是光乂，上《十九部书语类》，敕留院修撰。”②《新唐书·艺文志三》著录是光乂《十九部书语类》，有注云：“开元末，自秘书省正字上，授集贤院修撰，后赐姓齐。”此之所载，皆可补小传之阙。

附考：《全唐文》卷八一三著录齐光乂《陈公神庙碑》一文，有小传云：“光乂，乾符初官集贤院学士。”考陈思《宝刻丛编》卷十四引《复斋碑录》亦载《陈公神庙碑》，所署时间为“乾元三年二月”，则小传之“乾符”乃“乾元”之误。据此，则应将《全唐文》卷八一三所著录之《陈公神庙碑》，移置于本卷“齐光义”名下，并改“齐光义”为齐光乂。

王从敬(同卷)

原小传云：“从敬，开元末官司勋员外郎。”

辨证：“王从敬”，即“王敬从”之倒误，两《唐书》无传。小传此述，所本何籍，待考，但有误。检岑仲勉《郎官石柱题名新考订·司勋员外郎》有王从敬，云：“王从敬，劳以为敬从之倒。开元时。”甚是。

考补：京兆人，开元初征文藻宏丽，三对策诏，皆为甲科。官秘书省校书郎，太常博士，尚书员外郎，礼部员外郎，考功郎中，给事中，中书舍人，太子詹事。春秋六十有二，开元二十八年五月卒。

---

① 李白：《赵公西候新亭颂》，王琦笺注本《李太白全集》卷二十八，中华书局1977年版。

② 王应麟：《玉海》卷五十四，《四库全书》本，中华书局1987年影印本。

考孙逖《太子右庶子王公(敬从)神道碑》云:“公讳敬从,字某,京兆人也。……开元初征文藻宏丽,公三对策诏,皆为甲科。……施之儒术,则秘书省校书郎、太常博士、著作佐郎,能刻辨惑也。繇是三入华省,再登禁闼,历尚书、礼部、司勋员外、考功郎中、给事中,拜中书舍人……又改太子右庶子。……春秋六十有二,以开元二十八年五月二十八日,终于西京静恭里之私第。”①

萧昕(卷三五五)

原小传云:“昕,字中明,河南人。……贞元七年卒,年九十三。”

辨证:萧昕,两《唐书》有传。小传此之所述,乃是综合两《唐书·萧昕传》而为,但有误。复次《旧唐书·萧昕传》云:“(贞元)五年,致仕。七年,卒于家,年九十。”而小传之享年,则是本《新唐书·萧昕传》之所载,其云:“久之,以太子少师致仕,卒,年九十三。”一为“年九十”,一为“年九十三”,二者异。检《旧唐书·德宗纪》云:“(贞元七年)夏四月庚子,太子少师致仕萧昕卒。”则萧昕卒于贞元七年者,乃可据信,唯其享年或“年九十”,或“年九十三”,则待考。

王翰(同卷)

原小传云:“翰,并州晋阳人。……迁驾部员外,出为汝州长史,贬道州司马。”

辨证:王翰,两《唐书》有传,但《旧唐书》卷一九〇作“王瀚”,则

---

① 孙逖:《太子右庶子王公(敬从)神道碑》,《全唐文》卷三一三,中华书局1983年影印本。

误。小传此之所述，乃是综合两《唐书·王翰传》而为，但有误。考祖咏有《汝坟秋同仙州王长史翰闻百舌鸟》《寄王长史》(均见《全唐诗》卷一三一)二诗，表明王翰所任长史之地，乃在仙州而非汝州，小传应据改。又，傅璇琮主编《唐才子传校笺·王翰》据祖咏此二诗认为："故当从祖咏诗，翰之在仙州为长史，而在汝州为别驾，由别驾改长史，故云徙。"所言甚是。小传亦应据改。

崔曙(同卷)

原小传云："曙，宋州人，开元二十六年进士。"

按：崔曙，两《唐书》无传。小传此之所述，乃是据辛文房《唐才子传》卷二《崔曙》而为，不误。

考补：及第后授河内县尉，翌年卒。

按芮挺章《国秀集》卷下著录崔曙诗五首，目录称"河内尉崔曙"。又，郑处晦《明皇杂录》有云："唐崔曙应进士举，作《明堂火珠》诗……其言深为工，文士推服。"①计有功《唐诗纪事》卷二十著录崔曙《试明堂火珠》诗，有注云："曙以是诗得名，明年卒，惟一女名星星。"考徐松《登科记考》卷八，开元二十六年"进士二十三人"内有崔曙。合勘之，知崔曙开元二十六年以《试明堂火珠》诗及第，于"明年"即开元二十七年卒，《国秀集》称其官衔为"河内尉"者，为及第后之所授，乃甚明。

赵匡(同卷)

原小传云："匡字伯循，河东人，历洋州刺史。"

---

① 今本郑处晦《明皇杂录》(指上海古籍出版社1985年版《开元天宝遗事十种》本)无此段文字，此据李昉等《太平广记》卷一九八引，特此说明。

按：赵匡，两《唐书》无传，小传此之所述，乃是据《新唐书·啖助传》而为，不误。

考补：啖助门人，大历五年官宣、歙使府，是年冬，随使府迁镇浙东。

考陆淳《春秋例序》云："啖先生讳助，字叔佐……始以上元辛丑岁集传释春秋，至大历庚戌岁而毕。赵子时宦宣、歙使府，因往还浙中，途过丹阳，乃诣室而访之。……赵子随使府迁镇于浙东，淳痛师学之不彰……赵因损益焉。"①文中的"大历庚戌"为大历五年，"赵子"即赵匡。又，《新唐书·啖助传》云："助门人赵匡、陆质(淳)，其高第(弟)也。"又，《全唐文》是卷著录赵匡《春秋阐纂义统自述》一文，云："匡自述曰：啖先生集三传之善……予因导绎之次……随而疏之。"则赵匡为啖助之门人，藉此可见一斑。

梁洽(卷三五六)

原小传云："洽，开元时处士。"

按：梁洽，两《唐书》无传。小传此之所述，乃是据张彦远《历代名画记》而为。检李昉等《太平广记》卷二一四引《名画记》云："处士梁洽，处士项容……已上并画水。……梁洽秀美，项容顽涩。"其中的"《名画记》"，即为张彦远《历代名画记》，不误。

考补：排行第九。开元二十二年进士，官单父尉，卒于任。

《全唐文》是卷著录梁洽《梓材赋》，颜真卿《颜鲁公文集》中亦有此同题之作，留元刚《颜鲁公年谱》谓颜真卿开元二十二年登第，试《梓材赋》，则梁洽之进士及第亦应在是年。检徐松《登科记考》卷八，考订梁

---

① 陆淳：《春秋例序》，《全唐文》卷六一八，中华书局1983年影印本。

洽登第于开元二十二年者，所本即此。又，高适有《哭单父梁九少府》诗，李昉等《文苑英华》作《哭单父梁洽少府》，《全唐诗》于诗题“九”下有注云：“一作洽。”是梁洽排行第九，曾官单父尉甚明。高适《哭单父梁九少府》有云：“妻子在远道，弟兄无一人，十上多苦辛，一官常自哂。”据“一官”句，知梁洽及第后仅供职单父尉。高适是诗，薛用弱《集异记》载为开元中，孙钦善《高适集校注》考订为开元二十五年前后，则梁洽之卒，当即在此之际，但确时无考。

王邕(同卷)

原小传云：“邕，天宝间进士，官金部郎中。”

辨证：王邕，两《唐书》无传。小传此述，所本何籍，待考。检徐松《登科记考》卷九据李昉等《文苑英华》著录王邕《湘灵鼓瑟诗》，考订其为天宝十年进士。是年，诗人钱起亦以此同题诗应试及第，但傅璇琮《唐代诗人丛考·钱起考》考证钱起登进士第在天宝九年，则王邕亦如是。小传述王邕“天宝间进士”者，虽不误，但欠精审，可据改。又，劳格等《唐尚书省郎官石柱题名考·金部郎中》有王邕，小传作“官金部郎中”者，可从。

考补：大历初官永州太守。

检《全唐诗》卷二〇四“王颛小传”云：“永州太守。”按此“颛”为“邕”之误。考戴叔伦有《桂阳北岭偶过野人所居聊书即事呈王永州邕、李道州圻》诗(《全唐诗》卷七二四)，怀素《自叙贴》有“王永州邕”，均可为证。其牧守永州的时间，可参见拙作《关于怀素生平中的几个问题》《任华桂林之行事迹考察》二文(前者载《青海民族学院学报》1989年1期，后者载《广西民族学院学报》1989年2期)，此不赘述。

梁德裕（同卷）

原小传云："德裕，官四门助教。"

按：梁德裕，两《唐书》无传。芮挺章《国秀集》卷下、《全唐诗》卷二〇三"梁德裕小传"，均载梁德裕曾任四门助教，当为小传所本，不误。

考补：开元末官左监门率府兵曹参军。

考陈思《宝刻丛编》卷六引欧阳修《集古录目》云："《唐候台记》，唐前左监门率府兵曹参军梁德裕撰，苏灵芝书……易州刺史郭明肃于其四壁画。……碑以开元二十九年十月立。"《集古录目》中的《唐候台记》，即《全唐文》是卷所著录梁德裕《重建易县候台记》一文。

梁升卿（卷三五七）

原小传云："升卿，开元中为奉天尉，擢侍御史内供奉，迁祠部员外郎户部郎中。出为广州都督。"

辨证：梁升卿，两《唐书》无传。小传此之所述，当是综合王昶《金石萃编》卷七十四《御史台精舍碑》《新唐书·韦抗传》而为，但有误。梁升卿之"擢"，检《御史台精舍题名》，其"侍御史并内供奉"有梁升卿名，小传之"擢侍御史内供奉"者，所本当即此。而"开元中为奉天尉"及"出为广州都督"，所依据者则为《新唐书·韦抗传》。是《传》有云："所表奉天尉梁升卿……皆为僚属，后皆为显人。升卿涉学工书，于八分尤工，历广州都督。"而小传之"祠部员外郎"者，《郎官石柱题名》载之，唯"户部郎中"，劳格等《唐尚书省郎官石柱题名考》、岑仲勉《郎官石柱题名新考订》，皆无其名，当误。

考补：开元二年进士及第。

见徐松《登科记考》卷五。

皇甫惟明(同卷)

原小传云：“惟明，天宝元年官陇右节度使。”

按：皇甫惟明，两《唐书》无传。小传此之所述，乃是据《资治通鉴·唐纪》卷三十一而为，不误。

考补：天宝五载正月兼河西节度使，寻贬牧播州，被杖杀于黔中。

按《资治通鉴·唐纪》于天宝五载有云：“春正月乙丑，以陇右节度使皇甫惟明兼河西节度使……皇甫惟明尝为忠王(浚)友……上亦疑(韦)坚与惟明有谋……惟明以离间君臣贬播州太守。”又，《旧唐书·玄宗纪》下云：“天宝五载正月癸酉……陇右节度使皇甫惟明贬播州太守，寻杖杀于黔中。”同此者，另有《旧唐书·王忠嗣传》。

岑参(卷三五八)

原小传云：“参，南阳人。天宝三年进士，累官右补阙，改起居郎。”

辨证：岑参，两《唐书》无传。小传此之所述，乃是据杜确《岑嘉州诗集序》而为，但有误。复次杜确《岑嘉州诗集序》有云：“南阳岑公，声称尤著。公讳参，代为本州冠族。……入为右补阙。频上封章，指述权佞，改为起居郎。”①文中“南阳”之所指，乃为岑参家族郡望，而非岑参籍贯。考张景毓《县令岑君德政碑》有云：“代居南阳之棘阳。十三

① 杜确：《岑嘉州集序》，《全唐文》卷四五九，中华书局1983年影印本。

代孙善方，随梁宣帝西上，因官投迹，寓于荆州焉。”①而《新唐书·岑文本传》《宰相世系表》，则均作江陵人。据此，知岑参乃江陵人而非“南阳人”。又，岑参《佐郡思旧游序》有云：“乙亥岁春三月，参自补阙转起居舍人，夏四月，署虢州长史。”②此则表明，小传之“起居郎”者，乃“起居舍人”之误，应据改。

李康成（同卷）

原小传云：“天宝时人，尝使江东。”

辨证：李康成，两《唐书》无传。小传此之所述，或是据《全唐诗》卷二〇三“李康成小传”而为。按刘长卿有《严陵钓台送李康成赴浙东》（《全唐诗》卷一五一）诗，是李康成“尝使浙东”之证。又，《新唐书·艺文志四》著录《玉台后集》十卷，署作者为李康，实则乃脱“成“字。对此，陈振孙《直斋书录解题》卷十五乃可证之，其于《玉台后集》十卷有注云：“唐李康成集。”又，李昉等《文苑英华》卷五四九著录李康成判文两篇，其一即《全唐文》是卷之《假阴判》，其二为《流水判》（中华书局影印本《文苑英华》目录作李康成，正文题下未署名），《全唐文》未及，应据补。而《新唐书·艺文志四》所著录之“《玉台后集》十卷”，亦如是。

赵蕤（同卷）

原小传云：“蕤字大宾，盐亭人。后徙居郪，隐居长平山安昌岩。

① 张景毓：《县令岑君德政碑》，《全唐文》卷四〇五，中华书局 1983 年影印本。

② 岑参：《佐郡思旧游序》，《全唐文》卷二〇一，中华书局 1983 年影印本。

开元中三诏召之不起，或云以谗死。”

辨证：赵蕤，两《唐书》无传。小传此述，所本何籍，待考。检《新唐书·艺文志》“杂家类”著录赵蕤《长短要术》十卷，有注云：“字太宾，梓州人，开元中召之赴。”又，孙光宪《北梦琐言》卷五云：“赵蕤者，梓州盐亭人也。……夫妻俱有节操，不受交辟，撰《长短经》十卷。”又，清人周广业整理本《长短经》之《长短经自序》有云：“唐梓州郪县长平山安昌岩草莽臣赵蕤撰。”周广业跋此云：“《琐言》蕤贯盐田，而言郪者。《四川总志》云：‘蕤盐田人，隐于郪县长平山安昌岩，博考六经诸家同异，著《长短经》，又注关郎《易传》，明皇屡征不起，李白尝造庐以请是也。’案太白集有《淮南卧病书怀寄蜀中赵征君蕤》诗，《广舆记》亦云：‘蕤笃学不仕，与白为布衣交，著《长短经》。’《梓州志》称其人杰。”①合勘之，知赵蕤字太宾，小传作“大宾”者，乃误。又小传之“三诏召之”，乃不为孙光宪《北梦琐言》《新唐书·艺文志》、周广业跋文所载，其为误者，当乃无疑。

郭仲翔(同卷)

原小传云：“仲翔，宰相元振从子。”

辨证：郭仲翔，两《唐书》无传。小传此之所述，当是据《新唐书·吴保安传》而为，但有误。复次《新唐书·吴保安传》云：“睿宗时……宰相郭元振以弟子仲翔托(李)蒙，蒙表为判官。”《全唐文》是卷所著录郭仲翔《与吴保安书》有云：“足下早附白书，报吾伯父，宜以时到。……若吾伯父已云庙赏，难以咨启。”是郭仲翔为郭元振侄子而非“从子”甚明。又，《新唐书·宰相世系表四上》之“昌乐郭氏”将郭仲翔作郭元振子者，乃更误。

---

① 周广业整理本：《长短经》，《四部丛刊》本。

杜甫(卷三五九)

原小传云：甫，字子美，襄阳人，徙河南巩县。……永泰二年卒，年五十九。"

辨证：杜甫，两《唐书》有传，小传此之所述，乃是据《旧唐书·杜甫传》而为，但有误。按杜甫有《舟中夜怀卢十四侍御弟》诗云："朔风吹桂水，大雪夜纷纷。"此二句表明，是诗之作乃在某年冬天。而诗题中的"卢十四"，为卢岳，其生平事迹，穆员《陕虢观察使卢公(岳)墓志铭》有载。其中有云："府君讳岳，字周翰……以大理评事兼监察御史，始佐湖南观察之政，前帅韦之晋倚之以清，后帅辛京杲藉之以立，既真拜，又稍迁殿中侍御史。"①其中的韦之晋，乃杜甫友人，据杜甫《哭韦大夫之晋》一诗，知其卒于大历四年六月。又，据《旧唐书·代宗纪》，知辛京杲牧守潭州(今湖南长沙)，乃始于大历五年五月。二者合勘，卢岳的"既真拜"辛京杲后之"稍迁殿中侍御史"，乃在大历五年的秋天。杜甫又有《送卢十四侍御弟护韦尚书榇赴上都》诗，其中有云"清霜洞庭叶"，时令正接。综而勘之，知卢岳大历五年秋为殿中侍御史，旋护送韦之晋灵柩赴上都长安，至冬尚未返湘，故杜甫才在长沙写诗以怀之。又，杜甫《江阁卧病走笔寄崔、卢两侍御》诗有"长夏想为情"句，表明卢岳在大历六年夏仍滞留于长安。如此，则杜甫之卒于是年秋者，当乃无疑，故小传所述为误，即甚为明白。

对于杜甫的卒年，另可参见拙作《杜甫卒年新考》《杜甫〈风疾舟中〉诗新说——兼再论杜甫之卒年》二文(均已收入《杜甫研究丛稿》)，此不具述，特此说明。

---

① 穆员：《陕虢观察使卢公(岳)墓志铭》，《全唐文》卷七八四，中华书局1983年影印本。

李蒙(卷三六一)

原小传云:“开元五年进士。”

按:李蒙,两《唐书》无传。小所此之所述,乃是据李亢《独异志》而为,可从。

附考:检徐松《登科记考》卷五引《广异记》云:“陇西李捎云……明年上巳,与李蒙、裴士南……等十余人泛舟曲江中……舟覆,尽皆溺死。”又,吕道生《定命录》亦载此事,且内中增添了史翙其人。徐松《登科记考》卷五引吕道生《定命录》所载后,于开元四年“进士十六人”内则云:“按翙与李蒙同溺曲江死,见《太平广记》引《定命录》,其事在(开元)五年。”实则吕道生《定命录》所载为误。考史翙之卒,乃在乾元三年,被其部将张谨所杀,而非“溺曲江死”,对此,《旧唐书·肃宗纪》已有明载。其云:“(乾元二年十二月)甲辰,从御史大夫翙为襄州刺史,充山南东道节度、观察处置等使。……乾元三年四月戊申,襄州军乱,杀节度使史翙,部将张谨据州叛。”又,颜真卿《元结墓志铭》(《全唐文》卷三四四)所载同。史翙既非卒于开元五年,则李蒙亦然。所以,吕道生《定命录》所载为误,徐松《登科记考》据而引之者,亦乃为误。

卢重元(同卷)

原小传云:“重元,官通事舍人。”

按:卢重元(玄),两《唐书》无传。小传所述,所本何籍,待考。

考补:开元时人,官司勋郎中。

检《新唐书·艺文志三》著录卢重元《梦书》四卷,有注云:“开元人。”又,同书《宰相世系表二上》有卢重玄,官司勋郎中,为卢藏用之弟。岑仲勉《郎官石柱题名新考订·司勋郎中》云："卢重玄，引文或作'重元'，当依石柱作玄。"小传作"重元"者，乃讳明皇庙号故也。

郄昂(同卷)

原小传云："昂，高平人。与李华同举进士。"

辨证："郄昂"，乃"郗昂"之误，两《唐书》无传。小传此述，所本何籍，待考，但有误，考林宝《元和姓纂》卷二"高平金乡郗氏"云："唐庶子昂，盖其后也。生士美。"①又，"郗昂"因避讳又作"郗纯"。《旧唐书·郗士美传》云："父纯，字高卿，为李邕、张九龄等知遇，尤以学见推，与颜真卿、萧颖士、李华皆相友善。举进士，继以书判制策，三中高第，崔祐甫作相，召拜左庶子、集贤学士。……除太子詹事致仕，东归洛阳。"又，郗昂曾谪巴中，贬清化尉。前者见中华书局1977年版《李太白全集》卷二十八《送郗昂谪巴中》诗，后者则有羊士谔《乾元初严黄门自京兆少尹贬牧巴郡》(《全唐诗》卷三三二)诗可证。羊士谔诗有云："蕙兰留杂佩，桃李想华簪。"并有原注云："时郗詹事昂自拾遗贬清华尉，黄门年三十余，且为府主，与郗意气友善，赋诗高会，文字犹存。"②又，据徐松《登科记考》卷八引李昉等《文苑英华》，知郗昂开元二十二年以试《梓材赋》与颜真卿同年登第。小传所述"与李华同举进士"者，乃误。又，王溥《唐会要·谥法上》云："赠……潞州都督郗昂。"据此，知郗昂卒后，曾获赠"潞州都督"，小传未及，应据补。

---

① 林宝：《元和姓纂》卷二，中华书局1984年版。

② 羊士谔：《乾元初严黄门自京兆少尹贬牧巴郡》，《全唐诗》卷三三二，中华书局1960年版。

崔颂（同卷）

原小传云："颂，开元朝官荆州司马。"

按：崔颂，两《唐书》无传。小传此之所述，乃是据计有功《唐诗纪事》卷二十二"崔颂"条而为，不误。

考补：监察御史。

见王昶《金石萃编》卷七十四《御史台精舍碑》。

邱悦（卷三六二）

原小传："悦，元（玄）宗时人，著《三国典略》三十卷。"

辨证："邱悦"，乃"丘悦"之误，两《唐书》无传。小传此述，所本何籍，待考，但有误。检《新唐书·艺文志三》著录丘悦《三国典略》三十卷，则当以丘悦为是。又，《旧唐书·文苑传》云："半千同时学士丘悦。……丘悦者，河南陆浑人也。……景龙中，为相王府掾，与文学韦利器……俱为王府直学士。……官至岐王傅。……开元初卒。撰《三国典略》三十卷，行于时。"则丘悦的主要生活年代为唐中宗、睿宗时期，小传作"玄宗时人"者，显然有误。而《旧唐书·文苑传》中所载丘悦之籍贯（河南陆浑）、宦历（相王府掾、王府直学士、岐王傅）及卒年（开元初卒）等，皆可补小传之阙。

王端（同卷）

原小传云："端，开元二十七年官崇文馆校书郎，历监察御史。"

辨证：王端，两《唐书》无传。小传此之所述，当是据赵明诚《金石录》卷六而为。按《全唐文》是卷著录王端《唐铁象颂》一文，赵明诚《金石录》卷六编其目，而金文明《金石录校证》则撰“校勘记”云：“王端，‘端’，吕本作‘湍’，三长本作‘瑞’。作‘瑞’者非。《全唐文》卷三六二、《登科记考》卷八有王端，《书史会要》卷五有王湍，未知孰是。”①按《新唐书·王绍传》云：“父端，第进士，有名开宝间。”又，《金石萃编》卷八十三著录王端《唐铁象颂》文，开篇即云：“崇文馆校书郎王端撰。”结衔则曰：“大唐开元二十七年岁次己卯五月壬辰朔三日甲午建。”②则作王端者是，作“王瑞”与作“王湍”者皆非，故“校勘记”误。

考补：太原人。举进士宏词，连中甲第。崇文馆校书郎，迁监察御史，殿中侍御史，工部员外郎，乾元二年卒。

考权德舆《唐故尚书工部员外郎赠礼部尚书王公(端)神道碑铭并序》有云：“公讳端，字某，太原人。……举进士宏词，连中甲第，授崇文馆校书郎，累迁监察御史、殿侍御史、工部员外郎。……乾元己亥，奄至大病，悲夫。……公与河南元德秀、天水阎仲玙同岁中正鹄。……有三子：长曰绰……为桑门上士；次曰纾……库部郎中；次曰绍。本名犯皇帝讳而更焉。”③其中“乾元己亥”，为乾元二年。

卢贻(同卷)

原小传云：“贻……开元朝官侍御史，内供奉。”

辨证：“卢贻”，乃“卢怡”之误，两《唐书》无传。小传此述，所本何籍，待考，但有误。检王昶《金石萃编》卷七十四《御史台精舍碑》，

---

① 金文明：《金石录校证》，上海书画出版社 1985 年版。

② 王端：《唐铁象颂》，《金石萃编》卷八十三，中国书店 1985 年影印本。

③ 权德舆：《唐故尚书工部员外郎赠礼部尚书王公(端)神道碑铭并序》，《权德舆文集》卷七，甘肃人民出版社 1999 年版。

其中“殿中侍御史并内奉”“监察御史并□□□”内，均有卢怡，表明小传之“卢贻”确乃为“卢怡”之误。又据《御史台精舍碑》，知小传中之“侍御史”，乃为殿中侍御史，而“监察御史”一职，则可补小传之阙。

李希言(同卷)

原小传云：“希言，郑惠王元(玄)懿孙，鄂州刺史璥子。开元中为右金吾大将军，再适太子詹事。”

辨证：李希言，两《唐书》传附《郑王元懿传》后，极简略。小传此之所述，乃是据《新唐书·李元懿传》而为。检《旧唐书·郑王元懿传》云：“景龙四年，嗣郑王希言等一十四人，并加银青光禄大夫。开元中，右金吾大将军。天宝初，再为太子詹事同正员，卒。”则小传述李希言所官二职，皆为“开元中”者，乃误。

考补：礼部侍郎，吴郡(江东)采访使，苏州刺史，越州刺史。乾元元年后卒。

按《新唐书·永王璘传》云：“安禄山反……诏璘……领山南、江南、岭南、黔中四道节度使。……至江陵……即引舟师东下……会吴郡采访使李希言平牒……乃使惟明袭希言。”又，《旧唐书·永王璘传》《资治通鉴·唐纪》至德元年同。又，《旧唐书·元载传》云：“肃宗即位……苏州刺史、江东采访使李希言表载为官。”孔延之《会稽掇英总集》卷十八“太守题名”云：“李希言，乾元元年自礼部侍郎兼苏州刺史授。”据此，知李希言之卒，乃在唐肃宗乾元元年之后。

韦良嗣(同卷)

原小传云：“良嗣，天宝时人。”

辨证：韦良嗣，两《唐书》无传。小传此述，所本何籍，待考，但有误。考李季卿《三坟记》有云："先侍郎之子曰曜卿，字华……赋古乐府廿四章，左史韦良嗣为之叙。"又，检《旧唐书·职官志二》门下省有"起居郎二员"，云："从六品上。古无其名，隋始置起居舍人二员。贞观二年省起居舍人，移其职于门下，置起居郎二员。……龙朔二年改为左史，咸亨复。天授元年又改为左史，神龙复也。"据此，知韦良嗣于唐高宗咸亨时曾官左史。又，《全唐文》是卷著录韦良嗣《恭皇后哀册文》一文，云："维开元二十八年岁次庚辰月朔日……其明岁十一月二十四日，王薨在殡。"其中"明岁"指开元二十九年。又，王昶《金石萃编》卷八十七《孝经序》后之署名，有"朝请大夫守给事中臣韦良嗣"。合勘之，知韦良嗣为唐高宗、玄宗时人，小传作"天宝时人"者，乃误。而岑仲勉《读全唐文札记·韦良嗣》之"传当云玄宗时人也"的认识，亦误。

又，李季卿《三坟记》所载之"左史(起居郎)"，《孝经序》后所署之"朝请大夫守给事中"，乃皆可补小传之阙。

孙会(同卷)

原小传云："会，开元二十九年官郴州太守。"

按：孙会，两《唐书》无传。小传此之所述，乃是据《全唐文》是卷著录孙会《苏仙碑铭》一文而为，不误。

考补：历郴、温、庐、宣、常诸州刺史，赠工部尚书。

《千唐志·唐故银青光禄大夫工部尚书致仕孙府君(公乂)墓志铭》云："父会，皇郴、温、庐、宣、常五州刺史，赠工部尚书。"林宝《元和姓纂》卷四"乐安孙氏"云："会，常州刺史。"

苏倪(卷三六三)

原小传云:“倪(注云:“一作婉”),常山人,开元中为太原府录事参军。”

辨证:苏倪,诗人苏味道之子,两《唐书》无传。小传此述,所本何籍,待考,但有误,如其注“一作婉”。又,小传之“官太原府录事参军”在“开元中”者,亦误。按岑仲勉《读全唐文札记》云:“(卷三六三)苏倪小传,‘倪(注云:一作婉)常山人,开元中为太原府录事参军’。按《石壁寺弥勒像颂》,开元二十九年立,其题额称朝议郎太原司录参军苏倪(萃编八四)。元和姓纂,味道子倪,职方郎中。新表七四上同作‘倪’,作‘婉’者非。‘开元中’应改为开元末。”复次《新唐书·宰相世系表四上》列苏倪名,云:“职方员外郎。”所载与林宝《元和姓纂》之“职方郎中”异,二者孰是,待考。而《金石萃编》卷八十四著录《石壁寺弥勒像颂》之题额称“朝议郎”者,小传则可据而补之。

韦续(同卷)

原小传云:“续,驸马都尉鐬孙。元(玄)宗末官天兴令。”

辨证:韦续,两《唐书》无传。小传此述,所本何籍,待考。检《新唐书·诸帝公主传·中宗八女》有云:“永寿公主,下嫁韦鐬。蚤薨,长安初追赠。”又,同书《宰相世系表四上》“韦氏彭城公房”有韦鐬,云:“太子少保,驸马都尉。(子)友谦,陈王府长史。(有谦子)续,天兴令。”此则表明,韦续乃驸马都尉韦鐬之孙,小传作“驸马都尉鐬之孙”者,可从。但小传“元(玄)宗末官天兴令”者,乃系揣测之辞,则当不的。

王玙(同卷)

原小传云:“玙,凤阁侍郎方庆六世孙。……乾元三年拜蒲同绛等州刺史,以中书侍郎同门下平章事,四年罢为刑部尚书。”

辨证:王玙,两《唐书》有传,小传此之所述,乃是综合两《唐书·王玙传》而为,但有误。考陈思《宝刻丛编》卷十引欧阳修《集古录目》云:“《唐玄宗登逍遥楼诗》,唐玄宗御制并分书,太常卿姜皎书年月,蒲州刺史王玙以诗刻石。……乾元元年立。”①又,《旧唐书·肃宗纪》云:“(乾元二年七月)丁亥……刑部尚书玙为蒲州刺史,充蒲、同、绛三州节度使。”小传作“蒲同绛等州刺史”,此则作“充蒲、同、绛三州节度使”,二者异。又,小传为“乾元三年拜蒲同绛等州刺史”,《集古录目》作“乾元元年”,此则作“乾元二年七月”,三者异。又,据《旧唐书·肃宗纪》、《新唐书·宰相表中》、《资治通鉴·唐纪》卷三十六之所载可知,王玙“以中书侍郎同中书门下平章事”,既不在乾元三年,亦非以“蒲、同、绛等州节度使”入相,而是在乾元元年。如《新唐书·宰相表中》云:“乾元元年五月……乙未,太常少卿王玙为中书侍郎、同中书门下平章事。”又,据两《唐书·肃宗纪》可知,唐肃宗以“乾元”纪元者,凡二年,小传作“四年罢为刑部尚书”者,又误。所以,小传此述,几乎全误。

樊铸(同卷)

原小传云:“铸,天宝时人。”

---

① 欧阳修:《集古录目》,陈思《宝刻丛编》卷十引,《丛书集成初编》本。

辨证：樊铸，两《唐书》无传。小传此之所述，乃是据《全唐文》是卷著录樊铸《檄曲江水伯文》一文而为。检王重民《补全唐诗》(《全唐诗外编》上册)著录樊铸《及第后读书院咏物十首上礼部李侍郎》诗，有注云："《十咏》题'前乡贡进士'。"据此，知樊铸写是诗时虽已及第，但尚未受职。而据《檄曲江水伯文》之所载，知樊铸在"天宝三载二月"与"冠者五六人，才子六七人"同游曲江时，其亦不曾及第，则其之及第与上李侍郎《十咏》诗之时，自当皆在天宝三年后。又，据王谠《唐语林》卷八，知天宝年间以李姓为礼部侍郎而知贡举者，仅有李岩、李麟二人，前者时间为天宝六载、七载、八载，后者则在天宝十载、十一载，其间缺天宝九载的知贡举者，傅璇琮《唐代诗人丛考·钱起考》认为即李玮。据此，知樊铸《十咏》诗所上之"李侍郎"，是必为上述三人中之一人，但其具体为何人，则难以裁定。综而观之，小传之"天宝时人"，应以作玄宗时人为宜。

张庭芳(卷三六四)

原小传云："庭芳，天宝时人。"

按：张庭芳，两《唐书》无传。小传此之所述，乃是据《全唐文》是卷著录张庭芳《故中书令郑国公李峤杂咏百二十首序》而为，不误。

考补：登仕郎，守信安郡博士。

按万曼《唐集叙录·李峤集》云："单题诗或题《李峤杂咏》二卷，嘉庆间日本天瀑《佚存丛书》有刻本。前有天宝六载登仕郎守信安郡博士张庭芳序。"

附考：晁公武《郡斋读书志》卷十七著录《李峤集》一卷，云："右唐李峤巨山也。……峤富才思，前与王勃、杨炯，中与崔融、苏味道齐名，晚诸人没，为文章宿老，学者取法焉。集本六十卷未见。今所录一百二十咏而已。或题曰《单题诗》，有张方。"又，辛文房《唐才子传》卷一《李峤》云："峤前与王勃、杨炯接，中与崔融、苏味道齐名，晚诸人没，为文章宿老，学者取法焉。……《杂咏诗》十二卷，单题诗一百二十首，张方为注，传于世。"此二者之"张方"，乃皆为"张庭芳"之误。而《郡斋读书志》之"有张方"，《唐才子传》之"张方为注"，据上引《唐集叙录》之所载，又知其乃皆为"张庭芳序"之误。

杜鸿渐(同卷)

原小传云："鸿渐，字子选。"

辨证：杜鸿渐，两《唐书》有传。小传此述，所本何籍，待考，但有误。检《新唐书·杜鸿渐传》云："鸿渐，字之巽。"同书《宰相世系表二上》"濮阳杜氏"有杜鸿渐，云："字之选，相代宗。""之选""之巽"皆形近，当以"之选"为是。而小传作"子选"者，当为传抄致误，应据改。

附考：《全唐文》是卷著录杜鸿渐《百家岩寺碑》一文，赵明诚《金石录》卷七《目录》著录之，编为"第一千二百七十"号，云："崔巨撰，崔倚正书。天宝八载二月。"此则表明，《全唐文》是卷所著录之杜鸿渐《百家岩寺碑》一文，其作者乃为崔巨，因之，小传应将是文归于崔巨名下。

崔寓(同卷)

原小传云："寓，元(玄)宗朝官左司郎中，出为会稽太守，加给事中，肃宗朝以太子宾客副郭子仪节度河中，终吏部尚书。"

辨证：崔寓，两《唐书》无传。小传此述，所本何籍，待考。检岑仲勉《郎官石柱题名新著录》，崔寓题名在"左司郎中"的最后一行(第十三行)，则其是否为"玄宗朝"者，颇值怀疑。而小传之"玄宗朝……出为会稽太守，加给事中”者，则明显为误。检孔延之《会稽掇英总集》卷十八《唐太守题名记》有云：“崔寓至德二年自江夏郡太守授，其年六月召拜给事中。”①又，小传载崔寓在肃宗朝及其后所官诸职，亦皆误。检《新唐书·宰相世系表二下》“博陵安平第二房崔氏”有崔寓，所署职官为吏部郎中而非“吏部尚书”。又，《旧唐书·代宗纪》有云：“(广德二年九月)丙申……是夜军众喧噪，劫节度使崔寓家财及民家财产殆尽。”《资治通鉴·唐纪》广德二年则云：“河中尹兼节度副使崔寓发镇兵西御吐蕃，为法不一。九月丙申，镇兵作乱。”②合勘之，知崔寓“副郭子仪节度河中”者，乃在代宗朝而非肃宗朝。

考补：河中尹，侍御史，江夏太守、给事中，尚书左丞，蒲州刺史，充蒲、同、晋、绛等州节度使，御史大夫。

崔寓官河中尹，见上引《资治通鉴·唐纪》。又，劳格等《唐御史台精舍题名考》之“知杂侍御史”内有崔寓，并注云：“自天宝元年已后。”崔寓官江夏太守、给事中二职，则可参见上引孔延之《会稽掇英总集》卷十八《唐太守题名记》。又，《旧唐书·肃宗纪》云：“(乾元三年)二月癸巳朔，以左丞崔寓为蒲州刺史，充蒲、同、晋、绛等州节度使。”又，王延昌《河渎神灵源公祠庙碑》云：“乃咨于副元帅、副使、太子宾客、御史大夫知河中府事崔公寓，量功命日，而后役于河西县。”③

李澥(同卷)

原小传云：“澥，字坚水……至德初起为江阴令，征拜祠部员外郎。”

---

① 孔延之：《会稽掇英总集》卷十八，《四库全书》本，中华书局 1987 年影印本。

② 司马光等：《资治通鉴·唐纪》，上海古籍出版社 1977 年影印本。

③ 王延昌：《河渎神灵源公祠碑》，《全唐文》卷四三五，中华书局 1983 年影印本。

辨证：李澥，两《唐书》无传。小传此之所述，当是据穆员《刑部郎中李府君(澥)墓志铭》(《全唐文》卷七八四)一文而为，但有误。复次穆员《刑部郎中李府君(澥)墓志铭》有云："府君讳澥，字坚水。……至德岁起家宰江阴，历佐晋陵、吴兴、丹阳三郡，或参将府……明年，克服二京，博求多士，征拜金部员外郎。"据此，知小传之作"祠部员外郎"，当误。又，检劳格等《唐尚书省郎官石柱题名考·金部员外郎》内有李澥，而"祠部员外郎"内则无其名，是"祠部"为"金部"之误，乃殆无疑义。又，《新唐书·宰相世系表二上》"赵郡李氏"有李澥，云："字坚冰，刑部郎中。"此则表明，小传之"字坚水"者，又误。所以，小传均应据改。

麻察(同卷)

原小传云："察，河东人，第明经，五迁殿中侍御史。"

按：麻察，两《唐书》传附《齐浣传》后，极简略。小传此之所述，乃是据《新唐书·齐浣传》所附《麻察传》而为，不误。

考补：司勋员外郎，左补阙。

劳格等《唐尚书省郎官石柱题名考·司勋员外郎》第二行有麻察，岑仲勉《郎官石柱题名新考订》云："麻察，参左补阙。"

张鼎(同卷)

原小传云："鼎，官司勋员外郎。"

辨证：张鼎，两《唐书》无传。小传此之所述，当是据芮挺章《国秀集》卷上而为。复次《国秀集》卷上，其目录所署即为"司勋员外张鼎"。又，《全唐诗》卷二〇二著录张鼎诗三首，有小传云："张鼎，司勋员外郎。”然检劳格等《唐尚书省郎官石柱题名考》、岑仲勉《郎官石柱题名新著录》《郎官石柱题名新考订》，其中之“司勋员外郎”内，均无张鼎。《国秀集》之“司勋员外张鼎”所据为何，乃不得而知。所以，张鼎是否“官司勋员外郎”，尚在存疑之列。

李湜(同卷)

原小传云：“湜，开元时人。”

辨证：李湜，两《唐书》无传。小传此之所述，当是据《全唐文》是卷著录李湜《唐江州冲阳观碑》而为，盖因其叙事止于“开元神武皇帝变代重光”也。检《新唐书·宰相世系表二上》之“赵郡李氏”，载李令问三子：长子李湜，未仕；二子李澥，刑部郎中；三子李阳冰，将作少监。又，考穆员《刑部郎中李府君(澥)墓志铭》(《全唐文》卷七八四)有云：“有唐赵郡李府君，春秋四十有三……上元元年秋八月十三日，遘疾终扬州官舍之次。”据此合勘，知李澥生于开元四年，以李湜大李澥三岁计，其生年乃在开元元年。据此，知李湜应为唐玄宗、肃宗时人，小传作“开元时人”者，乃误。

考补：开元中官某县令。

李昉等《太平广记》引《广异志》云：“赵郡李湜以开元中谒华岳庙，过三夫人院……问以官，云：‘合进士及第，终小县令。’皆如其言。”

游方(卷三六五)

原小传云：“方，开元中将仕郎，守任城尉。”

辨证：“游方”，乃“游芳”之误，两《唐书》无传。小传此述，所本何籍，待考，但有误。按《全唐文》是卷著录游方《任城县桥亭记》一文，赵明诚《金石录》卷六著录之，作《唐任城县桥亭记》，并有注云："游芳撰，王子言八分书。开元二十六年闰八月。"又，王昶《金石萃编》编此文于卷八十三，开首第一行云："将仕郎守任城尉游芳纂文。……大唐开元二十六年闰八月五日建。"此则表明，小传之"开元中"，乃为"开元末"之误。

张思鼎(同卷)

原小传云："思鼎，天宝时官侍御史。"

辨证：张思鼎，两《唐书》无传。小传此之所述，当是据《御史台精舍碑》而为，但有误。复次王昶《金石萃编》卷七十四《御史台精舍碑》，张思鼎之题名在梁升卿开元十一年所"追书"之"殿中侍御史并内供奉"内，且两见，则其为"开元时官侍御史"乃甚明。又，岑仲勉《金石论丛·元和姓纂所见唐左司郎官及三院御史》有云："张思鼎，《千唐志》天宝三载有《张思鼎墓志铭》，略称神龙年郡辟秀才，'寻迁左台监察御史，历殿中侍御史，终唐州刺史'。天宝元年卒，年六十七。"复次《千唐志斋藏志》之《大唐故朝散大夫使持节唐州诸军事守唐州刺史张公(思鼎)墓志铭并序》云："迁比部郎中……改唐州诸军事守唐州刺史，加朝散大夫……天宝初载岁次敦牂七月旬有六日，苒疬虐疾终于郡之官舍，春秋六十有七。"①小传应据此《墓志铭》正"天宝时"为"开元时"。

考补：监察御史，殿中侍御史，比部郎中，唐州刺史，朝散大夫。天宝元年卒，春秋六十七。

俱见上引《大唐故朝散大夫使持节唐州诸军事守唐州刺史张公(思鼎)墓志铭并序》。

---

① 佚名氏：《大唐故朝散大夫使持节唐州诸军事守唐州刺史张公(思鼎)墓志铭并序》，《千唐志斋藏石》，文物出版社 1983 年影印本。

敬骞(同卷)

原小传云："骞，开元时官监察御史。"

辨证：敬骞，两《唐书》无传。小传此述，所本何籍，待考，但有误。检岑仲勉《读全唐文札记》云："(卷三六五)敬骞小传，'骞，开元时官监察御史'。按元和姓纂，敬括生骞，建州刺史，括文收卷三五四，云大历六年卒，其子骞当不能于开元官至御史。考英华骞大历二年进士，元龟六一九，德宗时，由御史贬高州、电白尉，集古录目，《神女庙诗》，元和五年刻，称荆南节度判官敬骞，开元殆贞元之误。"①所言甚是，小传应据改。

考补：大历二年进士及第。监察御史，贬高州电白尉，荆南节度判官，建州刺史。

敬骞大历二年进士及第，见徐松《登科记考》卷八；以监察御史衔贬高州电白尉，见王钦若等《册府元龟》卷六一九；官荆南节度判官，见陈思《宝刻丛编》引《集古录目·神女庙诗》；刺牧建州，见林宝《元和姓纂》卷九"河东敬氏"，《新唐书·宰相世系表五上》。

卢谕(同卷)

原小传云："谕，开元时官户部金部员外郎。"

辨证：卢谕，两《唐书》无传。小传此之所述，当是据《郎官石柱题名》而为。检岑仲勉《郎官石柱题名新考订·户部员外郎》有云："卢谕，

---

① 岑仲勉：《读全唐文札记》，《唐人行第录》外三种之一，上海古籍出版社1962年版。

《新唐书》表同姓名者二人，一从愿子，自起居郎出为绛刺；一慎思子黄州刺史，似即毗陵集一一之蕲春长史。是否二者文任一抑更有其人，待考。”按岑仲勉此之“新考订”，乃误。

按据《新唐书·宰相世系表三上》所载，卢从愿子卢谕，所官者为比部员外郎；卢慎思子卢谕，所官者为黄州长史，岑氏“新考订”所引皆误。又，《旧唐书·卢从愿传》云：“(开元)十六年，东都留守。时坐子起居郎谕粜米入官有剩利，为宪司所纠，出为绛州刺史。……二十年，河北谷贵，敕从愿为宣抚处置使。”《新唐书·卢从愿传》略同。据此，知岑仲勉《郎官石柱题名新考订·户部员外郎》以为刺绛者为卢谕，则又误。又据《新唐书·百官志一》，知比部员外郎属刑部，而金部员外郎与户部员外郎皆属户部，如此，则卢从愿子卢谕非为本小传之传主乃甚明。即是说，《全唐文》卷三六五《弹棋赋》一文的作者，是否为卢从愿子卢谕，尚需作进一步之考察后，方可确断。

又，卢慎思子卢谕所官户部、金部员外郎，是否在“开元时”，亦值考察。据上引岑仲勉《郎官石柱题名新考订·户部员外郎》，知卢谕名列王鉷前，而同书之“金部员外郎”内，卢谕之名则在于阳润、徐浩二人前。考刘昫等《旧唐书·王鉷传》云：“(开元)二十九年，累除户部员外郎，常兼侍御史。”同书《徐浩传》云：“拜太子司议郎，迁金部员外郎，历宪部郎中。安禄山反，出为襄阳太守、本郡防御史。”又，张式《徐浩神道碑铭》云：“迁金部员外郎，转都官郎中，充岭南□□□□□□□。”①《旧唐书·代宗纪》则有云：“(大历二年四月)癸酉，以工部侍郎徐浩为广州刺史、岭南节度观察使。”合勘此四者，知徐浩官金部员外郎者，乃在天宝中期，故卢谕之供是职者，当在“天宝初”而非“开元时”，所以，小传应据改。

---

① 张式：《徐浩神道碑铭》，《全唐文》卷四四五，中华书局1983年影印本。

杨谏(同卷)

原小传云："谏，官永乐丞。"

按：杨谏，两《唐书》无传。小传此之所述，乃据芮挺章《国秀集》卷下而为，不误。

考补：开元二十二年进士。

见徐松《登科记考》卷八。

张之宏(同卷)

原小传云："之宏，天宝中官曲阜县令。"

辨证：张之宏，两《唐书》无传。小传此述，所本何籍，待考，但有误。按《全唐文》是卷著录张之宏《兖公颂》一文，赵明诚《金石录》卷七编其目，并有注云："张之宏撰，包文该正书。天宝元年四月。"王昶《金石萃编》卷八十五著录是文，作《兖公之颂》，开篇第一行为："朝议郎行曲阜县令张之宏撰。"落款时间与《金石录》同。据此，知小传之"天宝中"应改为天宝初。又，张之宏曾官朝议郎一职，小传可据补。

蔡希综(同卷)

原小传云："希综，曲阿人。"

辨证：蔡希综，两《唐书》无传。小传此述，所本何籍，待考。检岑仲勉《读全唐文札记》云："(卷三六五)蔡希综小传，'希综，曲阿人'。据希综《法书论》，希综是希寂弟，元和姓纂列希寂于丹阳望下，新书六〇丹阳集六有渭南尉蔡希寂。”其中“丹阳”，即小传中之“曲阿”，唐天宝元年改。考赵明诚《金石录》卷七《目录》有《唐冶浦桥记》：“蔡希综撰并行书，天宝十二载正月。”小传则可据之补为“唐玄宗时人”。

元载(卷三六九)

原小传云：“载，字公辅，凤翔岐山人。兴元元年诏复爵，谥曰荒，后改谥成。”

辨证：元载，两《唐书》有传。小传此之所述，乃是《新唐书·元载传》而为，但有误。复次《新唐书·元载传》有云：“后改(谥)曰成纵。”小传脱“纵”字，应据补。

李轸(卷三七一)

原小传云：“轸，郑王亮四世孙，官歙州别驾。”

辨证：李轸，两《唐书》无传。小传此之所述，乃是据《全唐文》是卷著录李轸《泗州刺史李君(孟犨)神道碑》而为，但有误。复次《泗州刺史李君(孟犨)神道碑》有云：“讳孟犨，字公悦……五代祖景皇帝，始封于唐。高祖讳亮，至德初追封为郑王。……六子：长曰权，故金州刺史；次曰衡……曰轸，歙州别驾。”按古人之计“世孙”者，据岑仲勉《唐集质疑·杜甫世系》可知，本人不列其内，故以此勘之李轸《神道碑》所载，知李轸为郑王李亮的五世孙而非“四世孙”。又，《新唐书·宗室世系表上》“大郑王房”列李轸名，其之为李亮五世孙者，又可为之佐证。所以，小传应改“四世孙”为五世孙。

李揆(同卷)

原小传云："揆，字端卿……乾元初……迁拜中书侍郎平章事。贬莱州刺史。"

辨证：李揆，两《唐书》有传。小传此之所述，乃是据《旧唐书·李揆传》而为，但有误。检《新唐书·李揆传》云："帝怒，贬揆袁州刺史……揆累年乃徙歙州刺史。"又，同书《宰相表中》云："上元二年二月癸未，揆贬袁州刺史。"同此二书者，另有《资治通鉴·唐纪》卷三十八、王钦若等《册府元龟》卷九一五。综此四者，知李揆之被贬者，乃为袁州刺史，小传从《旧唐书·李揆传》而作"莱州刺史"者，则乃误。

裴谞(同卷)

原小传云："谞，字士明，礼部尚书宽子。……代宗朝历太子右庶子，进兵部侍郎、河南尹、东都留守。……卒年七十五，赠礼部尚书。"

辨证：裴谞，两《唐书》有传。小传此之所述，乃是据《新唐书·裴谞传》而为，但有误。检《旧唐书·裴谞传》云："建中初，上以刑名治理天下……无几，转太子宾客、兵部侍郎、河南尹、东都留守。"而《新唐书·裴谞传》则谓："德宗新即位，以刑名治天下……俄召为太子右庶子，进兵部侍郎，至河南尹、东都留守。"二者所载，均为德宗时事，则小传之"代宗朝"乃误，即其应改"代宗朝"为"德宗朝"。又，《旧唐书·裴谞传》作"太子宾客"，小传从《新唐书·裴谞传》则作"太子右庶子"，二者异，待考。

李震(同卷)

原小传云："震，河东人，天宝间进士。"

辨证：李震，两《唐书》无传。小传此之所述，乃是据王昶《金石萃编》卷八十九《刘感墓志铭》而为，但有误。复次《金石萃编》卷八十九《刘感墓志铭》有云："河东进士李震撰。"小传之"河东人"者，当本此。又据《刘感墓志铭》一文，知刘感卒于天宝十二载二月二十一日，葬于十月三十日，小传之"天宝间进士"者，所据当即此，但"天宝间"应改为天宝末。

附考：检《新唐书·宰相世系表二上》"陇西李氏姑臧房"内有两李震，一为李揆之侄，司封员外郎李皆之子，官泉州刺史；一为汝州刺史李晋之兄，官起居郎。此二李震与小传之李震时代皆合，揣度之，似"官起居郎"之李震，当为小传中之李震。若为"李皆之子"李震，其既曾"官泉州刺史"，则小传理应将其载入，而小传未之载者，正表明此李震非小传中之李震。其是耶非耶，兹附识于此，以俟淹贯者。

魏璀(卷三七二)

原小传云："璀，天宝间进士。"

辨证：魏璀，两《唐书》无传。小传此述，所本何籍，待考，但不确。按李昉等《文苑英华》卷一八四著录魏璀、钱起、陈季、庄若讷、王邕五人《湘灵鼓瑟》诗各一首，徐松《登科记考》卷九据此诗，考订魏璀等五人中"进士"在天宝十载，则小传应将"天宝间进士"，改为天宝十载进士。

谢良辅(同卷)

原小传云："良辅，天宝十一载进士。德宗时官商州刺史。"

辨证：谢良辅，两《唐书》无传。小传此之所述，乃是据计有功《唐诗纪事》卷四十七"谢良辅"条而为，但有误。据徐松《登科记考》卷九，谢良辅为天宝十载进士，小传作"天宝十一载"者，其"一"乃衍。谢良辅刺牧商州，小传作"德宗时"者，虽不误，但欠精审。检《新唐书·德宗纪》云："(建中四年十月)商州军乱，杀其刺史谢良辅。"又，《资治通鉴·唐纪》于建中四年所载同。所以，小传应改"德宗时官商州刺史"为建中四年官商州刺史。

李暐(同卷)

原小传云："暐，开元时官殿中侍御史。天宝中迁吏部郎中。出为景城司马，濠州长史。"

辨证：李暐，两《唐书》无传。小传此述，所本何籍，待考，但有误。检王昶《金石萃编》卷七十四《御史台精舍碑》"殿中侍御史并内供"之"碑左侧题名"有李暐，列名于郭虚己、李常后，小传作"开元时官殿中侍御史"者，不误。又检岑仲勉《郎官石柱题名新著录》《郎官石柱题名新考订》，其"吏部郎中"(含"吏部员外郎")内，均无李暐之名。李暐为景城司马，《新唐书·颜真卿传》有载："禄山反……时平原有静塞兵三千，乃益募士，得万人……饶阳太守卢全诚……景城司马李暐……邺郡太守王焘各以众归。"其时则在天宝十四载末或十五载初。又，《旧唐书·史思明传》有云："(天宝十五载五月)攻景城，擒李暐，暐投河而死。"《新唐书·史思明传》同。如此，则李暐之为"濠州长史"者，就必在其任景城司马之前，小传述其于“出为景城司马”之后者，乃必误无疑。要之，李暐不曾官“濠州长史”，这是因为，遍检两《唐书》之《纪》《志》《表》《传》，其中并无李暐官“濠州长史”之载。

柳芳（同卷）

原小传云：“芳，字仲羲……开元末擢进士第，由永宁尉直史馆。上元中坐事徙黔中。”

辨证：柳芳，《新唐书》有传。小传此之所述，即是据《新唐书·柳芳传》而为，但有误。复次《新唐书·柳芳传》云：“柳芳字仲敷，蒲州河东人。开元末擢第，由永宁尉直史馆。……上元中，坐事徙黔中。”小传作“字仲羲”，此则作“字仲敷”，二者异。考李华《三贤论》有云：“河东柳芳仲敷。”是柳芳字仲敷不“字仲羲”者，乃甚明。柳芳之“擢进士第”，小传从《新唐书·柳芳传》作“开元末”，虽不误，但欠精审。检徐松《登科记考》卷八，柳芳开元二十三年进士及第，然徐氏又据《新唐书·柳登传》之所载，考订其于开元二十九年为进士。二者一作“开元二十三年”，一作“开元二十九年”，则必有一误。按徐氏考订柳芳“二十三年”进士及第者，所据者主要为《太平广记》引《定命录》之所载，然则《定命录》乃小说家之言，未可据信，故柳芳之进士及第，应以开元二十九年为宜。

又，岑仲勉《登科记考订补》有云：“《记考》二十三年下柳芳。按柳芳是存是附俟考，具见前引，顾一附不能再附，今《记考》同卷又于开元二十九年进士著录柳芳，云：‘《新书·柳登传》，父芳，字仲敷，开元末擢进士第。’进士不再第，芳擢第之年既未确知，则宜留二十九年之条，删去二十三年之重见也。”①岑氏所言，甚是。

---

① 岑仲勉：《登科记考订补》，《登科记考》附，中华书局1984年版。

严郢(同卷)

原小传云："郢，字叔敖，华州华阴人。第进士，补太常协律郎。代宗初为监察御史，累拜河南尹。大历末进拜京兆尹，罢为大理卿，迁御史大夫，出为费州刺史。"

辨证：严郢，《新唐书》有传，小传此之所述，即是据《新唐书·严郢传》而为，虽无大误，却欠精审。兹据有关材料，将小传所述严郢之宦历系年记录如下，并就其中之错误略作更正。其具体为：

(1)"第进士"。按徐松《登科记考》，将严郢"第进士"置于"卷二十七·附考"，而无具体时间，其所据者即"《旧唐书·严郢传》"，实则为误，盖因《旧唐书》无《严郢传》故也。小传既载严郢"第进士补太常协律郎"，则其之"补太常协律郎"，就当与"第进士"在时间上相隔非远。检《旧唐书·宣宗纪下》有云："安禄山陷洛阳，以庙为马厩，弃其神主，而协律郎严郢收而藏之。"据同书《玄宗纪下》所载，"安禄山陷洛阳"，时在天宝十四载十二月："丁酉，禄山陷东京，杀留守李憕。"此则表明，严郢之"第进士"，是必在天宝十年前后的。

(2)"累拜河南尹"。《新唐书·严郢传》云："(郭)子仪镇邠州，檄郢主留务。……岁余，召至京师，元载荐之帝，时载得罪，不见用。御史大夫李栖筠亦荐郢……即日拜河南尹、水陆运使。"郭子仪镇邠州，事在上元元年九月，对此，《资治通鉴·唐纪》上元元年内有载："(九月)乙未，命子仪镇邠州。"以此合勘"岁余召至京师"与"御史大夫李栖筠亦荐郢"云云，知严郢此次之"拜河南尹"，乃在上元二年前后。

(3)"迁御史大夫"。检《旧唐书·杨炎传》有云："会德宗尝访宰相群臣中……(卢杞)寻引严郢为御史大夫。"据此，知严郢之"迁御史大夫"，当在德宗即位之初。

(4)"进拜京兆尹"。《旧唐书·代宗纪》云："(大历十四年三月)庚戌，以河南尹严郢为京兆尹。"据《新唐书·食货志三》，唐德宗建中初年，严郢仍在京兆尹任上。又据《旧唐书·代宗纪》，知严郢大历十四年三月前乃在河南尹任上，此次为严郢第二次任河南尹。

(5)"出为费州刺史"。《旧唐书·德宗纪上》云："(建中四年四月)壬午，贬御史大夫严郢为费州长史。"据此，知小传从《新唐书·严郢传》作"费州刺史"者，乃误。

考补：御史中丞，流建州。

检《旧唐书·德宗纪上》云："(建中元年三月)监察御史张著以法冠弹中丞严郢……削郢官。"同书《良吏下·吕諲传》云："肃宗怒，流郢于建州。"又，《新唐书·邵说传》云："建中三年逐严郢。"所逐之地即为建州。

刘秩(同卷)

原小传云："秩，字祚卿，赠工部尚书子元(玄)子。开元末由宪部员外郎除陇西司马。至德初迁给事中，出为阆州刺史，贬抚州长史，卒。"

辨证：刘秩，刘知几(字子玄)第四子，传附两《唐书·刘子玄传》后，极简略。小传此之所述，乃是据《新唐书·刘子玄传》所附之《刘秩传》而为，但有误，如"出为阆州刺史"者，即为其例。检《新唐书·刘秩传》云："至德初，迁给事中。久之，出为阆州刺史。"考唐肃宗李亨《贬房琯刘秩严武诏》云："崇党近名，实为害政之本。……前国子祭酒刘秩，前京兆少尹严武等，潜为交结，轻肆言谈，有朋党不公之言。宜从贬秩，俾守外藩。琯可邠州刺史，秩可阆州刺史，武可巴州刺史。"①

① 唐肃宗：《贬房琯刘秩严武诏》，《全唐文》卷四十二，中华书局1983年影印本。

按《资治通鉴·唐纪》于乾元元年六月云："前祭酒刘秩贬阆州刺史。"此则表明，刘秩贬阆州刺史，主要是因"朋党"之故，时间则在乾元元年六月，而其前，则为国子祭酒。所以，刘秩之"出为阆州刺史"，非在给事中任上，而是所官为国子祭酒，且时间为乾元元年。

考补：国子祭酒，尚书右丞。

前者见上引《资治通鉴·唐纪》乾元元年；后者见《旧唐书·刘子玄传》附《刘秩传》。

陈兼(卷三七三)

原小传云："兼，秘书少监京父。官右补阙，翰林学士。"

按：陈兼，《新唐书》传附《陈京传》后，极简略。小传此之所述，即是据《新唐书·陈京传》之所附而为。其云："陈京字庆复，陈宜都王五世孙。父兼，为右补阙、翰林学士。"所载不误。

考补：陈兼四子：当、苌、京、归。

检《新唐书·宰相世系表一下》有陈兼，官右补阙，翰林学士。四子及其任职，具体为：当，监察御史；苌，大理评事；京字庆复，秘书少监；归，考功员外郎。

附考：按《新唐书·宰相世系表一下》载陈兼所官之"翰林学士"，丁处晦《重修翰林壁记》、岑仲勉《翰林学士壁记注补》均无其名。而在两《唐书》中，除《新唐书·陈京传》外，亦皆无所载，则陈兼是否曾为"翰林学士"，尚需作进一步考察。

苏源明(同卷)

原小传云："源明，京兆武功人，初名预，字弱夫。……天宝中进士。”

辨证：苏源明，《新唐书》有传。小传此之所述，即是据《新唐书·苏源明传》而为，虽无大误，但欠精审。检徐松《登科记考》卷九(皆天宝年间进士)，其中并无苏源明之名，小传所本何籍，待考。又，《登科记考》卷二十七之“附录·进士科”有苏源明名，所引除《新唐书·苏源明传》关于其及第的一段文字外(《新唐书》本传为：“苏源明，京兆武功人。初名预，字弱夫。天宝间进士及第。”)，尝有云：“杜少陵《八哀诗》有苏源明，诗云：‘射君东堂策，宗匠集精选。制可题未干，乙科已大阐。’按杜所言，似又登制科也。”①徐氏所言是。按仇兆鳌《杜诗详注》卷十六于“乙科”句有笺注云：“《儒林传》：房凤，字子元，以射策乙科，为太史掌故。《唐书》：诸进士试时务策五条，帖一大经。经策全得，为甲第；策得四，帖过四以上，为乙科。”②以此合勘杜诗，可知苏源明曾如房凤一般，乃曾“以射策乙科”，小传未及，当据补。

魏颢(同卷)

原小传：“颢，开元中进士。”

辨证：魏颢，两《唐书》无传。小传此述，所本何籍，待考，但有误。按《全唐文》是卷著录魏颢《李翰林集序》有云：“颢今登第，岂符言耶。解携明年，四海大盗，宗室有潭者，白陷焉。”其中之“四海大盗”，指安禄山起兵叛唐，事在天宝十四载。对此，《旧唐书·玄宗纪下》有载：“(天宝十四载)十二月丙戌朔，禄山于灵昌郡渡河。辛卯，陷陈留郡，杀张介然。甲午，陷荥阳郡，杀太守崔无诐。……丁酉，禄山陷东

① 徐松：《登科记考》卷二十七，中华书局1984年版。

② 仇兆鳌：《杜诗详注》卷十六，中华书局1979年版。

京。”魏颢在《李翰林集序》中既称“禄山陷东京”为“明年”，则其中“颢今登第”之“今”，所指为天宝十三载乃甚明①。所以，小传之“开元中进士”，应据改为“天宝末进士”，或径作天宝十三载进士。

杜楚宾(卷三七四)

原小传云：“宾，应贤良科擢第，官雷乡令。”

辨证：杜楚宾，两《唐书》无传。小传此之所述，乃是据《全唐文》是卷著录杜楚宾《雷乡县白石鹿记》一文而为，虽不误，但欠精审。按《雷乡县白石鹿记》有云：“开元丁丑春二月朔又七日，杜楚宾令雷乡之第二年，雷乡之民情事耕，作其具。”其中的“开元丁丑”，为唐玄宗开元二十五年，则杜楚宾之“应贤良科擢第”即在是年，而《雷乡县白石鹿记》文末之“丁丑二月朔七日，应贤良举雷乡令杜楚宾”云云，又可为之佐证。杜楚宾“应贤良科擢第”既在开元二十五年，则其“官雷乡令”者，就当在天宝初年或其后，但确时则无考。

赵良器(同卷)

原小传云：“良器，开元时官殿中侍御史，兵部员外郎。”

按：赵良器，两《唐书》无传。检王昶《金石萃编》卷七十四《御史台精舍碑》之“侍御史兼殿中”，有赵良器名，在贺遂回与源少良之间，时代正相合。又，《全唐诗》卷二〇二著录赵良器诗二首，有小传云：“赵良器，兵部员外。”小传此之所述，当是综合此二者而为，不误。

考补：开元七年“文辞雅丽科”及第，官邺郡太守。

---

① 关于魏颢天宝十三载进士及第事，另可参见徐松《登科记考》卷九。

检王溥《唐会要》卷七十六“制科举”开元二十七年有云：“文辞雅丽科：邢巨、苗晋卿、褚思光、赵良器及第。”①徐松《登科记考》卷六同。如此，则小传“开元时官殿中侍御史”者，就当在开元末。赵良器官邺郡太守，《唐会要》卷七十九有载，兹不具引。

邵琼之(同卷)

原小传云：“琼之，归州刺史说父，元(玄)宗朝官殿中侍御史。”

按：邵琼之，两《唐书》无传。小传此之所述，当是据邵说《让吏部侍郎表》而为，其云：“臣父殿中侍御史琼之，遇玄宗拨乱兴邦。”同此者，有《新唐书·邵说传》。所以，小传所述不误。

考补：相州安阳人，玄宗朝以制科及第。

前者见《旧唐书·邵说传》；后者见徐松《登科记考》卷二十七“附录·制科举”。

张谓(卷三七五)

原小传云：“谓，字正言，河南人。天宝二年进士。乾元中为尚书郎。大历中官礼部侍郎。”

按：张谓，两《唐书》无传。小传此之所述，乃是据计有功《唐诗纪事》卷二十五“张谓”条而为，不误。

考补：潭州刺史，典大历六年、七年、八年、九年贡举，太子左庶子。

元结《别崔曼序》云：“漫叟年将五十，与时不合，垂三十年，爱恶

① 王溥：《唐会要》卷七十六，《四库全书》本，上海古籍出版社1987年版。

之声，纷纷人间。博陵崔曼惑叟所为，游而辨之，数月未去。会潭州都督张正言荐曼为蜀邑长，将行，叟谓曰……”张谓为潭州刺史，在大历二、三年间，具体参见拙作《关于怀素生平中的几个问题》①一文，此不具述(另可详后)。又，王定保《唐摭言》卷八云：“神龙元年己未，累为主司者……张谓三：大历六年、七年、八年。”计有功《唐诗纪事》卷二十五“张谓”条云：“谓，大历间为礼部侍郎，典七年、八年、九年贡举。”徐松《登科记考》卷十，考订张谓知贡举于大历六年、七年、八年、九年。又，常兖《授张谓太子左庶子制》云：“中散大夫、前守潭州刺史、本州团练使守捉使、上柱国、河内开国县子、赐紫金鱼袋张谓……可守太子左庶子。”②此亦为张谓刺牧潭州之证。

阎宽(同卷)

原小传云：“宽，官醴泉尉。”

按：阎宽，两《唐书》无传。《全唐诗》卷二〇三著录阎宽诗五首，撰小传云：“阎宽，醴泉尉。”小传所述，所本或即此，不误。

考补：李白诗友，天宝中官太子正字。

按王琦笺注本《李太白全集》卷十九有《酬坊州王司马与阎正字对雪见赠》一诗，题中的“阎正字”，即阎宽，时官太子正字。王琦注云：“按《宝刻丛编》，天宝中太子正字阎宽，撰《襄阳令卢僎德政碑》，未知即此阎正字否?”③按此《德政碑》中的“襄阳令卢僎”，与孟浩然关系甚

① 王辉斌：《关于怀素生平中的几个问题》，载《青海民族师范学院学报》1987年第1期。

② 常兖：《授张谓太子左庶子制》，《全唐文》卷四一二，中华书局1983年影印本。

③ 王琦笺注本：《李太白全集》卷十九，中华书局1977年版。

为密切①，而孟浩然与李白又交谊笃密，则阎宽与卢僎、孟浩然、李白为同一时期人者，即可论断。又，阎宽所撰《襄阳令卢僎德政碑》，曾为赵明诚《金石录》卷七著录，注云："阎宽文，史惟则八分书。"②并于《唐云门山投龙诗》末有注云："以上十碑，皆天宝中立。"陈思《宝刻丛编》所本当即此。

孔璋(同卷)

原小传云："璋，许州人。天宝中上书请代李邕死，配流岭南。"

辨证：孔璋，两《唐书》无传。小传此之所述，乃是据《旧唐书·李邕传》而为，但有误。《全唐文》是卷著录孔璋《理李邕疏》有云："山东布衣臣某言……"文中明言孔璋为"山东"人，则小传从《旧唐书·李邕传》作"许州人"者，乃误，应据改。

考补：以布衣终生，死于岭南。

前者见上引孔璋《理李邕疏》一文；后者则为《旧唐书·李邕传》所载："疏奏，邕已减死，贬为钦州宣化县尉，璋亦配流岭南而死。"

任华(卷三七六)

原小传云："华，元(玄)宗时官秘书省校书郎，出为桂州刺史参佐。"

按：任华，两《唐书》无传。小传此之所述，乃是综合《全唐文》本

---

① 关于孟浩然与卢僎在襄阳的交游，具体参见拙作《孟浩然集中之卢明府探考》，载《湖北师范学院学报》1986年第3期。

② 赵明诚：《金石录》卷七，《四库全书》本，上海古籍出版社1987年影印本。

卷著录任华《上严大夫启》《桂林送前使判官苏侍御归上都序》诸文而为，不误。

考补：绵州涪城人。与诗人高适友善，有诗寄赠李白、杜甫。

按任华《秦中奉送涪城贺拔明府归蜀序》云："尝纠余郡，又宰吾邑。……而以国士待我，情愿交深，贯于金石，自我不见，于兹五年。长安相逢，如自天落而喜，可知也。"①题、文合勘，任华为绵州涪城人甚明。又，任华《西方变画赞》云："蒋氏兄弟，惟孝也哉。前殿中侍御史蒋錬，錬弟前右拾遗镇，镇弟前无锡尉镝，镝弟前千牛镃，镃弟前协律郎锜等……华，太常故吏也，侍御以华情之拳拳……"其中的"太常"蒋洌，乃蒋錬之父，《旧唐书·蒋镇传》有载，不具引。又，据《御史台精舍碑》可知，天宝元年后监察御史"常著"下有蒋錬。合勘之，似任华在天宝年间曾为"太常"蒋洌之属下，以及与其子蒋錬同为监察御史，然《御史台精舍碑》之题名，却无任华名，待考。又，计有功《唐诗纪事》卷二十二"任华"条，著录任华《杂言寄李白》《杂言寄杜拾遗》，以及高适《赠任华》一诗，可窥见任华与高适之关系，以及对李白、杜甫的景仰之况。

柳浑(卷三七七)

原小传云："浑，字夷旷，一字惟深，本名载，襄州人。天宝初进士。……五年卒，年七十五，谥曰贞。"

辨证：柳浑，两《唐书》有传。小传此之所述，乃是据《新唐书·柳浑传》而为，既有误，亦欠精审。检徐松《登科记考》卷九，柳浑为天宝元年进士，小传之"天宝初"应以改为天宝元年为宜。柳浑之卒年，柳

① 任华：《秦中奉送涪城贺拔明府归蜀序》，《全唐文》卷三七六，中华书局1983年影印本。

宗元《故银青光禄大夫右散骑常侍轻车都尉宜城县开国伯柳公(浑)行状》一文云:“贞元五年二月五日,薨于昌化里。”①但无享年之载。中华书局点校本于“薨于昌化里”撰“校勘记”云:“薨于昌化里句下注‘卒年七十五’。‘七十五’原作‘五十七’,据新、旧《唐书·柳浑传》改。”《新唐书·柳浑传》作“七十五”者,经比勘,知乃是据《旧唐书·柳浑传》而为,但《旧唐书·柳浑传》作“七十五”者,其所据却不得而知。所以,柳浑之享年,或“五十七”,或“七十五”,则尚有考察之必要,兹拈出以俟淹贯者。

考补:洪州丰城令,嗣部员外郎,司勋郎中,袁州刺史,谏议大夫,左庶子,集贤殿学士,银青光禄大夫,右散骑常侍。

以上诸职,俱见上引柳宗元《故银青光禄大夫右散骑常侍轻车都尉宜城县开国伯柳公(浑)行状》一文。

柳识(同卷)

原小传云:“识,字方明。代宗朝官左拾遗。”

辨证:柳识,两《唐书》传附《柳浑传》后,极简略。小传此之所述,乃是据《全唐文》是卷著录柳识《草堂记》一文而为,但欠精审。复次《草堂记》有云:“大历二年正月七日,左拾遗柳识述。”按唐代宗以“大历”纪元者,凡十四年,“大历二年”为“大历初”,所以,小传应据改“代宗朝”为“大历初”,或者径作大历二年官左拾遗。

考补:柳浑母兄。有重名于开元、天宝间,与李华、萧颖士、元德秀、权皋(权德舆之父)等皆友善。官屯田郎中,集贤殿学士。

前者见两《唐书·柳浑传》所附《柳识传》:“浑母兄识,笃意文章,

① 柳宗元:《故银青光禄大夫右散骑常侍轻车都尉宜城县开国伯柳公(浑)行状》,《柳宗元集》卷八,中华书局1979年版。

有重名于开元、天宝间。”后者见《新唐书·文艺下·李华传》，兹不具引。所补二职，俱见《新唐书·宰相世系表三上》之柳识名下：“字方明，屯田郎中，集贤殿学士。”

附考：按《新唐书·宰相世系表三上》虽然载柳识官“屯田郎中、集贤殿学士”，但是《表》却将柳识与柳浑并列为兄弟，且皆为渤海丞柳庆休之子（柳识为长子，柳浑为次子），实则大误。这是因为，柳识为柳浑母兄，上引《旧唐书·柳浑传》已有明载：“浑母兄识。”而《新唐书·柳浑传》亦有如是之载：“浑母兄识，字方明，知名士也。”可见，《新唐书·宰相世系表三上》之所载，乃必误无疑。

李琚（同卷）

原小传云：“琚，顿邱人，开元中进士，官石山令。”

辨证：李琚，两《唐书》无传。小传此述，所本何籍，待考。小传之“开元中进士”，当是据辛文房《唐才子传》卷二《阎防》之所载：“开元二十二年李琚榜及第。”开元二十二年，虽可称为“开元中”，但其却欠精审，故应以径称“开元二十二年进士”为宜。李琚为“顿邱人”，李华《杨骑曹集序》（《全唐文》三一五）已有载，不误。至若小传之“官石山令”，则无考。

考补：洛阳尉。天宝七载卒，年五十四。

岑仲勉《登科记考订补》云：“《记考》八，开元二十六年下云‘李琚状元’，盖据《广卓异记》引《登科记》及《唐才子传·阎防传》而著录也。’考曲石藏《唐故洛阳尉李琚志》，卒天宝七载戊子，享年凡三百二十三甲子（即五十四）。志为前大理评事张阶序，洛阳县尉韩液铭。”①

附考：李琚进士及第之具体年份，辛文房《唐才子传》卷二《阎防》、

① 岑仲勉：《登科记考订补》，《登科记考》附，中华书局1984年版。

徐松《登科记考》卷八，皆明载为开元二十二年进士，但上引岑仲勉《登科记考订补》却有“《记考》八，开元二十六年下云‘李琚状元’”云云，认为李琚之进士及第乃在开元二十六年。复次中华书局版徐松《登科记考》，其卷八之开元二十六年内并无李琚之名。则此条“订补”当为岑氏之误记，应删。

杨潭(同卷)

原小传云：“肃宗朝官广州都督。”

按：杨潭，两《唐书》无传。小传此之所述，乃是据《新唐书·宰相世系表一下》而为，不误。

考补：弘农华阴人，父杨暹，光禄卿杨思谦第三子，官汾阳令；谭大弟杨迪，无官；二弟杨护，水部郎中。任广州都督时，率众于桂州破西原蛮贼“二十万众，斩首五千余级”。

前者见《新唐书·宰相世系表一下》之“杨氏观王房”；后者见《全唐文》本卷著录杨潭《兵部奏桂州破西原贼露布》一文。

刘贶(卷三七八)

原小传云：“贶，字惠卿，赠工部尚书子元(玄)子。子元卒，有诏访其后，擢起居郎，历右拾遗内供奉，修国史。”

辨证：刘贶，两《唐书》传附《刘子玄传》后，极简略。小传此之所述，乃是据《新唐书·刘贶传》而为。检《旧唐书·刘贶传》有云：“子玄子贶……皆知名于时。贶，博通经史，明天文……终起居郎、修国史。”但无“历右拾遗内供奉”之载。遍检《旧唐书》之《纪》《志》《表》《传》，亦皆无此载，则刘贶是否“历右拾遗内供奉”者，实属可疑。而

《新唐书·刘贶传》此载所本何籍，因资料所限，难以考知，兹拈出以俟淹贯者。

考补：开元初为左拾遗。开元九年官太乐令，犯事配流，其父诣执政诉理，被贬安州都督府别驾。

按《旧唐书·刘滋传》云："父贶，开元初为左拾遗，父子仍代为史官。"又，《旧唐书·刘子玄传》云："(开元)九年，长子刘贶为太乐令，犯事配流，子玄诣执政诉理，上闻而怒之，由是贬授安州都督府别驾。"同此者，另有《新唐书·刘子玄传》。

岑勋(卷三七九)

原小传云："勋，南阳人。"

按：岑勋，两《唐书》无传。小传此之所述，乃是据王昶《金石萃编》卷八十九《大唐西京千福寺多宝佛塔感应碑》而为。其开首云："南阳岑勋撰。"又，赵明诚《金石录》编此《碑》于卷七，题作《唐多宝塔感应碑》，编号为"第一千三百三"，并有注云："岑勋撰，颜真卿书，天宝十一载四月。"

考补：李白友人。

王琦笺注本《李太白全集》卷十九著录《酬岑勋见寻就元丹丘对酒相待以诗见招》一诗，以纪与岑勋之交谊。又，同书卷三《将进酒》有"岑夫子，丹丘生"之句，詹锳《李白诗文系年》认为其中之"岑夫子"，即此岑勋。

归崇敬(同卷)

原小传云："崇敬，字正礼，苏州吴郡人。擢明经，调四门助教。

天宝中举博通坟典科高第，累迁膳部郎中。……贞元十五年卒，年八十八。”

辨证：归崇敬，两《唐书》有传。小传此之所述，乃是据《旧唐书·归崇敬传》而为，但有误。复次《旧唐书·归崇敬传》云：“崇敬少勤力学，以经业擢第。遭丧哀毁，以孝闻，调授四门助教。天宝末，对策高第，授左拾遗，改秘书监。……贞元十五年卒，年八十。”其中所载“调四门助教”之原委，“对策高第”之时间，以及“贞元十五年卒，年八十”三方面，均与小传异。而《新唐书·归崇敬传》所载者，亦与小传异。其云：“多识容典，擢明经。遭父丧，孝闻乡里，调国子直讲。天宝中，举博通坟典科，对策第一，迁四门博士。有诏举才可宰百里者，复策高等，授左拾遗。……卒，年八十八。”此之所载，不仅无归崇敬卒年（小传所述“年八十八”者，所本当为《新唐书·归崇敬传》），而且写归崇敬是一生三试（“擢明经”“举博通坟典科”“复策高等”）。

检徐松《登科记考》卷九，于“博通坟典科”与“才可宰百里科”内，皆有归崇敬名，时间则皆为天宝十载。又，同书卷二十七“附考·明经科”亦列归崇敬名。可见，归崇敬之擢第者，乃确如《新唐书·归崇敬传》之所载，即一生曾三试，小传作二试（“擢明经”“举博通坟典科”）者，乃误。又，《旧唐书·德宗纪下》有云：“（贞元八年秋七月）以翰林学士归崇敬为兵部尚书，致仕。”（据王溥《唐会要》卷七十九，知此“兵部尚书”一职，为归崇敬卒后朝廷所赠，而非其生前之所任）按，唐廷规定“七十致仕”，如李邕、白居易皆属如此①，若依此而论，则归崇敬贞元八年为七十岁，至七年后的“贞元十五年卒”（同书《德宗纪下》），乃为虚岁七十八。所以，小传之“年八十八”者，乃误。

---

① 关于李邕、白居易七十致仕，以及唐人七十致仕之况，具体参见王辉斌《王维生卒年考实》，载《山西师大学报》2018 年第 1 期。

元结(卷三八〇)

原小传云："结，河南人。天宝十三载进士。……卒，年五十。"

辨证：元结，《新唐书》有传。小传此之所述，当是综合《新唐书·元结传》、《唐才子传》卷三《元结》而为，但有误。考颜真卿《唐故容州都督兼御史中丞本管经略使元君(结)表墓碑铭》(以下简称《元君(结)表墓碑铭》)有云："君讳结，字次山……天宝十二载举进士，作《文编》。……(大历)七年正月……不幸遇疾，中使临问者相望。夏四月庚午，薨于永崇坊之旅馆，春秋五十，朝野震悼焉。"①又，元结《文编序》(《全唐文》卷三八一)有云："天宝十二年，漫叟以进士获荐，名在礼部。"此即颜真卿《唐故容州都督兼御史中丞本管经略使元(结)君表墓碑铭》之所本，甚是。但颜真卿《元(结)君表墓碑铭》载元结卒时"春秋五十"，则不的。考元结《别王佐卿序》有云："癸卯岁，京兆王契佐卿年四十六，河南元结次山年四十五。时次山倾日浪游吴中，佐卿倾日去西蜀，对酒欲别，此情易邪。"②其中之"癸卯岁"，为唐代宗广德元年(763年)，以"元结次山年四十五"推之，其生年乃在唐玄宗开元七年(719年)。而《元(结)君表墓碑铭》又载元结卒于大历七年(772年)，合勘之，元结享年为"春秋五十四"。所以，颜真卿《元(结)君表墓碑铭》《新唐书·元结传》，以及此之元结小传，皆作"春秋五十"者，乃皆误。而小传之"天宝十三载进士"，则应据颜真卿《元君(结)表墓碑铭》正为天宝十二载进士。

---

① 颜真卿：《唐故容州都督兼御史中丞本管经略使元君(结)表墓志铭》，《全唐文》卷三四四，中华书局1983年影印本。

② 元结：《别王佐卿序》，《全唐文》卷三八一，中华书局1983年影印本。

独孤及(卷三八四)

原小传云："及，字至之，河南洛阳人。天宝末以道举高第，补华阴尉。……卒年五十三，谥曰宪。"

辨证：独孤及，《新唐书》有传。小传此之所述，即是据《新唐书·独孤及传》而为，但有误。考崔祐甫《故常州刺史独孤公(及)神道碑铭并序》云："天宝末年，以洞晓玄经对策上第，诏拜华阴县尉。……奄忽捐馆，其时也，大历十二年夏四月二十九日；其地也，常州之路寝；其寿也，五十有三年。"①又，梁肃《朝散大夫使持节常州诸军事守常州刺史赐紫金鱼袋独孤(及)公行状》云："天宝十三载，应诏至京师，时元(玄)宗以道莅天下，故黄老教列于学官，公以洞晓元(玄)经对策高第，解谒拜华阴尉。……大历十二年四月壬寅晦，暴疾薨于位，行路恸哭，罢市者相吊逾月。"②据此二文之载，知独孤及天宝十三载以"洞晓玄经科"举高第，其卒年则为"大历十二年夏四月二十九日"，小传应据改前者与据补后者。

李叔明(卷三九四)

原小传云："叔明字晋卿，阆州新政人。本姓鲜于氏，擢明经。乾元中为司勋员外郎。累除太子右庶子，拜东川节度使，遂州刺史，移镇梓州。建中初检校户部尚书，迁左仆射。德宗幸兴元……加太子太傅，

① 崔佑甫：《故常州刺史独孤公(及)神道碑铭并序》，《全唐文》卷四〇九，中华书局1983年影印本。

② 梁肃：《朝散大夫使持节常州诸军事守常州刺史赐紫金鱼袋独孤(及)公行状》，《全唐文》卷五二二，中华书局1983年影印本。

封蓟国公。……贞元三年卒。”

辨证：李叔明，即鲜于叔明，两《唐书》有传。小传此之所述，乃是综合两《唐书·李叔明传》而为，但有误。兹据两《唐书·李叔明传》之所载，结合有关材料，将小传所涉之不确者，略作笺释与订正如次：

(1)郡望渔阳，本贯阆州新政。两《唐书·李叔明传》皆云：“兄仲通，天宝末为京兆尹、剑南节度使。”考颜真卿《中散大夫京兆尹汉阳郡太守赠太子少保鲜于公(仲通)神道碑铭》(以下简称《鲜于公(仲通)神道碑铭》)有云：“公讳向，字仲通，以字行，渔阳人也。”①又，颜真卿《鲜于氏离堆记》一文②，所载与此全同。据此二文，知鲜于氏之郡望实乃“渔阳”。《鲜于(仲通)公神道碑铭》又有云：“匡赞生士简士迪，并早孤，为叔父隆州刺史匡绍所育，因家于新政。”此则表明，鲜于氏一枝，乃由渔阳而阆州新政，故两《唐书·李叔明传》皆云叔明为“阆州新政人”。又，颜真卿《鲜于公(仲通)神道碑铭》无鲜于叔明之载，则两《唐书》皆云“兄仲通”者，此“兄”当为“从兄”之谓。

(2)因被人诬称冒姓“鲜于氏”，而改姓李氏。两《旧唐书·李叔明传》均载此事为代宗“大历末”，且《新唐书》本传所载尤详，可参看，不具引。

(3)及第与及第时间。对此，《新唐书·李叔明传》仅云：“叔明擢明经，为杨国忠剑南判官。”据《资治通鉴·唐纪》所载，杨国忠节度剑南在天宝十载十一月，第二年十一月即为崔圆所替代，如此，则“叔明擢明经”就当在天宝十载。《旧唐书·李叔明传》、徐松《登科记考》，均无李叔明“擢明经”之载，《新唐书·李叔明传》此载所本何籍，不得而知，故存疑可也。

---

① 颜真卿：《中散大夫京兆尹汉阳郡太守赠太子少保鲜于(仲通)公神道碑铭》，《全唐文》卷三四三，中华书局1983年影印本。

② 颜真卿：《鲜于氏离堆记》，《全唐文》卷三三七，中华书局1983年影印本。

(4)小传所述李叔明卒年，乃据《新唐书·李叔明传》而为："贞元三年，卒，谥曰襄。"但《旧唐书》李叔明本传则为："改太子太傅致仕，卒。"未及具体年份。如此，小传从《新唐书·李叔明传》作"贞元三年卒"者，即成为了一条孤证。所以，小传此之所述，亦可以存疑待之。

路嗣恭(同卷)

原小传云："嗣恭，字懿范，京兆三原人。……德宗立，拜兵部尚书东都留守，加怀郑汝陕河阳三城节度，东都畿观察使，卒年七十一。"

辨证：路嗣恭，两《唐书》有传。小传此之所述，乃是据《旧唐书·路嗣恭传》而为，但有误。检《旧唐书·德宗纪上》云："(大历十四年闰五月)庚寅，以兵部尚书路嗣恭为东都留守。……(建中二年春正月丙子)以兵部尚书、东都留守路嗣恭为郑、汝、陕、河阳三城节度，东畿观察等使。"(此仅及"郑、汝、陕、河阳三城"而无"怀")又，同书同《纪》云："(建中二年正月)丁亥，检校户部尚书张献恭为东都留守。"又，《旧唐书·路嗣恭传》有云："及德宗即位……除兵部尚书、东都留守。寻加怀、郑、汝、陕四州，河阳三城节度及东都畿观察使。征至京师卒，时年七十一。"《新唐书·路嗣恭传》与此同。又，《新唐书·路恕传》有云："嗣恭节度河阳也，恕为怀州刺史。"以此合勘上引《旧唐书·德宗纪上》建中二年春正月之载，可知路嗣恭并不曾任怀州刺史，两《唐书·路嗣恭传》皆有"怀"者，乃误。小传从之者亦如是。又，据《旧唐书·路嗣恭传》之载可知，路嗣恭建中二年春正月之所任者，乃为"怀、郑、汝、陕四州"(其中"怀"应删，说详上)刺史与"河阳三城节度"，小传将其混而为之作"怀郑汝陕河阳三城节度"者，亦误，盖因"河阳三城"前之所任，皆刺史而非节度使故也。

又，路嗣恭之卒年，当在建中二年(781 年)“征至京师”之未久。检《旧唐书·德宗纪上》有云：“(建中二年五月)丙午，以检校秘书少监郑叔则为御史中丞，东畿观察使。”郑叔则在建中二年五月诏令为“御史中丞，东畿观察使”的实况，表明斯时路嗣恭已卒。所以，路嗣恭的卒年，当在建中二年三月前后。

贾耽(同卷)

原小传云：“耽，字敦诗，沧州南皮人。天宝中举明经，累授汾州刺史。……永贞十年卒，年七十六。”

辨证：贾耽，两《唐书》有传。小传此之所述，乃是综合两《唐书·贾耽传》而为，但有误。复次《旧唐书·贾耽传》云：“贾耽字敦诗，沧州南皮人。以两经登第，调授贝州临清县尉。……又检校礼部郎中，节度副使。改汾州刺史，在郡七年，政绩茂异。”其中的“以两经登第”，与小传之“举明经”甚异，而“调授贝州临清县尉”与“累授汾州刺史”者，亦然。考郑余庆《左仆射贾耽神道碑》有云：“公讳耽，字敦诗。……公天宝十载，明经高第，乾元中授贝州临清县尉。”①据此，知贾耽天宝十载(751 年)“明经高第后”，于八年后的“乾元中”(唐肃宗以“乾元”纪元凡两年，即 758 年、759 年，“乾元中”应为乾元二年)，乃受职“贝州临清县尉”，所以，两《唐书·贾耽传》与小传此之所述，乃皆误。《贾耽神道碑》又有云：“以永贞元年十月一日，薨于长安光福里之私第，享年七十六。”(《旧唐书·贾耽传》所载贾耽卒年同此)据此，又知小传作“永贞十年卒”者，亦误。

---

① 郑馀庆：《左仆射贾耽神道碑》，《全唐文》卷四七八，中华书局 1983 年影印本。

令狐峘(同卷)

原小传云："峘……天宝末进士，累迁起居舍人。……顺宗立，以秘书少监召，未至卒。"

辨证：令狐峘，两《唐书》有传。小传此之所述，乃是综合两《唐书·令狐峘传》而为，虽不误，但欠精审。按令狐峘进士及第之具体年份，徐松《登科记考》卷九据计有功《唐诗纪事》考订为天宝十五载，小传可据而径作天宝十五载进士。而令狐峘卒年，据两《唐书·令狐峘传》则略可考知。复次《旧唐书·令狐峘传》云："顺宗立，以秘书少监征，既至而卒。"据两《唐书·顺宗纪》所载，唐顺宗李诵登帝位于永贞元年(805年)，未及一年，即为唐宪宗李纯所代，并改元元和(806—820年)，所以，令狐峘的卒年，实际上乃为永贞元年。

杜位(卷三九五)

原小传云："位，襄阳人，右拾遗甫之从子。至德中，与甫同在严武幕府中。"

辨证：杜位，两《唐书》无传。小传所述"右拾遗甫之从子"与"与甫同在严武幕府中"，仇兆鳌《杜诗详注》皆有载，但前者乃误。按《杜诗详注》卷二有《杜位宅守岁》诗，云："守岁阿戎家，椒盘已颂花。"其中之"阿戎"，仇兆鳌注引《通鉴注》云："晋宋间，人多呼阿弟为'阿戎'。"并引沈约《宋书》云："谢惠连初不为父所知，族兄灵运曰：'阿戎才悟如此，而何作常儿遇之？'"①据此，知杜位为杜甫从弟而非"从

① 仇兆鳌：《杜诗详注》卷二，中华书局1979年版。

子”，小传应据改。

考补：李林甫婿，官右补阙，考功郎中，湖州刺史。

检《旧唐书·李林甫传》云：“林甫……有子二十五人，女二十五人：……子婿张博济为鸿胪少卿，郑平为户部员外郎，杜位为右补阙。”又，《新唐书·李林甫传》云：“诸婿若张博济、郑平、杜位……皆贬官。”小传之“后贬新州”，所指即此。又，《新唐书·宰相世系表二上》“襄阳杜氏”列杜位名，云：“位，考功郎中，湖州刺史。”其弟杜佋，官詹事司直，金城丞。位有子滚。

刘太真(同卷)

原小传云：“太真，宣州人。天宝末举进士。大历中为淮南节度陈少游掌书记。征拜起居郎。累历台阁，自中书舍人转工刑礼三部侍郎。贞元五年掌贡士，多取大臣贵近子弟，坐贬信州刺史，卒。”

辨证：刘太真，两《唐书》有传。小传此之所述，乃是综合两《唐书·刘太真传》而为，但有误。考裴度《刘府君(太真)神道碑铭并序》有云：“公讳太真，字仲适(两《唐书·刘太真传》无“字仲适”之载)。……永嘉末，衣冠南渡，遂为金陵人。……天宝中，与伯氏太冲迭升太常第，议者荣之。”①徐松《登科记考》卷九，据此考订刘太真“举进士”在天宝十三载。《刘府君(太真)神道碑铭并序》又有云：“出为信州刺史。……以贞元八年三月八日，薨于余干县之旅馆，春秋六十八。”据此，知两《唐书·刘太真传》所载刘太真卒年，乃皆误，而小传之“坐贬信州刺史，卒”者，亦不确，应据改。

考补：字仲适，广德二年左卫兵曹。永泰二年大理评事，常熟令，

① 裴度：《刘府君(太真)神道碑铭并序》，《全唐文》卷五三八，中华书局1983年影印本。

侍御史，司勋员外郎，吏部员外郎，驾部郎中，秘书监。

以上诸职，皆为两《唐书·刘太真传》所未载者，具体参见上引裴度《刘府君(太真)神道碑铭并序》一文。

李纾(同卷)

原小传云："纾，字仲舒，礼部侍郎希言子。天宝末拜秘书省校书郎……兼知选事，移礼部，卒年六十二。"

辨证：李纾，两《唐书》有传。小传此之所述，乃是综合两《唐书·李纾传》而为，但有误。据王定保《唐摭言》卷一"进士归礼部"可知，唐代官员凡"选知事"者，必先任礼部侍郎之职，而后才可"知贡举"，故其乃有云："由是庭议以省郎位轻，不足以临多士，乃诏礼部侍郎专之矣。"①正因此，徐松《登科记考》卷十一，乃考订李纾于建中四年以礼部侍郎知贡举。而据《登科记考》卷十一之此载，则可知小传的"移礼部，卒年六十二"，表明的是李纾乃卒于建中四年。对此，又有如下两条材料可以佐证：一是《旧唐书·李纾传》之"卒于官，年六十二"。所谓"卒于官"，是指李纾卒于礼部侍郎(《新唐书·李纾传》作"吏部侍郎"，误)任上。二是建中五年的知贡举为鲍防(徐松《登科记考》卷十一)，即是年的礼部侍郎已不是李纾了。合勘之，李纾之卒于建中四年，当可论断。所以，小传应据以正为：建中四年卒，年六十二。

阎伯玙(同卷)

原小传云："伯玙，开元时官华州郑县尉。天宝中迁吏部郎中，出

① 王定保：《唐摭言》卷一，上海古籍出版社1978年版。

为袁州刺史，历抚州，征拜户部侍郎，未至卒。”

按：阎伯玙，两《唐书》无传。小传此述，所本何籍，待考。检封演《封氏闻见录》卷九有云：“阎伯玙为袁州……及移抚州，阖州思恋。”王谠《唐语林》卷一则云：“阎伯玙袁州刺史……及改抚州，百姓相率而随之。”据此二者，阎伯玙之由袁州刺史而抚州刺史者，殆乃无疑。但小传之“开元时官华州郑县尉”等，则待考。

考补：天水人，开元二十一年进士及第。官起居舍人，贬涪川尉，婺州刺史，刑部侍郎。

考权德舆《故尚书工部员外郎赠礼部尚书王公(端)神道碑铭并序》有云：“公讳端，字某，太原人……举进士、宏词，连中甲科。……公与河南元德秀、天水阎伯玙，同岁中正鹄。”①徐松《登科记考》卷八，即据此文之“同岁中正鹄”，考订阎伯玙进士及第于开元二十一年。又，《新唐书·王勃传》云：“集贤学士卫包、起居舍人阎伯玙上表曰……贬崔昌乌雷尉，卫包夜郎尉，阎伯玙涪川尉。”又，常衮《授阎伯玙刑部侍郎等制》云：“银青光禄大夫婺州刺史本州团练守捉使上柱国阎伯玙……等，早以文章侍从，润色纶言……伯玙可行尚书刑部侍郎，散官勋如故。”②

马逢(同卷)

原小传云：“逢，开元时人。”

辨证：马逢，两《唐书》无传。小传此述，所本何籍，待考，但误。检辛文房《唐才子传》卷五《马逢》有云：“马逢，关中人。贞元五年卢顼

① 权德舆：《故尚书工部员外郎赠礼部尚书王公(端)神道碑并序》，《权德舆文集》卷七，甘肃人民出版社1999年版。

② 常衮：《授阎伯玙刑部侍郎等制》，《全唐文》卷四一一，中华书局1983年影印本。

榜进士。佐镇戎幕府。尝从军出塞得诗名，有集今传。”①据此，知小传作“开元时人”者，“开元”乃“贞元”之误。

考补：贞元五年进士，监察御史，咸阳尉，大理评事，盩厔县尉，殿中侍御史。

以上诸职，依序见林宝《元和姓纂》卷七，徐松《登科记考》十二，王溥《唐会要》卷七十八，元稹《元稹集》卷十六《天坛上境》诗注，裴度《刘府君(太真)神道碑铭并序》(《全唐文》卷五三八)，因文甚繁，不具引。

郑少微(卷三九六)

原小传云：“少微，荥阳人。开元时对策擢第。官中书舍人，历金部员外郎，户部郎中。”

辨证：郑少微，两《唐书》无传。小传此述，所本何籍，待考，但有误。按郑少微为郑余庆从祖，《旧唐书·郑余庆传》有载，云：“郑余庆字居业，荥阳人。祖长裕，官至国子司业，终颍川太守。长裕弟少微，为中书舍人，刑部侍郎。”郑少微之应试擢第，小传作“开元时对策擢第”者，乃误。据徐松《登科记考》所载，郑少微一生凡应试三次：首次应“拔萃科”，为武则天大足元年(卷四)；第二次应“文可经邦科”，为唐睿宗景云三年(卷五)；第三次应“博学通艺科”，为唐玄宗开元六年(卷五)。郑少微官户部郎中，岑仲勉《郎官石柱题名新著录·户部郎中》有其名，而“金部员外郎”内则无郑少微。又，检劳格等《唐尚书省郎官石柱题名考》、岑仲勉《郎官石柱题名新考订》，其“金部员外郎”内亦皆无郑少微之名，则小传之“历金部员外郎”者，或为误。

---

① 辛文房：《唐才子传》卷五，《四库全书》本，上海古籍出版社1987年影印本。

考补：刑部郎中，岐州刺史。

前者见上引《旧唐书·郑余庆传》；后者则有《新唐书·宰相世系表五上》之载："少微，岐州刺史。"

崔令钦(同卷)

原小传云："令钦，开元时官著作佐郎，历左金吾仓曹参军。肃宗朝迁仓部郎中。"

辨证：崔令钦，两《唐书》无传。考《说郛》本卷十二著录《教坊记》一卷，开首第二行"唐崔令钦"下有注云："著作佐郎。"①而本卷所著录崔令钦《教坊记序》则云："开元中，余为左金吾仓曹(参军)。"此二者之所载，当为小传所本。至于小传之"肃宗朝迁仓部郎中"者，则乃为误，盖因据劳格、赵钺《唐尚书省郎官石柱题名考》，岑仲勉《郎官石柱题名新著录》《郎官石柱题名新考订》可知，其中之"仓部郎中"内并无崔令钦名。又，据《教坊记序》《教坊记后序》(《全唐文》本卷所著录)二文之所载，自"中原有事"后，崔令钦主要"漂寓江表"一带讨生活，所以，小传之"肃宗朝迁仓部郎中"，乃必误无疑。

考补：李白友人，天宝末任宣城令。

李白《赵公西候新亭颂》一文有云："长史齐公光乂，人伦之师表；司马武公幼成，衣冠之髦彦。录事参军吴镇、宣城令崔钦，令德之后，良材间生。"②其中的"宣城令崔钦"，陈尚君《李白、崔令钦交游发微》③一文，认为即撰著《教坊记》之崔令钦，兹从之。

---

① 崔令钦：《教坊记》，《说郛》本卷十二，上海涵芬楼 1927 年据明钞本影印。

② 李白：《赵公西候新亭颂》，《李太白全集》卷二十八，中华书局 1977 年版。

③ 陈尚君：《李白、崔令钦交游发微》，载《复旦学报》1980 年第 4 期。

常东名(同卷)

原小传云："东名，开元十四年官鄠县尉。"

辨证："常东名"，为"常无名"之误。两《唐书》无传。小述此述，所本何籍，待考，但有误。检岑仲勉《读全唐文札记》云："(卷三九六)收常东名《唐思恒律师志铭》一首，云'东名，开元十四年，官鄠县尉'，盖据石刻转录者也。考金石萃编七七录此石，常下两字缺，复考全文四二〇常衮《叔父故礼部员外郎(常无名)墓志铭》云：'宾客讳无名，字某……开元十年，举文藻宏丽……与孙逖同入第二等，擢鄠县尉。'思恒志之撰人，盖常无名也，作东名者误。"岑考甚是。

考补：河内温人。益州新都尉，万年尉，潞州上党令，入拜起居舍人，屯田员外郎，开元末改礼部，拜中书舍人。天宝三年卒，年五十六。

常无名以上诸宦历，俱见《全唐文》卷四二〇常衮《叔父故礼部员外郎(常无名)墓志铭》一文。

陈光(同卷)

原小传云："光，开元二十五年官太子司议郎。"

辨证：陈光，陈子昂之子，《新唐书》传附《陈子昂传》后，极简略。《全唐文》是卷著录陈光《大唐大温国寺故大德进法师塔铭并序》一文，王昶《金石萃编》卷八十二亦录载，并有跋云："开元二十五年岁丁丑七月癸酉……太子司议陈光撰。"①小传所本当即此。又，考赵儋《大唐剑

① 王昶跋：《大唐大温国寺故大德进法师塔铭并序》，《金石萃编》卷八十二，中国书店1985年影印本。

南东川节度观察处置等使户部尚书兼御史大夫梓州刺史鲜于公为故右拾遗陈公(子昂)建旌德之碑》有云:“有子二人,并进士及第。长曰光,官至膳部郎中、商州刺史。仲曰斐,历河东、蓝田、长安三尉。”①陈光、陈斐之“进士及第”,小传未及,徐松《登科记考》亦未录载。又,《新唐书·陈子昂传》有云:“光终商州刺史。”商州刺史乃为陈光之终官,小传应据补。

裴朏(卷三九七)

原小传云:“朏,河东人,开元中官怀州司马,入为侍御史,二十八年礼部员外郎。”

按:裴朏,两《唐书》无传。小传此述,所本何籍,待考。检《新唐书·艺文志二》著录裴朏《续文士传》十卷,注云:“开元中怀州司马。”此或为小传所本者一。

考补:侍御史,出为襄州司户,开元十二年由转豫州司户,监察御史,礼部郎中,尚书侍郎。

按《四库全书》本《孟浩然集》卷二有《闻裴侍御自襄州司户除豫州司户因以投寄》一诗,题中的“侍御”即小传中的“侍御史”,此诗作于开元十二年之长安②,裴朏“除豫州司户”即在是年,之前,乃在襄州司户任上。裴朏官监察御史,王昶《金石萃编》卷七十四《御史台精舍碑》之“监察御史”有裴朏。又,《新唐书·宰相世系表一上》“洗马裴氏”有裴朏,官礼部郎中(王溥《唐会要》卷七十四同),其父裴重晈,登州刺史。

---

① 赵儋:《大唐剑南东川节度观察处置等使户部尚书兼御史大夫梓州刺史鲜于公为故右拾遗陈公(子昂)建旌德之碑》,《全唐文》卷七三三,中华书局1983年影印本。

② 具体参见王辉斌《孟浩然研究》第二章第五节,甘肃人民出版社2002年版。

裴朏官尚书侍郎，王士源《孟浩然集序》有载，云："孟浩然，字浩然……丞相范阳张九龄，侍御史京兆王维，尚书侍郎河东裴朏……率与浩然为忘形之交。"

裴鼎(同卷)

原小传云："鼎，开元二十年官金吾将军，出为会稽刺史，二十六年移卫州。"

辨证：裴鼎，两《唐书》无传。小传此之所述，当是本孔延之《会稽掇英总集》卷十八《唐太守题名记》而为，误。复次《会稽掇英总集》之"唐太守题名记"，其中于裴鼎有云："开元二十一年自金吾卫将军授，二十二年拜左威卫将军。"则小传之"开元二十年"，应正为"开元二十一年"。又，施宿等《嘉泰会稽志》卷二《历代太守》内有裴鼎，云："开元二十一年自金吾卫将军授，二十六年移卫州刺史。"①此则表明，裴鼎开元二十一年以官金吾将军衔出为会稽刺史，二十二年拜左威卫将军，二十六年刺牧卫州。而其中之"左威卫将军"，则可补小传之阙。又，据孔延之《会稽掇英总集》卷十八、施宿等《嘉泰会稽志》卷二，开元二十六年的卫州刺史为裴鼎、元彦冲二人，此之所载显然有误。按若以《嘉泰会稽志》卷二之《历代太守》为正，则孔延之《会稽掇英总集·唐太守题名记》中的元彦冲应删；若以孔延之《会稽掇英总集·唐太守题名记》为正，施宿等《嘉泰会稽志》卷二《历代太守》中之裴鼎，则乃应删。二者较之，似《嘉泰会稽志》卷二所著录者，当可据信，即《会稽掇英总集》载元彦冲"二十六年移卫州"者，当误。

附考：(1)劳格《读书杂识》卷八《读全唐文札记》有云："裴鼎，

---

① 施宿等：《嘉泰会稽志》卷二，《四库全书》本，中华书局1987年影印本。

《会稽掇英总集·唐太守题名记》：‘开元二十一年自金吾卫将军授越州刺史，二十二年拜左威卫将军。’当据此校改小传。”按劳氏《札记》仅据《会稽掇英总集》之《唐太守题名记》，未及施宿等《嘉泰会稽志》卷二之所载，而认为“当据此校改小传”者，实则乃误。

(2)郁贤皓《唐刺史考·江南东道·越州》，考订裴鼎刺越州为开元二十一年至二十二年，并引《会稽掇英总集》说：“‘开元二十一年自金吾卫将军授，二十二年移卫州史。’《会稽志》作‘开元二十六年移卫州刺史’，误。《全唐文》卷三九七裴鼎小传云：‘开元二十年官金吾将军，出为会稽刺史。二十六年移卫州。’亦沿误。”按实则《唐刺史考》此之所言，乃误。其之所以为误，主要是因作者在抄引《会稽掇英总集》卷十八《唐太守题名记》时，乃将下一行元彦冲之“二十六年拜卫州刺史”，误认为是裴鼎而予以抄录故也①。实际上，裴鼎开元二十二年由会稽刺史而左威卫将军，于二十六年刺牧卫州。

皇甫璟(同卷)

原小传云：“璟，开元中官阳翟尉，上疏谏置劝农判官，贬盈川尉。”

辨证：皇甫璟，两《唐书》无传。小传作“皇甫璟”者，乃“皇甫憬”之误。检岑仲勉《读全唐文札记》云：“(卷三九七)皇甫璟小传，‘璟，开元中官阳翟尉，上疏谏置劝农判官，贬盈川尉’。按璟，会要八五作憬，姓纂及新表七五下同，其昆仲边名均作‘忄’，此误也。”按岑氏所言是，从之。

---

① 孔延之：《会稽掇英总集》卷十八，《四库全书》本，中华书局1987年影印本。

张利贞(同卷)

原小传云："利贞，河间人。开元朝官殿中侍御史内供奉，金部员外郎，迁御史中丞。出为陈留守，领河南道采访处置使，卒于官。"

辨证：张利贞，两《唐书》无传。小传此述，所本何籍，待考，但有误。考韩愈《河南令张君(署)墓志铭》云："君讳署，字某，河间人。大父利贞，有名元(玄)宗世。为御史中丞，举弹无所避，由是出为陈留守，领河南道采访处置使，数岁卒官。"①又，李昉等《太平广记》卷一四七引《定命录》云："寻又张利贞主(陈留)郡，卒于城中。"又，李阳冰《唐李翰林草堂集序》有云："天子知其不可留，乃赐金归之，遂就从祖陈留采访大使彦允，请北海高天师授道箓于齐州紫极宫。"②据詹锳《李白诗文系年》，此事发生于天宝三载。合勘之，张利贞之"卒于官"，当在天宝三载春或春夏之际。又，检劳格、赵钺《唐尚书省郎官石柱题名考》，岑仲勉《郎官石柱题名新著录》《郎官石柱题名新考订》，其中之"金部员外郎"内，均无张利贞名，小传所述官"金部员外郎"，当以存疑待之。

考补：刑部员外郎，河北道采访使。

前者见《旧唐书·牛仙客传》；后者见《旧唐书·安禄山传》《新唐书·逆臣上·安禄山传》。

---

① 韩愈：《河南令张君(署)墓志铭》，《全唐文》卷五六五，中华书局 1983 年影印本。

② 李阳冰：《唐李翰林草堂集序》，《全唐文》卷四三七，中华书局 1983 年影印本。

楚(一作樊)冕(卷三九八)

原小传云："冕，开元时擢书判拔萃科。"

辨证：楚冕，两《唐书》无传。小传此述，所本何籍，待考。但其所注"一作樊"者，则乃是。对此，岑仲勉《读全唐文札记》已曾言之。其云："(卷三九八)'楚(一作樊)冕，开元时，擢书判拔萃科'。余按新书六〇，'杜甫集六十卷，小集六卷，涯州刺史樊晃集'，时代相合，当即其人，则作樊者是。复考少陵集附录有润州刺史樊晃《杜工部少陵集序》，晃为润刺，见姓纂，此作楚冕、樊冕者，皆樊晃之传讹也。涯亦润误。"则"楚冕"即"樊晃"之误，小传应据改。又，无论是"楚冕"抑或"樊晃"，徐松《登科记考》均无其名，则小传之"开元时擢书判拔萃科"者，当误，要之，存疑可也。

尹畅(卷三九九)

原小传云："畅，开元朝进士。"

辨证：尹畅，两《唐书》无传，小传此述，虽不误，但有欠精审。按《全唐文》是卷所著录尹畅《对贤良方正策》一文，乃据李昉等《文苑英华》卷四八三而录载，文字全同。《文苑英华》卷四八三共著录《贤良方正策》七篇，并于题下注云："开元二年。"据此，则尹畅之进士及第，自当在开元二年。然徐松《登科记考》卷七，却又将尹畅之及第考订为开元十四年，理由则为："《文苑英华》载《神岳举贤良方正策》。玄宗于十三年东封，十四年试岳牧举人，则神岳举当在是年。"①实则应以《文

① 徐松：《登科记考》卷七，中华书局 1984 年版。

苑英华》之“开元二年”为是，盖因尹畅所试者，乃“贤良方正”而非“神岳举贤良方正”故也。

于儒卿（同卷）

原小传云：“儒卿，开元时擢书判拔萃科。”

辨证：于儒卿，两《唐书》无传，小传述，所本何籍，待考，但有误。检《旧唐书·忠义传·李憕传》有云：“（开元）九年……属宇文融为御史，括田户，奏知名之士崔希逸、咸廙业、宇文顺、于孺卿、李宙及憕为判官，摄监察御史，分路检察。”又，岑仲勉《读全唐文札记》云：“（卷三九九）于儒卿小传，‘儒卿，开元时，擢书判拔萃科’。按各书或作孺卿，作儒误，说见拙著姓纂四校记。”是作于“孺卿”甚明。又，检徐松《登科记考》，既无“于儒卿”，亦无“于孺卿”，则小传之“开元时擢书判拔萃科”者，当误，要之，作存疑可也。

韦缜（卷四〇〇）

原小传云：“缜，开元时擢进士第。”

辨证：韦缜，两《唐书》无传。小传此述，所本何籍，待考。检徐松《登科记考》卷二十七，将韦缜列入“附考·明经”中，则其“开元时”所试者，乃为“明经科”而非“进士科”，小传作“开元时擢进士第”者乃误。

考补：秘书省校书郎，亳州临涣县令，薛王府文学，秘书郎，历佐濮、徐、仙州刺史，申王府司马。开元十二年卒。

以上历职，俱见独孤及《唐故朝议大夫申王府司马上柱国赠太常卿韦公（缜）神道碑铭并序》（《全唐文》卷三九〇）一文。因文甚繁，不具引。

贾登(同卷)

原小传云："开元时中书舍人。"

按：贾登，两《唐书》无传，小传此述，所本何籍，待考。按《全唐文》是卷著录贾登《奉和圣制喜雨赋》一篇，其中有云："皇哉我君，元德敷闻。……十有六年，以至今载。"唐玄宗李隆基先天元年即帝位，历"十有六年"，为开元十五年，则贾登为"开元人"或"玄宗时人"，乃可论断。所以，小传此述，不误。

考补：先天二年(即开元元年)，以"手笔俊拔超越流辈科"及第。

分别见王溥《唐会要》卷七十六"贡举中・制科举"，徐松《登科记考》卷五，但将其考订为景云三年，则不的。

颜朝隐(同卷)

原小传云："朝隐，曲阜人，开元时擢进士第。"

辨证：颜朝隐，两《唐书》无传，小传此述，本之何籍，待考。检徐松《登科记考》卷二十七"附考・进士科"有颜朝隐，并云："进士，拔萃，鲁公父行。"其以"拔萃科"擢第者，是否在唐玄宗开元之际，则颇可怀疑。又，据徐氏之注可知，颜朝隐一生凡两试，一为"进士科"，一为"拔萃科"，小传仅作"开元时擢进士第"者，乃不的。

胡瑱(卷四〇一)

原小传云："瑱，河东人。元(玄)宗时登进士第。"

按：胡瑱，两《唐书》无传。小传此述，所本何籍，待考。检《新唐书·胡证传》有云："胡证字启中，河东人。父瑱，伯父玫，登进士第。证，贞元中继登科。"徐松《登科记考》卷十二据王定保《唐摭言》之所载，考订胡证为贞元五年进士，贞元五年为公元789年，其至玄宗朝的天宝十五载(即最后一年)，凡三十四年，年代大体相接，则此胡瑱当与小传中之胡瑱为同一人。唯其生平行事无考。

王湾(卷四〇二)

原小传云："湾，先天时进士。"

按：王湾，两《唐书》无传。小传此之所述，当是本计有功《唐诗纪事》卷十五"王湾"条而为，不误。其云："湾，登先天进士第，开元初，为荥阳主簿。马怀素欲校正群籍，湾在选中，各部撰次，后为洛阳尉。"①

考补：荥阳主簿，洛阳尉，长安尉。

前者见上引计有功《唐诗纪事》卷十五；后者见《新唐书·宰相世系表二中》。

附考：辛文房《唐才子传》卷一《王湾》云："开元十一年常无名榜进士。"考《唐才子传》卷一《张子容》有云："开元元年常无名榜进士。"又，计有功《唐诗纪事》卷二十三"张子容"条有云："子容乃先天二年进士。"唐玄宗"先天二年"即开元元年，二者合勘，知《唐才子传》卷一《王湾》作"开元十一年"者，乃误。

---

① 计有功：《唐诗纪事》卷十五，上海古籍出版社1965年版。

司马贞(同卷)

原小传云："贞，开元时官润州刺史。"

辨证：司马贞，两《唐书》无传。小传此之所述，乃是据《新唐书·艺文志二》而为，但有误。检《新唐书·艺文志二》著录司马贞《史记索隐》三十卷，有注云："开元润州别驾。"则小传作"润州刺史"者，乃误。

考补：国子博士。河内人，朝散大夫，弘文馆学士。

前者见《新唐书·李抱玉传》；后三者俱见永瑢等《四库全书总目》卷四十五《史记索隐》之"提要"。

魏静(同卷)

原小传云："静，开元时官庆州刺史。"

辨证："魏静"，乃"魏靖"之误，两《唐书》无传。小传此之所述，当是据《新唐书·艺文志三》而为。复次《新唐书·艺文志三》著录玄觉《永嘉集》十卷，有注云："庆州刺史魏靖编次。"又，赞宁《宋高僧传》卷八《唐温州龙兴寺玄觉传》有云："后李北海邕为守括州，遂列觉行录为碑，号神道焉。觉唱道著明，修证悟入，庆州刺史魏靖都辑缀之，号《永嘉集》是也。"①又，岑仲勉《读全唐文札记》云："(卷四〇二)'魏静，开元时官庆州刺史'。余按姓纂，'光本生靖，库部郎中，秦州都督'，少游之父也。芒洛遗文中《魏和志》、唐会要四一及元龟五四四均作靖。"所以，小传应据改"魏静"为魏靖。

考补：库部郎中，秦州都督，金吾将军。

① 赞宁：《宋高僧传》卷八《唐温州龙兴寺玄觉传》，中华书局1987年版。

前二者见林宝《元和姓纂》卷八“东祖魏氏”；后者见《芒洛遗文·魏和志》。

崔国辅(同卷)

原小传云：“国辅，青州人。应县令举，授许昌令集贤直学士礼部员外郎。天宝中，坐王鉷近亲，贬竟陵司马。”

辨证：崔国辅，两《唐书》无传。小传此之所述，乃是据《新唐书·艺文志三》而为，但有误。复次《新唐书·艺文志三》著录《崔国辅集》，有注云：“应县令举，授许昌令，集贤直学士，礼部员外郎。坐王鉷近亲，贬竟陵郡司马。”据此，知小传之“授抒昌令”，乃为“授许昌令”之误。又，辛文房《唐才子传》卷二《崔国辅》云：“国辅，山阴人。开元十四年严迪榜进士，与储光羲、綦毋潜同时举县令。累迁集贤直学士，礼部郎中。天宝间，坐王鉷近亲，贬竟陵司马。”《唐才子传》此之所载，除“山阴人”与“礼部郎中”为误外，余皆可从。据《旧唐书·玄宗纪下》，知王鉷以罪被杀，事在天宝十一年四月，崔国辅“坐王鉷近亲，贬为竟陵司马”者，即当在是时。准此，知小传之“天宝中”应改为天宝末。又，陆羽《陆文学自传》有云：“礼部郎中崔公国辅出竟陵，因与之游处，凡三年……襄阳太守李憕见遗，文槐函故卢黄门侍郎所与，此物皆己之所惜也，宜野人乘蓄，故特以相赠。”①其中的“因与之游，处三年”，表明崔国辅之贬竟陵司马，乃为三年。又，考李翰《泗州刺史李君神道碑》有云“今夫人清河人也，父讳惟明，累迁海、沂等州司马。兄镜邈，隐居太行，累辟不起。弟国辅，秀才擢第，制举登科，历补阙、起居、礼部员外郎。”②则小传之“青州人”，乃为“清河人”之误。

① 陆羽：《陆文学自传》，《文苑英华》卷七九三，中华书局 1966 年影印本。

② 李翰：《泗州刺史李君神道碑》，《文苑英华》卷九二三，中华书局 1966 年影印本。

又，据徐松《登科记考》卷八，知崔国辅之“应县令举，授许昌令”，乃在开元二十三年①，小传应据补。

考补：开元十四年严迪榜进士，山阴少府，左补阙，起居舍人。

崔国辅“开元十四年严迪榜进士”，分别见辛文房《唐才子传》卷二《崔国辅》、徐松《登科记考》卷七。其任山阴少府，《四部丛刊》本《孟浩然集》之《寄山阴崔国辅少府》《宿永嘉寄山阴崔国辅少府》二诗载之。又，芮挺章《国秀集》著录崔国辅诗六首，目录作“左补阙崔国辅”。而其官起居舍人，上引李昣《泗州刺史李君神道碑》已有载。

张萱(卷四〇三)

原小传云：“萱，天宝时官渝州太守。”

辨证：张萱，两《唐书》无传。小传此之所述，乃是据《全唐文》是卷著录张萱《灵石碑》一文而为，虽不误，但欠精审。复次《灵石碑》有云：“大唐天宝十五载岁次丙申正月乙卯朔十八日壬申，半江砥石出见于外表，时和而年丰也。……太守清河张公(萱)，自承下车，宣布皇化，邦俗一变，江月双明。自置州郡以来，未之有也。有兹乐事，敢事记云。”据此，知《灵石碑》所涉之事，乃张萱自历自记，则小传之“天宝时官渝州太守”，应改“天宝时”为“天宝末”，或者径作天宝十五载。

何超(同卷)

原小传云：“超，东京处士。”

辨证：何超，两《唐书》无传。小传此之所述，乃是据《全唐文》是

① 徐松：《登科记考》卷八，中华书局1984年版。

卷著录杨齐宣《晋书音义序》一文而为。复次《晋书音义序》有云："余内弟东京处士字令升之所纂也。令升即仲舅商州府君之子。……天宝六载，天王左史弘农杨齐宣字正衡序。"据此，又知何超字令升，天宝六载撰著《晋书音义》一书，其父于天宝六载前后，曾任商州刺史，小传可据补。

敬让(同卷)

原小传云："让，赠秦州都督晖子，开元时官魏州长史。"

按：敬让，两《唐书》无传。小传此之所述，乃是综合《旧唐书·敬晖传》《新唐书·周利贞传》而为，不误。

考补：绛州平阳人，其父敬晖相中宗。尚舍奉御。

前者见《旧唐书·敬晖传》；后者见《新唐书·宰相世系表五上》。

冯用之(卷四〇四)

原小传云："用之，天宝朝官金部员外郎，考功郎中。"

辨证：冯用之，两《唐书》无传。小传此述，所本何籍，待考，但有误。检岑仲勉《读全唐文札记》云："(卷四〇四)冯用之小传，'用之，天宝朝官金部员外郎，考功郎中'。按用之实仓部郎中，据劳格郎官题名考，石柱折断，后人修治者误将仓中接考中下，故赵魏、王昶两家均以用之为考中，徐氏沿其讹也，可参拙著郎官石柱题名新著录。"复次《郎官石柱题名新著录》，其中之"考功郎中"确无冯用之名，而"金部员外郎""仓部郎中"则皆有冯用之。可见，《读全唐文札记》所言不诬，小传应据改。

任瑗(同卷)

原小传云:“瑗……出为明州刺史。乾元元年徙括州。

辨证:任瑗,两《唐书》无传。小传此述,所本何籍,待考。检《新唐书·安禄山传》云:“庆绪惧人之贰己……与群臣盟。然承庆等十余人送密款,有诏以承庆为太保、定襄郡王……蔡希德德州刺史,李廷训邢州刺史,苻敬超洺州刺史……任瑗明州刺史,独孤允陈州刺史,杨日休洋州刺史。”又,据王钦若等《册府元龟》卷一六四所载,“有诏以承庆”云云,乃发生于乾元元年三月丁巳,则小传之“出为明州刺史”,应改为:乾元元年三月出为明州刺史。任瑗刺牧明州既在乾元元年三月,小传之“乾元元年徙括州”者,就自当为误。

章仇兼琼(卷四〇五)

原小传云:“兼琼,天宝元年官益州长史。”

辨证:章仇兼琼,两《唐书》无传。小传此述,所本何籍,待考。检《新唐书·地理志六》于“成都府蜀郡”(益州)有云:“成都,次赤。……天宝中,长史章仇兼琼筑堤,积水溉田。”小传之“天宝元年官益州长史”者,或本此,但乃误。按同书《地理志六》于“成都府蜀郡”之“温江”又有云:“有新源水,开元二十三年,长史章仇兼琼因蜀王秀故渠开,通漕西山竹木。”此则表明,章仇兼琼“官益州长史”,乃在开元二十三年,小传作“天宝元年”者,应据改。

考补:主客员外郎,益州司马,剑南节度使。

按《旧唐书·吐蕃上》有云:“(开元二十七年七月)主客员外郎章仇兼琼为益州司马。”同书《玄宗纪下》又有云:“(开元二十七年十二月),

以益州司马章仇兼琼权剑南节度等使。”又，同书《杨国忠传》有云：“天宝初，太真有宠，剑南节度使章仇兼琼引国忠为宾佐，既而擢授权监察御史。”

张惟一（卷四〇六）

原小传云：“惟一，天宝朝官侍御史知杂事，历户部郎中。乾元二年出为华州刺史，封平原郡开国公。”

辨证：张惟一，两《唐书》无传。小传此述，所本何籍，待考。检《新唐书·宰相世系表二下》“清河东武城张氏”列张惟一名，华州刺史；其父张欢，无官。按《全唐文》是卷著录张惟一《金天王庙祈雨记》一文，王昶《金石萃编》卷七十九著录之，作张惟一等（“等”当衍）《祈雨记》，其中有云：“大唐中兴，克复两京后，乾元元年自十月不雨，至于明年春。……华州刺史、平原郡开国公赐紫金鱼袋张惟一，与华阴县令刘暠丞……西岳金天王庙祈请。……时二月十日题记。”据此，知张惟一“出为华州刺史”，乃在乾元元年，小传作“乾元二年”者，误。

考补：荆州长史。

检《旧唐书·良吏下·吕諲传》云：“先是，张惟一为荆州长史，已为防御史。”《新唐书·吕諲传》所载同。

陈谠言（同卷）

原小传云：“谠言（注云：“一作傥言”），字士龙，元（玄）宗时擢书判拔萃科。”

辨证：陈谠言，两《唐书》无传。小传此述，本之何籍，待考，但有误。检岑仲勉《读全唐文札记》云：“（卷四〇六）陈谠言小传云，‘谠言(一作傥言),字士龙,元(玄)宗时擢书判拔萃科'。余按姓纂,'礼部员外郎陈谠言,京兆人',又颍川陈谠言士然,见李华《三贤论》(卷三一七),则作傥者非,颍川举其望也。又古写然作肰,与龙之草写相近,作士龙亦当讹。"据此,知小传之"字士龙",乃为"字士然"之误。又,据徐松《登科记考》卷六、卷七、卷八可知,在开元元年至开元二十九年的"进士"与"书判拔萃科"中,并无陈谠言之名,则小传之"元宗时擢书判拔萃科"者,当误。

考补:京兆人,礼部员外郎。

见上引岑仲勉《读全唐文札记》引林宝《元和姓纂》。

石镇(卷四〇七)

原小传云:"镇,天宝十年进士。"

辨证:石镇,两《唐书》无传。小传此述,所本何籍,待考,但误。检《全唐文》是卷著录石镇《罔两赋》一篇,李昉等《文苑英华》编在卷九〇,徐松《登科记考》卷九据之考订石镇进士及第在天宝六载。并有注云:"石镇,见《文苑英华》。按镇于是年登科,故天宝四载撰《奉国寺上座龛茔记》,其结衔但称'河南府乡贡进士'也。"所以,小传应改"天宝十年"为天宝六载。

蒋至(同卷)

原小传云:"至,天宝十年进士。"

辨证:蒋至,两《唐书》无传。小传此述,所本何籍,待考,但误。按《全唐文》是卷著录蒋至《罔两赋》一篇,李昉等《文苑英华》编在卷九〇,徐松《登科记考》卷九据之考订蒋至进士及第在天宝六载。又,岑仲勉《读全唐文札记》云：“(卷四〇七)蒋至小传云，‘至，天宝十年进士’，余按英华称至天宝五载进士，登科记考九据英华列六载之下，因以试年为定，故退后一年也。至之《罔两赋》即是载试文，此作十年显误。”所以，小传之“天宝十年进士”，应据改为天宝六载进士。

韩液(同卷)

原小传云：“液，天宝时进士。”

辨证：韩液，两《唐书》无传。小传此述，所本何籍，待考，但误。按《全唐文》是卷著录韩液《公孙弘开东阁赋》一篇，李昉等《文苑英华》编在卷六十九，徐松《登科记考》卷八据之考订韩液以“博学宏词科”及第在开元二十二年。又，岑仲勉《读全唐文札记》云：“同卷。韩液小传云‘液，天宝时进士’。余按英华，液开元二十二年进士，登科记考八同，此作天宝时误。液之《公孙弘开东阁赋》，即是年弘词试题。”所以，小传应将“天宝时进士”，改为：开元二十二年以“博学宏词科”及第。

赵自勤(卷四〇八)

原小传云：“自勤，天宝中官秘书监，十二年自水部员外郎出为括州刺史。”

按：赵自勤，两《唐书》无传。小传所述，所本何籍，待考。检《新唐书·艺文志三》著录“赵自勤《定命论》十卷”，有注云：“天宝秘书监。”小传之“天宝中官秘书监”者，所本或即此。又，李昉等《太平广记》卷二二二《马生》有云：“天宝十四年，赵自勤合入考。有东阳县瞽者马生相谓云，足下必不动，纵去亦却来。”据《旧唐书·地理志三》可知，括州即处州(缙云郡)，与婺州(东阳郡)毗连，《马生》载“有东阳县瞽者"云云，表明赵自勤天宝十四载尚在括州刺史任上，小传作"(天宝)十二年自水部员外郎出为括州刺史"者，大抵不误。

考补：左拾遗。

见李昉等《太平广记》卷二一七、卷二七七引《定命录》。

魏仲犀(同卷)

原小传云："仲犀，元(玄)宗朝官比部员外郎，出为华州刺史，历江陵长史，荆南节度使。"

按：魏仲犀，两《唐书》无传。小传此之所述，当是据林宝《元和姓纂》而为。复次《元和姓纂》卷八"西祖魏氏"云："仲犀，比部员外郎，华州刺史，江陵长史，荆南节度。"据此，知小传之述不误。

考补：天宝十五载六月官梁州长史。

检《旧唐书·玄宗纪下》云："(天宝十五载六月)以前华州刺史魏犀为梁州长史。"其中之"魏犀"，乃脱"仲"，即"魏犀"为"魏仲犀"之误。

刘眘虚(同卷)

原小传云："眘虚，江东人，天宝时官夏县令。"

辨证：刘眘虚，两《唐书》无传。小传此之所述，前者当据《全唐诗》"刘眘虚小传"而为，后者则当本自辛文房《唐才子传》卷一，但有误。复次《唐才子传》卷一《刘眘虚》云："眘虚，崧山人(误)，姿容秀拔。九岁属文，上书召见，拜童子郎。……调洛阳尉，迁夏令。"但《唐才子传》此之所载，乃误将刘晏事作刘眘虚事。检《旧唐书·刘晏传》云："年七岁，举神童，授秘书省正字。累授夏县令，有能名。"正因此，傅璇琮主编《唐才子传校笺·刘眘虚》即认为："(此)似为刘晏事，辛氏乃误以刘晏事附会刘眘虚。……此处事迹乃与《才子传》所记眘虚初无二致，决非二人行迹如此巧合，乃《才子传》以刘晏事附会刘眘虚所致。”①辛文房《唐才子传》卷一《刘眘虚》所载既误，则小传之“天宝时官夏县令”为误者，也就自不待言。

贺朝(同卷)

原小传云：“朝，越州人，天宝时山阴尉。”

辨证：贺朝，两《唐书》无传，小传此述，所本何籍，待考，但有误。检《全唐诗》“贺朝小传”有云：“贺朝，越州人。官止山阴尉。”此或即小传所本，但此贺朝小传却无“天宝时”之载。又，《旧唐书·贺知章传》有云：“先是神龙中，知章与越州贺朝、万齐融，扬州张若虚、邢巨，湖州包融，俱以吴越之士，文词俊秀，名扬于上京。朝万止山阴尉。”②按此之所载，既为“神龙中”，则贺朝之为“山阴尉”者，应乃在“开元时”。对此，贺朝开元十五年前之任会稽尉者，又可为之佐证(详下)所以，小传作“天宝时山阴尉”者，乃误。

考补：开元中官会稽尉。

按宋蜀刻本《孟浩然诗集》卷中有《久滞越中贻谢南池(会)稽贺少府》诗(此诗写于开元十五年)，其中的贺少府即贺朝，芮挺章《国秀集》卷中有“会稽尉贺朝”，即可为证。或有认为此“会稽尉”即小传之“山阴尉”者，乃误。按李吉甫《元和郡县图志》卷二十六“江南道二·越州”之“领县七”云：“会稽、山阴、诸暨、余姚、萧山、上虞、

① 傅璇琮主编：《唐才子传校笺》卷一《刘眘虚》，中华书局1987年版。

② 按此段引文中的“朝万止于山阴尉”，应点断为“朝、万止于山阴尉”，即“朝”指贺朝、“万”指万齐融。《旧唐书》点校者不谙此，而作“朝万止于山阴尉”之点断者，实则为误。

剡。”①是贺朝所官之“会稽尉”，非为山阴尉者，乃甚明。

崔佑甫(卷四〇九)

原小传云：“佑甫，字贻孙，太子宾客沔子。举进士，累迁中书舍人。德宗朝贬河南少尹，召拜门下侍郎同中书门下平章事，改中书侍郎。年六十薨。赠太傅，谥文贞。”

按：崔佑甫，两《唐书》有传。小传此之所述，乃是据两《唐书·崔佑甫传》而为，不误。

考补：京兆长安人。庐陵郡司马，洪州司马，起居舍人，司勋员外郎，吏部员外郎，殿中侍御史，吏部侍郎，集贤、崇文馆大学士。建中元年卒。

以上所补崔佑甫之籍贯、卒年与诸职官，俱见邵说《有唐中书侍郎同中书门下平章事常山县开国子赠太傅博陵崔公(佑甫)墓志铭并序》②一文，因文甚繁，不具引。

裴士淹(同卷)

原小传云：“士淹，开元时官侍御史，再迁司勋郎中。代宗朝礼部尚书礼仪使，坐善鱼朝恩贬官。”

辨证：裴士淹，两《唐书》无传。小传此之所述，当是综合《御史台精舍碑》(王昶《金石萃编》卷七十四)、《唐郎官石柱题名》、两《唐书》

① 李吉甫：《元和郡县图志》卷二十六，中华书局1983年版。

② 邵说：《有唐中书侍郎同中书门下平章事常山县开国子赠太傅博陵崔公(佑甫)墓志铭并序》，周绍良主编《唐代墓志汇编·建中〇〇四》，上海古籍出版社1992年版。

有关《纪》《传》之载而为，但有误。检《旧唐书·代宗纪》有云：“（大历五年五月）庚辰，贬礼仪使、礼部尚书裴士淹为虔州刺史。”据此可知：（1）裴士淹是先官礼仪使而后任礼部尚书，小传之“代宗朝礼部尚书礼仪使”，则将其颠倒。（2）据《旧唐书·代宗纪》《新唐书·鱼朝恩传》之所载，“代宗朝礼部尚书礼仪使”，应点断为“代宗朝礼部尚书、礼仪使”，小传应据改。按《全唐文》作者小传之如“代宗朝礼部尚书礼仪使”不作点断者，乃比比皆是，此特拈出是例以示说明，意在引起参考是书各小传者之注意。

考补：给事中，黜陟使，虔州刺史，绛郡公。

检《旧唐书·玄宗纪下》云：“（天宝十四载三月癸未）遣给事中裴士淹等巡抚河南、河北、淮南等道。”又，《新唐书·逆臣上·安禄山传》云：“（天宝十四载）黜陟使裴士淹行部至范阳，再旬不见。”此处之黜陟使，所指当为《旧唐书·玄宗纪下》所载之“巡抚河南、河北、淮南等道”而言。又，上引《旧唐书·代宗纪》云：“（大历五年五月）庚辰，贬礼仪使、礼部尚书裴士淹为虔州刺史。”又，《新唐书·宰相世系表一上》列裴士淹名，云：“礼部尚书、绛郡公。”其父裴倩，无官。

常衮（卷四一〇）

原小传云：“衮，京兆长安人。天宝末举进士，累授起居郎。宝应中选为翰林学士考功员外郎中知制诰。永泰初迁中书舍人，加集贤院学士。大历元年迁礼部侍郎，拜门下侍郎同平章事，封河南郡公。贬湖州刺史。建中初迁福建观察使，四年卒，年五十五。”

辨证：常衮，两《唐书》有传。小传此之所述，乃是据《旧唐书·常衮传》而为，但有误。复次《旧唐书·常衮传》云：“宝应二年，选为翰林学士、考功员外郎中、知制诰。”按据《旧唐书·职官志》《新唐书·百官志》可知，唐无“考功员外郎中”之职官，故此处应点断为“考功员外、郎中”，且应改作“考功员外郎、郎中”。即常衮所官者，是先为“从第六品上阶”之考功员外郎，其后乃是“从第五品上阶”的考功郎中。小传从《旧唐书・常衮传》作“考功员外郎中”者，亦如是，故应据改。又，小传之“四年卒，年五十五”，是据《旧唐书・常衮传》而为，《新唐书・常衮传》作：“卒于官，年五十五。”检《旧唐书・德宗纪上》有云：“(建中四年春正月)丙午，福建观察使常衮卒。”此即常衮之确切卒年，则小传之“四年卒，年五十五”者，可从。

张镐(卷四三二)

原小传云：“镐，字从周，博州人。……广德二年卒。”

按：张镐，两《唐书》有传。小传此述，所本何籍，待考。考独孤及《唐故洪州刺史张公(镐)遗爱碑》云：“平原张公，讳镐，字从周，秉中庸之德，含光大之量。……享寿六十有一岁，在癸卯七月壬寅，薨于位。”①其中的“癸卯七月”，即唐代宗广德二年(764年)七月，推之可知，张镐生于武则天长安四年(704年)，享年六十一岁。小传可据补张镐享年。

张志和(卷四三三)

原小传云：“志和字子同，婺州金华人。始名龟龄，擢明经。以策干肃宗，特见赏重，待诏翰林，授金吾卫录事参军，赐今名。后以亲老不仕，居江湖，自称烟波钓叟。”

---

① 独孤及：《唐故洪州刺史张公(镐)遗爱碑》，《全唐文》卷四三〇，中华书局1983年影印本。

辨证：张志和，《新唐书》有卷。小传此之所述，即是据《新唐书·张志和传》而为，既有误，亦欠精审。考颜真卿《浪迹先生玄真子张志和碑铭》有云："玄真子张氏……东阳金华人。……年十六游太学，以明经擢第，献策肃宗，深蒙赏重，令翰林待诏，授左金吾卫录事参军。仍改名志和，字子同。"①据此可知，张志和之"仍改名志和"者，为其本人"授左金吾卫录事参军"后所改，小传作"赐今名"者，则乃误。

陆羽(同卷)

原小传云："羽字鸿渐，一名疾，字季疵，复州竟陵人。不知所生，或言有僧得之水滨，畜之。既长，以易自筮，得蹇之渐曰，鸿渐于陆，其羽可用为仪，乃以陆为氏，名而字之。师教以旁行书，不肯学，亡去为优人。……上元初更隐苕溪，自称桑苎翁。诏拜太子文学……贞元末卒。羽嗜茶，著茶经三篇(卷)。"

按：陆羽，《新唐书》有传。小传此之所述，即是据《新唐书·陆羽传》而为，不误。

考补：贞元七年为南海连率(帅)李复从事。

检周愿《牧守竟陵因游西塔著三感说》云："愿与百越节使扶风马公(总)，曩时俱为南海连率陇西李公复从事，公诏移滑台，扶风公洎予又为幕下宾。从容两地，七改星火……陇西先人讳齐物，被大德，尝为竟陵郡守，公生于守之日，故名复……愿频岁与太子文学陆羽同佐公之幕，兄呼之。羽自传竟陵人。当时羽说竟陵风土之美，无出吾国，予今牧羽国，忆羽之言不诬矣。"②按李复官"南海连率"，乃始于贞元三年，

---

① 颜真卿：《浪迹先生玄真子张志和碑铭》，《全唐文》卷三四〇，中华书局1983年影印本。

② 周愿：《牧守竟陵因游西塔著三感说》，《全唐文》卷六二〇，中华书局1983年影印本。

终于贞元八年，《旧唐书·德宗纪》，王钦若等《册府元龟》卷六七七、六七八有载，而陆羽贞元七年为其从事者，拙著《唐代诗人探赜》第四章《陆羽研究求是》有专考，可参看，此不具述。

萧定(卷四三四)

原小传云："定，字梅臣……历袁州润州刺史。大历中迁户部侍郎，转太常卿。……兴元元年卒，年七十七。"

辨证：萧定，两《唐书》有传。小传此之所述，乃是据《旧唐书·萧定传》而为，虽不误，但欠精审。检《旧唐书·萧定传》云："为元载所挤，兼袁州刺史，历信、湖、宋、睦、润五州刺史。"又，《新唐书·萧定传》云："为元载所恶，外迁袁、润等六州刺史。"此二《传》之载表明，萧定曾任"袁、润等六州刺史"，小传则省略了"信、湖、宋、睦"四州刺史，均应据补，亦可径作历袁州润州等六州刺史。

韦元甫(同卷)

原小传云："元甫，初任滑州白马尉，累迁苏州刺史，浙江西道都团练观察使。大历初征为尚书右丞，授扬州长史兼御史，淮南节度观察等使。六年卒。"

辨证：韦元甫，《旧唐书》有传。小传此之所述，即是据《旧唐书·韦元甫传》而为，但有误。检《旧唐书·代宗纪》有云："以尚书右丞韦元甫扬州大都督府长史、兼御史大夫"，小传之"授扬州长史兼御史"，乃脱"大夫"二字。

考补：父韦玢，司农卿，子韦悦，长安令。河南采访支使。

前者见《新唐书·宰相世系表四上》；后者见同书《韦陟传》。

崔造(同卷)

原小传云："造，字元(玄)宰，深州安平人……贞元二年同中书门下平章事，罢为太子右庶子。卒年五十一。"

辨证：崔造，两《唐书》有传。小传此之所述，乃是据《新唐书·崔造传》而为，不确。检《旧唐书·崔造传》有云："崔造字玄宰，博陵安平人。"小传应作"博陵安平人"为是。《旧唐书·崔造传》又有云："明年九月卒，年五十一。"此之"明年"，所指为贞元三年。又，《新唐书·德宗纪》云："(贞元二年十二月)庚申，崔造罢。"贞元二年十二月，崔造既在人世，则《旧唐书·崔造传》之"明年九年"，所指为贞元三年九月，乃不言而喻。所以，小传应作：贞元三年九月卒，年五十一。

孙莹(同卷)

原小传云："莹，肃宗朝监察御史……帝怒，流播州。"

按：孙莹，两《唐书》无传，小传此述，所本何籍，待考，不误。

考补：天宝六载进士及第。

《全唐文》是卷著录孙莹《罔两赋》一篇，李昉等《文苑英华》编在卷九〇，徐松《登科记考》卷九据之考订孙莹进士及第在天宝六载。另据《登科记考》卷九可知，是年以《罔两赋》进士及第者，尚有蒋至、石镇等人。

姚南仲(卷四三五)

原小传云："南仲，华州下邽人，乾元初制科登第，授太子校书。……(贞元)十九年卒，年七十四。”

辨证：姚南仲，两《唐书》有传。小述此之所述，乃是据《旧唐书·姚南仲传》而为，但不确。复次《旧唐书·姚南仲传》有云：“贞元十九年七月卒，年七十四。”但《新唐书·姚南仲传》则作“年七十五”。一“年七十四”，一“年七十五”，二者异。所以，小传仅据《旧唐书·姚南仲传》作“年七十四”者，乃不的。又，徐松《登科记考》卷九考订姚南仲进士及第之时间，乃为乾元二年，并有注云：“按制科当即文经邦国等四科也。”小传则可据而改之。

卫俌(同卷)

原小传云：“俌，字立言，元和朝官国子司业。”

辨证：卫俌，两《唐书》无传。小传此述，所本何籍，待考，但有误。检岑仲勉《读全唐文札记》云：“(卷四三五) 卫俌小传，‘俌字立言，元和朝官国子司业’。余按新书五八，‘杜信东斋籍二十卷，字立言，元和国子司业’，今全文卷四三六收杜信《书判》一首，只云‘信，肃宗朝擢书判拔萃科’，殆误以信之字与官，附于俌下也。”小传则应据改。

杜信(卷四三六)

原小传云：“信，肃宗朝擢书判拔萃科。”

辨证：杜信，两《唐书》无传。小传此述，所本何籍，待考，但误。据岑仲勉《读全唐文札记》，知杜信有《东斋籍》二十卷，为《新唐书·艺文志二》著录，并有注云：“立言，元和国子司业。”(详上“卫俌”条)。

复次《新唐书》卷五十八《艺文志二》，杜信另有《史录》三十卷，《闲居录》三十卷，小传则均可据而补之。

刘肱(同卷)

原小传云："肱，屯田员外郎敦实子。"

辨证：刘肱，两《唐书》无传。小传此述，所本何籍，待考，但误。检岑仲勉《读全唐文札记》云："(卷四三六)刘肱小传，'肱，屯田员外郎敦实子'。余按姓纂，敦行，屯田员外，生朓、肱，新表七一上同，此作敦实者误。"所以，小传之"屯田员外郎敦实子"，应据改为屯田员外敦行子。

长孙宪(同卷)

原小传云："宪，河南洛阳人。官屯田郎中，德州刺史。"

辨证：长孙宪，两《唐书》无传。小传此之所述，乃是据林宝《元和姓纂》而为，但有误。复次检《元和姓纂》卷十四"河南洛县(阳)长孙氏"云："宪，屯田郎中，德州刺史。"《新唐书·宰相世系表二上》"长孙氏"虽有长孙宪之名，但却仅云："宪，屯田员外郎。"以《宰相世系表二上》所载一般为终官言，长孙宪是否曾"官屯田郎中，德州刺史"，乃颇值得怀疑。又遍检两《唐书》之《纪》《志》《传》，其中并无关于长孙宪只字，因之，小传所述之"官屯田郎中，德州刺史"者，存疑可也。

又，《新唐书·世系表二上》载长孙宪之父长孙操，"金部郎中、乐寿安男"。小传则可据而补之。

殷璠(同卷)

原小传云："璠，丹阳人，处士。"

辨证：殷璠，两《唐书》无传，小传此述，所本何籍，待考，但有误。检《新唐书·艺文志四》于"《包融诗》一卷"有注云："润州延陵人。历大理司直。二子何、佶齐名，世称'二包'。何，字幼嗣，大历起居舍人。融与储光羲皆延陵人；曲阿有余杭尉丁仙芝、缑氏主簿蔡隐丘、监察御史蔡希周、渭南尉蔡希寂、处士张彦雄、张潮、校书郎张晕、吏部常选周瑀……处士徐延寿，丹徒有江都主簿马挺、武进尉申堂构，十八人皆有诗名。殷璠汇次其诗，为《丹杨集》者。"①其中先后提到"处士张彦雄""处士徐延寿"二人，而于殷璠则无"处士"之称，是殷璠非"处士"甚明。又，陈振孙《直斋书录解题》卷十五"总集类"著录《河岳英灵集》二卷，注云："唐进士殷璠集常建等诗二百三十四首。"又，岑仲勉《读全唐文札记》云："同卷。殷璠，'璠，丹阳人，处士'。按璠是进士，新书六〇及书录解题一五同，此误。"或认为此"进士"为唐人未及第者之通称(梁章钜《称谓录》)，则可备一说。

鲍防(卷四三七)

原小传云："防，字子慎，襄州襄阳人。第进士，历佐幕府，入为职方员外郎。代宗朝，拜左散骑常侍。从德宗幸奉天……授工部尚书。卒，年六十九。"

辨证：鲍防，两《唐书》有传。小传此之所述，乃是据《新唐书·鲍

① 欧阳修等：《新唐书·艺文志四》，中华书局1975年版。

防传》而为，虽不误，但欠精审。检辛文房《唐才子传》卷三《鲍防》云："鲍防字子慎，天宝十二载杨儇榜进士，襄阳人也。"徐松《登科记考》卷九，即据之考订鲍防为天宝十二载"第进士"。小传可据改。又，考穆员《鲍防碑》有云："有唐尚书东海宣公姓鲍，春秋六十九。公从三十六载致政二(有注云："一作三")年，历官二十五，凡居达官之长十二，领四岳十三，州牧之寄三。贞元六年秋八月景申，薨于洛阳私第。冬十月旬有七日，从先公于北邙南原。"①据此，知鲍防卒于唐德宗贞元六年(790年)，以"春秋六十九"推之，其生年为唐玄宗开元十年(722年)。所以，小传应据补为：贞元六年卒，年六十九。

王纬(同卷)

原小传云："纬，字文卿，并州太原人。……贞元中检校工部尚书。"

辨证：王纬，两《唐书》有传。小传此之所述，乃是据《旧唐书·王纬传》而为，但有误。复次《旧唐书·王纬传》云："贞元三年，泌为相，擢授纬给事中。……十年，加御史大夫，兼诸道盐铁转运史，三岁加检校工部尚书。"其中之"三岁加检校工部尚书"，是将"十年，加御史大夫，兼诸道盐铁转运史"合勘而言，也即指王纬于贞元十三年"加检校工部尚书"。所以，小传之"贞元中"应据改为贞元十三年。

卢正己(同卷)

原小传云："正己，字宽，初名元裕，代宗赐今名。……大历五

---

① 穆员：《鲍防碑》，《全唐文》卷七八三，中华书局1983年影印本。

年卒。”

辨证：卢正己，两《唐书》无传。小传此之所述，当是据常衮《太子宾客卢君(正己)墓志铭》一文而为。复次《太子宾客卢君(正己)墓志铭》有云：“大历五年七月癸酉制，故太子宾客卢正己，可赠太子少保。……公尝拜蜀郡长史，成都尹，剑南节度采访等使，大理卿，刑部侍郎，工部尚书，东都留守，太子宾客。……公字子宽，本讳元裕。……追赠之年，二月既望，疾甚……越二十一日甲申，薨于东都循善里之私第，寿七十有九。”①据此，知卢正己卒于大历五年(770年)二月，享年“七十有九”，据此推之，其生年乃为武则天如意元年(692年)。卢正己的这一生年与享年，以及《墓志铭》所载之“大理卿，刑部侍郎，工部尚书，东都留守”诸职官，小传皆可据而补之。

李阳冰(同卷)

原小传云：“阳冰，字少温，赵郡人。宝应元年官当涂令，终将作少监。”

按：李阳冰，两《唐书》无传。小传此之所述，当是综合《全唐文》是卷所著录李阳冰《唐李翰林草堂集序》与无名氏《宣和书谱》而为。《唐李翰林草堂集序》云：“阳冰试弦歌于当涂，心非所好。公遐不弃我，乘扁舟而相顾，临当挂冠，公又疾亟，草稿万卷，手集未修，枕上授简，俾余为序。……时宝应元年十一月乙酉也。”无名氏《宣和书谱》卷二有云：“唐李阳冰，字少温，赵郡人，官至将作少监。”据此二者，知小传不误。

考补：名潮，杜甫之甥，后以字行。其父李雍问，湖州城县令，三

① 常衮：《太子宾客卢君(正己)墓志铭》，《全唐文》卷四二〇，中华书局1983年影印本。

子：长子李湜，未仕；二子李澥，字坚冰；三子阳冰，将作少监。

前者见钱谦益《钱注杜诗》卷七引元人吾衍《学古篇》（钱注引作《吾衍学古篇》，误，具体参见永瑢《四库全书总目》卷一一三）；后者分别见穆员《刑部郎中李府君（澥）墓志铭》（《全唐文》卷七八四）、《新唐书·宰相世系表二上》之“赵郡李氏房”。

陈简甫（卷四三八）

原小传云：“简甫，右拾遗子昂孙，官御史。”

辨证：陈简甫，两《唐书》无传。小传此之所述，乃是据《新唐书·陈子昂传》而为，但有误。复次《新唐书·陈子昂传》云：“子光……终商州刺史。子易甫、简甫，皆位御史。”实则此“御史”乃“侍御史”（即殿中侍御史）之误，即小传之“官御史”乃脱“侍”字。考赵儋《大唐剑南东川节度观察处置等使户部尚书兼御史大夫梓州刺史鲜于公为故右拾遗陈公建旌德之碑》有云：“有子二人，并进士及第。长曰光，官至膳部郎中、商州刺史；仲曰斐，历河东、蓝田、长安三尉，卒官。光有二子，其长曰易甫，监察御史；次曰简甫，殿中侍御史。”①其中之“次曰简甫，殿中侍御史”，即为明证。

李讷（同卷）

原小传云：“讷，字敦止。第进士。累迁中书舍人，出为浙东观察使，贬明州刺史，召为河南尹。凡三为华州刺史……终太子太保。”

---

① 赵儋：《大唐剑南东川节度观察处置等使户部尚书兼御史大夫梓州刺史鲜于公为故右拾遗陈公建旌德之碑》，《全唐文》卷七三二，中华书局 1983 年影印本。

辨证：李讷，《旧唐书》传附《李建传》后，《新唐书》有传。小传此之所述，乃据《新唐书·李讷传》而为，但有误。复次《新唐书·李讷传》有云："性疏卞，遇士不以礼，为下所逐，贬郎州刺史。"则小传之"贬明州刺史"，乃为"贬郎州刺史"之误。又，杜牧《李讷除浙东观察使兼御史大夫制》有云："使持节华州诸军事守华州刺史、兼御史大夫、潼关防御、镇国军等使李讷……可使持节都督越州诸军事守越州刺史，兼御史大夫，充浙江东道都团练观察处置等使。"(《全唐文》卷七四八)又，《旧唐书·宣宗纪》云："(大中)十年春正月乙巳，以正议大夫、华州刺史、潼关防御史……李讷检校左散骑常侍，兼越州刺史、御史大夫、浙江东道都团练观察使。"又，孔延之《会稽掇英总集》卷十八"唐太守题名记"有李讷，云："大中六年八月自华州防御史授。"合勘可知：(1)李讷于大中六年八月前曾任华州刺史。(2)据杜牧《制》文中之"兼御史大夫"云云，可知其所"制"者，乃为《旧唐书·宣宗纪》载李讷大中十年之转牧越州者，也即李讷在大中十年正月前曾任华州刺史。按据现所存见之唐宋资料，李讷刺牧华州者仅此二次，小传从《新唐书·李讷传》作"凡三为华州刺史"者，当误，要之，存疑可也。

考补：检校尚书左仆射。

见《旧唐书·李建传》附李讷事迹。

路季登(同卷)

原小传云："季登，阳平冠氏人。大历六年进士。累辟使府，升朝为尚书郎，终左谏议大夫。"

按：路季登，《旧唐书》无传，《新唐书》传附《路岩传》后，极简略。其云："路岩者……阳平冠氏人也。祖季登，大历六年登进士第，累辟诸侯府。升朝为尚书郎，迁左谏议大夫。"小传所本即此，不误。

考补：父齐晖，徐、宋二州刺史。季登兄畿，监察御史。

见《新唐书·宰相世系表五下》。

韦夏卿(同卷)

原小传云："夏卿，字云客，京兆万年人。大历中贤良方正高等。累迁吏部侍郎，转京兆尹，太子宾客。……卒，年六十四。"

辨证：韦夏卿，两《唐书》有传。小传此之所述，乃是据《新唐书·韦夏卿传》而为，但有误。按韦夏卿之及第，徐松《登科记考》卷十考订为大历二年，其时为"大历初"而非"大历中"，小传误，应据改。又据是书卷十，知韦夏卿是年及第所试者为"茂才异行科"，小传作"贤良方正"者，亦误。又，考吕温《故太子少保赠尚书左仆射京兆韦府君(夏卿)神道碑》云："公讳某，字某，京兆杜陵人。……以元和元年三月十二日，薨于东都履信里之私第，享年六十有四。宠赠尚书左仆射。"①按以元和元年(806年)之卒，合勘"享年六十四"，则韦夏卿乃生于唐玄宗天宝二年(743年)。对此，小传均可据补。

孙宿(卷四三九)

原小传云："宿……辟河东掌书记。代宗朝历刑部郎中，中书舍人，出为华州刺史。"

按：孙宿，《旧唐书》传附《孙逖传》后。小传此之所述，即是据《旧唐书·孙宿传》而为，不误。

---

① 吕温：《故太子少保赠尚书左仆射京兆韦府君(夏卿)神道碑》，《全唐文》卷六三〇，中华书局1983年影印本。

考补：大历末，卒于华州刺史任。

检《旧唐书·孙逖传》有云："宿……华州刺史，卒。"又，林宝《元和姓纂》卷四"长安孙氏"、《新唐书·宰相世系表三下》，均只载孙宿所官者为华州刺史，则华州刺史当为孙宿终官。检《旧唐书·孙成传》云："丁母丧免，终制，出为洛阳令，转长安令。时兄宿为华州刺史，因失火惊惧成瘖病。成素孝悌，苍黄请急，不俟报而趋华。代宗嘉之……历仓部郎中，京兆少尹。"检岑仲勉《郎官石柱题名新著录》，其中之"仓部郎中"第七行有孙成名，前为赵骅，后为齐抗。又，《旧唐书·齐抗传》云："德宗还京……元琇以抗有奇才，奏授仓部郎中。"据同书《德宗纪上》所载，"德宗还京"在兴元元年七月，则齐抗之"授仓部郎中"，即在是年。而孙成之"历仓部郎中"，自当在"德宗还京"的兴元元年。如此，孙成之以"长安令"衔前往华州探视其兄孙宿，就应在大历末年，即孙宿卒于华州任上者，当是在其弟孙成"不俟报而趋华"之未久。

史翙(同卷)

原小传云："翙，官京兆尹。出镇山西东道，为乱兵杀害。"

辨证：史翙，两《唐书》无传。小传此述，本之何籍，待考，但有误，盖因唐代无"山西东道"故也。检《旧唐书·地理志一》云："贞观元年，悉令并省，始于山河形便，分为十道：一曰关内道，二曰河南道，三曰河东道，四曰河北道，五曰山南道，六曰陇右道，七曰淮南道，八曰江南道，九曰剑南道，十曰岭南道。……开元二十一年，分天下为十五道，每道置采访使，检察非法，如汉刺史之职：京畿采访使(理京畿城内)、都畿(理东都城内)、关内(以京官遥领)、河南(理汴州)、河东(理蒲州)、河北(理魏州)、陇右(理鄯州)、山南东道(理襄州)、山南西道(理梁州)、剑南(理益州)、江南东道(理苏州)、江南西道(理洪州)、黔中道(理黔州)、岭南(理广州)。又于边境置节度、经略使,式遏四夷。凡节度使十,经略守捉使三。"①经考察,知《旧唐书·地理志一》之此载,乃是据杜佑《通典》卷一七二《州郡二》而为。据此,知小传之"山西东道",乃必为"山南东道"之误。

又,《新唐书·于頔传》云:"初为京兆士曹参军,尹史翙器之。翙镇山南东道,表为判官。"是"山西东道"为"山南东道"之误者,乃甚明。

徐浩(卷四四〇)

原小传云:"浩,字季海,越州人。举明经。累官金部员外郎。"

辨证:徐浩,两《唐书》有传。小传此之所述,乃是据《旧唐书·徐浩传》而为,虽不误,但欠精审。考张式《大唐故银青光禄大夫彭王傅上柱国会稽郡开国公赠太子少师东海徐公(浩)神道碑铭》云:"公姓徐氏,讳浩,字季海,东海剡人。……年十五究经术,首科升第,始擢汝州鲁山主簿。……建中三年四月二十五日薨。"②又,据两《唐书·徐浩传》所载,知徐浩卒时"年八十",以此合勘"建中三年薨"可知,其生年为武则天长安二年(702年),而"年十五究经术"者,则在开元五年。此则表明,徐浩"举明经"之确时,乃在开元五年。而徐松《登科记考》卷五考订徐浩"明经科"于开元五年,又可为之佐证。所以,小传应将"举明经"改为开元十五年明经科及第。

封演(同卷)

原小传云:"演,天宝中为大学士。大历中官邢州刺史。贞元中历

① 刘昫等:《旧唐书·地理志一》,中华书局1975年版。

② 张式:《大唐故银青光禄大夫彭王傅上柱国会稽郡开国公赠太子少师东海徐公(浩)神道碑铭》,《全唐文》卷四四五,中华书局1983年影印本。

检校尚书，吏部郎中，兼御史中丞。”

按：封演，两《唐书》无传。小传此述，所本何籍，待考。

考补：天宝十五载进士第。司刑郎中，司刑侍郎。

按《新唐书·艺文志二》著录封演《古今年号录》一卷，有注云：“天宝末进士。”徐松《登科记考》卷九据此考订为天宝十五载。又，《新唐书·藩镇魏博传》有云：“封演司刑，并为侍郎。”据《旧唐书·职官志二》所载，刑部所配职官，除正三品的“刑部尚书一员”外，另有正四品下的“侍郎一员”，从五品上的“郎中二员”。据此，知《新唐书·藩镇魏博传》中之“封演司刑，并为侍郎”云云，“司刑”为司刑郎中，“侍郎”则为司刑侍郎。

张叔良(卷四四一)

原小传云：“叔良，广德二年进士。”

按：张叔良，两《唐书》无传。小传此之所述，乃是据计有功《唐诗纪事》卷三十一“张叔良”条而为，不误。

考补：大历四年，应“博学宏词科”及第。

按《全唐文》是卷著录张叔良《五星同色赋》一篇，李昉等《文苑英华》编在卷八，且共四人四篇，另三人依序为崔淙、姚邈、林益。并于张叔良名下有注云：“大历四年。”徐松《登科记考》卷十即据《文苑英华》之此载，考订张叔良以“博学宏词科”及第在大历四年。此则表明，张叔良一生曾两次应试，即一为“进士科”，一为“博学宏词科”。

韩云卿(同卷)

原小传云：“云卿，桂州刺史睿素子，守尚书礼部郎中。”

辨证：韩云卿，两《唐书》无传。小传所述，所本何籍，待考，但有误。考李白《武昌宰韩君(仲卿)去思颂碑并序》有云：“君名仲卿，南阳人也。……考睿素，朝散大夫、桂州都督府长史。……君乃长史之元子也。……成名四子……少卿当涂县丞，感慨重诺，死节于义。云卿文章冠世，拜监察御史，朝廷呼为子房。绅卿尉高邮，才名振耀，幼负美誉。”①按《武昌宰韩君(仲卿)去思颂碑并序》中之“韩君(仲卿)”，乃韩愈之父。而据此碑铭则可知：(1)韩睿素所官者为桂州长史，小传作“桂州刺史”者，乃误。(2)韩睿素四子，依序为：仲卿、少卿、云卿、绅卿。(3)韩云卿不仅“文章冠世”，并且还曾“拜监察御史”，小传则可据而补之。

又，李翱《韩君夫人韦氏墓志铭》有云：“礼部郎中云卿好立节义，有大功于昭陵，其文章出于时，而官不甚高。”其中的“礼部郎中”，或即小传之所本。

王季友(卷四四二)

原小传云：“季友，河南人。为豫章太守李勉宾客。”

辨证：王季友，两《唐书》无传。小传此之所述，乃是据辛文房《唐才子传》卷二《王季友》而为。复次《唐才子传》卷二《王季友》云：“季友，河南人。……洪州刺史李公，一见倾敬，即引佐幕府。”但小传之“季友，河南人”，似有不确。考仇兆鳌《杜诗详注》卷二十一《可叹》诗有云：“丈夫正色动引经，酆城客子王季友。……豫章太守高帝孙，引为宾客敬颇久。闻道三年未曾语，小心恐惧闭其口。太守得之更不疑，

---

① 李白：《武昌宰韩君(仲卿)去思颂碑并序》，王琦笺注本《李太白全集》卷二十九，中华书局1977年版。

人生反覆看已丑。明月无瑕岂容易，紫气郁郁犹冲斗。”徐居仁等《集千家注分类杜工部诗》卷二十五著录黄鹤注引《豫章图经》云：“唐王季友，酆城人。家贫卖屦，博极群书。李勉引为宾客，正色引经，勉甚敬之。”此作“酆城人”，小传从《唐才子传》作“河南人”，二者异。或有认为王季友曾暂居酆城于一时者，可备一说。

考补：行七。华阴尉，虢州录事参军，司议郎，监察御史。

《全唐诗·岑参诗集》著录《送王录事却归华阴》《送王七录事赴虢州》二诗，诗题中之“王七”“王录事”，皆为王季友。《送王录事却归华阴》题下有注云：“王录事自华阴尉授虢州录事参军。”此则表明，王季友曾先后官华阴尉、虢州录事参军。又，于邵有《送王司议季友赴洪州序》(《全唐文》卷二四七)一文，表明王季友曾在长安供职司议郎。又，王应麟《困学纪闻》卷十八引鲍止钦云：“江西观察使李勉，时季友兼监察御史。”同此者，另有潘錞《潘子真诗话》等，兹不具引。

潘炎(同卷)

原小传云：“炎，史亡何所人。大历末官右庶子，进礼部侍郎。贬澧州司马。”

辨证：潘炎，两《唐书》无传。小传此述，所本何籍，待考，但有误。检岑仲勉《读全唐文札记》云：“(卷四四二)潘炎小传，‘炎，史亡何所人’，此沿新书一六〇炎子孟阳传之词也。按姓纂，‘唐监察御史潘玠，世居信都，称相乐之后，玠生炎，礼部侍郎’(据库本)，则炎信都人也。”小传可据改“史亡何所人”为“信都人”，并可据补“父潘玠，官监察御史”。

于颀(卷四四三)

原小传云："颀，字休明，河南人。累官京兆尹，徙河南尹。三迁工部尚书。以太子少师致仕，卒。"

辨证：于颀，两《唐书》有传。小传此之所述，乃是据《新唐书·于颀传》而为，虽不误，但欠精审，如于颀之卒年、享年，即皆为其例。检《旧唐书·于颀传》有云："(颀)因入朝仆地，为金吾仗卫掖起，改太子少师致仕。贞元十五年卒，时年七十四。"又，《新唐书·德宗纪下》有云："(贞元十五年三月)辛未，太子少师致仕于颀卒。"按"贞元十五年"为公元 799 年，据而推之，知于颀乃生于唐玄宗开元十四年(726 年)。小传可据改"卒"为：贞元十五年卒，年七十四。

沈迴(卷四四四)

原小传云："迴。大历中进士。"

辨证：沈迴，两《唐书》无传。小传此述，所本何籍，待考，但有误。检王溥《唐会要》卷七十六"贡举中·制科举"有云："贞元元年九月，贤良方正能直言极谏科：韦执谊、郑利用……魏弘简、沈迴、田元祐、徐衮及第。"①同此者，另有徐松《登科记考》卷十二等。则小传之"大历中进士"乃误。所以，小传应据改为：贞元九年以"贤良方正能直言极谏科"擢第。

---

① 王溥：《唐会要》卷七十六，《四库全书》本，上海古籍出版社 1987 年版。

韩翃(同卷)

原小传云:“翃,字君平,南阳人。侯希逸在淄青,李勉在宣武,皆辟佐幕府。后以驾部郎中知制诰。终中书舍人。”

按:韩翃,《旧唐书》无传,《新唐书·文艺下·卢纶传》略附其事迹。小传此之所述,即是据《新唐书·卢纶传》之所附而为,不误。

考补:天宝十三载进士。

检姚玄《极玄集》卷下于韩翃云:“天宝十三载进士。”晁公武《郡斋读书志》卷十八,陈振孙《直斋书录解题》卷十九,辛文房《唐才子传·韩翃》等,皆从之。

王行先(卷四四五)

原小传云:“行先,肃宗时人。”

辨证:王行先,两《唐书》无传。小传此述,所本何籍,待考,但有误。检岑仲勉《读全唐文札记》云:“(卷四四五)王行先小传,‘行先,肃宗时人’。余按行先有《为王大夫奏元谊防秋表》云:‘洛州元谊等防秋将士,以今月日尽发上道讫……臣统兹卒乘,临问郊坰。’通鉴二三五、贞元十年七月,‘以王延贵为昭义留后,赐名虔休,昭义行军司马摄洺州刺史元谊闻虔休为留后,意不平……虔休自将兵攻之’,旧纪一三、贞元十二年正月,‘庚子,元谊、李文通率洺州兵五千、民五万家,东奔田绪’,洛乃洺之讹。又旧书一三二虔休传,‘授虔休潞州左司马,依前兼御史大夫掌留后’,王大夫,虔休也,此是贞元中事,只称行先肃宗时人,殊未尽。”所以,小传应改为:肃宗、德宗时人。

樊珣(同卷)

原小传云："珣，贞元时人。"

辨证：樊珣，两《唐书》无传。小传此述，所本何籍，待考，但不确。检《全唐文》是卷著录樊珣《绛岩湖记》一文，其中有云："句容西南三十三里曰赤山，天宝中改为绛岩山，以文变质也。……大历十二年十月三日记。"据此，知樊珣当主要生活于唐肃宗、代宗二朝，即小传应正"贞元时人"为大历时人。

张式(同卷)

原小传云："式，南阳人。大历中进士。官殿中侍御史内供奉，迁左司员外郎，户部郎中。贞元十五年为河南少尹。"

辨证：张式，两《唐书》无传。小传此述，所本何籍，待考，但欠精审。考柳宗元《先君石表阴先友记》有张式，南阳人，注引"孙曰"云："大历七年进士。"①徐松《登科记考》卷十，即据此考订张式为大历七年进士。但《登科记考》引柳宗元《先君石表阴先友记》作"韩曰"者，则乃误。据此，小传之"大历中进士"，可径改为大历七年进士。

考补：驾部郎中知制诰，虢州刺史，河南尹，水陆转运使。

检《旧唐书·德宗纪下》云："(贞元九年三月)以驾部郎中知制诰张式为虢州刺史。"同书《德宗纪下》又有云："(贞元十六年九月)癸酉……以河南少尹张式为河南尹、水陆转运使。"

---

① 柳宗元：《先君石表阴先友记·张式》，《柳宗元集》卷十二，中华书局1979年版。

卢景亮(同卷)

原小传云:“景亮,字长晦,幽州范阳人。第进士宏词,授秘书郎,迁右补阙。德宗朝贬朗州司马。宪宗立,由和州别驾召还,再迁中书舍人。卒赠礼部侍郎。”

辨证:卢景亮,《新唐书》有传。小传此之所述,即是据《新唐书·卢景亮传》而为,虽不误,但欠精审。考柳宗元《先君石表阴先友记》有卢景亮,涿人,并引“孙曰”云:“景亮,字长晦,幽州范阳人,大历六年中进士第。”又,徐松《登科记考》卷十三,据元稹《酬白学士代书一百韵》等,考订卢景亮进士及第在贞元九年,则“孙曰”之“大历六年中进士第”当误。要之,卢景亮大历六年所试者,当为小传之“宏词”科,其是耶非耶,兹拈出以俟淹贯者。

又,柳宗元《先君石表阴先友记》既明言卢景亮为“涿人”,则小传与“孙曰”皆作“幽州范阳人”者,乃不的。而以唐人重郡望言,“幽州范阳”显然为卢景亮之郡望,“涿”(即涿州)则应为卢景亮之本贯。

陈诩(卷四四六)

原小传云:“诩(一作翊),字载物,闽县人。大历间进士。贞元中官户部郎中知制诰。”

辨证:陈诩,两《唐书》无传。小传此述,所本何籍,待考,但有误。检岑仲勉《读全唐文札记》云:“(卷四四六)陈诩小卷,‘诩(一作翊),字载物,闽县人。大历间进士。贞元中官户部郎中知制诰’。余按新书六〇,‘陈诩诗集十卷,字载初,福州闽县人,贞元户部郎中知制诰’,小传之末三句,盖本此也。但诩之西掖瑞柳赋,明是贞元十三年进士试题，徐氏所著登科记考一四，亦据永乐大典引闽中记‘陈诩字载物，贞元十三年及第’，何此处又作大历进士也。以唐代登进士之循资计之，诩贞元登第，六七年间断未官到知制诰，意原文谓诩贞元进士，官终知制诰，修新志者误会，遂以为贞元知制诰，而徐氏又沿全唐诗游移其词也。记考引淳熙三山记又以为诩终户外知制诰，与新志异，但今郎官柱户外无诩，户中亦然。载初、载物，未知孰是(全唐诗五函六册作载物)。”

按岑氏此说有误者二：(1)复次《新唐书·艺文志四》“《陈诩集》十卷”之注可知，小传之末三句“大历间进士”云云，并不包含在“新书六〇”内，此为其一。其二，“《陈诩集》十卷”之注开首即云：“字载物，福州闽县人。”徐氏作“载初”者，乃不的。(2)考《四库全书》本《弘治八闽通志》卷四十六“科举·福州”有陈诩，云：“贞元十三年郑巨榜进士。”又卷六十二“人物·唐”亦有陈诩，云：“字载物，贞元中及第。”据此，知《新唐书·艺文志四》、小传、岑氏《读全唐文札记》作“大历间进士”者，乃皆误。所以，小传之“字载物”不误，“大历间进士”应据改为贞元十三年进士。

李融(同卷)

原小传云：“融，官直学士。贞元中为义成节度使。”

辨证：李融，两《唐书》无传。小传此述，所本何籍，待考，但有误。检岑仲勉《读全唐文札记》云：“同卷。李融小传，‘融官直学士。贞元中为义成节度使’。按学士李融与节度使李融判若两人，已于拙著新唐书突厥传……(辅仁杂志六卷)辨之，全文所收对庐树判一首，同书四五九柳润之下，亦有此题，润之是代宗朝书判拔萃，则此文应属节度李融，官直学士四字应删却。”所言可从。

张濯(同卷)

原小传云："濯，上元中进士。"

辨证：张濯，两《唐书》无传。小传此之所述，乃是据计有功《唐诗纪事》卷二十八"张濯"条而为，虽不误，但欠精审。据两《唐书·肃宗纪》可知，唐肃宗以"上元"纪年者，凡二年(760—761年)，"上元中"应为上元二年。所以，小传之"上元中进士"，应以改为"上元二年进士"为宜。

姜公辅(同卷)

原小传云："公辅，爱州日南人。第进士，补校书郎。制策异等，授右拾遗，为翰林学士。……终吉州刺史。"

辨证：姜公辅，两《唐书》有传。小传此之所述，乃是据《新唐书·姜公辅传》而为，但有误。考王溥《唐要会》卷七十六"贡举中·制科举"有云："建中元年，贤良方正能直言极谏科：姜公辅、元友直……及第。"①据此，知小传之"第进士"，试"贤良方正能直言极谏科"擢第。又，检《旧唐书·姜公辅传》有云："顺宗立，拜吉州刺史，未就官卒。"《新唐书·姜公辅传》亦有云："顺宗即位，起为吉州刺史，寻卒。"此则表明，姜公辅之"拜吉州刺史"，乃属未之任。又《旧唐书·顺宗纪》有云："贞元二十一年正月癸巳，德宗崩，丙申，(太子李诵)即位于太极殿。"是为唐顺宗，并改元永贞。合勘之，知姜公辅"拜吉州刺史"而未之任，乃在永贞元年(805年)，则其之卒者，即在是年。

---

① 王溥：《唐要会》卷七十六，《四库全书》本，上海古籍出版社1987年版。

考补：金州刺史。

见王溥《唐会要》卷七十一“州县改置下·山南道”。

郑锡(卷四五〇)

原小传云：“锡，宝应中进士。官礼部员外郎。”

辨证：郑锡，两《唐书》无传。小传此之所述，乃是据计有功《唐事纪事》卷二十八“郑锡”条而为，虽不误，但欠精审，如“宝应中进士”者，即为其例。按“宝应”为唐肃宗年号，凡二年，即宝应元年、二年，所以，小传之“宝应中进士”者，应改为宝应二年进士。而徐松《登科记考》卷十，考订郑锡进士及第为宝应二年者，又可为之佐证。

考补：歙州长史李则长女之婿。

见李翱《故歙州长史陇西李府君墓志铭》(《全唐文》卷六三九)。

乔琮(同卷)

原小传云：“琮，宝应中擢进士第。”

辨证：乔琮，两《唐书》无传。小传此述，所本何籍，待考，但误。检《全唐文》是卷著录乔琮《日中有王子赋》一篇，李昉等《文苑英华》编在卷二，并于作者下有注云：“登科记考作乔琛。”按此“登科记”，为唐人已佚亡之《登科记》，故其所载为乔琛者，自是可以据信。而《新唐书·宰相世系表五下》作乔琛者，又可为之佐证。据《宰相世系表五下》所载，又知乔琛为德宗时宰相乔琳之胞弟。乔琳，两《唐书》有传。而乔琛之“擢进士第”，徐松《登科记考》卷十考订为宝应二年，甚是。所以，小传应正为：乔琛，宝应二年擢进士第。

考补：并州太原人。

见《新唐书·乔琳传》。

齐映(同卷)

原小传云:“映,瀛州高阳人。举进士博学宏词。……贞元二年以本官拜平章事,改中书侍郎,封河间县男。……十一年卒,年四十八。”

辨证:齐映,两《唐书》有传。小传此之所述,乃是综合两《唐书·齐映传》而为,但有误。复次《旧唐书·齐映传》云:“映登进士第,应博学宏词,授河南府参军。”小传之“举进士博学宏词”者,所本者即此。但徐松《登科记考》卷十引李昉等《太平广记》引《逸史》、徐应秋《玉芝堂谈荟》之所载,考订齐映为大历四年进士,且为“进士二十六人”中之状元。所以,小传之“举进士”,应改为大历四年进士。齐映“举进士”既在大历四年,则其应“博学宏词”就必在此之后,然通检王溥《唐会要》卷七十六“贡举中·制科举”,其中并无齐映名,而徐松《登科记考》卷十到卷十四(即始于齐映“举进士”的大历十四年,止于其卒之贞元十一年)之所载者,亦然。这一实况表明,小传从《旧唐书·齐映传》认为齐映曾试“博学宏词”者,实则为误。

皇甫冉(卷四五一)

原小传云:“冉,字茂政。天宝中进士,授无锡尉。王缙帅河南,表掌书记。累迁右补阙。”

辨证:皇甫冉,《新唐书》传附《萧颖士》传后。小传此之所述,即是据《新唐书·皇甫冉传》而为,虽不误,但欠精审。检姚玄《极玄集》卷下于皇甫冉有云:“天宝十五载进士。”又,辛文房《唐才子传》卷二

《皇甫冉》云："天宝十五年卢庚榜进士，调无锡尉。"所以，小传应改"天宝中"为"天宝末"，或径作天宝十五载。又，小传之"右补阙"，乃为"左补阙"之误，对此，独孤及《唐故左补阙安定皇甫公(冉)集序》(《全唐文》卷三八七)乃可证之(详下)，应据改。

考补：润州丹阳人。左金吾卫兵曹参军，左拾遗，奉使江表。大历二年卒，年五十四。

按《新唐书·艺文志四》著录"《皇甫冉诗集》三卷"，有注云："字茂政，润州丹阳人，秘书少监、集贤院修撰彬侄也。天宝末无锡尉，避乱居阳羡，后为左金吾卫兵曹参军、左补阙，与弟曾齐名。"又，上引独孤及《唐故左补阙安定皇甫公(冉)集序》有云："大历二年，迁左拾遗，转左补阙。奉使江表，因省家至丹阳，朝廷虚三署郎位以待君复，不幸短命，年方五十四而没。"①

邵说(卷四五二)

原小传云："说，相州安阳人。天宝中进士，为史朝义判官，朝义败，降郭子仪，累授长安令秘书少监，迁吏部侍郎。……建中三年，坐为朱泚草奏讼严郢冤，贬归州刺史卒。"

辨证：邵说，两《唐书》有传。小传此之所述，乃是据《旧唐书·邵说传》而为，既有误，亦欠精审。复次《旧唐书·邵说传》云："举进士，为史思明判官。"《新唐书·邵说传》则云："已擢进士第，未调。"均未言及第之具体年份。正因此，徐松《登科记考》卷二十七乃将其列入"附考·进士科"。然小传作"天宝中进士"者，实乃猜测之词，不的。又，检《旧唐书·德宗纪上》有云："(建中三年五月)贬太子詹事邵说归州刺

① 独孤及：《唐故左补阙安定皇甫公(冉)集序》，《全唐文》卷三八七，中华书局1983年影印本。

史，卒于贬所。”同书《地理志二》于“山南东道·归州”有云：“在京师南二千二百六十八里，至东都一千八百四十三里。”以唐律规定使者“马日行七十里”计，从京师长安至归州全程需三十四天，若加上途中之其他原因，邵说此行由长安赴任归州，至少得两个月时间，届时已为秋天。所以，邵说之“卒于贬所”，若非建中三年，就必为建中四年。

考补：肃宗朝官左金吾卫骑曹将军，延王府功曹参军。

见邵说《让吏部侍郎表》（《全唐文》卷四五二）一文。

周渭（卷四五三）

原小传云：“渭，大历十四年进士。贞元中官度支郎中。”

辨证：周渭，两《唐书》无传。小传此述，所本何籍，待考。按《全唐文》是卷著录周渭《寅宾出日赋》一篇，李昉等《文苑英华》编在卷三，另有作者三人，依序为王储、独孤绶、袁同直，并于王储题下注云：“大历十四年，王储作魁。”而于周渭名下则注云：“登科记考，第二名。”小传之作“大历十四年进士”者，当本此。而小传之“贞元中官度支郎中”，劳格等《唐尚书省郎官石柱题名考》、岑仲勉《郎官石柱题名新著录》《郎官石柱题名新考订》之“度支郎中”，乃均无周渭之名，则小传所述当误。要之，存疑可也。

考补：字兆师，其先汝南人。汝州襄城尉，富平长安尉，监察御史，膳部员外郎，祠部郎中，秘书少监。永贞元年十一月卒，春秋六十六。

以上所补周渭之字、职官、卒年、享年等，俱见权德舆《唐故朝散大夫守秘书少监致仕周君（渭）墓志铭并序》（甘肃人民出版社1999年版《权德舆文集》卷十三）一文，因其文甚繁，兹不具引，特此说明。

张荐(卷四五五)

原小传云:“荐,字孝举,深州陆泽人。天宝中李涵表荐其才任史官,召充史馆修撰。德宗朝擢拜谏议大夫,改秘书少监。卒年六十一。”

辨证:张荐,两《唐书》有传。小传此之所述,乃是据《旧唐书·张荐传》而为,虽不误,但欠精审。复次《旧唐书·张荐传》,知张荐“德宗朝擢拜谏议大夫”者,乃在贞元十一年。又,小传之“卒年六十一”者,亦如是。《旧唐书·张荐传》有云:“(贞元)二十年,吐蕃赞普死,以荐为工部侍郎、兼御史大夫,充入吐蕃吊祭使。涉吐蕃界二千里,至赤岭东被病,没于纥壁驿。”《新唐书·张荐传》则云:“次赤岭,被病卒,年六十一,吐蕃传其柩以归。”合勘之,知张荐卒于唐德宗贞元二十一年,享年六十一岁。小传应据补张荐之卒年(贞元二十一年)、卒地(出使吐蕃途中)。

于尹躬(同卷)

原小传云:“尹躬,大历中进士。元和时为中书舍人,左迁洋州刺史。”

辨证:于尹躬,两《唐书》无传。小传此之所述,当是据白居易《贬于尹躬洋州刺史制》而为。复次《贬于尹躬洋州刺史制》有云:“中书舍人于尹躬,其弟皋谟,赃污狼藉。虽无从坐之法,合当失教之责。然以典职诏命……尔宜思过。”①据此,知于尹躬以中书舍人衔贬为洋州刺

① 白居易:《贬于尹躬洋州刺史制》,《白居易集》卷五十四,中华书局1979年版。

史，乃因坐其弟“赃污狼藉”故也。至若小传之“尹躬，大历中进士”者，则无考，盖因徐松《登科记考》、岑仲勉《登科记考订补》，皆无于尹躬进士及第之载，当误。

考补：父礼部侍郎于邵，五子：兄汝锡，字元福；大弟沂，字弘道；二弟诚，字荐之；三弟皋謩(谟)，户部郎中；四弟人文。元和六年以中书舍人衔知贡举。

前者见《新唐书・宰相世系表二下》；后者见徐松《登科记考》卷十八。

韦执谊(同卷)

原小传云：“执谊，京兆人。进士擢第，对策异等，授右拾遗，入翰林为学士。……宪宗受内禅，坐叔文、伾徒党，贬崖州司户参军。”

辨证：韦执谊，两《唐书》有传，顺宗时“二王八司马”之重要人物。小传此之所述，乃是据《旧唐书・韦执谊传》而为，但有误。考王溥《唐会要》卷七十六“贡举中・制科举”有云：“贞元元年九月，贤良方正能直言极谏科：韦执谊、郑利用……徐衮及第。”①同此者，另有徐松《登科记考》卷十二。据此，知韦执谊在“进士擢第”后，还曾试“贤良方正能直言极谏科”，也即韦执谊一生曾两试，小传仅作“进士擢第，对策异等”者，则乃为误。又，韦执谊以“贤良方正能直言极谏科”及第，既知在贞元元年，则其之“进士擢第”，自当在唐德宗建中年间，或者唐代宗大历年间，但确时无考。

又，据《旧唐书・宪宗纪上》所载，李纯“受内禅”即皇帝位为唐宪宗后，曾再贬“二王八司马”(王叔文、王伾、韦执谊、陈谏、韩晔、韩泰、凌准、程异、柳宗元、刘禹锡)于南方各地，其中，王叔文“贬为

① 王溥：《唐会要》卷七十六，《四库全书》本，上海古籍出版社1987年版。

渝州司户，明年诛之”。这里的“明年”为元和元年(806年)，也即王叔文被诛之年。《旧唐书·韦执谊》虽载韦执谊“及坐叔文之贬，果往崖州，卒于贬所”，但当其在贬所获知王叔文被“诛之”的消息后，显然是受到了极大之打击的，因之，其于此后未久卒于贬所，即自在情理之中。度其时，当在元和二年或者三年之间，但确时则难以考求，兹拈出以俟淹贯者。

苗秀(卷四五七)

原小传云：“秀(一作芳)，大历八年进士。”

辨证：苗秀，两《唐书》无传。小传此述，所本何籍，待考，但误。按《全唐文》是卷著录苗秀赋二篇，一为《鱼登龙门赋》，一为《登春台赋》，前者“以跃白波入青云为韵”，后者“以晴眺春野气和感深为韵”。按李昉等《文苑英华》亦著录此二文，《登春台赋》编在卷五十一，凡三篇，作者依序为陆贽、苗秀、张濛；《鱼登龙门赋》编在卷一三九，凡二篇，作者依序为苗秀、元弼。此则表明，小传之“一作芳”者，乃误。又《登春台赋》三位作者之一的陆贽，徐松《登科记考》卷十考订为大历八年进士。所依证据：一为《顺宗实录》，二为《郡斋读书志》，三为《苏州府志》，四为《旧唐书》陆贽本传，五为计有功《唐诗纪事》。而陆贽是年之所试者，乃《东郊朝日赋》。如此，则小传之“大历八年进士”者，乃必误无疑，盖因是年既不试《鱼登龙门赋》，亦不试《登春台赋》故也。所以，苗秀不是大历八年进士，小传误。

苏子华(同卷)

原小传云：“子华，大历十年进士。”

辨证：苏子华，两《唐书》无传。小传此述，所本何籍，待考，但误。按《全唐文》是卷著录苏子华《竹如意赋》一篇，并非大历十年朝廷所试之赋，而是年所试者，东都试场为《日观赋》，西都试场为《五色土赋》。对此，彭叔夏《文苑英华辨证》乃有专载，其引《唐登科记》云："大历十年，上都试《五色土赋》，东都试《日观赋》。按《文苑英华》，《五色土赋》以'皇子毕封，依色建社'为韵，《日观赋》以'千载之统，平上去入'为韵。又按《唐诗纪事》，大历十年东都试《龟负图诗》。"①据此，知在大历十年，长安与洛阳都曾试举，但其所试者均非《竹如意赋》。所以，苏子华不是大历十年进士，小传误。

卢士开(同卷)

原小传云："士开，大历十年进士。"

辨证："卢士开"，乃"卢士阅"之误，两《唐书》无传。小传此述，所本何籍，待考，但有误。按《全唐文》是卷录"卢士开"赋二篇，即《日月如合璧赋》《五色土赋》，李昉等《文苑英华》分别编卷三、卷二十五。其中，《文苑英华》卷二十五之《五色土赋》，凡二人二篇，即除卢士开一篇外，另有崔损一篇，并于崔损名下有注云："按《唐登科》，大历十年上都试赋。"徐松《登科记考》卷十一即据《文苑英华》之此注，而考订卢士开、崔损皆为大历十年进士。又，《文苑英华》于卢士开名下亦有注云："《登科记》作士阅。"既然唐人的《登科记》(即崔损名下所注之《唐登科》)"作士阅"，则"卢士开"乃"卢士阅"之误，即可论断。所以，小传应据而正之。

① 彭叔夏：《文苑英华辨证》，《文苑英华》附录，中华书局1966年影印本。

丁春泽(同卷)

原小传云："春泽(一作丁泽)，大历十年进士。"

按："丁春泽"，乃"丁泽"之误，两《唐书》无传。小传此之所述，当是据李昉等《文苑英华》卷二十九而为。是卷著录丁春泽《日观赋》一篇，并于其名下有注云："大历十年东都试，《登科录》作丁泽"，则小传之"一作"是，作"丁春泽"者乃非。又，徐松《登科记考》卷十一，以《文苑英华》"大历十年东都试"之注为据，考订丁春泽(丁泽)为大历十年进士，则小传作"大历十年进士"者，乃不误。

裴清(同卷)

原小传云："清，大历二年自宿州刺史徙吴兴，迁越州都督，充浙东西团练副使。"

辨证：裴清，两《唐书》无传。小传此述，所本何籍，待考，但有误。按小传中之"吴兴"即湖州。考谈钥《嘉泰吴兴志》卷十四"郡守题名"，其中有裴清，名列杜位、萧定之前，颜真卿、樊系之后，并有云："大历二年自信州刺史授，除鄂州刺史。统记云：六年选兵部郎中。"①此则表明，小传中之"宿州"，乃为"信州"之误②。又据"郡守题名"所载，裴清大历二年前官信州刺史，大历二年转牧湖州，之后是

① 谈钥：《嘉泰吴兴志》卷十四，《宋元方志丛刊》本，中华书局1992年版。

② 据欧阳修：《新唐书》卷三十八《地理志二》所载，宿州为"元和四年析徐州之苻离、蕲、泗州之虹置"，其时距大历二年(767年)乃有整40年之隔，则大历二年无宿州者，即毫无疑义。而此，也是裴清小传载"大历二年自宿州刺史徙吴兴"为误的又一个重要原因。

“除鄂州刺史”。大历六年，入朝任兵部郎中。此则表明，小传之“迁越州都督，充浙东西团练副使”者，乃误，而孔延之《会稽掇英总集》、施宿《嘉泰会稽志》均无裴清任“越州都督”之载者，又可为之佐证。所以，小传应将“迁越州都督，充浙东西团练副使”删除。

韩章(卷四五八)

原小传云：“章，大历五年官吴兴县令，历司封郎中。建中六年迁谏议大夫。”

辨证：韩章，两《唐书》无传。小传此述，所本何籍，待考。检岑仲勉《读全唐文札记》云：“(卷四五八)韩章小传，‘章，大历五年官吴兴县令，历司封郎中。建中六年迁谏议大夫’。按吴兴志、《大慈寺神钟记》，武康县令韩章撰，大历五年铸；又《大宁寺建功德碑》，兼武康县令韩章撰，大历六年建，章乃武康令，非吴兴令，唐是时无吴兴县，一误也。章见郎官柱勋中，非，司封，二误也。建中无六年，贞元六年章官谏议大夫，见会要七四，三误也。”此则表明，小传之述乃全误。

韦翃(同卷)

原小传云：“翃，官御史大夫。”

辨证：韦翃，两《唐书》无传。小传此述，所本何籍，待考，但误。检《旧唐书·韦辞传》云：“韦辞字践之。祖召卿，洛阳丞。父翃，官至侍御史。”又，《新唐书·宰相世系表四上》“南皮公房韦氏”有韦翃，官侍御史。二者合。但其载韦翃之父为“幼卿，洛阳令”，翃子“词字践之”，则与《旧唐书·韦辞传》异。又，岑仲勉《读全唐文札记》云：“同卷。韦翃小传，‘翃官御史大夫’。按金石录二九有唐殿中侍御史韦翃墓志铭，新表七四上，亦称翃侍御史，此作大夫误。”所以，小传应正“御史大夫”为殿中侍御史。

李季卿(同卷)

原小传云：“季卿，京兆人。明经擢第。代宗朝官潮州刺史。”

辨证：李季卿，两《唐书》有传。小传此之所述，乃是综合两《唐书·李季卿传》而为，但有误。考独孤及《唐故正议大夫右散骑常侍赠礼部尚书李公(季卿)墓志铭》云：“岁在丁未七月丁卯，有唐故右散骑常侍李季卿，薨，享年五十九。文经邦国，行满天下。……神龙中历官中书舍人，昭文馆学士，工部侍郎。……其后领二曹，判二州，再司王言，三贰京尹。由秘书少监为吏部侍郎，复兼御史大夫，慰抚山东、淮南。明年劳旋，典选如故。”①既未及“明经擢第”事，又无“官潮州刺史”之载。而于后者，两《旧唐书·李季卿传》则均无载。又，考张又新《煎茶水记》有云：“代宗朝李季卿刺湖州，至维扬，逢陆处士鸿渐(羽)。李素熟陆名，有倾盖之欢，因之赴郡，抵扬子驿……羽利器以俟之。”②据此，知小传之“代宗朝官潮州刺史”，当为“代宗朝李季卿刺湖州”之误。按“潮”“湖”形近，当为传抄所致误。所以，小传应改“潮州”为湖州。

又，李季卿之“明经擢第”，据两《唐书》本传之所载，知其曾两次应试，但却均无明确之年份，徐松《登科记考》卷二十七，即乃将其列入“附考·明经科”“附考·制科”以待。

附考：上引独孤及《唐故正议大夫右散骑常侍赠礼部尚书李公(季卿)墓志铭》(以下简称《李公(季卿)墓志铭》)有云：“岁在丁未七月丁

---

① 独孤及：《唐故正议大夫右散骑常侍赠礼部尚书李公(季卿)墓志铭》，《全唐文》卷三九一，中华书局1983年影印本。

② 张又新：《煎茶水记》，《全唐文》卷七二一，中华书局1983年影印本。

卯，有唐故右散骑常侍李季卿，薨，享年五十九。”其中“岁在丁未”，为唐代宗大历二年，即李季卿卒于大历二年七月。检《旧唐书·李季卿传》云：“大历二年卒，赠礼部尚书。”其所本者，当即为独孤及此《李公(季卿)墓志铭》。但独孤及此《李公(季卿)墓志铭》却又有云：“大历三年，拜右常侍。”是年李季卿已“薨”近一年，且还为朝廷“赠礼部尚书”，其焉可又“拜右常侍”？所以，《李公(季卿)墓志铭》中的“大历三年”，为“大历二年”之误，乃殆无疑义。

李竦(同卷)

原小传云：“竦，大历二年登进士第，官司封员外郎，迁吏部郎中，累官户部尚书邓岳观察使。”

辨证：李竦，两《唐书》无传。小传此述，所本何籍，待考，但有误。检岑仲勉《读全唐文札记》云：“同卷。李竦小传，‘竦，大历二年登进士第，官司封员外郎，迁吏部郎中，累官户部尚书、邓岳观察使’。按竦见郎官柱勋外，非封外。又旧纪一二、贞元三年正月，户侍李竦为鄂岳观察使，邓字亦讹。”所以，小传之“官司封员外郎”，应改为官司勋员外郎；小传之“邓岳观察使”，应改为鄂岳观察使。

崔淙(卷四五九)

原小传云：“淙，大历十四年进士。”

辨证：“崔淙”，两《唐书》无传。小传此述，所本何籍，待考，但误。按《全唐文》是卷著录崔淙《五星同色赋》，李昉等《文苑英华》编在卷八，且凡四人四篇，除崔淙外，另三人依序为张叔良、姚逖、林益，并于张叔良名下有注云：“大历四年。诚宏传。”则小传作“大历十四年进士”者，乃误(另参见本书(卷四四一)“张叔良小传辨证”)，即“十”字应删。

考补：始以经明上第，调佐夏阳；次以词丽甲科，超尉王屋。拜殿中侍御史，转侍御史。改歙州刺史，拜长安县令，擢同州刺史，银青光禄大夫，守工部尚书，赠陕州大都督。

以上所补崔淙擢第之况与所任诸职，俱见吕温《银青光禄大夫守工部尚书致仕上柱国中山郡开国公食邑二千户赠陕州大都督博陵崔公(淙)行状》一文①，因文甚繁，不具引，特此说明。

附考：岑仲勉《登科记考订补》云：“卷一〇大历四年博学宏词科下云：‘崔淙，见文苑英华。按崔琮已见前，则“淙”当作“琮”。按吕温作崔淙行状，但言明经上第，则进士及第者名琮同，与淙为二人。……’由后列两按语，则徐氏明认此为崔淙，且与崔琮是两人，何以第一按语又谓‘淙当作琮’，疑本是初见，后来未及删去。”②按岑文此说乃误。其所云“按崔琮已见前”，本身即误，因为所“见前”者，是指《文苑英华》卷八所著录四篇《五星同色赋》中有“崔琮”，其实，此篇赋的作者之一，非“崔琮”而为崔淙。岑氏误记，而撰此条“订补”，实则不的。虽然如此，岑氏的此条“订补”，又为中华书局1984年点校本《登科记考》卷十所引录。《登科记考》卷十于崔淙名下有徐松原注云：“见文苑英华。”点校者继之则谓：“按崔琮已见前，则‘淙’当作‘琮’(岑仲勉云，此句当删，详订补)。”③按“按崔琮已见前，则‘淙’当作‘琮’”者，为岑氏于《登科记考订补》中之所言，点校者不察，以为是徐松之原注，因而便有了“岑仲勉云，此句当删”云云，实则大误。这是因为，一则点校者误读了“按崔琮已见前，则‘淙’当作‘琮’”(即认为是徐松原注之语)；二则据徐松《登科记考》书末所附《〈登科记考〉人名索引》可知，

① 吕温：《银青光禄大夫守工部尚书致仕上柱国中山郡开国公食邑二千户赠陕州大都督博陵崔公(淙)行状》，《全唐文》卷六三一，中华书局1983年影印本。

② 岑仲勉：《登科记考订补》，《登科记考》附录，中华书局1984年版。

③ 徐松：《登科记考》卷十，中华书局1984年版。

《登科记考》全书根本无“崔琮”其人。所以，岑氏《登科记考订补》误，中华书局点校本《登科记考》之点校乃更误。

崔损(卷四七六)

原小传云：“损，字至无，博陵人。大历末进士，中博学宏词科，授秘书省校书郎。……十九年卒。”

辨证：崔损，两《唐书》有传。小传此之所述，乃是据《旧唐书·崔损传》而为，但有误。复次《旧唐书·崔损传》云：“大历末，中进士、博学宏词，补校书郎、咸阳尉。”《新唐书·崔损传》同。两《唐书·崔损传》之此载，不仅甚为模糊，而且将两次应试混为一谈，则为误。按据徐松《登科记考》可知，崔损一生凡三次擢第：第一次在开元七年，为当年“进士二十五人”之一(卷六)；第二次为开元十八年，为当年“进士二十六人”之一(卷七)；第三次为大历十一年，为当年“进士十四人”之一(卷十一)。此则表明，小传之“大历末进士”者，实际上为崔损的第三次应试，所以，小传应正为“大历十一年进士”。而另外的两次进士及第，小传则皆失载。又，通检徐松《登科记考》可知，崔损并不曾试“博学宏词科”，则小传从《旧唐书·崔损传》作“中博学宏词科”，又乃为误。

附考：《全唐文》是传著录崔损《北斗城赋》一篇，李昉等《文苑英华》编在卷四十五，并于崔损名下有注云：“开元七年。《登科记》作崔镇。”①《文苑英华》所引录之《登科记》，为唐人著作，其之“作崔镇”者，应是颇值注意的。正因此，徐松《登科记考》卷七即作“崔镇”。其实作“崔镇”误。按《全唐文》是卷著录崔损《祭成纪公文》一篇，其中有云：“维贞元十二年月日。朝议郎、右谏议大夫崔损……谨以庶羞之

① 李昉等：《文苑英华》卷四十五，中华书局1966年影印本。

奠，敢昭告于门下平章事赠太子太傅成纪公之灵。”作者在文中自称“朝议郎、右谏议大夫崔损”，则《登科记》作“崔镇”者，乃必误无疑。而此，即是两《唐书·崔损传》、《新唐书·宰相世系表二下》“大房崔氏”，以及李昉等《文苑英华》皆作“崔损”而不作“崔镇”的原因之所在。

沈既济(同卷)

原小传云：“既济，苏州吴兴人。……拜右拾遗，史馆修撰。(杨)炎得罪，贬处州司户参军。入为礼部员外郎，卒。”

辨证：沈既济，两《唐书》有传。小传此之所述，乃是据《旧唐书·沈既济传》而为，既有误，亦欠精审。复次《旧唐书·沈既济传》云：“建中初，(杨)炎为宰相，荐既济才堪史任，召拜左拾遗。”《新唐书·沈既济传》同。则小传之“拜右拾遗”，乃为“拜左拾遗”之误。又，沈既济之擢第，两《唐书·沈既济传》均未载，小传亦然。但据徐松《登科记考》卷二十七引林宝《元和姓纂》可知，沈既济曾因举进士而为翰林学士。其云：“《元和姓纂》：‘婺州武义主簿沈朝宗生既济，进士，翰林学士。’”则小传应据补。

卢徵(卷四七八)

原小传云：“徵，范阳人。历殿中侍御史，度支员外郎，信州长史，给事中。出为同州刺史，徙华州。”

辨证：卢徵，两《唐书》有传。小传此之所述，乃是据《旧唐书·卢徵传》而为，既有误，亦有欠精审。兹以两《唐书·卢徵传》为据，参之有关《纪》《传》，就卢徵之生平实况(含考补)，作一简要系年如次：

(1)生年、卒年与享年。《旧唐书·德宗纪下》云：“(贞元十六年二月)己酉，华州刺史、潼关防御、镇国军使卢徵卒。”又，《旧唐书·卢徵传》云：“贞元十六年卒，时年六十四。”推之可知，卢徵生于唐玄宗开元二十五年(737年)。

(2)早年两次被贬，所贬之地及职官，依序为珍州司户参军、秀州长史。《新唐书·卢徵传》云：“(刘)晏得罪，贬珍州司户参军”；“(元)琇得罪，贬秀州长史”。按《旧唐书·卢徵传》作“贬信州长史”，误；小传据之作“信州长史”者，亦误。

(3)贞元八年为同州刺史。《旧唐书·卢徵传》云：“贞元八年春，同州刺史阙，(窦)参请以尚书右丞赵憬补之，特诏用徵，以间参腹心也。”《新唐书·卢徵传》同。

(4)由同州转牧华州。《旧唐书·德宗纪下》云：“(贞元十年三月)壬申，以同州刺史卢徵为华州刺史、潼关防御、镇国军等使。”

(5)病卒于华州任所。《旧唐书·德宗纪下》云：“(贞元十六年二月)己酉，华州刺史、潼关防御、镇国军使卢徵卒。”又，《旧唐书·张建封传》云：“时河东节度使李说、华州刺史卢徵皆中风疾，口不能言，足不能行。”《新唐书·张建封传》同。

(6)刘禹锡舅氏，王谠堂舅氏。按刘禹锡有《贞元中侍郎舅氏牧华州时作再添科第追想昔年之事因成篇题旧寺》诗(《全唐诗》卷三五八)，其中的“侍郎舅氏牧华州”，所指即卢徵刺牧华州事。又为王谠堂舅氏。王谠《唐语林》卷六云：“卢华州，予之堂舅氏。”①

郑云逵(卷四七九)

原小传云：“云逵……第进士。德宗朝擢拜谏议大夫，迁礼部侍郎。为李晟行军司马。元和初终京兆尹。”

---

① 王谠：《唐语林》卷六，上海古籍出版社1978年版。

辨证：郑云逵，两《唐书》有传。小传此之所述，乃是据《旧唐书·郑元逵传》而为，既有误，亦欠精审。复次《旧唐书·郑元逵传》云："大历初，举进士。"《新唐书·郑元逵传》则云："郑云逵为人诞谲敢言，已登进士第，去客燕朔，朱泚善之，表为掌书记。"二者异。徐松《登科记考》卷十，则据《旧唐书·郑元逵传》之所载，考订郑云逵为大历元年进士。所以，小传之"第进士"者，应改为大历元年第进士。又，小传之"元和初终京兆尹"者，亦如是。按《旧唐书·郑元逵传》云："云逵元和元年拜右金吾卫大将军，岁中改京兆尹。五年五月卒。"又，《新唐书·郑元逵传》云："元和初，为京兆尹，卒。"据此，知郑云逵元和五年五月卒于京兆尹任上。但《旧唐书·宪宗纪上》则云："（元和元年）五月甲子朔。丁卯，京兆尹郑云逵卒。"一"元和五年"，一"元和元年"，二者异。按若从"纪"的角度言，则当以《旧唐书·宪宗纪上》所载"元和元年五月"为是。这是因为，在刘昫等人编纂《旧唐书》之时，为唐人所撰著之《德宗实录》《顺宗实录》《宪宗实录》等"实录"，乃为其主要参考书，如《宪宗实录》即为撰写《宪宗纪》的重要依据。而据《新唐书·艺文志三》所载，又知《宪宗实录》凡四十卷，由"沈传师、郑澣、宇文籍、蒋系、李汉、陈夷行、苏景胤撰，杜元颖、韦处厚、路隋监修"①。其中，"监修"者杜元颖等三人均为宰相，其史实性与可靠性乃无需怀疑。如此，则《旧唐书·宪宗纪上》载郑云逵卒于元和元年之可以据信，也就自不待言。所以，小传从《旧唐书·郑元逵传》作"元和初终京兆尹"者，应据改作元和元年终京兆尹。

许梦容（同卷）

原小传云："梦容，字公范，京兆长安人。举进士甲科，又第明

① 关于《宪宗实录》的撰著者，另可参见陈振孙《直斋书录解题》卷四，上海古籍出版社 1987 年版。

经，授校书郎。”

辨证：许梦容，两《唐书》有传。小传此之所述，乃是据《新唐书·许梦容传》而为，既有误，亦欠精审。复次《新唐书·许梦容传》云：“许梦容字公范，京兆长安人。擢进士异等，又第明经，调校书郎。”其中之“进士异等”，小传作“进士甲科”者，应是本《旧唐书·许梦容传》：“……少以文词知名，举进士甲科，后究《王氏易》，登科授秘书省校书郎。”考柳宗元《先君石表阴先友记》有云：“许梦容，吴人。读书为文口辩。为给事中，常论事，由太常少卿为刑部侍郎。”并于“吴人”下有注云：“(孙曰)孟容，字公范，京兆长安人。大历十一年中进士第。”①则小传之“举进士”者，应据改大历十一年中进士。如此，则许梦容之“又第明经”，就当在唐代宗大历末年，或者唐德宗建中初年，但确时则无考，兹拈出以俟淹贯者。

唐次(卷四八〇)

原小传云：“次，字文编，莒国公俭从孙。建中初进士。贞元八年为开州刺史。……宪宗立，诏授礼部郎中，知制诰，终中书舍人。”

辨证：唐次，两《唐书》有传。小传此之所述，乃是据《旧唐书·唐次传》而为，既有误，亦欠精审。检《新唐书·唐次传》有云：“(唐俭)裔孙次，字文编。”此作“裔孙”，与小传之“从孙”异。又检《新唐书·宰相世系表四下》“唐氏”列唐次名，云：“次，字文编，中书舍人。”其父唐诚，为鄜州刺史唐贞休之子，唐贞休与莒国公唐俭为族兄关系，则小传应改“从孙”为族孙。至若小传之“建中初进士”，则欠精审。按柳宗元《先君石表阴先友记》有唐次，云：“北海人。有文章学行义甚高。

① 柳宗元：《先君石表阴先友记·许梦容》，《柳宗元集》卷十二，中华书局1979年版。

以尚书郎出为刺史，屏弃。永贞中，召以为中书舍人。道病，去长安七十里，死传舍。”并于“北海人”下有注云：“(孙曰)次，字文编，并州晋阳人。建中元年进士第。”则小传应改“建中初进士”为“建中元年进士”。又，《先君石表阴先友记》于“死于舍”引“孙曰”有云：“永贞元年八月，以饶州刺史李吉甫为考功郎中，夔州刺史唐次为吏部郎中并知制诰。正拜次中书舍人，卒。”①此载唐次之卒年，小传亦可据而补之。

崔护(卷四八一)

原小传云：“护，字殷功，博陵人。贞元十二年进士。终岭南节度使。”

辨证：崔护，两《唐书》无传。小传此之所述，乃是据计有功《唐诗纪事》卷四十而为：“护，字殷功。贞元十二年登第。终岭南节度使。”②但崔护一生凡两试，一为试“进士科”，一为试“制科”(即“才识兼茂明于体用科”，详下)小传仅从《唐诗纪事》作“贞元十二年进士”者，实失考所致，不的。考王溥《唐会要》卷七十六“贡举中·制科举”有云：“元和元年四月，才识兼茂明于体用科：元稹、韦惇……崔护……柴宿及第。”《唐诗纪事》误，小传亦误，应据改。

马総(同卷)

原小传云：“総，字会元，扶风人。元和初为虔州刺史，入为刑部

① 柳宗元：《先君石表阴先友记·唐次》，《柳宗元集》卷十二，中华书局1979年版。

② 计有功：《唐诗纪事》卷四十，上海古籍出版社1965年版。

侍郎。……长庆二年，加检校尚书左仆射，入为户部尚书。三年卒，赠右仆射，谥曰懿。”

辨证：“马総”，应乃“马揔”之误，两《唐书》有传。(《旧唐书》本传作马揔，《新唐书》本传作马摠，小传则作马総，众说纷纭，本书以下之“辨证”与“考补”，皆从《旧唐书·马揔传》，特此说明)。小传此之所述，乃是综合两《唐书·马揔传》而为，但有误。检《新唐书·马揔传》云：“二年，检校尚书左仆射，入为户部尚书。”此即小传之所本。但《旧唐书·穆宗纪》则云：“(长庆三年八月)……检校尚书右仆射、户部尚书马揔卒。”在“检校尚书右仆射”与“户部尚书”之间无“入为”二字。所以，小传之“入为”二字，应删。又，《新唐书·马揔传》作“检校尚书左仆射”，《旧唐书·穆宗纪》则作“检校尚书右仆射”，此一“左”一“右”，二者异，然孰是孰非，尚难裁断，兹拈出以俟淹贯者。

考补：排行十二。封扶风伯，加银青光禄大夫。

前者见韩愈《祭马仆射(揔)文》(《全唐文》卷五六八)；后者见李宗闵《马公(揔)家庙碑》(《全唐文》卷七一四)。

严维(同卷)

原小传云：“维，字正文，越州山阴人。至德二载进士，擢辞藻宏丽科，调诸暨尉，辟河南幕府，终秘书省校书郎。”

辨证：严维，两《唐书》无传。小传此之所述，当是综合姚合《极玄集》、计有功《唐诗纪事》等而为，但有误。复次姚合《极玄集》卷下云：“字正文，山阴人。至德一(应为“二”字之误)载进士。历诸暨及河南尉。终校书郎。”又，计有功《唐诗纪事》卷四十七“严维”条云：“维，字正文，越州人。……作越之诸暨尉……终校书郎。”检《旧唐书·职官志二·秘书省》有云：“秘书郎四员，从六品上。校书郎八人，正九品上。”又，检《新唐书·艺文志四》著录《严维诗》一卷，有注云：“字正文，越州人，秘书郎。”综勘之，知小传从《极玄集》《唐诗纪事》而作“终校书郎”者，实乃“终秘书郎”之讹。所以，小传应据改为终秘书郎。另，小传之“辟河南幕府”，刘长卿《送维赴河南充严中丞幕府》可证，此不赘述。

考补：河南尉，余姚令，右补阙。与钱起、刘长卿、岑参等为诗友。

严维任河南尉，上引姚合《极玄集》卷下已载之。官余姚令与右补阙，俱见辛文房《唐才子传》卷三《严维》：“迁余姚令，仕终右补阙。”与钱起等人之交谊，分别见钱起《送严维尉河南》(《全唐诗》卷二三九)、严维《留别邹绍先刘长卿》(《全唐诗》卷二六三)、岑参《送严维下第还江东》(《全唐诗》卷二〇一)。

黎逢(卷四八二)

原小传云：“逢，大历十二年进士。”

按：黎逢，两《唐书》无传。小传此之所述，乃是据计有功《唐诗计事》卷三十六“黎逢”条而为，不误。

考补：建中元年，经学优深科及第。

王溥《唐会要》卷七十六“贡举中·制科举”云：“建中元年……经学优深科：孙玼、黎逢、白季随及第。”

林蕴(同卷)

原小传云：“蕴，字复梦，泉州甫田人。累迁礼部员外郎。出为邵州刺史。坐杖人死，流儋州卒。”

按：林蕴，《新唐书》有传。小传此之所述，即是据《新唐书·林蕴传》而为，不误。

考补：贞元四年，明经及第。

见徐松《登科记考》卷十二引明林俊《见素文集》之所载。

路隋(同卷)

原小传云：“隋，字南式，阳平人。举明经，累转司勋员外郎。……文宗大和二年，拜中书侍郎，同中书门下平章事。七年册拜太子太师。……卒年六十。”

辨证：路隋，两《唐书》有传。小传此之所述，乃是据《新唐书·路隋传》而为，但有误。复次《新唐书·路隋传》云：“举明经，授润州参军事。”与小传异。又，《旧唐书·路隋传》云：“大和二年，(韦)处厚薨，隋代为相，拜中书侍郎。”此则表明，路隋于大和二年并非真拜“中书侍郎”。至若其将“拜中书侍郎”与“同中书门下平章事”同为一年者，则更误，盖因据《旧唐书·路隋传》所载可知，路隋“同中书门下平章事”者，乃在大和九年四月。同书《路隋传》又有“七年，兼太子太师”之载，小传则作“册拜太子太师”，一作“册拜”，一作“兼”，二者区别甚明。

陆长源(卷五一〇)

原小传云：“长源，字泳之，吴人。……长源知留后，为士兵所杀。赠尚书左仆射。”

辨证：陆长源，两《唐书》有传。小传此之所述，乃是据《新唐书·陆长源传》而为，但有误。按《旧唐书·陆长源传》云：“陆长源字泳之……太子詹事余庆之孙，西河太守璪之子。……及(董)晋卒，令长源知留后事。……诏下以为节度使，及闻其死，中外惜之，赠尚书右仆射。”一作“左仆射”，一作“右仆射”，二者异。检《旧唐书·德宗纪下》云：“(元和元年二月)癸卯，赠宣武军节度使陆长源为右仆射。”据此，知小传之“赠尚书左仆射”乃误，应据改。又，陆长源之卒，两《唐书》本传皆载“为士兵所杀”，而无具体时间。检《新唐书·德宗纪下》云：“(贞元十五年)二月乙酉，宣武军乱，杀节度行军司马陆长源。”则小传可据而补之。

戴叔伦(同卷)

原小传云：“叔伦，字幼公，润州金坛人。释褐秘书省正字，累官祠部郎中。拜抚州刺史，封谯县男，迁容管经略使。贞元五年卒，年五十八。”

辨证：戴叔伦，《新唐书》有传。小传此之所述，即是据《新唐书·戴叔伦传》而为，但有误。考陆长源《唐东阳令戴公(叔伦)去思颂并序》有云：“公字幼公，本谯国人也。”①当为小传之所本。按阮元《两浙金石志》卷二著录陆长源此文，作《唐东阳令戴公去思颂并序》，云：“公字次公，本谯国人也。”②一“幼公”，一“次公”，二者异。又，小传之述“拜抚州刺史”，上引陆长源《唐东阳令戴公去思颂并序》，以及权德舆《唐故朝散大夫持节都督容州诸军事守容州刺史兼侍御史充本管经略招讨处置等使谯县开国男赐紫金鱼袋戴公(叔伦)墓志铭并序》③，均未

---

① 董诰等：《全唐文》五一〇，中华书局1983年影印本。

② 陆长源：《唐东阳令戴公(叔伦)去思颂并序》，阮元《两浙金石志》卷二，浙江古籍出版社2012年版。

③ 权德舆：《唐故朝散大夫持节都督容州诸军事守容州刺史兼侍御史充本管经略招讨处置等使谯县开国男赐紫金鱼袋戴公(叔伦)墓志铭并序》，《权德舆文集》卷十四，甘肃人民出版社1999年版。

载(原因详下)。《新唐书·戴叔伦传》则云:“(嗣曹王李)皋讨李希烈,留叔伦领府事、试守抚州刺史。”一为“拜”,一为“试守”,二者甚异。但小传既据《新唐书·戴叔伦传》而为,则理应以“试守”为是,即小传之“拜”乃误。

考补:东阳令。

见上引陆长源《唐东阳令戴公去思颂并序》。

附考:为戴叔伦撰写《戴公(叔伦)墓志铭并序》的权德舆,《全唐诗》卷三二二著录其《同陆太祝鸿渐崔法曹载华见萧侍御留后说得卫抚州报推事使张侍御却回前刺史戴员外无事喜而有作》诗三首,据题中“前刺史戴员外无事”可知,乃作于戴叔伦“蒙冤昭雪”之后。戴叔伦之“蒙冤”,《全唐诗·戴叔伦集》共有十余首诗涉及此事,如卷二七四《岁除日奉推事使牒追赴抚州辨对留别崔法曹陆太祝处士上人同赋人字口号》一诗,即为其例。此诗题表明,戴叔伦在“试守”抚州刺史时,曾被“使牒追赴抚州辨对”,但是时,其已由抚州刺史改任容州刺史了。权德舆诗对戴叔伦“蒙冤昭雪”既云为“说得”,可知他乃是从“崔法曹”(载华)、“陆太祝”(陆羽)、“上人”(皎然)处听来的,但此三人中,只有陆羽最先知道此事,这是因为,戴叔伦“昭雪”后即将其告诉了陆羽。对此,戴叔伦《抚州补推昭雪知陆太祝》三首(《全唐诗》卷二七四),即为明证。对于戴叔伦“蒙冤昭雪”事,或有认为不确者,实乃不的,盖因上引权德舆《同陆太祝鸿渐崔法曹载华见萧侍御留后说得卫抚州报推事使张侍御却回前刺史戴员外无事喜而有作》三首,即可确证戴叔伦曾被“追赴抚州辨对”过。所以,戴叔伦在“试守抚州刺史”而“迁容管经略使”之间,曾因某事而被“蒙冤昭雪”者,乃属确凿之事。而此,即是陆长源《唐东阳令戴公去思颂并序》、权德舆《唐故朝散大夫持节都督容州诸军事守容州刺史兼侍御史充本管经略招讨处置等使谯县开国男赐紫金鱼袋戴公(叔伦)墓志铭并序》二文,皆不载戴叔伦“试守抚州刺史”的原因之所在。

李方郁(同卷)

原小传云："建中时官洛阳令。"

辨证：李方郁，两《唐书》无传。小传此之所述，当是据《全唐文》是卷著录李方郁《修中岳庙记》一文而为，盖因其中有"谓其邑令李方郁曰"云云。但是时则并非小传所述之"建中时"。按《修中岳庙记》又有云："上四年，用大司计侍郎为丞相，其明年，以我相秉枢机，我公掌纶诰，宜为避嫌，遂自阁下拜南尹。"其中的"我公掌纶诰"之"我公"，乃为懿宗时任宰相的曹确之弟曹汾。检《旧唐书・懿宗纪》云："(咸通四年三月)以刑部侍郎曹汾为河南尹。"又同书《曹确传》云："弟汾……出为河南尹，迁检校工部尚书、许州刺史、忠武军节度观察等使。"合勘之，可知小传之"建中时"，乃为"咸通时"之误，应据改。

冷朝阳(卷五一三)

原小传云："朝阳，金陵人。大历中进士，为潞州节度使薛嵩从事。兴元时官将仕郎，守太子正字。"

辨证：冷朝阳，两《唐书》无传。小传此之所述，当是综合计有功《唐诗纪事》卷三十、孙星衍《平津馆记》卷七而为，但有误。复次《唐诗纪事》卷三十"冷朝阳"条云："朝阳登大历进士第，为薛嵩幕府。"此当为小传之所本。按辛文房《唐才子传》卷四《冷朝阳》有云："朝阳，金陵人。大历四年齐映榜进士及第。"①据徐松《登科记考》卷四，知大历四

① 辛文房：《唐才子传》卷四，《四库全书》本，上海古籍出版社1987年影印版。

年“进士二十六人”，齐映为状元，徐氏并先后引《旧唐书·齐映传》、“五百家韩汪樊氏曰”、《玉芝堂谈荟》、《太平广记》等材料，以证齐映大历四年为状元不诬，如此，则《唐才子传》载冷朝阳为“大历四年齐映榜进士及第”者，即可据信。又，唐代宗以“大历”纪元者，凡十四年，大历四年为大历初，所以，小传作“大历中进士”者，乃误，应据改，或径作大历四年进士。

又，《旧唐书·代宗纪》有云：“(大历)八年春正月丁丑朔。壬午，昭义军节度、检校右仆射、相州刺史薛嵩卒。”据此，则冷朝阳“为潞州节度使薛嵩从事”者，就必在大历四年春应试放榜之后与大历八年正月薛嵩病卒之前，也即在大历二年与七年之间。所以，小传应改作：大历四年齐映榜进士第，未久官潞州节度使薛嵩从事。

李演(同卷)

原小传云：“演，贞元时人。”并有注云：“谨按李演见唐书者凡四，一为江安元王祥九世孙。一为让皇帝十世孙。一为宪宗孙，封临川郡王。一从李晟收京，攻朱泚于光泰门，率骑士先登者。《东林寺碑》作于贞元十一年，唯江王孙及从李晟立功者时代相合。”

辨证：李演，两《唐书》无传。小传此述，乃是据《全唐文》本传著录李演《东林寺远法师影堂碑并序》而为，盖因其中有“贞元十有一祀”云云。而小传所附之注，则乃为误。检岑仲勉《读全唐文札记》云：“(卷五一三)李演小传(所引小传文字略)。余按江王之九世孙，即高祖十世孙，此江王后之李演，时代殊未见相合。见于唐书而全文未之及者，尚有东祖赵郡之李演，其人为李峤三从侄，同辈中有官太守者，应是开、天间人，时代亦较先。又江安元王祥应为江安王元祥。唯昌黎集元和三年福先寺塔题名见前试左武卫胄曹李演广文，则与贞元相近。”

按岑氏所说是，但其将韩愈《福先寺塔题名》之“李演广文”点断为“‘李演广’文”，则不的，盖因李演字“广文”非字“广”也。

崔从(卷五一四)

原小传云：“从，字子乂，赠卫州刺史融曾孙。第进士。宪宗朝累官尚书右丞。宝历初检校尚书左仆射，淮南节度副大使。”

辨证：崔从，两《唐书》有传。小传此之所述，乃是据《新唐书·崔从传》而为，但有误。复次《新唐书·崔融传》云：“擢进士第。”无具体年份。检《旧唐书·崔融传》则有云：“贞元初，进士及第，释褐山南道推官。”徐松《登科记考》卷十二即据此考订崔从为贞元元年“进士三十三人”之一。所以，小传应于“第进士”前加上“贞元元年”。又，《新唐书·宰相世系表二下》列崔从名，云：“淮南节度使，清河县伯。”其中“淮南节度使”，与小传之“淮南节度副大使”异，而“清河县伯”，则可补两《唐书·崔从传》之阙，而其于小传亦如是。

顾少连(同卷)

原小传云：“少连，字夷仲，苏州吴人。大历五年进士，官监察御史。德宗为翰林学士……卒年六十二。”

辨证：顾少连，《新唐书》有传。小传此之所述，即是据《新唐书·顾少连传》而为，但有误。复次《新唐书》顾少连本传云：“举进士，擢上第，以拔萃补登封主簿。”考杜黄裳《东都留守顾公(少连)神道碑》有云：“公讳少连，字夷仲，吴郡人也。……擢进士甲科。……久之，以书判高第，典校秘文，秩满授登封簿。……其明年，书判超绝登第，亚相于公颀推义行，诏拜监察御史。”①据此，知顾少连一生曾三次应试及第，即一“擢进士甲科”，一“以书判高第”，一“书判超绝登第”。小传仅云“大历五年进士”者，乃误。又，徐松《登科记考》卷十仅载顾少连大历五年进士(乃误，详下)，而未及其两次“书判”者，亦误。《东都留守顾公(少连)神道碑》又有云：“以贞元癸未年十月四日，薨于洛阳崇让里之私第，春秋六十三。”按“贞元癸未”为贞元十九年，即公元803年，据此逆推之，知顾少连乃生于开元二十九年(741年)。《新唐书·顾少连传》所载享年，同《东都留守顾公(少连)神道碑》之“春秋六十三”，小传作“卒年六十二”者，则又误。

附考：徐松《登科记考》卷十考订顾少连进士及第为大历五年，与小传契合，实则为误。按徐氏依以考订顾少连“大历五年进士”的证据，凡三条，其一为：“旧书本传：‘举进士，擢上第，以拔萃补登封主簿。’”其二即：“杜黄裳‘顾少连神道碑’：‘少连字夷仲，吴郡人也。每躬率耕稼，励精坟典，齿列上庠……擢进士甲科。’”其三为“《永乐大典》引《苏州府志》：‘顾少连，西京试及第。’”但此三者，无一与顾少连“大历五年进士”相关，故知《登科记考》卷十“考”顾少连为“大历五年进士”者，纯为自说自话。更何况，其第一条证据乃为错误，原因是《旧唐书》根本无《顾少连传》。所以，《登科记考》卷十认为顾少连为“大历五年进士”者，乃不可据信，小传亦然。

殷亮(同卷)

原小传云：“亮，永宁尉寅子。历给事中，终杭州刺史。”

按：殷亮，两《唐书》无传。小传此之所述，乃是据《新唐书·殷践

① 杜黄裳：《东都留守顾公(少连)神道碑》，《全唐文》卷四七八，中华书局1983年影印本。

猷传》而为，不误。

考补：祖父殷践猷，与贺知章等五人号为“五总龟”，丽正殿学士。殷亮兄妹三人，弟殷永，官郴州刺史。妹殷某，适华州司士参军权隼。

前者见《新唐书·殷践猷传》；后者见权德舆《叔父故朝散郎华州司士参军府君(隼)墓志铭并序》(《权德舆文集》卷十六)，因文甚繁，不具引。

陈京(卷五一五)

原小传云：“京，字庆复，大历元年第进士。德宗朝历官考功员外郎，再迁给事中，兼集贤殿学士，罢为秘书少监。”

按：陈京，《新唐书》有传。小传此之所述，即是据《新唐书·陈京传》而为，不误。

考补：太子正字，咸阳尉，太常博士，左补阙，膳部员外郎，司封郎中①。贞元二十一年卒。

考柳宗元《唐故秘书少监陈公(京)行状》云：“公姓陈氏……讳京。既冠，字曰庆复。举进士，为太子正字、咸阳尉、太常博士、左补阙、尚书膳部考功员外郎、司封郎中(以下为本小传所述者，特省略)。自考功以来，凡四命为集贤学士。德宗登遐，公病痼，舆曳就位，备哀敬之节，由是滋甚，遂以所居官致仕。贞元二十一年四月二十五日，终于安邑里妻党之室。”②

---

① 此处的“膳部员外郎，司封郎中”二职，原作“尚书膳部考功员外郎”，但据《旧唐书·职官志》《新唐书·百官志》所载，唐代并无“尚书膳部考功员外郎”之职官，故知其乃“膳部员外郎，司封郎中”之误，因而改之，特此说明。

② 柳宗元：《唐故秘书少监陈公(京)行状》，《柳宗元集》卷八，中华书局1979版。

仲子陵(同卷)

原小传云："子陵，蜀人。大历十三年进士。贞元十年举贤良方正，擢太常博士，转主客司门二员外郎。十八年卒，年五十九。"

按：仲子陵，《新唐书》有传。小传此之所述，乃是据权德舆《唐尚书司门员外郎仲君(子陵)墓志铭并序》而为。其云："君讳子陵……曾祖豪，始自彭城，徙于蜀郡。……大历十三年举进士甲科，调补秘书省校书郎。……贞元十年，举贤良方正，拜太常博士，转主客、司门二员外郎。十八年乙巳，寝疾殁于靖恭里第，享年五十九。"①不误。

考补：历同官、醴泉二县尉。著《五服图》十卷。

见上引权德舆《唐尚书司门员外郎仲君(子陵)墓志铭并序》。

附考：徐松《登科记考》卷十三于仲子陵下有云："又《司门员外郎壁记》：'鼓城仲子陵，修辞而筮仕，说经有师道。'"其中之"鼓城"，与上引权德舆《唐尚书司门员外郎仲君(子陵)墓志铭并序》之"曾祖豪，始自彭城，徙于蜀郡"异。检李吉甫《元和郡县图志》卷九，河南道所辖之徐州"管县五"，其中有彭城(另四县为"萧、丰、沛、滕")；而"鼓城"，则为河北道恒州"管县十"之一(《元和郡县图志》卷十七)。或"鼓城"或"彭城"，难以裁断，兹拈出以示淹贯者。

畅当(卷五一六)

原小传云："当，河东人。户部尚书璀子。第进士。贞元初为太常

---

① 权德舆：《唐尚书司门员外郎仲君(子陵)墓志铭并序》，《权德舆文集》卷十四，甘肃人民出版社 1999 年版。

博士。终果州刺史。”

辨证：畅当，《新唐书》有传。小传此之所述，乃是综合《新唐书·畅当传》、计有功《唐诗纪事》“畅当”条而为，虽不误，但欠精审。检辛文房《唐才子传》卷四《畅当》云：“畅当，河东人。大历七年张式榜及第。”考柳宗元《先君石表阴先友记》有张式，南阳人，并引“孙曰”注云：“式，大历七年进士。”则小传之“第进士”，应据而改之。

又，纪有功《唐诗纪事》卷二十七“畅当”条云：“贞元初为太常博士，后以果州刺史卒。”同此者，另有《唐才子传》卷四《畅当》。畅当既“终果州刺史”，则其当卒于果州刺史任上。按《全唐诗·畅当诗集》有《南充谢郡客游澧州留赠宇文中丞》一诗，题诗中的“南充”即果州(《新唐书·地理志》卷四十)，而“宇文中丞”，据柳宗元《先君石表阴先友记》，知当为宇文邈。其云：“宇文邈，河南人。……为御史中丞，龊龊自守，然以直免官，复为刺史卒。”①又，王钦若等《册府元龟》卷四八一云：“贞元十四年，中丞宇文邈上表辞官，不许。”②合勘之，知宇文邈贞元十四年尚在御史中丞任上，则畅当“终果州刺史”者，就当在贞元末年，即贞元十五年至贞元二十年之间，但确时无考。

梁肃(卷五一七)

原小传云：“肃，字敬之，一字宽中，世居陆浑。建中初中文辞清丽科，擢太子校书郎，累转左补阙，翰林学士，皇太子诸王侍读。卒年四十一，赠礼部郎中。”

辨证：梁肃，《新唐书》有传。小传此之所述，即是据《新唐书·梁肃传》而为，但有误。考崔元翰《右补阙翰林学士梁君(肃)墓志》云：

---

① 柳宗元：《先君石表阴先友记》，《柳宗元集》卷十二，中华书局 1979 年版。

② 王钦若等：《册府元龟》卷四八一，中华书局 1985 年影印本。

“唐右补阙翰林学士皇太子诸王侍读史馆修撰梁君，讳肃，字宽中，其先安定人。”①其中并无“字敬之”之载，则小传应以将“字敬之”删除为是。

考补：右拾遗(未之任)，殿中侍御史，内供奉，管书记。贞元九年卒。

俱见崔元翰《右补阙翰林学士梁君(肃)墓志》，因文甚繁，不具引。

杨於陵(卷五二三)

原小传云：“於陵，字达夫，宏农人。举进士。穆宗朝户部尚书，拜太常卿，东都留守。宝历二年授太子少傅，封宏农郡公。以左仆射致仕。大和四年卒，年七十八。赠司空，谥贞孝。”

辨证：杨於陵，两《唐书》有传。小传此之所述，乃是据《旧唐书·杨於陵传》而为，但有误。考李翱《唐故金紫光禄大夫尚书右仆射致仕上柱国宏农郡开国食邑二千户赠司空杨公(於陵)墓志铭》(以下简称《杨公(於陵)墓志铭》)有云：“以讳於陵，字达夫，年十八举进士第。选补润州句容主簿。……太和四年十二月癸亥，以疾薨于新昌第，享年七十有八。”②据此《杨公(於陵)墓志铭》之题，知小传之“宏农人”，应改为弘农人；所封“宏农郡”，应改为“弘农郡”。又，杨於陵之“举进士”，《杨公(於陵)墓志铭》作“年十八”，而《旧唐书·杨嗣复传》则载为“十九登进士第，二十再登博学宏词科”，据《杨公(於陵)墓志铭》之“太和四年十二月癸亥，以疾薨于新昌第，享年七十有八”可知，杨於陵“十

① 崔元翰：《右补阙翰林学士梁君(肃)墓志》，《全唐文》卷五二三，中华书局1983年影印本。

② 李翱：《唐故金紫光禄大夫尚书右仆射致仕上柱国宏农郡开国食邑二千户赠司空杨公(於陵)墓志铭》，《全唐文》卷六三九，中华书局1983年影印本。

九登进士第”，为大历六年。所以，徐松《登科记考》卷十即据之考订杨於陵大历六年进士及第，并说：“当以传(指《旧唐书·杨嗣复传》——引者注)为正。”从之。

考补：左骁卫兵曹参军，监察御史，侍御史，著作郎。

见上引李翱《唐故金紫光禄大夫尚书右仆射致仕上柱国宏农郡开国食邑二千户赠司空杨公(於陵)墓志铭》，因文甚繁，不具引。

崔元翰(同卷)

原小传云：“元翰，名鹏，以字行，博陵人。举进士。应博学宏词贤良方正直言极谏科，三举皆甲第。累迁礼部员外郎，知制诰。终比部郎中。”

辨证：崔元翰，两《唐书》有传。小传此之所述，乃是据《旧唐书·崔元翰传》而为，虽不误，但欠精审。考乐史《广卓异记》卷十九引《登科记考》云：“崔元翰建中二年进士，状元及第。”①则小传应据之将“举进士”改为建中二年举进士。又，权德舆《唐故尚书比部郎中博陵崔君(元翰)文集序》有云：“年殆知天命，甫与计偕至京师，洎博学宏词、直言极谏，凡三登甲科，名动天下。初自典校秘书，连辟汧公、北平王二司徒府，管奏记之职。”②又，岑仲勉《登科记考订补》云：“劳考同年下贤良方正能直言极谏科下著录崔元翰。按元翰举制科，当在建中元年前后，说详拙著《唐史余瀋》。”但岑说亦欠精审，即正确者应为“当在建中二年之后”。

---

① 乐史：《广卓异记》卷十九，《四库全书》本，上海古籍出版社1987年影印。

② 权德舆：《唐故尚书比部郎中博陵崔君(元翰)文集序》，《权德舆文集》卷二十三，甘肃人民出版社1999年版。

雍维良(卷五二四)

原小传云："维良，信都枣强人。贞元初官殿中侍御史，内供奉，迁主客员外郎，仓部郎中。"

辨证：雍维良，两《唐书》无传。小传此述，所本何籍，待考，但大误。检岑仲勉《读全唐文札记》云："(卷五二四)雍维良小传，'贞元初官殿中侍御史，内供奉。迁主客员外郎，仓部郎中'。余按英华四七九有景云二年雍维良对《文可能经邦国策》一道，登科记考五即据定为景云三年进士，下去贞元初七十余载矣，全文常误混贞元与开元，此亦一例。又维良是主客郎中，此作仓部，承前人误解郎官柱之故也。"据此，知雍维良为"景云三年进士"，乃唐睿宗、唐玄宗时人。

穆质(同卷)

原小传云："质，怀州河内人。举贤良方正。累擢给事中，改太子左庶子，出为开州刺史。"

辨证：穆质，两《唐书》传附乃父《穆宁传》后，极简略。小传此之所述，乃是据《新唐书·穆质传》而为，虽不误，但欠精审。检《旧唐书·穆质传》云："质强直，应制策入第三等。"则小传应于"举贤良方正"后加"入第三等"。又，柳宗元《祭穆质给事文》有云："贤良发策，始振其仪，天子动容，敬我直辞。"注引"孙曰"："贞元元年九月，德宗策贤良方正能直言极谏科，问以天旱。质言两汉故事，三公当免，卜式著议，弘羊可烹。德宗深嘉之，擢第三等。"①据此，知穆质于贞元元年

① 柳宗元：《祭穆质给事文》，《柳宗元集》卷四十，中华书局1979年版。

以“贤良方正能直言极谏”而“擢第三等”。小传仅作“举贤良方正”者，应据改。

又，穆质“出为开州刺史”之时间与卒年，小传均未载。上引柳宗元《祭穆质给事文》有云：“公实毅然，誓均悔咎，挺身立气，不改其守。黜刺南荒……”注引“韩曰”云：“元和四年七月，京兆尹杨凭贬临贺尉，质坐与凭善，贬开州刺史。”则其“出为开州刺史”，当在元和五年或其后，可据补。

韦执中(同卷)

原小传云：“执中，京兆人。河南令，历泉州刺史。”

按：韦执中，宰相韦执谊之兄，两《唐书》无传。小传此之所述，当是据《全唐诗》卷三一三“韦执中小传”而为，盖因二者字句全同：“韦执中，京兆人。河南令，历泉州刺史。”不误。

考补：父韦浼，一名莓，巴州刺史。执中有弟执谊，相顺宗、德宗。

见《新唐书·宰相世系表四上》韦氏“龙门公房”。

罗让(卷五二五)

原小传云：“让，字景宣。举进士对策高等。累官散骑常侍，除江西都团练观察使，兼御史大夫。卒年七十一。赠礼部尚书。”

辨证：罗让，两《唐书》有传。小传此之所述，乃是据《旧唐书·罗让传》而为，但有误。考权德舆《唐故太中大夫守太子宾客上柱国襄阳县开国男赐紫金鱼袋罗公(珦)墓志铭》云：“嗣子让，乡举进士，博学宏词，能直言极谏，三登甲科。”①据此，知罗让一生曾三试(一为“乡举进士”，一为“博学宏词”，一为“能直言极谏”，后二者为制科)，且皆为“甲科”，则小传仅作“举进士对策高等”者，乃误。又，《全唐文》是卷著录罗让《乐德教胄子赋》一篇，李昉等《文苑英华》编在卷七十六，且为六人六篇，依序为李彦方、罗让、徐至、郑方、刘积中、杜周士。其中，杜周士与柳宗元为诗友，柳集中有《同吴武陵送杜留诗序》一文，云：“观室者，观其隅。……今杜君之隅可观。”并引“李曰”云：“杜君名周士，贞元十七年进士第。”②罗让既与杜周士等七人同赋《乐德教胄子赋》，且是赋又为贞元十七年试题(徐松《登科记考》卷十五)，则罗让亦为“贞元十七年进士第”者，即可论断。此则表明，罗让之应“博学宏词”与“能直言极谏”者，自当在贞元十七年之后，但确时则无考。

考补：校书郎。

上引权德舆《唐故太中大夫守太子宾客上柱国襄阳县开国男赐紫金鱼袋罗公(珦)墓志铭》有云：“嗣子让……三登甲科，为校书郎。”

卫次公(卷五二六)

原小传云：“次公，字从周，河中河东人。第进士，累迁殿中侍御史。宪宗朝，进尚书左丞，以检校工部尚书为淮南节度使。元和十三年卒，年六十六。”

辨证：卫次公，两《唐书》有传。小传此之所述，乃是据《旧唐书·卫次公传》而为，虽不误，但欠精审。按卫次公“第进士”，《旧唐书》本传有载，云：“礼部侍郎潘炎目为国器，擢居上第。”检《旧唐书·潘炎

---

① 权德舆：《唐故太中大夫守太子宾客上柱国襄阳县开国男赐紫金鱼袋罗公(珦)墓志铭》，《权德舆文集》卷十三，甘肃人民出版社1999年版。

② 柳宗元：《同吴武陵送杜留诗序》，《柳宗元集》卷二十二，中华书局1979年版。

传》有云："（大历）十二年四月……癸未，以右庶子潘炎为礼部侍郎。"礼部侍郎知贡举，王定保《唐摭言》卷一"进士归礼部"条乃有明载，此不具述。合勘之，可知卫次公之为潘炎"擢居上第"者，乃在大历十二年，则小传之"第进士"，应据改为"大历末第进士"，或径作大历十二年进士。

考补：兵部侍郎。

权德舆《崔吏部卫兵部同任渭南县尉日宿天长寺上方唱和诗序》有云："清河崔处仁，河东卫从周，于是有《清秋仁词》往复十七韵之作。……元和三年秋，处仁为吏部侍郎，从周为兵部侍郎。"①

窦泰（同卷）

原小传云："泰，贞元二年官御史中丞。"

辨证："窦泰"，两《唐书》无传。小传此述，所本何籍，待考。按"窦泰"乃"窦参"之误。检劳格《读书杂识》卷八《读全唐文札记》云："泰，当依会要二十四作参。唐书有传。"复次《旧唐书·窦参传》，知劳氏所言是，则此"窦泰小传"应重撰。

薛珏（同卷）

原小传云："珏字温玉，河中宝鼎人。累迁楚州刺史。建中初拜司农卿，改太子宾客。出为岭南观察使。卒年七十四。赠工部尚书。"

---

① 权德舆：《崔吏部卫兵部同任渭南县尉日宿天长寺上方唱和诗序》，《权德舆文集》卷二十三，甘肃人民出版社 1999 年版。

辨证：薛珏，两《唐书》有传。小传此之所述，乃是据《旧唐书·薛珏传》而为，但有误。复次《旧唐书·薛珏传》云："李希烈自汴州走，除珏汴州刺史，迁河南尹，入为司农卿。"《新唐书·薛珏传》同。检《旧唐书·德宗纪上》有云："(贞元元年六月壬午)以汴州刺史薛珏为河南尹。"薛珏为河南尹既在贞元元年，则其"入为司农卿"，就必在贞元初、中期，而非小传之"建中初"。《旧唐书·德宗纪上》又有云："(贞元五年三月乙卯)以兵部侍郎姚南仲为御史中丞，司农卿薛珏为太子宾客。"此为薛珏贞元初年(应在贞元三年、四年间)"拜司农卿"之确证，而其"改太子宾客"于贞元五年三月者，亦甚明。

又，薛珏"出为岭南观察使"，其"观察使"乃误。检《旧唐书·德宗纪上》有云："(贞元八年九月乙亥)以太子宾客薛珏为岭南节度使。"按薛珏刺牧岭南，两《唐书·薛珏传》虽均有载，但却无具体时间，此则可补两《唐书》薛珏本传及小传之阙。

考补：生于开元十年，卒于贞元十一年。

两《唐书·薛珏传》只载薛珏享年，而无生年与卒年。检《旧唐书·德宗纪上》有云："(贞元)十一年正月午朔。乙亥，岭南节度使薛珏卒。"贞元十一年为公元795年，勘之两《唐书》薛珏本传俱载其卒时"年七十四"，则知其生于为唐玄宗开元十年(722年)。而此生年，亦可补小传之阙。

柳冕(卷五二七)

原小传云："冕，字敬叔，集贤学士芳子。贞元中官御史中丞，福州刺史，充福建观察使。卒，赠工部尚书。"

辨证：柳冕，两《唐书》有传。小传此之所述，乃是据《旧唐书·柳冕传》而为，虽不误，但欠精审。复次《旧唐书·柳冕传》云："(贞元)

十三年，兼御史中丞、福州刺史，充福建都团练观察使。”①《旧唐书·德宗纪下》《新唐书·柳冕传》同。因之，小传应据改“贞元中”为“贞元十三年”。又，《旧唐书·德宗纪下》有云：“(贞元二十年七月)辛卯，福建观察使柳冕奏置万安监于泉州界。”此则表明，柳冕贞元二十年仍在福州刺史任上，其卒年则当在元和初年前后，但确时待考。

潘孟阳(同卷)

原小传云：“孟阳，礼部侍郎炎子。登博学宏词科。元和初为大理卿，终左散骑常侍。赠兵部尚书，谥曰康。”

辨证：潘孟阳，两《唐书》有传。小传此之所述，既未依《旧唐书·潘孟阳传》，也非本《新唐书·潘孟阳传》，更不是综此二传而为，其所据为何籍，待考。检两《唐书·潘孟阳传》，皆载其曾“登博学宏词科”，但徐松《登科记考》却无潘孟阳名。然则《登科记考》卷十一，却又两次载潘孟阳之父潘炎知贡举，这一实况似可表明，两《唐书·潘孟阳传》所载潘孟阳“登博学宏词科”者，乃并非事实，故徐松《登科记考》不予录载。其是耶非耶，兹拈出以俟淹贯者。

又，小传之“元和初为大理卿”，两《唐书·潘孟阳传》皆作“罢为大理卿”，小传脱“罢”字。又，两《唐书·潘孟阳传》皆载潘孟阳“罢为大理卿”前，曾任“江淮盐转运副使”，其时则在“宪宗初立”(《新唐书·潘孟阳传》)的元和元年，小传作“元和初”者，虽不误，却无作“元和元年”精审。又，《旧唐书·潘孟阳传》云：“上怒不许，乃罢孟阳为左散骑常侍。明年，复拜户部侍郎。……以风缓不能行，改左散骑常侍。元和十年八月卒。”其中的“元和十年八月卒”之载，小传当可据而补之。

---

① 关于柳冕刺牧福州的时间，柳宗元《先君石表阴先友记·柳冕》注引“孙曰”为贞元十二年三月，其“十二年”应为“十三年”之讹。

顾况(卷五二八)

原小传云："况，字逋翁，苏州人。至德二年进士，以校书郎征，迁著作郎，贬饶州司户参军。"

辨证：顾况，两《唐书》传附《旧唐书·李泌传》后。小传此之所述，当是据计有功《唐诗纪事》卷二十八"顾况"条而为，唯"至德二年进士"作"至德进士"，余皆一致。检晁公武《郡斋读书志》卷十七"别集类上"著录《顾况集》二十卷，云："右唐顾况字逋翁，苏州人。至德二年，江东进士。"①同此者，另有陈振孙《直斋书录解题》卷十九"诗集类上"著录《顾况集》五卷，云："唐著作郎吴郡顾况逋翁撰。至德二载进士。"②此二书之所载，或为小传之所本。又，小传之"著作郎"，应为"著作佐郎"之误，盖因皇甫湜《唐故著作佐郎顾况集序》作"著作佐郎"者，乃为明证故也。另，作"著作佐郎"者，尝有张彦远《历代名画记》卷十，文不具引。

考补：从韩滉为江南判官。别号华阳山人。与张继、皎然、包佶等人为诗友。

考皇甫湜《皇甫持正文集》卷二《唐故著作佐郎顾况集序》一文，云："尝从韩晋公于江南为判官，骤成其磊落大节。"③文中的"韩晋公"即韩滉。又，《全唐文》卷五二九著录顾况《潮州刺史厅壁记》云："贞元十又五年十二月哉生魄，华阳山人顾况述。"④据此，知"华阳山人"乃顾况

---

① 晁公武：《郡斋读书志》卷十七，《四库全书》本，上海古籍出版社 1987 年影印。

② 陈振孙：《直斋书录解题》卷十九，上海古籍出版社 1987 年版。

③ 皇甫湜：《唐故著作佐郎顾况集序》，《皇甫持正文集》卷二，《四库全书》本，上海古籍出版社 1987 年影印。

④ 顾况：《潮州刺史厅壁记》，《全唐文》卷五二九，中华书局 1983 年影印本。

之别号。又顾况与张继等人颇有交谊，具体则可参见张继《送顾况觐叔父》(《全唐诗》卷二四二)、皎然《送顾处士(况)歌》(《全唐诗》卷八二一)、顾况《寄秘书包监(佶)书》(《全唐诗》卷二六七)等诗。

武元衡(卷五三一)

原小传云："元衡，字伯苍，河南缑氏人。举进士。德宗朝迁御史中丞，元和二年由户部侍郎拜门下侍郎，同中书门下平章事，检校吏部尚书，充剑南节度使，封临淮郡公。八年复知政事。……元衡叱其悖慢，承宗怒，使盗杀之。赠司徒，谥忠愍。"

辨证：武元衡，两《唐书》有传。小传此之所述，乃是据《旧唐书·武元衡传》而为，虽不误，但欠精审。检辛文房《唐才子传》卷四《武元衡》云："建中四年薛展榜进士。"又，晁公武《郡斋读书志》卷十七"别集类上"著录武元衡"《临淮集》二卷"，云："右唐武元衡伯苍也，河南人，建中四年进士。"此当为《唐才子传》之所本。徐松《登科记考》卷十一，考订武元衡建中四年"进士二十七人"中之一者，所据者即为辛文房《唐才子传》。所以，小传之"举进士"，应改为"建中末举进士"(唐德宗以"建中"纪元凡四年)，或径作建中四年举进士。

又，武元衡之被害，据两《唐书》本传所载，虽为"盗杀"，但《旧唐书·武元衡传》之载却颇为矛盾。复次《旧唐书·武元衡传》云："九年六月三日，(武元衡)将朝，出里东门，有暗中叱使灭烛者，导骑诃之，贼射之中肩。又有匿树阴突出者，以棓击元衡左股。……时夜漏未尽，陌上多朝骑及行人，铺卒边呼十余里。……既明，仗至紫宸门，有司以元衡遇害闻，上震惊。"此则表明，武元衡乃为"贼"射杀于元和"九年六月三日"夜。但其却又有云："明年十月，李吉甫以暴疾卒。至是，元衡为盗所害，年五十八。"由"九年六月"到"明年十月"，其间凡一年又四月。可见，"明年十月……至是"云云，乃必误无疑。而《旧唐书·武元衡传》之此误，又导致了《资治通鉴》之误。检《资治通鉴·唐纪》于元和十年内云：“六月，癸卯，天未明，元衡入朝，出所居靖安坊东门，有贼自暗中突出射之，从者皆散走。”①其作元和十年者，即是受《旧唐书·武元衡传》之影响所致，其实为误。由元和九年(814年)逆推“年五十八”，知武元衡乃生于唐肃宗至德二年，即公元757年。

韦贯之(同卷)

原小传云：“贯之，名纯，避宪宗讳以字行。举进士，贞元初登贤良科，授校书郎。永贞时累迁尚书右丞，以本官同中书门下平章事，迁中书侍郎，罢为吏部侍郎。穆宗朝为工部尚书，卒年六十二。”

辨证：韦贯之，两《唐书》有传。小传此之所述，乃是据《新唐书·韦贯之传》而为，但有误。检《旧唐书·韦贯之传》云：“少举进士，贞元初，登贤良科，授校书郎。秩满，调判入等，再转长安县丞。”《旧唐书·韦贯之传》则无“秩满，调判入等”之载。按据徐松《登科记考》卷十一、卷十二可知，韦贯之一生凡两次应试，其一为建中四年，与武元衡“同年及第”(李昉等《太平广记》引《续定命录》)；其二为贞元元年，所试为“贤良方正能直言极谏科”。所以，小传之“举进士，贞元初登贤良科”，应据改为：建中四年举进士，贞元元年登贤良正能直言极谏科。

又，韦贯之“累迁尚书右丞”，非如小传所述之“永贞时”，而是在元和元年后(《旧唐书·韦贯之传》)。对此，《新唐书·韦贯之传》乃有云：“帝美其言，改尚书右丞，俄同中书门下平章事。”检《新唐书·宰相表》，知“尚书右丞韦贯之同中书门下平章事”者，乃在元和九年。所以，小传之“永贞时”，应改为“元和时”，或者径作元和九年。《旧唐

① 司马光等：《资治通鉴》卷二三九，上海古籍出版社1987年影印本。

书·韦贯之传》又有云："上即位，擢为河南尹，征拜工部尚书。未行，长庆元年卒于东都，年六十二。"小传应据补韦贯之卒年。

李观(卷五三二)

原小传云："观，字元宾，检校吏部员外郎华从子。贞元中举博学宏词，授太子校书郎。卒年二十九。"

辨证：李观，两《唐书》无传。小传此述，所本何籍，待考，但有误。考韩愈《李元宾墓铭》有云："李观字元宾，其先陇西人也。始来自江之东。年二十四举进士，三年登上第。又举博学宏词，得太子校书。又一年，年二十九，客死于京师。……友人韩愈书石以志之。"①此则表明，李观一生凡两次应试，一为"年二十四举进士"，一为"又举博学宏词"。据徐松《登科记考》卷十三引王定保《唐摭言》之所载，知李观"年二十四举进士"在贞元八年(792年)，推之可知，其生于唐代宗大历四年(769年)。但《登科记考》卷十三将李观"又举博学宏词"亦考订于贞元八年，乃不的，盖因《李元宾墓铭》中的"三年登上第"已说得甚为清楚。而徐氏考订李观"又举博学宏词"的理由，主要因为是年应"博学宏辞科"，实则为误。而从"又一年，年二十九"推之，可知李观之应"博学宏辞科"，应在贞元十一年，而是年又恰好有"博学宏辞科"之试(《登科记考》卷十四)。

又，岑仲勉《读全唐文札记》云："(卷五三二)李观小传，'观字元宾，检校吏部员外郎华从子"。此承旧说而误也。观非华之从子，辨见拙著唐集质疑中唐四李观条。'"则李观非李华从子，小传应据改。

① 韩愈：《李元宾墓铭》，《全唐文》卷五七六，中华书局1983年影印本。

朱湾(卷五三六)

原小传云："湾，字巨川，西蜀人。自号沧洲子。贞元元和间，李勉帅永平，辟为从事。"

辨证：朱湾，两《唐书》无传。小传此述，当是据《全唐诗·朱湾诗集》之"作者小传"而为，盖因二者字句全同故也。而《全唐诗》"朱湾小传"之所本，则是综合《新唐书·艺文志》、陈振孙《直斋书录解题》等而为，《新唐书·艺文志四》著录"《朱湾集》四卷"，并有注云："李勉永平从事。"而《直斋书录解题》卷十九"诗集类上"有"《朱湾集》一卷"，并作"解题"云："唐永平从事朱湾撰，自号沧洲子。"计有功《唐诗纪事》卷四十五则云："湾为李勉永平从事。"合勘之，知《全唐诗》之"朱湾小传"乃可据信，而《全唐文》"朱湾小传"以之为本者，亦然。

又，《新唐书·方镇表二》于大历七年云："赐滑亳节度为永平节度。"检《旧唐书·代宗纪》云："(大历八年)三月丙子，以工部尚书李勉兼御史大夫、滑州刺史，充永平军节度使。"《资治通鉴·唐纪》则于大历十四年三月云："以永平节度使李勉兼汴州刺史，增领汴、颍二州，徙镇汴州。"据此，知李勉之镇滑州乃有整六年之久，则其辟朱湾为"从事"者，即当在此期间。而朱湾《寒城晓角》(《全唐诗》卷三〇六)诗又可为之证。是诗题下有注云："滑州作。"综此，知小传之"贞元元和间，李勉帅永平，辟为从事"云云，其中之"贞元元和间"，应改为：大历、贞元间。

裴度(卷五三七)

原小传云："度，字中立，河东闻喜人。贞元五年进士，举博学宏词科。……进侍中，拜中书令。薨年七十五。”

辨证：裴度，两《唐书》有传。小传此之所述，乃是据《旧唐书·裴度传》而为，但有误。复次《旧唐书·裴度传》云：“裴度字中立，河东闻喜人。……贞元五年进士擢第，登宏词科。应制举贤良方正能直言极谏科，对策高等，授河阴县尉。”《新唐书·裴度传》略同。按两《唐书》本传所载裴度之一生三试者，欠精审。据徐松《登科记考》卷十二、卷十三，知裴度三试之具体时间为：贞元五年试“进士科”，贞元八年试“博学宏词科”，贞元十年试“贤良方正能直言极谏科”。小传所述，不仅只有两试，而且“举博学宏词科”无具体年份，应据补。又，《新唐书·裴度传》云：“（开成）三年，以病丐还东都。真拜中书令，卧家未克谢，有诏先给俸料。上巳宴群臣曲江，度不赴，帝赐诗曰……使者及门而度薨，年七十六。”一“年七十五”，一“年七十六”，二者异。

李贻孙（卷五四四）

原小传云：“贻孙，贞元时官夔州刺史，累擢至谏议大夫，充宏文馆学士。出为福建都团练观察处置使兼御史中丞。”

辨证：李贻孙，两《唐书》无传。小传此述，所本何籍，待考，但有误。检岑仲勉《读全唐文札记》云：“（卷五四四）李贻孙小传，‘贻孙，贞元时官夔州刺史’。按所收文两篇：其一《欧阳詹集序》，自称大和中为福建团练副使，大中六年又为观察使。其二《夔州都督府记》，署会昌五年十一月十三日建。考广川书跋八，《丰都宫阴真祠刻诗》三章，唐贞元中刺史李贻孙书，武仪谓贞元至大中，越五六十年，贻孙即少至通显，至此亦已八十余，疑贞元字有误云云，其说是也，全文盖承书跋而致误者。”

按考陈思《宝刻丛编》卷十九引《集古录目》云：“《唐都督府记》，

唐夔州刺史李贻孙撰，碑以会昌五年十一月立。”①又，赵明诚《金石录》卷十著录《唐李贻孙神女庙诗》，编号为“第一千八百六十九”，并有注云：“正书，无姓名，会昌五年十月。”②合勘之，知李贻孙刺牧夔州乃为会昌五年，小传作“贞元时”者，乃误。又，王昶《金石萃编》卷八〇著录《华岳题名》有云：“福建都团练观察处置使兼御史中丞李贻孙，大中五年七月二十七日□镇……复含昭谒岳而退。”③此则表明，李贻孙官福建都团练观察处置使，乃在大中五年，则《全唐文》是卷著录李贻孙《欧阳詹集序》“自称大和中为福建团练副使，大中六年又为观察使”者，乃误。而岑氏《读全唐文札记》从之者，亦误。

柳公绰(同卷)

原小传云：“公绰，字宽，小字起之，京兆华原人。举贤良方正直言极谏，再登贤良方正科。累拜御史中丞。”

辨证：柳公绰，两《唐书》有传。小传此之所述，乃是据《新唐书·柳公绰传》而为。复次《新唐书·柳公绰传》云：“柳公绰字宽，京兆华原人。举贤良方正直言极谏，补校书郎。间一年，再登其科，授渭南尉。”据此，知柳公绰两次应“贤良方正”科，乃是“间一年”。但《旧唐书·柳公绰传》则云：“柳公绰，字起之，京兆华原人也。……年十八，应制科，登贤良方正直言极谏科，授秘书省校书郎，贞元元年也。复应制举，再登贤良方正科，时年二十一。制出，授渭南尉。”此则表明，柳公绰首试在“年十八”之时，再试则在贞元元年(785 年)“时年二十一”。而据后者推之，又知柳公绰生于唐代宗永泰元年(765 年)，其

① 陈思：《宝刻丛编》卷十九，《丛书集成初编》本。

② 赵明诚：《金石录》卷十，《四库全书》本，上海古籍出版社 1987 年影印版。

③ 王昶：《金石萃编》卷八〇，中国书店 1985 年影印本。

“年十八”时为唐德宗建中三年，《旧唐书·柳公绰传》作“贞元元年也”，乃误。由建中三年至贞元元年，其间凡四年，则《新唐书·柳公绰传》之“间一年”为误，乃殆无疑义。所以，小传可据而改之。

袁司直(卷五四五)

原小传云：“司直，大历十四年举进士第五人。”

辨证：“袁司直”，乃“袁同直”之误，两《唐书》无传。小传此述，所本何籍，待考，但有误。按《全唐文》是卷著录袁司直《寅宾出日赋》一篇，李昉等《文苑英华》编在卷三，且作“袁同直”，并有注云：“《登科记(考)》第五人。”又，《文苑英华》是卷共著录《寅宾出日赋》凡四人四篇，除袁同直外，另三人依序为无名氏、独孤授、周渭。并于第一篇题下注云：“大历十四年，王储作魁。”①又，岑仲勉《读全唐文札记》云：“(卷五四五)袁司直小传，‘司直，大历十四年举进士第五人’。余按徐氏所撰登科记考一一，据英华注引作袁同直，今姓纂及旧书卷一九六下亦作同直，司字误。”小传应据改。

王仲舒(同卷)

原小传云：“仲舒，字宏中，太原人。贞元十年策试贤良方正能直言极谏等科，登乙第。超拜右拾遗，累转尚书郎。元和中自职方郎中知制诰，贬硖州刺史，迁苏州。穆宗立，召为中书舍人，出为江西道观察使。长庆三年卒。”

---

① 李昉等：《文苑英华》卷三，中华书局1966年影印本。又，《文苑英华》目录无此赋与作者(应是编目录者漏掉)，于卷三虽编在四人之首，但亦无作者，因之，颇疑注中“王储作魁”之“王储”，当为是篇之作者。

辨证：王仲舒，《旧唐书》有传。小传此之所述，即是据《旧唐书·王仲舒传》而为，但有误。复次《旧唐书·王仲舒传》云："王仲舒字弘中，太原人。"又，权德舆《吏部员外郎南曹厅壁记》云："太原王仲舒弘中……贞元十年冬，由诸侯部从事贤良对策，历左右谏列仪曹考功郎。"①小传则应改"宏中"为弘中。

考补：吏部员外郎，考功员外郎，婺州刺史。薨于洪州，年六十二。赠左散骑常持。

考韩愈《唐故江南西道观察使中大夫洪州刺史兼御史中丞上柱国赐紫金鱼袋赠左散骑常侍太原王公(仲舒)神道碑铭》云："公讳仲舒……特改左补阙，迁礼部(《旧唐书》本传已载)、吏部、考功三员外郎。……又为婺州刺史。……长庆三年十一月十七日，薨于洪州，年六十二。上哀恸辍朝，赠左散骑常侍。"②

李逊(卷五四六)

原小传云："逊，字友道，赵郡人。客居荆州，第进士。元和中累除京兆尹，改国子祭酒。"

辨证：李逊，两《唐书》有传。小传此之所述，乃是据《旧唐书·李逊传》而为，既有误，亦欠精审。复次《旧唐书·李逊传》云："逊登进士第，辟襄阳掌书记。"《新唐书·李逊传》无"第进士"之载。检徐松《登科记考》卷十二考订李逊为贞元五年"进士三十六人"之一。又，小传之"元和中累除京兆尹"者，亦欠精审。据《旧唐书》本传所载，李逊

---

① 权德舆：《吏部员外郎南曹厅壁记》，《权德舆文集》卷二十一，甘肃人民出版社1999年版。

② 韩愈：《唐故江南西道观察使中大夫洪州刺史兼御史中丞上柱国赐紫金鱼袋赠左散骑常侍太原王公(仲舒)神道碑铭》，《全唐文》卷五六二，中华书局1983年影印本。

“累除京兆尹”乃在元和十三年，“逊还，未几，除京尹，改国子祭酒”。《新唐书》本传仅云：“久乃历京兆尹、国子祭酒。”考王溥《唐会要》卷十二有云：“(元和)十三年……六月，京兆尹李逊奏。”合勘之，知李逊之“累除京兆尹，改国子祭酒”，乃在元和十三年。按唐宪宗以“元和”纪元者，凡十五年，元和十三年为元和末年，则小传作“元和中”，乃误。

考补：弟李建，字杓直，官刑部侍郎。

考元稹《唐故中大夫尚书刑部侍郎上柱国陇西县开国男赠工部尚书李公(建)墓志铭》云：“公即尚书(震)第三子，讳建，字杓直。……会仲兄尚书逊被口误，上疏明白。……不数年，与仲兄逊举进士，并世为公卿。”①

陈羽(同卷)

原小传云：“羽，江东人。贞元八年进士第二人。历官乐官尉佐。”

辨证：陈羽，两《唐书》无传。小传此之所述，当是据辛文房《唐才子传》卷五《陈羽》而为，但有误。复次《唐才子传》卷五《陈羽》云：“羽，江东人，贞元八年，礼部侍郎陆贽下第二人登科，与韩愈、王涯等共为‘龙虎榜’。后仕历东宫卫佐。”又，陈振孙《直斋书录解题》卷十九“诗集类上”著录“《陈羽集》一卷”，有注云：“唐东宫卫佐陈羽撰。贞元八年陆贽下第二人。”此当即《唐才子传》之所本。合勘之，知小传之“乐官尉佐”，乃为“东宫卫佐”之误，应据改。

---

① 元稹：《唐故中大夫尚书刑部侍郎上柱国陇西县开国男赠工部尚书李公(建)墓志铭》，《全唐文》卷六五五，中华书局1983年影印本。

崔韶(同卷)

原小传云："韶，宪宗时官户部员外郎，与韦贯之善，韦贯之罢相，坐贬州刺史。"

辨证：崔韶，两《唐书》无传。小传此述，所本何籍，待考，但有误。检《旧唐书·宪宗纪下》有云："(元和十一年九月)丙子，新除吏部侍郎韦贯之再贬湖南观察使。辛未……礼部员外郎崔韶贬为果州刺史，并为补阙张宿所构。"据此，知小传之"坐贬州刺史"，乃脱"果"字。而"礼部员外郎"一职，则可补小传之阙。

韩愈(卷五四七)

原小传云："愈，字退之，南阳人。"

辨证：韩愈，两《唐书》有传。小传此之所述，乃是据《旧唐书·韩愈传》而为，但误。按韩愈籍贯，唐人乃众说不一。如李白《武昌宰韩公去思碑并序》云："君名仲卿，南阳人也。"王琦注云："韩君乃昌黎公之父也。"①又，李翱《故正议大夫行尚书吏部侍郎上柱国赐紫金鱼袋赠礼部尚书韩公(愈)行状》则云："公讳愈，字退之，昌黎人。"②而韩愈自己也曾写道："昌黎韩愈闻其言而状之。"③其实，李白、李翱、韩愈

---

① 李白：《武昌宰韩公去思碑并序》，《李太白全集》卷二十九，中华书局1977年版。

② 李翱：《故正议大夫行尚书吏部侍郎上柱国赐紫金鱼袋赠礼部尚书韩公(愈)行状》，《全唐文》卷六三九，中华书局1983年影印本。

③ 韩愈：《送李愿归盘谷序》，《全唐文》卷五五五，中华书局1983年影印本。

三人之所言，所指均为韩愈郡望。正因此，岑仲勉《唐集质疑·韩愈河南南阳人》则指出："韩愈为某地人，后世论者纷纷，其痼非隔靴搔痒，即纠缠不清。质言之，唐世习称郡望，弗重里居，迨五代离乱，人口播迁，郡望之别就湮，占籍之邦是举，由是李姓者尤号陇西，王姓者只称太原，俗与世移，本不足怪。奈学之士，昧于掌故，徒抱现代之观点，尚论古代之民风，弊遂至于格格不相入，学之与用，判然两途。非廓清而沟通之，终无以致学术于光明，且徒耗学子之脑汁也。"①岑说明言韩愈非"河南南阳人"者，乃可据信，

欧阳詹(卷五九五)

原小传云："詹，字行周，泉州晋人。举进士，为国子监四门助教。卒年四十余。"

辨证：欧阳詹，《旧唐书》有传。小传此之所述，即是据《旧唐书·欧阳詹传》而为，虽不误，但欠精审。复次《旧唐书·欧阳詹传》云："举进士，与韩愈、李观、李绛、崔群、王涯、冯宿、庾承宜联第，皆天下选，时称'龙虎榜'。"此则表明，欧阳詹之"举进士"，乃与韩愈等人为同一年。按韩愈《上邢君牙书》有云："二十五而擢第。"李翱《故正议大夫行尚书吏部侍郎上柱国赐紫金鱼袋赠礼部尚书韩公(愈)行状》云："公讳愈，字退之，昌黎人。……年二十五上进士第。"②又，《旧唐书·韩愈传》云："长庆四年十二月卒，时年五十七。"合勘之，知韩愈"二十五而擢第"，乃在贞元八年。欧阳詹既与韩愈同年，则其之"举进士"亦在贞元八年者，即可论断。所以，小传之"举进士"，应据改为

① 岑仲勉：《唐集质疑·韩愈河南南阳人》，《唐人行第录》外三种之一，上海古籍出版社 1962 年版。

② 李翱：《故正议大夫行尚书吏部侍郎上柱国赐紫金鱼袋赠礼部尚书韩公(愈)行状》，《全唐文》卷六三九，中华书局 1983 年影印本。

贞元八年举进士。

胡直钧(卷六一一)

原小传云："直钧，贞元十九年进士。"

辨证：胡直钧，两《唐书》无传。小传此述，所本何籍，待考。按《全唐文》是卷著录胡直钧《中和节百辟献农书赋》一篇，李昉等《文苑英华》编在卷二十二，且为四人四篇，除胡直钧外，另三人依序为侯喜、賈餗、郑式芳。徐松《登科记考》卷十五于侯喜名下有云："韩愈《赠侯喜诗》……"并引《韩文考异》云："侯喜，贞元十九年进士第，终国子主簿。"并于胡直钧名下云："韩愈有《答胡生书》，《考异》引《登科记》云：'胡直钧，贞元十九年进士。'按'钧'作'均'。"按《文苑英华》著录胡直钧赋诗共三篇，即卷二十二《中和节百辟献农书赋》、卷一三二《获大宛马赋》、卷一八四《太常观阅骠国新乐》诗，但其于胡直钧名下均无"一作均"之注，则《考异》之"'钧'作'均'"者，当误。又，韩愈有《答胡生书》(《全唐文》卷五五二)一文，题中"胡生"即胡直钧，然其中亦无"'钧'作'均'"之注，此则又可为之佐证。要之，"'钧'作'均'"，作存疑可也。

徐晦(同卷)

原小传云："晦，字大章。第进士，登直言极谏科，累拜中书舍人。敬宗朝出为同州刺史，大和中以礼部尚书致仕。开成三年卒，赠兵部尚书。"

辨证：徐晦，《旧唐书》有传，《新唐书》传附《杨凭传》后。小传此之所述，乃是综合两《唐书·徐晦传》而为，且以《旧唐书·徐晦传》为主，既有误，亦欠精审。检徐松《登科记考》卷十五引《永乐大典》引《莆阳志》云：“贞观十八年，徐晦状元。”其又于卷十七据王钦若等《册府元龟》、王溥《唐会要》之所载，考订徐晦元和三年登“博学宏词科”。此则表明，徐晦一生凡两试，一为“举进士”，一为试“博学宏词科”，则小传之“第进士”后为“登直言极谏科”者，乃误。

又，《旧唐书·徐晦传》云：“(大和五年)为太子宾客，分司东都。……以礼部尚书致仕。开成三年三月卒。赠兵部尚书。”但《旧唐书·文宗纪下》则云：“夏四月戊子朔。己丑，礼部尚书徐晦卒。”一作“三月”，一作“夏四月”，二者微异。以《旧唐书·文宗纪下》之“夏四月”“己丑”言，其月、日均颇具体，似当以之为正。

裴次元(同卷)

原小传云：“次元，贞元中进士，官吏部员外郎。元和中为福州刺史，河南尹，江西观察使。”

辨证：裴次元，两《唐书》无传。小传此述，所本何籍，待考。检王溥《唐会要》卷七十六“贡举中·制科举”云：“(贞元)四年四月，贤良方正能直言极谏科：崔元翰、裴次元……及第。”按唐德宗以“贞元”为年号者，凡二十年，贞元四年为贞元初，小传作“贞元中”者，乃不的。又，徐松《登科记考》卷二十七引钱易《南部新书》有云：“裴次元，制策、宏词同日敕下，并为敕头，时人荣之。”则裴次元一生凡两试，小传仅言“贞元中进士”者，又误。又，《旧唐书·宪宗纪上》有云：“(元和六年二月)丙子……以太府卿裴次元为福建观察使。”同书《宪宗纪上》又有云：“(元和八年十一月)丙辰，以福建观察使裴次元为河南尹。”又，同书《穆宗纪》有云：“(元和十五年八月乙亥)前江西观察使裴次元卒。”合勘之，知小传作“元和中为福州刺史，河南尹，江西观察使”者，乃均不确。

考补：太府卿，御史中丞，京兆尹。元和十五年卒。赠工部尚书。

裴次元官太府卿，见上引《旧唐书·宪宗纪上》。裴次元所官御史中丞、京兆尹二职，《新唐书·宰相世系表一上》之“洗马裴”有载。其中，京兆尹一职，又见《唐会要》卷六十七。裴次元之卒年，见上引《旧唐书·穆宗纪》；获赠工部尚书，《唐会要》卷七十九“谥法上”则有载：“赠工部尚书裴次元。”

杨嗣复(同卷)

原小传云：“嗣复，字继之，仆射杨於陵子。第进士博学宏词。长庆初累拜中书舍人。文宗立，迁户部侍郎。开成三年以本官同平章事，封宏农县伯，进门下侍郎。……大中二年卒，年六十六。”

辨证：杨嗣复，两《唐书》有传。小传此之所述，乃是据《旧唐书·杨嗣复传》而为，既有误，亦欠精审。复次《旧唐书·杨嗣复传》云：“嗣复七八岁时已能秉笔为文。年二十，进士擢第。二十一，又登博学宏词科，释褐秘书省校书郎。”则杨嗣复一生曾两试，小传仅言“第进士博学宏词”者，误。又，《旧唐书·杨嗣复传》有云：“大中二年，自潮阳还，至岳州病，一日而卒，时年六十六。”据此推之，知杨嗣复生于唐德宗建中四年(783年)，小传言“年二十，进士擢第”者，乃为贞元十八年，而“又登博学宏词科”①，则为贞元十九年。小传均应据而补之。

《旧唐书·杨嗣复传》又有云：“(开成)三年正月，与同列李珏并以本官同平章事，领使如故，进阶金紫，弘农伯，食邑七百户。”《新唐书·杨嗣复传》同。则小传“封宏农县伯”之“宏”，乃为“弘”之误，应据改。

---

① 小传此处言杨嗣复“第进士博学宏词”者，是因中华书局1983年影印本《全唐文》整理者之断句如此，特此说明。

崔群(卷六一二)

原小传云："群，字敦诗，贝州武城人。举进士，又登制策甲科。元和初为翰林学士，中书舍人。……大和五年检校左仆射兼吏部尚书。六年卒，年六十一，赠司空。"

辨证：崔群，两《唐书》有传。小传此之所述，乃是据《新唐书·崔群传》而为，既有误，亦欠精审。复次《旧唐书·崔群传》云："崔群字敦诗，清河武城人。"一作"清河武城人"，一作"贝州武城人"，二者异。考李吉甫《元和郡县图志》卷十六，"河北道一"有贝州，"管县十"，其中有东武城县而无"武城县"，则小传之"贝州武城人"乃脱"东"字。又，在贝州所"管县十"中，排在第一的即清河县(贝州治所)，此则表明，《新唐书·崔群传》作"清河武城人"者，乃误。《旧唐书·崔群传》又有云："崔群……十九登进士第，又制策登科，授秘书省校书郎。"按崔群大和六年(832年)卒，享年六十一，推之可知，崔群生于唐代宗大历六年(772年)，则其"十九登进士第"者，乃为贞元六年。所以，小传应作"贞元初举进士"，或者径作贞元六年举进士。

羊士谔(卷六一三)

原小传云："士谔，泰山人。贞元元年进士。元和初官监察御史，擢户部郎中，出为资州刺史。"

辨证：羊士谔，两《唐书》无传。小传此述，所本何籍，待考，但有误。按《全唐文》是卷著录羊士谔《左拾遗内供奉赠使持节舒州诸军事舒州□□□□窦府君神道碑》一文，王昶《金石萃编》编在卷一一五(题缺九字，即较《全唐文》多缺"府君神道碑"五字)，开首有云："朝议郎侍御史内供奉上护军太山羊士谔撰。”①又，辛文房《唐才子传》卷五《羊士谔》云：“士谔，贞元元年礼部侍郎鲍防下进士。”其中之“太山羊士谔”，“贞元元年礼部侍郎鲍防下进士”，或为小传“泰山人”与“贞元元年进士”之所本。又，《金石萃编》卷一一五《郎官石柱题名·户部郎中》有羊士谔之名，其前为高允恭，后为刘遵古。考元稹《授高允恭侍御史知杂事制》有云：“首以朝议郎、守尚书户部郎中、判度支案、飞骑尉高允恭……可以本官兼侍御史、知杂事，余如故。”②据对此文之所考，知高允恭之“守尚书户部郎中”，乃在长庆元年前后③，则羊士谔之“擢户部郎中”，亦在是时者，也就不言而喻。此则表明，小传之“元和初”者，实乃大误。

又，《旧唐书·李吉甫传》云：“吉甫早岁知奖羊士谔，擢为监察御史。”而《唐才子传》卷五《羊士谔》则有云：“元和初，宰相李吉甫知奖，擢为监察御史。”二者所载，甚为一致，当为小传之所本。至若小传之“出为资州刺史”，孟简《建南镇碣记》乃有载：“太山谏卿……出为巴州刺史……再移资州，如巴之政，今复为洋州。……十年十月十日建。”④又，无名氏《宝刻类编》卷四有云：“《毗沙门天王赞》，（羊士谔）撰并书，元和九年，资。”⑤合勘之，知羊士谔之刺牧资州，乃在元和九年至十年之间，其时距长庆初年“擢户部郎中”者，乃有数年之隔，则小传将“出为资州刺史”置于“擢户部郎中”之后者为误，乃甚为清楚，因之，应据改。

考补：侍御史，字谏卿，阳羡尉，越州刺史府从事，巴州刺史，洋州刺史，宣州巡官，汀州宁化县尉。

---

① 羊士谔：《左拾遗内供奉赠使持节舒州诸军事舒州□□□□窦□□□□□》一文，《金石萃编》著录于卷一一五，中国书店1985年影印本。

② 元稹：《授高允恭侍御史知杂事制》，《全唐文》卷六四九，中华书局1983年影印本。

③ 卞孝萱：《元稹年谱》，齐鲁书社1980年版。

④ 孔延之：《会稽掇英总集》卷十八，《四库全书》本，中华书局1987年影印。

⑤ 无名氏：《宝刻类编》卷四，《丛书集成初编》本。

羊士谔官侍御史，王钦若等《册府元龟》卷五二二有载，云："元和三年，吉甫擢(窦群)为御史中丞，及得权，反与……侍御史羊士谔等党比。"羊士谔字谏卿，官阳羡尉、越州刺史府从事，上引孟简《建南镇碣记》有载，云："太山谏卿……由进士尉阳羡，安定公爱其道直，延为从事……永贞年为谗贼所中，谪居汀州。"其中的"安定公"为皇甫政，时为越州刺史(《会稽掇英总集·唐太守题名记》)，其辟羊士谔为"从事"者，即越州刺史府从事。而刺牧巴州与洋州，《会稽掇英总集·唐太守题名记》则有载，云："出为巴州刺史……再转资州，如巴之政，今复为洋州。"所官宣州巡官，汀州宁化县尉，俱见韩愈《顺宗实录》卷四，其云："(贞元二十一年六月)乙亥，贬宣州巡官羊士谔为汀州宁化县尉。"(《韩昌黎外集》卷九)

韦纾(同卷)

原小传云："纾，贞元中进士，元和朝官户部郎中。"

辨证：韦纾，两《唐书》无传。小传此述，所本何籍，待考。但有误。检岑仲勉《读全唐文札记》云："(卷六一三)韦纾小传，'纾，贞元中进士，元和朝官户部郎中'。按纾撰《栝郡厅壁记》，'大和五年，余自司驾员外郎奉符典州'，大和时犹是员外郎，则元和中断未至户中也。倘谓中有黜降，则郎官柱户中题名，纾在杨敬之后五人，敬之在大和九年七月外贬，纾官户中，殆开成之际。"则小传应据改"元和朝"为开成朝。

郑澣(卷六一四)

原小传云："澣……本名涵，讳文宗故名改。贞元十年进士。……

文宗朝拜刑部尚书，充山南西道节度使，大和四年以户部尚书征，未拜卒，年六十四。”

辨证：郑澣，两《唐书》传皆附《郑余庆传》后。小传此之所述，乃是据《旧唐书·郑澣传》而为，但有误。复次《旧唐书·郑澣传》云：“澣本名涵，以文宗藩邸时名同，改名澣。”又，《新唐书·郑澣传》云：“澣本名涵，讳文宗故名，改焉。”二者同。但《新唐书·宰相世系表五上》“郑氏”则有云：“澣，本名淳，兴元节度使。”从人名的角度言，作“本名淳”者当是。

又，检《旧唐书·文宗纪下》云：“(开成二年十一月)丁亥，以拜刑部尚书郑澣为山南西道节度使。”同书《文宗纪下》又有云：“(开成四年闰正月)丁未，兴元节度使郑澣卒。”又，《旧唐书·郑澣传》云：“开成四年闰正月，以户部尚书征。诏下之日，卒于兴元，年六十四，赠右仆射，谥曰宣。”合勘可知，郑澣之卒乃在开成四年，小传作“大和四年”者，乃大误。按唐文宗开成四年为公元 839 年，以之上推“年六十四”，为唐代宗大历十一年(776 年)，即郑澣生年。

附考：郑澣举进士之具体年份，小传作“贞元十年”，其所本者，当为《旧唐书·郑澣传》之“贞元十年举进士”。但此一记载，却不为徐松《登科记考》所采用，而且，徐氏《登科记考》也无郑澣之名。度其原因，当为徐氏认为《旧唐书·郑澣传》之“贞元十年举进士”不可据信故也。按《全唐文》作者小传明载小传传主进士及第时间者甚多，如卷五四六“张嗣初小传”即为其例，小传云：“嗣初，贞元八年进士。”但检《登科记考》卷十三之“贞元八年”，其中并无张嗣初之名。而同卷之“贞元七年进士”的王履贞，《登科记考》则有其名，且注云：“见《文苑英华》。”即依据《文苑英华》之所载而将其著录。这一实况的存在表明，《全唐文》作者小传之明载传主登第时间，凡有材料可证者，徐松《登科记考》即录载之，否则即罢。以此度之，小传之“贞元十年举进士”，未被《登科记考》所录载者，即徐氏认为无他证故也，因而不予录载。

范传正(同卷)

原小传云："传正字西老，南阳顺阳人。举进士博学宏词，书判皆登甲科。累擢宣歙观察使。顺宗朝改光禄卿。以风恙卒。赠左散骑常侍。"

辨证：范传正，两《唐书》有传。小传此之所述，乃是综合两《唐书》范传正传而为，既有误，亦欠精审。按小传之"举进士博学宏词，书判皆登甲科"者，所表明的是范传正三次应试之况："举进士"属"进士科"；"博学宏词"即"博学宏词科"；"书判"为"书判拔萃科"。而事实上，范传正一生并未三试，更没有"皆登甲科"之荣耀，徐松《登科记考》卷十三仅考订范传正登贞元十年进士科者，即为明证。所以，小传之此述，应为误。又，小传之"顺宗朝改光禄卿"，两《唐书》范传正传无载，而且遍检两《唐书》之其他《纪》《传》《志》《表》等，亦均无载，因之，小传之此述当误。

考补：贞元十年进士。宣德郎，御史中丞。

按柳宗元《祭李中丞文》有云："维贞元二十年，岁次甲申，五月某朔，故吏儒林郎守侍御史王播……宣德郎行监察御史范传正……等，谨以清酌之奠，敬祭于故中丞赠刑部侍郎李公之灵。"而范传正下引"孙曰"则有云："传正，字西老，贞元十年举进士。"(中华书局版《柳宗元集》卷四十)又，徐松《登科记考》卷十三引《酉阳杂俎》云："范传正中丞举进士，省试《风过箫赋》，甚丽，为词人所讽。"

庾承宣(卷六一五)

原小传云："承宣，贞元八年进士。大和中官检校吏部尚书，天平军节度使。”

辨证：庚承宣，两《唐书》无传。小传此之所述，当是综合两《唐书》中有关《纪》《传》《表》而为，但有误。检《新唐书·欧阳詹传》云：“欧阳詹字行周，泉州晋江人。……举进士，与韩愈、李观、李绛、崔群、王涯、冯宿、庾承宣联第，皆天下选，时称‘龙虎榜’。”按欧阳詹、韩愈、李观、李绛、崔群、王涯、冯宿，均为贞元八年进士(见徐松《登科记考》卷十三)，则庾承宣亦然。此当为小传之所本。又，《旧唐书·文宗纪下》有云：“(大和九年春正月乙卯)以太常卿庾成宣检校吏部尚书，充天平军节度使。”其中的“庾成宣”，应乃“庾承宣”之误，对此，同书《文宗纪下》之“以吏部侍郎庾承宣为太常卿”云云，即可为之佐证。按“大和”为唐文宗年号，凡九年，庾承宣“官检校吏部尚书，天平军节度使”，既始于是年春正月，则其为“大和末”即可论断。所以，小传之“大和中”乃误，应据改为“大和末”，或径作大和九年。

考补：权知礼部侍郎，尚书左丞，陕虢观察使，吏部侍郎，京兆尹，御史大夫，太常卿，摄太尉，大和九年秋七月卒。

检《新唐书·选举志上》云：“(元和)十三年，权知礼部侍郎庾承宣奏复考功别头试。”又，《旧唐书·穆宗纪》云：“(长庆二年)十二月丁巳朔。丁卯，尚书左丞庾承宣为陕虢观察使。”同书《文宗纪上》又云：“(大和元年春正月)癸未，以吏部侍郎庾承宣为京兆尹兼御史大夫。”同书《文宗纪下》又云：“(大和七年)二月己卯朔。己巳，以吏部侍郎庾承宣为太常卿。”同书《文宗纪下》又有云：“(大和九年春正月丙寅)令太常卿庾承宣摄太尉，遍告九室，迁神主于便殿。……秋七月……丁卯，天平军节度使庾承宣卒。”

附考：徐松《登科记考》卷十三考订庾承宣于贞元十年曾登“博学宏词科”，依据则为李昉等《文苑英华》著录庾承宣《冬日可爱》诗，因而乃云：“见《文苑英华》。”复次《文苑英华》卷一八一“省试二”，著录陈讽、庾承宣《冬日可爱》诗各一首，并于陈讽名下有注云：“贞元十年及第。”在徐氏看来，此二诗既然均为“省试诗”，且陈讽于“贞元十年及第”，则庾承宣之及第，也应在这一年。而实际上，徐氏以陈讽名下“贞元十年及第”之注，而认为庾承宣亦应“贞元十年及第”者，乃大误。这是因为，《文苑英华》卷一八一“省试诗”之于庾承宣名下亦有注云：“贞元八年及第。”①徐氏未及见，而成此误，甚憾。

王播（同卷）

原小传云：“播，字明敭，其先太原人。……贞元中进士，举贤良方正异等。宪宗朝累官礼部尚书，充剑南节度使。穆宗立，拜刑部尚书……出为淮南节度使。……文宗朝加检校司徒，拜尚书左仆射……大和四年卒，年七十二。”

辨证：王播，两《唐书》有传。小传此之所述，乃是据《旧唐书·王播传》而为，既有误，亦欠精审。考李宗闵《故丞相尚书左仆射赠太尉太原王公（播）神道碑铭并序》（以下简称《王公（播）神道碑铭并序》）云：“公讳播，字明敭，太原人。……贞元十年举进士第。是岁策贤良，以直言校书于集贤殿。”②据此，则小传之“贞元中进士”，可据改为贞元十年进士。又，小传“累官礼部尚书，充剑南节度使”之“礼部尚书”，乃为“户部尚书”之误。对此，《王公（播）神道碑铭并序》亦有载，云：“（元和）六年，为刑部侍郎，充盐铁转运使。……又以户部尚书节度西蜀。”其中的“又以户部尚书节度西蜀”，即《旧唐书·王播传》中的“检校户部尚书、成都尹、剑南西川节度使”之谓。《新唐书·王播传》同。所以，小传应正“礼部尚书”为“户部尚书”。《王公（播）神道碑铭并序》又有云：“上即位五年正月，丞相左仆射太原王公（播）以癸巳发疾，其明日，遂薨于位。……年七十二而薨。”按“上即位五年正月”，是指唐

① 李昉等：《文苑英华》卷一八一，中华书局1966年影印本。

② 李宗闵：《故丞相尚书左仆射赠太尉太原王公（播）神道碑铭并序》，《全唐文》卷七一四，中华书局1983年影印本。

文宗即位五年之正月，也即王播卒于大和五年正月。据此，则小传之“大和四年卒”者，乃误。而两《唐书》王播传作“大和四年卒”者，亦如是。以大和五年(831 年)上推“年七十二而薨”，为唐肃宗宝应元年(762 年)，是为王播生年。

孟简(卷六一六)

原小传云：“简，字几道，德州平昌人。举进士，登宏词科。元和中累官太子宾客，分司东都。长庆三年卒。”

辨证：孟简，两《唐书》有传。小传此之所述，乃是据《旧唐书·孟简传》而为，既有误，亦欠精审。复次《旧唐书·孟简传》云：“擢进士第，登宏辞(词)科，累官至仓部员外郎。”《新唐书·孟简传》同。按计有功《唐诗纪事》卷四十一“孟简”条云：“元和中，简将试，诣日者卜之……乃擢上策。”①若计氏所言不误，则孟简之“举进士”乃在“元和中”。又，徐松《登科记考》卷二十七将孟简“举进士”与“登宏词科”，均归类于“附考·进士科”内，并于前者云：“郊之叔，见孟郊诗。”岑仲勉《登科记考订补》则谓：“同卷著录孟简云：‘郊之叔，见孟郊诗。’又著录孟简，引旧书本传云：‘按此孟简之叔别是一人。’余按此两孟简并非二人，辨见拙著《读全唐诗札记》，应删并。”据此，知《全唐文》与《全唐诗》之孟简，乃为一人，即诗人孟郊之叔。

又，小传之“元和中累官太子宾客”，乃不确。检《旧唐书·孟简传》有云：“(元和十四年)改授太子宾客，分司东都。”按唐宪宗以元和纪年，凡十四年，“元和十四年”即元和末年，故小传应改“元和中”为“元和末”，或径作元和十四年。

---

① 计有功：《唐诗纪事》卷四十一，上海古籍出版社 1965 年版。又，徐松《登科记考》卷二十七引《唐诗纪事》之此段文字，径作元和中上第。

裴垍(同卷)

原小传云："垍，字宏中，河东闻喜人。第进士。贞元中贤良极谏对策第一。元和初为翰林学士，转考功郎中知制诰。……六年改太子宾客。卒。"

辨证：裴垍，两《唐书》有传。小传此之所述，乃是据《旧唐书·裴垍传》而为，既有误，亦欠精审。复次《旧唐书·裴垍传》云："裴垍字弘中，河东闻喜人。"《新唐书·裴垍传》同。故当以作"弘中"为是。《旧唐书·裴垍传》又有云："垍弱冠举进士。贞元中，制举贤良极谏，对策第一。"其中的"贤良极谏"，当为"贤良方正"之误。《新唐书·孟简传》云："擢进士第，以贤良方正对策第一，补美原尉。"是为明证。按裴垍既是"弱冠举进士"，则其当在二十岁之际。徐松《登科记考》卷二十七将裴垍"举进士"归类于"附考·进士科"者，乃不的。

独孤申叔(卷六一七)

原小传云："申叔，字子重。德宗时博学宏词中第，为校书郎。"

辨证：独孤申叔，两《唐书》无传。小传此述，所本何籍，待考，但有误。考柳宗元《亡友故秘书省校书郎独孤君(申叔)墓碣》云："君讳申叔，字子重，年二十二举进士，又二年，用博学宏词科为校书郎，又三年，居父丧，未练而没。"①据此，知独孤申叔一生凡两试，一为"举进士"，一为"博学宏词科"。其中，"年二十二举进士"下有"孙曰"云：

① 柳宗元：《亡友故秘书省校书郎独孤君(申叔)墓碣》，《柳宗元集》卷十一，中华书局1979年版。

“贞元十三年申叔中进士。”则其“用博学宏词科”在贞元十五年者，即甚明。所以，小传仅作“博学宏词中第”者，乃误，应据改。

考补：父独孤助，太子舍人。与韩愈、柳宗元、刘禹锡、王涯、吕温等人，皆过从甚密。

见上引柳宗元《亡友故秘书省校书郎独孤君(申叔)墓碣》，因文繁，不具引。关于独孤助，又见《新唐书·宰相世系表五下》之“独孤氏出自刘氏”。

段文昌(同卷)

原小传云：“文昌，字墨卿，一字景初，西河人。……穆宗立，拜中书舍人，进中书侍郎同中书门下平章事。……文宗朝迁御史大夫，封安平君公，检校右仆射平章事。”

辨证：段文昌，两《唐书》有传。小传此之所述，乃是据《旧唐书·段文昌传》而为，但有误。按小传之“平章事”者，凡两次，一为“穆宗立”(长庆元年)，一在“文宗朝”(大和元年至开成四年)。但复次《旧唐书·段文昌传》可知，共为三次：“(元和)十五年，穆宗即位，正拜中书舍人，寻拜中书侍郎、平章事”；“长庆元年，拜章请退。朝廷以文昌少在西蜀，诏授西川节度使、同中书门下平章事”；“文宗即位，迁御史大夫，寻检校尚书右仆射、扬州大都督府长史、同平章事”。二者异。检《新唐书·宰相表上》云：“元和十五年(闰正月)……辛亥，(令狐)楚为门下侍郎，御史中丞萧俛、中书舍人翰林学士段文昌并守中书侍郎、同中书门下平章事。”同书《宰相表下》有云：“长庆元年……二月壬午，文昌检校刑部尚书、同平章事、西川节度使。”二者合勘，亦为两次，即元和十五年与长庆元年各一次。而实际上，这两次即一次。考《旧唐书·穆宗纪》云：“(元和)十五年正月庚子，宪宗崩。丙午，(太子李恒)即皇帝位于太极殿东序。是日，召翰林学士段文昌……对于思政殿，并赐金紫。……(以中书)舍人、翰林学士、武骑尉、赐紫金鱼袋段文昌为中书侍郎、同平章事。……长庆元年……(二月)壬申，以中书侍郎、平章事段文昌检校刑部尚书、同平章事、成都尹，充剑南西川节度等使。”此则表明，段文昌之于“平章事”，实际上只有一年又一个月，且全在唐穆宗朝初期。据此，知两《唐书》段文昌传与小传之所述，乃皆误。

陆淳(卷六一八)

原小传云：“淳，本名质，因避讳改名。累官左司郎中。顺宗时征为太子侍读，贞元二十一年卒。”

辨证：陆淳，两《唐书》有传。小传此之所述，乃是据《旧唐书·陆淳传》而为，既有误，亦欠精审。复次《旧唐书·陆淳传》云：“陆质，吴郡人，本名淳，避宪宗名改之。”《新唐书·陆淳传》同。所以，小传之“本名质”者，应据改。又，小传之“贞元二十一年卒”，乃不确。检《旧唐书·顺宗纪》有云：“(贞元二十一年)八月丁酉朔。庚子，诏：‘……宜改贞元二十一年为永贞元年。’”据此，知贞元二十一年八月以后，均以永贞元年称之。又检《旧唐书·宪宗纪一》云：“顺宗即位之年四月，册为皇太子。……八月丁酉朔，受内禅。乙巳，即皇帝位于宣政殿。……九月(辛巳)，给事中陆质卒。”据此，知陆质之卒，乃在唐宪宗“即皇帝位”的永贞元年，二者虽同为公元805年，但小传作“贞元二十一年卒”者，乃不确。

张正甫(卷六一九)

原小传云：“正甫，贞元二年进士。官邓州刺史，历同州，转苏州，元和八年，迁湖南观察使，十三年除大理卿。”

辨证：张正甫，《旧唐书》有传。小传此之所述，当是综合《旧唐书·张正甫传》、辛文房《唐才子传》等而为，如“正甫，贞元二年进士”者，即是本之《唐才子传》卷二《窦牟》：“窦牟字贻周，贞元二年张正甫榜进士。”不误。而小传之“官邓州刺史，历同州，转苏州”者则欠精审。按张正甫“官邓州刺史”，《旧唐书·张正甫传》不载。考白居易《张正甫苏州刺史制》有云：“浙右列城，吴兴为大。……邓州刺史张正甫，自领南阳，仅以三载，廉平清简，以临其人。……宜以大郡，推而广之，用旌前劳，且伫后效。可苏州刺史。”①又，《旧唐书·宪宗纪下》云：“(元和八年十月己巳)以苏州刺史张正甫为湖南观察使。”同书《宪宗纪下》又有云：“(元和七年八月)丙午，以苏州刺史范传正为宣歙观察使。”又，《旧唐书·宪宗纪上》有云：“(元和五年八月)癸巳，以邓州刺史崔泳为邕州刺史、本管经略使。”合勘可知：张正甫“官邓州刺史”为元和五年九月，元和七年九月“转苏州”，其间凡三个年头，是谓白居易《张正甫苏州刺史制》中“三载”之载。元和八年十月“迁湖南观察使”。

又，白居易《张正甫可同州刺史制》有云：“敕。冯翊吾左辅也。……尚书右丞赐紫金鱼袋张正甫，自登台阁，为人谠直，物论时望，重而敬之。及领藩部，为政宽简……所谓朝廷正臣，郡国良吏。常有惠政，加于是邦，追兹五年，去思犹在，故辍台辖，再委郡符。……可持节同州诸军事、守同州刺史，充本州防御使。”②据此，知张正甫是在“加于是邦，追兹五年”后，乃“守同州刺史”，而小传将“历同州”置于“官邓州刺史”与“转苏州”之间者，实乃误，应据改。

---

① 白居易：《张正甫苏州刺史制》，《白居易集》卷五十五，中华书局1979年版。

② 白居易：《张正甫可同州刺史制》，《白居易集》卷四十九，中华书局1979年版。

姚庭筠(同卷)

原小传云："庭筠，贞元九年官御史中丞。"

辨证：姚庭筠，两《唐书》无传，小传此述，所本何籍，待考，但误。检劳格《读书杂识》卷八《读全文札记》有云："庭筠事在景龙二年十二月旧魏元忠传：神龙二年宗楚客等引右卫郎将姚庭筠为御史中丞，令劾奏元忠。可证是中宗朝人，非贞元时也。"则小传应据改。

刘全白(同卷)

原小传云："全白，贞元六年官膳部员外郎，出为池州刺史，十一年徙吴兴，迁秘书监，致仕。"

辨证：刘全白，两《唐书》有传。小传此述，所本何籍，待考，但有误。考谈钥《嘉泰吴兴志》卷十四《郡守题名》，其中有刘全白，排名在于頔后、王浦前，并有云："贞元十年自池州刺史授，迁秘书监致仕。《统记》作七年。"①小传作"十一年徙吴兴"者，其"一"字衍，应删。又，刘全白之刺牧吴兴，既为"贞元十年自池州刺史授"，则其贞元九年在池州刺史任上，则乃无疑。检《全唐诗》卷七八八著录颜真卿《登岘山观李左相石尊联句》诗，其中联句诗人之第二即刘全白，并有注云："(大理)评事，后为膳部员外郎，守池州。"按诗题中的岘山在湖州，颜真卿牧守湖州，据留元刚《颜真卿年谱》，乃在大历七年②，其到任则为第二年春夏之际，此诗作年，即在大历九年。此则表明，刘全

---

① 谈钥：《嘉泰吴兴志》卷十四，《宋元方志丛刊》本，中华书局1992年版。

② 留元刚：《颜真卿年谱》，《颜鲁公文集》附，《四库全书》本，上海古籍出版社1987年版。

白在大历九年前后，曾以大理评事之职衔到过湖州一带。小传未及大理评事，应据补。

又，《全唐文》是卷著录刘全白《唐故翰林学士李君(白)碣记》一文，其落款为“贞元六年四月七日记”，据此，知刘全白其时当在池州，盖因池州距当涂李白墓甚近故也。或有认为此文为刘全白写于其“官膳部员外郎”期间者，则应误，原因是膳部员外郎为京官，时在京师长安的刘全白，是很难获知李白“有一子名伯禽”等事况的。刘全白贞元六年春由长安赴任池州，贞元十年由池州转牧吴兴，其间凡整四年，正与唐代地方官“四年一任”之规定相合。由是而观，小传“贞元六年官膳部员外郎”之“贞元六年”，当为贞元元年之讹。其是耶非耶，兹拈出以俟淹贯者。

戎昱(同卷)

原小传云：“昱，德宗时人。元和朝官朗州刺史。”

辨证：戎昱，两《唐书》无传。小传此述，所本何籍，待考，但有误。检《新唐书·艺文志四》著录《戎昱集》五卷，有注云：“卫伯玉镇荆南从事，后为辰州、虔州刺史。”又，计有功《唐诗纪事》卷二十八“戎昱”条云：“昱在零陵，于襄阳闻有妓善歌，取之。……昱登进士第，卫伯玉镇荆南，辟为从事。后为辰、虔二州刺史。”按《旧唐书·卫伯玉传》云：“广德元年冬……乃拜江陵尹、兼御史大夫，充荆南节度观察等使。寻加检校工部尚书，封城阳郡王。……大历十一年二月入觐，以疾卒于京师。”由唐代宗广德元年而大历十一年，其间凡十四年，卫伯玉均在镇荆南任中，则其辟戎昱为从事，即在是时。

戎昱“官辰州刺史”，《全唐诗·戎昱诗集》有《辰州建中四年多怀》《谪官辰州冬至日有怀》《辰州闻大驾还宫》三诗可证。据前二诗，知戎昱“官辰州刺史”，乃在建中四年，且系贬谪所致。而后诗题中的“大驾还宫”，是指唐德宗兴元元年，因李晟收复长安，而自汉中还京之事，对此，《旧唐书·德宗纪》有载，兹不具引。而戎昱为“虔州刺史”，其《送吉州阎使君入道 二首》有载。诗题中的吉州，与虔州相近，则戎昱以此二诗送“阎使君入道”者，当在虔州刺史任上无疑。又，诗题中之“阎使君”为阎寀，其为吉州刺史，乃在贞元七年，对此，王溥《唐会要》卷五十有载。其云：“贞元七年四月，吉州刺史阎寀上言，请为道士，从之，赐名遗荣。”①

综上，知戎昱为代宗、德宗时人，大历间被卫伯玉辟为荆南从事，建中四年坐事贬辰州刺史，贞元七年转牧虔州。小传认为戎昱“为德宗时人”者不确，言其“元和朝官朗州刺史”者，当误。

陆参(同卷)

原小传云：“参，吴郡人，第进士。贞元中官祠部员外郎。”

辨证：陆参，两《唐书》无传。小传此述，所本何籍，待考，但有误。检岑仲勉《读全唐文札记》云：“(卷六一九)陆参小传，‘参，吴郡人’。按参，李文公集七及一三作傪，他书虽有作参者(如昌黎集一一)，但本书五〇三权德舆《陆君志》，‘君讳傪，字公佐’，六三五李翱《与陆傪书》，六三一同人《陆傪槛铭》，六三八《陆歙州述》，‘吾郡陆傪字公佐’，均作傪，则此处应注云一作傪，方合。又吾郡之吾应作吴。”按，《四部丛刊》本《权载之文集》卷十四之“《陆君志》”作“君讳参”，而其底本，则为无锡孙氏小绿天藏大兴朱珪刊本，渊源有自，故应以作陆参为是(另详下)。

又，权德舆《唐故使持节歙州诸军事守歙州刺史赐绯鱼袋陆君(参)

① 王溥：《唐会要》卷五十，《四库全书》本，上海古籍出版社1987年版。

墓志铭并序》(以下简称《陆君(参)墓志铭并序》)有云:“君讳参,字公佐,吴郡人。……贞元初,兄既殁,始为宗姻二友所强,慨然有应知己之心繇试左环卫,历大理评事……十六年,征拜祠部员外郎。”①按唐德宗以贞元纪年,凡二十一个年头,贞元十六年为贞元末,小传作“贞元中”者,应据改,或径作贞元十六年官祠部员外郎。而小传之“第进士”,权德舆《陆君(参)墓志铭并序》不载,徐松《登科记考》亦无只字相及,当乃非。

考补:大理评事,摄监察御史,殿中侍御史内供奉,歙州刺史。贞元十八年卒,享年五十五。与李公受、梁宽中、韦德符、刘茂宏等皆友善。

俱见权德舆《唐故使持节歙州诸军事守歙州刺史赐绯鱼袋陆君(参)墓志铭并序》一文,因文甚繁,不具引。

独孤良弼(卷六二〇)

原小传云:“良弼,贞元间进士,官左司郎中。”

辨证:独孤良弼,两《唐书》无传。小传此之所述,乃是据计有功《唐诗纪事》卷三十三“独孤良弼”条而为,但有误。检岑仲勉《读全唐文札记》云:“(卷六二〇)独孤良弼小传,‘良弼,贞元间进士,官左司郎中’,此本唐诗纪事卷三三,唯今郎官柱无良弼名(元龟六三六、贞元五年,良器官右司郎中)未知是误亦或检校官也,应存疑。”正因此,岑氏《郎官石柱题名新考订》《郎官石柱题名新著录》之“左司郎中”内,亦均无独孤良弼名。王钦若等《册府元龟》卷六三六之“良器官右司郎中”

---

① 权德舆:《唐故使持节歙州诸军事守歙州刺史赐绯鱼袋陆君(参)墓志铭并序》,《权德舆文集》卷十四,甘肃人民出版社 1999 年版。

者，所据何籍，待考。

姚絪(同卷)

原小传云："絪，贞元二十年自水部员外郎除括州刺史，元和元年徙湖州，卒官。"

辨证："姚絪"，乃"姚骃"之误，两《唐书》无传。小传此述，所本何籍，待考，但有误，如"姚絪"之"絪"，即为其例。考谈钥《嘉泰吴兴志》卷十四《郡守题名》有姚骃，在田敦、顾防后，辛秘、范传正前，并有云："元和元年四月自处州刺史授，卒官。前《统记》作'姚骃'。"按应从作"姚骃"是。处州即括州，《郡守题名》表明，姚骃之于元和元年前(即贞元二十年、十九年期间)，乃在括州任上。而其刺牧括州前，所官则为水部员外郎，但其时是否如小传所言为"贞元二十年"，因资料所限，难以稽考，兹暂付阙如。

陆庶(卷六二二)

原小传云："庶，赠尚书左丞陆象先侄孙，官福建观察中丞。"

辨证：陆庶，两《唐书》无传。小传此述，所本何籍，待考，但有误。据《旧唐书·职官志》《新唐书·百官志》所载，知唐无"福建观察中丞"这一职官，所以，小传之"福建观察中丞"，必为"福建观察使(兼)御史中丞"之讹。检白居易《与陆庶诏》有云："省所奏，当管新开福建陆路四百余里悉。"①所谓"新开福建陆路"云云，是指陆庶任福建观察

① 白居易：《与陆庶诏》，《白居易集》卷五十七，中华书局1979年版。

使时于当地新修的一条路。陆庶“官福建观察”，《新唐书·宰相世系表三下》“陆氏”有载，云：“庶，福建观察使。”是为明证。又，王溥《唐会要》卷七十一“州县改置下·福州·侯官县”云：“元和三年二月，并侯官、长乐，入闽县、福唐两县，并将乐县入建安、邵武两县，观察使陆初准例省之。”①其中的“观察使陆初”，乃为“观察使陆庶”之误。据此，知陆庶“官福建观察使(兼)御史中丞”，乃在元和三年前后，小传可据补之。

考补：兄弟五人，陆庶第五。

林宝《元和姓纂》卷十“陆氏”云：“生渭、沣、涧、湹、淮。”岑仲勉《元和姓纂四校记》云：“陆淮，实‘陆庶’之误。”②但《新唐书·宰相世系表三下》“陆氏”与此异，云陆溥五子：序，平陆令；厚；康，泽州史；应，下邽令；庶，福建观察使。兹录以备考。

贾晋(同卷)

原小传云：“晋，洛阳人，滑州刺史庆言子。”

辨证：贾晋，两《唐书》无传。小传此述，所本何籍，待考，但有误。检岑仲勉《读全唐文札记》云：“(卷六二二)贾晋小传，‘晋，洛阳人，滑州刺史庆言子’，此本姓纂。新表七五下则作敬言生令思，令思生晋，精舍碑考二疑姓纂脱一代，又‘庆’字，余疑后晋及宋时讳改者。”按小传之“庆言子”者，应据改为敬言子。

考补：劝农判官，卫尉卿。

前者见《新唐书·宇文融传》；后者见《新唐书·宰相世系新表五下》。

---

① 王溥：《唐会要》卷七十一，《四库全书》本，上海古籍出版社1987年版。

② 林宝：《元和姓纂》卷十，中华书局1984年版。

徐元弼(同卷)

原小传云："元弼，东海郯人，赠太子太保申子。元和中官右卫仓曹。"注云："按元和姓纂南昌人，官中书侍郎。"

按：徐元弼，两《唐书》无传。小传此之所述，乃是据权德舆《唐故金紫光禄大夫检校礼部尚书使持节都督广州诸军事兼广州刺史御史大夫充岭南节度支度营田观察处置本管经略等使东海郡开国公赠太子少保徐公(申)墓志铭并序》而为。其有云："公讳申，字维降，东海郯人。……嗣子右卫仓曹元弼，似续文敏……乃刻坚石以传永久。"①不误。

但小传之"注云"则误。检岑仲勉《读全唐文札记》云："同卷。徐元弼小传，'元弼，东海郯人。赠太子太保申子。元和中官右卫仓曹'。注云：'按元和姓纂南昌人，官中书侍郎。'按传文本权德舆《徐申墓志》(卷五〇三)，东海郯乃徐氏旧望。姓纂言'谏议大夫徐元之居南昌'者，元之曾祖官吉州太守丞，元之殆随父宦居其地。卷六三九李翱《徐申行状》云：'京兆府万年县青盖乡交原里……永泰元年，寄籍京兆府举进士。'则申后来又徙居京兆，唐人宦游，所居屡迁，是不足异也。姓纂'又生申岭南节度使兼御史大夫元弼'，'又'为'义'字草写之讹，元弼上脱'申'字，并示述元弼官中书侍郎，四字应属下'徐安贞'读，安贞天宝初官此，故误为元弼之官耳。"则"注云"乃可删除之。

附考：关于徐元弼之父徐申的卒年与享年，上引权德舆《唐故金紫光禄大夫检校礼部尚书使持节都督广州诸军事兼广州刺史御史大夫充岭

---

① 权德舆：《唐故金紫光禄大夫检校礼部尚书使持节都督广州诸军事兼广州刺史御史大夫充岭南节度支度营田观察处置本管经略等使东海郡开国公赠太子少保徐公(申)墓志铭并序》，《权德舆文集》卷十四，甘肃人民出版社 1999 年版。

南节度支度营田观察处置本管经略等使东海郡开国公赠太子少保徐公(申)墓志铭并序》乃有载，云："……诏可其奏，就加礼部尚书，秩正三品，疏封东海。命书未及至，奄捐馆舍……吊祠称焉。是岁改元元和，公之生七十七年矣。"据此，知徐申卒于元和元年，享年七十七岁。但李翱《唐故金紫光禄大夫检校礼部尚书使持节都督广州诸军事兼广州刺史兼御史大夫充岭南节度营田观察制置本管经略等使东海郡开国公食邑二千户徐公(申)行状》则云："公讳申，字维降，东海郯人。……元和元年诏加金紫光禄大夫检校礼部尚书，封东海郡开国公，食邑二千户，徐如故。诏书未致，有疾薨于位。……享年七十。虽不登于上寿，儒者荣之。"①一作"公之生七十七"，一作"享年七十"，二者异。但孰是孰非，因材料所限，难以判定，兹拈出以俟淹贯者。

宋申锡(卷六二三)

原小传云："申锡，字庆臣……文宗大和二年拜尚书左丞，进同中书门下平章事。"

辨证：宋申锡，两《唐书》有传。小传此之所述，乃是综合两《唐书·宋申锡传》而为，但不确。复次《新唐书·宋申锡传》云："申锡字庆臣。……文宗即位，再转中书舍人，复为翰林学士。……未几拜尚书右丞，逾月进中书门下平章事。"《旧唐书·宋申锡传》则云："申锡，字庆臣。……大和二年，正拜中书舍人，复为翰林学士。……未久，拜左丞，逾月，加平章事。"二者大致相同，唯《新唐书》作"尚书右丞"。然检《新唐书·宰相表下》，大和二年与三年之内，并无宋申锡"进同中书

---

① 李翱：《唐故金紫光禄大夫检校礼部尚书使持节都督广州诸军事兼广州刺史兼御史大夫充岭南节度营田观察制置本管经略等使东海郡开国公食邑二千户徐公(申)行状》，《全唐文》卷六三九，中华书局1983年影印本。

门下平章事”之载，则小传此所述者，乃必误无疑。虽然，《新唐书·宰相世系表五上》有“申锡字庆臣，相文宗”云云，但其“相文宗”之确时，却绝非为小传所述之“大和二年”。

检《旧唐书·文宗纪下》有云：“秋七月癸酉朔。癸未，诏以朝议郎、尚书右丞、上柱国赐紫金鱼袋宋申锡为正议大夫、行尚书右丞、同中书门下平章事。”《新唐书·文宗纪》同。复次《新唐书·宰相表下》，云：“(大和四年)七月癸未，尚书右丞宋申锡同中书门下平章事。”则小传之“大和二年”与“尚书左丞”等，乃皆误。

李宣(同卷)

原小传云：“宣，贞元时人。”

辨证：李宣，两《唐书》无传。小传此述，所本何籍，待考，但误。按此“李宣”当为“李暄”之误。检劳格《读书杂识》卷八《读全唐文札记》有云：“旧钞文苑英华五三五作李暄。”则小传应据改。

韦渠牟(同卷)

原小传云：“渠牟，京兆万年人。初为道士，复为僧。兴元中韩滉镇浙西，奏授校书郎，进四门博士。贞元十二年擢右补阙内供奉，岁中至谏议大夫，再擢太常卿。贞元十七年卒，赠刑部尚书。”

辨证：韦渠牟，两《唐书》有传。小传此之所述，乃是综合两《唐书·韦渠牟传》而为，但有误。考权德舆《唐故太常卿赠刑部尚书韦公(渠牟)墓志铭并序》有云：“大历末，丁著作府君忧。……贞元二年，起家拜校书郎，五年转左武卫骑曹掾，皆为知己者从事。八年，大成均表其名经可领学徒，迁四门博士。十二年夏，承诏与近臣名儒缁黄大士讲议于麟德殿，上以为能，拜秘书郎。……岁中历右补阙、左谏议大夫。……间一岁，迁太府卿，锡以命服。又间一岁，迁太常卿。”据此，知小传之误具体为：(1)“兴元中韩滉镇浙西，奏授校书郎”，应改为：兴元中韩滉镇浙西，贞元二年奏授校书郎。(2)“进四门博士”为贞元八年事，不得与“奏授校书郎”相接，因为二者之间乃有六年之隔。(3)“岁中至谏议大夫”脱一“左”字，即韦渠牟所“至”者，乃为左谏议大夫。

考补：父韦冰。为李白授古乐府学。左武卫骑曹掾，秘书郎，太府卿。

考林宝《元和姓纂》卷二“韦氏郿城公房”云：“景骏生述、迪……冰。冰，一名达，生渠牟，太常卿。”①权德舆《左谏议大夫韦公(渠牟)诗集序》云：“初，君年十一，尝赋《铜雀台》绝句，右拾遗李白见而大骇，因授以古乐(府)之学，且以瑰琦轶拔为己任。”②官左武卫骑曹掾等三职，则俱见上引权德舆《唐故太常卿赠刑部尚书韦公(渠牟)墓志铭并序》一文，因文甚繁，不具引。

韩皋(同卷)

原小传云：“皋，字仲闻，太傅滉子。擢贤良科。贞元中累拜尚书右丞，元和时授忠武军节度使，入为吏部尚书，兼太子太傅。长庆元年拜尚书右仆射，为东都留守。”

辨证：韩皋，两《唐书》传皆附《韩滉传》后。小传此之所述，乃是据《旧唐书·韩皋传》而为，既有误，亦欠精审。复次《旧唐书·韩皋传》云：“由云阳尉擢贤良科，拜右拾遗。”《新唐书·韩皋传》同。考

---

① 林宝：《元和姓纂》卷二，中华书局 1984 年版。

② 权德舆：《左谏议大夫韦公(渠牟)诗集序》，《权德舆文集》卷二十五，甘肃人民出版社 1999 年版。

徐松《登科记考》卷十一云："《旧书·韩滉传》：'子皋，字仲闻，由云阳尉擢贤良科，拜右拾遗。……德宗遣中人慰问。'按德宗之初，建中元年、贞元元年、贞元四年，皆举贤良方正科。韩滉卒于贞元三年，则皋登科在其前。而贞元元年韦执谊等十八人皆见《唐会要》《册府元龟》，无皋名，则皋于建中元年登第无疑矣。"①小传可据补。又，《新唐书·韩皋传》云："贞元十四年……贬抚州员外司马。未几，改杭州刺史，入拜尚书右丞。"检《旧唐书·顺宗纪》云："（贞元二十一年四月）戊辰，以杭州刺史韩皋为尚书右丞。"《资治通鉴·唐纪》于永贞元年（即贞元二十一年——引者注）三月云："壬申，追思忠州别驾陆贽、郴州别驾郑余庆、杭州刺史韩皋、道州刺史城阳赴京师。"合勘之，知韩皋之"累拜尚书右丞"，乃在贞元末年，小传作"贞元中"者，则乃误。

又，《旧唐书·韩皋传》有云："元和八年六月，加检校吏部尚书，充忠武军节度使。……入为吏部尚书。"《新唐书·韩皋传》虽无具体时间，但所载历官混淆，且次序颠倒。其有云："入为户部尚书，历东都留守，忠武军节度使。……诏拜吏部尚书。"又，《旧唐书·宪宗纪下》云："（元和八年六月）丙戌，以东都留守韩皋检校吏部尚书，兼许州刺史，充忠武军节度使。"此三者之载，虽略有不同，但韩滉"充忠武军节度使"为元和八年，则是甚为一致的（《新唐书·韩皋传》虽未及时间，但其载为"东都留守"后，则与《旧唐书·宪宗纪下》相扣合）。所以，小传之"元和中"应据改为元和八年。而小传韩滉"为东都留守"在"长庆元年拜尚书右仆射"后，则乃明显为误。至于韩滉"入为吏部尚书"，则在元和九年冬十月，对此，《旧唐书·宪宗纪下》乃有明载。又，据《旧唐书·宪宗纪下》所载，小传之"兼太子太傅"，乃为"太子宾客"之误，而其所任时间，则在元和九年十一月。

---

① 徐松：《登科记考》卷十一，中华书局1984年版。

冯宿(卷六二四)

原小传云：“宿，字拱之，婺州金华人。贞元中进士。长庆中累转太常少卿。敬宗立，改左散骑常侍兼集贤殿学士。大和历工、刑、兵三部侍郎，拜东川节度使，封长乐公。开成元年卒，年七十。赠吏部尚书。”

辨证：冯宿，两《唐书》有传。小传此之所述，乃是综合两《唐书》本传而为，既有误，亦欠精审。考王起《银青光禄大夫检校礼部尚书使持节梓州诸军事兼梓州刺史御史大夫充剑南东川节度副大使知节度事管内观察处置静戎军等使上柱国长乐县开国公食邑一千五百户赠吏部尚书冯公(宿)神道碑铭并序》(以下简称《冯公(宿)神道碑铭并序》)云：“惟唐开成元年岁在执徐十二月三日，检校礼部尚书东川节度使长乐公享年七十，薨于位。……弱冠以工文硕学称，年廿六举进士。又应宏词科，试《百步穿杨叶赋》。”①据此，知冯宿生于唐代宗大历二年(767年)，其“年二十六举进士”，为贞元八年。按唐德宗以贞元纪年，凡整二十年(二十一年八月改元永贞，见《新唐书·顺宗纪》)，小传作“贞元中”者，应据改。之后，冯宿曾“又应宏词科，试《百步穿杨叶赋》”，表明冯宿曾两次应试，小传作一次者，乃误。

《冯公(宿)神道碑铭并序》又有云：“会韩文公愈以京师迎佛骨，上疏切谏，忌公者因上之怒也，诬公实为之，出刺歙州。……在歙周岁，锄兼并，活矜寡，有襦袴谁嗣之谣。征拜刑部郎中，迁兵部郎中知制诰。”按韩愈谏迎佛骨，事在元和十四年正月，则小传之“大和历工、

---

① 王起：《银青光禄大夫检校礼部尚书使持节梓州诸军事兼梓州刺史御史大夫充剑南东川节度副大使知节度事管内观察处置静戎军等使上柱国长乐县开国公食邑二千五百户赠吏部尚书冯公(宿)神道碑并序》，《全唐文》卷六四三，中华书局1983年影印本。

刑、兵三部侍郎”为误者，乃殆无疑义。其正确者为：元和十四年，历刑、兵二部侍郎。又，小传之“拜东川节度使，封长乐公”，据《新唐书·冯宿传》所载，乃是先“封长乐公”而后拜“东川节度使”，小传颠倒了所任之次序，其时间则在大和九年，对此，《旧唐书·冯宿传》乃有载，兹不具引。所以，小传应据改。

吕温(卷六二五)

原小传云：“温，字和叔，一字化光，河中人。贞元末进士。再迁为左拾遗，以侍御史使吐蕃，元和初还。……再贬道州刺史，徙衡州。卒年四十。”

辨证：吕温，两《唐书》有传。小传此之所述，乃是据《新唐书·吕温传》而为，但有误。考刘禹锡《唐故衡州刺史吕君(温)集序》云：“东平吕和叔，实生是时，而绝人甚远。始以文章振三川……长安中诸生，咸避其锋。两科连中，铓刃愈出。德宗闻其名，自集贤殿校书郎擢为左拾遗。明年，犬戎请和，上问能使绝域者，君以奇表有专对材膺选，转殿内史。……还拜尚书户部员外郎，转司封，迁刑部郎中兼侍御史，副治书之职。会中执法左迁，缘坐出为道州刺史。以善政闻，改衡州。年四十而殁。”①据此，知吕温曾“两科连中”，但小传仅述“贞元末进士”者，则乃误。检辛文房《唐才子传》卷五《吕温》云：“贞元十四年李随榜及第。中宏辞。”亦为两次，且前者的进士及第时间明确。又，徐松《登科记》卷十四于吕温之“两科连中”进行了具体考订，认为试“进士科”在贞元十四年，试“博学宏词科”在贞元十五年。

又《唐故衡州刺史吕君(温)集序》之“明年，犬戎请和，上问能使绝

① 刘禹锡：《唐故衡州刺史吕君(温)集序》，《全唐文》卷六〇五，中华书局1983年影印本。

域者"云云，似当有误。检《旧唐书·吕温传》云："(贞元)二十年冬，副工部侍郎张荐为入吐蕃使，行至凤翔，转侍御史。赐绯袍牙笏。明年，德宗晏驾，顺宗即位，张荐卒于青海，吐蕃以中国丧祸，留温经年。"《新唐书·吕温传》同。"副工部侍郎张荐为入吐蕃使"既为贞元二十年冬，则《唐故衡州刺史吕君(温)集序》之"明年，犬戎请和，上问能使绝域者"云云，即难以理喻，盖因此"明年"是紧承"两科连中"与"德宗闻其名，自集贤殿校书郎擢为左拾遗"的。现既知吕温之试"博学宏词科"在贞元十五年，则其"铓刃愈出"与"德宗闻其名"之"明年"，就只能是在贞元十六年，而贞元十六年距《旧唐书·吕温传》所载之"贞元二十年"，乃有整四年之隔。所以，《唐故衡州刺史吕君(温)集序》中的"明年"，当为刘禹锡所误记。

又，吕温之卒年，两《唐书》吕温传均无载，小传亦然。考柳宗元《祭吕衡州温文》有云："维元和六年岁次辛卯九月癸巳朔某日，友人守永州司马员外置同正员柳宗元，谨遣书吏同曹家人襄儿，奉清酌之奠，敬祭于吕八兄化光之灵。"①《祭》文中之"元和六年"与"吕八"，一为吕温卒年，一为吕温排行，皆可补小传之阙。吕温元和六年(811年)"年四十"，推之可知，其生年乃为唐代宗大历七年(772年)。

李程(卷六三二)

原小传云："程，字表臣。……贞元十二年进士，又登宏词科。……敬宗立，以本官同平章事，寻加中书侍郎，封平原郡公，罢为河东节度使。……开成初，拜右仆射，二年出为山南东道采访使。卒年七十七。"

辨证：李程，两《唐书》有传。小传此之所述，乃是综合两《唐书》

① 柳宗元：《祭吕衡州温文》，《柳宗元集》卷四十，中华书局1979版。

李程传而为，但有误。复次《旧唐书·李程传》云："李程字表臣，陇西人。……贞元十二年进士，又登宏词科，累辟使府。"按徐松《登科记考》卷十四引《广卓异记》引《登科记》云："李程，贞元十二年进士，状元及第。十三年宏词头登科。"徐氏则以"按"的形式认为："十三年"为"十二年"之讹。原因是贞元十三年无"宏词科"之试。以徐氏之"按"言，李程试"进士科"与"宏词科"，均在贞元十二年，小传则可据而改之。

又，《旧唐书·李程传》云："敬宗即位之五月，以本官同平章事。"《新唐书·宰相表下》云："(长庆)四年五月乙卯，吏部侍郎李程，户部侍郎、判度支窦易直，并同中书门下平章事。"《旧唐书·敬宗纪》云："(长庆)四年正月壬申，穆宗崩。……丙子，群臣准遣诏奏皇帝玉册。……二月辛巳朔，上缞服见群臣于紫宸门外。……宝应元年春正月……大赦，改元宝应元年。"《新唐书·敬宗纪》云："(长庆)四年正月，穆宗崩。……丙子，皇太子即皇位于太极殿。"四者合勘，知皇太子李湛长庆四年正月即帝位后，并未改元，而是在一年后才改元宝历，所以，小传之"敬宗立，以本官同平章事"云云，是仍可称作"长庆四年五月，以本官同平章事"的，而《新唐书·宰相表下》作如是记载者，又可为之佐证。要之，如《旧唐书·李程传》作"敬宗即位之五月"亦可。

附考：李程卒年，两《唐书·李程传》均无载。如《旧唐书·李程传》仅云："(开成)二年三月，检校司徒，出为襄州刺史、山南东道节度使。卒。"《新唐书·李程传》则云："卒，年七十七。"检《旧唐书·文宗纪下》有云："(开成四年八月)癸亥，以左仆射牛僧孺检校司空、同平章事、兼襄阳刺史，充山南东道节度使。"合勘之，似李程之卒，当在开成四年(839年)八月前之襄阳刺史任上，待至八月，朝廷即诏牛僧孺代之。若是说不误，则李程之生年，就当在唐肃宗上元元年(761年)。其是耶非耶，兹拈出以俟淹贯者。

许康佐(卷六三三)

原小传云："康佐，第进士，又登宏词科。累官礼部尚书。卒年七十二，赠吏部尚书。"

辨证：许康佐，两《唐书》传皆附《许审传》后，极简略。小传此之所述，乃是据《旧唐书·许康佐传》而为，但有误。复次《旧唐书·许康佐传》云："许康佐，父审。康佐登进士第，又登宏词科。"《新唐书·许康佐传》则云："许康佐，贞元中进士、宏词，连中之。"并云："诸弟皆擢进士第，而尧佐最先进，又举宏辞，为太子校书。八年，康佐继之。"此明言"八年，康佐继之"，则许康佐之"又登宏词科"，即在贞元八年，当可论断。但据徐松《登科记考》卷十三则可知，贞元八年并无"宏词科"之试，故徐氏乃于是卷据权德舆《送许协律判官赴四川序》一文，考订许康佐、许尧佐兄弟均于贞元十年"登宏词科"。不独如此，徐氏还于《登科记考》卷十五考订许康佐为贞元十八年进士，并云："按新书言许尧佐(许康佐之弟——引者注)擢第，八年康佐继之。尧佐于十年及第，则康佐当附是年。"合勘可知，许康佐是先"登宏词科"(贞元十年)，而后"第进士"(贞元十八年)的。若《登科记考》此考订不误，则小传之"第进士，又登宏词科"，即颠倒了许康佐擢第之次序，故应据而改之。

许康佐之卒年，两《唐书》本传均无载，小传亦然。检《旧唐书·文宗纪下》有云："(开成三年二月)乙酉，礼部尚书许康佐卒。"开成三年为公元838年。又《旧唐书·许康佐传》云："转礼部尚书，卒年七十二。"合勘之，知许康佐乃生于唐代宗大历元年(766年)。许康佐的这一生年与卒年，小传亦应据而补之。

李翱（卷六三四）

原小传云："翱，字习之，凉武昭王之后。贞元十四年进士。……拜山南东道节度使。会昌中卒。"

辨证：李翱，两《唐书》有传。小传此之所述，乃是据《旧唐书·李翱传》而为，但有误。复次《旧唐书·李翱传》云："李翱字习之……贞元十四年进士第，授校书郎。"《新唐书·李翱传》则云："李翱字习之……中进士第，始调校书郎。"《旧唐书·李翱传》明载"贞元十四年进士第"，《新唐书·李翱传》不从者，则必有缘故。考李翱《感知己赋并序》有云："贞元九年，翱始就州府之贡举人事。其九月，执文章一通，谒于右补阙安定梁君。是时梁君之誉塞天下，属词求进之士，奉文章造梁君门下者，盖无虚日。梁君知人之过也，亦既相见，遂于翱有相知之道焉。谓翱得古人之遗风，期翱之名不朽于无穷，许翱以拂拭吹嘘。翱初谓面相进也，亦未幸甚。十一月，梁君遘疾而殁。……梁君殁于兹五年，翱学圣人经籍教训文句之旨，而为文将数万言，愈昔年见于梁君之文，弗啻数倍。……方知知己之难得也。夫见善而不能知，虽善何为？知而不能誉，则如勿知；誉而不能深，则如勿誉。"①据此可知：（1）李翱谒于"右补阙安定梁君（梁肃）"，乃在贞元九年九月，越二月梁肃"遘疾而殁"。（2）"梁君殁于兹五年"者，可证《感知己赋》之作年，乃在贞元十四年九月，否则，"于兹五年"无以落实。（3）据"而为文将数万言，愈昔年见于梁君之文，弗啻数倍"之所载，李翱是年之于长安，又欲效当年"谒梁肃"之举以谒他人。（4）"夫善而不能知"等句表明，李翱此次之投谒没有成功，故而乃有"誉而不能深，则如勿誉"之叹息。综此

---

① 李翱：《感知己赋序》，《全唐文》卷六三三，中华书局1983年影印本。

四者，乃知李翱于贞元十四年九月再至长安后，以文投谒他人，未获成功，因而才想起了“知己”梁肃，并写下了这篇《感知己赋并序》，以感怀投谒之艰辛。

考胡震亨《唐音癸签》卷十八《诂笺三·进士科故实》条有云：“举场每岁开于二月。每秋七月，士子从州觅解纷纷，故其时有‘槐花黄，举子忙’之谚。”①又，徐松《登科记考凡例》有云：“其应举者，乡贡进士例于十月二十五日集户部，生徒亦以十月送尚书省，正月乃就礼部试。试三场，先杂文，次帖经，次答策。每一场，即榜去留。通于二月放榜，四月送吏部。”②此二者表明，李翱于贞元十四年九月再至长安后，其若要参加“应进士第”，就只能于贞元十五年“正月乃就试礼部”，是否中第，则待“二月放榜”后才可知晓。所以，《旧唐书·李翱传》载李翱“贞元十四年进士第”者，乃误。而此，即是《新唐书·李翱传》不从其“贞元十四年进士第”说的原因之所在。所以，小传之“贞元十四年进士”乃误，应据改为贞元十五年进士。

又李翱之卒年，《旧唐书·李翱传》云：“(大和)九年，转户部侍郎。七月，检校户部尚书、襄州刺史、充山南东道节度使。会昌中，卒于镇。”《新唐书·李翱传》则仅云：“后历……山南东道节度使，卒。”合勘二者，似李翱之卒，乃在山南东道节度使任上。检《旧唐书·文宗纪下》有云：“(开成元年七月)辛卯，刑部尚书殷侑检校右仆射，充山南东道节度使。”据此，知殷侑之充山南东道节度使，当是代李翱而为，即李翱开成元年七月已不在山南东道节度使任上，则其之“卒于镇”者，当在开成元年七月前，而非《旧唐书·李翱传》与小传所述之“会昌中”。其是耶非耶，兹拈出以俟淹贯者。

---

① 胡震亨：《唐音癸签》卷十八《诂笺三》，上海古籍出版社1981年版。
② 徐松：《登科记考凡例》，《登科记考》卷首附，中华书局1984年版。

王起(卷六四一)

原小传云："起，字举之，宰相播弟。贞元十四年进士，登制策直言极谏科。"

辨证：王起，两《唐书》有传。小传此之所述，乃是据《旧唐书·王起传》而为，但有误。复次《旧唐书·王起传》云："起字举之，贞元十四年擢进士第，释褐集贤校理，登制策直言极谏科，授蓝田尉。"考白居易《唐扬州仓曹参军王府君(恕)墓志铭》云："公讳某(恕——见《旧唐书·王播传》，引者注)，字士宽，其先出自周灵王太子晋。……有子曰播、曰炎、曰起，咸以进士及第。播，应制举，对直言极谏策，授集昆山殿校书郎。……炎，既第，未仕。起，应博学宏词科，选授集贤殿校书郎。昆弟三人，不十年而五登甲科，时论者荣之。"①据此《唐扬州仓曹参军王府君(恕)墓志铭》之所载，知白居易是文写于永贞元年十二月二十五日，则其中的"不十年而五登甲科"者，所指为贞元十年至十九年的近十年间，当可论断。而检徐松《登科记考》可知，在此十年间，王播、王炎、王起三人的应试之况为：王播贞元十年进士，同年试"明经科"；王炎贞元十五年进士；王起贞元十四年进士，贞元十九年试"博学宏词科"。但王起贞元十九年所试之"博学宏词科"，与《旧唐书·王起传》之"登制策直言极谏科"为异，此则表明，王起曾另有一次"登制策直言极谏科"之应试，也即其一生凡三次擢第。对于王起之第三次应试，王钦若等《册府元龟》、王溥《唐会要》均有载，徐松《登科记考》卷十七据之考订为元和三年，则小传作二次者，应据补。

① 白居易：《唐扬州仓曹参军王府君(恕)墓志铭》，《白居易集》卷四十二，中华书局 1979 年版。

张仲素(卷六四四)

原小传云："仲素，河间人，官中书舍人。"

辨证：张仲素，两《唐书》无传。小传此之所述，当是据《旧唐书·张浚传》而为，但不确。复次《旧唐书·张浚传》云："张浚字禹川，河间人。祖仲素，位至中书舍人。"按此所载之"河间"，乃为张氏之郡望(参见《新唐书·宰相世系表二下》之"河间张氏")，而非其籍贯。考何庆钊等《光绪宿州志》卷十八《人物志·儒林》有张仲素，云："字绩之，苻离人，善诗文。登贞元进士，为翰林学士，从知武宁军为司勋员外郎。与太原白居易、彭城刘禹锡相友善。张美退，苻离人，与兄仲素同登贞元进士。……棣萼联辉，时人誉之。"①此则表明，张仲素乃苻离(今江苏徐州)人。又，计有功《唐诗纪事》卷四十二"张仲素"条有云："张仲素，字绘之。"光绪《宿州志》作"绩之"者，当为"绘之"之误。

考补：字绘之，贞元十四年进士，苻离人。为翰林学士，从知武宁军为司勋员外郎。礼部郎中，充翰林学士。屯田员外郎。

辛文房《唐才子传》卷五《张仲素》云："仲素，字绘之。贞元十四年李随榜进士，与李翱、吕温同年。"又，上引《光绪宿州志》卷十八《人物志·儒林》云："张仲素……苻离人……为翰林学士，从知武宁军为司勋员外郎。"又，丁居晦《重修承旨学士壁记》云："张仲素，元和十一年八月十五日，自礼部郎中充(翰林学士)。"又，《旧唐书·杨於陵传》云："(元和)七年，吏部尚书郑余庆以疾请告，乃复置考判官，以……屯田员外郎张仲素、太学博士陆亘等为之。"

---

① 何庆钊等：《光绪宿州志》卷十八，上海书店1989年影印本。

李绛(卷六四五)

原小传云："绛，字深之，赵州赞皇人。擢进士宏词。……文宗朝检校司空，为山南西道节度使……募兵为乱，害之，年六十七。"

辨证：李绛，两《唐书》有传。小传此之所述，乃是据《旧唐书·李绛传》而为，既有误，亦欠精审。按"擢进士宏词"一句，因《全唐文》点校者之断句有误，而使本为二次("擢进士、宏词")之应试擢第，混为"擢进士宏词"一次了。此外，小传虽作"擢进士宏词"，但无及第之具体年份。按晁公武《郡斋读书志》卷十七著录李绛《论谏集》七卷，并有注云："右唐李绛深之也。赞皇人，贞元八年进士，中宏词科，补渭南尉。六年，进中书侍郎，平章事。"而孙猛校"六年"则云："案元和六年。"①又，《全唐文》是卷著录李绛《太极宫观紫极舞赋》，李昉等《文苑英华》编在卷一二五，凡二人二篇，除李绛外，另一人为张复元，据洪兴祖《韩子年谱》引《登科录》，贞元九年"宏词"试《太极宫观紫极舞赋》，故李绛、张复元均为是年博学宏词科及第。如此，则知李绛贞元八年"擢进士"，贞元九年"宏词"及第，所以，小传亦应据而改之。

又，据《旧唐书·文宗纪下》，李绛在兴元府(梁州)任"山南西道节度使"为乱兵所杀，事在大和四年二月，小传则应据补。

元稹(卷六四七)

原小传云："稹，字微之，河南人。擢明经判入等，补校书郎。元

---

① 晁公武撰、孙猛校证：《郡斋读书志校证》卷十七，上海古籍出版社 2011 年版。

和元年举制科，对策第一，拜左拾遗。……大和四年拜武昌节度使，卒年五十三。赠右仆射。”

辨证：元稹，两《唐书》有传。小传此之所述，乃是据《旧唐书·元稹传》而为，虽不误，但欠精审。复次《旧唐书·元稹传》云：“元稹，字微之，河南人。……稹八岁丧父。……十五岁两经擢第。二十四调判入第四等，授秘书省校书郎。二十八应制举才识兼茂明于体用科，登第者十八人，稹为第一。”《旧唐书·元稹传》此之所载，乃是据白居易《元公(稹)墓志铭》而为。按白居易《元公(稹)墓志铭》之全称，为《唐故武昌军节度处置等使正议大夫检校户部尚书鄂州刺史兼御史大夫赐紫金鱼袋赠尚书右仆射河南元公墓志铭并序》。其中有云：“公讳稹，字微之，河南人。……公受天地粹灵……十五，明经及第。二十四，调判入四等，署秘省校书。二十八，应制策，入三等，拜左拾遗。……大和五年，七月二十二日，遇暴疾，一日薨于位，春秋五十三。”①按“大和五年”为公元 831 年，上推“五十三年”，为唐代宗大历十四年(779 年)，即元稹生年。由此生年相推可知，元稹“明经及第”在开元九年，“调判入四等”即“应博学宏词科”在贞元十九年，“应制策”即为“才识兼茂明于体用科”。而元和元年应“才识兼茂明于体用科”，小传则应据补。

又，据上引白居易《元公(稹)墓志铭》可知，元稹大和五年七月“薨于位”，小传亦应据而补之。

白居易(卷六五六)

原小传云：“居易，字乐天，其先太原人。……贞元十四年进士。元

① 白居易：《唐故武昌军节度处置等使正议大夫检校户部尚书鄂州刺史兼御史大夫赐紫金鱼袋赠尚书右仆射河南元公墓志铭并序》，《白居易集》卷七十，中华书局 1979 年版。

和元年，制策乙等，累转主客郎中知制诰。……大中元年卒，年七十六。”

辨证：白居易，两《唐书》有传。小传此之所述，乃是据《旧唐书·白居易传》而为，但有误。检白居易《箴言并序》云：“贞元十有五年，天子命中书舍人渤海公领贡举事。越明年春，居易以进士举，一上登第。”①又，白居易有《养竹记》云：“贞元十九年春，居易以拔萃选及第，授校书郎，始于长安求假居处，得常乐里故关相国私第之东亭而处之。”②又，李商隐《刑部尚书致仕赠尚书右仆射太原白公(居易)墓碑铭并序》有云：“公字乐天，讳居易。前进士避祖讳选书判拔萃，注秘省校书。(元和)元年对宪宗诏策，语切，不得为谏官，补盩厔尉。明年试进士……入翰林院，试文五篇。明日，以所试……遂为学士右拾遗。”③又，《旧唐书·白居易传》云：“元和元年四月，宪宗策试制举人，应才识兼茂明于体用科，策入第四等，授盩厔县尉，集贤校理。”综以上之所载可知，白居易一生曾三次应试。小传之所述，既缺贞元十九年之“拔萃选及第”，又将贞元十六年进士误作“贞元十四年”，实乃不的，应据改。

又，白居易《醉吟先生墓志铭并序》云：“大历七年(原作“六”，误——引者注)正月二十日，生于郑州新郑县东郭宅，以会昌六年月日，终于东都履道里私第，春秋七十有五。”④又，上引李商隐《刑部尚书致仕赠尚书右仆射太原白公(居易)墓碑铭并序》云：“公以致仕刑部尚书年七十五，会昌六年八月薨东都，赠右仆射，十一月遂葬龙门。”合勘之，则小传据《旧唐书·白居易传》作“大中元年卒，年七十六”者，

---

① 白居易：《箴言并序》，《白居易集》卷四十六，中华书局 1979 年版。

② 白居易：《养竹记》，《白居易集》卷四十三，中华书局 1979 年版。

③ 李商隐：《刑部尚书致仕赠尚书右仆射太原白公(居易)墓碑铭并序》，《全唐文》卷七八〇，中华书局 1983 年影印本。

④ 白居易：《醉吟先生墓志铭并序》，《白居易集》卷七十一，中华书局 1983 年版。

乃大误，所以，应据改。

牛僧孺(卷六八二)

原小传云："僧孺，字思黯。……第进士。元和初登贤良方正制科。……宣宗立，还为太子少师。卒年六十九。"

辨证：牛僧孺，两《唐书》有传。小传此之所述，乃是据《新唐书·牛僧孺传》而为，但有误。考杜牧《唐故太子少师奇章郡开国公赠太尉牛公(僧孺)墓志铭并序》(以下简称《牛公(僧孺)墓志铭》)云："宰相牛公讳某字某。……公登进士上第。元和四年应贤良直谏制……诏下第一，授伊阙尉。"①又，李珏《故丞相太子少师赠太尉牛公(僧孺)神道碑并序》(以下简称《牛公(僧孺)神道碑并序》)云："公七岁而孤，依倚外族周氏。……年十五……乃辞亲肄业，孜孜矻矻，不舍蚤夜，洎四五年，业成举进士……得上第。联以贤良方正举，又冠甲科。策中盛言时事，无有隐避，持权者深忌之，出为伊阙尉。"②按杜牧《牛公(僧孺)墓志铭并序》载牛僧孺"元和四年应贤良直谏制"，则李珏《牛公(僧孺)神道碑并序》之"业成举进士"者，即在牛僧孺二十岁("年十五""洎四五年")之际。牛僧孺生于唐德宗建中元年(说详后)，二十岁为贞元十六年，其"第进士"即在是年，越九年为元和四年，"应贤良直谏制"科。

按杜牧《牛公(僧孺)墓志铭并序》又有云："大中二年十月二十七日，薨于东都城南别墅，年六十九。"据此上推"年六十九"，为建中元年，即牛僧孺生年。又，李珏《牛公(僧孺)神道碑并序》则云："大中戊辰岁十二月二十九日薨，以大中己巳岁五月十九日葬。"按"大中戊辰"

① 杜牧：《唐故太子少师奇章郡开国公赠太尉牛公(僧孺)墓志铭并序》，《全唐文》卷七五五，中华书局1983年影印本。

② 李珏：《故丞相太子少师赠太尉牛公(僧孺)神道碑并序》，《全唐文》卷七二〇，中华书局1983年影印本。

即大中二年(“大中己巳”为大中三年),“大中戊辰岁十二月二十九日薨”,与杜牧《牛公(僧孺)墓志铭并序》中之“大中二年十月二十七日薨”者,乃稍异。而“大中二年”,可补两《唐书·牛僧孺传》之阙,小传则亦可据而补之。

附考:《旧唐书·李宗闵传》云:“宗闵字损之。……宗闵,贞元二十一年进士擢第,元和四年,复登制举贤良方正科。初,宗闵与牛僧孺同年登进士第。”据此,知牛僧孺“第进士”乃在贞元二十一年,是年,牛僧孺二十五岁。但牛僧孺的这一年岁,与李珏《牛公(僧孺)神道碑并序》所载之“年十五”“洎四五年,业成举进士”云云,乃相去甚远。而从文献学的角度考察,李珏《牛公(僧孺)神道碑并序》的史料价值与可信度,显然是较《旧唐书·李宗闵传》要可靠许多的,因之,其不能作为考察牛僧孺“第进士”的依据,也就自不待言。所以,对牛僧孺“第进士”年份的考察,应以李珏《牛公(僧孺)神道碑并序》之所载为据。

穆寂(卷六八三)

原小传云:“寂,贞元时人。”

辨证:穆寂,两《唐书》无传。小传此述,所本何籍,待考,但有误。检岑仲勉《读全唐文札记》云:“(卷六八三)穆寂小传,‘寂,贞元时人’。按吕衡州集一〇、元和三年,寂官监察御史(劳氏已引),其后官著作郎,见姓纂。”据此,知小传之“贞元时人”,应改为贞元、元和时人,并将监察御史、著作郎二职据而补之。

卢仝(同卷)

原小传云:“仝,范阳人。隐居少室山,自号玉川子,以谏议征不起。甘露之变，因宿王涯第被害。”

辨证：卢仝，《新唐书》传附《韩愈传》后，极简略。小传此述，所本何籍，待考，但有误。检《新唐书·卢仝传》云：“卢仝居东都，愈为河南令，爱其诗，厚礼之。仝自号玉川子，尝为《月蚀诗》以讥切元和逆党，愈称其工。”计有功《唐诗纪事》卷三十五“卢仝”条所载同。按辛文房《唐才子传》卷五《卢仝》有云：“仝，范阳人。初隐少室山，号玉川子。……朝廷知其清介之节，凡两备礼征为谏议大夫，不起。……元和间……王涯秉政，胥怨于人。及祸起，仝偶与诸客会食涯书馆中，因留宿，吏卒掩捕……竟同甘露之祸。”此或即小传之所本。但《唐才子传》卷五《卢仝》与小传均作“仝，范阳人”者，则误。考陈振孙《直斋书录解题》卷十九录《卢仝集》三卷，并撰“解题”云：“唐处士洛阳卢仝撰。自号玉川子。”又，王士俊等《河南通志》卷六十五《文苑·怀庆府》有卢仝，云：“济源人，号玉川子，好学博览，工诗。尝为《月蚀》诗，讥元和逆党。又为《茶歌》，句多奇警。今济源通济桥二里余，有仝茶泉。”①据《四库全书总目》卷六十八为《河南通志》所撰“提要”可知，北宋宋敏求曾撰《河南志》，王士俊等《河南通志》当是参考宋敏求《河南志》而为，如此，则卢仝为“济源人”者，应为可信。又，卢仝《将归山招冰僧》诗有云：“买得一片田，济源花洞前。千里石壁坼，一条流泌泉。”②诗中所言“济源”“泌泉”，应即《河南通志》所载“今济源通济桥二里余，有仝茶泉”云云。所以，卢仝为今河南济源人，乃可论断。

又，据《旧唐书·文宗纪下》《新唐书·王涯传》《资治通鉴·唐纪》卷六十一所载，“甘露之变”发生于唐文宗大和九年十一月，则卢仝“因宿王涯第被害”者，当即在是时，小传可据而补之。

---

① 王士俊等：《河南通志》卷六十五，《四库全书》本，上海古籍出版社 1987 年影印。

② 卢仝：《将归山招冰僧》，《全唐诗》卷三八九，中华书局 1960 年版。

章孝标(同卷)

原小传云："孝标，桐庐人。元和十四年进士，除秘书省正字。大和中试大理评事。"

按：章孝标，两《唐书》无传。小传此之所述，当是据计有功《唐诗纪事》卷四十一"章孝标"条而为。其云："孝标元和十三年下第，时辈多为诗以刺主司，独孝标为《归燕》诗留献，侍郎庾承宣得诗展转吟讽，庾果重典礼曹，孝标来年登第。……孝标及第除正字。……或曰：前有八元，后有孝标，皆桐庐人。……孝标，大和中……试大理评事。"①据此，知小传所述不误。

考补：字道正。山南东道从事，剑南西川节度使从事。

检《全唐诗》卷五一四著录朱庆余《题章正字道正新居》一诗，诗题中之"正字"，为章孝标第进士后所官"秘书省正字"，而"道正"则为其之表字。辛文房《唐才子传》卷六《章孝标》云："孝标字道正。"是为明证。《唐才子传》卷六又有云："大和中，尝为山南道从事，试大理评事。"按"山南道"为"山南东道"之误。又，《全唐诗》卷五一八著录雍陶《寄襄阳章孝标》诗一首，云："青油幕下白云边，日日空山夜夜泉。闻说小斋多野意，枳花阴里麝香眠。"全诗充满了对章孝标在任山南东道从事时清闲生活的想象。又，《全唐诗》卷五〇六著录章孝标《蜀中上王尚书》《上西川王尚书》诗，诗题中的"王尚书"，即时任剑南西川节度使的王播。《旧唐书·宪宗纪下》云："(元和十三年)正月辛亥，以礼部尚书王播为成都尹、剑南西川节度使。"据此二诗，知届时章孝标已参与王播节度使幕府。

---

① 计有功：《唐诗纪事》卷四十一，上海古籍出版社1965年版。

独孤郁(同卷)

原小传云："郁，字古风。……贞元十四年进士。元和初举制科高等。累官秘书监。卒年四十，赠绛州刺史。"

辨证：独孤郁，两《唐书》有传。小传此之所述，乃是综合两《唐书·独孤郁传》而为，但有误。考韩愈《秘书少监赠绛州刺史独孤府君(郁)墓志铭》有云："君讳郁，字古风，河南人，常州刺史赠礼部侍郎宪公讳及之第二子。……年二十四，登进士第。……元和元年对诏策，拜右拾遗。……寻迁秘书少监，即闲于郊。十年正月，病遂殆，甲午舆归，卒于其家。赠绛州刺史，年四十。"①据此，知小传之"累官秘书监"，乃为"累官秘书少监"之误，而韩愈《秘书少监赠降州敕史独孤府君(郁)墓志铭》之题中的"秘书少监"，又可为之佐证。

王真(同卷)

原小传云："真，德宗朝官汉州刺史，充威胜军使。"

辨证：王真，两《唐书》无传。小传此述，所本何籍，待考。按《全唐文》卷九三一著录杜光庭《道德真经广圣义序》一文，有云："《道德经》自函关所授，累代尊行，哲后明君，鸿儒硕学，诠疏笺注，六十余家。则有汉州刺史王真。"此则表明，王真在刺牧汉州期间，曾笺注过《道德经》。又，《旧唐书·吐蕃下》有云："(贞元三年四月)初，瀚至鸣沙，与尚结赞相见，询问其违约陷盐、夏州之故，对曰：'……及遣

① 韩愈：《秘书少监赠绛州刺史独孤府君(郁)墓志铭》，《全唐文》卷五六五，中华书局1983年影印本。

康成、王真之来，皆不能达大国之命。'瀚诱赂蕃中给役者，求其人马真数。"据此，知王真在贞元三年四月前，曾奉命出使吐蕃一次。而此二者，则皆可补小传之阙。

郑太穆(同卷)

原小传云："太穆，官金州刺史。"

辨证：郑太穆，两《唐书》无传。小传此之所述，乃是据范摅《云溪友议·襄阳杰》(王谠《唐语林》卷四亦载)而为，不误。其云："郑太穆郎中为金州刺史，致书于襄阳于司空頔。"其中之"郎中"，则可补小传之阙。

独孤良器(卷六八四)

原小传云："良器，德宗朝右司郎中。"

辨证：独孤良器，两《唐书》无传。小传此之所述，当是据《旧唐书·赵宗儒传》而为，但有误。复次《旧唐书·赵宗儒传》云："贞元六年，领考功事，定百吏考绩，黜陟公当，无所畏避。右司郎中独孤良器、殿中侍御史杜伦，各以过黜之。"《新唐书·赵宗儒传》同。又，《全唐文》是卷著录独孤良器《放驯象赋》一篇，有注云："以珍异禽兽无育家国为韵。"李昉等《文苑英华》编在卷一三一，且为二人二篇，另一人即独孤绶。徐松《登科记考》卷十一于独孤绶名下有云："按《唐书》本纪，放文单国所献舞象事在大历十四年闰五月丁亥，独孤绶盖于是年登进士第，又登宏词科。"因而订二者皆在大历十四年。而于独孤良器，亦如是，则小传可据而补之。

孟郊(同卷)

原小传云："郊，字东野，湖州武康人。年五十始第进士，调溧阳尉，郑余庆镇兴元，奏为参谋。卒年六十四。"

辨证：孟郊，两《唐书》有传。小传此之所述，乃是据《新唐书·孟郊传》而为，既有误，亦欠精审。考韩愈《贞曜先生(孟郊)墓志铭》有云："先生讳郊，字东野。……年几五十，始以尊夫人之命，来集京师，从进士试。既得即去。间四年，又命来，选为溧阳尉。"①既言"年几五十"而"从进士试"，又言"间四年，又命来，选为溧阳尉"，合勘之，则孟郊之"第进士"，当为五十三岁或五十四岁。按韩愈《昌黎先生集》有《孟生》一诗，宋人樊汝霖注引唐《登科记》云："东野及第在贞元十二年，年五十四。"徐松《登科记考》卷十四，即据此考订孟郊"第进士"在贞元十二年。但岑仲勉《唐音余渖》卷二"孟郊得第年"条，则认为宋人樊汝霖注引唐《登科记》之所载，乃误，其正确者为孟郊四十六岁的贞元四年。则小传之"年五十始第进士"乃误，应据改。

又，孟郊之卒年，两《唐书》本传均未载，故小传亦然。按上引韩愈《贞曜先生(孟郊)墓志铭》有云："唐元和九年，岁在甲午八月己亥，贞曜先生孟氏卒。无子。"小传则可据而补之。

张仲方(同卷)

原小传云："仲方，韶州始兴人。贞元中擢进士，登宏词，补秘书

① 韩愈：《贞曜先生(孟郊)墓志铭》，《全唐文》卷五六四，中华书局1960年版。

省正字。……文宗朝至秘书监。……开成二年卒，年七十二。赠礼部尚书。”

辨证：张仲方，两《唐书》有传。小传此之所述，乃是综合两《唐书·张仲方传》而为，虽不误，却欠精审。考白居易《唐故银青光禄大夫秘书监曲江县开国伯赠礼部尚书范阳张公(仲方)墓志铭并序》(以下简称《张公(仲方)墓志铭并序》)有云：“公讳仲方，字靖之，其先范阳人。……贞元中进士举及第，博学选登科。初补集贤殿校书郎，丁内忧，丧除，复补正字。……征还，为太子宾客……秘书监，勋至上柱国，阶至银青光禄大夫，封至曲江县开国伯。……开成二年，四月某日，薨于上都新昌里第。诏赠礼部尚书。……入仕四十载，历官二十五，享年七十二。”①其中之“贞元进士举及第，博学选登科”，与小传之“贞元中擢进士，登宏词”一样，均无具体年份。检徐松《登科记考》卷十四，其考订张仲方“擢进士”与“登宏词”者，均在贞元十二年，小传则可据而补之。

又，白居易《张公(仲方)墓志铭并序》之“字靖之”，两《唐书》张仲方传与小传均无载，则其乃可补三者之阙。

沈传师(同卷)

原小传云：“传师，字子言。……贞元十年进士，登制科乙等。宝历中官尚书右丞，历江南西道观察使，转宣歙池观察使，入为吏部侍郎。大和元年卒，年五十九，赠尚书。”

辨证：沈传师，两《唐书》有传。小传此之所述，乃是据《旧唐书·沈传师传》而为，但有误。考杜牧《唐故尚书吏部侍郎赠吏部尚书沈公(传师)行状》有云：“公讳某字某。贞元末举进士……明年中第。文公

① 白居易：《唐故银青光禄大夫秘书监曲江县开国伯赠礼部尚书范阳张公(仲方)墓志铭并序》，《白居易集》卷七十，中华书局1983年版。

门生七十人，时人比公为颜子。联中制策科，授太子校书。……穆宗皇帝亲任学士。……由是出为湖南观察使兼御史大夫。……江西宣州联岁水灾，所贷万计……虽终岁伺之，不见毫发。……自宣城入为吏部侍郎。二年，考核搜举，品第伦比，时称精能。宰物之望，属于佥议，公每愿用所长，复理于外。及薨于位。”①据此，知沈传师之“举进士”，乃在“贞元末”而非“贞元中”(即“贞元十年”)。又，徐松《登科记考》将沈传师之此二次应试，分别考订为贞元二十一年(卷十五，应“进士科”)、元和元年(卷十六，应“才识兼茂明于体用科”)，甚是，可从，小传则应据改。

据上引杜牧《唐故尚书吏部侍郎赠吏部尚书沈公(传师)行状》又可知，沈传师曾三次外任观察使，即“湖南”“江南西道”“宣歙池”，小传则无“湖南观察使兼御史大夫”之载。又，小传之“赠尚书”，乃脱“吏部”二字，杜牧《唐故尚书吏部侍郎赠吏部尚书沈公(传师)行状》题目中之“赠吏部尚书”五字，即可证之。又，《旧唐书·沈传师传》有云：“宝历二年，入拜尚书右丞。”按“宝历”为唐敬宗年号，凡二年，则小传之“宝历中”应改为“宝历末”，或径作宝历二年。

张籍(同卷)

原小传云：“籍，字文昌，和州乌江人。贞元中进士。终国子司业。”

辨证：张籍，两《唐书》有传。小传此之所述，乃是据《旧唐书·张籍传》而为，既有误，亦欠精审。考张洎《张司业集序》有云：“司业讳籍，字文昌，苏州吴人也(注云：一作和州乌江人)，贞元十五年丞相

① 杜牧：《唐故尚书吏部侍郎赠吏部尚书沈公(传师)行状》，《全唐文》卷七五六，中华书局1983年影印本。

渤海公下及第。历官太祝、秘书郎、国子博士、水部员外郎、国子司业。"①又，赵令畤《侯鲭录》卷五引《唐登科记》云："张籍以贞元十五年高郢下登第。"②按唐德宗以"贞元"纪年，凡二十年（二十一年八月改元"永贞"），贞元十五年为贞元末，故小传之"贞元中"者乃误，应据改为"贞元末"，或径作贞元十五年。

又，张籍之籍贯，小传作"和州乌江"者，乃误。考韩愈《张中丞传后叙》有云："元和二年四月十三日夜，愈与吴郡张籍阅家中旧书，得李翰所为《张巡传》。翰以文章自命，为此传颇详密，然尚恨有关者，不为许远立传。"③又，白居易《唐故通议大夫和州刺史吴郡张公（无择）神道碑铭序》有云："张之为著姓尚矣：自汉太傅民、侍中肱、晋司空华、丞相嘉以隆，勋贤轩冕，历代不乏。肱避地渡江，始居于吴，故其子孙称吴郡人。"④韩愈与白居易，均与张籍为诗友，一称张籍为吴郡人，一载张氏自张肱"居于吴"始，"其子孙称吴郡人"者，乃最为可靠。又，《白居易集》同卷有《唐赠尚书工部侍郎吴郡张公（张誠）神道碑铭并序》一文，题中的"吴郡张公"，即可证"其子孙称吴郡人"者，乃为事实。所以，小传之"和州乌江人"，或径作吴郡人。

皇甫湜（卷六八五）

原小传云："湜，字持正，睦州新安人。第进士，补陆浑尉。仕至工部郎中。"

辨证：皇甫湜，《新唐书》有传。小传此之所述，即是据《新唐书·

---

① 张洎：《张司业集序》，《全唐文》卷八七二，中华书局 1983 年影印本。

② 赵令畤：《侯鲭录》卷五，《唐宋笔记丛刊》本，中华书局 2002 年版。

③ 韩愈：《张中丞传后叙》，《全唐文》卷五五六，中华书局 1983 年影印本。

④ 白居易：《唐故通议大夫和州刺史吴郡张公（无择）神道碑铭序》，《白居易集》卷四十一，中华书局 1979 年版。

皇甫湜传》而为，但有误。按据徐松《登科记考》卷十六、卷十七之考订，知皇甫湜一生凡二试，其一为元和元年之“进士科”，并为当年“进士二十三人”之一；其二即元和三年之应“贤良方正能直言极谏科”。所以，小传之“第进士”者，既有不确(无具体年份)，亦有错误(仅作“第进士”一次)，故应据改。

考补：韩愈门生。王涯外甥。

检《新唐书·韩愈传》云：“至其徒李翺、李汉、皇甫湜……遽不及远甚。”又，同书《王涯传》云：“元和初，会其甥皇甫湜以贤良方正对策异等，忤宰相，涯坐不避嫌，罢学士，再贬虢州司马，徙为袁州刺史。”

符载(卷六八八)

原小传云：“载，字厚之，蜀人。隐居庐山，李巽观察江西，辟掌书记。试太常寺协律郎，授监察御史。”

辨证：符载，两《唐书》无传。小传此之所述，乃是据计有功《唐诗纪事》卷五十一“符载”条而为，既较简略，亦有误。复次《唐诗纪事》卷五十一“符载”条云：“载，字厚之，蜀人，有奇才。始与杨衡、宋济习业青城山，衡擢第，济老死无成，唯载以王霸自许，耻于常调。韦皋镇蜀，辟为支使。……及(刘)闢败，载遂免死。载居庐山。……贞元中，李巽为江西观察，荐其材，授奉礼部(按“部”字衍——引者注)郎，为南昌军副使。继辟西川韦皋掌书记……历协律郎，监察御史，卒。”①据此，知“李巽为江西观察”与“辟掌书记”，乃为互不相干之事，小传撰写者因不谙此，乃将二者合一，认为“辟”符载为“掌书记”者，乃江西观察使李巽，实则大谬。

---

① 计有功：《唐诗纪事》卷五十一，上海古籍出版社 1965 年版。

考补：自称庐山山人。记室参军。由庐山归蜀觐省，崔群以文相送。

按《全唐文》是卷著录符载《从樊汉南为鹿门处士（孟浩然）修墓笺》云："庐山山人符载顿首顿首死罪。"又，柳宗元《贺赵江陵宗儒辟符载启》云："某启：伏闻以武都符载为记室，天下立志之士，杂然相顾，继以叹息，知为善者得其归响，流言者有所间执。……幸甚幸甚！夫以符君之艺术志气，为时闻人。"①又，崔群有《送庐岳处士符载归蜀觐省序》一文，云："旄头光明，垂三十载，不习俎豆，化为侯王者，十有八九焉。……君家在岷蜀，展爱高堂，将圣贤典籍，充人子币帛，期所以激衰俗。……秋九月，楚人歌采兰以送之。"②

白行简（卷六九二）

原小传云："行简，字知退，太子太保白居易弟。贞元末进士。元和中累迁司门员外郎，主客郎中。宝历二年卒。"

辨证：白行简，两《唐书》传均附《白居易传》后。小传此之所述，乃是据《旧唐书·白行简传》而为，既有误，亦欠精审。复次《旧唐书·白行简传》有云："行简字知退。……（元和）十五年，居易入朝为尚书郎，行简亦授左拾遗，累迁司门员外郎，主客郎中。……宝历二年冬病卒。"按唐宪宗以"元和"纪元者，凡十五年，白行简既在元和十五年"亦授左拾遗"，则其"累迁司门员外郎，主客郎中"，就必当在唐穆宗长庆初年。所以，小传作"元和中"者乃误，应据改。

又，计有功《唐诗纪事》卷四十一"白行简"条有云："行简，字知

---

① 柳宗元：《贺赵江陵宗儒辟符载启》，《柳宗元集》卷三十五，中华书局1979年版。

② 崔群：《送庐岳处士符载归蜀觐省序》，《全唐文》卷六一二，中华书局1983年影印本。

退，敏而有词。元和二年登第，为度支郎中。……行简小字阿怜。”据此，知小传作“贞元末进士”者，乃误。而“度支郎中”与“小字阿怜”二者，则皆可补小传之阙。

罗立言(同卷)

原小传云：“立言，宣州人。贞元末进士。太和末由庐州刺史召为司农少卿，为京兆少尹知府事，以附李训郑注诛。”

辨证：罗立言，两《唐书》有传。小传此之所述，乃是据《旧唐书·罗立言传》而为，虽不误，但欠精审。按唐德宗以“贞元”纪年，凡二十年(二十一年八月改元“永贞”)，因之，贞元十六年至二十一年八月前，乃皆可称“贞元末”，故小传所述不确。检徐松《登科记考》卷十五考订罗立言“第进士”在二十一年(二月放榜)，甚是。又，小传之“太和末由庐州刺史召为司农少卿，为京兆尹，知府事”，亦属如此。按“太和”即“大和”，为唐文宗年号，凡九年。检《资治通鉴·唐纪》于大和九年八月云：“己亥，以前庐州刺史罗立言为司农少卿。”又，《旧唐书·王守澄传》云：“权京兆尹罗立言。”则小传之“为京兆少尹知府事”，应为“权京兆尹知府事”之误。又，据同书《文宗下》可知，罗立言“以附李训郑注诛”，乃在大和九年十一月，其云：“壬戌，中尉仇士良率兵诛宰相王涯……罗立言、李季本、韩约等十余家，皆族诛。”所以，小传应作：大和九年十一月，以附李训郑注诛。

严砺(同卷)

原小传云：“砺，字元明，少为浮屠法。从兄震荐，为兴州刺史，检校尚书左仆射，领山南西道节度使。元和四年卒。赠司空。”

辨证：严砺，两《唐书》有传。小传此之所述，乃是综合两《唐书·严砺传》而为，不误，只是“从兄震荐”云云，因未能标明具体年月，而欠精审。考权德舆《唐故山南西道节度营田观察处置等使开府仪同三司检校尚书左仆射同中书门下平章事兼兴元尹上柱国冯翊郡王赠太保严公墓志铭并序》有云：“贞元十二年，同中书门下平章事，崇德报功，于是乎在。……十六年六月癸巳，感疾薨于理所，春秋七十六。追赠太保。……乃有兵符命书，授公从祖弟代之。”①其中，所言“授公从祖弟代之”的“从祖弟”，即为严砺，对此，两《唐书·严砺传》均有载，如《旧唐书·严砺传》云：“贞元十五年，严震卒，以砺权留府事，兼遗表荐砺才堪委任。七月，超授兴元尹，兼御史大夫，山南西道节度、支度营田、观察使。”但“贞元十五年，严震卒”应为“贞元十六年，严震卒”之误。所以，小传应在“从兄震荐”前加上“贞元十六年”。

附考：郁贤皓《唐刺史考·山南西道·兴州·严砺》引权德舆《唐故山南西道节度营田观察处置等使开府仪同三司检校尚书左仆射同中书门下平章事兼兴元尹上柱国冯翊郡王赠太保严公墓志铭并序》(以下简称《赠太保严公墓志铭并序》)时，于题中“赠太保严公墓志铭并序”，作“赠太保严公(砺)墓志铭并序”，即认为此墓志铭之主人为严砺，实则乃误。按此《赠太保严公墓志铭并序》开首有云：“太保讳震，字遐闻，本冯翊人，后徙家于梓潼。”由于此误之故，《唐刺史考》即将严砺刺牧兴州的时间，考订为“建中末—贞元十五年”，实则又误。因为据《赠太保严公墓志铭并序》所载，严震乃卒于“贞元十六年六月”，即贞元十五年至贞元十六年六月的这段时间之兴州刺史，仍为严震，此为其一。其二，两《唐书》严砺传均载严砺卒于“元和四年三月”，且不曾他任，则贞元十六年六月至元和四年三月期间之兴元刺史，仍为严砺即可论断。而“御史元稹奉使两川按察，纠劾砺在任日赃罪数十万。诏其赃，以死

---

① 权德舆：《唐故山南西道节度营田观察处置等使开府仪同三司检校尚书左仆射同中书门下平章事兼兴元尹上柱国冯翊郡王赠太保严公墓志铭并序》，《权德舆文集》卷十一，甘肃人民出版社 1999 年版。

恕其罪”(《旧唐书·严砺》)者，又可为之佐证。

薛存诚(卷六九三)

原小传云：“存诚，字资明，河东人。第进士。元和中累拜给事中，迁御史中丞。卒赠刑部侍郎。”

辨证：薛存诚，两《唐书》有传。小传此之所述，乃是据《旧唐书·薛存诚传》而为，既有误，亦欠精审。检计有功《唐诗纪事》卷四十“薛存诚”条云：“存诚，字资明，河中人。”又，《新唐书·薛存诚传》云：“薛存诚字资明，河中宝鼎人。”此则表明，小传从《旧唐书·薛存诚传》作“河东人”者，乃误。《唐诗纪事》卷四十“薛存诚”又有云：“登贞元进士第。和易容物，而当官毅然不可夺。元和末，为御史中丞，卒。”又，韩愈有《祭薛中丞(存诚)文》，五百家注引“樊曰”云：“存诚字资明，河中宝鼎人。贞元中登第。”“贞元中”虽非确指，但较之小传仅作“第进士”者，则要具体一些。又，小传之“卒赠刑部侍郎”，断句有误，正确者应为：卒，赠刑部侍郎。

又，检《旧唐书·于頔传》有云：“(元和)八年春，敏奴王再荣诣银台门告其事，即日捕頔孔目官沈璧、家僮十余人于内侍狱鞫问。寻出付台狱，诏御史中丞薛存诚……为三司使按问，乃搜死奴于其第，获之。”《新唐书·于頔传》略同。据此，则知薛存诚元和八年春，已在御史中丞任上，则其卒年，自当在元和八年之后，但确时则难以考求。

孔戣(同卷)

原小传云：“戣，字君严，冀州人。登进士第。元和初授岭南节度使。穆宗立，召为吏部侍郎，改右散骑常侍，转尚书左丞。以礼部尚书致仕。长庆四年卒，年七十三。”

辨证：孔戣，两《唐书》传皆附《孔巢父传》后，极简略。小传此之所述，乃是综合两《唐书》孔巢父传而为，既有误，亦欠精审。考韩愈《正议大夫尚书左丞孔公(戣)墓志铭》云：“戣字君严，事唐为尚书左丞。年七十三，三上书去官，天子以礼部尚书，禄之终身。……明年，长庆四年正月己未，公年七十四，告薨于家。赠兵部尚书。公始以进士佐三府，官至殿中侍御史。……(元和)十二年，自国子祭酒拜御史大夫岭南节度等使。……十五年，迁尚书吏部侍郎。……长庆元年改右散骑常侍。二年为尚书左丞。”①据此，知小传之“元和初授岭南节度使”，应改为“元和中授岭南节度使”，或者径作元和十二年授岭南节度使。又小传之“年七十三”者，乃为“年七十四”之误。

又，《正议大夫尚书左丞孔公(戣)墓志铭》中的“公始以进士佐三府”云云，徐松《登科记考》卷十一引“五百家注引补注”云：“建中元年，戣第进士。”小传则可据改。

元锡(同卷)

原小传云：“锡，字君贶，元和九年苏州从事，历淄王傅，终衢州刺史。”

辨证：元锡，两《唐书》无传。小传此述，所本何籍，待考，但有误。检岑仲勉《读全唐文札记》云：“(卷六九三)元锡小传，‘锡，字君贶，元和九年苏州从事，历淄王傅，终衢州刺史’。按锡《苏州刺史谢上表》，‘伏惟睿圣文武皇帝陛下……所历衢、婺两州，皆屡荒残之后’，睿圣文武为元和三年宪宗所册尊号，十四年七月又上尊号曰元和

① 韩愈：《正议大夫尚书左丞孔公(戣)墓志铭》，《全唐文》卷五六五，中华书局1983年影印本。

圣文神武法天应道皇帝，则锡任苏州，尚在此前。复据昌黎集二七《衢州徐偃王庙碑》集注，‘石刻云……福州刺史元锡书，元和十年十二月九日立’，旧纪一五、元和十四年六月，以福建观察使元锡为宣州刺史、宣歙池观察，福建观察例兼福州刺史，则锡官苏州，又在十年底以前。苏之先尝历衢、婺两州，则九年时断非苏州从事可知，从事盖刺史之讹，衢州亦非其终官。又考元龟九一七，锡初历衢、历二州，除福建观察，移镇宣州，又除秘书监分司，以赃发贬壁州，集古录目，‘《唐元锡碑》，官至淄王傅，赠尚书右仆射，碑以开成四年七月立’，则锡实终淄王傅(《金石录》一〇题为《唐淄王傅元公碑》)，其小传应改云，‘历衢、婺、苏三州刺史，迁福建、宣歙池观察，除秘书监分司，贬壁州刺史，终淄王傅’。”所言甚是，小传应据改。

李涉(同卷)

原小传云：“涉，洛阳人。初与弟渤偕隐庐山。自号清溪子。宪宗朝为太子通事舍人，谪峡州司户参军，太和中为太学博士，复以事流康州。”

辨证：李涉，两《唐书》无传。小传此述，所本何籍，待考，但有误。检计有功《唐诗纪事》卷四十六“李涉”条云：“涉，渤之兄，纤人也。早从陈、许辟，宪宗时为太子通事舍人。……逐为峡州司仓参军。……大和中，为太学博士。自号清溪子。”唯无“初与弟渤偕隐庐山”及“复以事流康州”二事之载。检《新唐书·李渤传》云：“渤耻之，不肯仕，刻志于学，与仲兄涉偕隐庐山。”小传之“初与弟渤偕隐庐山”者，所本当即此。

又，《全唐文》是卷著录李涉《南溪元岩铭并序》一文，其中有云：“余因谪去炎海，途由桂林，岩之胜再遂其赏，勒铭洞石，表远迹于他年。”所言“谪去炎海”，当即小传“复以事流康州”之载。检李吉甫《元和郡县图志》卷三十四《岭南道一》有康州，辖端溪、悦城、都城、晋康四县，“西北至上都四千二百五十五里，西北至东都四千五百一十五里”①。其所在地，即今广东中西部高要一带。由长安南谪康州，桂林正是途经之地，故《南溪元岩铭并序》乃有“谪去炎海，途由桂林”云云。又，《旧唐书·敬宗纪》云：“(宝历元年十月)甲子……太学博士李涉流康州，皆坐武昭事也。”此则表明，李涉因“坐武昭事”而被贬康州，其时乃在宝历元年十月。李涉于临行之际，写了一首《谴谪康州先寄弟渤》诗，云：“唯将直道信苍苍，可料无名抵宪章。阴骘却应先有谓，已交鸿雁早随阳。”②其中之“鸿雁”，虽属用典，但其与《旧唐书·敬宗纪》所载之宝历元年“十月”，在时令上正相扣合。综此可知，小传之“太和中为太学博士”乃误，而计有功《唐诗纪事》卷四十六之“大和中，为太学博士”者，亦然。

李虞仲(同卷)

原小传云：“虞仲，字见之，赵郡人。元和初进士，又擢宏词。……大和中累迁兵部侍郎，改吏部。开成四年卒，年六十五。赠吏部尚书。”

辨证：李虞仲，两《唐书》有传。小传此之所述，乃是综合两《唐书·李虞仲传》而为，既有误，亦欠精审。复次《旧唐书·李虞仲传》云：“元和初，登进士第，又以制策登科，授弘文校书。”《新唐书·李虞仲传》有云：“虞仲第进士、宏辞，累迁太常博士。”徐松《登科记考》卷十六据此考订为元和元年进士，但未及“宏辞”。按据《登科记考》是卷可知，元和元年既试“进士科”，又试“博学宏词科”，以《新唐书·李

---

① 李吉甫：《元和郡县图志》卷三十四，中华书局1983年版。
② 李涉：《谴谪康州先寄弟渤》，《全唐诗》卷四七七，中华书局1960年版。

虞仲传》之“虞仲第进士、宏辞”言，似李虞仲之两次应试，均在元和元年。其是耶非耶，兹拈出以俟淹贯者。

《旧唐书·李虞仲传》又有云：“开成元年四月卒，时年六十五。”则小传作“开成四年卒，年六十五”者，乃误，小传应据改。以开成元年(836年)上推“时年六十五”，即唐代宗大历七年(767年)，为李虞仲生年，小传或可据补。

杜周士(同卷)

原小传云：“周士，京兆人，乡贡进士。”

辨证：杜周士，两《唐书》无传。小传此述，所本何籍，待考，但有误。按《全唐文》是卷著录杜周士《乐德教胄子赋》一篇，并有注云：“以有材训人之本为韵。”李昉等《文苑英华》编此赋为卷十五，且为六人六赋，其依序为李彦方、罗让、徐至、郑方、刘积中、杜周士。而据徐松《登科记考》卷十五，《乐德教胄子赋》为贞元十七年“第进士”之试题，故徐氏乃将此六人进士及第皆系于是年。如此，则小传之“乡贡进士”为误者，也就不言而喻。

考补：京兆人，桂管从事。桂管观察留后，与柳宗元友善。

检柳宗元《童区寄传》有云：“惟童区寄以十一岁胜，斯亦奇矣。桂部从事杜周士，为余言之。”并于杜周士下有“孙曰”云：“周士，贞元十七年第进士。元和中，从事桂管。”①又，柳宗元《同吴武陵送前桂州杜留后诗序》有云：“今若杜君之隅可观，而中可居，居之者德也。赞南方之理，理是以大，总留府之政，政是以光。”②其中，“总留府之政”下有“韩曰”云：“为桂管观察留后。”此二文表明，柳宗元与杜周士私交

---

① 柳宗元：《童区寄传》，《柳宗元集》卷十七，中华书局1979年版。

② 柳宗元：《同吴武陵送前桂州杜留后诗序》，《柳宗元集》卷二十二，中华书局1979年版。

甚笃。

高元裕(卷六九四)

原小传云："元裕，字景，渤阳人。始名允中，大和中改今名。第进士。元和中累擢尚书左丞，出为宣歙观察使，入授吏部尚书，拜山南东道节度使，封渤海郡公。卒年七十六。赠尚书右仆射。"

辨证：高元裕，两《唐书》有传。小传此之所述，乃是据《新唐书·高元裕传》而为，但有误。考萧邺《大唐故吏部尚书赠尚书右仆射渤海高公(元裕)神道碑》云："公讳元裕，字景圭。……弱冠博学工文，擢进士上第，调补秘书省正字。佐山南西道、荆南二镇为掌书记，转试协律郎，大理评事。摄监察御史。……自元和以来，惟公为称首，进尚书右丞，改京兆尹。未几，授左散骑常侍，迁兵部侍郎，转尚书左丞，知吏部尚书铨事。……寻改宣歙池□□□□使兼□□□□，入拜吏部尚书。…… 迁检校吏部尚书山南西道节度观察等使。……大中四年夏六月廿日，次于邓，无疾暴薨于南阳县之官舍。享年七十六。"①又，《旧唐书·高元裕传》有云："高元裕字景圭，渤海人。"《新唐书·高元裕传》同。

综以上三者，可知小传之误，主要表现为：(1)"渤阳人"应作渤海人。(2)"字景"后脱"圭"字，即高元裕字景圭。(3)"宣歙观察使"脱"池"字，即应为宣歙池观察使。(4)"山南东道节度使"应改为山南西道节度观察等使。(5)"第进士"之具体时间不明。按徐松《登科记考》卷十四考订高元裕为贞元十三年进士，可从，小传则可据改。

---

① 萧邺：《大唐故吏部尚书赠尚书右仆射渤海高公(元裕)神道碑》，《全唐文》卷七六四，中华书局 1983 年影印本。

李夷简(同卷)

原小传云："夷简，字易之。……擢进士，中拔萃科。元和时检校礼部尚书，山南东道节度使，徙帅剑南西川。贞元十三年召为御史大夫，进门下侍郎同中书门下平章事，出为淮南节度使，进太子少师分司东都。卒年六十七。赠太子太保。"

辨证：李夷简，《新唐书》有传，小传此之所述，即是据《新唐书·李夷简传》而为，既有误，亦欠精审。考褚藏言《窦牟传》有云："府君讳牟，字贻周，家世所传，载于首序。府君贞元二年举进士，与从父弟故相赠司徒易直，故相赠少师李公夷简，故兵部侍郎张公贾，故工部侍郎张公正甫同年上策。"①据此，知李夷简与张正甫等四人于贞元二年同年登第。又，小传之"中拔萃科"，所本者虽为《新唐书·李夷简传》，但当误，盖因据徐松《登科记考》可知，在唐德宗执政的贞元二十一年(是年八月改元"永贞")间，试"拔萃科"者只有贞元十五年，但是年以"拔萃科"及第者，却并无李夷简之名。因之，李夷简之"中拔萃科"，存疑可也。

又，小传之"贞元十三年……进门下侍郎同中书门下平章事"者，其中"贞元"二字，乃为"元和"之误，盖因据《新唐书·宰相表中》可知，李夷简"进门下侍郎同中书门下平章事"，乃在元和十三年三月。同此者，另有《旧唐书·宪宗纪下》《新唐书·宪宗纪》与《新唐书·宰相表下》。又，《新唐书·李夷简传》云："穆宗立……久之，请老，朝廷谓夷简齿力可任，不听，以右仆射召，辞不拜。复以检校左仆射兼太子少师(此句之"左"应为"右"，"师"应为"保"，具体详下)，分司东都。

---

① 褚藏言：《窦牟传》，《全唐文》卷六七一，中华书局1983年影印本。

明年卒，年六十七，赠太子太保。”其中之“明年”，乃为长庆三年。检《旧唐书·穆宗纪》有云：“（长庆二年六月）戊寅，以前右仆射李夷简为太子少保，分司东都。”则《新唐书》李夷简本传之“明年卒”之“明年”为长庆三年，即可论断。因之，小传应作：长庆三年卒，年六十七。

李绅（同卷）

原小传云：“绅，字公垂，润州无锡人。元和初进士。……会昌六年卒。赠太尉。”

辨证：李绅，两《唐书》有传。小传此之所述，乃是据《旧唐书·李绅传》而为，虽不误，但欠精审。考沈亚之《李绅传》云：“李绅者，本赵人，徙家吴中。元和元年，节度使宗臣锜在吴，绅以进士及第，还过谒锜。锜舍之，与宴游昼夜。锜能其材，留执书记。”①辛文房《唐才子传》卷六《李绅》云：“元和元年武翊黄榜进士，与皇甫湜同年，补国子助教。”此二者即《旧唐书·李绅传》所本，小传从之作“元和初进士”者，实应以“元和元年武翊黄榜进士”为是，因此之所载更较“元和初进士”为确切。又，《旧唐书·李绅传》有云：“（会昌）四年，暴中风恙，足缓不任朝谒，拜章求罢。十一月，守仆射、平章事，出为淮南节度使。六年，卒。”又，《全唐文》是卷著录李绅《墨诏持经大德神异碑铭》云：“大历癸丑岁文忠公颜真卿领郡，余先人主邑乌程，余生未期岁，乳病暴作，不啼不览者七辰。”按“大历癸丑”为大历八年，其前一年（“生未期岁”）为大历七年（772 年）壬子，以此合勘“会昌六年卒”，知李绅乃享年七十五岁，小传可据补。

---

① 沈亚之：《李绅传》，《全唐文》卷七三八，中华书局 1983 年影印本。

韦宗卿(卷六九五)

原小传云："宗卿，元和中官侍御史，户部员外郎，出为益州刺史。"

辨证：韦宗卿，两《唐书》无传。小传此述，所本何籍，待考，但有误。按《全唐文》是卷著录《隐山六洞记》一文，其作者署名为韦宗卿，实则乃为李渤，对此，岑仲勉《读全唐文札记》已有载。其云："(卷六九五)韦宗卿小传，'出为益州刺史'，按宗卿尝官某州刺史，余尚未考出，惟唐至德已后，改益州刺史为成都尹，四川节度使兼领之，益州字必误，所收《隐山六洞记》一篇，则宝历元年李渤观察桂管时所作也。"岑氏所考甚是。所以，《全唐文》是卷之"韦宗卿"，应据改为李渤。

韦瓘(同卷)

原小传云："瓘，字茂宏，京兆万年人。及进士第，仕累中书舍人，与李德裕善，李宗闵恶之，贬明州长史。会昌末累迁楚州刺史，终桂管观察使。"

辨证：韦瓘，《新唐书》有传。小传此之所述，即是据《新唐书・韦瓘传》而为，既有误，亦欠精审。检徐松《登科记考》卷十七引《桂林风土记》云："韦舍人瓘，年十九入关，应进士举，二十一进士状头。敕下，除左拾遗。"又，辛文房《唐才子传》卷六《鲍溶》云："鲍溶字德源，元和四年韦瓘榜第进士。"徐氏即据此考订韦瓘为元和四年进士。所以，小传之"及进士第"，应据改为元和四年及进士第。

又，陆增祥《八琼室金石补正》卷六十一《浯溪韦瓘题记》有云："大中三年十二月七日过此。余大和中以中书舍人谪宦康州，逮今十六年。

去冬，罢楚州刺史……今年三月有桂林之命。”①以大中三年上推“逮今十六年”，为大和八年，则小传之“贬明州长史”，当为“谪宧康州”之误，也即韦瓘“谪宧康州”者，乃为谪宧康州长史。之后，则是“迁楚州刺史，终桂管观察使”。

邱元素（卷七一三）

原小传云：“元素，元和中拜户部侍郎同中书门下平章事，出为荆南节度使。”

辨证：邱元素，两《唐书》无传。小传此述，所本何籍，待考，但有误。检岑仲勉《读全唐文札记》云：“（卷七一三）邱元素小传，‘元素，元和中拜户部侍郎同中书门下平章事，出为荆南节度使’。按元和一朝宰相及荆南节度，均无邱元素其人，此传大误。今所收《荆州天王道悟禅师碑》一首，元和三年戊子十月入灭，时荆南节度乃赵昌也（参唐方镇年表五）。又元和初同名不同姓者有李元素，自浙西节度召入，寻转户部尚书，事迹亦不合。”可见，邱元素其名及其小传都应删，《荆州天王道悟禅师碑》之作者，则作佚名氏可也。

许志雍（同卷）

原小传云：“志雍，京兆人。”

辨证：许志雍，两《唐书》无传。小传此之所述，当是据《全唐文》著录许志雍《唐故江南西道观察判官监察御史里行太原王公（叔雅）墓志铭》（以下简称《王公（叔雅）墓志铭》）一文而为。该文有云：“以其年十

---

① 陆增祥：《八琼室金石补正》卷六十一，文物出版社1985年影印本。

月十三日，归窆京兆府咸阳县之延陵乡，祔先茔，礼也。志雍亲同懿属，义比断金，见记斯文，衔哀永叹。”据此，知小传所述不误。而据此段文字，又可知许志雍乃为处士之属。按《王公（叔雅）墓志铭》又有云：“公讳叔雅……以元和四年正月七日，告终于洪州南昌县之官舍，春秋五十有五。”据此，小传或可补“唐宪宗时处士”。

廖有方（同卷）

原小传云：“有方，交州人。元和十一年进士，改名游卿，官校书郎。”

辨证：廖有方，两《唐书》无传。小传此述，所本何籍，待考。考柳宗元《送诗人廖有方序》有云：“交州多南金、珠玑、瑇瑁、象犀，其产皆奇怪，至于草木亦殊异。……今廖生刚健重厚，孝悌信让，以质乎中而文乎外。为唐诗有大雅之道，夫固钟于阳德者耶？是世之所罕也。”①又，柳宗元《答贡士廖有方论文书》有云：“三日，宗元白：自得秀才书，知欲仆为序。然吾为文，非苟然易也。于秀才，则吾不敢爱。……若果能是，则吾之荒言出矣。”注引“孙曰”云：“元和十一年，有方中进士，改名游卿。”②合勘可知，小传“官校书郎”前之所述，所本或为此二文。而此二文之所载又表明，廖有方在未进士及第前，曾与柳宗元交游，并向其求序而未得。而斯时，廖有方仅为一“秀才”。廖有方以秀才身份交游柳宗元之事，则可补小传之阙。

又，计有功《唐诗纪事》卷四十九“廖有方”条云：“有方元和十年游西蜀。……明年，李逢吉擢有方及第，改名游卿，唐之义士也。有方，

---

① 柳宗元：《送诗人廖有方序》，《柳宗元集》卷二十五，中华书局 1979 年版。

② 柳宗元：《答贡士廖有方论文书》，《柳宗元集》卷三十四，中华书局 1979 年版。

交州人。”其中“李逢吉擢有方及第”者，亦可补小传之阙。

崔黄中(同卷)

原小传云：“黄中，开成时人。”

辨证：崔黄中，两《唐书》无传。小传此述，所本何籍，待考，但有误。检岑仲勉《读全唐文札记》云：“同卷。崔黄中小传，‘黄中，开成时人’，其《观风驿新井记》云：‘元和六岁，我司空郑公节度荆南……三年，政闲事简……黄中猥从乡第，得厕宾宴。’郑公，严绶之封也(旧书一四六)，则作记时为元和八年，称曰开成时人，殊悬远。篇首‘自荆门至清宫三百里’，清宫，唐方镇年表引作诸宫，实渚宫之讹。又此文录自英华八一二，中云‘支使庾承度宣贞绝俗仗义’，度宣两字，郎官考一〇谓‘疑当乙’，余谓殆当作支度使庾承宣。”按岑说虽是，但“支度使庾承宣贞绝俗仗义”者，仍较难理解，其实，此句中“贞”字乃衍，即其应作支度使庾承宣绝俗仗义。

崔咸(同卷)

原小传云：“咸，字重易，博州博平人。元和二年进士，又登博学宏词科。累迁陕州大都督府长史陕虢观察使，入为右散骑常侍，秘书监。大和八年卒。”

辨证：崔咸，《旧唐书》有传。小传此之所述，即是据《旧唐书·崔咸传》而为，但有误。复次《旧唐书·崔咸传》云：“咸元和二年进士擢第，又登博学宏词科。”此之所载表明，崔咸一生曾两次应试，即一为“进士擢第”，一为“登博学宏词科”。检徐松《登科记考》卷十七，其却据《旧唐书·崔咸传》之此载，仅认为崔咸为元和二年进士，而于“又登博学宏词科”则避而不谈。在徐氏看来，似乎崔咸的“元和二年进士擢第”与“又登博学宏词科”，乃同在一年，然则据徐氏于是卷所考订表明，元和二年唐廷并没有试“博学宏词科”。由是而观，可知《登科记考》据《旧唐书·崔咸传》之所载，仅系定崔咸在元和二年“进士擢第”者，当乃为误。又据《登科记考》卷十六、卷十七、卷十八之所载可知，在贞元元年至贞元十五年的整十五年间，宪宗朝试“博学宏词科”者，仅为两次，一为贞元元年，一即贞元十二年。而以“又登博学宏词科”之“又”揣度之，知崔咸之“登博学宏词科”者，只能在贞元十二年的这一次，但是年的“登博学宏词科”并无崔咸之名。如此，《旧唐书·崔咸传》之“又登博学宏词科”当误，似可肯定，而小传从之者，亦如是。其是耶非耶，兹拈出以俟淹贯者。

裴潾(同卷)

原小传云：“潾，河东闻喜人。以门荫入仕。大和中拜河南尹，历刑兵二部侍郎。开成三年卒，赠户部尚书，谥曰敬。”

辨证：裴潾，两《唐书》有传。小传此之所述，乃是综合两《唐书·裴潾传》而为，但有误。复次《旧唐书·裴潾传》有云：“(大和)八年，转刑部侍郎，寻改华州刺史。九年，复拜刑部侍郎。开成元年，转兵部侍郎。二年……寻出为河南尹，入为兵部侍郎。三年四月卒，赠兵部尚书，谥曰敬。”《新唐书·裴潾传》略同。按据《旧唐书·裴潾传》此之所载，可知小传之误有三。其具体为：

(1)据两《唐书·文宗纪》，唐文宗以“大和”纪元者，凡九年，则《旧唐书·裴潾传》之“八年，转刑部侍郎”与“九年，复拜刑部侍郎”，皆为大和末，小传作“大和中”者，乃不的。

(2)《旧唐书》裴潾本传载裴潾之任“河南尹”，乃在开成二年(《旧唐书·文宗纪》同)，小传亦作“大和中”者，则乃误。

(3)《旧唐书》裴潾本传载裴潾之任“河南尹”，乃在“复拜刑部侍郎”之后与“入为兵部侍郎”之前，小传则将“历刑兵二部侍郎”皆置于“拜河南尹”之后者，实则又误。

考补：与白居易、刘禹锡颇具交谊。

白居易有《偶以拙诗数首寄呈裴大尹侍郎蒙以盛制四篇一时酬和重投长句美而谢之》(《白居易集》卷三〇)诗，以纪与“裴大尹侍郎”(即裴潾)之交谊。又，刘禹锡则有《和河南裴尹侍郎宿斋天平寺诣九龙祠祈雨二十韵》(《全唐诗》卷三五五)诗，表明刘禹锡与裴潾过从甚密。

李宗闵(卷七一四)

原小传云：“宗闵，字损之。……贞元二十一年进士。穆宗朝为中书舍人。文宗大和二年以吏部侍郎平章事，累转中书侍郎，集贤殿大学士。七年罢为山南西道节度使，复为中书侍郎知政事，封襄武县侯。坐交通刘稹流封州，徙郴州司马卒。”

辨证：李宗闵，两《唐书》有传。小传此之所述，主要是据《旧唐书·李宗闵传》而为，既存在疏漏，亦有讹误。以疏漏言，《旧唐书·李宗闵传》明载宗闵一生两次及第，第一次即小传之“贞元二十一年进士”，第二次为“元和四年，复登制举贤良方正科”(《新唐书·李宗闵传》、徐松《登科记考》同)，且两次皆与牛僧孺同年，但小传却于后者无涉。就其讹误言，如小传之“大和二年以吏部侍郎平章事”者，即为其例。又据《旧唐书·李宗闵传》《新唐书·宰相表中》所载，李宗闵“以吏部侍郎平章事”，乃在大和三年八月，小传作“大和二年”者，乃误。又，《旧唐书·文宗纪》云：“(大和七年六月)乙亥，以中书侍郎、平章事李宗闵……兼兴元尹、山南西道节度使。……(八年十月)庚寅，以山南西道节度使……李宗闵可中书侍郎、同中书门下平章事。”小传之

“复为中书侍郎知政事”，所指即此，但其与“七年罢为山南西道节度使”相连者，则不的，即应在“复为中书侍郎知政事”前加“八年”二字，若具体则应加“八年十月”四字。

韦处厚(卷七一五)

原小传云：“处厚，字德载，京兆万年人。本名淳，避宪宗讳改今名。元和初进士，又擢才识兼茂科。……大和二年卒，年五十六。”

辨证：韦处厚，两《唐书》有传。小传此之所述，乃是据《旧唐书·韦处厚传》而为，但有误。考刘禹锡《唐故中书侍郎平章事韦公(处厚)集序》有云：“元(玄)宗朝曲江张公九龄以道侔伊吕征……宪宗朝河南元公祯(“稹”之误——引者注)、京兆韦公惇(“淳”之误——引者注)以才识兼茂征。……公本名淳，举进士，登贤良，既仕，更名处厚，字德载。……大和二年十二月，上前言事，未及毕辞，疾暴作，以朝服委地，同列白奏。……归于中书，如大醉状。上震惊。”①据此，知韦处厚一生凡三试：一为“才识兼茂科”；一为“举进士”；一为“登贤良”，也即“贤良方正科”。但《旧唐书·韦处厚传》则仅载为：“元和初，登进士第，应贤良方正，授秘书省校书郎。”小传虽从之，但改“应贤良方正”为“才识兼茂科”，实与刘禹锡《唐故中书侍郎平章事韦公(处厚)集序》相去甚远。又，《旧唐书·韦处厚传》云：“中进士第，又擢才识兼茂科，授集贤校书郎。举贤良方正异等，宰相裴垍引直史馆。”所载虽为三次，但却认为“授集贤校书郎”乃试“才识兼茂科”之所获，则又误。

---

① 刘禹锡：《唐故中书侍郎平章事韦公(处厚)集序》，《全唐文》卷六〇五，中华书局1983年影印本。

齐推(卷七一六)

原小传云："推，高阳人。"

辨证：齐推，两《唐书》无传。小传此之所述，当是据《全唐文》是卷著录齐推《灵飞散传信录》一文而为。其有云："他日之异，续此编书。元和七年四月五日，高阳齐推书心记实。"其中的"高阳齐推"，即为小传所本。但据"元和七年"，又知齐推为唐宪宗时人，小传应据补。又，岑仲勉《读全唐文札记》云："(卷七一六)齐推小传，'推，高阳人'。按推为抗弟，见前卷六八四陈谏《登石峰诗序》，今所收《灵飞散传信录序》(原无"序"，此为岑氏所加)有云'是岁余授钟陵奏辟'，则又尝为江西从事也。"小传亦应据补。

韦辞(卷七一七)

原小传云："辞，字践之，京兆扶风人。两经擢第判高等。文宗朝拜中书舍人，出为谭州刺史兼御史中丞，湖南观察使。大和四年卒，年五十八。赠散骑常侍。"

辨证：韦辞，《旧唐书》有传。小传此之所述，即是据《旧唐书·韦辞传》而为，但有误。复次《旧唐书·韦辞传》云："韦辞字践之……少以两经擢第，判入等，为秘书省校书郎。……文宗即位，韦处厚执政……乃以辞与李翱同拜中书舍人。……出为潭州刺史、御史中丞、湖南观察使。在镇两年，吏民称治。大和四年卒，时年五十八。赠左散骑常侍。"据此，知小传乃有两处误，其一为"两经擢第判高等"，"高等"与"入等"虽一字之差，但区别颇具；其二为"赠散骑常侍"乃脱"左"字。对于韦辞之"两经擢第"，徐松《登科记考》卷二十七"附考·明经科”仅载其名，而无具体年月，俟考。

又，《新唐书·宰相世系表四上》“韦氏南皮公房”作“韦词”，“词”与“辞”孰是？对此，岑仲勉《读全唐文札记》认为当以“韦词”为是。其云：“(卷七一七)韦辞小传，按辞，唯旧书一六〇如此写法，他皆作词，即所收《修浯溪记石刻》亦作词也(参拙著《唐集质疑》‘京兆韦’词条)。又传末‘赠散骑常寺’，寺，侍之讹。”按岑说乃非。盖因中华书局1983年影印本《全唐文》卷七一七“韦辞小传”，乃作“侍”而不作“寺”。而且，是卷所著录韦辞《修浯溪记》一文，其结衔为：“元和十三年十二月六日，江州员外司马韦辞记。”《修浯溪记》石刻为后人所为，将“辞”作“词”者，应为抄写致误。又，萧邺《岭南节度使韦公(正贯)神道碑》有云：“公讳正贯，字公理，幼而神灵，长而聪异。……自三代以降，损益制度，无不稽其典要，相国韦公处厚及韦湖南辞，皆以学识相高，每以公论榷当世之务，咸服其深切事情。”①亦作韦辞。可见，作韦辞者是。

张述(同卷)

原小传云：“述，大和朝官司封郎中，出为袁州刺史。”

辨证：张述，两《唐书》无传。小传此述，所本何籍，待考，但有误。检岑仲勉《读全唐文札记》云：“同卷。张述小传，‘述，大和朝官司封郎中，出为袁州刺史’。按今郎官柱封中题名，述之前二人为丁居晦，后一人为崔铉，依重修学士壁记，开成二年九月，居晦除封中，三年八月迁舍人，又铉，会昌二年除封中，则述官封中，应在会昌初(或

---

① 萧邺：《岭南节度使韦公(正贯)神道碑》，《全唐文》卷七六四，中华书局1983年影印本。

开成末除?)，此曰大和朝，语未确，郎官考亦采之而未举其疑也。”①则小传作“大和朝”者，乃不确，但其或“会昌朝”或“开成朝”，则待考。

杨虞卿(同卷)

原小传云：“虞卿，字师皋，虢州宏农人。元和五年进士，又举博学宏词科。拜谏议大夫，宏文馆学士，转给事中，出为常州刺史，入拜工部侍郎，授京兆尹。贬虔州司户，卒。”

辨证：杨虞卿，两《唐书》有传。小传此之所述，乃是据《旧唐书·杨虞卿传》而为，但有误。复次《旧唐书·杨虞卿传》云：“杨虞卿字师皋，虢州弘农人。……元和五年进士，又应博学宏辞科。……(大和)五年六月，拜谏议大夫，充弘文馆学士。……七年……出为常州刺史。……寻召工部侍郎。九年四月，拜京兆尹。其年六月……贬虔州司马，再贬虔州司户，卒于贬所。”据此，知小传之“宏农”“宏文馆”，乃为“弘农”“弘文馆”之误。又，《旧唐书·杨虞卿传》载虞卿“元和五年进士”后，曾“又举博学宏词科”，但据徐松《登科记考》卷十八可知，在元和六年至元和十五年的整十年中，只有元和十二年曾试“博学宏词科”一次，但这一年的“博学宏词科”内，却并无杨虞卿之名。正因此，徐氏于《登科记考》卷十八内，只记载了“元和五年进士”这一次。这一实况表明，杨虞卿生前当不曾“举博学宏词科”，也即《旧唐书·杨虞卿传》之所载，乃并非可靠，而小传之“又举博学宏词科”者，亦应作如是观。

---

① 岑仲勉：《读全唐文札记》，《唐人行第录》外三种之一，上海古籍出版社1962年版。

吴武陵(卷七一八)

原小传云:“武陵,信州人。元和初进士。……出为韶州刺史,以赃贬播州司户参军。”

辨证:吴武陵,《新唐书》有传。小传此之所述,即是据《新唐书·吴武陵传》而为,虽不误,但欠精审。考柳宗元《濮阳吴君(武陵)文集序》云:“博陵崔成务,尝为信州从事。为余言:邑有闻人濮阳吴君……以是卿相贤士,率与亢礼。余尝闻而志乎心。会其子侃,更名武陵,升进士,得罪来永州。”并于“升进士”后引“韩曰”云:“元和二年,武陵登第。”于“得罪来永州”亦引“韩曰”云:“元和三年,武陵坐事流永州。”①据此,则小传之“元和初进士”,应改为:元和二年进士,翌年坐事流永州。

又,陆增祥《八琼室金石补正》卷六十一《隐山李渤等题名》云:“《宏简录·武陵传》,长庆初曾擢户部员外郎,刺韶之前尝刺忠州。”②按李渤与吴武陵同时,则其等之“题名”,自应可信。唐穆宗以“长庆”纪元者,凡四年,“长庆初”当为长庆元年,也即吴武陵长庆元年“擢户部员外郎”,长庆二年或三年刺牧忠州,之后是“刺韶”。如此,则小传之“出为韶州刺史”,又应改为:长庆元年擢户部员外郎,二年或三年出为忠州刺史,转韶州刺史。

又,《旧唐书·吴汝纳传》有云:“武陵进士及第,有史学,与刘轲并以史才直史馆。……自尚书员外郎出为忠州刺史,改韶州。”此则表明,吴武陵“元和二年进士”后,即“直史馆”,则其“坐事流永州”,当因“直史馆”所致,但究为何事,则已不可考。

---

① 柳宗元:《濮阳吴君(武陵)文集序》,《柳宗元集》卷二十一,中华书局1979年版。

② 陆增祥:《八琼室金石补正》卷六十一,文物出版社1985年影印本。

韦庆复(同卷)

原小传云："庆复，苏州刺史应物子。"

辨证：韦庆复，两《唐书》无传。小传此之所述，乃是据《新唐书·宰相世系表四上》而为，但不确。检《新唐书·宰相世系表四上》"逍遥公房韦氏"有韦应物，二子，长子庆复、次子厚复，皆无职官，庆复子退之，亦如是。按《全唐文》是卷著录韦庆复《凤翔鼓角楼记》一文，其中有云："十月成楼，记时也。……今我江夏公七月下车，首乎谋，八月虑事，鸠乎材，九月恩洽，得乎众，十月劳农，兴乎役，然后下令……命毁削旧宇，坦平新涂。……楼成二日，我公与护军中贵人洎宾僚偕登而阅之。……元和二年十二月十七日记。"题中的"凤翔"，即凤翔府，而文中"江夏公七月下车"云云，则是指"江夏公"李鄘奉调刺牧凤翔事。李鄘，两《唐书》有传。《旧唐书·宪宗纪下》云："(元和二年六月)辛巳，以京兆尹李鄘为凤翔尹、凤翔陇右节度使。"凤翔与长安、京兆均近在咫尺，唐廷六月诏令，李鄘七月即从京兆至凤翔，并于下车伊始之际，乃"首乎谋"。而韦庆复于《凤翔鼓角楼记》中又多次称李鄘为"我公"，且又以此文记李鄘与众"宾僚"之登楼而阅，合勘之，韦庆复时在李鄘凤翔幕府任判官或从事者，即甚明，小传则可据补。

蒋防(卷七一九)

原小传云："防，字子微，义兴人。元和中官司封郎中知制诰，进翰林学士。出为汀州刺史。"

辨证：蒋防，两《唐书》无传。小传此述，所本何籍，待考，但有误。检岑仲勉《读全唐文札记》云："(卷七一九)蒋防小传，'防，字子微，义兴人。元和中官司封郎中知制诰，进翰林学士。出为汀州刺史’。按重修学士笔记，蒋防，长庆‘二年十月九日，加司封员外郎，三年三月一日，加知制诰，四年二月六日，贬汀州刺史’，此长庆事，非元和事，防亦未官封中也。”则小传之“元和中官司封郎中知制诰”者，乃误，且应据而改之。

陈鸿祖(卷七二〇)

原小传云：“鸿祖，颍川人。”

辨证：陈鸿祖，两《唐书》无传。此之所述，所本何籍，待考。按《全唐文》是卷著录陈鸿祖《东城父老传》一文，为唐代著名的文言传奇小说，因之，后世如李昉等《太平广记》卷四八五、脱脱等《宋史·艺文志》等，或引用或著录，皆作陈鸿，即认为此陈鸿祖为撰写《长恨歌传》的作者陈鸿。但陈寅恪《读东城父老传》则认为，该作者在《东城父老传》中，有四次自称为“颍川陈鸿祖”或“鸿祖”，因而作结论说：“是此传作者之名为鸿祖，绝无疑义，而广记所以题陈鸿之故，殆由传写习知《长恨歌传》撰写人即太和时主客郎中字大亮之陈鸿姓名，遂致伪耳。”①按陈氏所言，乃并无确证材料，主要是由推测(“殆由传写习知《长恨歌传》撰写人即太和时主客郎中字大亮之陈鸿姓名，遂致伪耳”)所致，作为一家之言，可备一说，作为定论，则乃不的。

李肇(卷七二一)

原小传云：“肇，元和七年试太常寺协律郎，迁司勋员外郎。”

---

① 陈寅恪：《读东城父老传》，《金明馆丛书初编》，生活·读书·新知三联书店2001年版。

按：李肇，两《唐书》无传。小传此述，所本何籍，待考。

考补：韦公某家府从事。左司郎中，翰林学士，中书舍人，左补阙，坐荐非人，左迁将作少监。

《全唐文》是卷著录李肇《东林寺经藏碑铭并序》有云："元和四年，云门僧灵澈……言于廉问武阳韦公，公应之如响。……五年，韦公薨。七年，博陵崔公以仁和政成，悯默旧绩，由是东林以……成公志。故家府从事李肇为之文曰……"按东林寺在江州，文中所载"武阳韦公"云云，届时当为江州之刺史，而李肇自称为"故家府从事"者，所指为其届时于韦公江州刺史府任"从事"之职。又，《四库全书》本《唐国史补》卷首所附《唐国史补序》一文，所署为"唐尚书左司郎中李肇撰"。而陈振孙《直斋书录解题》卷五《杂史类》著录"《国史补》三卷"，则称"唐学士李肇撰。"按此"学士"即翰林学士。又，《新唐书・艺文志》录李肇《翰林志》一卷，为《四库全书》所收录，《四库全书总目》卷七十九并撰"提要"云："唐李肇撰。案肇所作《国史补》，结衔题尚书左司郎中。此书结衔则题翰林学士、左补阙。王定保《唐摭言》又称肇为元和中中书舍人，《新唐书・艺文志》亦云肇为翰林学士，坐荐柏耆，自中书舍人左迁将作少监。"①

杨敬之(同卷)

原小传云："敬之，字茂孝，侍御史凌子。元和初进士。文宗朝为国子祭酒兼太常少卿，转大理卿，检校工部尚书。"

辨证：杨敬之，《新唐书》有传。小传此之所述，即是据《新唐书・杨敬之传》而为，虽不误，但欠精审。考柳宗元《与杨京兆凭书》有云："丈人以文律通流当世，叔仲鼎列，天下号为文章家。今又生

---

① 永瑢等：《四库全书总目》卷七十九，中华书局 1965 年影印本。

敬之。敬之，希屈、马者之一也。”其中“今又生敬之”引“孙曰”注云：“敬之，凌子，元和二年中进士。敬之，字茂孝，尝为《华山赋》示韩愈，愈称之。”①又，徐松《登科记考》卷十七引“童周说注”与此相同，并系定杨敬之为元和二年进士，则小传之“元和初”，可据改为元和二年。

考补：与姚合、项斯、李贺为诗友，过从甚密。

参见姚合《寄杨祭酒》(《唐诗纪事》卷五十一)、杨敬之《赠项斯》(《全唐诗》卷四七九)、李贺《出城寄权璩杨敬之》(王琦等《三家评注李长吉歌诗》卷一)。

张又新(同卷)

原小传云：“又新，字孔昭，工部侍郎荐子。元和中进士，历左补阙。……李逢吉罢相，领山南东道节度使，表为行军司马……贬汀州刺史。李训用事，复召为刑部郎中，训死复贬，终左司郎中。”

辨证：张又新，两《唐书》有传。小传此之所述，乃是据《新唐书·张又新传》而为，但有误。检《旧唐书·张又新传》云：“又新幼工文，善于傅会。……宝历三年，逢吉出为山南东道节度使，请又新为副使，李续之为行军司马。……李训用事，复召二子为尚书郎。训败，复贬而卒。”两相比较可知：其一，《旧唐书·张又新传》无中进士之载；其二，李逢吉出为山南东道节度使后，张又新所官为节度副使；其三，“训败，复贬而卒”，表明张又新卒于贬所。此三者，皆与《新唐书·张又新传》所载为异，小传从之者，亦如是。

又，乐史《广卓异记》卷十九《举选》有云：“右按《登科记》：张又

---

① 柳宗元：《与杨京兆凭书》，《柳宗元集》卷三十，中华书局1979年版。

新，元和九年进士，状元及第；十二年宏词头登科。”①据此，知张又新一生凡两试，一为“元和九年进士”，一为“十二年宏词头登科”，则两《唐书·张又新传》与小传之所述（仅为“元和中进士”一次）者，乃均误。

又，《旧唐书·文宗纪上》云：“（大和元年四月）己巳，贬山南东道节度副使李续为涪州刺史，山南东道行军司马张又新为汀州刺史。”此之所载，虽与《新唐书·张又新传》合，但却有异于《旧唐书·张又新传》。检《旧唐书·职官志三》之“节度使”云：“节度使一人，副使一人，行军司马一人……随军四人。”注云：“皆天宝后置，检讨未见品秩。”虽然是“检讨未见品秩”，但将“行军司马”置于“副使”后者，以两《唐书》之行文惯例言，前者的“副使”显然较其后“行军司马”之职权更为重要。考唐文宗《贬张又新李续之诏》有云：“及黄枢覆验，乌府追擒，证逮旨明，奸状尽得，三移宪牒，一无申陈，众状满前，群议溢耳。终则步健不至，银铛空来，蔑视纪纲……负我上台，阅视连名。伊尔二子，又新可汀州刺史，续之可涪州刺史。”②此《诏》之题目与正文，均列张又新在前而李续之在后③，以此勘之《旧唐书·职官志三》所载，则为“山南东道副使”者，当乃张又新无疑，即《旧唐书·文宗纪上》与《新唐书·张又新传》之所载，乃均误。小传从《新唐书·张又新传》作“表为行军司马”者，亦乃为误。

至若张又新是否“终左郎中”（卒于长安），抑或“复贬而卒”（卒于

① 乐史：《广卓异记》卷十九，《四库全书》本，上海古籍出版社1987年影印。

② 唐文宗：《贬张又新李续之诏》，《全唐文》卷七〇，中华书局1983年影印本。

③ 与此类似者，另有《旧唐书·李逢吉传》，该《传》在述及张又新与李续之时，均为张前李后，此为其一。其二，据该《传》所载，所谓的“八关十六子”，即“李逢吉党”的十六位重要成员，张又新则居其首，此则表明，在“李逢吉党”中，张又新的地位是远较李续之为甚的。综此二者，亦可证张又新乃“山南东道副使”，而非“行军司马”。

贬所)者，因材料所限，无从考据，兹拈出以俟淹贯者。

杜兼(卷七二二)

原小传云：“兼，字处元。元和中历官刑部吏部郎中，出为商州防御史，河南尹兼水陆运使。”

辨证：杜兼，两《唐书》有传。小传此之所述，乃是据《旧唐书·杜兼传》而为，但有误。考韩愈《中散大夫河南尹杜君(兼)墓志铭》一文有云：“公讳兼，字某，郎中(指杜廙——引者注)第三子。举进士第。……累官至监察御史。……入为刑部郎中，以能官拜苏州刺史……书奏，即除吏部侍郎，遂为给事中。出为商州刺史金商防御史。改河南少尹，行大尹事，半岁拜大尹。元和四年十一月二十二日，无疾暴薨，年六十。明年二月甲午，从葬怀州。”①据此，则可知小传乃存在如下问题：

(1)杜兼曾“举进士第”，小传无载，乃失考。

(2)杜兼“书奏”后是“除吏部侍郎”，而非小传之“吏部郎中”。

(3)“出为商州防御史”，乃为“出为商州刺史金商防御史”之误。

(4)杜兼只任“河南尹”而没有“兼水陆运使”。

(5)无杜兼卒年(“元和四年”)与享年(“年六十”)之载。

此外，遍检两《唐书·杜兼传》、《旧唐书·宪宗纪上》、《旧唐书·张愔传》、《新唐书·宰相世系表四上》，其中并无杜兼“字处元”之载，而上引韩愈《中散大夫河南尹杜君(兼)墓志铭》亦然。则小传之“字处元”者当删，要之，存疑可也。

---

① 韩愈：《中散大夫河南尹杜君(兼)墓志铭》，《全唐文》卷五六六，中华书局1983年影印本。

赵蕃(同卷)

原小传云："蕃，元和中进士。官侍御史，出为袁州刺史，历尚书郎。武宗时为太仆卿，持节使黠戛斯。"

辨证：赵蕃，两《唐书》无传。小传此述，所本何籍，待考，但有误。按《全唐诗》卷四八四著录赵蕃《荐冰》一诗，李昉等《文苑英华》编在卷一八二，且为五人五诗，除赵蕃外，另四人依序为鲍溶、卢钧、范傅质、陈至。据徐松《登科记考》卷十七，《荐冰》为元和四年应进士之试题，则赵蕃之"第进士"为是年，即乃无疑，小传作"元和中进士"者，应改为"元和初"，或径作元和四年进士。

又，张读《宣室志・辑佚》之"赵蕃免祸"条有云："唐国子祭酒赵蕃，大和七年为南宫郎。忽一日有僧乞食于门，且谓其家僮曰……周遍院宇，无影响踪迹。后数日，蕃出为袁州刺史。"①小传之"出为袁州刺史"，所本或即此。而据"大和七年为南宫郎"句，又知赵蕃之"出为袁州刺史"，乃在"历尚书郎"之后，小传则将其次序颠倒。按"南宫"，乃尚书省之别称，因其象列宿南宫，故名。韩愈《袁州刺史谢上表》云："掌诰西掖，司刑南宫。"即为其证。所以，小传之正确者应为：大和七年历尚书郎，出为袁州刺史。

至若小传所述赵蕃"武宗时为太仆卿"与"持节使黠戛斯"，乃为事实，对此，《旧唐书・李德裕传》《新唐书・吐蕃传》分别有载，兹不具引。但上引张读《宣室志・辑佚》之"国子祭酒"，则可补小传之阙。

---

① 张读：《宣室志・辑佚》，中华书局 1983 年版。

林宝(同卷)

原小传云："宝，济南邹县人。元和时官太常博士。"

按：林宝，两《唐书》无传。小传此述，当是据《永乐大典》本《元和姓纂》卷首之所署而为。对此，《四库全书总目》卷一三五据《永乐大典》本《元和姓纂》所撰"提要"亦有载，云："《永乐大典》本。唐林宝撰。宝，济南人，官朝议郎、太常博士。序称元和壬辰岁，盖宪宗七年也。唐书无传，其名见于艺文志，诸家书目，所载并同。"①。不误。

考补：朝议郎，元和七年撰《元和姓纂》十卷。曾参撰《德宗实录》五十卷。官同州某县尉，沔王府长史。

按林宝官朝议郎与元和七年撰《元和姓纂》十卷，俱见上引《四库全书总目》卷一三五《元和姓纂》"提要"。曾参撰《德宗实录》五十卷，见《新唐书·艺文志二》。官同州某县尉，《旧唐书·裴向传》有载。同书《文宗纪下》又有云："(开成三年四月)癸丑，屯田郎中李衢、沔王府长史林宝等进所撰《皇唐王牒》一百五十卷。"

杨汝士(卷七二三)

原小传云："汝士，字慕巢。元和四年进士，又登宏词科。长庆中累擢工部侍郎。……开成时由兵部侍郎为东川节度使，入为吏部尚书。进刑部尚书卒。"

辨证：杨汝士，两《唐书》有传。小传此之所述，乃是据《旧唐书·

① 永瑢等：《四库全书总目》卷一三五，中华书局1965年影印本。

杨汝士传》而为，但有误。复次《旧唐书·杨汝士传》有云："汝士字慕巢，元和四年进士，又登宏词科。大和三年七月，以本官知制诰。时李宗闵、牛僧孺辅政，待汝士厚。寻正拜中书舍人，改工部侍郎。八年，出为同州刺史。开成元年七月，转兵部侍郎。其年十二月，检校礼部尚书、梓州刺史、剑南东川节度使。……四年九月，入为吏部侍郎，位至尚书，卒。"据此，知杨汝士一生凡两试，即一为"元和四年进士"，一为"又登宏词科"(《新唐书·杨汝士传》)。按据徐松《登科记考》卷十八可知，在元和五年至十五年期间，唐宪宗朝试"博学宏词科"者，仅元和十二年一次，因之，杨汝士的"又登宏词科"就必在是年，但是年之"博学宏词科"并无杨汝士名。此一实况似可表明，两《唐书·杨汝士传》之所载当误，而小传从之者，亦属如此。其是耶非耶，兹拈出以俟淹贯者。

又，据《旧唐书·杨汝士传》所载，杨汝士"累擢工部侍郎"乃在大和三年后，小传作"长庆中"者，乃误。而杨汝士"由兵部侍郎为东川节度使"，则在开成元年十二月，小传作"开成时"者，应据改为"开成初"，或径作开成元年。又，据计有功《唐诗纪事》卷四十六"杨汝士"条可知，杨汝士是"以户侍检校尚书镇东川"的，则《旧唐书·杨汝士传》与小传皆作"兵部侍郎"者，乃有误。又，《旧唐书·文宗纪》《旧唐书·杨汝士传》均作"入为吏部侍郎"，则小传之"入为吏部尚书"者，亦为误。又，小传之"进刑部尚书卒"点断有误，正确者应为"进刑部尚书，卒"。而据计有功《唐诗纪事》卷四十六之所载，杨汝士"终刑部侍郎"，《旧唐书·杨汝士传》与小传之所述，则与此为异。

考补：虢州弘农人。以诗压倒元稹与白居易。

检《旧唐书·杨虞卿传》有云："杨虞卿字师皋，虢州弘农人。……虞卿从兄汝士。"则杨汝士为"虢州弘农人"乃无疑。对于后者，王定保《唐摭言》卷三、计有功《唐诗纪事》卷四十六均有载，不具引。

滕迈（同卷）

原小传云："迈，元和中进士，官郎中，历吉州刺史。"

按：滕迈，两《唐书》无传。小传此述，所本何籍，待考。检计有功《唐诗纪事》卷四十五"滕迈"条云："湖州崔刍言郎中，初为越戎副使，宴席中有周华者，刘采春女，善歌《杨柳枝词》，所唱七八篇，皆名流之咏。滕迈郎中一首云……迈，登元和进士第。"①小传之前半部分，所本或即此。又，滕倪有《留别吉州太守宗人迈》（《全唐诗》卷四九一）诗，其中的"吉州太守宗人迈"，当为小传后半部分之所本。不误。

考补：台州刺史，睦州刺史。

按陈耆卿《嘉定赤城志》卷八《秩官门一·历代郡守》有云："开成四年，滕迈。"②又，赵嘏有《淮信贺滕迈台州》《送滕迈郎中赴睦州》二诗，表明滕迈既曾任台州刺史，又曾牧守睦州。后诗有云："郡斋秋尽一江横，频命郎官地更清。星月去随新诏动，旌旗遥映故山明。"③据"频命""新诏动"二句可知，"滕迈郎中"此次之奉调睦州，乃是在牧守台州之后，即其以"郎官"之衔外任，是先台州而后睦州，其时则在开成五年或其后，但确时无考。

陈越石（同卷）

原小传云："越石，颍州人，初名黄石。元和十五年进士，官蓝田

① 计有功：《唐诗纪事》卷四十五，上海古籍出版社 1965 年版。

② 陈耆卿：《嘉定赤城志》卷八，《四库全书》本，上海古籍出版社 1987 年影印。

③ 赵嘏：《送滕迈郎中赴睦州》，《全唐诗》卷五四九，中华书局 1960 年版。

令。会昌三年卒。”

辨证：陈越石，两《唐书》无传。小传此之所述，当是据张读《宣室志》而为。复次《宣室志》卷三“夜叉索皮”有云：“颍州陈越石，初名黄石，郊居于王屋山下。……因改名越石。元和十五年，登进士第。至会昌二年，卒于蓝田令。”①据此，知小传之“会昌三年卒”，乃为“会昌二年卒”之误，“二”“三”形近，或为抄写所致。

崔郾（卷七二四）

原小传云：“郾，字广略，清河武城人。举进士，书判入等，授集贤殿校书郎。累迁吏部员外，再迁左司郎中。元和十三年为吏部郎中，迁谏议大夫。”

辨证：崔郾，两《唐书》有传。小传此之所述，乃是据《旧唐书·崔郾传》而为，但有误。考杜牧《唐故银青光禄大夫检校礼部尚书御史大夫充浙江西道都团练观察处置等使上柱国清河郡开国公食邑二千户赠吏部尚书崔公（郾）行状》有云：“公讳郾，字广略。……贞元十二年中第，十六年平判入等，授集贤殿校书郎。……除拜吏部员外郎，判南曹事。……凡二年，迁左司郎中，吏部郎中，加朝散大夫，旋拜谏议大夫兼知匦使。……敬宗皇帝始即位，旁求师臣……遂以本官充翰林侍讲学士，命服金紫，旋拜中书舍人。……除陕虢观察使兼御史大夫。……凡二年，改岳鄂安黄蕲申等州观察使。……凡五年，迁浙江观察使，加礼部尚书。……开成元年十月二十日，薨于治所。”②据此知：小传之所述，主要存在两个方面的问题：一是言崔郾之宦历，乃止于唐穆宗朝，

---

① 张读：《宣室志》卷三，中华书局1983年版。

② 杜牧：《唐故银青光禄大夫检校礼部尚书御史大夫充浙江西道都团练观察处置等使上柱国清河郡开国公食邑二千户赠吏部尚书崔公（郾）行状》，《全唐文》卷七五六，中华书局1983年影印本。

而对唐敬宗、文宗两朝之所任者，则只字未及，不的。二是所述崔郾在唐穆宗朝及其前之宦历有误，具体为：(1)小传之“书判入等”，乃为“平判入等”之误，且在贞元十六年。(2)“累迁吏部员外”一句乃脱“郎”字。因之，小传皆可据改并据补。

韦乾度(同卷)

原小传云：“乾度，元和中官吏部郎中。守江州刺史。长庆二年拜国子祭酒。”

辨证：韦乾度，两《唐书》无传。小传此述，所本何籍，待考，但有误。按《全唐文》是卷著录韦乾度《驳左散骑常侍房式谥议》一文，为《新唐书·房式传》所引，云：“琯族孙式……改宣歙观察使，卒。赠左散骑常侍，谥曰倾。吏部郎中韦乾度曰……谥乃定。”王溥《唐会要》卷八十《谥法下》同。其中之“吏部郎中”，当为小传之所本。又，《全唐文》是卷著录韦乾度《条制四馆学生补阙等奏》一文，为王溥《唐会要》卷六十六“东都国子监”所引，云：“长庆二年闰十月，祭酒韦乾度奏……敕旨，宜依。”小传之“长庆二年拜国子祭酒”所本应即此。但《唐会要》此之所载，并非认为韦乾度官国子祭酒始于长庆二年，而是言长庆二年韦乾度乃在国子祭酒任中。所以，小传此之所载，乃不确。又，王钦若等《册府元龟》卷五二二有云：“韦乾度元和十二年为御史中丞，时监察御史韦楚材请按河中观察使赵宗儒擅用贮备……于是，贬乾度为朗州刺史。”以此勘之《全唐文》是卷所著录韦乾度《桃源观石坛记》一文，则小传中之“守江州刺史”，当为“守朗州刺史”之误。

考补：贞元五年进士。御史中丞。长庆三年七月卒。

按韦乾度贞元五年进士，徐松《登科记考》卷十二引唐骈《剧谈录》有载，文甚繁，兹不具引。韦乾度官御史中丞，上引《册府元龟》卷五二二已有载。又，检《旧唐书·穆宗纪》云：“(长庆三年)七月，国子祭酒韦乾庆卒。”此之“韦乾庆”，据岑仲勉《唐音余渖》卷三所考，其乃“韦乾度”之误，甚是。

班肃(同卷)

原小传云：“肃，贞元中进士，官坊州刺史，擢司封员外郎。”

辨证：班肃，两《唐书》无传。小传此述，所本何籍，待考，但欠精审。考柳宗元《送班孝廉(肃)擢第归东川觐省序》有云：“陇西辛殆庶，猥称吾文宜叙事，晨持缣素，以班孝廉之行为请。且曰夫人殆所谓吉事也。愿而信，执而礼。”并于“以班孝廉之行为请”后引“孙曰”注云：“贞元十七年，礼部侍郎高郢知贡举，班肃第一。”①按唐德宗以“贞元”纪年者，凡二十一年，“贞元十七年”为贞元末，则小传作“贞元中”者乃误，应据改为“贞元末”，或径作贞元十七年进士。

又，元稹《授班肃尚书司封员外郎制》云：“敕。朝议郎前坊州刺史赐绯鱼袋班肃。驰竞之徒，能于寒暑之际，不以忧畏移其薄厚之道者鲜矣。闻尔为祠部员外郎，值吾黜奸之日，游其门者，莫不跧窜奔迸，惧罹其身，唯尔安分不渝，进退有素。……可行尚书司封员外郎，余如故。”②又，《新唐书·皇甫镈传》云：“镈之贬，前坊州刺史班肃以尝僚，独饯于野，朝廷义之，擢为司封员外郎。”小传之“官坊州刺史，擢司封员外郎”者，所本当即此。而元稹《授班肃尚书司封员外郎制》中所载之“朝议郎”“祠部员外”二职，则可补小传之阙。

---

① 柳宗元：《送班孝廉(肃)擢第归东川觐省序》，《柳宗元集》卷二十二，中华书局 1979 年版。

② 元稹：《授班肃尚书司封员外郎制》，《全唐文》卷六四九，中华书局 1983 年影印本。

杜元颖(同卷)

原小传云:“元颖……贞元末进士,又擢宏词。……再贬循州司马。卒年六十四,赠湖州刺史。”

辨证:杜元颖,两《唐书》有传。小传此之所述,乃是据《新唐书·杜元颖传》而为,既有误,亦欠精审。复次《新唐书·杜元颖传》云:“贞元末及进士第,又擢宏词。……议者不厌,斥为循州司马。……元颖死于贬所,年六十四。……诏赠湖州刺史。”小传与此虽基本一致,但二者均载杜元颖曾应试两次,则乃误。其实际的情况是,杜元颖乃三次擢第,其具体为:第一次是“第进士”,第二次为“又擢宏词”,第三次即“茂才异等策”。杜元颖之“第进士”,《白居易集》卷三十一《七年元日对酒诗》其五有载,云:“同岁崔何在,同年杜又无。”其中的“杜”,即为杜元颖。并有自注云:“余与吏部崔相公甲子同岁,与循州杜相公及第同年。秋、冬二人俱逝。”其中的“循州杜相公”,所指即贬循州司马的杜元颖,其既与白居易同年及第,则时在贞元十六年者,即可肯定。这是因为,白居易《箴言并序》对此有明载:“贞元十有五年,天子命中书舍人渤海公领礼部贡举事。越明年春,居易以进士举,一上登第。”(《白居易集》卷四十六》)所以,赵元颖之“第进士”乃在贞元十六年。赵元颖第二次之“又擢宏词”,徐松《登科记考》卷十六据赵璘《因话录》订为元和元年,可从。至于杜元颖之应“茂才异等策”,《全唐文》是卷著录其《对茂才异等策》一文,则乃可为证,徐松《登科记考》卷十八据以考订赵元颖应“茂才异等科”在元和十一年,是。所以,小传应据改。

杜元颖之生卒年,《新唐书·杜元颖传》无载,仅云享年“六十四”。《旧唐书·杜元颖传》则云:“(大和)六年,卒于贬所。”二者合勘,知杜元颖生于唐代宗大历四年(769年),卒于大和六年(832年),则小传应据补卒年。

陈商(卷七二五)

原小传云:“商,元和九年进士。武宗朝历官户部员外郎,司封刑部郎中,史馆修撰,迁礼部侍郎知贡举。出历虢、陕二州刺史,大中时进工部尚书。”

辨证:陈商,两《唐书》无传。小传此述,所本何籍,待考,但有误,如“司封”即为其一(详下)。按韩愈有《答陈商书》,五百家注引集注云:“商,元和九年进士。”又,《旧唐书·武宗纪》云:“(会昌五年二月)……谏议大夫、权知礼部贡举陈商选士三十七人中第。”(王溥《唐会要》卷七十六、徐松《登科记考》卷二十二同,但所据者为王钦若等《册府元龟》与宋敏求《唐大诏令集》)又,同书《宣宗纪》有云:“会昌五年……唯礼部尚书陈商议云……事未行而武宗崩。”又,王溥《唐会要》卷三十九之“议刑轻生”有云:“(会昌)三年十二月,泽潞刘祯平,欲定其母刘氏罪,令百僚议之。刑部郎中陈商议曰……从之。”又,王昶《金石萃编》卷八十《华岳题名·陈商题名》云:“□门郎中、史馆修撰陈商,会昌元年七月二十五日,商祗召赴阙,与卢溪处士邓君蟠同题。时□□□□□商题后六年,自礼部侍郎出镇□陕,又与邓支使同来,十月□□。”①其中的“□门郎中”,“出镇□陕”,王昶跋作“司门郎中”“出镇分陕”,但“分陕”于理不通,当为“虢陕”之误。

综上所考,小传之“元和九年进士”,官“司封刑部郎中,史馆修撰”,以及“迁礼部侍郎知贡举”“出历虢、陕二州刺史”者,所本当即此。唯“官户部员外郎”无考(“大中时进工部尚书”者,详下)。又,小传之“司封刑部郎中”,乃为“司门刑部郎中”之误,即陈商所官者为司门郎中,而非“司封郎中”,所以,小传应据改。

---

① 王昶:《金石萃编》卷八十,中国书店1985年影印本。

考补：字述圣。官礼部侍郎，秘书监，银青光禄大夫，许昌县开国男。大中九年卒，赠工部尚书。

检《新唐书·艺文志二》录《敬宗实录》十卷，其中作者有陈商，并注云："商，字述圣，礼部侍郎、秘书监。"又，同书《宣宗纪》有云："(大中)九年春正月辛巳，银青光禄大夫、秘书监、许昌县开国男陈商卒，赠工部尚书。"据此，又知小传"进工部尚书"乃误。又，《新唐书·宰相世系表一下》陈氏有云："商字述圣，秘书监，许昌县男。"

高锴(同卷)

原小传云："锴，字弱金。……元和九年进士，又中宏词科。……卒赠礼部尚书。"

辨证：高锴，两《唐书》有传。小传此之所述，乃是综两《唐书·高锴传》而为，虽不误，但欠精审。检《旧唐书·高锴传》云："锴，元和九年登进士第，升宏词科，累迁吏部员外。"《新唐书·高锴传》则有云："锴字弱金，连中进士、宏辞科，辟河东府参谋，历吏部员外郎，迁中书舍人。"两《传》所载表明，高锴一生曾二试，即一为"进士第"，一为"宏词科"。然据徐松《登科记考》卷十八可知，高锴仅元和九年"中进士"一次，且从元和九年至元和十五年(唐宪宗以"元和"纪元凡十五年)的七年中，唐廷并无"博学宏词科"之试，则《旧唐书·高锴传》之"升宏词科"，《新唐书·高锴传》之"连中宏辞科"("辞"乃"词"之讹)，当皆为误。正因此，徐松《登科记考》卷十八乃无高锴之名。此则表明，小传从两《唐书·高锴传》作"又中宏词科"者，其实是不可据信的。

李公佐(同卷)

原小传云："公佐，元和中为洪州判官。"

按：李公佐，两《唐书》无传。小传此述，所本何籍，待考。

考补：陇西人。官扬州录事参军。官千牛备身（详下“附考”）撰《建中河朔记》六卷。

检《新唐书·段居贞妻谢》有云：“段居贞妻谢，字小娥，洪州豫章人。……陇西李公佐隐占得其意，曰……小娥泣谢。”又，《旧唐书·宣宗纪》大中二年二年载“御史台奏曰”有云：“送吴湘妻女至沣州取受钱物人潘宰、前扬州录事参军李公佐……等，伏侯赦旨。”又，陈振孙《直斋书录解题》卷五著录《建中河朔记》六卷，并撰“解题”云：“唐李公佐撰。序言与从弟正封读国史至建中、贞元之际，序述河朔故事，未甚详备，以旧闻于老僧智融及谷况《燕南记》所说略同，参错会要，以补国史。”

附考：《新唐书·宗室世系表》之“大郑王房”有公佐，官千牛备身。其父河东节度使说，字岩甫，五子：公敏（太子通事舍人）、公度（灵盐朔方节度使）、公辅、公佐、公宥。以唐代李姓郡望，以及唐高祖李渊家族与陇西关系（具体参见拙作《李白家世之谜破译》一文，收入《李白研究新探》，黄山书社 2013 年版）言，此官“千牛备身”之李公佐，当即官“扬州录事参军”之李公佐，若果尔，则李公佐曾官千牛备身，可补小传之阙。其是耶非耶，兹拈出以俟淹贯者。

狄兼谟（同卷）

原小传云：“兼谟，字汝谐。……第进士。历蕲邓郑苏四州刺史。以治最擢给事中，迁御史中丞。累迁尚书左丞。……迁东都留守。”

辨证：狄兼谟，两《唐书》有传。小传此之所述，乃是据《新唐书·狄兼谟传》而为，但不确，如“历蕲邓郑苏四州刺史”者，即为其例。复次《新唐书·狄兼谟传》云：“兼谟字汝谐，及进士第。……历刑部郎中、蕲邓郑三州刺史。岁旱饥，发粟赈济，民人不流徙，改苏州，以治最，擢给事中。”然《旧唐书·狄兼谟传》则云：“兼谟，登进士第。长庆、大和中，历郑州刺史，以治行称，入为给事中。”未及蕲、邓、苏三州刺史。考李虞仲《授柏耆兵部郎中等制》有云：“敕。夏官之属，以九法平简稽。……征事郎使持节蕲州诸军事守蕲州刺史骁骑尉赐绯鱼袋狄兼謩(谟)，旧德在人，文风擅价，兴起宪署……”①又，范成大《吴郡志》卷十一“牧守”有云：“狄兼谟，文宗时自郑州刺史改苏州，以治最，擢给事中。”②唯邓州刺史无考。而通检王溥《唐会要》、司马光《资治通鉴》、王钦若等《册府元龟》，其中均无狄兼谟牧守邓州刺史之载，则《新唐书·狄兼谟传》“蕲邓郑三州刺史”之说，当误。要之，将狄兼谟刺牧邓州一事存疑可也。至若小传之“第进士”，徐松《登科记考》卷二十七将其归类于“附考·进士科”者，则可从。

崔嘏(卷七二六)

原小传云：“嘏，字乾锡，举进士，复以制策，历邢州刺史。改考功郎中，擢中书舍人。李德裕斥为崖州司户，坐书制不深切，贬端州刺史。”

辨证：崔嘏，两《唐书》无传。小传此之所述，自“历邢州刺史”及其后，当是本《新唐书·艺文志四》而为，虽不误，但欠精审。复次《新唐书·艺文志四》著录崔嘏“《制诰集》十卷”，有注云：“字乾锡，邢州刺史。会刘稹反，归朝，授考功郎中，中书舍人。李德裕之谪，嘏草制不尽书其过，贬端州刺史。”《新唐书·李德裕传》则云：“中书舍人崔嘏，字乾锡，谊士也。坐书制不深切，贬端州刺史。嘏举进士，复以制

---

① 李虞仲：《授柏耆兵部郎中等制》，《全唐文》卷六九二，中华书局1983年影印本。

② 范成大：《吴郡志》卷十一，《四库全书》本，上海古籍出版社1987年影印。

策历邢州刺史。刘稹叛，使其党裴问戍于州，嘏说使听命，改考功郎中，时皆谓遴赏。至是，作诏不肯巧傅以罪。”两相比较，《新唐书·李德裕传》涉及了“举进士，复以制策历邢州刺史”诸事，小传之“举进士，复以制策，历邢州刺史”云云，所本当即此。

按崔嘏之“举进士”与“复以制科”，表明崔嘏一生曾二试。考王谠《唐语林》卷六有云：“元和十五年，太常少卿李建知举，放进士二十九人。时崔嘏舍人与施肩吾同榜，肩吾寒进，为嘏瞽一目。曲江宴赋诗，肩吾曰：‘……二十九人及第，五十七人看花。’”①又，王溥《唐会要》卷七十六“贡举中·制举科”有云：“长庆元年十二月，贤良方正能直言极谏科：庞岩、任畹、吕述、姚中立、韦曙、李回、崔嘏、崔龟从……李思元及第。”②据此，知崔嘏元和十五年(820 年)“举进士”，长庆元年(821 年)“复以制举”登第，则小传应据而改之。

庞严(卷七二七)

原小传云：“严，字子肃，寿州寿春人。第进士，举贤良方正第一，拜拾遗。累迁驾部郎中，知制诰。累迁太常少卿。大和五年，权京兆尹，卒。”

辨证：庞严，两《唐书》有传。小传此之所述，乃是据《新唐书·庞严传》而为，虽不误，但欠精审。检《旧唐书·庞严传》云：“庞严者，寿春人。……元和中登进士第，长庆元年应制举“贤良方正能直言极谏科”，策入三等，冠制科之首。”按《全唐文》是卷著录庞严《对贤良方正能直言极谏策》一文，李昉等《文苑英华》编在卷四九〇，凡二人二篇，另一人即沈亚之，并有注云：“长庆元年。”小传应据改。

---

① 王谠：《唐语林》卷六，上海古籍出版社 1978 年版。

② 王溥：《唐会要》卷七十六，《四库全书》本，上海古籍出版社 1987 年影印。

庞严之“第进士”，两《唐书·庞严传》均无明载，徐松《登科记考》卷十八，仅据《旧唐书·庞严传》之“元和中登进士第”而订于元和十年，乃不的，待考。又，庞严卒年，两《唐书·庞严传》亦均无明载，仅是言大和五年“权京兆尹，卒于官”。检《旧唐书·文宗纪下》有云：“(大和五年八月)丙戌，京兆尹庞严卒。”小传所据者，或即此。

考补：信州刺史。

按《旧唐书·宪宗纪》云：“(长庆四年二月)丙戌，贬翰林学士、驾部郎中、知制诰庞严为信州刺史。”两《唐书·庞严传》未及信州刺史，郁贤皓《唐刺史考》亦然。

封敖(卷七二八)

原小传云：“敖，字硕夫……太和中拜中书舍人。宣宗朝……封渤海男，拜兴元节度使。……大中十一年拜太常卿……卒。”

辨证：封敖，两《唐书》有传。小传此之所述，乃是据《旧唐书·封敖传》而为，但有误。复次《旧唐书·封敖传》云：“封敖字硕夫……大和(一作“太和”——引者注)中，入朝为右拾遗。会昌初，以员外郎知制诰，召入翰林学士，拜中书舍人。……大中二年，典贡部……封渤海男，食邑七百户。四年，出为兴元尹、御史大夫、山南西道节度使。……十一年，拜太常卿……卒。”又，《旧唐书·宣宗纪》有：“(大中)三年春正月丙寅……以太常卿封敖检校兵部尚书，为兴元尹、山南西道节度使。”合勘之，知封敖“拜中书舍人”在“会昌初”，牧守兴元在大中三年，并曾两任太常卿，则小传之“太和中拜中书舍人”为误，乃甚明。

附考：按封敖为兴元尹、山南西道节度使，上引《旧唐书·宣宗纪》与同书《封敖传》，一作“大中三年“，一作“大中四年”，二者异。检王溥《唐会要》卷八十六“道路”有云：“大中三年十一月，山南西道节度使郑涯、凤翔节度使李玭等奏：当道先准敕，开先文川谷路，从灵泉驿至白泉驿，共十一所。……仍付史馆。”①。按《旧唐书·宣宗纪》又有云：“(大中三年)十一月，东川节度使郑涯、凤翔节度使李玭奏修文川谷路……经年为雨所坏。又令封敖修斜谷旧路。”此则表明，大中十一年奏修由秦入蜀之“文川谷路”者，乃有东川节度郑涯、凤翔节度使李玭、山南西道节度使封敖，正因此，《唐会要》之载乃有“等奏”二字，其所“等”者，即山南西道节度使封敖。此为其一。其二，《旧唐书·宣宗纪》所载表明，大中三年郑涯所官者为“东川节度使”，《唐会要》则将其载作“山南西道节度使”，而使之成误。

崔龟从(卷七二九)

原小传云：“龟从，字元吉，清河人。元和十二年登第，以三中贤良方正拔萃科释褐，拜右拾遗。……数徙镇卒。”

辨证：崔龟从，两《唐书》有传。小传此之所述，乃是据《新唐书·崔龟从传》而为，既有误，亦欠精审。复次《新唐书·崔龟从传》云：“初举进士，复以贤良方正、拔萃，三中其科，拜右拾遗。”但《旧唐书·崔龟从传》则云：“龟从，元和十二年擢进士第，又登贤良方正制科及书判拔萃二科。”按据徐松《登科记考》卷十八、卷十九、卷二十可知，在由元和十二年至大和九年的十九年中，唐宪宗、唐穆宗、唐敬宗三朝并不曾试“拔萃科”，此则表明，两《唐书·崔龟从传》与小传之所述，乃皆误。而徐氏于《登科记考》卷十九考订崔龟从仅在长庆元年登“贤良方正”一次的记载，又可为之佐证。所以，崔龟从擢第之实况为：

① 王溥：《唐会要》卷八十六，《四库全书》本，上海古籍出版社1987年影印。

元和十二年登进士第，长庆元年再登贤良方正科，拜右拾遗。

樊宗师(卷七三〇)

原小传云："宗师字绍述，河中宝鼎人。始为国子主簿，元和三年擢军谋宏远科，授著作佐郎。历金部郎中，纾州刺史，徙绛州。进谏议大夫，未拜卒。"

辨证：樊宗师，《新唐书》有传。小传此之所述，即是据《新唐书·樊宗师传》而为，但有误。考韩愈《南阳樊绍述墓志铭》云："尝以金部郎中告哀南方……以此出为绵州刺史，一年征拜左司郎中。又出刺绛州，绵、绛之人至今皆曰于我有德。以为谏议大夫，命且下，遂病以卒，年若干。绍述讳宗师，父讳泽，尝帅襄阳江陵，官至右仆射，赠某官。祖某官，讳泳。自祖及绍述三世，皆以军谋堪将帅策上第以进。"①又，王溥《唐会要》卷七十六"贡举中·制举制"有云："(元和)二年四月……军谋宏达材任将帅科：樊宗师及第。"合勘可知：

(1)小传之"河中宝鼎"为樊氏郡望，樊宗师实为南阳郡人。

(2)樊宗师所擢第者为"军谋堪将帅策"，也即"军谋宏达材任将帅科"，且时间在元和二年，小传作"元和三年擢军谋宏远科"者，乃误。

(3)宗师在"历金部郎中"后，所任者为绵州刺史而非纾州刺史。

考补：祖泳，曾任某官；父泽，尝帅襄阳江陵，官至右仆射。泽贞元十四年卒，年五十七，赠司空，谥曰成。

依序见上引韩愈《南阳樊绍述墓志铭》与《新唐书·樊泽传》。

---

① 韩愈：《南阳樊绍述墓志铭》，《全唐文》卷五六三，中华书局1983年影印本。

李石(同卷)

原小传云："石，字中玉……元和十三年进士。大和九年权京兆尹，迁户部侍郎。以本官同中书门下平章事。……诏以太原兵助王逢，军乱逐石。以太子太傅分司东都，即拜留守。卒年六十二，赠右仆射。"

辨证：李石，两《唐书》有传。小传此之所述，乃是综合两《唐书·李石传》而为，并以《旧唐书·李石传》为主，但有误。检《旧唐书·李石传》云："石，字中玉……元和十三年进士擢第(《新唐书·李石传》作"元和中，擢进士第")，从凉国公李听历四镇从事。……大和……九年七月，权知京兆尹事。十月，迁户部侍郎，判度支事。……石自朝议郎加朝议大夫，以本官同平章事，判使如故。……开成……三年正月……石拜章辞位者三，乃加紫金光禄大夫、中书侍郎、同平章事、江陵尹、荆南节度使。……会昌三年十月，加检校司空、平章事……太原尹、北都留守、河东节度观察等使。……五年，检校司徒、东都留守……以太子少保分司卒。"(《新唐书·李石传》云："卒，年六十二，赠尚书右仆射。")据此，知李石一生凡三次与"平章事"相关：一次为"以本官同平章事，判使如故"，一次为"加紫金光禄大夫、中书侍郎、同平章事、江陵尹、荆南节度使兼平章"，一次为"加检校司空、平章事……太原尹、北都留守"。对于第三次，《旧唐书·武宗纪》亦有载，云："(会昌三年十月)，以荆南节度使、检校右仆射、同平章事李石可检校司空、平章事，兼太原尹、北都留守、充河东节度、管内观察等使。"但据《新唐书·宰相表下》之所载，又知李石一生之于"平章事"者，实际上只有两次：一为大和九年十一月，"判度支李石守本官、同中书门下平章事"；一为开成三年正月，"石以中书侍郎同中书门下平章事"，而无"会昌三年十月，加检校司空、平章事……太原尹、北都留守、充河东节度”。而且，宋敏求《唐大诏令集》卷五十三“出镇上”有《李石荆南节度同平章事制》而无《李石河东节度同平章事制》之实况，又可为之佐证①。由此则知《旧唐书·李石传》作三次者误，而小传作一次者亦误。

又，李石之卒年，两《唐书·李石传》均无确载。检《旧唐书·宣宗纪传》云：“（会昌六年四月）东都留守李石奏修奉太庙毕，所司迎奉太微宫神主祔庙讫。”同书《宣宗纪》又有云：“（会昌六年十月）以剑南节度使李德裕为东都留守。”合勘之，李石之卒，当在会昌六年九月，即李德裕十月之“为东都留守”者，乃替代李石所致，而李德裕之替代，则表明李石届时当已卒。其是耶非耶，兹拈出以俟淹贯者。

温造（同卷）

原小传云：“穆宗朝累拜御史中丞，迁尚书右丞，加大中大夫，封祁县子，转礼部尚书，卒年七十，赠右仆射。”

辨证：温造，两《唐书》有传。小传此之所述，乃是据《旧唐书·温造传》而为，不误，但句读却误。综《全唐文》作者小传之标点而言，其虽较为简单，但却多有错误，如“温造小传”即为其代表者之一。就此小传之标点而言，表明传主温造之所任职（含“卒年七十，赠右仆射”），乃皆在“穆宗朝”，其实不然。复次《旧唐书·温造传》可知，温造“迁尚书右丞，加大中大夫，封祁县子”，乃在唐文宗大和二年十一月；其“转礼部尚书”在大和四年；“卒年七十，赠右仆射”，则在大和九年六月。所以，小传之正确标点应为：“穆宗朝累拜御史中丞。（文宗朝）迁尚书右丞，加大中大夫，封祁县子，转礼部尚书。卒，年七十，赠右仆射。”而《旧唐书·温造传》所载之大和九年六月卒，小传则可据补。

关于《全唐文》作者小传的标点之误，另可参见本书“高祖皇帝李渊

---

① 宋敏求：《唐大诏令集》卷五十三，商务印书馆 1959 年版。

小传”等之辨证。

卢宏正(同卷)

原小传云：“宏正，字子强，户部郎中纶子。元和末进士。累拜工部侍郎。大中初转户部，充盐铁转运使，检校户部尚书，出为武宁节度使。徙宣武，卒赠尚书右仆射。”

辨证：“卢宏正”，乃“卢弘止”之误，两《唐书》有传。小传此之所述，乃是据《旧唐书·卢弘正传》而为，但有误。复次《旧唐书·卢弘正传》云：“弘正字子强，元和末登进士第，累辟使府掌书记。……会昌末……拜工部侍郎。大中初，转户部侍郎，充盐铁转运使。……检校户部尚书，出为徐州刺史、武宁军节度使。……迁检校兵部尚书、汴州刺史、宣武军节度、宋亳颍观察等使，卒于镇。”又，《新唐书·卢弘止传》则云：“弘止字子强……累迁给事中。……会昌中……拜工部侍郎。……出为武宁节度使。……徙宣武，卒于镇，赠尚书右仆射。”合勘二者，可知：

(1)《新唐书·卢弘止传》述事较为简略，故乃无“元和末登进士第，累辟使府掌书记”与“大中初，转户部侍郎，充盐铁转运使”之载，且作“卢弘止”。

(2)《新唐书》作“卢弘止”，与《旧唐书·卢弘正传》之“卢弘正”、小传之“卢宏正”者，乃均异。

(3)小传之“出为武宁节度使”脱“军”字，即小传应作：出为武宁军节度使。

在此三者之中，第(2)最为重要，因为其所涉及者，实际上是卢纶之子(详两《唐书》卢简辞传)究竟所名为何的问题。经对两《唐书》之通检可知：《旧唐书》除《卢弘正传》外，另有《食货志下》《卢简求传》《卢简能传》《李商隐传》《司空图传》五处，皆作“卢弘正”。而《新唐书》除

《卢弘止传》外，另有《食货志四》《宰相世系表三上》《卢简辞传》《司空图传》《卢纶传》《李商隐传》六处，皆作“卢弘止”。这一实况表明，凡《旧唐书》涉及“卢弘正”者，乃皆作“卢弘正”；凡《新唐书》与“卢弘止”相关者，乃皆作“卢弘止”。一作“卢弘正”，一作“卢弘止”，小传则作“卢宏正”，三者孰是？检岑仲勉《唐方镇年表正补》，其认为作“卢弘止”者是①，可从，则小传应据改。

郑亚(同卷)

原小传云：“亚，字子佐，荥阳人。元和十五年进士，三中贤良方正直言极谏书判拔萃科。累迁谏议大夫给事中，出为桂管观察使，大中时贬循州刺史卒。”

辨证：郑亚，《旧唐书》有传。小传此之所述，即是据《旧唐书·郑亚传》而为，但有误。复次《旧唐书·郑亚传》云：“亚字子佐，元和十五年擢进士第，又应贤良方正直言极谏制科，吏部调选，又以书判拔萃，数岁之内，连中三科。……会昌初……迁谏议大夫、给事中。五年，德裕罢相镇渚宫，授亚正议大夫，出为桂州刺史、御史中丞、桂管都防御经略使。大中二年……德裕再贬潮州，亚亦贬循州刺史，卒。”据此可知：

(1)郑亚一生凡三试，即除“元和十五年擢进士第”外，另曾试“贤良方正直言极谏制科”与“书判拔萃科”，而小传之“三中”者，则是专就“贤良方正直言极谏书判拔萃科”而言，即此实际上为“贤良方正直言极谏”与“书判拔萃”两科，故小传之“三中贤良方正直言极谏书判拔萃科”者，乃将“贤良方正直言极谏”当成了两科，乃误。

---

① 岑仲勉：《唐方镇年表正补》，《历史语言研究所集刊》第十五本，商务印书馆1948年版。

(2)郑亚所“出为桂管都防御经略使”者，在大中元年，对此，《旧唐书·宣宗纪》乃有载，云：“(大中元年二月)以给事中郑亚为桂州刺史、御史中丞、桂管防御观察等使。”据此，知《旧唐书·郑亚传》作“(会昌)五年……桂管都防御经略使”，小传作“桂管观察使”者，乃皆误。

(3)《旧唐书·宣宗纪》又有云：“(大中二年二月)桂州刺史、御史中丞、桂管防御观察等使郑亚贬循州司马。”小传从《旧唐书·郑亚传》作“循州刺史”者，乃又误。又，唐宣宗以“大中”纪元者，凡十三年，大中二年为大中初，小传作“大中时”，则不确。

又，郑亚之应“贤良方正直言极谏”科者，王溥《唐会要》卷七十六“贡举中·制科举”有载，云：“太和二年闰三月，贤良方正能直言极谏科：李郃、裴休、裴素、南卓、李甘、杜牧、马植、郑亚……李式及第。”太和二年即大和二年，小传应据补。

贾餗(卷七三一)

原小传云：“餗，字子美，河南人。第进士。太和初拜中书舍人……九年拜中书侍郎，同中书门下平章事，加集贤殿大学士。”

辨证：贾餗，两《唐书》有传。小传此之所述，乃是据《旧唐书·贾餗传》而为，但有误。复次《旧唐书·贾餗传》云：“餗字子美，河南人。祖渭，父宁。餗进士擢第，又登制策甲科，文史兼美，四迁至考功员外郎。……九年四月，检校礼部尚书、润州刺史、浙西观察使。制出未行，拜中书侍郎、同平章事。”《新唐书·贾餗传》则云：“餗字子美，河南人。……第进士，声称籍甚。又策贤良方正异等，授渭南尉，集贤校理等。……大和九年……拜中书侍郎、同中书门下平章事。……为集贤殿大学士。”合勘二者，可知：

(1)贾餗一生凡两试，即一为“第进士”，一为“登制策甲科”。小传作一次者，乃误。对于此二次之所试，徐松《登科记考》依序考订为贞元十九年(卷十五)、元和三年(卷十七)，则小传应据改并据补。

(2)贾餗“平章事”后，小传从《新唐书·贾餗传》作“集贤殿大学士”，但检两《唐书》之《敬宗纪》《文宗纪》《武宗纪》，以及上引《旧唐书·贾餗传》，其中均无贾餗为“集贤殿大学士”之载，似《新唐书·贾餗传》与小传之所述者，乃皆不确。要之，贾餗之为“集贤殿大学士”，存疑可也。

赵儋(卷七三二)

原小传云：“儋，长庆中为鄜坊节度使。”

辨证：赵儋，两《唐书》无传。小传此之所述，当是据《新唐书·李甘传》而为。复次《新唐书·李甘传》云：“李甘字和鼎，长庆末，第进士，举贤良方正异等。累擢侍御史。……既而麻出，乃以赵儋为鄜坊节度使。”(《新唐书·郑注传》略同)赵儋之“为鄜坊节度使”，既在李甘“长庆末，第进士”之后，则小传作“长庆中为鄜坊节度使”者，当误。按唐宪宗以“长庆”纪元者，凡四年，李甘“长庆末，第进士”者，应为长庆四年，徐松《登科记考》卷十九，所考订李甘之“第进士”的时间，正为长庆四年。赵儋之“为鄜坊节度使”，既在李甘“第进士”后，也即是“累擢侍御史”之后，其时就必当在唐文宗大和年间，而《旧唐书·文宗纪下》之所载，又可对此佐证。其云：“(大和九年八月)甲申，以左神策大将军赵儋为鄜坊节度使。”据此，知赵儋之为“鄜坊节度使”，乃在大和九年八月，其前则在京师任左神策大将军。而小传作“长庆中为鄜坊节度使”者，应据改。按《旧唐书·文宗纪下》又有云：“(大和九年十一月)丁未，鄜坊节度使赵儋卒。”所载赵儋卒年与“左神策大将军”一职，则皆可补小传之阙。

侯喜(同卷)

原小传云："喜，元和十九年进士，官国子主簿。"

辨证：侯喜，两《唐书》无传。小传此述，所本何籍，待考。考朱熹《韩文考异》卷三云："侯喜，贞元十九年中进士第，终国子主簿。"此或即小传之所本。按侯喜与韩愈为诗友，《全唐诗·韩愈诗集》有《喜侯喜至赠张籍张彻》《赠侯喜》《送侯喜》等诗，以纪二人之交谊。其中《赠侯喜》有云："吾党侯生字叔起，呼我持杆钓温水。平明策马出都门，尽日行行荆棘里……"题下并有注云："贞元十七年七月二十二日，与李景兴、侯喜、尉迟汾同渔于洛，有石刻在焉。诗必是时作。"此之交谊，则可补小传之阙。

按《全唐文》是卷共著录侯喜文九篇(含赋六篇)，其中《唐高宗天皇大帝封禅文》《唐玄宗明皇帝封泰山玉牒文》，乃为他人之作，对此，岑仲勉《读全唐文札记》已曾辨之。云："同卷。侯喜，贞元十九年进士，所收文乃有唐高宗天皇大帝各一首，时代相悬，又非拟作。按前一文已收高宗下，字句小异，后一文收卷四〇玄宗下，全同，劳氏谓当改入缺名，犹未知其复收也。"据此，则此二文应删除。

韦长(同卷)

原小传云："长，长庆时官京兆尹。开成中为荆南观察使。检校左散骑常侍兼河南尹，检校工部尚书，除平卢军节度使。"

辨证：韦长，两《唐书》无传。小传此述，所本何籍，待考，但有误。检《旧唐书·文宗纪下》云："(大和七年三月)庚戌……以太府卿韦长为京兆尹。"则小传之"长庆时官京兆尹"者，乃误。同书同《纪》又云：

“(大和七年八月)戌申，以京兆尹韦长兼御史大夫。”《全唐文》是卷著录韦长《请仍行鞭背奏》一文，即写于是时。《旧唐书·文宗纪下》又有云：“(开成三年春正月)丁丑，以前荆南节度使韦长为河南尹。”据此，知韦长之“为荆南观察使”者，当在唐文宗大和(凡九年)末年，而非为小传之“开成中”。按白居易《偶吟》诗有云：“韦荆南去留春服，王侍中来乞酒钱。”(《白居易》集卷三十二)据朱金城《白居易年谱》，白居易此诗写于大和九年，诗中“韦荆南”，即时为荆南观察使的韦长①。此则表明，韦长之“为荆南观察使”，是必在“大和中”或者“大和末”的。又《旧唐书·文宗纪下》云：“(开成四年七月)壬寅，以河南尹韦长为平卢军节度使。”

综上可知，韦长在唐文宗时期之历职为：大和初官太府卿，大和七年三月出为京兆尹，同年八月兼御史大夫，大和八年或九年转牧荆南节度使，开成三年春正月任河南尹，翌年调任平卢军节度使。小传则可据改并据补。

庾敬休(同卷)

原小传云：“敬休，字顺之，南阳新野人。举进士，以宏词登科。累官工部侍郎，徙吏部兼鲁王傅。……大和九年卒，赠吏部尚书。”

辨证：庾敬休，两《唐书》有传。小传此之所述，乃是据《旧唐书·庾敬休传》而为，既有误，亦欠精审。复次《旧唐书·庾敬休传》云：“庾敬休，字顺之，其先南阳新野人。……敬休举进士，以宏词登科，授秘书省校书郎。……上将立鲁王为太子，慎选师傅，改工部侍郎兼鲁王傅。……大和九年三月，卒于家。”小传与之相比，只是于“南阳新野人”前去掉了“其先”二字。但此二字之存在，所表明的是“南阳新野”为

① 朱金城：《白居易年谱》，上海古籍出版社1982年版。

庾氏之郡望，而小传去掉此二字者，所表明的则是“南阳新野”为庾敬休之籍贯。可见，小传去掉“其先”二字，乃实不可取。又，《新唐书·庾敬休传》有云：“文宗将立鲁王为太子，慎选师傅，敬修以户部侍郎兼鲁王傅。”一为“改工部侍郎兼鲁王傅”，一为“以户部侍郎兼鲁王傅”，而小传则作“徙吏部(侍郎)兼鲁王傅”，三者异。检《旧唐书·庄恪太子永传》有云：“因以户部侍郎庾敬守本官，兼鲁王傅。”《新唐书·庄恪太子永传》同。据此二《传》，知当以“户部侍郎”为是，《旧唐书·庾敬休传》与小传之所述者，乃皆误。

又，据两《唐书·庾敬休传》所载，知庾敬休一生凡两试，一为“举进士”，一为“宏词登科”，因均无具体年份记载，故徐松《登科记考》卷二十七只将前者归入“附考·进士科”内，而于后者只字未及。以此度之，小传从《旧唐书·庾敬休传》作“以宏词登科”者，当乃为误。其是耶非耶，兹拈出以俟淹贯者。

沈亚之(卷七三四)

原小传云：“亚之，字下贤，吴兴人。元和十年进士，历殿中侍御史内供奉。大和初为德州行营使判官，谪南康尉，终郢州掾。”

辨证：沈亚之，两《唐书》无传。小传此述，所本何籍，待考。考晁公武《郡斋读书志》卷十八于“《沈亚之集》十卷”有云：“沈亚之字下贤，长安人。元和十年进士。泾原李汇辟掌书记，为秘书省正字。长庆初，补栎阳尉。四年，为福建都团练副使，事徐晦。后累进殿中丞御史内供奉。大和三年，柏耆宣慰德州，取为判官。耆罢，亚之贬南康尉。后终郢州掾。”①晁氏之所载，虽较小传为全，但却多误，如“长安人”

① 晁公武撰，孙猛校证：《郡斋读书志校证》卷十八，上海古籍出版社 2011年版。

即为其一。按沈亚之《别权武序》有云："秦陇之地其气雄，而能产出奇夫良士。……余吴兴人，生于汧陇之阳，长而西望秦原。"①又，李贺《送沈亚之歌》云："吴兴才子怨春风，桃花满陌千里红。紫丝竹断骢马小，家住钱塘东复东。"②沈亚之既自称"余吴兴人"，李贺又称其为"吴兴才子"，且是"家住钱塘东复东"，则其为吴兴人者，殆乃无疑。此为其一。其二，"后累进殿中丞御史内供奉"一句，乃为"后累进殿中侍御史内供奉"之误，即"丞"字乃衍，盖因唐代无"殿中丞"之职官故也。其三，晁氏之载与小传之述，均只言沈亚之"元和十年进士"，而忽略了其应"制科举"之试，因而皆误。按《全唐文》是卷著录沈亚之《对省试策第一道》《对省试策第二道》《对省试策第三道》《对贤良方正直言极谏策》《又对贤良方正直言极谏策》，共五文，表明沈亚之于"元和十年进士"后，曾另试"贤良方正直言极谏科"一次。而据徐松《登科记考》卷十八，知唐廷在元和十年到十五年的六年间，并不曾有"贤良方正直言极谏科"之试，故徐氏乃将其考订于长庆元年，可从，小传应据补。

白敏中(卷七三九)

原小传云："敏中，字用晦，太子少傅白居易从父弟。长庆初进士。会昌中累官兵部侍郎，学士承旨，同平章事兼刑部尚书，集贤史馆大学士。……懿宗立，征拜司徒，复辅政……累迁中书令太子太师卒。"

辨证：白敏中，两《唐书》有传。小传此之所述，乃是据《旧唐书·白敏中传》而为，既有误，亦欠精审。复次《旧唐书·白敏中传》云："敏中字用晦，居易从父弟也。……长庆初，登进士第。……会昌末，同平章事，兼刑部尚书，集贤史馆大学士。……懿宗即位，征拜司徒、

---

① 沈亚之：《别权武序》，《全唐文》卷七三五，中华书局1983年影印本。

② 李贺：《送沈亚之歌》，《三家评注李长吉歌诗》卷一，上海古籍出版社2011年版。

门下侍郎、平章事，复辅政。……累迁中书令。太子太师致仕卒。”据此，知小传之误者，主要为：

(1)“会昌中累官兵部侍郎，学士承旨，同平章事兼刑部尚书，集贤史馆大学士”云云，“会昌中”应改为会昌末，要之，作“会昌中累官兵部侍郎，学士承旨；会昌末同平章事兼刑部尚书，集贤史馆大学士”可也。

(2)白敏中曾两次“同平章事”，一次在“会昌末”，一次在“懿宗即位”后，《旧唐书·白敏中传》与小传均只载一次(白敏中“懿宗即位”后“同平章事”者，《旧唐书·宣宗纪》亦有载，但《新唐书·宰相表》则作大中十三年十二月，二者异)。

此外，《旧唐书·白敏中传》之“长庆初，登进士第”与小传之“长庆初进士”，徐松《登科记考》卷十九则考订为长庆二年。长庆二年较之“长庆初”而言，显然更为具体，故小传可据而改之。

施肩吾(同卷)

原小传云：“肩吾，字希圣，自号栖真子，洪州人。元和十年进士。隐居洪之西山。”

辨证：施肩吾，两《唐书》无传。小传此述，所本何籍，待考，但有误。《全唐文》是卷著录施肩吾《西山群仙会真记序》一文，有云：“今来后学，徒有道名，真入道者，十无八九。欲论道而超脱者，西山十余人耳。……华阳真人施肩吾希圣序。”又，《新唐书·艺文志三》著录施肩吾《辨疑论》一卷，有注云：“睦州人，元和进士第，隐洪州西山。”合勘之，小传之“自号栖真子，洪州人”者，乃“自号华阳真人，睦州人”之误，故应据改。

又，计有功《唐诗纪事》卷四十一“施肩吾”条云：“肩吾，洪州人。元和十年进士。”其中的“洪州人”与“元和十年进士”，或为小传之所本，但俱误。“洪州人”之为误已见上。“元和十年进士”为误者，则有王谠《唐语林》可证。是书卷六有云：“元和十五年，太常少卿李建知举，放进士二十九人，时崔嘏舍人与施肩吾同榜。”又，晁公武《郡斋读书志》卷十八著录施肩吾《西山集》五卷，并有云：“施肩吾……元和十五年进士。”又，辛文房《唐才子传》卷六《施肩吾》云：“元和十五年卢储榜进士。”此则表明，小传之“元和十年进士”者，乃确为“元和十五年进士”之误，亦应据改。

周墀(同卷)

原小传云：“墀，字德升，汝南人。长庆二年登第，辟湖南团练府巡官。……太和末累迁起居舍人。开成二年知制诰，充翰林学士，三年迁职方郎中，四年正拜中书舍人。武宗立，改工部侍郎，出为潼关防御史，改鄂岳观察使。会昌六年移江南西道观察使。大中初拜义成军节度使……入为兵部侍郎判度支，以本官同平章事。……罢为剑南东川节度使，未行，改检校右仆射。卒年五十九，赠司徒。”

辨证：周墀，两《唐书》有传。小传此之所述，乃是综合两《唐书·周墀传》而为，但有误。考杜牧《唐故东川节度检校右仆射兼御史大夫赠司徒周公(墀)墓志铭》(以下简称《周公(墀)墓志铭》)云：“公少孤，奉养母夫人以孝闻。举进士登第，始试秘书正字，湖南团练巡官。……后自留守府监察，真拜御史、集贤殿学士。李公宗闵以宰相镇汉中，辟公为殿中侍御史，行军司马。后一年，复以殿中书职征归……取公为起居舍人。文宗复二史故事……迁考功员外郎。……遂兼(翰林)学士，迁职方郎中、中书舍人。……武宗即位，以疾辞，出为工部侍郎、华州刺史。……迁公江西观察使兼御史大夫。……迁礼部尚书，郑滑节度使。……入拜兵部侍郎，度支兼户部吏曹事。……今天子(即唐宣宗——引者注)即位，二年五月，以本官平章事。后一月，正位中书侍郎，监修国史，就加刑部尚书。……以检校刑部尚书出为剑南东川节度使。明日入谢，面加检校右仆射。……大中五年岁在辛未二月十七日薨于位，享年五十九……册赠司徒。”①

据此可知：(1)小传从《旧唐书·周墀传》作“改鄂岳观察使”者，应删，盖因《周公(墀)墓志铭》无载，两《唐书》除《旧唐书·周墀传》外，其余全部之《纪》《传》《志》《表》等，亦均无载。郁贤皓《唐刺史考》亦如是。《旧唐书·周墀传》之载所本何籍，无考，当误。(2)《周公(墀)墓志铭》所载之“始试秘书正字”“辟公为殿中侍御史”“兼御史大夫”三职，以及“大中五年岁在辛未二月十七日薨于位”者，两《唐书·周墀传》与小传均无载，小传则可据而补之。

张元素(卷七四〇)

原小传云：“元素，宝历三年官黄梅县令。”

辨证：张元素，两《唐书》无传。小传此述，所本何籍，待考，但有误。检岑仲勉《读全唐文札记》云：“(卷七四〇)张元素小传，‘元素，宝历三年官黄梅县令’，所收《仙坛山铭》云：‘逮宝历二年，善政县令岑仲休以德义当官。’按元和姓纂，曼倩有子仲休，据旧书七〇，睿宗时官商州刺史，果为同人，疑宝历、圣历之讹也。嗣检集古录目二(黄本)《周仙坛山名(铭)》云‘其后县令岑琢石为像，碑以圣历三年立，在溧水县’，始知所疑不妄。丛编一五(陆本)目云：‘其后县令岑仲琢石为像，砖以宝历三年立，在溧水县。’比黄本增‘仲’字而仍夺‘休’字，又讹圣历为宝历。”小传则应据之改“宝历三年”为圣历三年。

---

① 杜牧：《唐故东川节度检校右仆射兼御史大夫赠司徒周公(墀)墓志铭》，《全唐文》卷七五五，中华书局1983年影印本。

吕颍(同卷)

原小传云："颍，敬宗时擢书判拔萃科。"

辨证：吕颍，两《唐书》无传。小传此述，所本何籍，待考，但有误。检岑仲勉《读全唐文札记》云："同卷。吕颍小传，'颍，敬宗时擢书判拔萃科'。按此即贞元十九年与白居易同擢拔萃八人之一也。元氏集一六诗注作吕四频，白氏集五作吕四颍，以姓纂及英华校之，作颍者是。登科记考一五著录为吕频，云'文苑英华作吕颍误'，非也。此作敬宗朝，尤误，应正作德宗。"据岑氏此之"札记"可知：(1)小传之"敬宗时擢书判拔萃科"，应正为德宗时擢书判拔萃科。(2)《登科记考》卷十五之"李频"条应删，或者予以重新撰写。

哥舒恒(同卷)

原小传云："恒，敬宗时擢书判拔萃科。"

辨证："哥舒恒"，乃"哥舒烦"之误，两《唐书》无传。小传此述，所本何籍，待考，但有误。检岑仲勉《读全唐文札记》云："同卷。哥舒恒小传，'恒，敬宗时擢书判拔萃科'。此即前条吕颍之同年也，误与前同，可由所收《对毁方瓦合判》知之。登科记考一五云：'恒一作垣。'按作'恒'或作'垣'者，乃皆误。考白居易有《酬哥舒大见赠》诗，题下有自注云：'去年与哥舒等八人，同共登科第，今叙会散之愁意。'诗则为：'去岁欢游何处去？曲江西岸杏园东。花下忘归因美景，樽前劝酒是春风。各从微宦风尘里，共度流年离别中。今日相逢愁又喜，八人分散两人同。'"①所谓"两人同"者，即指"今叙会散之愁意"者。又，白居易《养竹记》有云："贞元十九年春，居易以拔萃选及第。"(《白居易集》卷四十三)诗文合勘，可知哥舒大确与白居易同时于贞元十九年"以拔萃选及第"。又，元稹有《酬哥舒大少府寄同年科第》一诗，其中有云："前年科第偏年少，未解知羞最爱狂。九陌争驰好鞍马，八人同著彩衣裳。"此句末有元稹自注云："同年科第，宏词：吕二炅、王十一起；拔萃：白二十二居易；平判：李十一复礼、吕四频(应为"颍"，详上"吕颍"条)、哥舒大烦、崔十八玄亮。逮不肖八人，皆奉荣养。"②据此，知小传之"哥舒恒"者，乃为"哥舒烦"之误，所以，《全唐文》是卷作者应改为哥舒烦，小传开首之"恒"，则应改为烦。又，元稹诗题中的"少府"一职，则可补小传之阙。

郑鲂(同卷)

原小传云："鲂，宝历时人。"

辨证：郑鲂，两《唐书》无传。小传此之所述，乃是据《全唐文》是卷所著录郑鲂《禹穴碑铭序》一文而为，但有误。是文有云："唐兴二百八祀，宝历庚午秋九月，予从事于是邦，感上圣遗轨，而学者无述，作禹穴碑，廉察使旧相河南公见而铭之。"其中的"宝历庚午"，即宝历二年，也即公元826年，此仅为郑鲂《禹穴碑铭序》之作年，而不能用以认定郑鲂为"宝历时人"。而值得注意的是，《序》文之末的"旧相河南公"五字。按此"旧相河南公"为元稹，时为越州刺史，郑鲂乃为其僚佐。检《旧唐书·元稹传》云："在郡(同州——引者注)二年，改授越州刺史、兼御史大夫、浙东观察使。……凡在越八年。大和初，就加检校

① 白居易：《酬哥舒大见赠》，《白居易集》卷十三，中华书局1979年版。

② 元稹：《酬哥舒大少府寄同年科第》，《全唐诗》四〇一，中华书局1960年版。

礼部尚书。"又，赵明诚《金石录》卷五有云："唐禹穴碑，郑魴撰序，元稹铭，韩杼材行书，宝历二年九月。"考施宿《嘉泰会稽志》卷六有云："《禹穴碑铭序》，郑魴撰，元稹铭，韩杼材行书，陆鸿篆额，宝历二年秋九月作，后有'大和十年八月三日中山刘蔚续记'二行，在龙瑞宫。禹穴碑阴，元稹并僚属十一人官位名氏，并《禹庙诗》一首，后有章草一行。"①元稹《禹穴碑铭》与《禹庙诗》，今均存。所以，小传之"宝历人"，应改作：唐穆宗、敬宗、文宗时人。

崔珙(卷七四一)

原小传云："珙，博陵安平人。书判拔萃高等，累佐使府。大和初由泗州刺史入为太府卿。……宣宗立……以太子宾客分司东都，起为凤翔节度使。大中三年疾辞。以太子少师分司东都，就拜留守，复节度凤翔卒。"

辨证：崔珙，两《唐书》有传。小传此之所述，"以太子宾客分司东都"前，从《旧唐书·崔珙传》，但有误；其后则据《新唐书·崔珙传》而为，但不确。按崔珙应"书判拔萃"科，两《唐书》崔珙传均有载，但其所据为何，则不得而知。检徐松《登科记考》卷十八、卷十九、卷二十可知，在"大和初"前的整二十年中(元和三年至大和元年)，唐廷并不曾试"书判拔萃"科，则两《唐书·崔珙传》所载为误，殆乃无疑。小传从《旧唐书·崔珙传》者，亦为误者，则乃自不待言。

复次《新唐书·崔珙传》云："宣宗立……以太子宾客分司东都，起为凤翔节度使。(崔)铉复执政，珙惧，以疾自乞。……珙坐不自力避事，下除太子少师，分司东都，就拜留守。复节度凤翔，卒于官。"此则表明，崔珙在"宣宗立"后，既曾两次"分司东都"，又曾两次为"凤翔

① 施宿等：《嘉泰会稽志》卷六，《四库全书》本，中华书局1987年影印本。

节度使”。对于后者，《旧唐书·崔珙传》则未及。考王昶《金石萃编》卷一一三著录《周公祠灵泉记·答诏》有云：“大中二年十一月二十日，凤翔陇州节度处置等使、银青光禄大夫、检校右仆射、兼凤翔、御史大夫、安平君开国公食邑二千户臣崔珙状奏。”①又，沈珣《授崔珙凤翔节度使制》云：“门下。乃眷岐阳，襟汧拥汉。古称右辅，以扶助王圻；今为别京，以屏翰戎落。载烦元老，往抚旧邦。……守太子少保崔珙，禀粹岳灵，挺生国戚……洎服休天朝，保厘洛邑，诚明之道，华皓不逾。能全素履之真，雅得大臣之体。”②此《制》所授者，为崔珙“复节度凤翔”。合勘可知：崔珙“起为凤翔节度使”时，是以“太子少保”分司东都的，《新唐书·崔珙传》与小传皆作“太子宾客”者，乃误，应据改。又据岑仲勉《唐方镇年表正补》可知，崔珙“复节度凤翔”，乃在大中六年③，则其第二次“分司东都，就拜留守”者，即皆在斯时。

崔玙(同卷)

原小传云：“玙，字朗士，宰相珙弟。长庆初登第，又制策登科。开成末累迁至礼部员外郎。会昌初以考功郎中知制诰，拜中书舍人。大中五年迁礼部侍郎。……转兵部侍郎，河中节度使。”

辨证：崔玙，《旧唐书》传附《崔珙传》后，极简略。小传此之所述，即是据《旧唐书·崔玙传》而为，但有误。检《旧唐书·宣宗纪》有云：“(大中元年六月)以正议大夫、行尚书考功郎中、知制诰、上柱国崔玙

---

① 王昶：《金石萃编》卷一一三，中国书店1985年影印本。

② 沈珣：《授崔珙凤翔节度使制》，《全唐文》卷七六三，中华书局1983年影印本。

③ 岑仲勉：《唐方镇年表正补》，《历史语言研究所集刊》第十五本，商务印书馆1948年版。

为中书舍人。"《旧唐书·崔玙传》与小传皆将崔玙"拜中书舍人"载作"会昌初"，乃误。又，唐懿宗李漼有《授徐商崔玙节度使制》云："前宣州都团练观察处置等使、正议大夫、检校礼部尚书兼宣州刺史、御史大夫、上柱国、博陵县开国子、食邑五百户、赐紫金鱼袋崔玙，守道坚固，行己端方……可检校礼部尚书兼河中尹、御史大夫，充河中晋绛慈隰等州节度观察处置等使，散官勋封如故。"①据此可知：(1)小传之"转兵部侍郎"乃误，应删。(2)崔玙所任非为"河中节度使"，而是"河中晋绛慈隰等州节度观察处置等使"，小传当据改。

附考：《旧唐书·崔玙传》云："玙，字朗士，长庆初登第，又制策登科。"其中的"长庆初登第"，徐松《登科记考》卷十九考订为长庆元年进士及第，可从，但该书卷二十据王溥《唐会要》等将崔玙"又制策登科"系于太和二年，且为登"贤良方正能直言极谏科"者，则不的。复次王溥《唐会要》卷七十六"贡举下·制科举"有云："太和二年闰三月，贤良方正能直言极谏科：李郃、裴休、裴素、南卓、李甘、杜牧、马植、郑亚、崔传、崔兴……及第。"此明载登"贤良方正能直言极谏科"者为崔兴，而非崔玙。对于此"崔兴"是否为"崔玙"之误，或者"崔玙"是否为"崔兴"之误，徐氏无只字之考，则其于《登科记考》卷二十"贤良方正能直言极谏科"内所引有关崔玙的一段文字，就当删除。要之，即应对或崔兴或崔玙予以确考。

于季友(同卷)

原小传云："季友，赠太保頔子。尚宪宗女永昌公主，拜驸马都尉，殿中少监。太和时出为明州刺史。"

---

① 唐懿宗：《授徐商崔玙节度使制》，《全唐文》卷八十三，中华书局1983年影印本。

辨证：于季友，《新唐书》传附《于頔传》传。小传此之所述，当是综合《新唐书·于季友传》《旧唐书·于頔传》等而为，虽不误，但欠精审。复次《新唐书·于季友传》云："季友尚宪宗永昌公主，拜驸马都尉。从穆宗猎苑中，求改頔谥……帝不从。"又，《旧唐书·于頔传》云："頔率其男赞善大夫正、驸马都尉季友，素服单骑，将赴阙下……殿中少监、驸马都尉季友追夺两任官阶。"又，《新唐书·地理志五》于"江南道·明州"有云："西南四十里有仲夏堰，溉田数千顷，大和六年刺史于季友筑。"此三者之所载，当为小传之所本。但《新唐书·地理志五》所载"大和六年"之"大和"(即"太和")，为唐文宗年号，凡九年，"大和六年"为大和末，小传作"太和时"者，乃不确。

考补：绛州刺史，宋州刺史。子晦，泉州刺史。

检《新唐书·宰相世系表二下》之"于氏"有云："季友，绛、宋等州刺史、附马都尉。(子)晦，泉州刺史。"

韩昶(同卷)

原小传云："昶，吏部尚书愈子。大和元年进士。……检校礼部户部郎中。"

辨证：韩昶，两《唐书》无传。小传此之所述，乃是据《全唐文》是卷著录韩昶《自为墓志铭并序》而为，但有误。复次韩昶《自为墓志铭并序》云："昌黎韩昶，字友之。……稍长，爱进士及第。见进士所为之文与常人不同，遂改体就之。……年至二十五，及第释褐。……再授襄阳别驾，检校户部郎中。大中九年六月三日寝疾，八日终于任，年五十七。"以大中九年(855年)逆推"年五十七"，为唐德宗贞元十五年(799年)，即为韩昶生年。再由贞元十五年推"年至二十五"，为唐穆宗长庆三年(823年)，即韩昶进士及第于是年。此则表明，小传作"大和元年进士"者，乃误。又，《自为墓志铭并序》之"检校户部郎中"，小传作

"检校礼部户部郎中"者，其中之"礼部"亦误，应删。

刘轲(卷七四二)

原小传云："轲，字希仁，元和末进士。文宗朝宏文馆学士，出为洛州刺史。"

辨证：刘轲，两《唐书》无传。小传此述，所本何籍，待考。按《全唐文》是卷著录刘轲《上座主书》云："轲伏见今之举士，竞取誉雌黄之口，而知必也定轻重于持衡之手，虽家至户到，曾不足裨铢两。……轲本沛上耕人，代业儒为农人家，天宝末流离于边，徙贯南鄙。"检李吉甫《元和郡县图志》卷九"河南道五・徐州"有云："管县五：彭城，萧，丰，沛，滕。"据此，知刘轲为徐州沛县人。又，计有功《唐诗纪事》卷四十六"刘轲"条有云："轲为僧时……后精儒术，任吏官。退之欲为文赞之，会贬不就。……摭言云：'轲慕孟轲为文，始以名焉。少为僧，止于豫章高安县南果园。复求黄老之术，隐于庐山。既而进士登第，文章与韩、柳齐名。'……轲，字希仁。元和末，登进士第，卒于洺州刺史。与吴武陵并以史才直史馆。"此或小传之所本，但小传之"洛州刺史"，则为"洺州刺史"之误。而《全唐诗》卷四九一"刘轲小传"作"洺州刺史"者，又可为之证。至若小传之"宏文馆学士"，则当为"直史馆"之误。

裴休(卷七四三)

原小传云："休，字公美，孟州济源人。长庆中登第，又举贤良方正异等，历诸府解署。……十四年，徙凤翔，又徙荆南。咸通初入为户部尚书，徙吏部，加太子少师卒。"

辨证：裴休，两《唐书》有传。小传此之所述，以《旧唐书·裴休传》为主，兼及《新唐书·裴休传》而为，虽不误，但欠精审。复次《旧唐书·裴休传》云："裴休字公美，河内济源人。……长庆中，从乡赋登第，又应贤良方正，升甲科。大和初，历诸藩辟召。"其中的"河内济源人"，即为小传撰写者据《新唐书·裴休传》而改为"孟州济源人"。又，长庆为唐穆宗年号，凡四年，则小传之"长庆中登第"者，应为长庆三年登第。而《旧唐书·裴休传》既载裴休"又应贤良方正"在"大和初"之前，其时当在唐敬宗宝历元年、二年与唐文宗大和(即"太和")元年、二年之间。检王溥《唐会要》卷七十六"贡举中·制科举"有云："太和二年闰三月，贤良方正能直言极谏科：李郃、裴休……及第。"正为大和二年，则小传之"又举贤良方正异等"，应改为"大和二年又举贤良方正异等"。检《新唐书·裴休传》有云："久之，由太子少保分司东都，复起历昭义、河东、凤翔、荆南四节度。"小传仅作"徙凤翔，又徙荆南"者，乃不的。

又，裴休卒年，《旧唐书·裴休传》仅作"咸通初，入为户部尚书，累迁吏部尚书、太子少师，卒"，《新唐书·裴休传》则为："卒，年七十四，赠太尉。"据吴廷燮《唐方镇年表》所载，裴休节度荆南，乃在咸通三年至咸通五年，其"入为户部尚书"，就必在咸通五年末或六年初，之后，是"徙吏部，加太子少师卒"，其时则当在咸通八年前后，但确时难考。

李汉(卷七四四)

原小传云："汉，字南纪，擢进士第。文宗朝为屯田员外郎知制诰，迁御史中丞，吏部侍郎。出为汾州刺史，改州司马，徙相州长史。大中时召拜宗正卿，卒。"

辨证：李汉，两《唐书》有传。小传此之所述，乃是据《新唐书·李汉传》而为，但有误。检《旧唐书·李汉传》云："李汉字南纪……元和七年登进士第。"则小传之"擢进士第"者，应于其前加"元和七年"四字。又，小传之"文宗朝为屯田员外郎知制诰，迁御史中丞"云云，断句有误，即正确者应为"文宗朝为屯田员外郎，知制诰，迁御史中丞"，之所以如此，是因为据《旧唐书·职官志》《新唐书·百官志》可知，唐屯田员外郎不"知制诰"，即"知制诰"与"为屯田员外郎"为两码事，故二者不得相连。正因此，《新唐书·李汉传》乃如是写道："文宗立，召为屯田员外郎、史馆修撰。……会李宗闵当国，擢知制诰，稍迁御史中丞，吏部侍郎。"《全唐文》点校者因不谙此，而竟将"文宗朝为屯田员外郎"与"知制诰"合为一句，实则大谬。

考补：华州刺史，镇国军潼关防御史。

检《旧唐书·文宗纪下》有云："(大和八年十一月癸丑)以户部侍郎李汉为华州刺史、镇国军潼关防御史。"

薛元赏(同卷)

原小传云："元赏，大和时累迁司农卿，京兆尹，出为武宁军节度使，徙邠宁。会昌中进工部尚书，领诸道盐铁转运使。宣宗立，下降袁王傅。拜昭义节度使卒。"

辨证：薛元赏，《新唐书》有传。小传此之所述，即是据《新唐书·薛元赏传》而为，但有误。检《旧唐书·文宗纪下》有云："(大和九年十二月)丁亥，以权知京兆尹张仲方为华州防御使，以司农卿薛元赏权知京兆。"同书《武宗纪》又有云："(会昌四年)五月，以司农卿薛元赏为京兆尹。"则小传作"大和时累迁司农卿，京兆尹"者，乃误。又，《旧唐书·文宗纪下》云："(开成元年)十二月丙申朔，以京兆尹、兼御史大夫薛元赏为武宁节度、徐泗宿濠观察等使。"《旧唐书·武宗纪》既明载薛元赏以司农卿"为京兆尹"在会昌四年五月，则此处"以京兆尹"云云之“京兆尹”，乃为《旧唐书·文宗纪下》所载之“权知京兆”，即乃甚明。而薛元赏“以京兆尹、兼御史大夫”而为“武宁节度、徐泗宿濠观察等使”，既在开成元年十二月，则小传作“大和时”者，亦误。

考补：兼御史大夫，徐泗宿濠观察等使，银青光禄大夫。

前二职，俱见上引《旧唐书·文宗纪下》。后一职，乃载李讷《授薛元赏昭义军节度使制》一文，其有云：“门下。上党，古今之重地也，束山东之襟要，控河内之封壤。择我良帅，属在全才。银青光禄大夫、袁王傅薛元赏，性含宏厚，智识圆方。”①

崔戎(同卷)

原小传云：“戎，字可大，举明经。累擢谏议大夫，拜给事中。出为华州刺史，徙兖海沂密观察使。卒年五十五，赠礼部尚书。”

辨证：崔戎，两《唐书》有传。小传此之所述，乃是据《新唐书·崔戎传》而为，但有误。检《旧唐书·崔戎传》有云：“崔戎字可大……举两经登第，授太子校书，调判入等，授蓝田主簿。”其中的“举两经登第”，小传本《新唐书·崔戎传》作“举明经”者，实误。按所谓“两经科”，是以试“两经”而名，对此，“五经科”“九经科”等，又可为之佐证。如柳宗元《李侍御墓碣》云“明两经，仕历永兴明晋尉”；《旧唐书·辛秘传》云“贞元中累登五经”；《永乐大典》引《豫章志》云“邓承绪，豫章南昌人，开元中九经擢第”，即皆为其例。《旧唐书·崔戎传》又有云：“改华州刺史，迁兖海沂密都团练观察等使。……理兖一年，大和八年五月卒，赠礼部尚书。”其中之“大和八年五月卒”，为《新唐书·崔戎传》与小传所无，则小传应据而补之。

---

① 李讷：《授薛元赏昭义军节度使制》，《全唐文》卷四三八，中华书局1983年影印本。

柳璟(同卷)

原小传云："璟，字德辉……宝历初进士。开成初官库部员外郎知制诰，以本官充翰林学士，拜中书舍人。会昌时转礼部侍郎，贬信州司马，终郴州刺史。"

辨证：柳璟，两《唐书》传皆附《柳芳传》后。小传此之所述，乃是据《旧唐书·柳璟传》而为，但有误。复次《旧唐书·柳璟传》云："璟，宝应初登进士第，三迁监察御史。"然《新唐书·柳璟传》则云："(柳冕)子璟，字德辉，宝历初，第进士、宏词，三迁监察御史。"据此，知柳璟一生凡两试，一为"第进士"，一为应"宏词"，且均在"宝历初"。考赵璘《因话录·商部》有云："尚书(公权)与族孙璟开成中同在翰林，时称大柳舍人、小柳舍人。自祖父郎中芳以来，奕世以文学居清列。舍人(璟)在名场淹屈，及擢第，首冠诸生。当年宏词登高科，十余年便掌纶诰。"①其中的"当年宏词登高科"表明，柳璟之"第进士、宏词"乃在同一年。而据徐松《登科记考》卷二十，知唐敬宗宝历元年曾试"博学宏词科"，故徐氏乃将柳璟之"第进士、宏词"，均系订于是年。所以，小传据《旧唐书·柳璟传》仅作"宝历初进士"者，乃误。

又，丁居晦《重修承旨学士壁记》云："柳璟，开成二年七月十九日，自库部员外郎知制诰，充翰林学士。二年四月十四日，加库部郎中，知制诰。二月九日，迁中书舍人。五年十月，改礼部侍郎，出院。"②据此，知小传之"会昌时转礼部侍郎"者，又误。柳璟之"转礼部侍郎"，既在会昌五年，则其之"终郴州刺史"，自当在是年末或会昌六年春夏间。检《资治通鉴·唐纪》有云："(会昌六年八月)昭州刺史李珏

---

① 赵璘：《因话录·商部》，上海古籍出版社 1979 年版。

② 岑仲勉：《翰林学士壁记注补》，《郎官石柱题名新考订》外三种之一，上海古籍出版社 1984 年版。

为郴州刺史。"李珏之"为郴州刺史"，应是替代柳璟而为，即柳璟斯时当已卒于任。

舒元褒(卷七四五)

原小传云："元褒，宰相元舆之弟。登进士，又擢贤良方正。终司封员外郎。"

辨证：舒元褒，《新唐书》传附《舒元舆传》后，极简略。小传此述，即主要是据《新唐书·舒元舆传》而为。其云："元舆……弟元褒、元肱、元回，皆第进士。元褒又擢贤良方正，终司封员外郎。"按《全唐文》是卷著录舒元褒《对贤良方正能直言极谏策》一文，李昉等《文苑英华》编在卷四九〇，且是二人二文，另一位为沈亚之。舒元褒之《对贤良方正能言极谏策》题下有注云："宝历元年。"并于舒元褒名下注云："第三人。"据此，知舒元褒之"又擢贤良方正"，乃在唐敬宗宝历元年。而《舒元舆传》既载元褒"第进士"于"又擢贤良方正"之前，则其当在唐穆宗长庆年间(821—824年)，但确时则难以考求。

考补：左拾遗，补阙。

前者见《旧唐书·宣宗纪》《新唐书·温造传》；后者见两《唐书》宋中锡传。

刘蕡(卷七四六)

原小传云："蕡，字去华，昌平人。宝历二年进士，大和二年策试贤良极谏。以忤宦官被黜，诬以罪，贬柳州司户参军。昭宗朝赠左谏议大夫。"

辨证：刘蕡，两《唐书》有传。小传此之所述，乃是据《旧唐书·刘蕡传》而为，但有误。复次《旧唐书·刘蕡传》云："刘蕡字去华，昌平人。父勉。蕡宝历二年进士擢第。……大和二年策试贤良极谏曰……时登科者二十二人，而中官当途，考官不敢留蕡在籍中，物论喧然不平之。"《新唐书·刘蕡传》同。据此，知刘蕡之"大和二年策试贤良极谏"，实际上是应制科不第，正因此，徐松《登科记考》无刘蕡"大和二年策试贤良极谏"之载。所以，小传应于"大和二年策试贤良极谏"后，加上"不第"二字。

按《旧唐书·刘蕡传》又有云："令狐楚在兴元，牛僧孺镇襄阳，辟为从事，待如师友。"而《新唐书·刘蕡传》则云："令狐楚、牛僧孺节度山南东西道，皆表蕡幕府，授秘书郎，以师礼礼之。而宦人深嫉蕡，诬以罪，贬柳州司户参军，卒。"据后者可知，"宦人深嫉蕡，诬以罪"云云，不是在刘蕡"策试贤良极谏"之当年，而是在被令狐楚、牛僧孺皆"辟为从事"之际。检《旧唐书·文宗纪下》有云："(开成元年夏四月甲午)以左仆射、诸道盐铁转运使令狐楚检校左仆射，为山南西道节度使。"同书《文宗纪下》又有云："(开成四年八月)癸亥，以左仆射牛僧孺检校司空、同平章事、兼襄阳刺史，充山南东道节度使。"合勘之，可知令狐、牛二人之辟刘蕡为"从事"，或者表其为"幕府"者，一在九年后的开成元年，一在十二年后的开成四年，则小传之"以忤宦官被黜，诬以罪"云云，非发生于刘蕡"策试贤良极谏科"的大和二年，即乃甚明。故而，小传于"以忤宦官被黜"前应署明具体时间，否则，即很容易与"考官不敢留蕡在籍中"云云相关联，以为其乃因"大和二年策试贤良极谏"所致。

刘蕡之卒，《旧唐书·刘蕡传》载为"位终使府御史"，《新唐书·刘蕡传》则作"贬柳州司户参军，卒"，二者均无具体年份。按李商隐集中有《赠刘司户》《哭刘司户》二首、《哭刘蕡》等诗，前二者中的"刘司户"，即为刘蕡。《哭刘司户》二首其一云："离居星岁易，失望死生分，酒瓮凝余桂，书签冷旧芸。江风吹雁急，山木带蝉曛。一叫千回首，天高不为闻。”叶葱奇《李商隐诗集疏注》系此诗于“会昌二年”①，则刘蕡卒于其任司户(详下)的会昌二年，即可论断。按刘蕡所任“司户”，即员外司户，对此，杨诣《唐故梁国刘府君(珵)墓铭序》乃有载。其云：“府君讳珵，字美玉，梁郡人。……烈考讳蕡，皇秘书郎贬官，累迁澧州员外司户。秘书娶博陵崔氏即吾姨也。”②据此，知刘蕡乃卒于澧州，两《唐书》刘蕡传所载皆误。而小传之“昭宗朝赠左谏议大夫”亦如是，盖因《唐故梁国刘府君(珵)墓铭序》并无此载故也。

归融(卷七四七)

原小传云：“融，字章之，元和中进士。开成中拜吏部侍郎，检校礼部尚书，领兴元尹，出为山南道节度使，徙东川。还拜兵部尚书，封晋陵郡公，辞疾，以太子少傅分司东都。大中七年卒，赠左仆射。”

辨证：归融，两《唐书》有传。小传此之所述，乃是据《新唐书·归融传》而为，但有误。复次《新唐书·归融传》云：“融字章之，元和中，及进士第，累迁左拾遗。”《新唐书·归融传》则仅云：“融，进士及第。”检徐松《登科记考》卷十八，乃据《永乐大典》引《苏州府志》，考订“融登元和七年第”。小传则可据改。《新唐书·归融传》又有云：“岁间，出为山南西道节度使，徙东川。还拜兵部尚书，封晋陵郡公。”而《旧唐书·归融传》则云：“一年内拜吏部，三年检校礼部尚书，兴元尹，兼御史大夫，充山南西道节度使。”(其后无“徙东川”云云，而此，大约即小传本《新唐书·归融传》之所在)。合勘之，知小传之“出为山南道节度使”，乃为“出为山南西道节度使”之误，即其脱一“西”字。又，《旧

① 李商隐：《哭刘司户》二首其一，叶葱奇《李商隐诗集疏注》卷上，人民文学出版社1985年版。

② 杨诣：《唐故梁国刘府君(珵)墓铭序》，《唐代墓志汇编》下册，上海古籍出版社1992年版。

唐书·文宗纪下》有云:“(开成四年)二月癸酉朔。辛酉,以吏部侍郎归融检校礼部尚书,充山南西道节度使。”按“开成”为唐文宗年号,凡五年,“开成四年”为开成末,小传作“开成中”者,乃不确,应据改。

附考:《新唐书·归融传》之“徙东川”,《旧唐书》归融本传不载,两《唐书》之《文宗纪》《武宗纪》《宣宗纪》(《旧唐书》本纪载归融大中七年正月卒)亦然。此则表明,在一部《旧唐书》与一部《新唐书》中,归融之所谓“徙东川”者,实际上为一孤例,而孤例的可信度之低,乃自不待言。又据《两唐书》有关之《纪》《传》可知,在安史战乱后,东川节度使与剑南节度使是互为关联的(即“剑南东川节度使”),即没有单独的东川节度使之任(仅任梓州刺史者例外)。如为《旧唐书·代宗纪》所载之张献成、鲜于叔明,《旧唐书·德宗纪》所载之王叔邕、李康,《旧唐书·宪宗纪》所载之韦丹、高崇文、严砺、卢坦、李逢吉,《旧唐书·穆宗纪》所载之王涯,《旧唐书·敬宗纪》所载之李绛,《旧唐书·文宗纪》所载之刘遵古、杨嗣复、杨汝士、郑复,《旧唐书·宣宗纪》所载之崔慎由,以及潘孟阳(《旧唐书》本传)、冯宿(《旧唐书》本传)、卢商(《旧唐书》本传)、杜悰(《新唐书》本传)、柳仲郢(《旧唐书》本传)等,即皆属于同时任命,也即其所官者皆为“剑南东川节度使”。综此,则《新唐书·归融传》所载之“徙东川”,当乃为误,小传从之者亦然。

萧倣(同卷)

原小传云:“倣,字思道……大和元年进士。咸通中历礼户一部侍郎。拜义成军节度使,入为兵部尚书,历吏部兵部,以本官同平章事,迁中书门下侍郎。进司空、宏文馆大学士、兰陵郡侯。罢为岭南节度使,卒年八十。”

辨证:萧倣,两《唐书》有传。小传此之所述,乃是以《旧唐书·萧倣传》为主、间采《新唐书·萧倣传》而为,但有误。复次《旧唐书·萧倣传》云："倣……大和元年登进士第。……咸通初，迁左散骑常侍。……四年，本官权知贡举，迁礼部侍郎，转户部。以检校工部侍郎出为滑州刺史，充义成军节度、郑滑颍观察处置等使。……咸通末，复为兵部尚书、判度支。寻以本官同平章事，累迁中书、门下二侍郎，兼户部、兵部尚书。……改司空、弘文馆大学士、兰陵郡开国侯。……出为广州刺史、岭南节度使。"据此知：

(1)小传"咸通中历礼户一部侍郎"之"咸通中"应改为咸通末，且"一"字衍。

(2)小传之"历吏部兵部"之"兵部"，应改为"工部"，盖因"以本官同平章事"之"本官"，所指为"检校工部侍郎"。

(3)小传之"宏文馆大学士"乃为"弘文馆大学士"之误。

又，《全唐文》是卷著录萧倣《蕲州谢上表》有云："臣二月十三日当日于宣政门外谢讫，便辞进发，今月一日到任上讫。臣诚惶诚惧，顿首顿首。臣……身流岭外，望绝中朝，甘于此生，不到上国。伏过陛下临御大宝……臣远从海峤，首还阙廷……罢远藩赴阙，还乡国而只及一年。"据此文，知萧倣"出为广州刺史、岭南节度使"后，曾被诏刺牧蕲州。以此合勘《新唐书・萧倣传》之"自集贤学士拜岭南节度使……咸通初，为左散骑常侍"，知萧倣大中末已北返。又，《旧唐书・僖宗纪》有云："(乾符)三年春正月己卯朔，司空、门下侍郎、同平章事萧倣以病求免，罢为太子太傅。"则其卒年当在乾符三年或四年。两《唐书・萧倣传》与小传均未及此，小传则可据补之。

刘瞻(同卷)

原小传云："瞻，字几之，其先彭城，徙桂阳。太和初进士，又登博学宏词科。咸通中拜户部侍郎，充翰林学士。以本官同平章事，加中书侍郎兼刑部尚书，集贤殿大学士。罢为荆南节度使，再贬驩州司户参军。僖宗立，徙康州刺史，量移虢州。以刑部尚书召，复以中书侍郎平章事卒。”

辨证：刘瞻，两《唐书》有传。小传此之所述，乃是据《新唐书·刘瞻传》而为，但有误。检《旧唐书·刘瞻传》云：“刘瞻……大中初进士及第。四年，又登博学宏词科，历佐使府。”徐松《登科记考》卷二十二即据此载，考订刘瞻大中元年“进士及第”，大中四年试“博学宏词科”。此则表明，小传之“太和初进士”者，乃误。按《旧唐书·刘瞻传》又有云：“刘瑑作相，以宗人遇之，荐为翰林学士。转员外郎中，正拜中书舍人、户部侍郎承旨……复为户部侍郎。”又，《旧唐书·懿宗纪》云：“(咸通十年正月癸亥)以翰林学士、户部侍郎刘瞻守本官同章事。”(《新唐书·懿宗纪》载为咸通十年六月)据此二者，知刘瞻乃是先“为翰林学士”，而后才任户部侍郎的，则小传之“咸通中拜户部侍郎，充翰林学士”，乃颠倒了刘瞻所官二职之次序，应据改。

又，《新唐书·刘瞻传》云：“僖宗立……以刑部尚书召，复以中书侍郎平章事卒。”同书《僖宗纪》云：“乾符元年五月乙未……刑部尚书刘瞻为中书侍郎、同中书门下平章事。八月辛卯，瞻薨。”(《旧唐书·刘瞻传》《旧唐书·僖宗纪》均未及)据此，知刘瞻卒于乾符元年八月，小传亦应据改之。

杜牧(卷七四八)

原小传云：“牧，字牧之……第进士，复举贤良方正。文宗朝官殿中侍御史，迁左补阙，转膳部比部员外郎。历黄池睦三州刺史，迁司勋员外郎，转吏部，授潮州刺史，入拜考功郎中知制诰，迁中书舍人。卒年五十。”

辨证：杜牧，两《唐书》有传。小传此之所述，乃是据《新唐书·杜牧传》而为，但有误。复次《新唐书·杜牧传》云：“牧字牧之……第进士，复举贤良方正。……累迁左补阙，史馆修撰，改膳部员外郎。……历池、黄、睦三州刺史，入为司勋员外郎，常兼史职。改吏部，复乞为湖州刺史。逾年，以考功郎中知制诰，迁中书舍人。……卒，年五十。”据此知：(1)小传之“转膳部比部员外郎”者，其中“比部”二字衍。(2)“授潮州刺史”之“潮州”，乃为“湖州”之误。

按《旧唐书·杜牧传》有云：“牧字牧之，既以进士擢第，又制举登乙第，解褐弘文馆校书郎。”虽较《新唐书》杜牧本传略详，但亦无具体年份。检《全唐文》卷七五一著录杜牧《投知己书》(以下所引杜牧文，全出《全唐文》，不再标明卷次，特此说明)云：“太和二年，小生应进士举，当其时，先进之士以小生行可与进，业可与修，喧而誉之，称为知己者，不啻二十人。小生迩来十年江湖间，时时以家事一抵京师，事已即返。”又，王定保《唐摭言》卷三有云：“大和二年，崔郾侍郎东都放榜，西都过堂，杜牧有诗云：‘东都放榜未开花，三十三人走马回。秦地少年多酝酒，却将春色入关来。’”①据此，知杜牧进士及第于大和二年。杜牧《自撰墓志》又有云：“牧进士及第，制策登科，弘文馆校书郎，试左武卫兵曹参军。”又，王溥《唐会要》卷七十六“贡举中·制科举”云：“太和二年闰三月，贤良方正能直言极谏科：李郃、裴休、裴素、南卓、李甘、杜牧、马植、郑亚、崔传、崔兴……及第。”②又，《资治通鉴·唐纪》云：“(太和二年闰三月)甲午，贤良方正，裴休、李郃、李甘、杜牧、马植、崔玙、王式、崔慎由二十二人中第，皆授官。”③则杜牧试“制策登科”乃与“应进士举”均在太和二年，小传应据改与据补。

又，杜牧的卒年，说者纷纭，如大中六年、大中七年、大中十一年等，这些说法的存在，直接影响着对杜牧享年的准确考察。故而，杜牧“卒年五十”之说，虽有杜牧《自撰墓志》为依据，但其实是不可

---

① 王定保：《唐摭言》卷三，上海古籍出版社1987年版。

② 王溥：《唐会要》卷七十六，《四库全书》本，上海古籍出版社1987年影印。

③ 司马光等：《资治通鉴·唐纪》卷五十九，上海古籍出版社1987年影印本。

据信的，对此，拙著《唐人生卒年录》“杜牧”条乃有录载①，可参看，此不具述。

附考：上引《资治通鉴·唐纪》卷五十九云：“(太和二年闰三月)甲午，贤良方正裴休、李郃、李甘、杜牧、马植、崔玙、王式、崔慎由二十二人中第，皆授官。”《资治通鉴》之此载，应是据上引王溥《唐会要》卷七十六而为，但其却在无任何依据的情况下，将《唐会要》中之“崔兴”改为“崔玙”，似乃不的。而徐松《登科记考》卷二十亦如是。对此，可参见本书“崔玙”条之“附考”。

崔黯(卷七五七)

原小传云：“黯，字直卿，大和二年进士。开成初为青州从事，入为监察御史，迁员外郎。会昌中以谏议大夫出为江西观察使。”

辨证：崔黯，两《唐书》有传。小传此之所述，乃是据《旧唐书·崔黯传》而为，但其中“出为江西观察使”者，两《唐书·崔黯传》均无载，乃小传撰写者所自增。按《全唐文》是卷著录崔黯《乞敕降东林寺处分住持牒》一文，其中有云：“江西观察使崔黯奏：‘东林寺山秀地灵，实为胜境。而寺中庄田钱物，各自主持，率多欺隐……住持乞降敕处分。’”小传之“出为江西观察使”者，所本即此，但其作“会昌中”者，则误。检《旧唐书·崔黯传》云：“会昌中，为谏议大夫。”小传撰写者则将《乞敕降东林寺处分住持牒》中之“江西观察使”与之相联，而成为“会昌中以谏议大夫出为江西观察使”，实乃不的。按崔黯大中六年为江州刺史(详下“考补”)，而江西观察使驻节洪州，与江州近在咫尺，则其之官江西观察使者，当在是时之前，但确时无以考求。

---

① 具体参见王辉斌《唐人生卒年录》之“杜牧”条，贵州人民出版社 1989 年版。

考补：大中六年为江州刺史。湖南都团练观察处置等，中大夫，潭州刺史。

按《全唐文》是卷著录崔黯《复东林寺碑》云："唐有天下一十四帝，见其非理而汰之。而持事之臣，不以归元返本，以结人心。……今天子取其益生人，稍复其教，通而流之，以济中下，于是江州奉例诏，余时为刺史，前访兹地，松门千树，岚光熏天……问能复东林乎？曰能。……大中六年二月十四日，言命以图及其备录，访余为刻石之文……余则曰复之者上也。"又，陈舜俞《庐山记》卷五："《复东林寺碑铭》，湖南都团练观察处置等使中大夫使持节都督潭州诸军事守潭州刺史(崔黯撰)，金紫光禄大夫左散骑常侍上柱国河东郡开国公食邑二千户柳公权书，唐大中十一年岁次丁丑四月戊辰朔二十六癸巳建。"①

丁居晦(同卷)

原小传云："居晦，大和中官起居舍人，集贤院直学士，擢拾遗，改司勋员外郎。开成中转司封郎中，知制诰，迁中书舍人，拜御史中丞。迁户部侍郎卒，赠吏部侍郎。"

辨证：丁居晦，两《唐书》无传。小传此述，所本何籍，待考，但有误。据岑仲勉《郎官石柱题名新考订》可知，丁居晦官"司勋员外郎"者，乃在"大和九年十月"，按唐文宗以"大和"纪元者，凡九年，"大和九年"即大和末年，则小传之"官起居舍人，集贤院直学士，擢拾遗，改司勋员外郎"皆在"大和中"者，乃不的。检《旧唐书·宋申锡传》有云："大和五年……翌日，开延英，召宰臣及议事官，帝自询问。……拾遗李群、韦端符、丁居晦、袁都等一十四人，皆伏玉阶下……请不于

① 陈舜俞：《庐山记》卷五，《四库全书》本，上海古籍出版社 1987 年影印本。

禁中讯鞫。"丁居晦大和五年已任拾遗之职，则其官"起居舍人，集贤院直学士"与"改司勋员外郎"者，就必当在其之后，盖因据李林甫等《唐六典》《旧唐书·职官志二》可知，"左右拾遗"为"从八品上阶"，集贤院直学士为"六品已下"，司勋员外郎为"从六品上阶"，起居舍人为"从六品上阶"。据此，知小传所述丁居晦"大和中"之所官者，应乃为："擢拾遗，集贤院直学士，改司勋员外郎，官起居舍人。"此则表明，小传乃颠倒了丁居晦所官之次序。

又，王溥《唐会要》卷六十五有云："开成四年正月，光禄寺奏：当寺伏准大历八年四月十八日敕……今御史中丞丁居晦，深知前弊，悉还所职。"据此，知丁居晦"拜御史中丞"乃在开成四年。又《全唐文》是卷著录丁居晦《重修承旨学士壁记》云："尚书元稹《承旨学士厅壁记》，旧题在东庑之右，岁月滋久，日烁雨润……旧记所载，今皆不书。开成表号之二年五月十四日记。"此则表明，丁居晦开成二年五月乃在翰林学士任上。合勘之，丁居晦之任御史中丞，是必在开成三年，且由翰林学士而任，对此，《旧唐书·文宗纪下》之所载，又可为之佐证。其云："(开成三年十一月)庚午，以翰林学士丁居晦为御史中丞。"按唐文宗以"开成"纪元者，凡五年，开成三年则为"开成中"。然小传之述则为"开成中转司封郎中"，之后是"知制诰，迁中书舍人"，再之后则为"拜御史中丞"，以此推之，其时就当在唐武宗会昌末年(会昌凡五年)或者大中初年。所以，小传此述丁居晦"转司封郎中，知制诰，迁中书舍人，拜御史中丞"之时间，乃必误无疑。

考补：两任翰林学士。

具体参见岑仲勉《郎官石柱题名新考订·唐朝翰林盛事类比》。

魏扶(同卷)

原小传云："扶，字相之，大和四年进士。宣宗朝官司封员外郎，考功郎中。累迁御史中丞，兵部侍郎，同中书门下平章事。”

按：魏扶，两《唐书》无传。小传此述，所本何籍，待考。检《新唐书·宰相世系表二中》之“魏氏·魏盈之族”有云：“扶字相之，相宣宗。”祖盈，父昌，皆无职官。扶子“篙，字守之，刑部侍郎”。又，计有功《唐诗纪事》卷五十一“魏扶”条云：“扶，登大和四年进士第。”小传之“扶，字相之，大和四年进士”，所本者当即此二者。又，检岑仲勉《郎官石柱题名新著录》之“司封员外郎”“考功郎中”内，皆有魏扶名，前者排在第十一行，后者排在第十二行。又，《新唐书·李德裕传》云：“大中元年……御史中丞魏扶言……”又，《旧唐书·宣宗纪》有云：“（大中三年四月）“以……正议大夫、行兵部侍郎、判户部事、上柱国、钜鹿县开国男、食邑五百户、赐紫金鱼袋魏扶可本官、平章事。”《新唐书·宰相表下》同。则小传之“宣宗朝官司封员外郎，考功郎中。累迁御史中丞，兵部侍郎，同中书门下平章事”云云，或是据此四者而为，不误。

考补：郑澣门生。礼部侍郎。大中四年六月卒。

检《新唐书·郑澣传》附《郑从谠传》云：“令狐綯、魏扶皆澣门生，数进誉之。”又，《旧唐书·宣宗纪》云：“（大中元年）二月丁酉，礼部侍郎魏扶奏……诏令翰林学士承旨、户部侍郎韦琮重考覆。”又，《新唐书·宣宗纪》云：“（大中四年）六月戊申，魏扶薨。”另见《新唐书·宰相表下》。

崔瑶（同卷）

原小传云：“瑶……大和三年进士。累仕至中书舍人。大和时拜礼部侍郎，出为浙西观察使，终鄂岳观察使。”

辨证：崔瑶，两《唐书》传皆附《崔邠传》后。小传此之所述，乃是据《旧唐书·崔瑶传》而为，但有误。复次《旧唐书·崔瑶传》云：“瑶大和三年登进士第，出佐藩方，入升朝列，累至中书舍人。大中六年，知贡举，旋拜礼部侍郎，出为浙西观察使，又迁鄂州刺史、鄂岳观察使，终于位。”据此，知小传之“大和时拜礼部侍郎”之“大和时”，乃为“大中时”或者“大中六年”之误。

考补：字韫中。

按《新唐书・宰相世系表二下》之“清河小房崔氏”云：“瑶，字韫中，鄂岳观察使。”

附考：《旧唐书・崔邠传》云：“崔邠字处仁，清河武城人。子璀、璜，璀子彦融，皆登进士第，历位台阁。……郾与兄邠、弟郸等皆有令誉。……子瑶、瓌、瑾、珮、璆。”《新唐书・崔邠传》云：“崔邠字处仁……弟酆、郾、郇、鄯、郸。……郾……五子：瑶、瑰(瓌)、瑾、珮、璆。”据此，知崔邠兄弟凡六人：邠、酆、郾、郇、鄯、郸；崔郾凡五子：瑶、瓌、瑾、珮、璆。但《新唐书・宰相世系表二下》之“清河小房崔氏”，却载崔邠兄弟八人，依序为：邠、酆、郾、郇、邯、鄯、郸、鄘；崔郾凡四子，即：瑀、瑶、璆、瓒。二者甚异，兹拈出以俟淹贯者。

崔铉(卷七五九)

原小传云：“铉，字台硕，博州人。第进士。会昌三年拜中书侍郎，同中书门下平章事，罢为陕虢观察使。宣宗朝擢河中节度使，进尚书左仆射兼门下侍郎，封博陵公，出为宣歙池观察使。……咸通初，徙山南东道、荆南二镇，封魏国公。”

辨证：崔铉，两《唐书》有传。小传此之所述，乃是据《新唐书・崔铉传》而为，但有误。检《旧唐书・崔铉传》云：“铉字台硕，登进士第。……会昌初，入为左拾遗……召入翰林，充学士……会昌末，以本官同平章事。为同列李德裕所嫉，罢相，为陕虢观察使，检校刑部尚书。宣宗即位，迁检校兵部尚书、河中尹……大中三年，召拜御史大夫，寻加正议大夫、中书侍郎、同平章事。累迁……左仆射、门下侍郎……博陵县开国公。……咸通初，移镇襄州。咸通八年……铉时为荆南节度……卒于江陵。"据此知：

(1)小传作"会昌三年拜中书侍郎，同中书门下平章事"者，乃不的。检《旧唐书·武宗纪》云："(会昌四年八月戊戌)以兵部侍郎、翰林学士承旨崔铉为中书侍郎、同平章事。"按"会昌"为唐武宗年号，凡六年，"会昌四年八月"称"会昌末"尚可，作"会昌三年"则未可。

(2)崔铉一生曾两次"同平章"，一次在"会昌末"，相武宗；一次在大中三年四月，相宣宗(《旧唐书·宣宗纪》，又见《新唐书·宰相表下》)①，但《新唐书·崔铉传》与小传均只述及第一次，故小传应据补。

又，计有功《唐诗纪事》卷五十一"崔铉"条云："魏公铉，元略之子也。……宝历三年登第，久居廊庙，三拥节旄。"按"宝历"为唐敬宗年号，凡两年，"宝历三年"实际为唐文宗大和元年，故徐松《登科记考》卷二十乃以大和元年系之。所以，小传之"第进士"者，乃欠精审。又，据上引《旧唐书·崔铉传》可知，崔铉"为荆南节度"，乃在咸通八年，而《旧唐书·懿宗纪》则有云："(咸通十年正月癸亥)以门下侍郎兼刑部尚书、同平章事徐商检校兵部尚书、江陵尹、荆南节度使。"合勘之，可知崔铉之"卒于江陵"，是必在咸通九年。所以，小传或可据而补之。

---

① 崔铉一生两次"同平章事"，第一次之具体时间如上所述，乃在唐武宗会昌四年八月，但《新唐书·武宗纪》《新唐书·宰相表下》载为会昌三年五月，似不的。其原因在于，《旧唐书》所据者为韦保衡等《武宗实录》，而《武宗实录》至北宋时已为残佚，则《新唐书》所据非为韦保衡《武宗实录》者，即可论断之。对于《武宗实录》之流传概况，晁公武《郡斋读书志》卷六"实录类"有载，云："《武宗实录》一卷。右唐韦保衡等撰。武宗以后，实录皆亡，今存止会昌元年正月、二月。国朝宋敏求次道尝补《宣宗实录》三十卷、《懿宗实录》三十卷、《僖宗实录》三十卷、《昭宗实录》三十卷、《哀帝实录》八卷，《通百》二十八卷。"此则表明，刘昫等撰《旧唐书·武宗纪》与欧阳修等撰《新唐书·武宗纪》，所参考之《武宗实录》显然是大有区别的。而此，即是本书本条辨证从《旧唐书·武宗纪》所载的原因之所在，特此说明。

杨发(同卷)

原小传云:“发,字至之,同州冯翊人。大和四年进士,书判拔萃。累迁礼部郎中。大和时迁岭南节度使,贬婺州刺史卒。”

辨证:杨发,两《唐书》传皆附《杨收传》后。小传此之所述,乃是据《旧唐书·杨发传》而为,既有误,亦欠精审。复次《旧唐书·杨发传》云:“发字至之,大和四年进士,又以书判拔萃,释褐校书郎、湖南观察推官,再辟西蜀从事。……累迁至礼部郎中。……改授太子少卿,出为苏州刺史。苏,发之乡里也。恭长慈幼,人士称之。……朝廷以发长于边事,移授广州刺史、岭南节度使。……坐贬婺州刺史,卒于贬所。”据此知:

(1)杨发为苏州人,小传作“同州冯翊人”者,乃是就杨氏之郡望而言。检同书《杨收传》云:“杨收字藏之,同州冯翊人。自言隋越公素之后。……父遗直,位终濠州录事参军。家世为儒,遗直客于苏州,讲学为事,因家于吴。”可见,《旧唐书·杨发传》之“苏,发之乡里也”,乃为正确,小传可据改。

(2)《旧唐书·杨发传》与小传之“书判拔萃”,因皆无具体年份,而欠精审。据徐松《登科记考》卷二十一,大和四年试“书判拔萃科”,则杨发之“进士”与“书判拔萃”皆在是年当乃无疑,所以,小传于“书判拔萃”前应加“同年”二字。

又,《旧唐书·杨发传》云:“移授广州刺史、岭南节度使。……发以严为理,军乱,为军人所囚,致于邮舍。坐贬婺州刺史,卒于治所。”按《资治通鉴·唐纪》云:“(大中十二年四月)庚子,岭南都将王令寰作乱,囚节度使杨发。发,苏州人也。”此事既发生于大中十二年四月,杨发因之而“坐贬婺州刺史”,自当在是年夏秋之际,其“卒于治所”者,则当在咸通初年,但其确时无考。

卢商(同卷)

原小传云："商，字为臣。第进士，又中拔萃科。累官兵部侍郎，召拜中书侍郎，同中书门下平章事，封范阳郡公。大中元年罢为武昌节度使。以疾解职，拜户部尚书卒。"

辨证：卢商，两《唐书》有传。小传此之所述，乃是据《旧唐书·卢商传》而为，既有误，亦欠精审。复次《旧唐书·卢商传》云："卢商字为臣，范阳人。……元和四年擢进士第，又书判拔萃登科。……宣宗即位，入为兵部侍郎，寻以本官同中书门下平章事、范阳郡开国公。……数年，检校工部尚书，出为鄂岳观察使，就加检校兵部尚书。大中十三年，以疾求代，征拜户部尚书。其年八月，卒于汉阴驿，时年七十一。"据此知：

(1)《卢商传》作"元和四年擢进士第"，则小传之"第进士"者，应据改。又，据徐松《登科记考》卷十七、卷十八所载，唐宪宗以"元和"纪元之十五年，唐廷仅在元和六年试"书判拔萃"一次，而是年并无卢商之名，正因此，徐氏即于《登科记考》中，只考订卢商"第进士"为元和四年，而于"又中拔萃科"者，则无只字相及。所以，小传从《旧唐书·卢商传》作"又中拔萃科"者，当乃不的。

(2)《旧唐书·卢商传》所载卢商大中十三年"八月，卒于汉阴驿，时年七十一"者，小传应据补。但《卢商传》"卒于汉阴驿"之"汉阴"，当为"汉阳驿"之误，盖因据李吉甫《元和郡县图志》卷二十七可知，鄂岳观察使所管六州内，只有汉阳而无汉阴故也。

卢钧(同卷)

原小传云："钧，字子和……第进士，以拔萃补秘书正字。累拜山南东道节度使，兼领昭义军，进检校左仆射。……大中十年同中书门下平章事，寻以检校司徒为东都留守。懿宗立，以太保致仕。卒年八十七，赠太保，谥曰元。”

辨证：卢钧，两《唐书》有传。小传此之所述，乃是据《新唐书·卢钧传》而为，既有误，亦欠精审。复次《新唐书·卢钧传》云：“卢钧字子和……举进士中第，以拔萃补秘书正字。……会昌中，汉水害襄阳，拜钧山南东道节度使。……大中九年，召为左仆射。……而后来多至宰相。……以钧同中书门下平章事……俄检校司徒，为东都留守。……以太保致仕。卒年八十七，赠太傅，谥曰元。”此则表明：

(1)小传之“累拜山南东道节度使”无具体年份，应据补“会昌中”。又，检《资治通鉴·唐纪》于会昌三年七月云：“以山南东道节度使卢钧昭义军节度招抚使。……(四年八月)罢卢钧为山南东道，专为昭义节度使。”此则为《新唐书·卢钧传》所载“会昌中”云云不误之一证。

(2)小传之“同中书门下平章事”为大中十年，《新唐书·卢钧传》则为大中九年，二者异。检《旧唐书·宣宗纪》、同书《卢钧传》之所载，知卢钧“同中书门下平章事”者，乃在大中十一年九月，则小传与《新唐书·卢钧传》乃均误。

(3)卢钧卒后之所赠，小传作“太保”，《新唐书·卢钧传》作“太傅”，二者又异。检《旧唐书·卢钧传》，则作“太师”。一作“太师”，一作“太保”，一作“太傅”，三者孰是？因资料所限，难以准确考求，兹拈出以俟淹贯者。

又，《旧唐书·卢钧传》有云：“卢钧字子和……元和四年进士擢第，又书判拔萃，调补秘书郎，累佐诸侯府。”其中之“元和四年进士擢第”，徐松《登科记考》卷十七同，小传应据补。又据《登科记考》卷十七、卷十八可知，在唐宪宗以“元和”纪元的十五年中，仅元和六年试“书判拔萃”一次，但其中并无卢钧之名，则《新唐书·卢钧传》与小传之“以拔萃补秘书正字”云云，当删，要之，存疑可也。

韦澳(同卷)

原小传云："澳，字子裴……大和六年进士，复擢宏词科。……大中时授河阳节度使。……贬秘书监分司东都，迁河南尹。卒赠户部尚书，谥曰贞。"

辨证：韦澳，两《唐书》有传。小传此之所述，乃是据《旧唐书·韦澳传》而为，但有误。复次《旧唐书·韦澳传》云："澳字子斐，大和六年擢进士第，又以弘词登科。……大中十二年，检校工部尚书，兼孟州刺史，充河阳三城、怀、孟、泽节度等使，辞于内殿。……坐罢镇，以秘书监分司东都。……逾年，复授户部侍郎，以疾不拜而卒。赠户部尚书，谥曰贞。"据此知：

(1)小传之"字子裴"，《旧唐书·韦澳传》作"字子斐"，二者异。检《新唐书·宰相世系表四上》云："澳，字子斐，河南尹。"则作"子裴"者误。

(2)小传之"大中时授河阳节度使"者，据《旧唐书·韦澳传》所载，应改为：大中末("大中"凡十三年)授河阳三城、怀、孟、泽节度使。

按唐懿宗以"咸通"纪元者，凡十四年，"咸通中"当为咸通七年或八年。考王钦若等《册府元龟》卷七七一云："韦贯之穆宗长庆初为河南尹；子澳，咸通中为河南尹。"①又，《旧唐书·懿宗纪》有云："(咸通四年三月)以刑部侍郎曹玢为河南尹。……六年……五月，以左丞杨知温为河南尹。"又，丁居晦《重修学士承旨壁记》云："侯备，咸通……七年三月九日授河南尹出院。"②合勘之，则韦澳之"迁河南尹"，当在侯备之后。又，据徐松《登科记考》卷二十一可知，在唐文宗以"大和"纪

① 王钦若等：《册府元龟》卷七七一，中华书局1985影印本。

② 丁居晦：《重修学士承旨壁记》，《知不足斋丛书》本，清道光修刊版。

元的九年(大和元年—大和九年)间，无“博学宏词科”之试，唯开成四年、五年各试一次，但其中却无韦澳之名，如此，则《旧唐书·韦澳传》与小传之“复擢宏词科”，当删，要之，存疑可也。

蔡京(卷七六〇)

原小传云：“京初为僧……登进士第，官御史。历沣、抚、饶三州刺史。咸通中拜岭南西道节度使，以贪惏为下所逐。贬死崖州。”

辨证：蔡京，两《唐书》无传。小传此述，所本何籍，待考，既有误，亦欠精审。检《新唐书·陆龟蒙传》云：“尝至饶州，三日无所诣。刺史蔡京率官属就见之。”此当为小传记载蔡京历饶州刺史之所本。又，考王谠《唐语林》卷七有云：“邕州蔡大夫京者……师从之，乃得陪相国子弟。后以进士举上第，寻又学究登科，而作尉畿服。……谪居沣州，为厉员外立所辱。稍迁抚州刺史，作诗责商山四老。……零陵郑太守史同年，远以酒乐相迟。”①其中“邕州蔡大夫京”之“大夫”，所指为御史大夫，小传之“官御史”与“历沣、抚”二州刺史者，所本当即此。但其言蔡京“登进士第”则欠精审。《唐语林》此段文字既载蔡京与零陵郑太守史“同年”，则二人之为进士即在同一年。按《永乐大典》引《宜春志》云：“郑史字惟直，宜春人，登开成元年进士第。”(《登科记考》卷二十一)蔡京之“登进士第”亦在是年者，则乃无疑。所以，小传应据改。

又，《新唐书·懿宗纪》云：“(咸通元年)九月，岭南西道军乱，逐其节度使蔡京。”而《旧唐书·宣宗纪下》则云：“(大中二年二月)殿中侍御史蔡京贬崖州司马。”据此，知蔡京“以贪惏为下所逐”后，曾一度还朝，并任殿中侍御史，于大中二年乃“贬死崖州”。又，《新唐书·

① 王谠：《唐语林》卷七，上海古籍出版社1978年版。

南诏下》有云："会诏左庶子蔡京，以制岭南……贬死崖州。"蔡京又曾任左庶子。据此，则"殿中侍御史"与"左庶子"二职，小传皆可据而补之。

附考：按上引《唐语林》所载之"寻又学究登科"者，据徐松《登科记考》卷首所附《登科记考凡例》可知，"学究"即"学究一经"，亦即"明经科"之属，但在开成元年(836年，蔡京"登进士第"之年)至大中二年(848年，蔡京卒年，详上)的十二年中(历唐文宗、唐武宗、唐宣宗三朝)，唐廷并不曾试"明经科"(详《登科记考》卷二十一、卷二十二)，则《唐语林》所载者，当乃为误。虽然，《唐语林》之此载，乃是据范摅《云溪友议》卷中之"买山谶"而为，且为计有功《唐诗纪事》卷四十九"蔡京"条所引录，但《云溪友议》于此条并无只字交代出处。所以，《云溪友议》卷中之蔡京"寻又学究登科"者，当不可据信，要之，存疑可也。

韦温(同卷)

原小传云："温，字宏育，京兆人。年十一举两经及第，以书判拔萃补校书郎。累迁尚书右丞，出为陕虢观察使。武宗立，召拜吏部侍郎，出为宣歙观察使。卒年五十八，赠工部尚书，谥曰孝。"

辨证：韦温，两《唐书》有传。小传此之所述，乃是据《新唐书·韦温传》并间采《旧唐书·韦温传》而为，但有误。考杜牧《唐故宣州观察使御史大夫韦公(温)墓志铭并序》有云："公讳温，字宏育。……年十一，以明经取第，为太常寺奉礼郎，秘书省校书郎。选判入等，咸阳尉，监察御史。……公起赴武昌，未至府，拜监察御史，迁左补阙。……召东西省御史中丞郎官于内殿……不数日迁尚书右丞。……出为陕州防御史兼御史大夫。……入为吏部侍郎。……复以御史大夫出为宣歙池等州观察使。"并云："韦公会昌五年五月头始生疮……以其月十四日，年五十八薨于位。”①据此可知：

(1)韦温是“年十一，以明经取第”，小传作“举两经及第，以书判拔萃补校书郎”者，乃误，而徐松《登科记考》卷十四仅于贞元十四年考订韦温试“明经科”一次者，又可为之佐证。所以，小传之“书判拔萃”者，当误。

(2)韦温“迁尚书右丞”后，所出任者为“陕州防御史兼御史大夫”，而小传作“陕虢观察使”者，乃又误。

(3)韦温在“入为吏部侍郎”后，所“出为”者是“宣歙池等州观察使”，小传作“宣歙观察使”者，乃夺“池”字，应据补。

韦琮(同卷)

原小传云：“琮，字礼玉，第进士。武宗朝以中书侍郎同中书门下平章事，迁门下侍郎兼礼部尚书，无功，罢为太子宾客分司卒。”

辨证：韦琮，《新唐书》有传。小传此之所述，即是据《新唐书·韦琮传》而为，但有误。复次《新唐书·韦琮传》云：“琮字礼玉……进士及第，稍迁殿中侍御史。……以中书侍郎同中书门下平章事，迁门下侍郎兼礼部尚书，无功，罢为太子宾客分司，卒。”据此，知小传之“罢为太子宾客分司卒”，应断句为“罢为太子宾客分司，卒。”又，《旧唐书·宣宗纪》云：“(大中元年)秋七月，制以正议大夫、尚书户部侍郎、知制诰、翰林学士承旨……韦琮以本官同中书门下平章事。”又，《新唐书·宰相表下》云：“(大中元年)三月……翰林学士承旨、户部侍郎韦琮为中书侍郎，并同中书门下平章事。”二者所载“同中书门下平章事”者，其时间，一作大中元年“秋七月”，一作“三月”，稍异。又，《旧唐

① 杜牧：《唐故宣州观察使御史大夫韦公(温)墓志铭并序》，《全唐文》卷八十三，中华书局1983年影印本。

书·宣宗纪》有云："(大中二年十一月)兼礼部尚书、同平章事韦琮为太子詹事，分司东都。"《新唐书·宣宗纪》则云："(大中二年十一月)贬韦琮为太子宾客，分司东都。"据此，知小传从《新唐书·韦琮传》作"罢为太子宾客分司"者，其"分司"后乃夺"东都"二字。至若其一作"太子詹事"，一作"太子宾客"者，则因资料所限，难以稽考，兹暂付阙如。

许浑(同卷)

原小传云："浑，字用晦，丹阳人，故相许圉师之后。太和六年进士第。当涂、太平二县令，以病免。起润州司马。大中三年为监察御史，历虞部员外郎。睦、郢二州刺史。"

辨证：许浑，两《唐书》无传。小传此之所述，当是据晁公武《郡斋读书志》卷十八而为。复次《郡斋读书志》卷十八，著录许浑"《丁卯集》二卷"，并有云："许浑字用晦，圉师之后。大和六年进士。为当涂、太平二县令，以病免，起润州司马。大中三年，为监察御史，历虞部员外郎，睦、郢二州刺史。"①以小传所述勘之，其除"丹阳人"外，余则皆与此同。检计有功《唐诗纪事》卷五十六"许浑"条云："浑，字用晦，睦州人，圉师之后。大中三年，任监察御史，以疾乞东归，终郢、睦二州刺史。"此作"睦州人"，则与小传之"丹阳人"异。按许浑《送王总下第归丹阳》诗云："秦楼心断楚江湄，系马春风酒一卮。汴水月明东下疾，练塘花发北来迟。青芜定没安贫处，黄叶应催献赋诗。凭寄家书为回报，旧乡还有故人知。"②既称丹阳为"旧乡"，又曰"故人"，则许浑或为"丹阳人"。又，许浑有《南海府罢归京口经大庾岭赠张明府》一诗，

① 晁公武撰，孙猛校证：《郡斋读书志校证》卷十八，上海古籍出版社2011年版。

② 许浑：《送王总下第归丹阳》，《全唐诗》卷五三五，中华书局1960年版。

诗题中的"京口",与丹阳临近,均为今江苏镇江所辖,故"归京口"者,实为"归丹阳"之谓也。但唐人将曾寓居之地称"旧乡"或"故乡"者甚多,如李白即为其一(其集中诗例其多,兹不具举),故仅据许浑此二诗,似不得断其为丹阳人,要之,存疑可也。

考补:某县尉,颍州从事。祗命南海并府罢。

此三者均据《全唐诗·许浑集》所补。具体为:(1)《陪宣城大夫崔公泛后池兼北楼讌二首》其一:"昔时恩遇今能否,一尉沧洲已白头。"(2)《颍州从事西湖亭讌饯》:"独想征车过巩洛,此中霜菊绕潭开。"不仅官"颍州从事",还曾"过巩洛",即到过京洛一次。(3)《别表兄军倅并序》云:"余祗命南海,至庐陵,逢表兄军倅奉使淮海,别后却寄是诗。"又,上引《南海府罢归京口经大庾岭赠张明府》之"南海府罢",即为其例。

郑处晦(卷七六一)

原小传云:"处晦,字廷美……太和八年进士。累迁工部刑部侍郎。出为浙东观察使检校刑部尚书,宣武军节度使。"

辨证:郑处晦,两《唐书》有传。小传此之所述,乃是据《旧唐书·郑处晦传》而为,但有误。考陈思《宝刻丛编》卷六引《集古录目》云:"《唐太子太师裴休神道碑》,唐宣武节度副大使(郑)处晦撰,右散骑常侍韩琮书……碑以咸通八年立。"①据此,知小传之"宣武军节度使",乃为"宣武军节度副使"之误,即其夺"副"字,应据补。

郑处晦之卒年,两《唐书》均无载。上引陈思《宝刻丛编》卷六引《集古录目》之所载,知郑处晦咸通八年尚在宣武军节度副使任上。又,《旧唐书》郑处晦本传云:"出为……汴州刺史、宣武军节度观察等使,

① 陈思:《宝刻丛编》卷六,《丛书集成初编》本。

卒于汴。”又，《旧唐宗·懿宗纪》云：“(咸通)九年春正月丙申，以吏部侍郎李蔚检校刑部尚书、汴州刺史、御史大夫、充宣武节度、汴宋亳观察处置等使。”合勘之，李蔚于咸通九年正月出任“宣武节度”者，表明郑处晦之“卒于汴”，当在咸通八年冬月之际，姑系之。

考补：职方员外郎，御史知杂，吏部侍郎，御史中丞，宣歙观察使判官。卒于咸通八年。

检《旧唐宗·宣宗纪》云：“(大中三年十一月)以职方员外郎郑处晦兼御史知杂。”又，同书《懿宗纪》云：“(咸通三年十一月)以吏部侍郎郑处晦……等试宏词选人。”《新唐书·宰相世系表五上》同，并云：“五子：羲字尧卿，福字子贞，祁字为霖，祚，祐字垂吉，生受益，字谦光。茂休，初名茂谌。”又，《旧唐宗·王凝传》云：“中丞郑处晦奏知台杂，换考功郎中，迁中书舍人。”同书《韦温传》云：“武宗即位……出温为宣歙观察使，辟郑处晦为观察使判官。”郑处晦卒年详上。

曹确(同卷)

原小传云：“确，字刚中，河南人。开成二年登第。累拜兵部尚书。咸通五年，以本官同平章事。进中书侍郎，加右仆射。罢为镇海节度使，加太子太师。徙河中卒。”

辨证：曹确，两《唐书》有传。小传此之所述，乃是据《旧唐宗·曹确传》并间采《新唐宗·曹确传》而为，但有误。复次《旧唐宗·曹确传》云：“确字刚中，河南人……开成二年登进士第。……入为兵部侍郎。咸通五年，以本官同平章事，加中书侍郎、监修国史。……九年罢相，检校司徒、平章事、润州刺史、镇海军节度观察等使。……就加太子太师。”无小传“徙河中卒”之载。检《旧唐书·懿宗纪》云：“(咸通四年十一月)以兵部侍郎、判度支曹确同平章事。”又，《新唐书·宰相表下》云：“(咸通四年)闰六月，兵部侍郎、判度支曹确(以)本官同中书门下平章事。”合勘之，知曹确之“同平章事”，乃在咸通四年六月(或十一月)，则小传作“咸通五年”者，乃误。

考补：延资库使，户部尚书，吏部尚书。约卒于咸通末年。

检《旧唐书·懿宗纪》云：“(咸通八年)九月丁酉，延资库使曹确奏曰……十月丙寅……宰相、门下侍郎、户部尚书曹确兼吏部尚书。”同书同《纪》又有云：“(咸通十一年春正月)左仆射、门下侍郎、同平章事曹确以病求免，授检校司空、同平章事，兼润州刺史，充浙江西道观察等使。”又，《新唐书·曹确传》云：“以同平章事出为镇海节度使，徙河中，卒。”合勘之，似曹确之卒，当在咸通十三年或十四年，兹暂系之，以俟淹贯者。

孙玉汝(卷七六二)

原小传云：“玉汝，会昌四年进士。官御史。咸通中出为衢州刺史。”

辨证：孙玉汝，两《唐书》无传。小传此之所述，乃是据洪迈《容斋随笔》卷十一“孙玉汝”条而为，但有误。复次《容斋随笔》卷十一“孙玉汝”条云：“韩庄敏公缜，字玉汝，盖取君子以玉比德……前人未尝用，最为古雅。案，唐《登科记》会昌四年及第进士有孙玉汝。李景让为御史大夫，劾罢侍御史孙玉汝。会稽大庆寺碑咸通十一年所立，云衢州刺史孙玉汝记。荣王宗绰书目，有《南北史选练》十八卷，云孙玉汝撰，盖其人也。”①据此知：

(1)小传之“官御史”，乃为“官侍御史”之误。同《容斋随笔》者，另有《新唐书·李景让传》。

(2)唐懿宗以“咸通”纪元者，凡十四年，“咸通十一年”为咸通末，

① 洪迈：《容斋随笔》卷十一，《唐宋史料笔记》本，中华书局 2005 年版。

小传作“咸通中出为衢州刺史”者，则为误，应据改。

考补：卒衢州刺史任。

按《全唐诗·罗隐诗集》有《三衢哭孙员外》《重过三衢哭孙员外》二诗，其中“孙员外”均为孙玉汝，表明孙玉汝之卒当在衢州任上。

李景让(卷七六三)

原小传云：“景让……历中书舍人，礼部侍郎，商华虢三州刺史。自右散骑常侍出为浙西观察使。入为尚书左丞，拜天平节度使，徙山南东道，封酒泉县男。大中中进御史大夫，拜西川节度使，病丐致仕。以太子少保分司东都。卒年七十二，赠太子太保，谥曰孝。”

辨证：李景让，两《唐书》有传。小传此之所述，乃是据《新唐书·李景让传》而为，但有误。检《旧唐书·李景让传》云：“景让，大和中为尚书郎，出为商州刺史。开成二年，入朝为中书舍人。二年十月，出为华州刺史、潼关防御、镇国军使。四年，入为礼部侍郎。……大中朝，为襄州刺史、山南(东)道节度使。入为吏部尚书。十一年，转御史大夫。……复为吏部尚书卒，谥曰孝。”两相比较，可知：

(1)小传之“历中书舍人，礼部侍郎，商华虢三州刺史”，颠倒了李景让之任职次序，即正确者为：出为商州刺史，入为中书舍人；再出为华州刺史，入为礼部侍郎。

(2)小传之“大中中进御史大夫”，《旧唐书·李景让传》载作大中十一年，时为大中末(唐宣宗以“大中”纪元者，凡十三年)，小传作“大中中”者，乃误。

(3)小传之“虢州刺史”与“天平节度使”(驻节沂州)，除《新唐书·李景让传》外，两《唐书》之《纪》《传》《表》《志》等，均无载，或当为误。

又，《全唐文》是著卷录李景让《南渎大江广源公庙记》一文，有云：

“(大中十二年)五月朔辛酉日甲戌，臣景让承圣敬文思和武光孝皇帝诏，自御史大夫检校吏部尚书，尹成都镇蜀西川。”文中“尹成都”与“镇西川”对举，则李景让之所任者应为“剑南西川节度使”，而非小传所述之“西川节度使”。而裴庭裕《东观奏记》卷下之所载，又可为之佐证。其云：“(大中)十二年七月十四日三更三点追朝，唯宰臣夏侯孜独到衙，以御史大夫李景让为检校吏部侍郎，充剑南西川节度使。”①所以，小传之“拜西川节度使”，应改正为：拜剑南西川节度使。

萧邺(卷七六四)

原小传云：“邺，字启之……及进士第。大中时累拜户部侍郎，以工部尚书同中书门下平章事。懿宗初为山南东道观察使，历户礼二部尚书，拜右仆射。以平章事节度河东卒。”

辨证：萧邺，《新唐书》有传。小传此之所述，即是据《新唐书·萧邺传》而为，但有误。复次《新唐书·萧邺传》云：“萧邺字启之……及进士第，累进监察御史、翰林学士，出为衡州刺史。大中中……拜中书舍人，迁户部侍郎，判本司，以工部尚书同中书门下平章事。懿宗初，罢为荆南节度使，仍平章事，进检校左仆射，徙剑南西川。下迁检校右仆射、山南西道观察使。历户部、吏部二尚书，拜右仆射。还，以平章事节度河东，在官无足称道，卒。”但《新唐书·萧邺传》此载有误。检《旧唐书·宣宗纪》有云：“(大中十一年六月)以朝散大夫、守尚书兵部侍郎、判度支、上柱国、彭城县开国男、食邑三百户、赐紫金鱼袋萧邺本官同平章事、判度支。”按宣宗以“大中”纪元者，凡十三年，萧邺既

① 裴庭裕：《东观奏记》卷下，《四库全书》本，上海古籍出版社1987年影印。

于大中十一年六月以“本官同平章事”，则其时乃在大中末，小传作“大中时”者，乃误。又小传从《新唐书·萧邺传》作“以工部尚书同中书门下平章事”者，其“工部尚书”为“守尚书兵部侍郎”之误，《新唐书·宣宗纪》、同书《宰相表下》皆作“兵部侍郎”者，又可为之佐证。

又，《旧唐书·懿宗纪》有云：“(咸通)二年春二月，吏部尚书萧邺检校尚书右仆射、太原尹、北都留守、河东节度观察等使。”此则表明，小传从《新唐书·萧邺传》作“以平章事节度河东”者，乃误。又，《资治通鉴·唐纪》于咸通五年有云：“(二月)甲申，前西川节度使萧邺左迁山南西道观察使。”据此知：(1)小传之“山南东道”乃为“山南西道”之误；(2)萧邺“节度河东”在咸通二年，其“左迁山南西道观察使”自应在此之后，小传作“为山南东道观察使……节度河东”者，乃颠倒了二者之次序，应据改。

考补：集贤殿大学士，彭城县开国男，赐紫金鱼袋，监修国史。

按《旧唐书·宣宗纪》云：“(大中十一年十月)萧邺兼集贤殿大学士。”同书同《纪》又有云：“(大中十二年二月)以朝散大夫、守工部尚书、同平章事、充集贤殿大学士、上柱国、彭城县开国男、食邑三百户、赐紫金鱼袋萧邺为监修国史。”

李远(卷七六五)

原小传云：“远，会昌九年官尚书司门员外郎。”

辨证：李远，两《唐书》无传。小传此述，所本何籍，待考，但有误。检岑仲勉《读全唐文札记》云：“(卷七六五)李远小传，‘远，会昌九年官尚书司门员外郎’，所收《灵棋经序》文末亦云：‘时唐会昌九年秋九月，尚书司门员外郎李远序。’按会昌无九年，或元年之讹欤。”岑说是，小传应据补。

魏謩(卷七六六)

原小传云："謩，字申之……擢进士第……累迁宏文馆直学士。武宗朝贬信州长史。宣宗即位，拜御史中丞，进同中书门下平章事，大中十年领剑南西川节度使，召拜吏部尚书，检校尚书右仆射太子少保。卒年六十六，赠司徒。"

辨证：魏謩，两《唐书》有传。小传此之所述，乃是据《旧唐书·魏謩传》而为，但有误。复次《旧唐书·魏謩传》云："魏謩字申之……大和七年登进士第。……寻以本官直弘文馆。……宣宗即位……二年，内征为给事中，迁御史中丞……寻以本官同平章事，判使如故。……大中十年，以本官平章事、成都尹、剑南西川节度副大使知节度事。……十二年十二月卒，时年六十六，赠司徒。"据此，知小传之"擢进士第"，应据改为大和七年登进士第；"大中十二年"这一具体卒年(《新唐书·魏謩传》)，小传则应据补。

又，《旧唐书·宣宗纪》有云："(大中五年五月)以户部侍郎、判户部事魏謩本官同中书门下平章事。"而《新唐书·宰相表下》则云："(大中五年十月戊辰)户部侍郎判户部魏謩守本官、同平章事。"二者虽在月份上略有所异，但都是以"户部侍郎判户部"而"同平章事"的，小传作"御史中丞"者，则乃为误。

薛逢(同卷)

原小传云："逢，字陶臣，河东人。会昌中进士，累迁侍御史尚书郎。大中末出为巴州刺史，徙蓬州。入为太常少卿，迁秘书监卒。"

辨证：薛逢，两《唐书》有传。小传此之所述，乃是据《旧唐书·薛逢传》而为，但有误。检《新唐书·薛逢传》云：“薛逢字陶臣，蒲州河东人。会昌初，擢进士第。……历侍御史、尚书郎。……出为巴州刺史。……复斥蓬、绵二州刺史。……以太常少卿召还，历给事中。……迁秘书监，卒。”又，计有功《唐诗纪事》卷五十九“薛逢”条有云：“逢，字陶臣，蒲州人。会昌进士。……乃出刺巴州。……复斥蓬、绵二州刺史。”又，《唐诗纪事》卷五十三“高璩”条有云：“璩自梓州刺史入朝，经绵州，与刺史薛逢登越王楼，逢以诗赠别。”综此二者，知《新唐书·薛逢传》载薛逢“复斥蓬、绵二州刺史”者，乃为确凿可靠。所以，小传之“徙蓬州”者，乃为“徙蓬、绵二州”之误。

又，晁公武《郡斋读书志》卷十八著录薛逢《歌诗》二卷，并有云：“右唐薛逢陶臣也。河东人。会昌元年进士。”又，陈振孙《直斋书录解题》卷十九著录薛逢《薛逢集》一卷，有“解题”云：“唐秘书监薛逢陶臣撰。会昌元年进士。”二书皆载薛逢为“会昌元年进士”，则小传作“会昌中进士”者，又误。

沈询(卷七六七)

原小传云：“询，字诚之……会昌初进士。累迁中书舍人，出为浙东观察使，除户部侍郎。咸通四年，为昭义节度使，奴结牙将为乱，灭其家。赠兵部尚书。”

辨证：沈询，两《唐书》传皆附《沈传师传》后。小传此之所述，乃是据《新唐书·沈询传》而为，虽不误，但欠精审。复次《新唐书·沈询传》云：“询，字诚之，亦能文辞，会昌初第进士，补渭南尉。累迁中书舍人，出为浙东观察使，除户部侍郎，判度支。咸通四年，为昭义节度使，治尚简易，人皆便安。……奴惧，结牙将为乱，夜攻询，灭其家。赠兵部尚书。”又，《旧唐书·薛逢传》有云：“既而沈询、杨收、王铎由学士相继为将相，皆逢同年进士，而逢文艺最优。”按薛逢为会昌元年进士，晁公武《郡斋读书志》卷十八、陈振孙《直斋书录解题》卷十九，皆有载，此不具引。沈询既与薛逢同年进士，则小传之“会昌初进士”，应以作会昌元年进士为是。又，《旧唐书·沈询传》云：“询历……翰林学士、礼部侍郎。”此二职因《新唐书·沈询传》未载，故小传亦未记之，应据补。

郑畋(同卷)

原小传云：“畋，字台文……会昌二年进士。乾符中以吏部侍郎同平章事。僖宗上尊号，加中书侍郎，转门下侍郎，兼礼部尚书，集贤殿大学士。……中和三年，复拜司空门下侍郎平章事，罢授检校司徒太子太保。卒年六十三，赠太尉，又赠太傅。”

辨证：郑畋，两《唐书》有传。小传此之所述，乃是据《旧唐书·郑畋传》而为，但有误。复次《旧唐书·郑畋传》云：“郑畋字台文，荥阳人也。……畋年十八，登进士第，释褐汴州节度推官，得秘书省校书郎。二十二，吏部调选，又以书判拔萃授渭南尉、直史馆事。……寻加知制诰，又自陈曰‘臣会昌二年进士第，大中首岁，书判登科’。……僖宗即位……改兵部侍郎。乾符四年，迁吏部侍郎，寻降制曰：‘……可本官同平章事。’僖宗上尊号礼毕，进中书侍郎，进阶特进，转门下侍郎，兼礼部尚书，集贤殿大学士。……中和元年二月……即授畋检校尚书左仆射、同平章事，充京西诸道行营都统。……寻进位检校司空。……二年冬，罢相，授太子少保。僖宗以畋子给事中凝绩为陇州刺史，诏侍畋就郡养疾，薨于郡舍，时年五十九。”据此知：

(1)郑畋一生凡两试，一为“会昌二年进士第”，一为“大中首岁，书判登科”，小传仅及“会昌二年进士”者，不确。又，据徐松《登科记考》卷二十二，郑畋以“书判登科”者，乃在会昌六年，小传应据补。

(2)郑畋曾两为“平章事”，一在乾符四年，一在中和元年二月，小传于第二次作“中和三年”者，又误，而《新唐书·宰相表下》载郑畋为宰相于“中和元年二月”者，又可为之佐证。

(3)郑畋卒时“年五十九”，小传作“年六十三”者，再误，应据改。

卢肇(卷七六八)

原小传云：“肇，字子发，袁州宜春人。会昌三年进士第一，除著作郎，迁仓部员外郎，充集贤院直学士。咸通中出为歙州刺史，历宣池吉三州卒。”

辨证：卢肇，两《唐书》无传。小传此述，所本何籍，待考，但有误。按《全唐文》是卷著录卢肇《宣州新兴寺碑铭并序》一文，为卢肇牧守宣州之证。又，王定保《唐摭言》卷二云：“卢吉州肇，开成中，就江西解试，为试官末送。肇有启谢曰……一座闻之大笑。”其卷十又有云：“卢子发牧歙州，岩杰在婺源，先以著述寄肇，肇知其人性使酒，以手书褒美，赠之以束帛。……肇不得已，辍所乘马，迎至郡斋。馆款如公卿礼。”①又，计有功《唐诗纪事》卷五十五“卢肇”条有云：“肇，字子发，袁州人也。初登第……肇筮仕之初，为鄂岳卢商从事，其后江陵节度裴休，太原节度卢简求，奏为门吏。后除著作郎，迁仓部员外郎，充集贤院直学士。咸通中，出知歙州。”又，《永乐大典》引《瑞阳志》云：“卢肇字子发……会昌三年进士第一。”合勘之，小传之所本者，或为此四者。而《唐诗纪事》之“为鄂岳卢商从事”者，则可补小传之阙。

又，据李吉甫《元和郡县图志》、杜佑《通典·州郡典》，以及两《唐书·地理志》可知，唐代并无池州之州一级行政区划，则小传之“历池州”者，乃误，应删。

---

① 王定保：《唐摭言》卷二、卷十，上海古籍出版社 1978 年版。

王棨(卷七六九)

原小传云："棨，字辅之，福清人。咸通三年进士。杜宣猷镇山南，请为团练巡官。李隲为江西观察使，辟为团练判官。调大理司直，除太常博士，迁水部郎中。"

辨证：王棨，两《唐书》无传。小传此之所述，当是据黄璞《王郎中(棨)传》而为，但有误。其云："王棨字辅之，福唐人也。咸通三年郑侍郎谠下进士及第。……成名归觐，廉使杜公宣猷请署团练巡官。……李公隲时擅重名，自内翰林出为江西观察使，辟为团练判官。自使下监察赴调，复平判入等，授大理司直。未几，除太常博士，入省为水部郎中。……公既遇离乱，不知所之。或云归终于乡里焉。"①又，陈黯《送王棨序》云："黯去岁自褒中还辇下，辅文出新试相示。……夏六月，告归省于闽，命序送行。某辞以未第，言不为时重，辅文曰……懿哉辅文，是行也。"②合勘二者，可知：

(1)王棨字辅文，小传作"辅之"乃误，"之""文"形近，应为抄写者所致。

(2)据李吉甫《元和郡县图志》卷二十八"江南道五·福州"可知，唐有福唐县(福州所辖九县之一)而无福清县，小传作"福清人"者，乃误。

(3)王棨既为福州福唐人，而福州则为江南东道所辖，所以，小传之"杜宣猷镇山南"，乃为"杜宣猷镇江南东道"之误，应据改。

---

① 黄璞：《王郎中(棨)传》，《全唐文》卷八一七，中华书局1983年影印本。
② 陈黯：《送王棨序》，《全唐文》卷七六七，中华书局1983年影印本。

李商隐(卷七七一)

原小传云:“商隐,字义山,怀州河内人。少为令狐楚巡官。开成二年登进士第,会昌二年又以书判拔萃。王茂元镇河阳,辟掌书记,为侍御史,久不调。会郑亚廉察桂州,请为观察判官。大中初,亚贬循州,商隐随赴岭表,三年入为京兆尹卢宏正掾曹,又从为掌书记,补太学博士。柳仲郢镇东蜀,辟为节度判官,检校工部郎中。大中末卒。”

辨证:李商隐,两《唐书》有传。小传此之所述,乃是据《旧唐书·李商隐传》而为,但因《旧唐书·李商隐传》多有讹误,故小传之误亦属如此。其具体为:

(1)小传之“怀州河内人”,乃李商隐之祖籍,李商隐实为郑州荥阳人也。对此,《全唐文·李商隐集》之《请卢尚书撰曾祖妣志文状》《祭裴氏姊文》《祭小侄女寄寄文》《请卢尚书撰李氏仲姊河东裴氏夫人志文状》诸文,均有详载,兹不具引。

(2)检两《唐书·李商隐传》、计有功《唐诗纪事》卷五十三“李商隐”条,均载令狐楚镇河阳时,奇义山之文,“使与诸子游”,并表其为巡官,实则大误。按据李商隐《奠相国令狐公文》等所载,令狐楚镇河阳,事在元和十三年,而李商隐生于元和七年①,其时仅有六岁,焉可为“令狐楚巡官”呢?

(3)李商隐《请卢尚书撰曾祖妣志文状》有云:“曾孙商隐,以会昌二年由进士第判入等,授秘书省正字。”此即《旧唐书·李商隐传》“会昌二年,又以书判拔萃”之所本。但据徐松《登科记考》卷二十一可知,会昌二年并无“书判拔萃”之试,则《旧唐书·李商隐传》与小传之所载者,

① 关于李商隐的生年、卒年与享年,具体参见拙著《唐代诗人探赜》第七章《李商隐卒年新考》,贵州人民出版社 2005 年版。

乃皆误无疑。

(4)李商隐《重祭外舅司徒公文》有云："往在泾川，始受殊遇，绸缪之迹，岂无他人？……每有论次，必蒙褒称。"据此文，知李商隐受殊遇于王茂元者，乃在泾川(今甘肃平凉)，而非"河阳"(今河南孟州)，所以，《旧唐书·李商隐传》与小传之所载者，亦皆误。

(5)据拙作《李商隐卒年新考》(贵州人民出版社 2005 年版《唐代诗人探赜》第七章)所考，李商隐卒于咸通元年末，小传作"大中末卒"者，则乃不的。

穆员(卷七八三)

原小传云："员，字与直，秘书监宁子。杜亚留守东都，署佐其府，授侍御史。"

按：穆员，两《唐书》传皆附《穆宁传》后，极简略。小传此之所述，乃是据《新唐书·穆员传》、同书《穆宁传》而为，不误。

考补：贞元九年进士及第。有《穆员集》十卷。

前者见徐松《登科记考》卷十三；后者见《新唐书·艺文志四》。

温庭筠(卷七八六)

原小传云："庭筠，本名岐，字飞卿，太原人。数举进士不第。徐商镇襄阳，署为巡官，历方城隋县尉卒。"

辨证：温庭筠，两《唐书》有传，《新唐书》传附《温大雅》后。小传此之所述，主要是据《旧唐书·温庭筠传》并间采《新唐书·温庭筠传》而为，但有误。复次《旧唐书·温庭筠传》云："温庭筠者，太原人，本名岐，字飞卿。大中初，应进士。……徐商镇襄阳，往依之，署为巡官。……无何，商罢相出镇，杨收怒之，贬为方城尉。再迁隋县尉，卒。”按《旧唐书·温庭筠传》所载“太原人”者，实为温氏家族之祖籍，而非其故里，对此，顾肇仓《新旧唐书温庭筠传订补》已有所涉及，认为“庭筠诗中，言其故乡太原者绝少”①，甚是。检《全唐诗·温庭筠诗集》有《商山早行》云：“晨起动征铎，客行悲故乡。鸡声茅店月，人迹板桥霜。槲叶落山路，枳花明驿墙。因思杜陵梦，凫雁满回塘。”既称“故乡”，又曰“杜陵”，则杜陵为温庭筠之乡里，当可论断。正因此，《全唐诗·温庭筠诗集》言“杜陵”者甚多，如“杜陵游客恨来迟”即其例。总之，小传从《旧唐书·温庭筠传》而作“太原人”者，实乃就温姓郡望而言，不的。

又，小传之“历方城隋县尉卒”者，应改正为：“历方城、隋县尉，卒。”即温庭筠所官二县之职，乃皆为县尉之属。关于温庭筠之卒年，两《唐书·温庭筠传》均未载。夏承焘《温飞卿系年》则认为：“飞卿集中无纪乱诗，似未及见乾符间黄巢兵事，或即卒于咸通末，得年六十左右也。”②因而系温庭筠约卒于咸通十一年。按陈思《宝刻丛编》卷八著录《唐国子助教温庭筠墓志》一文，署“弟庭皓撰，咸通七年(立)”，则温庭筠卒于咸通七年甚明，小传应据补。又，《唐国子助教温庭筠墓志》题名之“国子助教”一职，小传亦应据补之。

段成式(卷七八七)

原小传云：“成式，字柯古，宰相文昌子。以荫为校书郎，累迁尚书郎，出为吉州刺史。终太常少卿。”

辨证：段成式，两《唐书》有传，《旧唐书》传附《段文昌传》后，

---

① 顾肇仓：《新旧唐书温庭筠传订补》，载《国文月刊》总第六十二期。

② 夏承焘：《温飞卿系年》，《唐宋词人年谱》，上海古籍出版社1979年版。

《新唐书》传附《段志玄传》后，均甚简略。小传此之所述，乃是据《新唐书·段成式传》而为。检《旧唐书·段成式传》云："成式字柯古，以荫入官，为秘书省校书郎……累迁尚书郎。咸通初，出为江州刺史。解印，寓居襄阳，以闲放自适。"一作"出为吉州刺史"，一作"出为江州刺史"，二者异。考王谠《唐语林》卷二有云："段郎中成式，博学文章，著书甚多。守庐陵，尝游山寺……连典江南数郡，皆有名山：九江匡庐、缙云烂柯、庐陵麻姑。"①其中的"庐陵"即吉州，"九江"为江州，"缙云"为括州(又名处州)。此则表明，段成式既曾刺牧吉州，又曾官江、括二州刺史。

考补：处州刺史，江州刺史。与李商隐、温庭筠齐名，时号"三十六"。

检《新唐书·地理志五》于"处州缙云郡"有云："东十里有恶溪，多水怪，宣宗时刺史段成式有善政，水怪潜去，民谓之好溪。"段成式所官江州刺史，分别见上引《旧唐书·段成式传》、王谠《唐语林》卷二。又，《旧唐书·李商隐传》云："商隐……强学博记，下笔不能自休，尤善为诔奠之辞。与太原温庭筠、南郡段成式齐名，时号'三十六'。"

蒋伸(卷七八八)

原小传云："伸，字大直……第进士。……大中二年入为右补阙，史馆修撰，转吏部郎中知制诰。……九年为翰林学士，进承旨。十年改兵部侍郎，判户部，以本官同中书门下平章事。……懿宗立，兼刑部尚书，监修国史。咸通二年出为河中节度使，徙宣武。俄以太子太保分司东都。七年为华州刺史。再迁太子太傅致仕。卒赠太尉。"

辨证：蒋伸，两《唐书》传皆附《蒋乂传》后，均较简略。小传此之所述，乃是据《新唐书·蒋伸传》并间采有关《纪》《传》而为，但有误。

---

① 王谠：《唐语林》卷二，上海古籍出版社1978年版。

复次《新唐书·蒋伸传》有云："伸，登进士第。……大中二年，以右补阙为史馆修撰，转驾部郎中，知制诰。……九年，为翰林学士，进承旨。十年，改兵部侍郎，判户部。"据此知，小传之"转吏部侍郎"，乃为"转驾部郎中"之误。又，小传"以本官同中书门下平章事"一句，《新唐书·蒋伸传》无载，当是据《旧唐书·蒋伸传》而为："大中末，中书侍郎、平章事。"但自"懿宗立"至"卒赠太尉"一段文字，《旧唐书·蒋伸传》则亦无载。

检《旧唐书·宣宗纪》云："(大中十三年)四月，以翰林学士承旨、兵部侍郎、知制诰蒋伸本官同平章事。"又，《新唐书·宰相表下》云："(大中十二年)十二月甲寅，兵部侍郎、判户部蒋伸本官同中书门下平章事，判如故。"《新唐书·宣宗纪》同。二者在时间上虽有所差异，但蒋伸"同平章事"则为事实，而小传作"大中十年"者，乃误。又，《旧唐书·懿宗纪》云："(咸通二年春二月)以中书侍郎兼工部尚书蒋伸兼刑部尚书。"此则表明，小传将"兼刑部尚书"置于"咸通二年出为河中节度使"之前者，又误。同书《懿宗纪》又有云："(咸通十年春正月)中书侍郎、兼户部尚书、平章事蒋伸为太子太保，罢知政事，病免也。"据此又知，小传之"俄以太子太保分司东都"，排在咸通"七年为华州刺史"之前者，又乃为误。而小传如此多之误者，皆因所据为《新唐书·蒋伸传》而导致。

考补：通议大夫，上护军，赐紫金鱼袋。兼工部尚书。

前者见《旧唐书·宣宗纪》之"大中十一年十二月"；后者见《旧唐书·懿宗纪》之"大中十三年十一月"，又见上引同书《懿宗纪》"咸通二年春二月"之所载。

刘蜕(卷七八九)

原小传云："蜕，字复愚，自号文泉子，长沙人。大中时擢进士。

累迁右拾遗，中书舍人，忤宰相令狐綯，出为华阴令。终商州刺史。”

辨证：刘蜕，两《唐书》无传。小传此述，所本何籍，待考，但有误。考孙光宪《北梦琐言》卷三云：“唐刘舍人蜕，桐庐人。早以文学应进士举，其先德戒之曰：‘任汝进取，穷之与达，不望于汝。吾若没后，慎勿祭祀。’乃乘扁舟以渔钓自娱，竟不知其所适。紫微历登华贯，出典商于，霜露之思，于是乎止。”①所谓“出典商于”，即指为商州刺史；而“刘舍人”之“舍人”，则乃中书舍人之谓。该书卷四又云：“唐荆州衣冠薮泽，每岁解送举人，多不成名，号曰‘天荒解’。刘蜕舍人以荆解及第，号为‘破天荒’。”前者作“桐庐人”，此则作“荆州”，而小传又作“长沙人”，三者异。按《全唐文》是卷著录刘蜕《梓州兜率寺文冢铭》一文，开首有云：“文冢者，长沙刘蜕复愚为文，不忍去其草，聚而封之也。”则“桐庐人”与“荆州”均误。据此，又知刘蜕表字复愚。又，《新唐书·艺文志四》著录刘蜕“《文泉子》十卷”，有注云：“字复愚，咸通中书舍人。”

又，徐松《登科记考》卷二十二据《唐摭言》考订刘蜕为大中四年进士，大中凡十三年，大中四年为“大中初”，小传作“大中时”者，欠精审。又，《旧唐书·懿宗纪》云：“(咸通四年)十一月，长安县尉、集贤校理令狐滈左拾遗。制出，左拾遗刘蜕、起居郎张云上疏……乃贬蜕华阴令，滈改詹事司直。”据此知：小传之“右拾遗”，乃为“左拾遗”之误，此为其一。其二，小传之“累迁右拾遗，中书舍人，忤宰相令狐綯，出为华阴令”，乃为“累迁左拾遗，忤宰相令狐綯，出为华阴令”之误。而据上引《北梦琐言》卷三之载，刘蜕之任中书舍人，应在终商州刺史之前，也即其“出为华阴令”之后。所以，小传均应据改。

① 孙光宪：《北梦琐言》卷三，上海古籍出版社1981年版。

郑薰(卷七九〇)

原小传云:"薰,字子溥……第进士。历考功郎中,翰林学士。出为宣歙观察使,以清力自将,牙将素骄,逐之,奔扬州,贬棣王府长史,分司东都。懿宗立,召为太常少卿,累擢吏部侍郎,以太子少师致仕。"

按:郑薰,《新唐书》有传。小传此之所述,即是据《新唐书·郑薰传》而为,不误。

考补:尚书右丞,中散大夫,工部侍郎,礼部侍郎。

前者见《新唐书·郑畋传》:"右丞郑薰诬畋罪,不可任郎官,出之。"后者皆为郑处晦《授郑薰礼部侍郎制》所载,云:"中散大夫、尚书工部侍郎郑薰,高阳茂族,通德盛门,秉庄氏之遗风,蕴名卿之品业。……可守礼部侍郎。"①

附考:《新唐书·郑薰传》有云:"薰端劲,再知礼部举,引寒俊、士类多之。"其中的"再知礼部举"表明:郑薰前此曾官礼部尚书,并以礼部尚书知贡举,即郑薰一生凡两知贡举。但据《新唐书·郑畋传》可知,郑薰此前并不曾官礼部尚书,更不曾"知礼部举",所以,《新唐书·郑薰传》此之所载,乃必误无疑。而徐松《登科记考》卷二十二考订郑薰大中八年知贡举仅一次的事实,又可为之佐证。

王密(卷七九一)

原小传云:"密,京兆杜陵人。德宗朝登进士第。历官明州湖州刺

① 郑处晦:《授郑薰礼部侍郎制》,《全唐文》卷七六一,中华书局 1983 年影印本。

史，迁越州都督，充浙东西团练副使。”

辨证：王密，两《唐书》无传。小传此述，所本何籍，待考。按《全唐文》是卷著录王密《明州刺史河东裴公纪德碣铭并序》有云：“皇唐御神器一百四十二载，天下大康。……予忝蹑高踪，窃迹前事，敢不颂厥美。”又，赵明诚《金石录》卷八著录《唐明州刺史王公(密)德政碑》，有注云：“李舟撰，颜真卿书，李阳冰篆，建中二年十月。”①则王密之刺牧明州，必在建中二年之前。又，检李吉甫《元和郡县图志》卷二十六“越州·上虞”云：“贞元元年，刺史王密奏置。”②又，谈钥《嘉泰会稽志》卷十四《郡守题名》有王密，云：“大历十四年自湖州刺史授。迁越州都督，充浙东西团练副使。统记云：‘大历十四年。’”③合勘之，知大历十四年及其前，王密乃在湖州刺史任上，自大历十四年至贞元元年，则在越州刺史任上，并任浙东西团练副使。按据杜佑《通典·州郡典》、李吉甫《元和郡县志》、两《唐书·地理志》所载，唐代只有浙江东道团练(副)使、观察使，浙江西道团练(副)使、观察使，而无“浙东西团练副使”，则《嘉泰会稽志》卷十四所载王密“题名”之“充浙东西团练副使”，为“充浙东道团练副使”(浙江东道团练使、观察使之治所皆在越州)之误者，殆乃无疑。而“题名”既误，小传从之者亦误。

考补：左常侍。

权德舆《会稽虚上人石帆山灵泉北坞记》有云：“贞元初，州牧左常侍王君(密)行春访道，因以泉名坞。”④

---

① 赵明诚：《金石录》卷八，《四库全书》本，上海古籍出版社1987年影印。

② 李吉甫：《元和郡县图志》卷二十六，中华书局1983年版。

③ 谈钥：《嘉泰会稽志》卷十四，《宋元方志丛刊》本，中华书局1992年版。

④ 权德舆：《会稽虚上人石帆山灵泉北坞记》，《权德舆文集》卷二十二，甘肃人民出版社1999年版。

赵璘（同卷）

原小传云："璘，字泽章，南汤人，徙平原。开成三年进士。大中时官祠部员外郎，历度支金部郎中，迁左补阙。出为衢州刺史。"

辨证：赵璘，两《唐书》无传。小传此述，所本何籍，待考，但有误。检《因话录》卷一有云："大中七年冬，诏来年正月一日，御含元殿受朝贺。璘时为左补阙，请权御宣政殿。"又，裴庭裕《东观奏记》卷上有云："大中十年……祠部员外赵璘采访诸家科目记，撰成十三卷，自武德……"小传之"官祠部员外郎"与"迁左补阙"，所本或即此，但所述之任职次序有误。又《因话录》卷三有云："余座主陇西公为台丞，奏今孔尚书温、丞相徐公商为监察。及孔为中丞，陇西公淹恤在外多年，除宗正少卿归朝。而孔、徐二公并时为丞相，每宴集，时人以为盛事。亦可太息于宦途也。"又有云："开成三年，余忝列第。考官刑部员外郎纥干公，崔相国群门生也。……是年科目八人，六人继升朝序。鄙人寒蒲，晚方通籍。"①对于前者，徐松《登科记考》卷二十一考订为大和八年进士，则赵璘一生凡两次及第者，乃甚明。小传仅作"开成三年进士"，则误。

又，《新唐书·艺文志三》著录赵璘《因话录》六卷，并有注云："字章泽，大中衢州刺史。"晁公武《郡斋读书志》卷十三同。然《全唐文》是卷著录赵璘《书戒珠寺》之末则云："咸通三年正月二十五日，中大夫守衢州刺史赵璘书。"则《艺文志三》与《郡斋读书志》作"大中"者，均乃误。又，《新唐书·宰相世系表三下》于"赵氏"云："南阳赵氏亦世居宛县，后徙平原。"内有赵璘名，则小传作"南汤人"者，又乃误。

又，岑仲勉《读全唐文札记》云："同书。赵璘小传：'开成三年进

---

① 赵璘：《因话录》卷三，上海古籍出版社 1979 年版。

士，大中时官祠部员外郎，历度支、金部郎中，迁左补阙。'按自员外郎、郎中而改补阙，则为降，不得言迁，况据因话录一，大中七年官左补阙，又东观奏记上，十年璘官祠部员外，则任左补阙显在祠外之前，当云'大中时官左补阙，迁祠部员外郎'也。"

考补：汉州刺史。

检《新唐书·艺文志三》著录"《栖贤法隽》一卷"，有注云："僧惠明与西川节度判官郑愚、汉州刺史赵璘论佛书。"

郑朗(同卷)

原小传云："朗，字有融……始辟柳公绰山南幕府，入为右拾遗。开成中累拜御史中丞，户部侍郎。为鄂岳、浙西观察使。进义武、宣武二节度使。历工部尚书，同中书门下平章事，罢为太子少师。卒赠司空。"

辨证：郑朗，两《唐书》有传。小传此之所述，乃是据《新唐书·郑朗传》而为，但有误。检《旧唐书·郑朗传》云："朗，字有融。长庆元年，登进士甲科，再迁右拾遗。开成中，为起居郎。……转考功郎中。四年，迁谏议大夫。会昌初，为给事中。出为华州刺史，入为御史中丞、户部侍郎，判本司事。大中朝，出为定州刺史、义武军节度……寻迁检校户部尚书、汴州刺史、宣武军节度、宋亳汴颍观察使。入为工部尚书，判度支。迁御史大夫，改礼部尚书。以本官同中书门下平章事，加中书侍郎、集贤殿大学士，修国史。大中十年，以疾辞位……十一年十月卒。……可赠司空。"据此知：

(1)郑朗"长庆元年，登进士甲科"，小传因从《新唐书·郑朗传》而未及，应据补。

(2)郑朗"入为御史中丞、户部侍郎"，乃在"会昌初"，小传作"开成中"者，乃误。

（3）郑朗之"以本官同中书门下平章事"，是在"迁御史大夫，改礼部尚书"之后，即其"本官"所指为"御史大夫，礼部尚书"，而非小传之"工部尚书"。对此，《旧唐书·宣宗纪》之载，又可为之佐证，其云："（大中七年）四月，以御史大夫郑朗为中书侍郎、同平章事。"《新唐书·宰相表下》同，但时间作大和十年正月，二者孰是？待考。

（4）郑朗大中十一年十一月卒，《新唐书·郑朗传》与小传均无载，小传应据补。

路岩（卷七九二）

原小传云："岩，字鲁瞻……大中中登第。累迁中书舍人，户部侍郎。咸通三年以本官同平章事，进左仆射，罢为剑南西川节度使，兼中书令，封魏国公。贬新州刺史，至江陵免官，流儋州，赐死。"

辨证：路岩，两《唐书》有传。小传此之所述，乃主要是据《旧唐书·路岩传》而为，但有误。检《新唐书·路岩传》云："路岩字鲁瞻……及进士第。……懿宗咸通初，自屯田员外郎入翰林为学士，以兵部侍郎同中书门下平章事，年三十六。居位八岁，进至尚书左仆射。……俄罢岩为剑南西川节度使……以劳迁兼中书令，封魏国公。……坐是徙荆南节度使，道贬新州刺史，至江陵，免官，流儋州……诏赐死。"但《新唐书·路岩传》此载亦有误，故小传从之者亦误。据两《唐书·懿宗纪》《新唐书·宰相表下》所载，路岩"同中书门下平章事"者，乃在咸通七年十一月，《新唐书·路岩传》作"咸通初"、小传从《旧唐书·路岩传》作"咸通三年"者，均误。又，路岩之"以本官同中书门下平章事"，其"本官"为兵部侍郎，而《旧唐书·路岩传》与小传均无兵部侍郎，小传应据补。

附考：检《旧唐书·懿宗纪》云："（咸通十二年）四月，以左仆射、门下侍郎、同平章事路岩检校司徒，兼成都尹、剑南西川节度使。"《新唐书·懿宗纪》云:“(咸通)十二年四月癸卯,路岩罢。”由咸通七年十一月至咸通十二年四月,其间尚不及五年,《旧唐书·路岩传》作“在相位八年”,《新唐书·路岩传》作“居位八岁”者,乃均误。此则表明,路岩小传撰写者未取二《传》之此载者,甚是。

李景俭(同卷)

原小传云:“景俭,宪宗朝官侍御史。大中时累迁御史大夫。”

辨证:李景俭,两《唐书》无传。小传此述,所本何籍,待考,但有误。检岑仲勉《读全唐文札记》云:“(卷七九二)李景俭小传,‘景俭,宪宗朝官侍御史。大中时累迁御史大夫’,下收《谏宣宗为郑光辍朝疏》一首。劳氏云,‘见旧书(忠义下)李景让传,唐会要(二五)节载此疏,误作景俭,因此沿误,当改并入(七六三)李景让文,考旧书景俭终少府少监,非御史大夫也’。按全文盖合景俭、景让二人仕历为一传,宪宗朝句属景俭,‘大中时’句属景让。”甚是,小传应据改。

卢携(同卷)

原小传云:“携,字子升……大中九年登第,授集贤校理。咸通中累拜谏议大夫。乾符中以户部侍郎进同中书门下平章事,加门下侍郎兼兵部尚书,罢为太子宾客分司东都。举高骈可为统帅,复召辅政,及黄巢陷潼关,乃罢为太子宾客,是夜仰药死。”

辨证:卢携,两《唐书》有传。小传此之所述,乃是据《旧唐书·卢携传》而为。复次《旧唐书·卢携传》云:“卢携字子升……大中九年进士擢第,授集贤校理,出佐使府。咸通中入朝为右拾遗、殿中侍御史,累转员外郎中、长安县令,郑州刺史。召拜谏议大夫。……乾符……四年，以本官同中书门下平章事，累加门下侍郎，兼兵部尚书、弘文馆大学士。……由是两罢之，为太子宾客分司。……携素待高骈厚，常举可为统帅。天子以骈立功，复召携辅政。……朝廷震惧，皆归罪于携。及贼陷潼关，罢携相，为太子宾客，是夜仰药而死。”合勘两《唐书》有关《纪》《传》，知此《传》有误，小传从之亦误。具体为：

(1)检《旧唐书·僖宗纪》云：“(乾符元年五月)户部侍郎、知制诰、翰林学士、赐紫金鱼袋卢携本官同平章事。”又，《新唐书·僖宗纪》云：“(乾符元年十月)翰林学士承旨、户部侍郎卢携同中书门下平章事。”同书《宰相表下》同。一作“乾符元年五月”，一作“乾符元年十月”，二者略异(《新唐书·卢携传》作“乾符五年”者，误)。而乾符元年为乾符初，小传从《旧唐书·卢携传》作“乾符中”者，则乃误。

(2)唐懿宗以“咸通”纪元凡十四年，《旧唐书·卢携传》将“入朝为右拾遗、殿中侍御史，累转员外郎中、长安县令，郑州刺史。召拜御史大夫”，皆系于“咸通中”者，乃不的，即“召拜御史大夫”应在咸通末年。又，小传之“谏议大夫”，乃为“御史大夫”之误，应据改。

关于卢携之卒，两《唐书·卢携传》均仅载“是夜仰药死”，而无具体年份。检《旧唐书·僖宗纪》云：“(广明元年十二月)贬右仆射、门下侍郎、平章事卢携为太子宾客，携闻贼至，仰药而死。”其卒年既明载为广明元年十二月，则小传应据补。

王徽(卷七九三)

原小传云：“徽，字昭文，京兆杜陵人。大中十一年登第。乾封初，累拜中书舍人，赐金紫，迁户部侍郎学士承旨。……广明元年以户部侍郎同平章事。……光启中领昭义节度使，充大明宫留守京畿安抚制置修奉使。……昭宗立，授吏部尚书，进右仆射。大顺元年卒，赠司空，谥曰贞。”

辨证：王徽，两《唐书》有传。小传此之所述，乃是据《旧唐书·王徽传》而为，但有误。复次《旧唐书·王徽传》云："王徽字昭文，京兆杜陵人。……大中十一年进士擢第，释褐秘书省校书郎。……乾封初，迁司封郎中……正拜中书舍人。……面赐金紫，迁户部侍郎、学士承旨。……广明元年十二月三日，改户部侍郎、同平章事。……光启中……检校尚书左仆射、同平章事、潞州大都督府长史、泽潞邢洺磁观察等使。……为大明宫留守、京畿安抚制置修奉园陵等使。……昭宗……改授吏部尚书……守尚书右仆射。大顺元年十二月卒，赠太尉，谥曰贞。"勘之两《唐书》有关《纪》《传》，知《旧唐书·王徽传》此之所载有误，小传从之者亦误。其具体为：

(1)《旧唐书·僖宗传》云："(乾符三年九月)户部郎中、知制诰、翰林学士王徽为中书舍人。"则小传作"乾封初"者，应改为乾符三年。

(2)《旧唐书·僖宗传》又有云："(中和元年九月)制以京城四面催阵使、守兵部尚书王徽检校左仆射，兼潞州大都督府长史、昭义节度、潞邢洺磁观察等使。"《旧唐书·王徽传》与小传均作"光启中"者，乃皆误。

(3)据上引《旧唐书·王徽传》，小传之"大明宫留守京畿安抚制置修奉使"，乃夺"园陵等"三字，应据补。

(4)《旧唐书·王徽传》载王徽卒后"赠太尉"，小传作"赠司空"，一"太尉"，一"司空"，二者异。其孰是孰非，因资料所限，兹暂付阙如。

刘汾(同卷)

原小传云："汾，大中十三年进士。屡擢兵部侍郎，以讨黄巢功转信州军押衙都团练讨击使，检校国子祭酒兼御史大夫，尚书右仆射。镇守饶信二州。文德二年进□南节度使。"

辨证：刘汾，两《唐书》无传。小传此之所述，乃是据《全唐文》是卷著录其《大赦庵记》一文而为。是文有云："汾自大中己卯登科以来，官至兵部员外郎。咸通三年，迁本部侍郎，出□河南招讨使。乾符二年，黄巢起兵应王仙芝。四年，巢寇河南，汾屡战，斩其前锋诸将。贼遂败衄。五年，会元裕斩王仙芝于黄梅，巢方攻亳州，汾帅众直抵城下，贼遂引退。……巢又自岭南趋襄阳，汾出师间巡荆门，会父刘巨容、曹全晸，亦合军待焉。……中和元年三月，汾转京城四面行营招讨使。……中和二年八月，汾转信州军押衙团练讨击使、银青光禄大夫、检校国子祭酒，兼御史大夫、上柱国、尚书右仆射。时饶、信经巢兵火余，民不聊生，汾一意抚恤，亲加劳问。……四年六月……蒙诏镇守饶、信二州。……二年，汾又进□南节度使、银青光禄大夫、检校尚书右散骑常侍、右千牛卫上将军兼御史大夫、上柱国、右仆射。"其中之"大中己卯"，为大中十三年。又，其中之"出□"，据文意，应为"出为"；而"文德二年进□南节度使"之"□南"，当为"江南"，盖因据李吉甫《元和郡县图志》卷二十八可知，信州与饶州皆为江南道所辖故也。

综上可知，兵部员外郎，河南招讨使，京城四面行营招讨使，银青光禄大夫，上柱国，检校尚书右散骑常侍，右千牛卫上将军，兼御史大夫八职，小传乃皆无，均应据补。又，小传之"信州军押衙都团练讨击使"，正确者应为"信州军押衙团练讨击使"，即"都"字衍，应删。

李群玉(同卷)

原小传云："群玉，字文山，澧州人。以裴休荐征拜校书郎。"

按：李群玉，两《唐书》无传。小传此之所述，当是据《新唐书·艺文志四》而为。《艺文志四》著录《李群玉诗》三卷，又《后集》五卷，有注云："字文山，澧州人。裴休观察湖南，厚延致之，及为相，以诗论荐，授校书郎。"不误。

考补：约生于元和八年。应进士不第。约卒于咸通三年。

按《全唐文》是卷著录李群玉《进诗表》有云："草泽臣群玉言……涵咏皇风，殆忘仕进，以致年逾不惑，疴恙暴侵。"此文写于大中八年(见晁公武《郡斋读书志》卷十八)，以《论语·为政》"四十而不惑"推之，其生年当在唐宪宗元和八年。又，杜牧《送李群玉赴举》诗云："故人别来面如雪，一榻拂云秋影中。玉白花红三百首，五陵谁唱与春风。"①对此，孙光宪《北梦琐言》卷六亦有载，不具引。又，计有功《唐诗纪事》卷五十四"李群玉"条有云："……时浔阳太守段成式志其事。二年后，(群玉)果死于洪井。"检《旧唐书·段成式传》云："咸通初，出为江州刺史。"咸通凡十四年，"咸通初"以咸通元年(徐松《登科记考》所引"××初"者，皆作"××元年"，故此以之为据)计之，"二年后"为咸通三年，此即李群玉之大致卒年，但确切卒年则难以考求。

孙樵(卷七九四)

原小传云："樵，字可之，韩昌黎门人。大中中进士。"

辨证：孙樵：两《唐书》无传。小传此述，所本何籍，待考，但有误。按《全唐文》是卷著录孙樵《自序》一文，有云："樵家本关东……藏书五千卷，常以探讨，幼而工文，得之真诀，提笔入贡士列，于时以文学见称。大中九年，叨登上第。"则小传作"大中中进士"者，乃误。又，《新唐书·艺文志四》著录孙樵"《经纬集》三卷"，并有注云："字可之，大中进士。"其作"大中进士"者亦误。又，晁公武《郡斋读书志》卷十八云："孙樵字隐之，大中九年进士。"孙猛撰"校证"曰："字隐之。沈录何校本何焯校曰：'今皆作可之。'按《新书志》卷四、《书录解题》卷十

① 杜牧：《送李群玉赴举》，《全唐诗》卷五二三，中华书局1961年版。

六俱谓‘字可之’。”①按作“隐之”误。

补考：从军郊国，秘书省校书郎，朝散大夫，职方郎中，上柱国，赐绯鱼袋。

上引孙樵《自序》云：“从军郊国，忝历华资，久居兰省。广明元年，狂寇犯阙，驾避岐陇，诏赴行在，迁职方郎中。……是岁中和四年也。朝散大夫、尚书职方郎中、上柱国、赐绯鱼袋孙樵。”其中的“久居兰省”，即“久居秘书省”之谓，也即官秘书省校书郎的另一种说法。按李商隐《无题》诗云：“嗟余听鼓应官去，走马兰台类转蓬。”清人冯浩笺注云：“《旧书·职官志》：秘书省，龙朔初改为兰台，光宅时改为麟台，神龙时复为秘书省。”所注甚是。

皮日休(卷七九六)

原小传云：“日休，字袭美，一字逸少，居鹿门山，自号间气布衣。咸通八年登进士，授著作佐郎，迁太常博士。乾符中为毘陵副使。黄巢之乱，陷贼中，伪署学士，使为谶文，疑其讥己，遂害之。”(小传撰写者有小字注云：“谨按宋尹师鲁作《皮子良墓志》云：‘曾祖日休避广明之乱，徙籍会稽，依钱氏官太常博士，赠礼部尚书。’与该闻(文)录《文献通考》诸书所载不同。”)

辨证：皮日休，两《唐书》无传。小传此述，据上引小传撰写者之“谨按”，知乃是据马端临《文献通考》等书而为，但马端临为元人，以元人著述之所载撰写唐人小传者，实乃不的。检晁公武《郡斋读书志》卷十八著录皮日休“《皮子文薮》十卷”，并有云：“唐皮日休字袭美，一字逸少，襄阳人。隐鹿门山，自号醉吟先生。以文章自负，尤善箴铭。

① 晁公武撰，孙猛校证：《郡斋读书志校证》卷十八，上海古籍出版社2011年版。

咸通八年，登进士第，为著作佐郎，太常博士。乾符之乱，东出关，为毘陵副使，陷巢贼中。贼遣为谶文，疑其讥己，遂害之。”①以此之载与小传相较，可知二者之区别为：一是小传无“襄阳人”之载；二是小传作“自号间气布衣”，与“自号醉吟先生”异，二者孰是？

按小传无“襄阳人”之载者，乃为正确，盖因皮日休为竟陵人而非襄阳人故也。皮日休为竟陵人，其集中《送从弟皮崇归复州》诗可证：“羡尔优游正少年，竟陵烟月似吴天。车螯近岸无妨取，舴艋随风不费牵。处处路傍千顷稻，家家门外一渠莲。殷勤莫笑襄阳住，为爱南溪缩项鳊。”诗题中的“复州”即竟陵，诗中之“襄阳住”，则为“居(襄阳)鹿门山”之谓也。所以，孙光宪《北梦琐言》卷二乃云：“日休，先字逸少，后字袭美，襄阳竟陵人也。”②又，小传之“自号间气布衣”，当是据《北梦琐言》或计有功《唐诗纪事》卷六十四“皮日休”条而为，其云：“《北梦琐言》云：‘日休傲诞，自号间气布衣。’”可见，皮日休既曾“自号间气布衣”，又曾“自号醉吟先生”，则《北梦琐言》与小传之所言者，均可从。

至若小传之“黄巢之乱”云云，以及皮日休其他方面之行事等，拙著《唐代诗人探赜》第七章之《皮日休生平探究》一节，已考之甚详，可参看，此不具述③。

陆龟蒙(卷八〇〇)

原小传云：“龟蒙，字鲁望，苏州人。举进士一不中，从湖州刺史张搏游，为湖苏二郡佐。去居松江甫里，自谓江湖散人，或号天随子甫

① 晁公武：《郡斋读书志》卷十八，《四库全书》本，上海古籍出版社 1987 年影印。

② 孙光宪：《北梦琐言》卷二，上海古籍出版社 1981 年版。

③ 王辉斌：《唐代诗人探赜》第七章，贵州人民出版社 2005 年版。

里先生。以高士召不至。李蔚卢携素与善，及当国，召拜左拾遗，诏下日卒。光化中，韦庄表赠右补阙。”

辨证：陆龟蒙，《新唐书》有传。小传此之所述，即是据《新唐书·陆龟蒙传》而为，但有误，其主要者为“诏下日卒”。按李蔚与卢携“及当国”(即同中书门下平章事)者，一在乾符元年十月，一在乾符二年六月，对此，《新唐书·宰相表下》乃有载。其云：“(乾符元年)十月丙辰……翰林学士承旨、户部尚书卢携，并同中书门下平章事。……(乾符二年)六月，吏部尚书李蔚为中书侍郎、同中书门下平章事。”并于乾符五年内云：“五月丁酉，(郑)畋、(卢)携并罢为太子宾客，分司东都。……九月……(李)蔚检校司空，判东都尚书省。”又，《旧唐书·僖宗纪》云：“(乾符五年)九月，门下侍郎、吏部尚书、平章事李蔚检校尚书左仆射、充东都留守。”又云：“(乾符六年五月)宰相郑畋、卢携争论于中书，词语不逊，俱罢为太子宾客。”《旧唐书·僖宗纪》对卢携罢相时间之载，虽与《新唐书·宰相表下》有差异(一乾符五年五月，一乾符六年五月)，但二者都在唐僖宗乾符年间，则是甚为一致的，如此，即表明陆龟蒙“诏下日卒”者，当在是时。

按《全唐文》是卷著录陆龟蒙《自怜赋并序》有云：“余抱病三年于衡泌之下，医甚庸而气益盛，药非良而价倍高，每一把臂一下杵，未尝不解衣辍食而后致也。……谁其怜之，作自怜赋。”而《笠泽藂书序》则有云：“乾符六年春，卧于笠泽之滨，败屋数间……体中不堪羸耗，时亦隐几强坐。”由“乾符六年春”历“抱病三年”，为中和二年春。考王定保《唐摭言》卷十云：“陆龟蒙，字鲁望，三吴人也。……中和初，遘疾而终。”①“中和”为唐僖宗年号，凡四年，“中和初”则当为中和元年或二年。二者合勘，陆龟蒙之卒当在中和二年，所以，小传之“诏下日卒”为误，乃殆无疑义。

---

① 王定保：《唐摭言》卷十，上海古籍出版社1978年版。

崔彦昭(卷八〇二)

原小传云:“彦昭,字思文,清河人。第进士。……咸通中累迁户部侍郎,河阳节度使,徙河东。僖宗立,授兵部侍郎,诸道盐铁转运使同中书门下平章事,拜尚书右仆射,太子太傅。”

辨证:崔彦昭,两《唐书》有传。小传此之所述,乃是据《新唐书·崔彦昭传》而为。检《旧唐书·崔彦昭传》云:“彦昭,字思文,清河人。……大中三年进士擢第。……咸通初,累迁兵部员外郎,转郎中、知制诰,拜中书舍人,再迁户部侍郎,判度支。……十年,检校礼部尚书、孟州刺史,河阳、怀节度使,进阶金紫。十二年……河东节度管内观察等使。……僖宗即位,就加检校吏部尚书。乾符初,以本官同平章事、判度支。……累兼尚书右仆射。……以太子太保分司卒。”但勘之两《唐书》有关《纪》《传》可知,《旧唐书·崔彦昭传》此载有误,小传从之者亦误。其具体为:

(1)崔彦昭“大中三年进士及第”(徐松《登科记考》卷二十二同),小传作“第进士”者,则欠精审。

(2)检《旧唐书·懿宗纪》云:“(咸通十一年春正月)以河阳三城节度,孟、怀、泽观察使……崔彦昭为……河东节度观察等使。”则《旧唐书·崔彦昭传》载崔彦昭为“河阳、怀节度使”在咸通十年,小传作“咸通初”者,乃皆误。又,小传之“河阳节度使”,乃为“河阳三城节度使”之误。

(3)《旧唐书·僖宗纪》云:“(乾符元年)四月,崔彦昭本官平章事。”《新唐书·僖宗纪》云:“(乾符元年八月)兵部侍郎、判度支崔彦昭为中书侍郎、同中书门下平章事。”同书《宰相表下》亦云:“(乾符元年八月)兵部侍郎、判度支崔彦昭为中书侍郎、同中书门下平章事。”合勘此三者,可知小传“僖宗立……诸道盐铁转运使同中书门下平章事”

之“诸道盐铁转运使”，应乃删除。

(4)《旧唐书·僖宗纪》云：“(乾符三年六月)以门下侍郎、刑部尚书……崔彦昭兼左仆射。”此则表明，小传之“拜尚书右仆射”，乃为“拜尚书左仆射”之误。

林慎思(同卷)

原小传云：“慎思，字虔中，长乐人。咸通中进士，复中宏词科。历校书郎，水部郎中，万年县令。黄巢入长安，迫以伪官，不屈，骂贼死。”

辨证：林慎思，两《唐书》无传。小传此述，所本何籍，待考。按《全唐文》是卷著录林慎思《伸蒙子序》有云：“予沽名未售……自号伸蒙子。……昔扬雄谓后世有扬子云，当知吾太元，安知后世不有林虔中者出，吾言迂乎哉。大唐咸通六年二月四日，长乐林慎思虔中自序。”据此，知小传之“慎思，字虔中，长乐人”者，所本当即此《伸蒙子序》。但其中之“自号伸蒙子”，小传应据补。又，徐松《登科记考》卷二十三引林永《唐水部郎中伸蒙子家传》云：“伸蒙子姓林氏，讳慎思，字虔中，福建长乐人。少倜傥有大志，力学好修，与昆弟五人筑室读书稠岩山中。咸通五年，首荐礼部，不第，退居槐里。咸通十年，王凝侍郎归仁绍榜中进士第。”又引《淳熙三山志》云：“林慎思终水部侍郎、万年县令。”又引《永乐大典》引《长乐县志》云：“林慎思，咸通十年以宏词登第。”徐氏据此三者，考订林慎思进士及第、“以宏词登第”为同一年，即咸通十年。据此，则小传之“咸通中进士，复中宏词科”，乃应改为：咸通末进士，复中宏词科。又据林永《唐水部郎中伸蒙子家传》所载，林慎思于咸通十一年曾试“拔萃”，但咸通十一年并无“书判拔萃科”之试，则所载当误。

附考：检《新唐书·艺文志三》著录林慎思“《伸蒙子》三卷”，有注云：“咸通中人。”所据者当为林慎思《伸蒙子序》，但其作“咸通人”者，则不的，盖因咸通只有十四年故也。所以，应以改作懿宗、僖宗朝人为宜。

刘允章(卷八〇四)

原小传云：“允章，字蕴中……举进士，累官翰林学士承旨礼部侍郎。咸通中出为鄂州观察使，检校工部尚书东都留守。黄巢犯洛阳，污伪命，废于家。”

辨证：刘允章，两《唐书》有传。小传此之所述，乃是据《旧唐书·刘允章传》而为，因此《传》有误，小传本之者亦误。复次《旧唐书·刘允章传》云：“允章登进士第，累官至翰林学士承旨、礼部侍郎。咸通九年，知贡举，出为鄂州观察使、检校工部尚书，后迁东都留守。黄巢犯洛阳，允章不能拒，贼不之害，坐是废于家，以疾卒。”按据李吉甫《元和郡县图志》卷二十七“江南道三·鄂州”所载，唐有鄂岳观察使而无鄂州观察使，则小传从《旧唐书·刘允章传》作“出为鄂州观察使”者，当不的。检《旧唐书·懿宗纪》有云：“(咸通九年)是岁……鄂岳观察使刘允章上书言。”是小传作“出为鄂州观察使”为误之证。

考补：中书舍人。抚王府长史，凉王傅。仓部员外郎，户部侍郎，知制诰，工部侍郎，礼部侍郎。

检《旧唐书·懿宗纪》云：“(咸通八年十月)以中书舍人刘允章权知礼部贡举。”又，《旧唐书·僖宗纪》有云：“(乾符三年六月)抚王府长史刘允章凉王傅。”又，丁居晦《重修承旨学士壁记》云：“刘允章，咸通五年十一月二十七日，自仓部员外郎再入翰林。六年正月九日，加户部郎中、知制诰。八年十一月四日，迁工部侍郎。其年十一月十六日，改礼部侍郎，出院。”①

王景风(同卷)

原小传云：“景风，咸通中官吏部侍郎，后谪守漳浦。”

辨证：王景风，两《唐书》无传。小传此述，所本何籍，待考，但误。检岑仲勉《读全唐文札记》云：“(卷八〇四)王景风小传，‘景风，咸通中官吏部侍郎，后谪守漳浦’。按此即卷七九一王讽之仕历，传误。”所以，王景风之小传应另行补撰。

孔纬(同卷)

原小传云：“纬，字化文……第进士。累迁户部侍郎，擢御史中丞，三迁吏部侍郎，改太常卿。从僖宗幸蜀，以刑部尚书判户部，改太子少保。帝次陈仓，诏拜御史大夫……进拜兵部侍郎，同中书门下平章事，从驾还。昭宗立，进司空兼国子祭酒，加司徒，封鲁国公，进兼太保。出为荆南节度使，再贬均州刺史……以司空门下侍郎复辅政。卒赠太尉。”

辨证：孔纬，两《唐书》有传。小传此之所述，乃是据《新唐书·孔纬传》而为，但有误。检《旧唐书·孔纬传》云：“纬字化文……大中十三年，进士擢第。……正拜中书舍人，累迁户部侍郎。……乾符中，罢学士，出为御史中丞。……历户部、兵部、吏部三侍郎。……改太常卿。黄巢之乱，从僖宗幸蜀，改刑部尚书，判户部事。……光启元年，从驾还京。……至褒中，改兵部侍郎、同中书门下平章事。……昭

① 丁居晦：《重修承旨学士壁记》，《知不足斋丛书》本。

宗……进加司空……进位司徒，封鲁国公。……进位兼太保。……坐附濬，以检校太保、江陵尹、荆南节度观察等使，未离阙下，再贬均州刺史。……召纬入朝……改吏部尚书。……拜司空、兼门下侍郎、同平章事。……九月，卒于光德里第，赠太尉。”两相比较，可知：

(1)小传之“第进士”者，应据改为大中十三年第进士。徐松《登科记考》卷二十二则考订孔纬为是年状元。

(2)小传之“三迁吏部侍郎”，应为“历户部、兵部、吏部三侍郎”之误。

(3)检《旧唐书·昭宗纪》云：“(乾宁二年九月)癸亥，司空、门下侍郎、平章事……上柱国、鲁郡开国公孔纬卒。”《新唐书·昭宗纪》同。则小传之“卒赠太尉”，应改为：乾宁二年九月卒，赠太尉。

韦昭度(卷八〇五)

原小传云：“昭度，字正纪，京兆人。咸通八年登第。乾符中累迁中书舍人。从僖宗幸蜀，拜户部侍郎，中和二年以本官同平章事兼吏部尚书，授司空，迁太保兼侍中。昭宗立，守中书令，封岐国公。……景福二年以司徒门下侍郎复为平章事，进太傅，后为王行瑜所害，赠太尉。”

辨证：韦昭度，两《唐书》有传。小传此之所述，“昭宗立”前据《旧唐书·韦昭度传》，其后则从《新唐书·韦昭度传》，但有误。兹将二《传》所载勘之两《唐书》有关《纪》《传》，则多有误，小传从之者亦如是。其具体为：

(1)《旧唐书·僖宗纪》云：“(中和元年)七月丁未朔。乙卯，车驾幸西蜀。……以户部侍郎、判度支韦昭度本官同平章事。”《新唐书·僖宗纪》、同书《宰相表下》同。则小传作“中和二年”者，乃误。

(2)《旧唐书·僖宗纪》又云：“(文德元年二月)戊子，上御承天门，大赦，改元文德。宰相韦昭度兼司空。”同书《昭宗纪》同。《新唐书·僖宗纪》则云：“(光启元年三月)己巳，大赦，改元。……韦昭度为司空。”两相比较，知《新唐书·僖宗纪》误，而小传作“中和二年”者，则更误。

(3)《旧唐书·僖宗纪》又有云：“(文德元年六月)食邑二千户韦昭度检校司徒、门下侍郎、平章事。”《新唐书·宰相表下》同(《新唐书·僖宗纪》作光启三年三月)。小传未及，应据补。

(4)《旧唐书·昭宗纪》云：“(乾宁二年)五月丁巳朔。甲子，李茂贞、王行瑜、韩建等各率精甲数千人入觐，京师大恐。……乃贬宰相韦昭度、李磎，寻杀之于都亭驿。”此即韦昭度卒年之载。小传将韦昭度“为王行瑜所害”与“复为平章事，进太傅”相关联，并认为其皆在“景福二年”发生，乃又误。小传则应据补。

司空图(卷八〇七)

原小传云：“图，字表圣，河中虞乡人。咸通十年进士。乾宁中累迁户部侍郎，乞还山。昭宗在华阴，征拜兵部侍郎，不赴。朱全忠篡国，召为礼部尚书，不起。闻哀帝弑，不食卒，年七十二。”

辨证：司空图，两《唐书》有传。小传此之所述，主要是据《旧唐书·司空图传》并间采《新唐书·司空图传》而为，但有误。复次《旧唐书·司空图传》云：“龙纪初，复召拜舍人，未几又以疾辞。河北乱，乃寓居华阴。景福中，又以谏议大夫征，时朝廷微弱，纪纲大坏，图自深惟出不如处，称疾不起。乾宁中，又以户部侍郎征，一致阙廷致谢，数日乞还山，许之。”然《新唐书·司空图传》则云：“龙纪初，复拜旧官，以疾解。景福中，拜谏议大夫，不赴。后再以户部侍郎召，身谢阙下，数日即引去。昭宗在华，召拜兵部侍郎。以足疾固自乞。”又，《旧唐书·昭宗纪》云：“(乾宁)四年春正月丁丑朔，车驾在华州行宫，受群臣朝贺。……(光化元年六月)文武百僚上表，请车驾还京。”合勘可知，《新唐书·司空图传》之“昭宗在华”，乃夺“州”字；小传作“昭宗在华阴”，乃“昭宗在华州”之误。

又，《旧唐书·哀帝纪》云：“全忠建国，奉帝为济阴王……天祐五年二月二十一日，帝为全忠所害，时年十七。”《新唐书·哀帝纪》则云：“梁开平二年二月遇弑，年十七，谥曰哀帝。”按梁开平二年即天祐五年，亦即公元908年。则司空图“闻哀帝弑，不食卒”即在是年，历“年七十二”，则开成二年(837年)是其生年。所以，小传之末应正为：天祐五年，闻哀帝弑，不食卒，年七十二。

胡曾(卷八一一)

原小传云：“曾，邵阳人，咸通中举进士不第，尝为汉南从事。”

辨证：胡曾，两《唐书》无传。小传此述，所本何籍，待考，但有误。检计有功《唐诗纪事》卷七十一“胡曾”条之《寒食都门》诗有云：“谁念都门两行泪，故园寥落在长沙。”所谓“故园寥落在长沙”，即指长沙(即潭州)为胡曾之故乡，也即胡曾应为长沙人。按唐人以“故园”代指故乡者，《全唐诗》中例子甚多。如骆宾王《晚憩田家》：“唯有寒潭秋，独似故园花。”又韦应物《闻雁》：“故园渺何处，归思方悠哉。”又李频《春日旅舍》：“如何一别故园后，五度花开五处看。”即皆为其例。所以，小传作“邵阳人”者，当误。至若明清以来的一些方志将胡曾作“邵阳人”者，实乃不的，兹不例举。

又，胡曾有《下第》诗云：“翰苑何时休嫁女，文昌早晚罢生儿。上林新桂年年发，不许平人折一枝。”①又，《全唐诗》卷六四七“胡曾小

① 胡曾：《下第》，《全唐诗》卷六四七，中华书局1961年版。

传”云：“胡曾……咸通中举进士，不第。”又，陈振孙《直斋书录解题》卷十九著录“胡曾《咏史诗》三卷”，撰“解题”云：“凡一百五十首。曾，咸通末为汉南从事。”此二者或即小传之所本。但“咸通末”乃误。按《全唐文》是卷著录胡曾《贺高相公除荆南启》有云：“今者江腾海沸，山动岳摇，荆门告累卵之危，淮楚陈剖胎之难。……伏计即离犀浦，遽赴龙山……解黎庶倒悬之急。某家在湖外，即出关中，遂假道于荆关，获起居于梅鼎。仰将军之大树，敢议营巢；窥丞相之巨川，唯希在藻。伏惟照鉴。”此“高相公”即高骈，乾符五年为荆南节度使(《资治通鉴·唐纪·乾符五年》)。据《新唐书·方镇年表四》所载，荆南节度使设置于至德二年(757年)，且其又驻节荆州，故时人多称荆州为荆南，如杜甫《将赴荆南别李剑州》一诗，即为其例。合勘之，知胡曾尝为高骈荆南从事，时间则在乾符五年。所以，小传之“尝为汉南从事”，应为“尝为荆南从事”之误，应据改。

刘崇望(卷八一二)

原小传云：“崇望，字希徒，河南人。……咸通十五年登第，累迁司勋吏部二员外郎。僖宗时擢翰林学士，迁户部侍郎承旨，转兵部。……光化二年卒，赠司空。”

辨证：刘崇望，两《唐书》有传。小传此之所述，乃是据《旧唐书·刘崇望传》而为，但有误。复次《旧唐书·刘崇望传》云：“崇望，咸通十五年登进士科。……使还，上悦，召入翰林学士，累迁户部侍郎、承旨，转兵部。……光化二年卒，时年六十二，册赠司空。”据此，知小传之“迁户部侍郎承旨”，乃为“迁户部侍郎、承旨”之误。按据洪迈《翰苑群书》所收元稹《承旨学士院记》《重修承旨学士壁记》、李肇《翰林志》等文之记载可知，翰林学士承旨一人，居翰林六学士之首，唐宪宗时年设立，时有“内相”之称①。又，《旧唐书·职官二》之“中书省·翰林院”亦有云：“至德已后，天下用兵，军国多务，深谋密诏，皆从中出。尤择名士，翰林学士得充选者，文士为荣。亦如中书舍人例置学士六人，内择年深德重者一人为承旨，所以独承密命故也。德宗好文，尤难其选。贞元已后，为学士承旨者，多至宰相焉。”所以，《旧唐书·刘崇望传》之“累迁户部侍郎、承旨”，其“承旨”乃是专就其前之“召入翰林学士”而言，即谓刘崇望“召入翰林学士”后，未久即“迁户部侍郎、翰林学士承旨”。小传撰写者因不谙此，而作“户部侍郎承旨”者，实则大误。

又，小传从《旧唐书·刘崇望传》作“光化二年卒”者，又误。检《旧唐书·昭宗纪》云：“(光化三年)七月丁亥朔，兵部尚书刘崇望卒。”则小传应据改。

裴枢(同卷)

原小传云：“枢，字纪圣……咸通十二年进士。……龙纪初，进给事中，改京兆尹，出为歙州刺史，迁右散骑常侍，以户部侍郎同中书门下平间事。……贬登州刺史，又贬陇州司户参军。至滑州，全忠遣人杀之白马驿……年六十五。”

辨证：裴枢，两《唐书》有传。小传此之所述，乃是据《旧唐书·裴枢传》而为，但有误。复次《旧唐书·裴枢传》云：“枢，字纪圣，咸通十二年登进士第。……龙纪初，擢拜给事中，改京兆尹。……大顺中……枢坐累为右庶子，寻出为歙州刺史。乾宁初，入为右散骑常侍，从昭宗幸华州，为汴州宣谕使。……未几，换户部侍郎、同平章事。……哀帝初嗣位……责授朝散大夫、登州刺史，寻再贬泷州(应为

① 洪迈：《翰苑群书》，《四库全书》本，上海古籍出版社1987年影印。

"陇州"之误——引者注)司户。六月十一日，行及滑州，全忠遣人杀之于白马驿……时年六十五。"据此可知，裴枢之"换户部侍郎、同平章事"在"昭宗幸华州"之际，也即天祐元年。检《旧唐书·昭宗纪》有云："(天祐元年春正月)丁巳，车驾发京师。癸亥，次陕州。……闰四月乙未朔。丁酉，车驾发陕州。壬寅，次谷水行宫。"是为明证。则小传之"以户部侍郎同中书门下平章事"，置于"龙纪初"者，显然为误。又，《旧唐书·裴枢传》载裴枢为朱全忠"杀之"者，乃在"哀帝初嗣位"之某年"六月十一日"。检《旧唐书·哀帝纪》云："(天祐二年)六月戊子朔，敕：'责授陇州司户裴枢……所在州县各赐自尽。'时枢等七人已至滑州，皆并命于白马驿，全忠令投尸于河。"此则表明，裴枢等人被朱全忠杀于天祐二年六月，则小传之"至滑州"前，应加上"天祐二年"之具体时间。

齐光乂(卷八一三)

原小传云："光乂，乾符初官集贤院学士。"

辨证：齐光乂，两《唐书》无传。小传此述，所本何籍，待考，但误。按齐光乂即是光乂。考王应麟《玉海》卷五十四引《集贤记注》有云："开元二十二年一月，秘书正字是光乂，上《十九部书语类》，敕留院修撰。"①《新唐书·艺文志三》录《十九部书语类》，有注云："开元末自秘书省正字上，授集贤院修撰，后赐姓齐。"是为明证。又，《全唐文》是卷著录齐光乂《陈公神庙碑》一文，乃是据陈思《宝刻丛编》卷十四引《复斋碑录》而辑录，但《复斋碑录》所署时间为"乾元三年二月"，则小传作"乾符初官集贤院学士"者，其"乾符"乃"乾元"之误者，即可论断。齐

① 王应麟：《玉海》卷五十四，《四库全书》本，上海古籍出版社 1987 年影印。

光义与李白颇具交谊，李白《赵公西侯新亭颂》一文有载，可参看，此不具引。

又，《全唐文》卷三五四著录齐光义文两篇，此“齐光义”即齐光乂，二者应合而为一。关于此“齐光义”为齐光乂者，具体参见本书对“齐光乂小传”之辨证与附考。

乐朋龟(卷八一四)

原小传云：“朋龟，字兆吉，滑台人。第进士。中和元年官翰林学士承旨，知制诰，后以太子少保致仕。”

辨证：乐朋龟，两《唐书》无传。小传此述，所本何籍，待考，但有误。检岑仲勉《补唐代翰林两记》卷下《补文宗至哀帝七朝翰林承旨学士记》有韦昭度，云：“中和元年初自户部侍郎知制诰、翰林学士充。”韦昭度既为“中和元年初”之翰林学士承旨，则小传载乐朋龟“中和元年官翰林学士承旨”为误，乃殆无疑义。正因此，《补文宗至哀帝七朝翰林承旨学士记》于韦昭度下，乃置乐朋龟之名，并云：“乐朋龟，中和中自翰林学士充。”而据《补翰学记》之所载，又知其中之“中和中”，乃为中和三年，如此，则知乐朋龟之“官翰林学士承旨”，在韦昭度之后者，即乃甚明。

考补：累迁兵部侍郎知制诰，守兵部尚书。著《纶阁集》十卷。

前者见上引岑仲勉《补唐代翰林两记》卷下《补文宗至哀帝七朝翰林承旨学士记》之“乐朋龟”条；后者见《新唐书·艺文志四》。

顾云(卷八一五)

原小传云：“云，字垂象，池州人。咸通十五年进士，授校书郎。

高骈镇淮南，辟为从事，毕师铎之乱，退居霅川。大顺中，分修德宣懿三朝实录，书成，加虞部员外郎。乾宁初卒。”

辨证：顾云，两《唐书》无传。小传此述，所本何籍，待考，但有误。按《新唐书·艺文志四》著录“顾云《集遗具录》十卷”，并有注云：“顾云，字垂象，池州人。虞部郎中，高骈淮南从事。”据《旧唐书·职官志一》，“尚书左右诸司郎中”为“从五品上阶”，其品阶明显高于“淮南从事”，故此处之“虞部郎中，高骈淮南从事”，乃颠倒了顾云所官之职序，即其正确者应为“高骈淮南从事，虞部郎中”。据此，知小传之“书成，加虞部员外郎”者，乃为“虞部郎中”之误，应据改。

又，计有功《唐诗纪事》卷六十七“顾云”条云：“云，字垂象。……咸通中登第，为高骈淮南从事。师铎之乱，退居霅川，杜门著书。宰相杜某，奏云与卢知猷、陆希声、钱翊、冯渥、司空图等，分修宣、懿、德三朝实录，皆一时之选也。书成，加虞部外郎。乾宁初卒。”又，徐松《登科记考》卷二十二引《永乐大典》引《池州府志》云：“顾云字垂象，一字士龙，贵池人。咸通十五年进士第。”此二者之所载，或为小传之所本，但却多有讹误。其具体为：

（1）据杜佑《通典·州郡典》、李吉甫《元和郡县图志》、两《唐书·地理志》可知，唐无池州，小传之“池州”当以“贵池”为是，即小传应作贵池人。

（2）小传之“毕师铎之乱”者，“毕”字乃衍，即唐只有师铎而无“毕师铎”其人，故应删。

（3）据《新唐书·宰相世系表下》可知，大顺凡两年，无杜姓官宰相者，而光启二年内有杜让能，云：“三月戊戌，御史大夫孔纬，翰林学士承旨、兵部尚书杜让能，并为兵部侍郎、同中书门下平章事。”则小传之“大顺中”，应乃“光启中”之误，亦即“奏云与卢知猷、陆希声、钱翊”等“分修宣、懿、德三朝实录”者，当为宰相杜让能。

（4）小传之“分修德宣懿三朝实录”者，应改为：与卢知猷等分修德宣懿三朝实录。

柳玭(卷八一六)

原小传云："玭……以明经补秘书正字，由书判拔萃累转左补阙。擢刑部员外郎，出为岭南节度副使，黄巢陷交广逃还，再迁御史中丞。文德元年，以吏部侍郎拜御史大夫，贬泸州刺史卒。"

辨证：柳玭，两《唐书》有传。小传此之所述，乃是据《新唐书·柳玭传》而为，但有误。据徐松《登科记考》可知，柳玭之"明经"及第，除两《唐书》柳玭本传外，唐宋两朝无任何诗文涉及此事，故徐氏于《登科记考》卷二十七中，乃将柳玭之"以明经"云云作为"附考"收入。至于"由书判拔萃累转左补阙"，徐氏于《登科记考》中根本未及，原因则是在柳玭生活的唐僖宗、唐昭宗两朝整三十年(874—904年)中，唐廷并不曾试"书判拔萃科"(具体参见徐松《登科记考》卷二十三、卷二十四)。而在此三十年之前的唐懿宗咸通时期(860—873年)，唐廷虽曾试"书判拔萃"三次(咸通六年、七年、十年)，但其中并无柳玭之名。由是而观，可知小传之"以明经补秘书正字，由书判拔萃累左补阙"云云，虽然是据《新唐书·柳玭传》而为，但其均不为徐松《登科记考》所载，则小传从之当误。要之，作存疑可也。

又小传所述之"文德元年，以吏部侍郎拜御史大夫，贬泸州刺史卒"云云，据《资治通鉴·唐纪》可知，其乃明显为误。《资治通鉴·唐纪》于景福二年内有云："(三月)以渝州刺史柳玭为泸州刺史。"则柳玭之刺牧泸州既非贬谪所至，之前也不曾"以吏部侍郎拜御史大夫"，而是在渝州刺史任上。而柳玭之任渝州刺史，小传则可据补。

孟启(卷八一七)

原小传云："启，僖宗朝官司勋郎中。"

辨证：“孟启”，乃为“孟棨”之误，两《唐书》无传。小传此之所述，当是据《全唐文》是卷著录孟启《本事诗序》而为，但误。是《序》有云：“时光启二年十一月，大驾在褒中，前尚书司勋郎中赐紫金鱼袋孟启序。”而《全唐文》著录是文作“孟启”者，当是据《新唐书·艺文志四》所为，盖因《艺文志四》著录“孟启《本事诗》一卷”故也。同《新唐书·艺文志四》者，另有陈振孙《直斋书录题解》卷十五为“《本事诗》一卷”所撰之“题解”，云：“唐司勋郎中孟启集。”又，晁公武《郡斋读书志》卷二十著录“《本事诗》一卷”，则云：“右孟棨纂历代词人缘情感事之诗，叙其本事，凡七类。”又，丁福保辑《历代诗话续编·本事诗》卷首载《本事诗序目》之落款云：“时光启二年十一月，大驾在褒中，前尚书司勋郎中赐紫金鱼袋孟棨序。”所以，《全唐文》是卷所著录《本事诗序》之作者，以及所撰之作者小传，均应据改“孟启”为孟棨。

崔涂（卷八一九）

原小传云：“涂，字礼山，江南人，光启四年进士。”

按：崔涂，两《唐书》无传。小传此述，所本何籍，待考。按《全唐诗·崔涂诗集》有《春日闲居忆江南旧业》云：“渐谙浮世事，转忆故山春。南国水风暖，又应生白蘋。”又有《和进士张曙闻雁见寄》云：“断行哀响递相催，争趁高秋作恨媒。……试问富春江畔过，故园犹合有池台。”又有《与友人同怀江南别业》云：“旧业临秋水，何人在钓矶。”合勘之，崔涂当为江南富春江一带人。小传作“江南人”者，或乃据崔涂诗而为。又，计有功《唐诗纪事》卷六十一“郑延昌”条云：“涂，字礼山，光启四年进士也。”陈振孙《直斋书录解题》卷十九同。此或小传之所本，不误。

考补：因黄巢乱，避地渠州三年，并赴举。

按《全唐文》是卷著录崔涂《渠州冲相寺题名》有云：“中原黄贼煽

乱，前进士崔涂避地于渠州。”检李吉甫《元和郡县图志·缺卷逸文》卷一，山南道有渠州，辖流江、渠江、邻山、邻水、大竹诸县，其辖境相当于今四川广安、重庆大竹一带。又《全唐诗·崔涂诗集》有《入蜀赴举秋夜与先生话别》云：“失计方期隐，修心未到僧。云门一万里，应笑又担簦。”是崔涂曾入蜀赴举之明证。

薛昭纬(同卷)

原小传云：“昭纬，赠刑部侍郎存诚曾孙。乾宁中为礼部侍郎，知贡举，为崔允所恶，出为磎州刺史。”

辨证：薛昭纬，两《唐书》传皆附《薛存诚传》后。小传此之所述，乃是据《旧唐书·薛昭纬传》而为，但有误。按王定保《唐摭言》卷十二“轻佻”有云：“薛保逊，大中朝尤肆轻佻，因之侵侮诸叔，故自起居舍人贬洗马而卒。其子昭纬，颇有父风，尝任祠部员外。……天复中，自台丞贬登州司马，中书舍人颜荛当制，略云：‘陵轹诸父，代嗣其凶。’”①但《全唐文》无颜荛此制书，当已佚。又，计有功《唐诗纪事》卷六十七“薛昭纬”条，既载薛昭纬“天复中，自台丞贬磎州司马”，又载其“坐事贬磎州刺史”，二者互为抵牾。按据《旧唐书·职官志一》，知礼部侍郎与磎州刺史皆为正四品上阶，而检李吉甫《元和郡县图志》又知唐无磎州，合勘之，则当以《唐摭言》卷十二之“自台丞贬登州司马”为是。要之，小传之“出为磎州刺史”，存疑可也。

考补：字纪化。官御史中丞，澄州刺史，礼部员外郎，户部侍郎，兵部侍郎，中书舍人，祠部员外郎。花间词人，《花间集》录其词十九首。

---

① 王定保：《唐摭言》卷十二，上海古籍出版社 1978 年版。

检《新唐书·宰相世系表三下》“西祖薛氏”有薛昭纬，云：“字纪化，御史中丞。”又，孙光宪《北梦琐言》卷四云：“唐薛澄州昭纬，即保逊之子也，恃才傲物，亦有父风。”又，《旧唐书·礼仪志五》云：“僖宗自兴元还京……礼部员外薛昭纬奏曰。”又，同书《昭宗纪》云：“(光化二年六月)户部侍郎薛昭纬为兵部侍郎。……(乾宁三年十月)以中书舍人、权知礼部贡举薛昭纬为礼部侍郎。”又，计有功《唐诗纪事》卷六十七“薛昭纬”条云：“(薛)昭纬……颇有父风，尝任祠部(员)外郎。”又，赵崇祚辑《花间集》卷三有薛昭蕴词十九首，王国维《庚辛之间读书记·跋覆宋本花间集》考订此“薛昭蕴”乃“薛昭纬”之讹①。

段安节(卷八二〇)

原小传云：“安节，太常少卿成式子，乾宁中为国子司业。”

按：段安节，《新唐书》传附《段成式传》后，极简略：“子安节，乾宁中，为国子司业。善乐律，能自度曲云。”小传所述即本此，不误。

考补：著《乐府杂录》一卷。撰《琵琶故事》一卷。朝议大夫，上柱国，赐紫金鱼袋。

检《新唐书·艺文志一》著录“《乐府杂录》一卷”，有注云：“文昌孙。”又，陈振孙《直斋书录解题》著录“《琵琶故事》一卷”，并撰“解题”云：“段安节撰。”又，《乐府杂录》卷首附段安节《原序》有云：“朝议大夫守国子司业上柱国赐紫金鱼袋段安节撰。”②

---

① 王国维：《王国维遗书》，上海书店1998年版。

② 按《全唐文》卷八二〇著录段安节《乐府杂录序》一文，无此落款，此据中国戏剧出版社1959年版《中国古典戏曲论著集成》第一集《乐府杂录》卷首所附之《原序》，特此说明。

孙郃(同卷)

原小传云："郃，字希韩，明州奉化人。乾宁中进士。累迁左拾遗。朱温篡虐，隐遁奉化山，著书但纪甲子，以示不臣之义。"

辨证："孙郃"，乃"孙郃"之误，两《唐书》无传。小传此述，所本何籍，待考，但有误。检岑仲勉《读全唐文札记》云："(卷八二〇)孙郃小传，'郃字希韩'。按唐诗纪事六三及全唐诗十函第八册均作'孙郃'，此讹。"复次上海古籍出版社版《唐诗纪事》卷六十一、中华书局版《全唐诗》卷六九四，均作"孙郃"，岑说是。所以，《全唐文》是卷之作者"孙郃"与作者小传，均应改"孙郃"为孙郃。又，晁公武《郡斋读书志》卷十八著录"《孙郃文集》一卷"，并有云："唐孙郃字希韩，四明人。乾宁四年进士。……为校书郎，河南府文学。"计有功《唐诗纪事》卷六十一"孙郃条"同。则小传之"乾宁中进士"，应据改为"乾宁四年进士"；而"校书郎，河南府文学"二职，则可补小传之缺。

吴融(同卷)

原小传云："融，字子华，越州山阴人。龙纪初及进士第，累迁侍御史。坐累去官，召为左补阙。以礼部郎中为翰林学士，拜中书舍人，进户部侍郎。凤翔劫迁，融不克从……俄召还翰林，迁承旨。"

辨证：吴融，《新唐书》有传。小传此之所述，即是据《新唐书·吴融传》而为，既有误，亦欠精审。检陈振孙《直斋书录解题》卷十九著录"《唐英集》三卷"，并撰"解题"云："唐翰林学士吴融子华撰。融与偓皆龙纪元年进士。"按《全唐诗·韩偓诗集》有《与吴子华侍郎同年玉堂同直怀恩叙恳因成长句四韵兼呈诸同年》一诗，云："往年莺谷接清尘，今日鳌山作侍臣。二纪计偕劳笔研，一朝宣入掌丝纶。”此为吴融与韩偓同年登第之确证。则小传应以作龙纪元年及进士第为宜。

又，王定保《唐摭言》卷六“公荐”有云：“吴翰林融为侍御史，出官峡中，(卢)延让时薄游荆渚，贫无卷轴，未惶贽谒。会融表弟滕籍者，偶得延让百篇，融览，大奇之。……于是称之于府诗成汭。”①其中之“出官峡中”，是指被贬“峡中”任职，白居易《琵琶行并序》之“予出官二年”云云，即其证也。所以，小传之“坐累去官”，实乃“坐累出官”之误，应据改。又，昙域《禅月集后序》有云：“有唐翰林学士、兵部侍郎吴融请为叙。先师长谓吾六人曰，吴公文藻赡远，学海渊深，或以揖让周旋□待矣。”②据此，则小传之“进户部侍郎”，又当为“进兵部侍郎”之误。

郑愚(同卷)

原小传云：“愚，番禺人。咸通初官监察御史，商州刺史，桂管观察使，召为礼部侍郎。掌岭南西道节度使，终尚书左仆射。”

辨证：郑愚，两《唐书》无传。小传此述，所本何籍，待考，但有误。考王谠《唐语林》卷三有云：“郑愚尚书，广州人。雄才奥学。擢进士第。”又云：“咸通中……礼部侍郎以其貌不扬……谓不以言废人也。”③又，检《旧唐书·懿宗纪》云：(咸通三年五月)以邕管经略使郑愚为广州刺史、充岭南东道节度、观察处置等使。”又，《新唐书·陆希声传》云：“希声博学善属文……商州刺史表其属。”又，计有功《唐诗纪事》卷六十六“郑愚”条云：“咸通中，愚自礼部侍郎镇南海。……愚，广州人。”以上诸书之所载，当为小传撰写者所本，但其却多有讹误，

---

① 王定保：《唐摭言》卷六，上海古籍出版社1978年版。
② 昙域：《禅月集后序》，《全唐诗》卷九二二，中华书局1961年版。
③ 王谠：《唐语林》卷三，上海古籍出版社1978年版。

小传从之者亦然。其具体为：

(1)据王谠《唐语林》卷三、计有功《唐诗纪事》卷六十六所载，郑愚为广州人，小传作“番禺人”者，乃误。

(2)《唐语林》卷三之“擢进士第”，小传当据补，且应于“召为礼部侍郎”前加“咸通中”三字。

(3)据《旧唐书・懿宗纪》之载，郑愚于咸通三年所官者为“广州刺史、充岭南东道节度”，小传之“掌岭南西道节度使”，应为“掌岭南东道节度使”之误。

考补：西川节度判官。

《新唐书・艺文志三》著录“《栖贤法隽》一卷”，有注云：“僧惠明与西川节度判官郑愚、汉川刺史赵璘论佛书。”

附考：《资治通鉴・唐纪》于咸通三年有云：“(八月)以桂管观察使郑愚为岭南西道节度使。”小传作“岭南西道节度使”者，所本即此。按上引《旧唐书・懿宗纪》明载郑愚所官为“广州刺史、充岭南东道节度”，即“岭南东道节度使”治广州(兼任广州刺史)，而“岭南西道节度使”则治邕州(兼任邕州刺史)。对此，《新唐书・南蛮传中》乃有明载。其云：“(蔡)京还奏，得意甚，复诏为宣慰安抚使。即建析广州为岭南东道，邕州为西道，以龚、象、藤、岩为隶州。”其时在咸通二年或三年。所以，《资治通鉴》的编撰者因不谙此而成误，小传撰写者从之者亦误。

裴贽(卷八二一)

原小传云：“贽……第进士，擢累右补阙，御史中丞，刑部尚书。昭宗立，拜中书侍郎同中书门下平章事，寻兼户部尚书。帝幸凤翔，为大明宫留守，进尚书左仆射，以司空致仕。朱全忠将篡，贬青州司户参军，杀之。”

辨证：裴贽，《新唐书》有传。小传此之所述，即是据《新唐书·裴贽传》而为，虽不误，但欠精审。考乐史《广卓异记》卷七《臣下》有云："咸通十三年，礼部侍郎崔殷梦下三十人及第。其后郑昌图、赵崇、裴贽、郑延昌等四人相次拜相。"①则小传之"第进士"者，应据改为咸通十三年进士第。

考补：太中大夫，礼部尚书，正议大夫，上柱国，河东县开国男，赐紫金鱼袋，集贤殿大学士。天祐二年六月卒。

《旧唐书·昭宗纪》："(乾宁四年十月)以太中大夫、前御史中丞裴贽为礼部尚书。"同书同《纪》又云："(光化三年九月)以正议大夫、守刑部尚书、上柱国、河东县开国男、食邑三百户、赐紫金鱼袋裴贽为中书侍郎，兼刑部尚书、同平章事，充集贤殿大学士。"又，《新唐书·哀帝纪》云："(天祐二年六月)朱全忠杀裴福及静海军节度使独孤损……司空致仕裴贽，检校司空兼太子太保赵崇、兵部侍郎王赞。"

卢说(同卷)

原小传云："说，官汝阳主簿。"

辨证：卢说，两《唐书》无传。小传此述，所本何籍，待考，但误。检岑仲勉《读全唐文札记》云："(卷八二一)卢说小传，'说，官汝阳主簿'，下收《授李思敬马殷湖南节度使制》一首，按此是内制，应翰学起草，说官翰林学士、兵部侍郎，见英华四一九钱珝行制，今无论汝阳主簿是否此卢说初官，抑别有同姓名者(待考)，其小传云云，终觉不称也。"按存疑可也。

---

① 乐史《广卓异记》卷七，《四库全书》本，上海古籍出版社 1987 年影印。

黄滔(卷八二二)

原小传云："滔，字文江，泉州莆田人。乾宁二年进士。光化中除四门博士。天复元年受王审知辟，以监察御史里行充威武军节度推官。"

辨证：黄滔，两《唐书》无传。小传此之所述，当是据赵彦励《莆阳志·黄滔》而为，但有误。按《莆阳志·黄滔》云："黄滔字文江，乾宁二年乙卯赵观文榜进士。光化中，除四门博士。寻迁监察御史里行，充威武军节度推官。"①但无小传中"天复元年受王审知辟"之载。又，永瑢等《四库全书总目》卷一五一著录"《黄御史集》十卷"，并撰"提要"云："唐黄滔撰。滔字文江，莆田人。乾宁二年进士第。光化中除四门博士。寻迁监察御史里行，充威武军节度推官。王审知据有全闽，而终守臣节。滔匡正之力为多。五代史称审知好礼下士……唐时知名士多依之，独不及滔。"②复次《旧五代史·王审知传》，其中确无"审知好礼"黄滔之载。此则表明，小传之"天复元年受王审知辟"与"以监察御史里行充威武军节度推官"，乃颠倒了黄滔任职之次序，应据改。

牛丛(卷八二七)

原小传云："丛，字表龄，宰相僧孺子。第进士。累官睦州刺史。咸通末拜剑南西川节度使。僖宗幸蜀，授太常卿，还授吏部尚书。嗣襄王乱，客死太原。"

辨证：牛丛，两《唐书》有传。小传此之所述，乃是据《新唐书·牛

---

① 赵彦励：《莆阳志·黄滔》，《黄御史集》附，《四库全书》本，上海古籍出版社1987年影印。

② 永瑢等：《四库全书总目》卷一五一，中华书局1965年影印本。

丛传》而为，既有误，亦欠精审，如《旧唐书》作牛蘽者，即为其例。一作“牛丛”，一作“牛蘽”，二者异。检《全唐文》是卷著录牛丛《报坦绰书》云：“十二月二十四日，剑南西川节度观察安抚使守兵部尚书成都尹牛丛，致书于云南诏国坦绰麾下。”则作“牛丛”。又，考杜牧《唐故太子少师奇章郡开国公赠太尉牛公(僧孺)墓志铭并序》(以下简称《牛公(僧孺)墓志铭并序》)云：“五男六女：长曰蔚，监察御史；次曰蘽，浙南府协律郎，皆以文行，登进士第。”①此作“牛蘽”，与《报坦绰书》作“牛丛”异。但《文苑英华》卷九三八著录杜牧此《牛公(僧孺)墓志铭并序》，却又作“牛丛”：“五男六女：长曰蔚，监察御史；次曰丛，浙东府协律郎。”并于“浙东”下有注云：“诸集皆作南。”此注表明，《文苑英华》编者曾以“诸集”对杜牧此文进行过校勘，但其于“次曰丛”无校注的事实表明，宋及其前所流传之杜牧集，均是作“牛丛”而不作“牛蘽”的。由是而观，是知小传作“牛丛”者是。

又，检《旧唐书·牛蘽传》有云：“蘽字表龄，开成二年登进士第，出佐使府，历践台省。乾符中，位至剑南西川节度使。黄巢之乱，从幸西川，拜太常卿。……驾还，拜吏部尚书。襄王之乱，避地太原，卒。”据此，知小传之“第进士”，应以开成二年登进士第为是。但其之“咸通末拜剑南西川节度使”，则与此之所载“乾符中，位至剑南西川节度使”为异。考司马光《通鉴考异·乾符元年》内有云：“按实录，咸通十四年十一月七日，路岩始移荆南，八日，牛丛始除西川。”据两《唐书·僖宗纪》可知，唐懿宗于咸通十四年七月驾崩，“辛巳(二十日)，(李儇)即皇帝位于柩前”(《新唐书·僖宗纪》)，是为唐僖宗，仍沿用咸通年号，至十二月始改元乾符。所以，小传之“咸通末”与《旧唐书·牛蘽传》之“乾符中”，二者并无实质性区别。至若《旧唐书·懿宗纪》载“牛丛检校兵部尚书，兼成都尹、剑南西川节度副大使”于咸通五年二

---

① 杜牧：《唐故太子少师奇章郡开国公赠太尉牛公(僧孺)墓志铭并序》，《全唐文》卷七六一，中华书局 1983 年影印本。

月者，虽误，但小传则应据之改“节度使”为节度副大使。

陆扆(同卷)

原小传云：“扆……光启二年进士。……徙户部侍郎，同中书门下平章事，进中书侍郎，历工兵户三部尚书。……贬沂王傅分司东都，授吏部尚书。再贬为濮州司户参军，被害白马驿，年五十九。”

辨证：陆扆，两《唐书》有传。小传此之所述，乃是据《旧唐书·陆扆传》而为。复次《旧唐书·陆扆传》云：“扆，光启二年登进士第。……(乾宁三年)七月，改户部侍郎、同平章事。……八月，加中书侍郎、集贤殿大学士。……复授扆工部尚书。八月，转兵部尚书，从昭宗自华还宫。明年(光化二年——引者注)正月，复拜中书侍郎、同平章事。光化三年四月，兼户部尚书。……贬扆沂王傅，分司东都。……复授吏部尚书……明年五月，责授濮州司户，与裴枢、崔远、独狐损等被害于滑州白马驿，时年五十九。”以此勘之两《唐书》有关《纪》《传》，可知《旧唐书·陆扆传》之此载，乃是不无问题的，小传从之亦如是。其具体为：

(1)据《旧唐书·陆扆传》《新唐书·宰相世系下》所载，陆扆一生凡两任宰相，一在乾宁二年七月，一在光化二年正月，小传之述仅为一次者，应据补。

(2)检《旧唐书·昭宗纪》云：“(乾宁二年五月)以翰林学士、户部侍郎、知制诰陆扆为兵部侍郎，充职。……(乾宁三年七月)制以翰林学士承旨……陆扆为户部侍郎、同平章事。”按陆扆官户部侍郎在景福二年五月(《旧唐书·昭宗纪》)，因之，此处“为户部侍郎、同平章事”者，应改为“为兵部侍郎、同平章事”者，方可与陆扆之任职次序一致。而小传之“徙户部侍郎，同中书门下平章事”者，亦如是，即应改“户部侍郎”为兵部侍郎。

(3)据《新唐书·哀帝纪》所载，朱全忠于白马驿杀裴枢、独孤损、陆扆等人，乃在天祐二年六月，小传应据补。

朱朴(卷八二八)

原小传云："朴，襄州襄阳人。以三史举，由荆门令进京兆府司录参军，改著作郎。累擢左谏议大夫，同中书门下平章事，判户部，进中书侍郎。罢为秘书监，三贬郴州司户卒。"

辨证：朱朴，两《唐书》有传。小传此之所述，乃是据《新唐书·朱朴传》而为，但有误。检《旧唐书·朱朴传》云："数月，(许)岩士事败，俱为韩建所杀。"又，《新唐书·孙偓传》云："与(朱)朴皆相者孙偓，字龙光。……既而偓秉政，封乐安县侯。与朴皆贬衡州司马，卒。"一为"韩所杀"，一为"贬衡州司马，卒"，小传则为"三贬郴州司户卒"，三者所载各不相同。按《新唐书·朱朴传》之"三贬郴州司户"者，当误，盖因一人三次同贬一地者，除此例外，两《唐书》诸《传》无他例可证。又，检《新唐书·昭宗纪》有云："(乾宁四年二月)韩建杀太子詹事马道殷、将作监许岩士。乙亥，孙偓、朱朴罢。"据此，知与朱朴关系密切，且向唐昭宗荐朱朴为相的许岩士，乃确为韩建杀，即《旧唐书·朱朴传》所载非诬。而许岩士被韩建杀后，朱朴即罢相于斯时，据此推之，韩建稍后杀朱朴，当不无可能。由是而观，《旧唐书·朱朴传》之"俱为韩建所杀"，则是大可据信的。如此，则朱朴之卒，即当以乾宁四年为是。所以，小传之"三贬郴州司户卒"者，乃误。

沈玢(卷八二九)

原小传云："玢，官溧水县令，兼监察御史。"

辨证：沈玢，乃“沈汾”之误，两《唐书》无传。小传此述，所本何籍，待考，但有误。检陈振孙《直斋书录解题》卷十二著录“《续仙传》三卷”，并撰“解题”云：“唐溧水令沈汾撰。汾或作‘玢’。”按此“汾或作‘玢’”乃误。考吴淑《江淮异人录》卷上有沈汾，云：“唐末，沈汾侍御，退居乐道，家有二妾。……汾如言。二妾左右拥袂而哭。哭毕视之，汾已卒矣。”①则作沈汾者是。又其中“沈汾侍御”之“侍御”，当为小传“兼监察御史”之所本，但误。盖因据杜佑《通典·职官典》《旧唐书·职官志》《新唐书·百官志》等可知，“侍御”之于有唐一代，可称作“侍御史”，或“殿中侍御史”，但却不能称作“监察御史”。所以，小传之“兼监察御史”，应改为“兼侍御史”，或径作兼殿中侍御史。

韩偓(同卷)

原小传云：“偓，字致光，京兆万年人。第进士，佐河中幕府。召拜左拾遗……宰相崔允判度支，表以自副，入翰林为学士，迁中书舍人。从昭宗幸凤翔，迁兵部侍郎，进承旨。朱全忠恶之，贬濮州司马，再贬荣懿尉，徙邓州司马。挈其族南依王审知，卒。”

辨证：韩偓，《新唐书》《十国春秋》有传。小传此之所述，乃是据《新唐书·韩偓传》而为，既有误，又欠精审。检《十国春秋·闽·韩偓传》(以下简称《十国春秋·韩偓传》)云：“韩偓字致光，京兆人。唐龙纪元年进士，累迁谏议大夫、翰林学士。昭宗幸凤翔，进兵部侍郎承旨。……朱全忠忌偓，贬濮州司马……再贬荣经尉，徙邓州司马。昭宗被弑……挈族来依太祖，侨居南安。……龙德三年，卒于南安龙兴寺。”但此《传》亦有误。检晁公武《郡斋读书志》卷十八著录“《韩偓诗》

① 吴淑：《江淮异人录》卷上，《四库全书》本，上海古籍出版社1987年影印。

二卷、《香奁集》一卷”，并有云：“韩偓致尧，京兆人。”陈振孙《直斋书录解题》卷五著录“《金銮密记》三卷”，撰“解题”云：“唐翰林学士承旨京兆韩偓致尧撰。”又，计有功《唐诗纪事》卷六十五“韩偓”条云：“偓，字致尧，今曰致光，误矣。”则此《传》作“字致光”者，乃不的。综勘之，小传应为：

(1)改“字致光”为字致尧。

(2)于“第进士”前加“龙纪元年”，即使之正为：龙纪元年第进士。

(3)小传应据补“龙德三年，卒于南安龙兴寺”之载①。

(4)据李吉甫《元和郡县图志》卷三十、卷三十二可知，唐既有荣懿县，为江南道溱州所辖，又有荣经县，为剑南道剑州所辖，前者在今四川广元一带，后者则距今重庆较近，以二者距长安之里程言，似当以《十国春秋・韩偓传》之“再贬荣经尉”为是，即小传作“荣懿尉”者，或误。

徐寅(卷八三〇)

原小传云：“寅，字昭梦，莆田人。第进士，授秘书省正字。闽中王审知辟佐幕府。”

辨证：“徐寅”，乃“徐夤”之误，《十国春秋》有传。小传此之所述，即是据《十国春秋・闽・徐寅传》(以下简称《十国春秋・徐寅传》)而为，但有误。检王定保《唐摭言》卷十、刘克庄《跋徐先辈集》②，均

① 关于韩偓卒年，岑仲勉《唐集质疑・韩偓南依记》，据刘克庄《跋韩致光帖》一文，认为当在乾化四年前后，但《韩致光帖》既佚，真伪难断，即其作为一种新说，尚缺乏确凿可靠之材料。而此，也是本书“韩偓”条从《十国春秋》而不从《韩偓南依记》的原因所在，故特此说明。

② 刘克庄：《跋徐先辈集》，《后村先生大全集》卷九十六，《四部丛刊》本，商务印书馆 1929 年影印。

作“徐夤”，故《十国春秋・徐寅传》开首即于“徐寅”后注云：“《黄滔集》《正字》《钓矶集》俱作夤。”其中之“《正字》《钓矶集》”，所指分别为徐师仁《唐秘书省正字徐公钓矶集序》、徐夤《钓矶文集》，故而，《全唐文》是卷之作者与作者小传，均应改“徐寅”为徐夤。

《十国春秋・徐寅传》又有云：“徐寅，字昭梦，莆田人。登唐乾宁进士第……释褐授秘书省正字。……已而走归家里，太祖（王审知）辟掌书记。唐灭梁……寻旧隐钓矶处，慨然有长往志，竟卒于长寿之别墅。”考黄滔《司直陈公（峤）墓志铭》有云：“（公）讳峤，字延封。……贞元中林端公藻冠东南之科第，十年而许员外稷继翔其后。……公追二贤之后，七年而徐正字寅（夤）捷，八年而愚口。”①据徐松《登科记考》卷二十二，陈峤光启二年进士及第，历“七年而徐正字寅（夤）捷”，为乾宁元年，即徐夤及第于是年。又，上引刘克庄《跋徐先辈集》有云：“公乾宁元年登第。”所以，《十国春秋・徐寅传》之“登唐乾宁进士第”与小传之“第进士”，均应以“乾宁元年登进士第”为是。

又，《新五代史・闽世家・王审知》（以下简称《新五代史・王审知世家》）有云：“审知虽起盗贼，而为人俭约，好礼下士。王淡……杨沂（应为杨沂丰，详后——引者注）……徐寅，唐时知名进士，皆依审知仕宦。”又，《十国春秋・闽・杨沂丰传》云：“遭乱，依太祖，与徐寅、王淡同居幕府，以风雅唱和，闽士多宗之。”此即“依太祖”之况。又，《十国春秋・闽・王延彬传》云：“延彬，天祐初，太祖承制加平卢节度使，权知泉州军州事，二年实授。……太祖诛浩源及其党，黜延彬归私第，卒。”又，《新五代史・王审知世家》云：“贞明六年冬十一月……黜延彬归私第。”合勘之，知王延彬天祐三年前后曾刺牧泉州，于贞明六年卒。按徐夤（寅）《钓矶文集》有《贺清源太保王延彬》一文，表明徐夤曾供职于王延彬泉州幕府，小传则可据而补之。

① 黄滔：《司直陈公（峤）墓志铭》，《黄御史集》卷六，《四库全书》本，上海古籍出版社 1987 年影印。

钱珝(卷八三一)

原小传云:“珝,字瑞文,徽之子,起之孙。唐末官知制诰,进中书舍人。梁开平初贬抚州司马,卒。”

辨证:钱珝,《新唐书》传附《钱徽传》后,极简略。小传此之所述,即是据《新唐书·钱珝传》而为,但有误。按《全唐文》卷八三六著录钱珝《舟中录序》一文,有云:“庚申岁夏六月以舍人获谴,佐抚州,驰暑道病。”其中之“庚申岁”,为光化三年,则小传之“梁开平初”乃误。又,复次《新唐书·钱珝传》云:“徽……子可复、方义。可复死郑注时。方义终太子宾客,子珝,字瑞文,善文辞,宰相王抟荐知制诰,进中书舍人。抟得罪,珝贬抚州司马。”据此,知钱珝乃钱徽之孙,钱起之曾孙,小传作“徽之子,起之孙”者,又误。

考补:广明元年第进士。京兆府参军,蓝田尉,充集贤校理。膳部郎中,知制诰。太常博士。

解缙等《永乐大典》卷二三六七引卢熊《苏州府志》云:“广明元年钱珝、杨钜及第。”①又,薛廷珪《授前京兆府参军钱珝蓝田县尉充集贤校理乡贡进士崔昭纬秘书省秘书郎充集贤校理制》有云:“敕。具官钱珝等,儒术可以厚风俗,人文可以化天下。……以珝礼为身干,慎得言枢,奉典刑之遗,无辱赵氏。以昭纬名冠来籍,道绝下交,居德行之科,不减颜子。……勉矣哉。可。”②薛廷珪又有《授膳部郎中知制诰钱珝守中书舍人制》,可证钱珝乃曾官“膳部郎中知制诰”。《旧唐书·昭宗纪》云:“(龙纪元年十一月)太常博士钱珝、李绰等奏论之。”

---

① 解缙等:《永乐大典》卷二三六七,中华书局1959年影印本。

② 薛廷珪:《授前京兆府参军钱珝蓝田县尉充集贤校理乡贡进士崔昭纬秘书省秘书郎充集贤校理制》,《全唐文》卷八五七,中华书局1983年影印本。

薛廷珪(卷八三七)

原小传云："廷珪，河东人。中和中举进士。光化中为中书舍人，迁刑部吏部二侍郎，拜尚书左丞。入梁为礼部尚书。后唐庄宗……除太子少师致仕。同光三年卒，赠右仆射。"

辨证：薛廷珪，两《唐书》《旧五代史》有传。小传此之所述，乃是据《旧五代史·唐书·薛廷珪传》(以下简称《旧五代史·薛廷珪传》)而为，既有误，亦欠精审，如小传之"中和中举进士"，即为其例。按"中和"为唐僖宗年号，凡四年，"中和中"当在中和二年或三年。据两《唐书·僖宗纪》所载，唐僖宗于广明二年正月"次成都"，七月改广明二年为中和元年，二年、三年试举西川，四年停举，故《旧五代史·薛廷珪传》乃作"中和年在西川登进士第"，小传可据改。

又，《旧唐书·薛廷珪传》云："大顺初，累迁司勋员外郎，知制诰，正拜中书舍人。……光化中，复为中书舍人。"《新唐书·薛廷珪传》同。据此，知薛廷珪曾两任中书舍人，一在"大顺初"，一为"光化中"。但《旧唐书·薛廷珪传》则云："乾宁中为中书舍人。"当不的。此则表明，小传之"光化中为中书舍人"，乃是据两《唐书·薛廷珪传》而为，但其"光化中"应加"复"字，即"光化中复为中书舍人"，如此，乃与史实相契合。

又，《旧五代史·唐书·庄宗纪》云："(同光三年九月)太子少师致仕薛廷珪卒。"有注云："案：原作'少保'，今据列传改正。"一作"太子少师"，一作"太子少保"，二者异。因资料所限，难以确考，兹拈出以俟淹贯者。

刘岳(卷八三九)

原小传云："岳，字昭辅……少举进士。事梁，历官侍御史。贞明初为翰林学士，累迁户部侍郎。后唐庄宗入汴，贬均州司马，寻授太子詹事。明宗即位，历兵部吏部侍郎……迁太常卿。卒年五十六，赠吏部尚书。"

辨证：刘岳，两《五代史》有传。小传此之所述，乃是据《旧五代史·唐书·刘岳传》(以下简称《旧五代史·刘岳传》)而为，但有误。复次《旧五代史·刘岳传》有云："刘岳字昭辅……进士擢第，历户部巡官、郑县(主)簿，直史馆，转左拾遗、侍御史。梁贞明初，召入翰林为学士。……累迁户部侍郎，在翰林十二年。庄宗入汴，随例贬均州司马，寻丁母忧，许自贬所奔丧，服阕，授太子詹事。明宗即位，历兵部吏部侍郎、秘书监、太常卿。卒年五十六。赠吏部尚书。"又，《新五代史·杂传·刘岳传》(以下简称《新五代史·刘岳传》)有云："……末帝时，为翰林学士，累官至兵部侍郎。……唐明宗时，为吏部侍郎。……李愚为相，迁岳太常卿。……卒于官，年五十六，赠吏部尚书。"合勘之，可知小传之"为翰林学士，累迁户部侍郎"，乃为"累迁户部侍郎，为翰林学士"之倒误，而《旧五代史·刘岳传》亦如是，即其正确者应为：累迁户部侍郎，入翰林学士，在翰林十二年。

又，据《旧五代史·刘岳传》所载，刘岳之"寻授太子詹事"，并非是在"贬均州司马"之当时或当年，而是在"丁母忧""服阕"之后，也就是在三年之后①，所以，小传之"寻授太子詹事"乃误，即应将"寻"字

① 唐人之守丧期，虽曰"三年"，实际为二十五个月，具体参见张谏之《驳王元感丧服论》一文，《全唐文》卷一七五，中华书局1983年影印本。

删除。《旧五代史・刘岳传》又云：“明宗即位，历兵部吏部侍郎。”《新五代史・刘岳传》则是先兵部侍郎(“末帝时”)，后吏部侍郎(“唐明宗时”)，而小传则仅有兵部侍郎，三者异。又，两《五代史・刘岳传》虽皆载刘岳卒时“年五十六”，但却均无其卒年之载。检《旧五代史・唐书・明宗纪》云：“(长兴三年冬十月)癸丑，以太常卿刘岳卒废朝。”以长兴三年(932 年)历“年五十六”，为唐僖宗乾符四年(877 年)，即刘岳生年，小传则可据而补之。

崔沂(同卷)

原小传云：“沂，字德润……举进士，历监察补阙。昭宗时累迁谏议大夫。入梁为御史司宪，擢礼部尚书，贞明中充西京副留守。入后唐为左丞，判吏部尚书铨选司，谪石州司马。明宗即位，召还，复为左丞，以太子少保致仕，卒年七十余。赠太子少傅。”

按：崔沂，《旧五代史》有传。小传此之所述，即是据《旧五代史・唐书・崔沂传》(以下简称《旧五代史・崔沂传》)而为。复次《旧五代史・崔沂传》云：“沂举进士第，历监察、补阙。昭宗时，累迁至员外郎、知制诰。……移为谏议大夫。入梁，为御史司宪……开平中……迁左司侍郎，改太常卿，转礼部尚书。贞明中，带本官充西京副留守。……庄宗兴复唐室，复用为左丞，判吏部尚书铨选司，坐累谪石州司马。明宗即位，召还，复为左丞。以衰疾告老，授太子少保致仕。卒于龙门之别墅，时年七十余。赠太子少傅。”以此较之小传，知其不误。

考补：哀帝时官给事中。

检《旧唐书・哀帝纪》云：“(天祐二年十二月辛卯)敕右常侍王钜、太常卿张廷范、给事中崔沂……主客郎中萧蘧等，随册礼使柳璨魏国行事。”

崔协（同卷）

原小传云："协，字思化，清河人。举进士，为度支巡官，渭南尉，直史馆。入梁累官兵部吏部侍郎。后唐同光初改御史中丞，天成初迁礼部尚书太常卿，拜平章事。四年卒。赠尚书左仆射。"

辨证：崔协，《旧五代史》有传。小传此之所述，即是据《旧五代史·唐书·崔协传》（以下简称《旧五代史·崔协传》）而为，但有误。检《旧五代史·唐书·庄宗纪》云："（同光三年秋七月壬子）以御史中丞崔协为礼部尚书。"小传从《旧五代史·崔协传》作"天成初迁礼部尚书太常卿"者，乃误。又，同书同《纪》有云："（天成四年二月）丁卯，宰相崔协卒。诏赠尚书右仆射。"此则较小传之"四年卒"，更为精审。

裴廷裕（卷八四一）

原小传云："廷裕，字膺馀。昭宗时官翰林学士，守尚书司封郎中知制诰，迁左散骑常侍。梁初贬湖南卒。"

辨证：裴廷裕，两《唐书》有传。小传此述，所本何籍，待考。检《新唐书·艺文志二》著录"裴廷裕《东观奏记》三卷"，并有注云："大顺中，诏修宣、懿、僖实录……因摭宣宗政事奏记于监修国史杜让能。廷裕，字膺馀，昭宗时翰林学士、左散骑常侍，贬湖南，卒。"小传除"守尚书司封郎中知制诰"外，余之所述者，所本或即此。又，《全唐文》是卷著录裴廷裕《大唐故内枢密使特进左领军卫上将军知内侍省事上柱国濮阳郡开国侯食邑一千户食实封一百户吴公墓志铭并序》一文，其结尾有"以书寓门僧，请铭于裴廷裕，时为天子词诏之臣，不得辞，乃序而铭曰"云云，其中的"词诏之臣"，所指即"知制诰"。又，岑仲勉

《郎官石柱题名新考订》《郎官石柱题名新著录》之“司封郎中”内无裴廷裕名，则裴廷裕是否曾以“守尚书司封郎中知制诰”者，尚待考察。

考补：右补阙。中和二年进士。

检陈振孙《直斋书录解题》卷五著录“《东观奏记》三卷”，云：“唐右补阙裴延裕撰。”并以“案”的形式云：“《文献通考》作‘裴廷裕’，记宣宗朝故事，凡八十九条。”按作“裴廷裕”者是。又，徐松《登科记考》卷二十三据王定保《唐摭言》等之所载，考订裴廷裕中和二年及第，并为当年“进士二十八人”之一。

敬翔(卷八四二)

原小传云：“翔，字子振，同州冯翊人。乾符中举进士不第。梁祖以为馆驿巡官，开平中授崇政院使，迁兵部尚书，金銮殿大学士。友珪篡立，拜中书侍郎同中书门下平章事。唐庄宗入汴，自经死。”

辨证：敬翔，两《五代史》有传。小传此之所述，乃是据《新五代史·唐书·敬翔传》(以下简称《新五代史·敬翔传》)而为，但有误。检《旧五代史·唐书·敬翔传》(以下简称《旧五代史·敬翔传》)云：“敬翔，字子振，同州冯翊人。……乾符中，举进士不第。……太祖……署馆驿巡官。……乾宁中，改光禄少卿充职。天复中，授检校礼部尚书，遥领苏州刺史。……太祖受禅……改枢密院为崇政院，以翔知院事。开平三年夏四月……太祖叹赏久之。乾化元年，进位光禄大夫，行兵部尚书、金銮殿大学士，知崇政院事、平阳郡侯。……庶人友珪之篡位也，以天下之望，命翔为宰相。……及晋主陷都城……乃自经而卒。数日，并其族被诛。”据此，知小传从《新五代史·敬翔传》者，其误有三，具体为：

(1)《旧五代史·敬翔传》中的“乾宁”“天复”，均为唐昭宗年号，表明是时敬翔仍为唐臣，故小传应于“梁祖以为馆驿巡官”之后，补上

“乾宁中，改光禄少卿充职。天复中，授检校礼部尚书，遥领苏州刺史”一段文字，否则易引起误会。

(2)《旧五代史·敬翔传》中的“以翔知院事”“知崇政院事”表明，敬翔虽然曾两次“知院事”，但并非正拜“崇政院使”，所以，小传之“开平中授崇政院使”，实则不的。又，开平为梁太祖朱温年号，凡四年，《旧五代史·敬翔传》既将其载于“三年夏四月”前，则其时当为二年或者元年，而“太祖受禅”四字，又可为之佐证。故而，小传此处应改作开平初。

(3)据《旧五代史·敬翔传》之“迁兵部尚书，金銮殿大学士”云云，乃在乾化元年，而小传因将敬翔的两次“知院事”混为一谈，以至于将“迁兵部尚书，金銮殿大学士”置于“开平中”者，实则乃误，应据改。

张文宝(卷八四三)

原小传云：“文宝……初依河中朱友谦为从事。后唐庄宗即位，擢知制诰，历中书舍人，刑部侍郎，左散骑常侍，知贡举，迁吏部侍郎。”

辨证：张文宝，《旧五代史》有传。小传此之所述，即是据《旧五代史·唐书·张文宝传》(以下简称《旧五代史·张文宝传》)而为，但有误。复次《旧五代史·张文宝传》有云：“文宝初依河中朱友谦为从事，庄宗即位于魏州，以文宝知制诰，历中书舍人、刑部侍郎、左散骑常侍、知贡举，迁吏部侍郎。……长兴初，奉使浙中……还青州，卒”。又，《旧五代史·唐书·明宗纪》云：“(天成四年十一月)戊辰，以刑部侍郎张文宝为右散骑常侍。”又云：“(长兴元年六月)中书门下奏：‘……知贡举张文宝试士不得，望罚一季俸。’从之。”合勘之，可知：

(1)张文宝所官为右散骑常侍，小传从《旧五代史·张文宝传》作“左散骑常侍”者，乃误(说详下)。

(2)据《旧五代史·张文宝传》，张文宝所任是“知制诰”，而非小传之“权知制诰”。又，据杜佑《通典·职官典》《旧唐书·职官志》《新唐书·百官志》所载，唐制任“中书舍人”者，乃“知制诰”，小传作“知制诰，历中书舍人”，既有违于唐制，又颠倒了张文宝之任职次序，应改。

(3)《旧五代史·张文宝传》载张文宝“还青州，卒”。又，同书《明宗纪》云：“(长兴四年九月)吏部侍郎张文宝卒。”小传对此均无载，应据补。

考补：兵部侍郎。

《旧五代史·唐书·明宗纪》云：“(长兴二年闰五月)以右散骑常侍张文宝为兵部侍郎。”其中之“右散骑常侍”，则是小传“左散骑常侍”为误的又一证。

窦梦徵(卷八四四)

原小传云：“梦徵，同州人。举进士。仕梁历校书郎，自拾遗召入翰林充学士，以论钱镠谪掾东州，复召为学士。后唐庄宗入汴，贬沂州，量移宿州，天成初迁中书舍人，复入为翰林学士工部侍郎。卒赠礼部尚书。”

辨证：窦梦徵，《旧五代史》有传。小传此之所述，即是据《旧五代史·唐书·窦梦徵传》(以下简称《旧五代史·窦梦徵传》)而为，既有误，亦欠精审，后者如“举进士”即为其例。按卢熊《苏州府志·归系》有云：“侍郎张文尉知举，归系第一人及第，杨凝式第三人归第。”①又，《旧五代史·唐书·刘赞传》云：“刘赞，魏州人也。……与学士窦梦徵同年登第，邻居友善，梦徵卒，赞与同年杨凝式缌麻为位而哭。”

---

① 卢熊：《苏州府志·归系》，《中国方志丛书》本。

又，王定保《唐摭言》卷十四“主司称意”有云：“天祐二年，张文蔚东洛放榜后大拜。”合勘之，知在张文蔚知贡举于东洛的天祐二年，归系、杨凝式、窦梦徵三人，均乃同年登第。据此，则小传之“举进士”前，应据加“天祐二年”，或径作天祐二年举进士。

按“天祐”为唐哀帝年号，凡四年，窦梦徵既进士及第于天祐二年，则《旧五代史·窦梦徵传》所载之“登进士第，历校书郎”者，即应在唐哀帝时期，小传作“仕梁历校书郎”者，则又误。

牛希济(卷八四五)

原小传云：“希济，蜀后主时，累官翰林学士，御史中丞。国亡入洛。后唐明宗拜为雍州节度副使。”

按：牛希济，《十国春秋》有传。小传此之所述，即是据《十国春秋·前蜀·牛希济传》(以下简称《十国春秋·牛希济传》)而为，不误。

考补：陇西人，仕蜀为起居郎。花间词家。

检《全唐诗》卷七六〇《牛希济小传》云：“牛希济，陇西人，仕蜀，为起居郎。”又，《四库全书》本赵崇祚《花间集》卷五著录牛希济词十一首，并称“牛学士希济”，其“学士”当即《十国春秋·牛希济传》所载之“翰林学士”。

郑珏(卷八四七)

原小传云：“珏……光化中举进士，历官监察御史。入梁累迁礼部侍郎。贞明中拜中书侍郎同中书门下平章事。后唐庄宗入汴，贬莱州司户参军，复召为太子宾客。明宗即位，拜平章事，寻以开府仪同三司行尚书左仆射致仕。长兴初卒，赠司空。”

辨证：郑珏，两《五代史》有传。小传此之所述，乃是据《旧五代史·唐书·郑珏传》(以下简称《旧五代史·郑珏传》)而为，既有误，亦欠精审。检徐松《登科记考》卷二十四引《通鉴考异》云：“珏，光化三年及第。”又引《升仙庙兴功记碑》云：“前进士郑珏书。”并有注云：“光化三年添前字。”则小传之“光化中举进士”，应据以改为光化三年举进士。又，复次《旧五代史·郑珏传》云：“入梁为补阙、起居郎，召入翰林，累迁礼部侍郎充职。”则小传作“累迁礼部侍郎”者，乃误。又，《旧五代史·唐书·明宗纪》(以下简称《旧五代史·明宗纪》)云：“(长兴三年十一月)癸未，以左仆射致仕郑珏卒废朝。”小传之“长兴初卒”者，应据改。

考补：加特进，门下侍郎，太微宫使。

检《旧五代史·明宗纪》有云：“宰臣郑珏加特进、门下侍郎兼太微宫使。”

李琪(同卷)

原小传云：“琪，字台秀，河西燉煌人。少举进士，天复初应博学宏词，居第四等，累迁殿中侍御史。入梁为户部侍郎翰林承旨，贞明龙德中，历兵礼吏侍郎，迁御史中丞，累擢尚书左丞中书门下平章事，罢为太子少保。后唐同光初授太常卿，吏部尚书，三年为国计使。明宗即位，为御史大夫，除尚书左仆射，天成末，明宗自汴迁洛，为东都留司官，以太子太傅致仕。长兴中卒，年六十。”

辨证：李琪，两《五代史》有传。小传此之所述，乃是据《旧五代史·唐书·李琪传》(《旧五代史·李琪传》)而为，既有误，亦欠精审。复次《旧五代史·李琪传》云：“琪年十八，袖赋一轴谒(李)溪……由是益知名，举进士第。天复初，应博学宏词，居第四等。”据徐松《登科记考》卷二十四，唐昭宗天复二年(“天复”纪元凡三年)试“博学宏词科”，则《旧五代史·李琪传》与小传之“天复初应博学宏词”，均应改为：天复二年应博学宏词。又李琪“少举进士”，既在天复二年前、“年十八”后，且又是“长兴中卒，年六十”，按“长兴中”以长兴三年(932年)计(“长兴”凡四年)，“年十八”为大顺元年(890年)，则其时当在大顺二年(891年)或景福元年(892年)。此即李琪“少举进士”的大致时间，但具体年份则难以考定。

复次《旧五代史·李琪传》又有云：“天成末，明宗自汴州还洛，琪为东都留司官班首。”小传脱“班首”二字，应据补。又，《新五代史·杂传·李琪传》云：“以太子少傅致仕，卒，年六十。”小传从《旧五代史·李琪传》则作“太子太傅”，一“太子少傅”，一“太子太傅”，二者异，兹拈出以俟淹贯者。

萧希甫(卷八四八)

原小传云：“希甫，宋州人。少举进士。为梁开封尹袁象先掌书记。后唐同光初为驾部郎中，迁谏议大夫兼匦函使，以希旨诬杀豆卢革，拜左散骑常侍，后告密事发，贬岚州司户参军。长兴中卒于贬所。”

辨证：萧希甫，两《五代史》有传。小传此之所述，乃是据《旧五代史·唐书·萧希甫传》(以下简称《旧五代史·萧希甫传》)而为，但有误。复次《旧五代史·萧希甫传》云：“天成初……明宗卒以希甫为谏议大夫，复为匦函使。……(豆卢)革、(韦)说卒皆贬死，希甫拜左散骑常侍。”又，《新五代史·唐臣·萧希甫传》云：“明宗即位，召为谏议大夫。是时，复置匦函，以希甫为使。……(豆卢)革、(韦)说终皆贬死。……拜左散骑常侍。”据此二《传》之载，知小传之“迁谏议大夫兼匦函使，以希旨诬杀豆卢革，拜左散骑常侍”云云，皆置于“后唐同光初”者，实乃大误，应据改。

李愚(同卷)

原小传云："愚，字子晦……举进士，又登宏词科，授河南府参军。梁末帝嗣位，累擢司勋员外郎。入后唐为翰林学士，同光三年……拜中书舍人，改兵部侍郎，长兴初拜中书侍郎平章事兼吏部尚书。闵帝嗣位，进位左仆射，清泰初加特进太微宫使宏文馆大学士。后罢相，守本官，二年卒。"

辨证：李愚，两《五代史》有传。小传此之所述，乃是据《旧五代史·唐书·李愚传》(以下简称《旧五代史·李愚传》)而为，但有误。复次《旧五代史·李愚传》有云："李愚字子晦……故少师薛廷珪掌贡籍之岁，登进士第，又登宏词科，授河南府参军。"按"薛廷珪掌贡籍之岁"，《旧唐书·薛廷珪传》有载，云："光化中，复为中书舍人，迁刑部、吏部二侍郎，权知礼部贡举，拜尚书左丞。入梁，至礼部尚书。"据此，知薛廷珪"权知礼部贡举"，乃在"入梁"即梁太祖朱温开平元年前，也即唐哀帝天祐三年或四年。但此之二年，与梁开平(四年)、乾化(四年)、贞明(六年)、龙德(三年)，以及唐庄宗同光(三年)、唐明宗天成(四年)共二十六年内，唐、梁、后唐三朝，均不曾试"博学宏词科"，则小传从《旧五代史·李愚传》作"又登宏词科"者，显然为误。而徐松《登科记考》无李愚"又登宏词科"之载者，又可为之佐证。

又，《新五代史·唐书·李愚传》有云："愚……举进士、宏词，为河南府参军。……梁末帝……拜左拾遗、崇政院直学士。……唐庄宗灭梁……拜主客郎中、翰林学士。……明宗即位，累迁兵部侍郎承旨。……任圜罢相，乃拜愚中书侍郎、同平章事。……废帝入立……愚守左仆射。……清泰二年以疾卒。"此之所载，与小传不同者为：

(1)梁末帝时，李愚"拜左拾遗、崇政院直学士"，而非小传之"累擢司勋员外郎"。

（2）李愚“入唐后”，乃是“拜主客郎中、翰林学士”，而非小传之“为翰林学士”。

（3）据《旧五代史·李愚传》所载，任圜天成二年罢相，李愚拜“中书侍郎、同平章事”者，既在任圜罢相之时，则当在是年或天成三年，如此，小传之“长兴初拜中书侍郎平章事兼吏部尚书”，即乃为误。又，《旧五代史·唐书·明宗纪》有云：“（长兴四年九月），宰相……李愚加吏部尚书。”此则表明，李愚是先“同平章事”，之后再“加吏部尚书”的，小传将二者皆置于“长兴初”者，实则不的。

以上三者，小传可据而改之。

马缟（卷八四九）

原小传云：“缟以明经登第，又登拔萃科。仕梁累官太常少卿。后唐同光中迁中书舍人。明宗时坐覆狱不当，贬绥州司马，复为太子宾客，长兴四年迁户部兵部侍郎，清泰初改国子祭酒，三年卒，年八十，赠兵部尚书。”

辨证：马缟，两《五代史》有传。小传此之所述，主要是据《新五代史·杂传·马缟传》（以下简称《新五代史·马缟传》）而为，但有误。复次《新五代史·马缟传》云：“马缟，不知其世家，少举明经，又举宏词。事梁为太常少卿。……唐庄宗时，累迁中书舍人，刑部侍郎，权判太常卿。……明宗时尝坐覆狱不当，贬绥州司马。复为太子宾客，迁户部、兵部侍郎。……改国子祭酒。卒，年八十，赠兵部尚书。”检《旧五代史·唐书·马缟传》（以下简称《旧五代史·马缟传》）有云：“马缟……以明经及第，登拔萃之科。仕梁为……太常少卿。……长兴四年，迁户部侍郎，缟时年已八十，及为国子祭酒，八十余矣。”二《传》之载颇有区别，且直接与小传之所述相关。按马缟之擢第，《旧五代史·马缟传》载为“以明经及第，登拔萃之科”，《新五代史·马缟传》则为“少举明经，又举宏词”，一为“书判拔萃”，一为“博学宏词”，二者异。而据徐松《登科记考》可知，在马缟“仕梁”前的唐昭宗龙纪元年(889年)至唐末帝天祐四年(907年)的十八年间，试明经科三次(景福二年、乾宁元年、光化三年)、书判拔萃科一次(乾宁二年)、博学宏词科二次(乾宁四年、天复元年)，然在此六次之试的及第者中，均无马缟之名，则其是否“少举明经，又举宏词”，或者“以明经及第，登拔萃之科”者，乃皆属可疑。而小传作“以明经登第，又登拔萃科”者，亦如是。

又马缟之卒年，《新五代史·马缟传》仅云：“改国子祭酒。卒，年八十。”无具体卒年之载。《旧五代史·马缟传》则为：“长兴四年，迁户部侍郎，缟时年已八十，及为国子祭酒，八十余矣。”若以“长兴四年”马缟“时年已八十”为据，则马缟卒年就当在末帝清泰初年，也即其享年“八十余”。检《旧五代史·唐书·末帝纪》(以下简称《旧五代史·末帝纪》)有云：“(清泰三年五月)丁酉，以国子祭酒马缟卒废朝。”则《旧五代史·马缟传》所载乃误。而小传作“三年卒，年八十”云云，所本者当是综勘《旧五代史·末帝纪》与《新五代史·马缟传》而为，可从。

范延光(同卷)

原小传云：“延光，字瓌，相州临漳人。后唐同光中拜检校工部尚书。明宗即位，擢宣徽南院使，迁检校司徒，迁枢密史，出为成德军节度使，长兴中加同平章事，清泰中徙宣武军节度使，加检校太师兼中书令。晋祖入立，封临清王，天福二年举兵反，寻败降，改封高平郡王。以太子太师致仕，为杨光远所杀，赠太师。”

辨证：范延光，两《五代史》有传。小传此之所述，乃是据《旧五代史·晋书·范延光传》(以下简称《旧五代史·范延光传》)并间采《新五代史·杂传·范延光传》(以下简称《新五代史·范延光传》)而为，但有误。复次《旧五代史·范延光传》云："范延光，字子环，邺郡临漳人也。……庄宗喜，授银青光禄大夫、检校工部尚书。明宗登极，擢为宣徽使。……迁检校司徒。……再入为枢密使，加同平章事。……清泰中……出为汴州节度使……加检校太师、兼中书令。……及高祖建义于太原……寻封临清王。……天福二年夏六月……寻为王师所败……遣谒者入谓之曰……改封高平郡王。……制以延光为太子太师致仕。……(杨)光远使其子承勋以兵环其第，逼令自裁。……诏许归葬于邺，仍赠太师。"又，《新五代史·范延光传》有云："范延光字子瓌，相州临漳人也。……庄宗见延光，喜，拜检校工部尚书。明宗时，为宣徽南院使。……明年，迁枢密使，出为成德军节度使。……末帝复诏延光为枢密使，拜宣武军节度使。……当晋高祖起太原……封延光临清王以慰其心。……天福二年六月，延光遂反。……三年九月，使谒者入魏赦延光，延光乃降，册封东平郡王。……以太子太师致仕。……而终以赀为(杨)光远所杀。"二者相较，问题甚多，小传亦然。其具体为：

(1)范延光之字，《旧五代史·范延光传》作"字子环"，《新五代史·范延光传》)作"字子瓌"，小传则作"字瓌"，三者异。以小传之"字瓌"度之，应是本《新五代史·范延光传》之"字子瓌"而脱"子"字，但或"字子瓌"或"字子环"，则难以裁断。

(2)《旧五代史·范延光传》明载范延光"再入为枢密使，加同平章事"，《新五代史·范延光传》未及，小传则作"长兴中加同平章事"。检《旧五代史·唐书·明宗纪》云："(长兴二年九月)辛丑，枢密使、检校太傅、刑部尚书范延光加同平章事，使如故。"此当为小传之所本。此则表明，《新五代史·范延光传》未及者，乃误。

(3)范延光反晋而降后所封之职官，小传从《旧五代史·范延光传》作"高平郡王"，《新五代史·范延光传》则作"东平郡王"，一"高平郡王"，一"东平郡王"，二者亦异，但其孰是孰非，则难以考知。

（4）范延光被杨光远所杀之具体年份，两《五代史》本传与小传均无载。检《旧五代史·晋书·高宗纪》有云："（天福五年八月）己未，太子太师致仕范延光卒于河阳，废朝二日，赠太师。"未及为杨光远所杀事。邵晋涵《旧五代史考异》则认为："案：欧阳史（即《新五代史》——引者注）作西京留守杨光远杀太子太师范延光。考本传，延光本为杨光远推坠溺水死，为之辍朝，讳之也。"①虽如此，但范延光卒于天福五年则为事实，小传应据补。

郑韬光（卷八五〇）

原小传云："韬光，字龙府，洛京清河人。自京兆府参军累迁谏议大夫给事中。梁贞明六年充知匦使。入后唐授工礼刑部侍郎，天成长兴中，历尚书左右丞。晋天福初以户部尚书致仕，五年卒，年八十，赠右仆射。"

辨证：郑韬光，《旧五代史》有传。小传此之所述，即是据《旧五代史·晋书·郑韬光传》（以下简称《旧五代史·郑韬光传》）而为，但有误。复次《旧五代史·郑韬光传》云："郑韬光，字龙府，洛京河清人也。"此作"洛京河清人"，小传则作"洛京清河人"，二者异。按"洛京"即洛阳，也即西京。考王存等《元丰九域志》卷一"西京"有云："西京，河南府，河南郡，治河南县。……县十三。……畿，河清。京北四十五里。"②则小传作"洛京清河"者，乃误。《旧五代史·郑韬光传》又云："韬光，唐宣宗之外孙……自京兆府参军历秘书郎……谏议大夫、给事中。梁贞明中，恳求休退，上表漏名，责授宁州司马。庄宗平梁，迁

① 邵晋涵：《旧五代史考异》，《浙江文丛》本，浙江古籍出版社2010年版。
② 王存等：《元丰九域志》卷一，中华书局1984年版。

工、礼、刑部侍郎。天成、长庆中，历尚书左右丞。国初，以户部尚书致仕。……天福五年秋，寝疾而卒，年八十。赠右仆射。”据此，知小传之“梁贞明六年充知匦使”，乃不为《旧五代史·郑韬光传》所载。检《旧五代史·梁书·末帝纪》有云：“(贞明六年夏四月庚子)宗正卿朱守素上言：‘请依前朝置匦院，令谏议大夫专判。’从之，乃以右谏议大夫郑韬光充知匦院使。”小传所述当本此，但其中之“右谏议大夫”，小传则应据而补之。

薛融(同卷)

原小传云：“融，汾州平遥人。后唐天成初授华州节度判官，长兴四年入为右补阙。晋天福初拜尚书吏部郎中，天福二年自左谏议大夫转御史中丞，改尚书右丞分司西都，六年卒，年六十。”

辨证：薛融，两《五代史》有传。小传此之所述，乃是据《旧五代史·晋书·薛融传》(以下简称《旧五代史·薛融传》)而为，但有不确者。复次《旧五代史·薛融传》云：“薛融，汾州平遥人。……明宗初，授华州节度判官。长兴四年，入为右补阙，直弘文馆。……会高祖……及登极，迁尚书吏部郎中兼侍御史知杂事。天福二年，自左谏议大夫迁中书舍人……转御史中丞，秩满改尚书右丞，分司西都。天福六年，以疾卒，年六十余。”又《新五代史·杂传·薛融传》有云：“薛融，汾州平遥人也。……唐明宗时为右补阙、直弘文馆。……高祖入立，拜吏部郎中，兼侍御史知杂事。累拜左谏议大夫，迁中书舍人。……迁御史中丞，改尚书右丞，分司西京。卒，年六十。”两相比较，可知二《传》所述薛融之历职大致相同，唯享年一作“年六十”，一作“年六十余”，二者异。小传从《旧五代史·薛融传》者，亦然。因材料所限，孰是孰非，兹拈出以示淹贯者。

王权(卷八五一)

原小传云："权，字秀山，太原人。唐末进士，历官右补阙。入梁累迁御史中丞。后唐庄宗朝授户兵吏三侍郎尚书左丞礼部尚书，清泰中改户部尚书。晋祖入立，转兵部尚书，天福中以太子少傅致仕，六年卒，年七十八，赠左仆射。"

辨证：王权，两《五代史》有传。小传此之所述，乃是据《旧五代史·晋书·王权传》(以下简称《旧五代史·王权传》)而为，但有误。复次《旧五代史·王权传》云："王权，字秀山，太原人。……举进士……历左拾遗、右补阙。梁祖革命……拜御史中丞。唐庄宗平梁……迁户兵吏三侍郎、尚书左丞、礼部尚书判铨。清泰中，权知贡举，改户部尚书。高祖登极，转兵部尚书。天福中……授太子少傅致仕。六年秋，以疾卒，年七十八，赠左仆射。"据此，知小传之"尚书左丞礼部尚书"，乃为"尚书左丞礼部尚书判铨"之误。又，《旧五代史·唐书·明帝纪》有云："(长兴三年十二月壬戌)以尚书左丞王权为礼部尚书。"则小传作"后唐庄宗朝授户兵吏三侍郎尚书左丞礼部尚书"者，亦误。

崔棁(同卷)

原小传云："棁，字子文，深州安平人。梁贞明三年举进士甲科。后唐明宗朝累迁都官郎中翰林学士。晋祖时以户部侍郎为学士承旨，迁太常卿，改太子宾客分司西京。卒年六十八。"

辨证：崔棁，两《五代史》有传。小传此之所述，乃是据《旧五代史·晋书·崔棁传》(以下简称《旧五代史·崔棁传》)而为，但欠精审，如"晋祖时以户部侍郎为学士承旨"者，即为其例。按"学士承旨"者，乃唐代职官，后晋沿袭，其全称为“翰林学士承旨”，所以，此处应为“晋祖时以户部侍郎为翰林学士承旨”。据《旧五代史·崔棁传》所载，崔棁在“后唐明宗朝”官翰林学士，至后晋高祖朝则为“翰林学士承旨”，属正常擢升。又，《旧五代史·晋书·高祖纪》(以下简称《旧五代史·高祖纪》)有云：“(天福三年夏四月)甲申，以翰林学士承旨、兵部侍郎崔棁权判太常卿。”此则表明，崔棁是先“翰林学士承旨”而后为“兵部侍郎”的，小传从《旧五代史·崔棁传》作“以户部侍郎为翰林学士承旨”者，乃颠倒了崔棁在“晋祖时”所任职官之次序，应据改。

崔棁卒年，《旧五代史·崔棁传》云：“命权知二年贡举。时有进士孔英者，素有丑行……乃考英及第，物议大以为非，遂罢学士，拜尚书左丞，迁太常卿。后以风痹改太子宾客，分司西京，卒年六十八。”据徐松《登科记考》卷二十五，崔棁天福三年知贡举，四年、五年停举，则其“遂罢学士”与“拜尚书左丞，迁太常卿”，当在是年，其后“以风痹改太子宾客，分司西京”当在天福六年或其后。又，《新五代史·晋书·崔棁传》有云：“其年高祖崩。棁以风痹改太子宾客分司西京以卒。”按“高祖崩”，事在天福七年六月，对此，《旧五代史·高祖纪》有载：“(天福七年六月)乙丑，帝崩于保昌殿。”是《纪》又有云：“(天福七年)八月，太常卿崔棁上谥号曰……庙号高祖。”由是观之，崔棁卒年当在晋出帝开运初年，但确时则难以考求。

裴皞(同卷)

原小传云：“皞，字司东，河东人。光化三年进士，历拾遗补阙。……晋祖时起为工部尚书，复以老拜右仆射致仕。卒年八十五，赠太子太保。”

辨证：裴皞，两《五代史》有传。小传此之所述，乃是据《旧五代史·晋书·裴皞传》(以下简称《旧五代史·裴皞传》)而为，虽不误，但欠精审。复次《旧五代史·裴皞传》云："唐光化三年，擢进士第，释褐授校书郎，历谏职。"《新五代史·杂传·裴皞传》则云："唐光化中举进士，拜校书郎、拾遗、补阙。"所以，小传之"历拾遗补阙"，应以"释褐授校书郎"为是。又，小传从《旧五代史·裴皞传》仅作"卒年八十五"，而未及裴皞卒年。检《旧五代史·晋书·裴皞传》云："(天福三年十月)以工部尚书裴皞为尚书右仆射致仕。……天福五年……夏四月……右仆射致仕裴皞卒，赠太子太保。"据此，知裴皞在致仕一年半后之天福五年卒，小传应据补。

殷鹏(卷八五二)

原小传云："鹏，字大举，大名人。少举进士。后唐闵帝镇魏州，辟为从事。及即位，拜右拾遗，历左补阙考功员外郎，充史馆修撰，迁刑部郎中。晋天福中擢中书舍人卒。"

辨证：殷鹏，《旧五代史》有传。小传此之所述，即是据《旧五代史·晋书·殷鹏传》而为，唯"少举进士"欠精审。按据徐松《登科记考》卷二十五可知，殷鹏之"少举进士"，乃在后唐明宗长兴三年，小传可据而改之。

刘昫(卷八五三)

原小传云："昫，字耀远……明宗即位，历户部侍郎端明殿学士，长兴中拜中书侍郎兼刑部侍郎同中书门下平章事。……晋天福初诏为东都留守，迁太子太保兼左仆射，封谯国公，改太子太傅。开运初，授司空平章事，契丹至，以目疾罢，守太保。卒年六十。"

辨证：刘昫，两《五代史》有传。小传此之所述，乃是据《旧五代史·晋书·刘昫传》(以下简称《旧五代史·刘昫传》)而为，但有误。复次《旧五代史·刘昫传》云：“刘昫，字耀远……明宗即位，拜中书舍人，历户部侍郎、端明殿学士。”然《新五代史·杂传·刘昫传》则云：“明宗时累迁兵部侍郎居职……迁端明殿学士。”一作“历户部侍郎”，一作“迁兵部侍郎居职”，二者异。其孰是孰非，难以裁断，兹拈出以俟淹贯者。

《旧五代史·刘昫传》又有云：“开运初……契丹主至，不改其职。昫以眼疾乞休致，契丹主降伪命授昫守太保。契丹主北去，留于东京。其年夏，以病卒，年六十。”《新五代史·杂传·刘昫传》(以下简称《新五代史·刘昫传》)则云：“开运中，拜司空、同中书门下平章事，复判三司。契丹犯京师，昫以目疾罢为太保，是岁卒，年六十。”按“开运”为晋出帝年号，凡二年，“开运中”即开运二年，故《旧五代史·刘昫传》“其年夏，以病卒”之“其年”，《新五代史·刘昫传》“是岁卒”之“是岁”，所指乃皆为开运二年。

李怿(卷八五四)

原小传云：“怿，京兆人，唐末进士。入梁累官翰林学士。后唐庄宗入立，贬怀州司马，入为卫尉少卿，天成初复拜中书舍人，充翰林学士，转户部侍郎右丞，充承旨。晋天福中自工部尚书转太常卿，历礼部刑部二尚书，分司洛阳。开运末卒，年七十余。”

辨证：李怿，两《五代史》有传。小传此之所述，乃是据《旧五代史·晋书·李怿传》(以下简称《旧五代史·李怿传》)而为，但有误。复次《旧五代史·李怿传》云：“李怿，京兆人也。……进士擢第，解褐为校书郎、集贤校理、清河尉。入梁，历监察御史……召入翰林为学士……庄宗平汴、洛……入为卫尉少卿。天成初，复拜中书舍人，充翰林学士，在职转户部侍郎右丞，充承旨。”按据《旧唐书·职官志》《新唐书·百官志》《旧五代史·职官志》，以及李林甫等《唐六典》、杜佑《通典·职官典》可知，唐五代并无“户部侍郎右丞”一职，小传从《旧五代史·李怿传》作“户部侍郎右丞”者，应为“户部侍郎、(尚书)右丞”之误，应据改。

《旧五代史·李怿传》又有云：“天福中，自工部尚书转太常卿，历礼部、刑部二尚书，以多病留司于洛下，不交人事。开运末，遇契丹入洛，家事罄空，寻以疾卒，年七十余。”《新五代史·杂传·李怿传》未涉及“契丹入洛”事，仅云：“后迁刑部尚书分司洛阳，卒，年七十余。”按“契丹入洛”，时在开运二年①，开运凡三年，则小传之“开运末卒”者，应据改为“开运中卒”，或径作开运二年卒。

桑维翰(同卷)

原小传云：“维翰，字国侨，洛阳人。后唐同光中进士。晋祖建号，授翰林学士礼部侍郎知枢密院事，改中书侍郎同中书门下平章事，天福四年出为相州节度使，岁余徙镇泰宁，七年徙镇晋昌。少帝嗣位，征拜侍中守中书令，封魏国公，寻罢为开封府尹。少帝将降契丹，讽张彦泽害之。”

辨证：桑维翰，两《五代史》有传。小传此之所述，乃是据《新五代史·晋臣·桑维翰传》(以下简称《新五代史·桑维翰传》)而为。检《旧五代史·晋书·桑维翰传》(以下简称《旧五代史·桑维翰传》)云：“桑维翰，字国侨，洛阳人也。……唐同光中，登进士第。及高祖建号，制授翰林学士、礼部侍郎、知枢密院事，寻改中书侍郎平章事、集贤殿大学士，充枢密院使。……出为相州节度使，时天福四年七月也。……岁余移镇兖州。……七年夏……改授晋昌军节度使。……少帝……以维翰

① 关于“契丹入洛”在开运二年之史况，具体参见本书“刘昫小传”之辨证。

守中书令……继封魏国公。……帝寻出维翰为开封府尹。……开运三年十二月十日，王师既降契丹，十六日，张彦泽以前锋骑军陷都城……十八日夜，为彦泽所害，时年四十九。”据此，知小传从《新五代史·桑维翰传》者，乃有多处欠精审，如小传之“岁余徙镇泰宁”即其例，盖因“泰宁”非州郡名，故其正确者应为：岁余徙镇泰宁军节度使。而“七年徙镇晋昌”者，亦如是。又如小传之于桑维翰的卒年，所述为“少帝将降契丹，讽张彦泽害之”，《旧五代史·桑维翰传》则明载为“开运三年十二月十八日夜，为张彦泽所害，时年四十九”，所以，小传应据改并据补。

赵莹(同卷)

原小传云：“莹，字元辉，华州华阴人。梁龙德中举进士。……后唐明宗时，晋祖为保义节度使，以莹为节度判官，及即位，累迁门下侍郎同中书门下平章事兼吏部尚书。少帝嗣位，拜守中书令，明年检校太尉，出为晋昌节度使，移镇华州，入为开封尹。……契丹灭晋，从少帝北迁，卒于幽州。”

辨证：赵莹，两《五代史》有传。小传此之所述，乃是据《旧五代史·晋书·赵莹传》(以下简称《旧五代史·赵莹传》)并间采《新五代史·杂卷·赵莹传》(以下简称《新五代史·赵莹传》)而为，既有误，亦欠精审。复次《旧五代史·赵莹传》云：“赵莹，字玄辉，华阴人也。……梁龙德中，始解褐为康延孝从事。”此之所述亦欠精审。按“龙德”为梁末帝年号，凡三年，“龙德中”当以龙德二年为是，即小传应作梁龙德二年举进士。又，《新五代史·赵莹传》云：“晋高祖为保义军节度使，以莹掌书记。”(《旧五代史·赵莹传》无此段文字)按据此，知小传之“晋祖为保义节度使”，乃为“晋祖为保义军节度使”之误，即其脱一“军”字。又，小传作“以莹为节度判官”，此则为“以莹掌书记”，二者异。

《新五代史·赵莹传》又云:“高祖即位,拜翰林学士承旨、户部侍郎、同中书门下平章事。累拜中书令。出为晋昌军节度使、开封尹。”《旧五代史·赵莹传》同。据此,知小传之“出为晋昌节度使”,乃为“出为晋昌军节度使”之误,即其应据补“军”字。

王周(卷八五五)

原小传云:“周,魏州人。事后唐明宗,以战功拜刺史。晋天福中历贝州泾州节度使,迁武胜保义义武成德四镇。杜重威降契丹,欲自引决,家人迫以出降,授武胜军节度使,检校太师。汉祖入立,徙镇武宁,加同平章事。乾祐元年卒,赠中书令。”

辨证:王周,两《五代史》有传。小传此之所述,乃是综合两《五代史·王周传》而为,但有误。复次《旧五代史·汉书·王周传》(以下简称《旧五代史·王周传》)云:“王周,魏州人。少勇健,从军事唐庄宗、明宗,稍迁裨校,以战功累历郡守。”又,《新五代史·杂传·王周传》(以下简称《新五代史·王周传》)云:“王周,魏州人也。少以勇力从军,事唐庄宗、明宗,为裨校,以力战有功拜刺史。”合勘可知,小传之“事后唐明宗”,乃为“事后唐庄宗、明宗”之误,即其应据补“庄宗”。

《新五代史·王周传》又有云:“泾州张彦泽为政苛虐,民多流亡,周乃更为宽恕……民皆复归。历迁武胜、保义、义武、成德四镇,皆有善政。”《旧五代史·王周传》则云:“移镇泾州……革前弊二十余事,逃民归复,赐诏褒美。后历邓、陕二镇。……未几,迁镇州节度使。”据朱玉龙《五代十国方镇年表》可知,《新五代史·王周传》所载之“武胜、保义、义武、成德”,乃皆为方镇名,即其所指依序为武胜军、保义军、义武军、成德军节度使,而《旧五代史·王周传》之所载,则为邓州、陕州军、镇州军三节度，不仅数量有别，而且所历方镇亦异，此为其一。其二，遍检《旧五代史·晋书》之《高祖纪》《少帝纪》，《新五代史·晋本纪》之《高祖纪》《出帝纪》可知，在天福元年至天福八年的八年内，并无王周任“武胜、保义、义武、成德”四方镇之载。综此二者，则小传从《新五代史·王周传》“迁武胜保义义武成德四镇”之载为误，当乃无疑。

张允(同卷)

原小传云：“允，镇州束鹿人。后唐同光中累迁宏文馆直学士水部员外郎知制诰，清泰初改给事中，转左散骑常侍。晋天福五年迁礼部侍郎，改御史中丞，转兵部侍郎知制诰，充翰林学士承旨。汉乾祐初授吏部侍郎。卒年六十五。”

辨证：张允，两《五代史》有传。小传此之所述，乃是据《旧五代史·汉书·张允传》(以下简称《旧五代史·张允传》)而为，但有误。复次《旧五代史·张允传》云：“张允，镇州束鹿人。……庄宗致讨……署本府功曹。赵在礼婴城叛，署节度推官，从历沧、兖二镇书记，入为监察御史……弘文馆直学士、水部员外郎、知制诰。清泰初……改给事中，充六军判官，寻罢职，转左散骑常侍。”按“清泰”为后唐末帝年号，由清泰元年(934年)倒数至唐庄宗登基改元之同光元年(923年)，凡十一年，且其间还历唐明宗、唐闵帝二朝，《旧五代史·张允传》将张允从“庄宗致讨”后之“署本府功曹”“节度判官”，直至于“入为监察御史”“知制诰”诸职，皆系于唐庄宗时期者，实属可疑。而小传之“后唐同光中累迁宏文馆直学士水部员外郎知制诰”云云，亦如是。

又，张允卒年，《旧五代史·张允传》有云：“乾祐初，授吏部侍郎。自诛史弘肇后，京城士庶，连甍恐悚。允每朝退，即宿于相国寺僧舍。及北军入京师，允匿于佛殿藻井之上，坠屋而卒，时年六十五。”

按"北军入京师"，指周兵入汴。又，《新五代史·杂传·张允传》云："周太祖以兵入京师，允匿于佛殿承尘，坠而卒。"据《旧五代史·周书·太祖纪》可知，郭威广顺元年(951年)即帝位，其"以兵入京师"，乃在汉隐帝三年(950年)，则张允之卒，即在是时，小传仅作"卒年六十五"者，不的。

卢文纪(同卷)

原小传云："文纪，字子持，京兆万年人。少举进士。事梁为刑部侍郎集贤殿学士。后唐明宗时为御史中丞，迁工部尚书。末帝即位，拜中书侍郎同中书门下平章事。晋祖入立，罢为吏部尚书，累迁太子少保致仕。周祖入立，即拜司空于家。卒年七十六。赠司徒。"

辨证：卢文纪，两《五代史》有传。小传此之所述，乃是据《新五代史·杂传·卢文纪传》(以下简称《新五代史·卢文纪传》)而为，既有误，亦欠精审。检《旧五代史·周书·卢文纪传》(以下简称《旧五代史·卢文纪传》)云："长兴末，为太常卿。"按"长兴"为唐明宗年号，凡四年，《旧五代史》卢文纪本传仅载"为太常卿"，而无小传之"后唐明宗时为御史中丞，迁工部尚书"者，似不的，换言之，《新五代史·卢文纪传》所载"后唐明宗时为御史中丞，迁工部尚书"云云，《旧五代史·卢文纪传》不载者，乃颇值得怀疑。《旧五代史·卢文纪传》又云："晋祖入洛，罢相为吏部尚书，再迁太子少傅。"《新五代史·卢文纪传》则云："晋高祖入立，罢为吏部尚书，累迁太子太师。"而小传则又作"罢为吏部尚书，累迁太子少保"。一作"太子少傅"，一作"太子太师"，一作"太子少保"，三者异。检《旧五代史·晋书·高祖纪》有云："(天福二年五月)以吏部尚书卢文纪为太子少傅。"则《旧五代史·卢文纪传》所载是，小传作"太子少保"者，乃误。

《旧五代史·卢文纪传》又有云："广顺元年夏卒，年七十六。赠司徒，辍视朝二日。”小传从《新五代史·卢文纪传》仅作“卒年七十六”者，应据补。

高行周(卷八五六)

原小传云：“行周，字尚质，幽州人。后唐庄宗灭梁，以功领端州刺史，同光末出守绛州，天成中迁颍州团练使，长兴初改振武军节度使，历镇彰武昭义。晋祖时加同平章事，为西京留守，镇天雄，徙镇归德。出帝时加兼侍中。汉祖入立，加守太傅兼中书令，代李守贞为天平节度使，改邺都留守，加守太尉，封临清王，乾祐中加守太师，进封邺王。周祖入立，改封齐王。广顺二年卒。”

辨证：高行周，两《五代史》有传。小传此之所述，乃是据《新五代史·杂传·高行周传》(以下简称《新五代史·高行周传》)而为，但有误。检《旧五代史·周书·高行周传》(以下简称《旧五代史·高行周传》)云：“高行周，字尚质，幽州人也。……庄宗平河南，累加检校太保，领端州刺史。同光末，出守绛州。……天成中……迁颍州团练使。长兴初……用为振武节度使。明年，以河西用军，移延安。清泰初，改潞州节度使。……晋祖入洛，令行周还藩，加同平章事。晋祖都汴，以行周为西京留守，未几，移镇邺都。……晋少帝嗣位，加兼侍中，移镇睢阳。……寻改归德军节度使。……汉高祖入汴，加守太傅、兼中书令，代李守贞为天平节度使。……授邺都留守，加守太尉，进爵临清王。……乾祐中，入觐，加守太师，进封邺王，复授天平节钺，改封齐王。……广顺二年秋，以疾薨于位，享年六十八。”据此，知小传之误：

(1)《旧五代史·高行周传》载“寻改归德军节度使”，乃在“晋少帝嗣位”后，小传则作“晋祖时加同平章事”之后，一“晋祖时”，一“晋少帝时”，二者异。检《旧五代史·晋书·高祖纪》云：“(天福六年十二月)丁未，南面行营都部署高行周奏，今月十三日，部领大军至襄阳城下，相次降贼军二千人。……(天福七年六月)襄州都部署高行周奏……送赴阙。”又，同书《晋书·少帝纪》云：“(天福七年九月)以襄州行营都部署、西京留守高行周为宋州节度使，加检校太师。……(开运元年春正月)庚辰，以宋州节度使高行周为北面行营都部署。……(开运三年十二月)诏宋州高行周充北面行营都部署。”合勘之，高行周自晋高祖天福六年到晋少帝开运三年期间(晋高祖卒于天福七年六月，后晋灭国于开运三年)，虽在各地任节度使等职，但却始终驻节宋州，而宋州(商丘)即归德军治所，所以，其“寻改归德军节度使”在晋少帝时，即可论断。

(2)《旧五代史·高行周传》明载高行周“改封齐王”，乃在“汉高祖入汴”后，小传则将其载为“周祖入立”后，检《旧五代史·周书·太祖纪》《新五代史·周本纪·太祖纪》，其中并无高行周“改封齐王”之载，则小传为误者，乃可肯定。

(3)《旧五代史·高行周传》载高行周“广顺二年卒”时，“享年六十八”，小传因从《新五代史·高行周传》，故只有卒年而无享年，可据补。

贾纬(同卷)

原小传云：“纬……后唐天成中为石邑令。晋天福中入为监察御史，改起居郎史馆修撰。开运初累迁中书舍人。汉乾祐二年授左谏议大夫，寻充史馆修撰判馆事。周祖即位，出为平卢军行军司马。广顺二年卒。”

辨证：贾纬，两《五代史》有传。小传此之所述，乃是据《旧五代史·周书·贾纬传》(以下简称《旧五代史·贾纬传》)而为，但有误。复次《旧五代史·贾纬传》云：“贾纬……未几，改起居郎、史馆修撰。……开运中，累迁中书舍人。……后与公卿还朝，授左谏议大夫。”此作“开运中，累迁中书舍人”，小传作“开运初累迁中书舍人”，二者异。又，《旧五代史・贾纬传》于“开运中，累迁中书舍人”下引《旧五代史考异》注云：“案：王珪《华阳集・贾文元墓志铭》作曾祖纬，晋中书舍人。《宋史・贾昌朝传》因之，然纬实终于周，非终于晋也。宋祁《景文集》又作汉、周间中书舍人。据此传，纬仕汉、周，未尝再为舍人，疑《景文集》误。”①按宋祁《景文集》“作汉、周间中书舍人”者非，王珪《华阳集・贾文元墓志铭》《宋史・贾昌朝传》作“晋中书舍人”者是。检《新五代史・杂传・贾纬传》(以下简称《新五代史・贾纬传》)有云：“晋天福中……丁内艰，服除，知制诰。累迁中书舍人、谏议大夫、给事中，复为修撰。”《新五代史・贾纬传》虽载贾纬之“累迁中书舍人”在“晋天福中”，但却又与《旧五代史・贾纬传》作“开运中”异。检《旧五代史・晋书・少帝纪》有云：“(开运元年冬十月)甲寅，以起居郎、知制诰贾纬为户部郎中、知制诰。”据《旧唐书・职官志一》所载，中书舍人为“正五品上阶”，“尚书左右诸司郎中”为“从五品上阶”，在开运元年冬十月已官“从五品上阶”之户部郎中的贾纬，是绝不可能于之前“累迁中书舍人”的。所以，贾纬之“累迁中书舍人”，只能是在其官“从五品上阶”户部郎中之后的开运二年或三年。由是而观，可知《新五代史・贾纬传》作“天福中”乃误，小传之“开运初”，则应改为开运中或开运末，盖因晋少帝以“开运”纪元只有三年故也。

王朴(卷八六〇)

原小传云：“朴，字文伯，东平人。汉乾祐中举进士，授校书郎。周显德初累拜左散骑常侍，充端明殿学士。三年征淮，以为东京副留守，还拜户部侍郎枢密副使，迁枢密使，检校太保。四年再征淮，兼东

① 薛居正等：《旧五代史》卷一三一，中华书局 1975 年版。

京留守，六年卒，年四十五，赠侍中。”

辨证：王朴，《旧五代史》有传。小传此之所述，即是据《旧五代史》而为，既有误，亦欠精审。复次《旧五代史·周书·王朴传》(以下简称《旧五代史·王朴传》)云：“王朴……汉乾祐中，擢进士第，解褐授校书郎。”检徐松《登科记考》卷二十六，据徐应秋《玉芝堂谈荟》、王禹偁《伤贤诗·王枢密朴》，考订王朴为乾祐三年状元，小传则可据改。

王赞(卷八六五)

原小传云：“赞，澶州观城人。少为小吏，累迁本州马步军都虞侯。周世宗即位，补东头供奉官，累迁右骁卫将军三司副使，及征关南，以为客省使，领河北诸州计度使，还复为三司副使。入宋知扬州，溺死。”

辨证：王赞，《宋史》有传。小传此之所述，乃是据《宋史·王赞传》而为，但乃全误。检岑仲勉《读全唐文札记》云：“(卷八六五)王赞小传，‘赞，澶州观城人。少为小吏，累迁本州马步军都虞侯。周世宗即位，补东头供奉官，累迁右骁卫将军三司副使，及征关南，以为客省使，领河北诸州计度使，还复为三司副使。入宋知扬州，溺死’，下收元英先生诗集序一首。按小传所言，乃宋史二七四有传之王赞，四库提要一五一元英集下固云：‘是集前有乾宁丙辰中书舍人祁县王赞序’，乾宁已官中舍，想年复不弱，岂能如长药老历仕五朝入宋乎，徐作小传，竟未一翻提要而以武人当之，率矣。”据此，则知王赞小传乃需重新撰写。又，复次《四库全书总目》卷一五一，著录《元英集》八卷，所撰“提要”有云：“唐方干撰。……是集前有乾宁丙辰中书舍人祁县王赞序，又有安乐孙郃所作小传。”按“乾宁丙辰”为唐昭宗乾宁三年(896年)，王赞是年既官中书舍人(正五品上阶)，则其为唐懿宗、僖宗、昭宗时人，即可论断。所以，此王赞绝非《宋史》卷二七四所为之立传之王赞，亦即《宋史·王赞传》之王赞，并非《元英先生诗集序》之作者。

冯延巳(卷八七六)

原小传云："延巳，一名延嗣，字正中，广陵人。仕南唐，累迁中书侍郎同平章事，除昭武昭义军节度使。周师入，改太子太傅。宋建隆元年卒，年五十八，谥忠肃。"

辨证：冯延巳，马令《南唐书》、陆游《南唐书》均有传。小传此之所述，乃是据陆游《南唐书》而为。复次陆游《南唐书·冯延巳传》云："冯延巳，字正中，一名延嗣，广陵人。……元宗立……保大初，拜谏议大夫翰林学士，迁户部侍郎，翰林学士承旨，又进中书侍郎。四年，同平章事，集贤殿大学士。罢为太子少傅。顷之，拜抚州节度使，以母忧去镇。起复冠军大将军，召为太弟太保。领潞州节(度使)。俄以左仆射同平章事。……及周师大入……罢延巳，犹为太子少傅，数月，复相。倒疾，改太子太傅。建隆元年，五月乙丑卒，年五十八，谥忠肃。"①据此，知冯延巳一生曾三次"司平章事"，小传作一次者，乃误。而据朱玉龙《五代十国方镇年表·抚州》，知"龙德元年吴置昭武军于抚州"，《南唐书·冯延巳传》作"拜抚州节度使"者，似当以改作除昭武军节度使为宜。

又，马令《南唐书·冯延巳传》有云："冯延巳，字正中……与元宗游处，累迁驾部郎中，拜谏议大夫翰林学士。……保大四年自中书侍郎拜平章事。时论不平，出镇抚州。……乞罢相，乃罢为宫(此句语意不

---

① 陆游：《南唐书·冯孙廖彭列传第八》，《陆放翁全集》本，中国书店 1986 年影印。

通，疑有脱误——引者注)。逾年卒，年五十七。”①小传从陆游《南唐书·冯延巳传》作“年五十八”卒，此则作“年五十七”，二者异。检夏承焘《唐宋词人年谱·冯正中年谱》，其乃从《南唐书·冯延巳传》，并于唐昭宗天复三年云：“陆书传，‘建隆元年卒，年五十八’。当生本年。马书传作‘卒年五十七’，则明年生。兹从陆书。”②但其“兹从陆书”者，却并无只字依据。因之，冯延巳的卒年，仍有考察之必要。

韩熙载(卷八七七)

原小传云：“熙载，字叔言，潍州北海人。后唐同光中擢进士第，奔吴补校书郎，出为滁和常三州从事。南唐代吴，召为校书郎。嗣主袭位，累除中书舍人，拜户部侍郎。……谪授太子右庶子，分司南都。复为兵部尚书，拜中书侍郎，充光政殿学士承旨。开宝二年卒，年六十九，赠右仆射同平章事，谥文靖。”

辨证：韩熙载，马令《南唐书》、陆游《南唐书》、吴任臣《十国春秋》均有传。小传此之所述，乃是据陆游《南唐书》而为，但有误。复次《南唐书·韩熙载传》云：“熙载来奔，时烈祖辅吴，方修明法令，熙载年少放荡，不守名检，补滁、和、常三州从事。烈祖受禅，召为秘书郎。……元宗即位，拜虞部员外郎……复入为虞部郎中，史馆修撰，迁中书舍人。周太祖有天下…贬左庶子，分司南都。……进中书侍郎，卒年六十九。……乃赠右仆射同平章事，废朝三日，谥文靖。”据此知：

(1)韩熙载“奔吴”后，所官为“滁、和、常三州从事”，无小传所述之“补校书郎”，马令《南唐书·韩熙载传》、吴任臣《十国春秋·南

---

① 马令：《南唐书·冯延巳传》，《四库全书》本，上海古籍出版社1987年影印。

② 夏承焘：《冯正中年谱》，《唐宋词人年谱》，中华书局1979年版。

唐·韩熙载传》(以下简称《十国春秋·韩熙载传》)同，则小传乃误。

(2)“南唐代吴”后，韩熙载乃是“秘书郎”，马令《南唐书·韩熙载传》、吴任臣《十国春秋·韩熙载传》同，小传作“召为校书郎”者，又误。

(3)陆游《南唐书·韩熙载传》仅载“进中书侍郎，卒年六十九”，而无具体年份，小传作“开宝二年卒”者则误，盖因马令《南唐书·韩熙载传》、吴任臣《十国春秋·韩熙载传》，均作开宝三年卒。如吴任臣《十国春秋·韩熙载传》云：“开宝二年，卧疾于城南戚家山。……明年遂卒。”并有注云：“墓志铭云：庚午岁秋七月二十七日，没于凤台里之官舍。”按“庚午岁”即开宝三年，亦即公元970年，上推“六十九”，为唐昭宗天复二年(702年)，为韩熙载生年。

徐铉(卷八七八)

原小传云：“铉，字丹臣，会稽人。初事吴，为校书郎。复事南唐，累授太子右谕德，知制诰，迁中书舍人。后主时除礼部侍郎、翰林学士、御史大夫、吏部尚书。随后主入宋，历左散骑常侍，贬静难行军司马。卒年七十六。”

辨证：徐铉，马令《南唐书》、吴任臣《十国春秋》、脱脱等《宋史》均有传。小传此之所述，乃是据《十国春秋·南唐·徐铉传》(以下简称《十国春秋·徐铉传》)而为，但有误。复次《十国春秋·徐铉传》云：“铉，字鼎臣，世为会稽人。父延休，为吴江都少尹，遂家广陵。……起家吴校书郎。……迁祠部郎中……坐专杀，流舒州。周师南侵……召为太子右谕德，复知制诰，迁中书舍人。后主时，除礼部侍郎，通署中书省事，历尚书右丞、兵部侍郎、翰林学士、御史大夫、吏部尚书。……随后主归宋……历左散骑常侍。……居数岁，铉贬静难军行军司马。……书讫卒，年七十六。”据此《传》，知徐铉“字鼎臣”，且马令《南唐书·徐铉传》、脱脱等《宋史·徐铉传》皆同，则小传作“字丹臣”者，乃误。又，徐铉之卒年，马令《南唐书》、吴任臣《十国春秋·徐铉传》均无明载，检脱脱等《宋史·徐铉传》作“淳化二年”，小传应据补。又，淳化二年为公元991年，上推“年七十六”，为吴天祐十三年(916年)，即徐铉生年，小传亦可据补之。

韦庄(卷八八九)

原小传云：“庄，字端巳……乾宁中登进士第，为判官，擢左补阙。蜀主为西川节度副使，昭宗命庄宣谕两川，遂留蜀掌书记，寻擢起居舍人，为安抚副使。蜀主开国，进左散骑常侍，判中书门下事，累官至门下侍郎吏部尚书同平章事。武成三年卒，谥文靖。”

辨证：韦庄，张唐英《蜀梼杌》、辛文房《唐才子传》、吴任臣《十国春秋》均有传。小传此之所述，乃是据《十国春秋·前蜀·韦庄传》(以下简称《十国春秋·韦庄传》)而为，但有误。复次《十国春秋·韦庄传》云：“韦庄，字端己，杜陵人。”《蜀梼杌》卷上“韦庄”条、《唐才子传》卷十《韦庄》同，则小传作“端巳”者乃误。《十国春秋·韦庄传》又云：“乾宁□年登进士第，为判官，晋秩左补阙。”其中之“乾宁□年”，《唐才子传》卷十《韦庄》作“乾宁元年”，徐松《登科记考》卷二十四从之，小传作“乾宁中”者，当是本《蜀梼杌》卷上：“乾宁中，举进士，建奏为掌书记。”但误。又有云：“后祖为西川节度副使，昭宗命庄与李洵宣谕两川，遂留蜀，同冯涓并掌书记。……拥高祖即皇帝位。进左散骑常侍，判中书门下事。……累官至门下侍郎、吏部尚书、同平章事。武成三年，卒于花林坊。……谥文靖。”据此，知“宣谕两川”与“留蜀掌书记”，皆为两人，即前者为韦庄与李洵，后者为韦庄与冯涓，小传仅作韦庄一人者，欠精审。

按韦庄之享年，《蜀梼杌》卷上、《唐才子传》卷十《韦庄》、《十国春秋·韦庄传》均无载。夏承焘《唐宋词人年谱·韦端己年谱》作“七十五岁”，小传可据补。

王锴(卷八九〇)

原小传云：“锴，字鳣祥。天复时奉使西川，因留蜀，官翰林学士，迁御史中丞。武成二年除中书侍郎平章事。后唐庄宗灭蜀，入洛阳，官刺史。”

辨证：王锴，《十国春秋》有传。小传此之所述，即是据《十国春秋·前蜀·王锴传》(以下简称《十国春秋·王锴传》)而为，但有误。复次《十国春秋·王锴传》云：“王锴字鳣祥，□□人。天复时奉使西川，因留蜀，官翰林学士，已而迁御史中丞。武成二年，除中书侍郎、同平章事。……唐师入成都……锴至洛阳，唐授以□州刺史。”此《传》中“□□人”“□州刺史”，小传于前者弃而不言王锴“××人”，后者则以“官刺史”替代之，可从。但王锴一生两次“同平章事”，小传作一次者则误。检《十国春秋·前蜀·高祖纪》(以下简称《十国春秋·高祖纪》)有云：“(武成二年八月)以御史中丞王锴为中书侍郎、同平章事。……(永平二年五月)丙寅，门下侍郎、同平章事王锴罢为兵部尚书。……(永平三年)夏四月，以兵部尚书王锴为中书侍郎、同平章事。”是王锴两为“同平章事”乃甚明，小传应据补。

考补：兵部尚书，判六军诸卫事。

王锴官兵部尚书，上引《十国春秋·高祖纪》已有载。又，张唐英《蜀梼杌》卷上云：“(乾德)二年八月，衍北巡，以宰相王锴判六军诸卫事。”《十国春秋·高祖纪》同。

欧阳彬(卷八九一)

原小传云：“彬，字齐美，衡州衡山人。仕蜀为翰林学士。……王氏亡，复仕后蜀。广政初累官尚书左丞，出为宁江军节度使。十三年卒。”

按：欧阳彬，《十国春秋》有传。小传此之所述，即是据《十国春秋·前蜀·欧阳彬传》(以下简称《十国春秋·欧阳彬传》)而为。复次《十国春秋·欧阳彬传》云：“欧阳彬，字齐美，衡州衡山人。……前蜀后主大悦，擢为翰林学士。王氏亡，复归高祖。广政初，后主以为嘉州刺史。……累官尚书左丞，出为宁江军节度使。……广政十三年卒。”按《十国春秋·欧阳彬传》之此载，所本为陶岳《五代史补》卷三《晋二十条·欧阳彬入蜀》，除“以为嘉州刺史”外，不误，故小传亦如是。

考补：后蜀时官翰林学士。

按《类说》卷十九李畋《该闻录》云：“欧阳彬王蜀时为翰林学士。……孟氏开国，复为翰林，作诗云：昔年追感泪横流，今日寻思是漫愁。容易得来容易失，等闲成了等闲休。皇图本谓儿孙置，白刃番成骨肉仇。梁汉后唐三世主，九泉相见大悠悠。”

韦縠(同卷)

原小传云：“縠，仕后蜀，累迁监察御史户部尚书。”

辨证：韦縠，《十国春秋》有传。小传此之所述，即是据《十国春秋·前蜀·韦縠传》(以下简称《十国春秋·韦縠传》)而为，但有误。复次《十国春秋·韦縠传》云：“韦縠少有文藻……仕高祖父子，累迁监察御史，已又升□部尚书。”又，永瑢等《四库全书总目》卷一八六著录“韦縠《才调集》十卷”，所撰“提要”云：“蜀韦縠编。縠仕王建为监察御史，其里贯事迹皆未详。”既无“□部尚书”之载，亦不及“□部尚书”。又，王重民等《全唐诗外编·韦縠传》云：“縠仕知祥父子，累迁监察御史，升尚书。”虽言“升尚书”，但却并非“户部尚书”。所以，小传将“□部尚书”作“户部尚书”者，或当为误，要之，存疑可也。

欧阳炯（同卷）

原小传云："炯，蜀人。仕后蜀，历官武德军判官翰林学士中书舍人。"

辨证：欧阳炯，《十国春秋》、《宋史》有传。小传此之所述，即是据《十国春秋·前蜀·欧阳炯传》（以下简称《十国春秋·欧阳炯传》）而为。复次《十国春秋·欧阳炯传》云："欧阳炯，蜀人。事高祖、后主，历武德军判官、翰林学士、中书舍人。"据此，知小传所述不误。但《十国春秋·前蜀》另有《欧阳迥传》，此欧阳迥与欧阳炯实为一人，对此，夏承焘《韦端己年谱》已明确指出①。按《十国春秋·欧阳迥传》有云："欧阳迥，成都华阳人。父珏，通泉令。迥少事前蜀后主，为中书舍人，国亡降后唐，补秦州从事。"此则表明，小传之"蜀人"欠精审，"仕后蜀"则乃误。

考补：后蜀官中书舍人，除翰林学士，知贡举，判太常寺，迁礼部侍郎，领陵州刺史，转吏部侍郎，加承旨，拜门下侍郎，兼户部尚书，同平章事。归宋为右散骑常侍，充翰林学士，转左散骑常侍，以本官分司西京。开宝四年卒，年七十六，赠工部尚书。

以上所补者，俱见《十国春秋·欧阳迥传》。

罗隐（卷八九四）

原小传云："隐，字昭谏，余杭人。屡举不第。光启三年，吴越王

---

① 夏承焘：《韦端己年谱》，《唐宋词人年谱》，中华书局1979年版。又，中华书局1983年版《十国春秋·点校说明》对此亦有所涉，可参看，不具引。

钱镠表奏为钱塘令，迁著作郎，辟掌书记。天祐三年充判官。梁开平二年授给事中，迁发运使，是年卒，年八十余。”

辨证：罗隐，传附《旧唐书·罗弘信传》后，极简略；《旧五代史》、陶岳《五代史补》、钱俨《吴越备史》、韩滤《秋涧日记》、辛文房《唐才子传》、《十国春秋》等，均有传。小传此之所述，乃是据《十国春秋》而间采他书而成，但有误。复次《十国春秋·吴越·罗隐传》(以下简称《十国春秋·罗隐传》)云：“罗隐，字昭谏，新城人也。”此作“新城人”，小传作“余杭人”，二者异。考沈崧《罗给事(隐)墓志》云：“家本新城，地临浙水，惟彼秀色，钟乎夫子。”①则以作“新城人”为是，小传误。《十国春秋·罗隐传》又云：“隐本名横，……凡十上不中第，遂更今名。……累官钱塘县令，授镇海军掌书记、节度判官、盐铁发运副使，除著作佐郎、司勋郎中……给事中、发运使，赐金紫。天宝三年十一月卒，年七十有七。”按沈崧《罗给事(隐)墓志铭》有云：“拜秘书省著作郎，辟为镇海军节度掌书记。……天祐三年，转司勋郎中，充镇海节度判官。开平二年，授给事中，至三年迁盐铁发运使。……以开平三年春寝疾，冬十二月十三日殁于西阙舍，享年七十七岁。”据此知：小传之“吴越王钱镠表奏为钱塘令”者，不仅《罗给事(隐)墓志铭》《十国春秋·罗隐传》无载，而且钱俨《吴越备史·罗隐传》、辛文房《唐才子传》卷九《罗隐》等亦未载。考韩滤《涧泉日记》卷上有云：“光启三年，吴越王表奏为钱塘令，迁著作郎，辟掌书记。”②小传所述当本此。

又，沈崧《罗给事(隐)墓志铭》载罗隐开平三年“迁盐铁发运使”，小传作“开平二年”者，乃误。又，小传之“是年卒，年八十余”之“是年”，所指为开平二年，即认为罗隐开平二年卒时“年八十余”，实则又误，盖因《罗给事(隐)墓志铭》明载开平三年十二月“殁于西阙舍，享年七十七岁”故也。《十国春秋·罗隐传》虽作“年七十七”，但其之“天宝

① 沈崧：《罗给事(隐)墓志》，雍文华辑校《罗隐集·附录》，中华书局1983年版。

② 韩滤：《涧泉日记》卷上，《四库全书》本，上海古籍出版社1987年影印。

三年十一月卒”，则与开平三年“殁”不符，原因是“天宝三年”(钱镠年号)实际上为开平四年(后梁太祖年号)，即二者相差一年。

皮光业(卷八九八)

原小传云：“光业，字文通，世为襄阳竟陵人。父日休，唐末为苏州军事判官，遂家焉。吴越武肃王辟置幕府，累署浙西节度推官。……文穆王袭位，命知东府事，天福二年国建，拜丞相。八年卒，年六十七，谥贞敬。”

按：皮光业，《十国春秋》有传。小传此之所述，即是据《十国春秋·吴越·皮光业传》(以下简称《十国春秋·皮光业传》)而为，但有误。复次《十国春秋·皮光业传》云：“皮光业字文通，世为襄阳竟陵人。……光业生于姑苏，十岁能属文，及长以所业谒武肃王，与沈崧、林鼎同辟幕府，累署浙西节度推官，赐绯。……天宝九年……特赐光业进士及第……文穆王嗣立，命知东府事。天福二年，国建，拜光业丞相。……八年二月丙辰卒，年六十七，谥曰贞敬。”小传不误。

考补：越州副使。

计有功《唐诗纪事》卷六十四“皮日休”条引《北梦琐言》云：“日休之子光业，辞文宏赡，唐末为越州副使。”

孙光宪(卷九〇〇)

原小传云：“光宪，字孟文，贵平人。唐时为陵州判官。后唐天成初避地江陵，为荆南武信王高季兴掌书记，累官荆南节度副使，试御史中丞。入宋授黄州刺史，乾德末卒。”

辨证：孙光宪，《十国春秋》《宋史》有传。小传此之所述，乃是据

《十国春秋·荆南·孙光宪传》(以下简称《十国春秋·孙光宪传》)而为。《十国春秋·孙光宪传》云:“孙光宪,字孟文,贵平人。……唐时为陵州判官,有声。天成初,避地江陵……入掌书记。……光宪事南平三世,皆处幕中,累官荆南节度副使……试御史中丞赐紫金鱼袋。……宋太祖嘉其功,授光宪黄州刺史。……乾德末,卒。”所述虽不误,但欠精审,如“乾德末,卒”者,即为其例。

检《宋史·孙光宪传》有云:“太祖闻之甚悦,授光宪黄州刺史……在郡亦有治声。乾德六年卒。时宰相有荐光宪为学士者,未及召,会卒。”乾德六年为公元 968 年。又,《三楚新录》卷三有云:“光宪与延嗣年甲相亚,居尝自谓筋力不衰。”《宋史·梁延嗣传》云:“开宝九年卒,年八十一。”推之可知,梁延嗣乃生于唐昭宗乾宁二年,亦即公元 859 年。孙光宪既与之“年甲相亚”,则其生年当在乾宁三年或者四年,但确时无考。

考补:自号葆光子。

检《北梦琐言》卷十云:“葆光子时为郡倅。”

法琳(卷九〇三)

原小传云:“法琳,俗姓陈氏,颍川人。寓居襄阳,出家荆州青溪玉泉寺。隋季入关,住京师济法寺。武德二年,上破邪论,以语涉谤讪下狱。后徙益部,知至百牢关菩提寺卒,年六十九。”

辨证:法琳,道宣《续高僧传》有传,另有彦悰《唐护法沙门法琳别传》(以下简称《法琳别传》)三卷专载其生平与佛学思想。小传此之所述,即是据《续高僧传·法琳传》而为,但有误。复次《续高僧传·法琳传》云:“释法琳,姓陈氏,颍川人。远祖随官寓居襄阳。少出家。……隋季承乱,入关观化……乃住京师济法寺。至武德四年,有太史令傅奕……上废佛法事十有一条……乃著《破邪论》。其词曰……东宫庶子虞世南，详琳著论，乃为之序胤。……至十三年冬，有黄巾秦世英者，挟方术以邀荣，遂程器于储贰，素嫉释种，阴陈琳论谤讪皇宗，罪当罔上。帝勃然下敕沙汰僧尼。……且琳所著正论，爰与书史伦同。……陛下若刑滥无辜，琳则有伏尸之痛。具以事闻，遂不加罪。有敕徙于益部僧寺，行至百牢关菩提寺，因疾而卒，时年六十九。”①又，《法琳别传》(为便于行文，特将三卷引文联缀)有云：“法师讳法琳，俗姓陈氏，颍川郡人。遂以远祖随宦徙寓襄阳。幼齿抽簪……遂以隋开皇十四年夏五月，隐于青溪山鬼谷洞焉。……观化上京，是岁仁寿元年春三月也。……后四年秋九月，有前道士太史令傅奕……敕纵迁琳益都。……言讫而卒，即贞观十四年秋七月二十日也，春秋六十九。”②据此二《传》，可知：

(1)二《传》虽均明言法琳“少出家”，但并未载具体出家之地，小传作“荆州青溪玉泉寺”者，乃不的。按“荆州青溪”在今湖北远安，法琳少年时曾“隐于青溪山鬼谷洞焉”，而玉泉寺在今湖北当阳，二者相距数百里，小传撰写者因不谙此，而将“荆州青溪”与玉泉寺关联一处，并认为法琳曾出家于此者，实则大误。

(2)《法琳别传》卷上载法琳“观化上京”之时，为“仁寿元年春三月”，小传作“隋季入关”者，欠精审，应据改。

(3)二《传》均载法琳“上破邪论”之时为武德四年，则小传作“武德二年”者，乃误，应据改。

(4)《法琳别传》卷下明载法琳卒于“贞观十四年秋七月二十日”，合勘“春秋六十九”，知其乃生于陈宣宗大建四年(572年)，小传可据补之。

---

① 道宣：《续高僧传》卷三，《大正藏》本，(日本)大正一切经刊行会版。

② 彦悰：《唐护法沙门法琳别传》，《四库全书》本，上海古籍出版社1987年影印。

元琬(卷九〇四)

原小传云:“元琬,俗姓杨氏,宏农华阴人。事昙延法师为师。贞观初敕住普光寺,十年卒。”

辨证:元琬,即玄琬,道宣《续高僧传》有传。小传此之所述,即是据《续高僧传·玄琬传》而为,但有误。复次《续高僧传·玄琬传》云:“释玄琬,俗姓扬,弘农华阴人也。……志在学年,方游法苑,事沙门昙延法师。……逮贞观初年……有令造普光寺,召而居之。……贞观十年杪冬,遘疾知归后世。……遂以腊月七日,卒于延兴寺房,春秋七十有五。”据此知:

(1)《续高僧传·玄琬传》作“弘农华阴人”,则小传之“宏农华阴人”者,乃误。

(2)玄琬卒于贞观十年(636年),“春秋七十有五”,据此而推,知玄琬生于梁武帝天正元年(552年),小传当据补其享年。

慧赜(同卷)

原小传云:“慧赜,俗姓李氏,荆州江陵人。……隋开皇中年,江陵寺,后敕住清禅寺。大业末,卜居终南高冠岭。贞观初召翻译新经,十年卒,年五十七。”

按:唐有两慧赜,一为道宣《续高僧传》卷三所载之慧赜,一为陆增祥《八琼室金石补正·慧赜塔记》之慧赜,前者终于贞观十年,后者圆寂于垂拱四年。小传所述之慧赜,为前者,其行事即是据《续高僧传·慧赜传》而为。复次《续高僧传·慧赜传》云:“释慧赜,俗姓李,荆州江陵人。……开皇中住江陵寺……赐纳僧伽梨并衣一袭,仍令住清禅寺。……以大业末岁，移卜终南之高冠岭，因岩构室，疏素形心。……及贞观开译……乃任为翻论之笔。译讫奏闻，有敕赐帛百匹、衣服一具。……以贞观十年四月六日终于所住。春秋五十有七，葬于京郊之东。”不误。但《续高僧传·慧赜传》中有慧赜“终于所住”后，“太常博士褚亮为文”云云，小传似应补上，盖因其于认识慧赜其人，更具文献学价值。

考补：为释智矩门人。

检道宣《续高僧传·智矩传》有云：“释智矩，姓吴氏，吴郡人。……以大业二年正月卒于寺房，春秋七十有二。葬京郊之南。门人慧感、慧赜，亲承嘉诲。”

慧斌(同卷)

原小传云：“慧斌，俗姓和氏，兖州人。年十九为州助教，年二十三出家台山，年三十四住泰山梁父甑山存道寺。后征为京师宏福寺主。贞观十九年卒，年七十二。”

辨证：慧斌，道宣《续高僧传》有传。小传此之所述，即是据《续高僧传·慧斌传》而为，但有误。检《四库全书》本《续高僧传·慧斌传》云：“年三十四方隶官名。住秦州梁父甑山存道寺，更寻律部，博听经论。”又，《大正藏》本《续高僧传·慧斌传》云：“年三十四，始隶公贯，住秦州梁父甑山存道寺。”①二者均作“秦州梁父甑山存道寺”，其“秦州”当为“兖州”之误。检李吉甫《元和郡县图志》卷十“河南道六·兖州”有云：“管县十一：瑕丘、金乡、鱼台、邹、龚丘、乾封、莱芜、曲阜、泗水、任城、中都。”其中乾封县有云：“泰山，一曰岱宗，在县

① 道宣：《续高僧传》卷三，《大正藏》本，(日本)大正一切经刊行会版。

西北三十里。"①则作兖州是。又，魏收《魏书·志第六·地形中二》于齐郡"领县九"有盘阳县："前汉属济南，后汉、晋属。有朱虚城、大岘山，有甑山。"②按"齐郡"为郡名，其治所即今山东临淄，而盘阳既"前汉属济南"，则其治所当在今济南一带，是地"有甑山"者，亦如是。又，《诸葛亮集》卷二有《梁甫吟》，一作《梁父吟》，题下有清人陶澍"案"云："梁甫，泰山下小山名。"综勘之，可知"甑山"既不在泰山，也与梁父无涉。所以，小传之"泰山梁父甑山存道寺"者乃误，其正确者应为"泰山梁父存道寺"，或径作兖州梁父存道寺。

道会(卷九〇五)

原小传云："道会，俗姓史氏，犍为武阳人。出家益州严远寺，后入京师与法琳同修辨正论，下狱，释还乡里。住眉州圣种寺。贞观末卒，年七十。"

辨证：道会，道宣《续高僧传》有传。小传此之所述，乃是据《续高僧传·道会传》而为，但有误。复次《续高僧传·道会传》云："释道会，姓史，犍为武阳人。初出家，住益州严远寺。……武皇登遐，入京朝观，因与琳师同修辨正。……身虽在狱，言笑如常，为诸在狱讲释经论，经春至冬……及事释还乡，三辅名僧送出郭门。……以贞观末卒。年七十矣。"按此《传》有误，如"武皇登遐，入京朝观，因与琳师同修辨正"者，即为其例。所谓"武皇登遐"，是指李渊即皇帝位于武德元年，而斯时，道会即"入京朝观，因与琳师同修辨正"，并因此而"下狱"。但据《续高僧传·法琳传》可知，法琳虽曾"下狱"，一则是因"有秦世英

① 李吉甫：《元和郡县图志》卷十，中华书局1983年版。

② 魏收：《魏书》卷一六〇，《四库全书荟要》本，吉林出版集团2005年影印。

者……阴陈琳论谤讪皇宗”，二则时间乃为贞观十三年秋，即其与道会在京师“同修辨正”毫无关系。所以，《续高僧传·道会传》之此载当误，而小传从之者，亦如是。又，《续高僧传·道会传》虽有“释还乡”之载，但却无“住眉州圣种寺”，小传此本何籍，待考。

彦悰(同卷)

原小传云：“彦悰，京兆大慈恩寺沙门，贞观末求法于三藏法师。”

辨证：彦悰，赞宁《宋高僧传》有传。小传此之所述，即是据《宋高僧传·彦悰传》而为，但有误。复次《宋高僧传·彦悰传》云：“释彦悰，未知何许人也。贞观之末，观光上京，求法于三藏法师之门。……著传五卷，专记三藏自贞观中一行盛化及西域所历夷险等，号慈恩传(即《大慈恩寺三藏法师传》——引者注)，盖取寺题也。……悰不知终所。”按《宋高僧传》之《彦悰传》的全称为《唐京兆大慈恩寺彦悰传》，小传作“沙门”者，所据当即此。检道宣《大唐内典录》卷五有“京师弘福寺沙门释彦琮”之载，智升《开元释教录·慧立传》有“后弘福沙门彦悰续而成之”云云，可知彦悰所修行之地，乃主要为弘福寺而不是大慈恩寺，对此，《旧唐书·玄奘传》又可为之佐证。其云：“贞观十九年，归至京师……广召硕学沙门五十余人，相助整比。”彦悰“贞观末求法于三藏法师”者，当即在是时前后。所以，小传应改“京兆大慈恩寺”为“京师弘福寺”，或者径作京师弘福寺沙门。

考补：龙朔二年与道宣等人上书“不拜俗”。撰《大唐京寺录传》十卷，《沙门不拜俗议》(一作《沙门不敬俗录》)六卷，《唐护法沙门法琳别传》三卷，《大慈恩寺三藏法师传)五卷(与慧立合撰，今存者为十卷本，详见本书“玄奘小传辨证”)。

检智升《开天释教录》卷八，著录《集沙门不拜俗议》六卷，并云：“沙门释彦悰……天皇龙朔二年……诏令拜君亲，巩伤国化令有司遍议，于时沙门道宣等共上书启闻于朝廷。悰恐后代无闻故，纂斯事并前代故事及先贤答问，名为《集沙门不拜俗议》。……并撰《大唐京师寺录》，行于代。"①又，道宣《大唐内典录》卷五著录"《大唐京寺录传》十卷""《沙门不敬俗录》六卷"。并云："右二部，京师弘福寺沙门释彦琮。"关于《唐护法沙门法琳别传》三卷，参见本书"法琳小传"之辨证。

元奘(卷九〇六)

原小传云："元奘，本名祎，俗姓陈氏，洛阳缑氏人。出家东都净土寺，后住长安庄严寺。贞观三年往西域，十九年赍经像还京师，敕住大慈恩寺。麟德元年卒，年六十五。"

辨证：元奘，即玄奘，《旧唐书》有传。又，智升《开元释教录》、道宣《续高僧传》、昙噩《六学僧传》亦有传，另有慧立、彦悰《大唐大慈恩寺三藏法师传》十卷，乃专载玄奘生平与佛学思想。小传此之所述，"贞观三年往西域"及其前，乃是据《开元释教录·玄奘传》而为，基本不误(唯"洛阳缑氏"应作洛州缑氏)；其后所本则为《大唐大慈恩寺三藏法师传》卷一、卷十，但有误。复次《大唐大慈恩寺三藏法师传》(为便于行文，特将所引卷次联缀)云："喜而寐焉，遂即行矣。贞观三年秋八月……时年二十六也。……贞观十九年春正月景子，京师留守左仆射梁国公房玄龄等……奉迎，自漕而入舍都亭驿。……三月……法师自洛阳还长安，即居弘福寺将事翻译。麟德元年……二月三日奏云：'法师因损足得病，至其月七日……法师已死。'"②合勘"贞观三年"与"时年二十六"，玄奘生年为隋文帝仁寿四年(604年)，由此下数至麟德元年

① 智升：《开元释教录》卷八，《四库全书》本，上海古籍出版社1987年影印。

② 慧立、彦悰：《大唐大慈恩寺三藏法师传》卷一、卷十，《大正藏》本，(日本)大正一切经刊行会版。

(664 年)，享年六十一岁。此则表明，小传作“麟德元年卒，年六十五”者，乃误。

附考：关于玄奘之生年与享年，众说纷纭，莫衷一是。对此，陈垣《释氏疑年录》卷四已有载，云：“京师大慈恩寺玄奘，洛州缑氏陈氏。《旧唐书》作显庆六年卒，年五十六，《续(高)僧传》四作麟德元年卒，年五十六，刘轲撰《塔铭》作六十九，今据冥祥撰行状(即《大正藏》所收录之《大唐故三藏玄奘法师行状》——引者注)，以其与诸家‘武德五年，年二十一’之说合也。”由是，即订玄奘“麟德元年卒，年六十三(602—664 年)。”①按陈氏此说，虽已成为定论(如任继愈主编《中国佛教史》等，所标注之玄奘生卒年，即为陈氏之说)，实则为误，盖因上引《大唐大慈恩寺三藏法师传》卷一，乃明载为“贞观三年秋八月……时年二十六也”，也即据此可知，玄奘是“年二十六”由长安首途西行的。而且，《大唐大慈恩寺三藏法师传》之撰者慧立、彦悰，乃皆为玄奘门人(慧立为玄奘门人，见智升《开元释教录 · 玄奘传》；彦悰为玄奘门人，见本书“彦悰小传辨证”)，则其所言者，自是较“冥祥撰行状”为可信。

慧立(卷九〇七)

原小传云：“慧立，本名子立，高宗改为慧立，俗姓赵氏，天水人。贞观三年，出家豳州招仁寺，又充大慈恩寺翻经大德，次补西明寺都维那，后授太原寺主。”

辨证：慧立，智升《开元释教录》、赞宁《宋高僧传》、元噩《六学僧传》，皆有传。小传此之所述，乃是据《开元释教录 · 慧立传》而为，但有误。检赞宁《宋高僧传 · 惠立传》有云：“释惠立，本名子立，天皇改为惠立，俗姓赵氏，天水人也。……年十五，贞观三年出家，住豳州昭

① 陈垣：《释氏疑年录》卷四，中华书局 1964 年版。

仁寺，此寺即破薛举之战场也。……敕召充大慈恩寺翻经大德，次补西明寺都维那，后授太原寺主。”此《传》作“惠立”，而小传则作“慧立”，二者异。按今存《大正藏》本《大唐大慈恩寺三藏法师传》卷首、彦悰《大唐大慈恩寺三藏法师传序》、昙噩《六学僧传》卷十六，均作“慧立”，则当作“慧立”者是。又，检赵明诚《金石录》卷三有《唐昭仁寺碑》，编号为“第五百五十五”，并有注云：“朱子奢撰。正书，无姓名。”则小传作“招仁寺”者，乃误。

考补：隋炀帝大业十一年生。

按上引《宋高僧传·惠立传》云：“年十五，贞观三年出家。”推之可知，慧立生年即为是年。

法融(卷九〇八)

原小传云：“法融，俗姓韦氏，润州延陵人。年十九入茅山，依炅法师出家。贞观十七年住金陵牛头山幽栖寺，是为牛头初祖。显庆二年卒，年六十四。”

辨证：法融，道宣《续高僧传》、惠详《弘赞法华传》、道原《景德传灯录》、普济《五灯会元》，皆有传；另刘禹锡《牛头山第一祖融大师新塔记》略载其生平。小传此之所述，乃是据《续高僧传·法融传》而为。复次《续高僧传·法融传》云：“释法融，姓韦，润州延陵人。年十九……遂入茅山，依炅法师剃除，周罗服勤请道……贞观十七年，于牛头山幽栖寺北岩下别立茅茨禅室……永徽三年，邑宰请出建初(寺)讲扬大品，僧众千人。……显庆元年，司功萧元善再三邀请……二年闰正月二十三日。终于建初。春秋六十四。……初，融以门族五百……又往丹阳南牛头山佛窟寺，现有辟支佛窟，因得名焉。”据此《传》，法融乃于贞观十七年“又往丹阳南牛头山佛窟寺”而“因得名焉”。又，惠详《弘赞法华传》卷三《法融传》云：“释法融，俗姓韦氏，丹阳延陵新亭人也。……后有永嘉永安寺旷法师，会稽一音寺敏法师，钟山定林寺旻法师，并当时义海，融遍游座下，忻然独得。后归丹阳牛头山幽栖寺，别为小屋，精修故业。”①普济《五灯会元·法融传》略同。一作“又往丹阳南牛头山”，一作“后归丹阳牛头山”，则小传之“金陵牛头山”者当误，而刘禹锡《牛头山第一祖融大师新塔记》之“牛头”前不冠“金陵”者，又可为之佐证。其是耶非耶，兹拈出以俟淹贯者。

至若《续高僧传·法融传》作“牛头山佛窟寺”，《弘赞法华传·法融传》作“牛头山幽栖寺”者，勘之普济《五灯会元·法融传》，则当以“牛头山幽栖寺”为是。

考补：有门人僧瑗、昙璀等。

依序见赞宁《宋高僧传》卷四《僧瑗传》、卷八《昙璀传》。

道宣(卷九〇九)

原小传云：“道宣，俗姓钱氏，丹徒人。一云长城人。……父申，陈吏部尚书。九岁依智頵律师出家，年十六从智首律师受具。隋大业中，西明寺初就，诏充上座。龙朔中住京兆崇义寺。乾封二年卒，年七十二。”

辨证：道宣，赞宁《宋高僧传》、志磐《佛祖统记》、普济《五灯会元》均有传。小传此之所述，乃是据《宋高僧传·道宣传》而为。复次《宋高僧传·道宣传》云：“释道宣姓钱氏，丹徒人也，一云长城人。……九岁能赋，十五厌俗，诵习诸经，依智頵律师受业。洎十六落发，所谓除结。……隋大业年中，从智首律师受具。武德中依首习律，才听一遍，方议修禅。……及西明寺初就，诏宣充上座。三藏奘

① 惠详：《弘赞法华传》卷三，《大正藏》本，(日本)大正一切经刊行会版。

师至止，诏与翻译。……尔后十旬，安坐而化，则乾封二年十月三日也，春秋七十二。”据此，知小传撰写者因删减原文而致误多处。其具体为：

(1)《宋高僧传·道宣传》原作“九岁能赋，十五厌俗，诵习诸经，依智頵律师受业”，小传则作“九岁依智頵律师出家”，乃误。

(2)《宋高僧传·道宣传》原作“隋大业年中，从智首律师受具”，小传颠倒了二者之次序，而使之“年十六从智首律师受具”，之后则乃为“隋大业中，诏充上座”，又误。

(3)《宋高僧传·道宣传》原作“及西明寺初就，诏充上座”，且其时间在唐高祖“武德中”之后，而小传则将“诏充上座”与“隋大业中”结合，而使本发生在唐初之事，向前移置于隋末，因而成误，且此误较之前二误更误。

(4)小传之“龙朔中住京兆崇义寺”，当为“龙朔中住西明寺”之误，盖因据《宋高僧传·道宣传》可知，道宣自“西明寺初就，诏宣充上座”后，一直在西明寺而不曾驻锡他处。又，据韦述《两京新记》卷三、徐松《唐两京城坊考》卷四所载，西明寺坐落于长安延康坊，而《宋高僧传·道宣传》之全称为《唐京兆西明寺道宣传》者，又可为之佐证。

怀素(卷九一二)

原小传云：“怀素，俗姓范氏，其先南阳人。父强为左武卫长史，遂为京兆人。贞观十九年从元奘出家，居宏济寺。上元三年诏住西太原寺。寻归西京，卒年七十四。”

辨证：怀素，智升《开元释教录》、赞宁《宋高僧传》有传。小传此之所述，乃是据《宋高僧传·怀素传》而为。复次《宋高僧传·怀素传》

云:“释怀素,姓范氏,其先南阳人也。……父强,左武卫长史,乃为京兆人也。……贞观十九年,玄奘三藏方西域回,誓求为师。……咸亨元年,发起勇心别述《开四分律记》。至上元三年丙子归京,奉诏住西太原寺傍听道成律师讲,不辍缉缀。永淳元年,十轴毕功,一家新立。……于本寺别院忽示疾……奄然而逝,俗龄七十四,法腊五十三。”以此合勘他传可知:

(1)小传之“贞观十九年从元奘出家,居宏济寺”者,当误。检慧立、彦悰《大唐大慈恩寺三藏法师传》有云:“贞观十九年春正月景子,京师留守左仆射梁国公房玄龄等……奉迎,自漕而入舍都亭驿。……三月……法师自洛阳还长安,即居弘福寺将事翻译。”(此引文详见本书“元奘小传辨证”)据此,知“居宏济寺”,应改为居弘福寺。

(2)《宋高僧传·怀素传》明载怀素于“上元三年丙子归京,奉诏住西太原寺”,则西太原寺乃在西京长安无疑,如此,则小传之“上元三年诏住西太原寺。寻归西京”者,即乃为误。所以,小传应据改。

附考:《全唐文》是卷著录怀素《食鱼帖》一文,乃为大历时书法家释怀素之所作,应将其于此怀素名下删除。对于此文的著录之误,拙著《唐代诗人探赜》第六章第一节《怀素生平辨证》乃有详考,可参看,此不具引。

慧能(卷九一四)

原小传云:“慧能,俗姓卢氏,其先范阳人,以父行瑫官南海,遂为新州人。咸亨中至乐昌,就智远禅师出家,复至蕲春,就宏忍禅师受具,后至南海,就印宗法师剃染,住法性寺。上元中移具宝林寺,诏赴京邑,谢病不起。神龙三年敕住韶州能居寺,改额法泉,是为南宗六祖。先天二年卒。宪宗时追谥大鉴禅师。”

辨证：慧能，又一作"惠能"①，阙名《现溪大师别传》《旧唐书·方伎传》、道原《景德传灯录》、延寿《宗镜录》、赞宁《宋高僧传》、契嵩《传法正宗记》、普济《五灯会元》，均有传。小传此之所述，主要是据《宋高僧传·慧能传》而为，但有误。复次《宋高僧传·慧能传》云："释慧能，姓卢氏，南海新兴人也。其本世居范阳。……贞观十二年戊戌岁生能也。……咸享中，往韶阳，遇刘志略。……明日遂行，至乐昌县西石窟，依附智远禅师，侍座谈玄。……劝往蕲春五祖所印证去。……未几造焉，忍师睹能气貌不扬……忍密以法衣寄托曰……就南海印宗法师《涅槃》盛集……乃为其削椎髻于法性寺。……上元中……乃移住宝林寺焉。时刺史韦据命出大梵寺，苦辞，入双峰曹侯溪矣。……神龙三年，敕韶州可修能所居寺佛殿并方丈，务从严饰，赐改额曰法泉也。……以先天二年八月三日俄然示疾……春秋七十六矣。"(《景德传灯录》卷五《第三十三祖慧能大师》(以下简称《慧能大师传》)大体同，唯无享年之载)。据此可知：小传之"上元中移具宝林寺，诏赴京邑，谢病不起"者，乃与《宋高僧传·慧能传》之"上元中……乃移住宝林寺焉。时刺史韦据命出大梵寺，苦辞"迥不相及，且《慧能大师传》亦无"诏赴京邑"之载，则小传或误。

又，柳宗元《曹溪第六祖赐谥大鉴禅师碑》云："扶风公廉问岭南三年，以佛氏第六祖未有称号，疏闻于上。诏谥大鉴禅师，塔曰'灵照之塔'。元和十年十月十三日下尚书祠部，符到都府。……大鉴去世百有六年……得大谥，丰佐吾道，其可无辞。"②小传之"宪宗时追谥大鉴禅

---

① 慧能或惠能，现存各种佛教典籍所载多不一，作慧能者，有宗密《圆觉经大疏钞》、宗密《圆觉经略疏钞》、阙名《神会和尚传话录》、阙名《曹溪大师别传》、《旧唐书·方伎传》、赞宁《宋高僧传》、道原《景德传灯录》、契嵩《传法正宗记》等。作惠能者，则有延寿《宗镜录》、赞宁《宋高僧传》(此书既有作慧能者，也有作惠能者)等。另，《柳宗元集》卷六有《曹溪第六祖赐谥大鉴禅师碑》，其文仅以"第六祖""大鉴禅师"相称，而无慧能或惠能之载，但题下所附"[详评]"则云："六祖，慧能也。"兹录以备考。

② 柳宗元：《柳宗元集》卷六，中华书局1979年版。

师”，应据补“元和十年”，而使之更为精审，即：宪宗元和十年追谥大鉴禅师。

义净(同卷)

原小传云：“义净，字文明，俗姓张氏，范阳人。年十五出家。咸亨二年至番禺，附海舶经二十五年，游三十余国，以武后证圣元年……还河洛。敕住佛授寺。先天二年卒，年七十九。”

辨证：义净，智升《开元释教录》、赞宁《宋高僧传》、念常《佛祖历代通载》有传；另卢粲《大唐隆兴翻经三藏义净法师塔铭》载其生平。小传此之所述，乃是据《宋高僧传·义净传》而为，但有误。复次《宋高僧传·义净传》云：“释义净字文明，姓张氏，范阳人也。……年十有五，便萌其志，欲游西域……弱冠登具，愈坚贞志。咸亨二年，年三十有七，方遂发足。初至番禺，得同志数十人，及将登舶，余皆退罢。……经二十五年，历三十余国，以天后证圣元年乙未仲夏，还至河洛。……敕于佛授记寺安置焉。……先天二年卒，春秋七十九。”按《宋高僧传·义净传》此载有误，故小传从之者亦如是。其具体为：

(1)卢粲《大唐隆兴翻经三藏义净法师塔铭》云：“师讳文明，字义净，俗姓张氏，齐郡山庄人。”又，智升《开元释教录·义净传》云：“沙门释义净，齐州人，俗姓张字文明。”按作齐州或齐郡(今山东济南)者是，盖因范阳为张姓郡望故也。

(2)智升《开元释教录·义净传》与《宋高僧传·义净传》，均载义净“年十有五志游西域”而“弱冠登具”，小传作“年十五出家”者，乃误。

(3)检徐松《唐两京城坊考》卷五“东京·外廓城”有云：“中曰建春

门。隋曰建阳，唐初改。薛怀义于建春门内敬爱寺别造殿宇，改名佛授记寺。”①小传作“敕住佛授寺”者，则又误，应据改为敕住佛授记寺。

一行(同卷)

原小传云：“一行，俗姓张氏，钜鹿人。本名遂，武后时命佐剡国公公谨支孙。幼依普寂禅师出家，后往天台山国清寺受算法，造大衍历。元(玄)宗召入集贤院，寻诏住兴唐寺。开元十五年卒于京师华严寺，谥大慧禅师。”

辨证：一行，《旧唐书》、赞宁《宋高僧传》有传，另刘肃《大唐新语》、郑处晦《明皇杂录》等，略载其事迹。小传此之所述，乃是据《宋高僧传·一行传》而为，但有误。复次《宋高僧传·一行传》云：“释一行，俗姓张，钜鹿人也，本名遂，则唐初佐命剡国公公谨之支孙也。丱岁不群……礼寂为师，出家剃染。……末至天台山国清寺见一院……自此声振遐迩，公卿籍甚。玄宗闻之，诏入……属《大衍历》出……编入《唐书·律历志》，以为不刊之典。……开元十五年九月于京师华严寺疾笃，将舆病入辞……怡然示灭。……谥曰大慧禅师。”据此，知一行是先为玄宗诏入，之后而编撰《大衍历》的，则小传之“后往天台山国清寺受算法，造大衍历。元(玄)宗召入集贤院”者，乃误。

又，《旧唐书·一行传》云：“僧一行，姓张氏，先名遂，魏州昌乐人。”小传从《宋高僧传·一行传》作“钜鹿人”，二者异。《旧唐书·一行传》又有云：“开元五年，玄宗令其族叔……至十五年卒，年五十四，赐谥曰大慧禅师。”其中之“年五十四”，小传与《宋高僧传·一行传》均无载，应据补。

---

① 徐松：《唐两京城坊考》卷五，中华书局1985年版。

神会(卷九一六)

原小传云:“神会,俗姓高氏,襄阳人。幼投本郡国昌寺,依颢元禅师出家。开元八年敕住南阳龙兴寺,天宝二年敕住荆州开元寺。肃宗朝敕入内供养,又敕住西京河泽寺。上元元年卒,年九十二。”

辨证:神会,宗密《圆觉经大疏钞》、赞宁《宋高僧传》、道原《景德传灯录》,均有传。小传此之所述,乃是据《宋高僧传·神会传》而为,但有误。复次《宋高僧传·神会传》云:“释神会,姓高,襄阳人也。年方幼学,厥性惇明,从师传授《五经》……辞亲投本府国昌寺颢元禅师下出家。……开元八年,敕配住南阳龙兴寺。……天宝……二年,敕徙荆州开元寺般若院住焉。……肃宗皇帝诏入内供养,敕将作大匠并功齐力,为造禅宇于荷泽寺中是也。……上元元年……其夜示灭,受生九十三岁矣。”据此知:

(1)“肃宗朝”之所以“诏入内供养”者,主要是让神会与“将作大匠并功齐力,为造禅宇于荷泽寺中”,而非如小传之“又敕西京河泽寺”也,所以,小传此述乃误。

(2)《宋高僧传·神会传》作“受生九十三岁”,小传则为“年九十二”,二者异。

关于神会之享年,陈垣《释氏疑年录》卷四于“洛京荷泽寺神会”云:“唐肃宗上元元年卒,年七十五(六八六—七六〇)。《圆觉经略疏钞》八注作乾元元年卒,年七十五,宋高僧传八作上元元年卒,年九十三,今据《景德传灯录》五。”按《景德传灯录》乃宋僧道原所撰,以之断神会享年者,虽不误,但却欠精审。其实,撰著《圆觉经略疏钞》的作者宗密,为中唐僧人(《宋高僧传》卷六有传),另有《圆觉经大疏钞》一书,其卷三下《神会传》也作"年七十五"①。宗密二书皆作"年七十五"的实况，当为《景德传灯录·神会传》所本。虽然如此，但神会之卒年，或上元二年、或乾元元年，则还有待作进一步考察。

又，据宗密《圆觉经大疏钞·神会传》所载，神会"俗姓万"，与《宋高僧传·神会传》、小传之"俗姓高氏"者异，但神会之俗姓或万、或高，则因材料所限，难以确考，兹拈出以俟淹贯者。

慧灵(同卷)

原小传云："慧灵，庄严寺沙门。大中七年赐紫，敕补新寺上座。后预代宗永泰中参谭证义，年百余岁。"

辨证：慧灵，赞宁《宋高僧传》有传。小传此之所述，即是据《宋高僧传·慧灵传》而为，但有误。复次《宋高僧传·慧灵传》云："释慧灵，未详何许人也。……大中七年，宣宗幸庄严寺，礼佛牙，登大塔，宣问耆年，乃赐紫衣。其年六月，敕补灵为新寺上座矣。……灵居新寺终矣。究其灵公如曾预代宗永泰中参译证义，则可年百奇岁矣。"据此，知小传之"后预代宗永泰中参谭证义，年百余岁"者，乃为误。这是因为，《宋高僧传·慧灵传》所载之"究其灵公如曾预代宗永泰中参译证义，则可年百奇岁矣"云云，乃为假设之语(据"究其灵公如"可知)，小传撰写者则将其理解为"实有"，而成此误。又，检岑仲勉《读全唐文札记》云："同卷。'慧灵，庄严寺沙门。大中七年赐紫，敕补新寺上座。后预代宗永泰中参谭证义，年百余岁'。按代宗时年号大历，非大中，但大历在永泰后，不得云'后预代宗永泰中'。"甚是，小传则可据而改之。

---

① 宗密：《圆觉经大疏钞》卷三，《续藏经》本，台湾新文丰出版公司1976年影印。

清昼(卷九一七)

原小传云："清昼，字皎然，俗姓谢氏，宋灵运十世孙。住吴兴兴国寺。有诗名，与刺史颜真卿诸名士酬唱，预撰《韵海镜源》。贞元中敕写其文集入秘阁。"

辨证：清昼，赞宁《宋高僧传》、辛文房《唐才子传》有传。小传此之所述，乃是据《宋高僧传·皎然传》而为，但有误。复次《宋高僧传·皎然传》云："释皎然，字昼，姓谢氏，长城人，康乐侯十世孙也。……文章隽丽，当时号为释门伟器哉。……颜鲁公真卿命裨赞《韵海》(即《韵海镜源》的简称——引者注)二十余卷。……贞元八年正月敕写其文集入于秘阁，天下荣之。"据此，知小传之"清昼，字皎然"者，及不的。考于頔《吴兴昼上人集序》云："吴兴开士释皎然，字清昼，即康东之十世孙。"①于頔与皎然为同时人，则其称"释皎然，字清昼"者，自然要较小传之"清昼，字皎然"可靠得多。又，小传之"住吴兴兴国寺"者，赞宁《宋高僧传》、辛文房《唐才子传》均无载，唐释福琳《唐湖州杼山皎然传》②一文亦然。按据福琳《唐湖州杼山皎然传》又可知，皎然所住者为"杼山妙喜寺"。湖州杼山有妙喜寺，颜真卿《湖州乌程县杼山妙喜寺碑铭》③载之甚详，故《唐才子传》卷四《皎然上人》乃有云："初入道……与灵彻、陆羽同居妙喜寺。羽于寺旁创亭，以癸丑岁癸卯朔癸亥日落成，湖州刺史颜真卿名以'三癸'，皎然赋诗，时称'三

① 于頔：《吴兴昼上人集序》，《全唐文》卷五四四，中华书局 1983 年影印本。

② 福琳：《唐湖州杼山皎然传》，《全唐文》卷九一九，中华书局 1983 年影印本。

③ 颜真卿：《湖州乌程县杼山妙喜寺碑铭》，《颜鲁公文集》卷七，《四库全书》本，上海古籍出版社 1987 年版。

绝’。”所以，小传之“住吴兴兴国寺”者，当误。

匡白(卷九一九)

原小传云：“匡白，太和中沙门。”

辨证：匡白，唐宋诸僧传无其传。小传此之所述，乃是据《全唐文》是卷著录匡白《江州德化东林寺白氏文集记》之“太和六年岁次甲午八月己巳朔十二日庚辰……沙门匡白记”而为，但有误。检岑仲勉《读全唐文札记》云：“(卷九一九)‘匡白，太和中沙门’，下收《江州德化东林寺白氏文集记》一首，末有云：‘时太和六年岁次甲午，八月己巳朔，十二日庚辰。’按此五代吴之太和也，今与唐大和(原均误太和)师用、东乂诸僧杂列，使读者误会为同时人矣。”所以，小传应据改“太和中”为大和中。

考补：为庐山东林寺监寺，号文通大师。有《僧康白集》行世。

检《全唐诗·齐己诗集》有《寄怀东林寺匡白监寺》一诗，题中之“匡白监寺”，所指即为匡白时任东林寺监寺。又，《全唐诗·李中诗集》有《寄庐山白大师》一诗，题中之“白大师”，即指时号“文通大师”的匡白。又，《崇文总目》卷五著录《僧康白诗》十卷，郑樵《通志》卷七〇则作《僧康白诗》一卷，二者中之“康白”，皆即匡白，因避宋太祖讳而改。

宗密(卷九二〇)

原小传云：“宗密，俗姓何氏，果州西充县人。元和二年依遂州道圆禅师出家，住终南山草堂寺。太和三年赐紫。会昌元年卒于兴福塔院，年六十二，谥定慧禅师。”

辨证：宗密，赞宁《宋高僧传》有传，另裴休《圭峰禅师碑铭并序》

载其生平。小传此之所述，乃是据《宋高僧传·宗密传》而为，但有误。复次《宋高僧传·宗密传》云："释宗密，姓何氏，果州西充人也。……元和二年，偶谒遂州圆禅师……乃从其削染受教。……大和二年庆成节，征赐紫方袍为大德。寻请归山。会昌元年正月六日坐灭于兴福塔院，俨若平日……俗龄六十二，僧腊三十四。……宣宗……追谥曰定慧禅师。"又，裴休《圭峰禅师碑铭并序》有云："圭峰禅师号宗密，姓何氏，果州西充县人。……大师以建中元年生于世，元和二年印心于圆和尚。……大和二年庆成节征入内殿问法要，赐紫方袍为大德，寻请归山。会昌元年正月六日，坐灭于兴福塔院……俗岁六十二，僧腊三十四。……今皇帝(即唐宣宗)再阐真宗，追谥定慧禅师。"①此即《宋高僧传·宗密传》之所本。裴休为宗密门人，所言当为可信。以《圭峰禅师碑铭并序》所载勘之小传，知"太和三年赐紫"者，乃为"大(太)和二年"之误，则小传应据改。

考补：圭峰禅师。

见上引裴休《圭峰禅师碑铭并序》。

齐巳(卷九二一)

原小传云："齐巳，名得生，俗姓胡氏，潭州益阳人。出家大沩山同庆寺，后住衡岳东林寺。荆南高从诲迎置龙兴寺，署为僧正，自号衡岳沙门。卒于豫章西山金鼓寺，著有《白莲集》十卷。"

辨证：齐巳，赞宁《宋高僧传》、辛文房《唐才子传》、《十国春秋》有传，但前者作齐已，后者作齐己，小传作齐巳，三者异，据孙光宪《白莲集序》，知当以齐己为是(具体详下。又，为便于行文，以下均以

① 裴休：《圭峰禅师碑铭并序》，《全唐文》卷七四三，中华书局1983年影印本。

“齐己”称之，特此说明）。计有功《唐诗纪事》卷七十五“齐己条”略载其事迹。小传此之所述，乃是据《宋高僧传·齐已传》而为，但有误。复次《宋高僧传·齐已传》云：“释齐已，姓胡，益阳人也。……幼而捐俗于大沩山寺……于石霜法会，请知僧务。梁革唐命……高季昌禀梁帝之命……已便为荆州留后，寻正受节度。……龙德元年辛巳中礼已于龙兴寺净院安置，给其月俸，命作僧正。……卒，有《白莲集》行于世，自号衡岳沙门焉。”此即小传作“潭州益阳人”之所本，实则为误。考孙光宪《白莲集序》有云：“禅师齐己，本胡氏子，实长沙人。家迩沩慕大禅伯，入顿门落发。”①则小传应据改为长沙人。

又，齐己是否卒于“豫章西山金鼓寺”，诸书无载，小传此述，所本何籍，待考。

贯休（同卷）

原小传云：“贯休，字德隐，俗姓姜氏，婺州兰溪人。七岁投本邑和安寺圆贞禅师出家。乾宁初献诗吴越武肃王，复北谒荆帅成汭……黜出黔中。再游荆南，高季昌馆之龙兴寺。天复中入成都，王建留住东禅院，署号禅月大师。寻建龙华道场，令居之。……赐紫大沙门。梁乾化二年卒，年八十一。”

按：贯休，赞宁《宋高僧传》、辛文房《唐才子传》有传，佚名《宣和书谱》《宣和画谱》、黄休复《益州名画录》均载其事迹。小传此之所述，乃是据《宋高僧传·贯休传》而为，不误。

附考：按《宋高僧传·贯休传》有云：“释贯休，字德隐，俗姓姜氏，金华兰溪登高人也。……弟子劝师入蜀，时王氏将图僭伪，邀四方贤士，得休甚喜……署号禅月大师。……至梁乾化二年终于所居，春秋

---

① 孙光宪：《白莲集序》，《全唐文》卷九〇〇，中华书局1983年影印本。

八十一。蜀主惨怛，一皆官葬，塔号白莲。于城(成)都北门外升迁为浮图。”按，其中之“梁乾化二年卒”，中华书局1987年点校本《宋高僧传》于此有“校记”云：“《四库全书总目》卷一百五十一《禅月集》下谓卒于蜀乾德五年癸未，陈垣谓误以昙域撰《禅月集后序》之年为休卒年。(《释氏疑年录》卷五)按梁乾化二年(九一二)当蜀永平二年。”①复次《释氏疑年录》卷五于“成都东禅院贯休”云：“蜀永平二年、梁乾化二年卒，年八十一(八三二—九一二)。《释氏通鉴》作后唐同光三年卒，《宗统编年》作梁乾化四年卒，今据《宋高僧传》三十。《四库提要》别集四作蜀乾德五年癸未卒，盖误以昙域《禅月集后序》之年为休卒年，而不知序中明言‘壬申岁卒、癸酉年置塔’也。”②按陈氏此言虽不误，但其认为“盖误以昙域《禅月集后序》之年为休卒年”云云，则乃不的，原因是昙域关于其师贯休卒年之载者，乃为《禅月集序》而非《禅月集后序》。昙域此二《序》，均为《全唐文》卷九二二所著录，陈氏未及细读，而成此误，中华书局《宋高僧传》点校者所撰写之“校记”，亦如是。

叶法善(卷九二三)

原小传云：“法善，括州括苍人。……法善少传符录，尤能厌劾鬼神。高宗闻其名，征诣京师，将加爵，固辞，求为道士，因留内道场。睿宗即位，称法善有冥助之力，先天二年拜鸿胪卿，封越国公，仍为道士京师景龙观。开元八年卒，年一百七岁。”

辨证：叶法善，两《唐书》、张天雨《玄品录》有传。小传此之所述，乃是据《旧唐书·叶法善传》而为，但有误。复次《旧唐书·叶法善传》云：“道士叶法善，括州括苍县人。……法善少传符箓，尤能厌劾鬼

① 赞宁：《宋高僧传》卷三十，中华书局1987年版。
② 陈垣：《释氏疑年录》卷五，中华书局1964年版。

神。……法善生于隋大业之丙子，死于开元之庚子，凡一百七岁。八年卒。”此之所载不确。按“隋大业之丙子”为大业十二年(616年)，而唐玄宗以“开元”纪年者，凡二十九年，但其中并无“庚子”；若以“八年卒”言，开元八年为庚申(720年)，则“开元之庚子”当为“开元之庚申”之误，然以此合勘“大业之丙子”，实则乃为一百五岁，而非“一百七岁”。又，检《新唐书·叶法善传》有云：“高宗时，又有叶法善者……开元八年卒。或言生隋大业丙子，死庚子，盖百七岁云。”其中“或言”所指，当为《旧唐书·叶法善传》。此则表明，《新唐书·叶法善传》关于叶法善生年、卒年与享年之载，虽据《旧唐书·叶法善传》而为，但却并不相信其之所载。所以，小传从《旧唐书·叶法善传》作“开元八年卒，年一百七岁”者，实则乃误。

史崇(同卷)

原小传云：“崇，武后时太清观主，授金紫光禄大夫，鸿胪卿员外置同正员，河内郡开国公。”

辨证：史崇，两《唐书》无传。小传此述，所本何籍，待考，但有误。检岑仲勉《读全唐文札记》云：“崇，武后时太清观主。”下收《妙门由起序》一首，文内亦作史崇，“余按崇文总目四道书一、一切道书音义叙亦称史崇等撰，惟新书五九作史崇玄。又文内崔湜结衔为检校中书令，则其文先天时作也。”史崇或史崇玄，待考。

司马承祯(卷九二四)

原小传云：“承祯，字子微，河内温人。为道士，事潘师正，传其符箓……服饵之术，止天台山。武后闻其名，召至都，降手敕赞美之。

景云二年，睿宗复召之，固辞还山。开元九年十五年，元(玄)宗两召之，敕于王屋山建阳台观以居。卒年八十九。赠银青光禄大夫，谥贞一先生。"

辨证：司马承祯，两《唐书》、张天雨《玄品录》有传。小传此之所述，乃是据《旧唐书·司马承祯传》而为，但有误。复次《旧唐书·司马承祯传》云："道士司马承祯，字子微，河内温人。……少好学，薄于为吏，遂为道士。事潘师正，传其符箓……服饵之术。……遍游名山，乃止于天台山。则天闻其名，召至都，降手敕以赞美之。……景云二年，睿宗……追之至京，引入宫中……固辞还山。……开元九年，玄宗又遣使迎入京……十五年，又召至都。玄宗令承祯于王屋山自选形胜，置坛室以居焉。……为阳台观，上自题额，遣使送之。……是岁，卒于王屋山，时年八十九。……可银青光禄大夫，号真一先生。"《新唐书·司马承祯传》除"谥贞一先生"外，余全同。但据《旧唐书·司马承祯传》可知，司马承祯之"号真一先生"者，乃玄宗"制曰"所致，则《新唐书·司马承祯传》与小传作"谥贞一先生"者，乃皆误。又，据卫凭《唐王屋山中岩台正一先生庙碣》一文，知《新唐书·司马承祯传》与小传皆作"贞一先生"、《旧唐书》作"真一先生"者，乃皆为"正一先生"之误。是文有云："宗师讳承祯，字子微，法号道隐。……年二十一，始服巾褐入道，师体元先生……授君东华上清真人。……岁乙亥夏六月十八日……乘空而去。"①按"岁乙亥"为开元二十三年，所谓"乘空而去"，当为死的另一种说法，若然，则司马承祯开元二十三年卒时，"年八十九"。

又，崔尚《唐天台山新桐柏观颂并序》有云："錬师名承祯，一名子微，号曰天台白云，河内温人。"②则小传从《旧唐书·司马承祯传》作

① 卫凭：《王屋山中岩正一先生庙碣》，《全唐文》卷三〇六，中华书局1983年影印本。

② 崔尚：《唐天台山新桐柏观颂并序》，《全唐文》卷三〇四，中华书局1983年影印本。

“字子微”者，或误。

考补：法号道隐，授上清真人，号天台白云。

依序见上引卫凭《唐王屋山中岩台正一先生庙碣》、崔尚《唐天台山新桐柏观颂并序》二文。

吴筠(卷九二五)

原小传云：“筠，鲁中儒士，举进士不第，乃入嵩山依潘师正为道士，传正一之法。元(玄)宗闻其名，遣使征之，令待诏翰林。天宝中，李林甫杨国忠用事，坚求还山，不许，乃诏于岳观别立道院。禄山将乱，求还茅山，许之，终于越中。”

辨证：吴筠，两《唐书》、张天雨《玄品录》有传。小传此之所述，乃是据《旧唐书·吴筠传》而为，但有误。考权德舆《唐故中岳宗玄先生吴尊师文集序》(以下简称权《序》)有云：“先生讳筠，字贞节，华阴人。生十五年笃志于道。”①又，《新唐书·吴筠传》云：“吴筠，字贞节，华州华阴人。通经谊，美文辞，举进士不中。”又，张天雨《玄品录·吴筠传》云：“吴筠，字贞节，华州华阴县人。少通经，善属文，举进士不第。”②合勘之，小传从《旧唐书·吴筠传》作“鲁中儒士”者，乃误。权《序》又有云：“天宝初……征至京师……请度为道士。宅于嵩邱，乃就冯尊师齐整受正一之法。……十三年，召入大同殿，寻又诏居翰林。”据此，知小传从《旧唐书·吴筠传》作“乃入嵩山依潘师正为道士，传正一之法”者，则又误。

附考：按《全唐文》卷五〇八著录权德舆《吴尊师传》一文，当为一

① 权德舆：《唐故中岳宗玄先生吴尊师文集序》，《权德舆文集》卷二十三，甘肃人民出版社 1999 年版。

② 张天雨：《玄品录》卷四，《正统道藏》本，商书印书馆 1928 年影印本。

篇伪作。其理由有二：(1)经核校可知，其乃为《旧唐书·吴筠传》之传文。唯不同者，是《旧唐书·吴筠传》之“筠在翰林时，特承恩顾，由是为群僧之所嫉。骠骑高力士素奉佛，尝短筠于上前，筠不悦，乃求还山。故所著文赋，深诋释氏，亦为通人所讥”一段文字，为《吴尊师传》所无，当为作伪者有意删之。(2)检《四库全书》本《权载之文集》，凡五十卷，其中无《吴尊师传》一文。而且，据此《权载之文集》之分类可知，权德舆生前并不曾撰“传”类文。综此二者，是知《吴尊师传》绝非权德舆所撰，故应从《全唐文·权德舆文集》中删除。

李含光(卷九二七)

原小传云：“含光，扬州江都人，天宝时道士。”

按：李含光，两《唐书》无传。小传此述，所本何籍，待考，虽不误，但欠精审。按《正统道藏》本张天雨《玄品录》卷四著录《李含光传》一篇，为认识李含光生平较完整之资料，兹据之抄录其全文如次，以供参考。其为：

> 李含光，广陵江都人。本姓弘，避则天讳易焉。家世业儒，父孝威，号贞隐先生，精黄老之术。神龙初含光以清行度为道士，居龙兴观。开元十七年，从司马子微于王屋山，一见目之曰：“真玉清之容也。”居嵩阳二十余年。司马仙去，玄宗召诣阙，与语叹曰：“吾见含光，知司马真人犹然在世。”一日问及金鼎，对曰：“道德公也，轻举公中之私耳，时见其私，圣人存教，若求生徇欲，则似系风。”玄宗深感异之，召居阳台观。岁余称疾，乞归茅山，纂修经法。天宝四年十二月命中使赍玺书征之，既至馆，于禁中每欲咨禀，必先斋沐，请传道法。辞以疾，复求还山。乃特敕杨许故宅紫

阳观以居之，御制诗饯别，禁山中采捕鱼猎，食荤血者不得入。时经诰真迹已多散逸，奉诏搜访，备得宝书进上之复召。山人王旻请含光楷书上经十三纸以补阙，若曰："欲得神仙，手笔代代相续耳。"七年三月十八日玄宗受三洞经箓于大同殿，遥礼度师，赐号玄静先生，法衣一袭以伸师资之礼。大历四年十一月十四日坐蜕于紫阳别院，执简如生，时年八十有七。以左玄大夫赠，正议大夫颜真卿柳识撰碑，并刻开元手诏二十四通于石。

杜光庭(卷九二九)

原小传云："光庭，字宾至，缙云人。一曰长安人。咸通中应九经举不第。入天台山学道。从僖宗幸兴元，留蜀事先主，为金紫光禄大夫谏议大夫，封蔡国公，赐号广成先生。迁户部侍郎。后主立，授道箓于苑中，以为传真天师崇真馆大学士。后解官隐青城山，号东瀛子，卒年八十五。"

辨证：杜光庭，《十国春秋》、赵道一《历代真仙体道通鉴》有传。小传此之所述，乃是据《十国春秋·前蜀·杜光庭传》(以下简称"《十国春秋·杜光庭传》")而为，虽不误，但欠精审。复次《十国春秋·杜光庭传》云："杜光庭，字宾至，缙云人，一曰长安人。……唐咸通中应九经举，不第，遂入天台山学道。……僖宗因召见，大悦。已而从幸兴元，竟留于蜀，事高祖为金紫光禄大夫、谏议大夫，封蔡国公，赐号广成先生。……久之，迁户部侍郎。后主立，受道箓于苑中，以光庭为传真天师、崇真馆大学士。未几解官，隐青城山，号登瀛子(注云：或作东瀛)。……年八十五卒。"小传从《十国春秋·杜光庭传》之"一曰长安人"，乃不的，应删。检《历代真仙体道通鉴·杜光庭传》云："道士杜光庭字宾圣，号东瀛子，本处州人，《青城山记》云京兆杜陵人。”①此云“京兆杜陵人”者，即小传“一曰长安人”之所谓也。按杜光庭《广成集》有《青城山记》一文，其中无“京兆杜陵人”或“长安人”只字之涉者，即乃明证。又，《历代真仙体道通鉴·杜光庭传》有云：“后唐庄宗长兴四年癸巳十一月，光庭八十四岁，一旦披法服，作礼辞天，升堂趺坐而化。”此作“八十四岁”，小传从《十国春秋·杜光庭传》则作“卒年八十五”，二者异。孰是孰非，兹拈出以俟淹贯者。

考补：事天台道士应夷节，充麟德殿文章，蜀主王建初赐号广德先生。

以上所补，俱见赵道一《历代真仙体道通鉴》卷四十《杜光庭传》，因文甚繁，不具引。

李元真(卷九四五)

原小传云：“元真，越王贞之元女孙。曾祖珍，于先天中得罪，配流岭南。元真祖父皆亡殁岭外，虽经恩赦，而未昭雪。元真进状，请归葬越王墓次，诏许之。即敕于咸宜观安置为女道士。”

按：李元真，两《唐书》无传。小传此之所述，乃是据《全唐文》是卷著录李元贞《请归葬祖父于越王茔次状》一文而为，不误。

考补：生于大历十二年。

复次李元贞《请归葬祖父于越王茔次状》有云：“去开成三年十二月内，岭南节度使卢均，出俸钱接借，哀妾三代旅榇，暴露各在一方，特与发遣。……今护四丧，已到长安……妾年已六十三。”文中既云“去开

① 赵道一：《历代真仙体道通鉴》卷四十，《正统道藏》本，商书印书馆1928年影印本。

成三年”，则“今护四丧”之“今”，所指为开成四年乃无疑，以开成四年(839年)合勘“妾已六十三”，为唐代宗大历十二年(777年)，即李元真乃生于是年。

杨氏(同卷)

原小传云：“杨氏，宏农人，宰相王搏妻，著女诫一卷。”

辨证：杨氏，两《唐书》无传。小传此之所述，当是据《新唐书·艺文志》而为，但有误。复次《新唐书·艺文志二》，著录杨氏“《女诫》一卷”，云：“王抟妻杨氏《女诫》一卷。”按，王抟，《新唐书》卷一一六有传，云：“乾宁初，进同中书门下平章事。……光化三年……贬崖州司户参军事，赐死蓝田驿。”“乾宁”与“光化”，皆为唐昭宗年号，则王抟、杨氏皆为唐昭宗时人者，即可论断。所以，小传之“王搏妻”，应据改为王抟妻，并应在“宰相”前加上“昭宗时”三字，使之成为“昭宗时宰相王抟妻”，如此，即可避免误导。

本书主要引用书目

一、先唐书目

书名	作者	版本
《礼记正义》	郑玄等(汉)	《十三经注疏》本
《水经注》	郦道元(北魏)	《四部备要》本
《魏书》	魏　收(北齐)	《四库全书荟要》本
《文选》	萧　统(梁)	中华书局 1977 年影印本
《高僧传》	慧　皎(梁)	中华书局 1992 年版
《梁书》	姚思廉(隋)	《四库全书》本

二、唐五代书目

书名	作者	版本
《杨炯集》	杨　炯(唐)	中华书局 1980 年版
《宗玄集》	吴　筠(唐)	上海古籍出版社 1992 年版
《刘长卿集》	刘长卿(唐)	《四部丛刊》本
《权德舆文集》	权德舆(唐)	甘肃人民出版社 1999 年版
《权载之文集》	权德舆(唐)	《四库全书》本
《杜工部诗集》	杜　甫(唐)	中华书局 1957 年版
《柳宗元集》	柳宗元(唐)	中华书局 1979 年版
《颜鲁公文集》	颜真卿(唐)	《四库全书》本

《毗陵集》	独孤及(唐)	《四库全书》本
《皇甫持正文集》	皇甫湜(唐)	《四库全书》本
《白居易集》	白居易(唐)	中华书局 1979 年版
《沈下贤集》	沈亚之(唐)	《四库全书》本
《黄御史集》	黄　滔(唐)	《四库全书》本
《广成集》	杜光庭(唐)	中华书局 2011 年版
《隋书》	魏徵等(唐)	中华书局 1973 年版
《唐人选唐诗》	殷璠等(唐)	上海古籍出版社 1958 年版
《唐六典》	李林甫等(唐)	中华书局 1992 年版
《通典》	杜　佑(唐)	中华书局 1988 年版
《唐律疏义》	长孙无忌(唐)	中华书局 1978 年版
《元和郡县图志》	李吉甫(唐)	中华书局 1983 年版
《元和姓纂》	林　宝(唐)	中华书局 1984 年版
《朝野佥载》	张　鷟(唐)	《四库全书》本
《大唐新语》	刘　肃(唐)	中华书局 1984 年版
《刘宾客嘉话录》	刘禹锡(唐)	《丛书集成初编》本
《尚书故实》	李　绰(唐)	《丛书集成初编》本
《云溪友议》	范　摅(唐)	古典文学出版社 1957 年版
《定命录》	吕道生(唐)	《四库全书》本
《集异记》	薛用弱(唐)	《笔记小说大观》本
《明皇杂录》	郑处晦(唐)	《开元天宝遗事十种》本
《梅妃传》	曹　邺(唐)	《四库全书》本
《教坊记》	崔令钦(唐)	《说郛》本
《唐阙史》	高彦休(唐)	《四库全书》本
《杜阳杂编》	苏　鹗(唐)	《笔记小说大观》本
《云仙杂记》	唐　骈(唐)	《四库全书》本
《本事诗》	孟　棨(唐)	《历代诗话续编》本
《宣室志》	张　读(唐)	中华书局 1983 年版

《东观奏记》	裴庭裕(唐)	《四库全书》本
《因话录》	赵　璘(唐)	上海古籍出版社 1979 年版
《乐府杂录》	段安节(唐)	中国戏剧出版社 1959 年版
《高力士外传》	郭　湜(唐)	《唐开元小说六种》本
《两京新记》	韦　述(唐)	《丛书集成初编》本
《历代名画记》	张彦远(唐)	人民美术出版社 1963 年版
《开元释教录》	智　升(唐)	《四库全书》本
《大慈恩寺三藏法师传》	慧立本等(唐)	中华书局 1983 年版
《唐护法沙门法琳别传》	彦　悰(唐)	《大正藏》本
《唐护法沙门法琳别传》	彦　悰(唐)	《四库全书》本
《圆觉经大疏钞》	宗　密(唐)	《续藏经》本
《弘赞法华传》	惠　详(唐)	《大正藏》本
《续高僧传》	道　宣(唐)	《大正藏》本
《续高僧传》	道　宣(唐)	《四库全书》本
《神话和尚禅话录》	阙　名(唐)	中华书局 1996 年版
《鉴戒录》	何光远(五代)	《丛书集成初编》本
《唐摭言》	王定保(五代)	上海古籍出版社 1978 年版
《北梦琐言》	孙光宪(五代)	上海古籍出版社 1981 年版
《金华子杂编》	刘崇远(五代)	《四库全书》本
《旧唐书》	刘昫等(五代)	中华书局 1975 年版
《旧五代史》	刘昫等(五代)	中华书局 1976 版
《宗镜录》	延　寿(五代)	《大正藏》本

三、宋元书目

《后村先生大全集》	刘克庄(宋)	《四部丛刊》本
《唐大诏令集》	宋敏求(宋)	《四库全书》本
《新唐书》	欧阳修等(宋)	中华书局 1975 年版

《新唐书纠谬》	吴　缜(宋)	《四库全书》本
《旧五代史》	薛居正等(宋)	中华书局 1976 年版
《新五代史》	欧阳修(宋)	中华书局 1974 年版
《五代会要》	王　溥(宋)	《四库全书》本
《五代史补》	陶　岳(宋)	《四库全书》本
《宝刻丛编》	陈　思(宋)	《丛书集成初编》本
《宝刻丛编》	陈　思(宋)	《四库全书》本
《宝刻类编》	无名氏(宋)	《丛书集成初编》本
《集古录》	欧阳修(宋)	《四库全书》本
《金石录》	赵明诚(宋)	《四库全书》本
《舆地碑记目》	王象之(宋)	《四库全书》本
《太平广记》	李昉等(宋)	中华书局 1961 年版
《太平御览》	李昉等(宋)	商务印书馆 1935 年影印本
《文苑英华》	李昉等(宋)	中华书局 1966 年影印本
《广卓异记》	乐　史(宋)	《四库全书》本
《唐语林》	王　谠(宋)	上海古籍出版社 1978 年版
《梦溪笔谈》	沈　括(宋)	《四库全书》本
《宋高僧传》	赞　宁(宋)	中华书局 1987 年版
《五灯会元》	普　济(宋)	中华书局 1984 年版
《佛祖统记》	志　磐(宋)	《大正藏》本
《景德传灯录》	道　原(宋)	成都古籍书店 2000 年版
《传法正宗记》	契　嵩(宋)	《大正藏》本
《历代编释氏通鉴》	本　觉(宋)	《续藏经》本
《册府元龟》	王钦若等(宋)	中华书局 1985 影印本
《资治通鉴》	司马光等(宋)	上海古籍出版社 1987 年影印本
《资治通鉴考异》	司马光(宋)	《四库全书》本
《通鉴地理通释》	王应麟(宋)	《四库全书》本
《玉海》	王应麟(宋)	《四库全书》本

《困学纪闻》	王应麟(宋)	商务印书馆1959年版
《唐会要》	王　溥(宋)	中华书局1955年影印本
《唐会要》	王　溥(宋)	《四库全书》本
《五代会要》	王　溥(宋)	《四库全书》本
《南唐书》	马　令(宋)	《四库全书》本
《南唐书》	陆　游(宋)	《陆放翁全集》本
《唐诗纪事》	计有功(宋)	上海古籍出版社1965年版
《会稽掇英总集》	孔延之(宋)	《四库全书》本
《南部新书》	钱　易(宋)	中华书局2002年版
《涧泉日记》	韩　淲(宋)	《四库全书》本
《宣和书谱》	佚　名(宋)	《中国书学丛书》本
《宣和画谱》	佚　名(宋)	《四库全书》本
《益州名画录》	黄休复(宋)	《四库全书》本
《嘉泰会稽志》	施宿等(宋)	《四库全书》本
《嘉泰吴兴志》	谈　钥(宋)	《宋元方志丛刊》本
《直斋书录解题》	陈振孙(宋)	上海古籍出版社1987年版
《蜀梼杌》	张唐英(宋)	《四库全书》本
《郡斋读书志》	晁公武(宋)	《四库全书》本
《崇文总目》	王尧臣等(宋)	《四库全书》本
《侯鲭录》	赵令畤(宋)	《唐宋笔记丛刊》本
《类说》	曾　慥(宋)	《四库全书》本
《三楚新录》	周羽翀(宋)	《四库全书》本
《太平寰宇记》	乐　史(宋)	《四库全书》本
《长安志》	宋敏求(宋)	《丛书集成》本
《元丰九域志》	王　存(宋)	中华书局1984年版
《嘉定赤城志》	陈耆卿(宋)	《四库全书》本
《吴郡志》	范成大(宋)	《四库全书》本
《通志》	郑　樵(宋)	《四库全书》本

《庐山记》	陈舜俞(宋)	《四库全书》本
《韩文考异》	朱　熹(宋)	《四库全书》本
《容斋随笔》	洪　迈(宋)	《唐宋史料笔记》本
《江淮异人录》	吴　淑(宋)	《四库全书》本
《记纂渊海》	潘自牧(宋)	《四库全书》本
《吴越备史》	钱　俨(宋)	《四库全书》本
《宋史》	脱脱等(元)	中华书局1985年版
《金石例》	潘昂霄(元)	《四库全书》本
《学古编》	吾丘衍(元)	《四库全书》本
《文献通考》	马端临(元)	中华书局1986年影印本
《唐才子传》	辛文房(元)	《四库全书》本
《书史会要》	陶宗仪(元)	上海书店1984年影印本
《南村辍耕录》	陶宗仪(元)	中华书局1980年版
《六学僧传》	昙　噩(元)	上海商务印书馆1923年影印本
《佛祖历代通载》	念　常(元)	《大正藏》本
《玄品录》	张天雨(元)	《正统道藏》本
《历代真仙体道通鉴》	赵道一(元)	《正统道藏》本

四、明清书目

《弇州续稿》	王世贞(明)	《四库全书》本
《永乐大典》	解缙等(明)	《四库全书》本
《永乐大典》	解缙等(明)	中华书局1959年影印本
《唐音癸签》	胡震亨(明)	上海古籍出版社1981年版
《苏州府志》	卢　熊(明)	《永乐大典》本
《苏州府志》	卢　熊(明)	《中国方志丛书》本
《弘治八闽通志》	黄仲昭(明)	《四库全书》本
《玉芝堂谈荟》	徐应秋(明)	《四库全书》本

《汲古阁书目》	毛　晋(明)	古典文学出版社 1958 年版
《王右丞集笺注》	赵殿成(清)	上海古籍出版社 1961 年影印本
《杜诗镜铨》	杨　伦(清)	上海古籍出版社 1962 年版
《杜诗详注》	仇兆鳌(清)	中华书局 1979 年版
《李太白全集》	王　琦(笺注,清)	中华书局 1977 年版
《三家评注李长吉歌诗》	王琦等(注,清)	上海古籍出版社 2011 年版
《唐御史台精舍题名考》	劳格等(清)	中华书局 1997 年版
《唐尚书省郎官石柱题名考》	劳格等(清)	中华书局 1992 年版
《唐方镇年表》	吴廷燮(清)	中华书局 1980 年版
《读史方舆纪要》	顾祖禹(清)	中华书局 1981 年版
《新旧唐书互证》	赵绍祖(清)	《丛书集成初编》本
《陔余丛考》	赵　翼(清)	上海古籍出版社 2011 年版
《二十二史札记》	赵　翼(清)	中华书书局 1984 年版
《二十二史考异》	钱大昕(清)	商务印书馆 1973 年版
《金石萃编》	王　昶(清)	中国书店 1985 年影印本
《金石续编》	陆耀遹(清)	中国书店 1985 年影印本
《登科记考》	徐　松(清)	中华书局 1984 年版
《唐两京城坊考》	徐　松(清)	中华书局 1985 年版
《山左金石志》	毕沅等(清)	国家图书馆藏嘉庆刻本
《金石文字记》	顾炎武(清)	《四库全书》本
《两浙金石志》	阮　元(清)	浙江古籍出版社 2012 年版
《八琼室金石补正》	陆增祥(清)	文物出版社 1985 年影印本
《潜研堂金石跋尾》	钱大昕(清)	《嘉定钱大昕全集》本
《重修承旨学士壁记》	丁居晦(清)	《知不足斋丛书》本
《四库全书总目》	永瑢等(清)	中华书局 1965 年影印本
《旧五代史考异》	邵晋涵(清)	《浙江文丛》本
《长短经》	周广业(清)	《四部丛刊》本
《宗统编年》	孙纪荫(清)	《续藏经》本

《全唐诗》	彭定求等(清)	中华书局 1961 年版
《全唐文》	董诰等（清）	中华书局 1983 年影印本
《大清一统志》	穆彰阿等(清)	上海古籍出版社 2008 年版
《畿辅通志》	李鸿章等(清)	商务印书馆 1934 年影印本
《光绪宿州志》	何庆钊等(清)	上海书店 1989 年影印本
《河南通志》	王士俊等(清)	《四库全书》本
《续华州志》	刘遇奇等(清)	康熙二十三年刻本
《读书杂识》	劳　格(清)	《月河精舍丛钞》本

五、近现代书目

《墓志征存目录》	罗振玉辑	贞松老人遗稿本
《芒洛冢墓遗文》	罗振玉辑	民国六年自刊本
《芒洛冢墓遗文续编》	罗振玉辑	民国四年上虞罗氏刻本
《湖北通志》	吴熊光等	民国十年影印本
《元和姓纂四校记》	岑仲勉	商务印书馆 1948 年版
《刘知几年谱》	傅振伦	商务印书馆 1956 年版
《唐人行第录》	岑仲勉	上海古籍出版社 1962 年版
《通鉴隋唐纪比事质疑》	岑仲勉	中华书局 1962 年版
《释氏疑年录》	陈　垣	中华书局 1964 年版
《唐宋词人年谱》	夏承焘	上海古籍出版社 1979 年版
《元稹年谱》	卞孝萱	齐鲁书社 1980 年版
《四库提要辨证》	余嘉锡	中华书局 1980 年版
《中国历史人物生卒年表》	李海林等	黑龙江人民出版社 1981 年版
《唐诗人行年考》	谭优学	四川人民出版社 1981 年版
《白居易年谱》	朱金城	上海古籍出版社 1982 年版
《碑帖叙录》	杨震方	上海古籍出版社 1982 年版
《杜甫评传》	陈贻焮	上海古籍出版社 1982 年版

《千唐志斋藏志》	千唐志斋管理所编	文物出版社 1983 年影印本
《罗隐集》	雍文华辑校	中华书局 1983 年版
《高适集校注》	孙钦善	上海古籍出版社 1984 年版
《唐郎官石柱题名新考订》	岑仲勉	上海古籍出版社 1984 年版
《华阳国志校注》	刘　琳	巴蜀书社 1984 年版
《金石录校证》	金文明	上海书画出版社 1985 年版
《李商隐诗集疏注》	叶葱奇	人民文学出版社 1985 年版
《唐仆尚丞郎表》	严耕望	中华书局 1986 年影印本
《唐才子传校笺》	傅璇琮主编	中华书局 1987 年版
《王无功文集五卷本会校》	韩理洲	上海古籍出版社 1987 年版
《唐人生卒年录》	王辉斌	贵州人民出版社 1989 年版
《中国历代石刻拓片汇编》	北京图书馆金石组编	中州古籍出版社 1989 年版
《唐代墓志汇编》	周绍良主编	上海古籍出版社 1992 年版
《五代十国方镇年表》	朱玉龙	中华书局 1997 年版
《王国维遗书》	王国维	上海书店 1998 年版
《金明馆丛书初编》	陈寅恪	三联书社 2001 年版
《孟浩然研究》	王辉斌	甘肃人民出版社 2002 年版
《唐代诗人探赜》	王辉斌	贵州人民出版社 2005 年版
《唐代昭义军研究》	张起田	台北稻乡出版社 2007 年版
《郡斋读书志校证》	孙猛校证	上海古籍出版社 2011 年版

· 附录 ·

《全唐文》作者小传概说

《全唐文》是清代继《全唐诗》后官修的又一部唐人作品总集，共收“唐五代文章一万八千四百八十八篇”，其中“作者三千零四十二人”①。为便于认识与了解这些作者的生平简况，编辑者对其几乎都撰写了小传（实际上是卷一至卷九四五之作者有小传），但尽管如此，小传之舛错却甚多。虽然前人如劳格、岑仲勉等，对小传之讹误也曾进行过相应的考订，但一则因数量太少，二则多以札记形式而为，故所存在之问题，仍然很多。值得注意的是，这些数量虽少之考订，也还存在着一些讹误，从面使得小传的问题更为复杂化。

我在完成了《唐人生卒年录》（贵州人民出版社 1989 年出版）之书稿后，即在 1988 年 10 月到 1989 年 5 月的半年多时间里，将前此通读《全唐文》所作之读书笔记“小传纠谬”，进行了一次去繁就简式的整理，并取名为《全唐文作者小传校考》（约六十万字）。之后则于 2018 年 6 月到 2019 年 1 月，又用了半年多的时间，对其进行了再整理，并改读书笔记之名《全唐文作者小传校考》为专书之名《全唐文作者小传辨证》（约五十万字）。通过读书笔记之记录与前后两次之整理，使我对《全唐文》中数以千计的作者小传，首次有了一个“全局式”的较系统之认识。现以对这一特点之认识为依据，兹就小传的学术价值、材料来源、错讹问题

① 中华书局 1983 年影印本《全唐文 · 出版说明》，第 1 页。

三个方面，略作概说如次。

一、作者小传的学术价值

《全唐文》中的作者小传，就其篇幅与内容而言，字数多者为三百有余，少则仅为四字，后者如“××时人”者，即为其例。字数多的小传，举凡传主的卒年或享年(生年载入小传者极少)、籍贯或郡望，以及宦历职官、登科及第、行迹交游等，都略有述及；字数少者，则皆为传主生平材料难觅所致，故一般只载其郡望(载籍贯者极少)，或只标注其身份如“××处士”“××沙门”等。但无论是前者抑或后者，都较为简略。即便如此，小传所具有的学术价值，却是不可忽视的，对此，可从以下三个方面略作管窥。其具体为：

(一)小传为作者的生平提供了诸多参考系数，有助于对其“知人论世”的研究，作为人物谱，其又可补正史之不足。以《全唐文》前四百卷的作者小传为例，其有作者 935 人(包括一人两名在内)，即有 935 篇作者小传。其中，正史有传或附正史某人传者(《十国春秋》计其内)，为 408 人，其余 527 人的小传材料，则皆为撰写者辑录所致。这些由辑录材料所撰写的作者小传，为《全唐文》作者小传之最值得称道者，原因是其或较准确地弄清楚了传主的生活年代、职官行踪等情况，或直接为作品的系年奠定了基础，或在某种程度上折射出了大唐特殊文化背景之一面，等等，因而对研究唐代个体作家抑或某一地区的作家群，均乃颇具参考价值。而且，这些小传还填补了唐代诸多重要人物正史无传的空白。如卷三六四之崔寓其人，两《唐书》无传，小传撰写者则依次从《郎官石柱题名》、《会稽掇英总集》、《新唐书·宰相世系表》二下、《旧唐书·代宗纪》、《资治通鉴·唐纪》诸载籍中，辑出有关崔寓的生平材料而撰写其小传(此小传有误)。另如卷二三六之任知古小传、卷二三七之于知微小传、卷三三四之贺兰进明小传、卷三七四之张谓小传等，即皆属此类，这些小传的存在，皆可补正史之阙者，则乃殆无疑义。

(二)小传是一个唐人生平事迹的资料总库，可资多种专题的研究和参考。在现存所有撰写了作者小传的唐代文献中，《全唐文》之作者小传的数量，不仅为计有功《唐诗纪事》、辛文房《唐才子传》、彭定求等《全唐诗》，乃至永瑢等《四库全书总目》等著述所不及，而且两《唐书》、两《五代史》及《十国春秋》五书人物传记的总合，也无法与之媲美。正因为《全唐文》的作者小传具有如此特点，故自上世纪二十年代以来所出版的诸多有关唐人生卒年、籍贯、世系、登科及职官方面的著作，如徐松《登科记考》、郁贤皓《唐刺史考》等，都曾不同程度地从《全唐文》之作者小传中直接取证，这一实况表明，研究者们是将《全唐文》的作者小传当作一部"专业工具书"或者"唐代人物辞典"以待的。

(三)小传有助于读者或研究者对正史的错误进行认识与判断，并成为校勘两《唐书》等史籍不可或缺的一种参考本。具有这一方面功能的作者小传，一般而言，其材料、结论等，都是较为可靠的，这一实况所体现的，则是小传撰写者于材料选择的审慎与细心。比如，《旧唐书·岑羲传》云："文本兄文叔。文叔子长倩……长倩子羲，长安中为广武令。"据此，知岑羲为岑文本堂孙或者从孙。而《新唐书·岑文本传》则云："孙羲，从子长倩……坐伯父长倩贬柳州司法参军。"二者孰是?《全唐文》卷二六七"岑羲小传"则云："羲字伯华，侍中文本孙。"很显然，小传所本者，乃为《新唐书·岑文本传》。但其所本是否属于盲从或者无所依据，则不得而知。考《旧唐书·岑羲传》引韦嗣立荐岑羲奏文有云："恨其从父长倩犯逆为累。"韦嗣立与岑羲同时代，其奏文之所言，应该说是可信的，由是而观，可知小传本《新唐书》即小传的"侍中文本孙"之载者，当是参考了韦嗣立的奏文而为。此则可证，《旧唐书·岑羲传》所载为误。又如《全唐文》卷二〇二的薛孤吴仁，两《唐书》无传，《新唐书·西域传》虽略载其事迹，却作"萨孤吴仁"。"薛"

“萨”二字是否必有一误，或者说二人是否即为一人？检《元和姓纂》卷十“薛孤氏”内有薛孤吴仁①，其生活的年代与“薛孤吴仁”完全相同，故知《西域传》必误。

诸如以上之所举者，充分反映了《全唐文》之作者小传，是颇值得重视的一种学术性很强的“人物专著”，时人与后人无论是从文学抑或史学的角度去考量，或者从微观或宏观的角度去审视，其作用与价值都是不可低估的。

二、作者小传的材料来源

为作者撰写小传，首先所要解决的问题就是文献参考资料。对于《全唐文》作者小传的取材，附于卷首的《凡例》曾作过如是说明：“其事迹见史传及习见之书者，概不叙入，惟其人事迹不经见，则搜访遗失，间采琐事，以备掌故。”而事实上，《全唐文》的编者并没有按照这一规定的取材原则而为，故岑仲勉《读全唐文札记》认为：“为例本善，第按诸实际则不尽然。”②据对《全唐文》全部作者小传所用材料复核后的结果表明，《全唐文》作者小传所用之材料，大致来源于如下诸种途径。

(一)正史。刘昫等《旧唐书》、欧阳修等《新唐书》、薛居正等《旧五代史》、欧阳修等《新五代史》、吴任臣《十国春秋》五部史书，是《全唐文》撰写作者小传最主要的材料依据，所以，以此五部史书所撰写的小传比例相当大。若细分之，则又有三种情况：

(1)直接取材于《纪》《传》。如《全唐文》卷一三〇以前所收皇帝、皇后、妃子，以及宗室子嗣类之全部作者，除卷九十八的“玄宗江妃”

---

① 林宝：《元和姓纂》卷十，中华书局1984年版。

② 岑仲勉：《读全唐文札记》，《唐人行第录》外三种之一，上海古籍出版社1962年版。

乃取材于托名曹邺的《梅妃传》外，其余即皆以正史之《纪》《传》(《十国春秋》中之《世家》包括在内)而为。其他如王公宰臣、州守县令等，只要是正史有传者，亦皆据其本传而为。而无论是《纪》《传》抑或《世家》等，就其总体而言，又以采用《旧唐书》《旧五代史》为主要者(两《唐书》中只有一种立传者除外)。二者相兼者，则以取彼就此而为之，但其比例在三者中却是最小的。

(2)取材于《传》《志》《表》。这一类的作者小传，一般而言，传主均不曾被正史立传，而是其生平事迹分别见于各种单一的《传》，或者《志》《表》之中。如卷一五七之"李师政小传"(《新唐书・艺文志三》之《内德论》注)，卷一八六的"骆宏义小传"(《新唐书・突厥传》)、同卷之"李敬贞小传"(《旧唐书・礼仪志二》)，卷二七六的"袁守一小传"(《新唐书・魏元忠传》)等，即属此类。但此种情况之作者小传，基本上没有《传》《志》《表》三者兼为的，即或取其一，如《传》；或取其二，如《传》《志》(或者《志》《表》)，二者相较，后者又较前者为多。

(3)综合《纪》《传》《志》《表》等而为。这一类的小传传主除正史不曾为其立传外，与第二类小传相比，传主的生平事迹不是见于单一的《传》《志》等中，而是被其兼而载之。小传撰写者在撰写这类小传时，是对传主生平材料进行了较认真之梳理的，如卷一五三的刘思立小传，所取材料分别为《旧唐书・刘宪传》《新唐书・刘宪传》《新唐书・选举志上》等，即为其例。

(二)非正史史籍。这类著作，就《全唐文》作者小传的使用频率而言，主要是指杜佑《通典》、王溥《唐会要》、司马光等《资治通鉴》、王钦若等《册府元龟》，以及被《四库全书》编入"史类"的刘肃《大唐新语》、李肇《唐国史补》、王定保《唐摭言》、陈振孙《直斋书录解题》、马端临《文献通考》、辛文房《唐才子传》等。以此类著作为材料撰写的小传，一般说来也有两种类型。

(1)取以上所列举之任何一种著作所载之生平材料而为。如卷三五五的"崔署小传"(《唐才子传》)、卷三五二的"张景明小传"(《御史台精舍题名》)、卷三三五的“孙平子小传”(《通典》卷五十一)等，即皆为其例。

(2)兼取几种著作之所载而为。如卷一八九的“袁思古小传”，所据材料为杜佑《通典》卷一〇、司马光等《资治通鉴》卷二〇八等，且此种材料来源的小传甚多。

(三)各种唐人作品。以此类材料撰写的作者小传，为《全唐文》作者小传之最，因之，其比例既大，取材范围亦广。若具体而言，则又有以下几种形式：

(1)以唐人别集中的墓志铭、神道碑、去思碑等为主。

(2)以唐人别集中之诗题、诗句、自注，以及时人与后人所编唐人总集所撰写的作者小传而为。

(3)综合某人作品中所载有关生平行事。

(4)辑录于后人所编金石类著作中之唐人碑文等。

就第一种而言，卷二六八的“权若讷小传”“靳恒小传”即属此类，前者所据为权德舆《权公文集序》，后者则依张九龄《靳公遗爱碑铭并序》而撰。第二种有卷二三五的“郑遂初小传”(所据为《唐诗纪事》卷十三)等。第三种则有卷二三九的“毛杰小传”，撰写者所据乃为毛杰《与卢藏用书》之所述。卷二六〇的“邱愔小传”亦如是，即所据者为《全唐文》本卷所著录邱愔《陈李昭德罪状疏》一文。第四种与第一种看似相同，其实是有区别的，关键在于前者的碑文作者一般都有别集传世，而后者则非。后者之碑文，一般被收入王昶《金石萃编》、陆增祥《八琼室金石补正》、阮元《两浙金石志》等著作中而得以流传。而这类著作所收录之碑文，与前者相比，又有一个极明显的特点，即碑文的开首一般署有作者的官衔，结尾则标明写作时间，小传撰写者即据此二者而为。但所撰之小传为碑文作者的小传，并非如前者为碑主的小传，这又是与前者迥不相同的。这一类作者小传的最大特点，不仅材料的来源极具可靠性，而且于作者行事与作品的系年也特别准确。

（四）各种笔记野史及方志。通过这一取材途径所撰写的小传，在《全唐文》的全部作者小传中比例是最小的，度其原因，当为撰写者无暇顾及此类著作或者认为其之记载不可据信。而撰写者之所以又取其为之者，主要是因为舍此而别无其他材料可凭藉。如卷三九五的"樊系小传"，所据者为吕道生《定命录》，卷二九五的"甘子布小传"，乃以张鷟《朝野佥载》而为（前者见《太平广记》卷二七七，后者见同书卷一四六）等，即略可窥之。以方志撰写作者小传的比例，较之以笔记野史类撰写的比例就更小，据对其之复核统计可知，在《全唐文》前四百卷的 935 篇作者小传中，类此者仅有 3 例，其一为纯以方志所载撰之，另两例为兼取其记载参合而撰之。藉此又可知，此类小传非《全唐文》作者小传取材之主流。

（五）兼取以上四类材料。《全唐文》中之作者小传，采用此种途径所撰写者，一般都具有材料丰富、传主的生平事迹较为完整、脉络清楚等特点，其与正史类的第三种情况一样，即皆为撰写者辑录爬梳材料之结果。前所举卷三六四之"崔寓小传"，已见其端倪，下面再举卷三四五之"刘长卿小传"，以增强认识。刘长卿，两《唐书》无传，辛文房《唐才子传》虽有其传，但所述其生平事迹较少，且有讹误。经考察，知此小传所用材料，分别为高仲武《中兴间气集》卷下李季兰评语，《极玄集》卷下所附"刘长卿小传"，《新唐书·艺文志四》等，小传于刘长卿的表字、郡望、登第时间、仕履、终官等，皆述之清楚分明。其中除"德宗朝为监察御史"之"德宗"为讹，进士及第时间在学术界尚有争议外，其余则皆可据信。

（六）唐人郡望。以唐人郡望撰写作者小传，实为《全唐文》小传撰写者对作者生平材料无征而又不得已为之的一种产物，这是该书全部作者小传中之最无学术价值者。此类小传的比例虽不甚大，但后六百卷较前四百卷却明显为多，这一实况所表明的是，中唐保存下来的小家作品（或诗或文），远比初盛唐要多得多。

三、作者小传的错误问题

《全唐文》中的作者小传，总的说来，在作者姓名、世系、表字、别号、籍贯、职官，生活年代，以及生年、卒年、享年等问题上，都存在着不程度之讹误，有的则如上所言，乃是相当严重的。而此，也是拙著所要“辨证”之主要的小传对象。具体说来，其错讹又存在着以下之诸种诸类：

(一)作者姓名错误。《全唐文》作者小传中的作者姓名，为其全部小传错误最为严重者之一，因为其或直接或间接影响着人们对传主生平事迹的了解，或对有关作品之真伪考辨与系年等。此类错误，若以类别言之，则有如下七种情况之多。其具体为：

(1)倒误。如卷三五四之“王从敬小传”，传主的正确姓名应为王敬从，对此，岑仲勉《郎官石柱题名新考订》虽已据劳格《郎官石柱题名考》予以订正，但材料尚嫌不足。考孙逖《太子右庶子王公神道碑》有云：“公讳敬从，字某，京兆人也。”①这是“王从敬”为王敬从之倒误的直接证据。

(2)夺误。这类错误，是否抄工或板刻者所造成，尚不得而知，但其数量却不少，如卷三二八之“张嵩小传”，即为其例。对于此例小传，岑仲勉《读全唐文札记》乃明确指出，“嵩”前乃夺“孝”字，即“张嵩”应为“张孝嵩”。这是夺误的一种形式，即夺作者姓名之中间一字。再如卷一八七的“陆遵”，据杜佑《通典》卷四十五、刘昫等《旧唐书·礼仪志一》所载，知正确者应为陆遵楷(夺“楷”)，这是又一种形式的夺误，即所夺者为作者姓名的最后一字。

---

① 孙逖：《太子右庶子王公神道碑》，《全唐文》卷三一三，中华书局1983年影印本。

（3）笔误。如卷三二八的“胡晧”，赵明诚《金石录》、杨震方《碑帖叙录》均作胡皓，经考察，知当以后者为是。这是一种偏旁之误，也可以称为一笔之误。另有一种情况，即各种文献之记载对作者姓名正、误不明，小传作者则不经考辨而擅取之以成误。如卷三〇五的“厍狄履温”，《全唐诗》等均作如是之载，然金文明《金石录校证》则云：“‘厍’，吕本，三长本皆作‘库’。案此字当作‘厍’，但书‘厍’‘库’多相混。”①其实，应以“库“为是，小传与《校证》均误。考杜佑《通典》卷七《食货七》于开元九年内之“梁勋、卢怡”下有注云：“库狄履温、贾晋……其后多至显序。”②而劳格等《唐御史台精舍题名考》作“库”者，又可为之佐证。

（4）形误。这类错误与笔误所不同者，在于上举笔误之两种情况，都为一笔之误，此则为整个偏旁之误，如卷一六〇的“贾敦颐小传”之误者，即属此类。按贾敦颐之“颐”，正确者应为“赜”，对此，赵明诚《金石录》卷二十五《唐洛州刺史贾公清德颂》一文之“跋尾”已有详考，兹不赘。又，林宝《元和姓纂》卷七“宛句贾氏”作“贾敦”者亦误，即其夺一“赜”字。又如卷二六九的“姚班小传”，传主之姓名正确者应为姚珽，两《唐书》不仅有《姚珽传》可证，而且司马光《通鉴考异》还曾就“姚班”进行了专门之考辨③，以证“班”乃为误。

（5）“一作”之误。所谓“一作”之误，是指作者小传中于传主的姓名或者表字等，多有“一作××”之注，但小传撰写者并未就此予以判定其孰是孰非。而实际上，这种“一作”之注，不仅大多为错误，而且还可分为三种类型：一是正名误，“一作”是。二是正名是，“一作”误。三是误将作者的表字以“一作××”为其名。

（6）误将一人作二人。如卷一六五的“吴扬昊小传”，卷二〇八的“吴扬吾小传”，以及《旧唐书・王方庆传》中之“吴扬善”，此三人实则

---

① 金文明：《金石录校证》，上海古籍出版社 1985 年版。

② 杜祐：《通典》卷七《食货七》，中华书局 1988 年版。

③ 司马光：《通鉴考异》，《四部丛刊》本。

乃为一人，对此，岑仲勉《读全唐文札记》于前二人已曾指出，惜未断孰是孰非。按据刘肃《大唐新语》、刘昫等《旧唐书·礼仪志二》、欧阳修等《新唐书·张齐贤传》诸材料可知，三人中唯吴扬吾为是。类此之误者，另有卷三五四的齐光义小传与卷八一三的齐光乂小传，卷三〇四的崔涵小传与卷二七三的崔沔小传等。

(7)误同名者为一人。如卷三〇二之“李昂小传”云：“开元时官仓部员外郎，迁考功郎中，终吏部尚书。”小传所载李昂三职，乃是将赵郡李氏东祖房之李昂与陇西房之李昂混同而成误。据《芒洛遗文》中之《赵郡李方□志》《李昊志》二文，知官仓部员外郎者为赵郡李昂，曾任考功郎中，而终吏部尚书者，则为陇西李昂。

(二)作者生年、卒年与享年错误。生、卒、享三年，是古今人物传记中最主要的内容之一。《全唐文》作者小传中之传主生年、卒年与享年，一般是以正史所载为依据的，故正史误者小传必误。

(1)先看生年之误。在《全唐文》的作者小传中，直接标明传主生年者很少，即其几乎都是撰写者据有关材料所载传主之卒年与享年相推而获知，但其中也存在着多方面的错误，为便于认识，这里兹举一例。如卷十九之“唐玄宗小传”有云：“垂拱元年生……年七十八。”小传此述，乃是据《旧唐书·玄宗纪》而为，应属有据可依，但却不的。考郑万钧《代国长公主碑》(《金石萃编》卷七十八)云：“公主……睿宗大圣皇帝之第四女，今上之仲妹也。……初，则天太后御明堂宴，圣上六岁……公主年四岁，与寿昌公主对舞本凉殿上。”①文中的“今上”“圣上”，所指皆为唐玄宗。又，《旧唐书·则天皇后纪》有云：“永昌元年春正月，神皇亲享明堂，大赦天下，改元，大酺七日。”又，《新唐书·则天皇后纪》云：垂拱四年十二月，“辛亥，改明堂为万象神宫，太赦，永昌元年正月乙卯，享于万象神宫，大赦，改元……布政于万象神宫”。按永

① 郑万钧：《代国长公主碑》，《金石萃编》卷七十八，中国书店 1985 年影印本。

昌元年为公元 689 年，是年玄宗六岁，故其生年应为唐中宗嗣圣元年，或唐睿宗文明元年及武则天光宅元年。郑万钧与唐玄宗同时，其子又为玄宗之婿，则所言自当可信。所以，《旧唐书·玄宗纪》所载唐玄宗“垂拱元年生”者，乃必误无疑，而“唐玄宗小传”据之以为者，亦如是。

(2)再看卒年之误。作者小传中之卒年错误，其情况也相当复杂，就类别以言，则大致可分为三种。其具体为：

一是小传所本材料载传主生年、卒年、享年三者相抵牾，撰写者对此未及细审而致误。如卷一五八“孙思邈小传”云：“永淳元年卒。”小传此之所述，乃是据《旧唐书·孙思邈传》而为。关于孙思邈的卒年，两《唐书》本传虽均有明确记载，但却均不能自圆其说，故小传之所载者，亦为错误。按《新唐书·孙思邈传》云：“永淳初，卒，年百余岁。”高宗李治以“永淳”纪元者，只有一年，“永淳初“实际上就是永淳元年，据此，并以其“年百余岁”推之，知孙思邈生年至晚也得在北周宣帝大定元年。然《旧唐书》本传则云：“周宣帝时，思邈以王室多故，隐居太白山。”周宣帝在位仅四年(578—581 年)，届时孙思邈乃为一幼童，安能“隐居太白山”呢？若以《旧唐书》本传载其生年为“开皇辛酉年”，享年为九十三岁推之，则其所载亦误。盖因“开皇”无以“辛酉”纪元者，而以“辛酉”纪者乃为“仁寿”，据此推之其卒年则为永淳元年，如此，孙思邈之享年又为八十二岁了。而这一享年，不仅与《旧唐书》所载九十三岁不符，更与“以王室多故，隐居太白山”相去甚远。这样看来，可知各书所载之孙思邈的生年、卒年与享年，实际上是一笔谁也无法弄清楚的糊涂账。所以，小传据《旧唐书·孙思邈传》载孙思邈“永淳元年卒”，者，乃不的。

二是小传的卒年与传主作品之自述互为矛盾。此类错误可以卷一六七之“员半千小传”为例。该小传有云：“开元九年卒，年九十四。”员半千，两《唐书》有传，《旧唐书》本传载其卒年为开元二年，小传所本则为《新唐书·员半千传》。按以员半千“开元九年卒，年九十四”推之，知其生年乃在武德四年。而员半千《陈情表》一文则有云：“臣贫穷孤露……立身三十有余。"①此中的"三十有余"，即以三十五岁计之，可知其上是《表》乃为显庆元年。检《新唐书》本传有云："咸亨中，上书自陈……书奏，不报。"所云即指此。"咸亨"为唐高宗年号，凡五年，"咸亨中"当为咸亨三年，准此，则员半千上是《表》时已年届五十，显然与《表》中的"三十有余"相悖。另者，合勘《新唐书·员半千传》所载员半千之卒年与享年，又知其乃生于贞观二年，然则至"三十有余"，又与"咸亨中"迥异。所以，此"员半千小传"所本《新唐书·员半千传》之载，认为员半千"开元九年卒，年九十四"者，亦必误无疑。

三是小传的卒年与史实不符。如卷二三六"李朝隐小传"有云："开元时……出为岭南采访处置使，兼判广州，二十八年卒，年七十。"李朝隐，两《唐书》有传，据《旧唐书》本传，知其出牧广州事在开元二十一年，第二年"卒于岭外"，故小传的"二十八年卒"，应为"开元二十二年卒"之误。对此，王钦若等《册府元龟》卷二七七载开元二十三年七月荣王李滉为广州都督者，又可为之佐证。再如卷三四六的"李光弼小传"，记载李光弼"长庆二年薨，年五十七"，但据颜真卿《李光弼神道碑》②可知，小传之"长庆"乃为"广德"之误，即李光弼广德二年薨，年五十七。

(3)最后看享年之误。一般而言，生年或者卒年有误，享年亦当为误，上所举小传的卒年之误的例子，实际上已涉及到了这一问题。为便于认识，下面再举三种错误情况各不相同之例，以窥其一斑。其具体为：

一因笔误所致。如卷二一五"陈子昂小传"云："忧愤卒，年四十三。"据卢藏用《陈子昂别传》(《文苑英华》卷七九三)、赵儋《故拾遗陈公建旌德之碑》(《全唐文》卷七三二)二文，知陈子昂享年实为四十二岁，则小传作"年四十三"者，显然为"年四十二"之笔误，而非另有所

---

① 员半千：《陈情表》，《全唐文》一六七，中华书局1983年影印本。

② 颜真卿：《李光弼神道碑》，《全唐文》卷三四二，中华书局1983年影印本。

据者。

二属衍误所致。如卷二六六"李乂小传"载李乂享年为"六十八"，实则李乂享年为六十岁，即小传之"八"乃衍。对此，苏颋《李乂神道碑》《李乂诗法记》(分别见《全唐文》卷二五六、卷二五八)二文，均有明确记载。

三是正史载之为误，小传据之而成误。如卷二一六的"李邕小传"，卷二九六的"张廷珪小传"，均据正史作享年"七十余"，实则二人的享年确岁均可考知。据李邕《辞官归滑州表》，以及《宝刻丛编》卷五著录其《唐淄州令裴大智碑》一文，知李邕天宝六年被李林甫杖杀时为七十三岁。而据拓本《张庭珪墓志铭》，知张庭珪卒时"春秋七十七"。又据此拓本还可知，"张廷珪"之"廷"乃为"庭"之误，即其正确者应为：张庭珪。

行走在文史之间

——我与《全唐文》作者小传的研究

在我的诸多研究对象中，《全唐文》的作者小传虽然是较早的一种，但其作为一份与文史密切相关的学术成果，却一直到了2019年才予以推出，其中酸甜苦辣之种种，是颇值忆念与回味的。所以，在约五十万字的《全唐文作者小传辨证》完稿后，我即又撰写了这篇属于“治学自述录”(具体参见黄山书社2012年版《王辉斌学记》甲编)范畴的小文，以对其略作回忆与总结。

一

在我四十多年(1977—2019年)的学术生涯中，对《全唐文》作者小传(为便于行文，以下简称“小传”)的考察，是我所经历时间最长的一次“面墙背芒”(袁桷序《困学纪闻》语)式的研撰，之所以说时间最长者，是因为其之由始而终，乃有整三十五年之久。三十五年，一万二千六百天，这对于一个学者而言，无疑是其最美好年华之所在，因为无论是谁，都是很难再有一个三十五年供其进行研撰的。所以，在与“小传”相伴而行的三十五年中，有许多与研撰相关之事之人，一直储存在我的脑海里，有时则因了忆念之故，而如电影般映现于我的眼前，致使心情如微风般轻抚着水面，久久不能平静。

事情还得从1984年说起。在此之前的1978年到1982年，我曾对《全唐诗》通读一过，并写下了近四十万字的读书笔记，因此之故，而引起了我欲通读《全唐文》的兴趣。于是，从1984年3月始，我便开始了对《全唐文》的通读。在通读的过程中，最令我喜好的是五大类文章：一曰“记序文”，二曰“诏制文”，三曰“碑铭文”，四曰“书启文”，五曰“传状文”。从文学四分法的角度审视，在这五大类文章中，除“记序文”与“传状文”中的“传”为“文学性散文”外，其余则为“非文学性散文”（也有少许为“文学性散文”）。但尽管如此，二者各自的作用与功能，却是相当之明显的。如通过对“文学性散文”的通读，有助于对唐五代文学散文发展与繁盛之况的认识；而于“非文学性散文”的通读，则是了解与把握唐代典章制度、宫廷文化、士人生活等情况的最有效的一种途径。这两大类“散文”，所代表的其实就是《全唐文》中的“文”与“史”，且皆具内容丰富之显著特点。正因为我是如此认识《全唐文》的，故而我对上述五大类“散文”，乃读得相当细心，有时连断句标点也曾推敲再三。至于其他“散文”，虽然也曾通读一过，但其却并非我之精心以待者。而此，便成为我对一部《全唐文》文本细读与泛读的分野所在。

我读书有一个特点，即从来不做读书卡片，而是以读书笔记为之，读《全唐诗》是如此，读《全唐文》也是如此。读《全唐文》时，无论是细读与泛读，也无论是“文学性散文”与“非文学性散文”，其首先映入我眼帘的，即为各种各类的作者小传，而要弄清楚一位作者“散文”的主旨与思想所在，小传即乃必读之物，前人所云“知人论世”者，此之谓也。但在阅读的过程中，只要稍加用心，便会发现小传中存在着许多这样或那样的问题，如《全唐文》开篇之“高祖皇帝李渊小传”，即有如是一段文字：

> 隋大业十二年十二月为太原留守。……在位九年八月，传位太子。年七十一，谥曰大武皇帝，庙号高祖。

这段文字叙事简洁，脉络清晰，依序交待了李渊“为太原留守”“在位”与“传位太子”的时间，以及李渊“年七十一”之享年，人物传记的几大要素，皆寓于其中。但核之有关史料，可知其皆为误。首先，李渊“为太原留守”的时间，两《唐书·高祖纪》均作“大业十三年”，小传作“大业十二年”者，乃不的。其次，据《旧唐书·高祖纪》《资治通鉴·唐纪》等之记载，可知小传之“在位九年八月，传位太子”者，乃存在着句读之误，即其正确者应为“在位九年，八月传位太子”。再次，小传之“年七十一”，与《旧唐书·高祖纪》所载“年七十二”为异。对于“高祖皇帝李渊小传”中的这三方面之问题，我即通过对上述材料之校考与比勘后，乃将其一一予以记录，以作为我读该小传的一份心得。如此这般，时间久了，记录的内容也就多了，待至四年后的 1988 年 4 月，一部约六十万字的读《全唐文》笔记——“小传纠谬”即因此而成。

以上的例举表明，要“纠谬”《全唐文》之作者小传，首先得具备一个条件，即要弄清楚小传内容的材料出处，也即小传撰写者是以什么为依据进行小传之撰写的。这看似是一个简单的问题，其实是甚为棘手的，而要弄清楚其之出处所在，则就更为棘手。之所以有如此认识，是因为小传的撰写者在撰写小传时，皆以各自所掌握的材料而定(《全唐文》的小传撰写非一人所为，故其行文风格亦多有差异，如盛唐小传之于五代小传，释氏小传之于道士小传等，即皆甚分明，为避免枝蔓，此不作具述，特此说明)，且各类错误甚多。

一般而言，小传的材料来源，主要存在着两种大的情况，一为正史有传者，一为正史无传者。前者以正史之《传》或《纪》《表》等略作比勘，即可知小传内容的误或者不误，后者则要经过多方面之爬梳与验按，方可明其原委。但令人颇为沮丧的是，有时查阅了多方面的文献资料，花去了大半天甚至是一整天的时间，结果却是毫无所获。而此，只是问题的一个方面。问题的另一个方面则是，待花了相当大的气力弄清楚了小传材料的出处后，再经比勘与校核，又知小传之所述不误，则所花气力与所用时间，即皆因此而化为泡影。此则表明，能否对小传材料的出处进行较为准确的把握，是校考或订正小传错误的一个重要前提。因此，杜甫《又示宗武》诗中的“摊书解满床”，即成为了我为弄清楚小传材料来源的一种经常性研撰写照。但我真正的“摊书”，却又并非如杜甫所言是“摊”在床上，而是“摊”在置放于电脑旁的两张桌子上的，原因是两张桌子的面积要较一张床大得多，因之，其所“摊”书也就自然更多，更便于我随时翻检与抄引。

所以，仅就“摊书”这一方面言，我几乎每天都是生活在为各种书籍所包围的一方小空间里的。前人所谓之面壁攻读，今人所谓之潜心研撰，即皆为我施行于这一小空间中。如此这般，虽然是终年苦乐相伴，但却也使得我因此而“功力与学问”(章学诚语)大增，故于小传之洞幽烛微，也就更加游刃有余。故而，“塞翁失马”之于我而言，有的只是“福”，而绝无半分之“祸”。

二

其实，弄清楚了小传的材料来源，仅是对小传进行“纠谬”所迈出的第一步，因为随之而来的，即是对小传内容的细心校核与验按。而校核后的小传，则又主要呈现出两种决然不同的结果，即一为小传不误，一为小传有误。以前者言，小传内容之不误者，又存在着三类情况：一是以正史中《旧唐书》《十国春秋》之《纪》或《传》为依据者(此处所言以二书之《纪》或《传》撰写小传而不误者，乃是相对于《旧五代史》《新五代史》《新唐书》之《纪》或《传》而言，即其并非绝对，特此说明)；二是依各种碑刻墓志等与传主生平相关之文字而为之者；三是以《全唐文》所著录作者文中之有关生平信息而撰写的小传。我在对这三类内容不误的小传之校考过程中，若发现某种文献有误，即以“附考”的形式对其予以订正。如所搜集之传主材料有为正史之《传》或相关文献均不载者，则于“考补”中尽量予以补正。所以，此类小传是《全唐文》中最具学术价值者，故其于校考中有的只是“附考”或“考补”，而无只字之纠谬与辨证。

经过校考后之小传有误者，属于对小传“纠谬”的第二步，也是最为重要的一步，因为这一“纠谬”，其实是进入了实质性的“辨证”范畴。《全唐文》作者小传之误，乃表现在多个方面，如传主姓名、籍贯、卒年、享年，历职、交游等，即应有尽有，不独如此，其误之复杂程度，又几无可比者。以传主姓名一项为例，其误即有七种之多，如倒误（如卷三五四“王从敬小传”，正确者为“王敬从小传“），夺误（如卷三二八“张嵩小传”，正确者为“张孝嵩小传”），形误（如卷一六〇“贾敦颐小传”，正确者为“贾敦赜小传”），笔误（如卷三〇五“厍狄履温小传”，正确者为“库狄履温小传”），“一作”之误（这种小传又可分为三种情况，即：传主正名是，“一作”误；传主正名误，“一作”是；误将传主之字“一作”其名），将一人作二人（如卷一六五“吴扬昊小传”，卷二〇八“吴扬吾小传”，二者实为一人），误同名者为一人（如卷三〇二“李昂小传”，乃将赵郡李昂与陇西李昂混为一人）。而要弄清楚这些传主姓名之误，广博之涉猎与细心之辨识，则乃为其大端。所以，我在一边读《全唐文》，一边读《全唐文》小传的同时，便因此而读了数以百计的“《全唐文》外篇”，即与小传内容相关涉的各种各类史籍、碑铭、行状、野史、佛典、道藏、别集、总集等，虽然，这些文献并非都是通读一过，但为我所引录者，却皆为精读与细读之所致，有时对其释然者，则是重读多遍之所获。

在为小传传主姓名进行辨证的过程中，往往还会遇到一些似是实非、似非实是的问题，这就更要求辨证者涉猎务博，读书务精，用心务细，否则即会因之而前功尽弃。为便于对此之认识，这里略举一位作者以为例说。《全唐文》卷三〇五有“厍狄履温”其人，小传载作“元（玄）宗朝官尚书员外郎兼充节度判官，摄御史，为劝农判官”。按赵明诚《金石录》卷七有《唐襄阳令厍狄履温颂》一文，“周择从撰，萧诚行书，天宝三载正月立”。其中之“厍狄履温”，金文明《金石录校证》于《唐襄阳令厍狄履温颂》作“校勘记”云：

> “厍”，吕本、三长本皆作“库”。案此字当作“厍”，但古书“厍”“库”多相混。厍狄履温，亦见《全唐文》卷三〇五、《全唐诗》卷一二〇。

金氏“校勘记”之所言，主要是因《全唐文》卷三〇五、《全唐诗》卷一二〇皆作“厍狄履温”。其实，金氏“校勘记”作“厍狄履温”者乃误。这是因为，崔湜《御史台精舍碑》、杜佑《通典》卷七《食货七》皆作“库狄履温”，崔湜与杜佑皆为唐人，且《御史台精舍碑》为石刻(见《金石丛编》卷七十四)，则其作库狄履温者，自应较《全唐文》卷三〇五、《全唐诗》卷一二〇作“厍狄履温”为可靠。这一例子表明，考察《全唐文》之作者“厍狄履温”，若仅从金文明《金石录校证》之“校勘记”，是知其乃必误无疑的，原因是“校勘记”所举材料，皆清人所为故也。换言之，考察与辨证《全唐文》作者或小传传主姓名之正误，唐人之著述应为其主要者，否则即会因此而犯“误误以正”之错误，金氏“校勘记”从“厍狄履温”而弃“库狄履温”为误者，其原因即在于此。

在《全唐文作者小传辨证》中，类似“厍狄履温”的例子还有很多，而迥异于“厍狄履温”的例子也并非少许，比如小传中关于传主的享年与卒年(小传中冠以传主生年者极少)，即皆为其例。众所周知，生年、卒年与享年，是各类人物传记之最主要的三要素，但在《全唐文》数以千计的小传中，有许多小传传主的生年或享年，均存在着不同程度之错误，对其进行材料方面的订正，自然就成为了我所“纠谬”的又一具体内容，并由此牵引出了许多“附考”，如曾撰著《大唐西域记》的玄奘卒年，即为具有代表性的一例。《全唐文》卷九〇六“玄奘小传”云：“元奘，本名祎，俗姓陈氏，洛阳缑氏人。……麟德元年卒，年六十五。”小传撰写者所撰写的这一“玄奘小传”，乃由两部分构成，即前者据智升《开元释教录》(《四库全书》本)卷三而为，后者之“麟德元年卒，年六十五”云云，则乃依慧立、彦悰《大唐大慈恩寺三藏法师传》(《大正藏》本)卷十而为，其实为误。正因为“麟德元年卒，年六十五”为误，故陈垣《释氏疑年录》卷四之于“玄奘疑年录”，乃进行了如是之“疑年”：

> 京师大慈恩寺玄奘，洛州缑氏陈氏。《旧唐书》作显庆六年卒，年五十六，《续僧传》四作麟德元年卒，年五十六，刘轲撰《塔铭》作六十九，今据冥祥撰行状(即《大唐故三藏玄奘法师行状》——引者注)，以其与诸家‘武德五年，年二十一’之说合也。

由是，即订玄奘“麟德元年卒，年六十三(602年到664年)”。按陈氏此说，已为自1949年以来出版的各种关于玄奘生平的著作所信从，而成为定论，实则大误，原因是《大正藏》本《大唐大慈恩寺三藏法师传》卷一，乃明确记载玄奘“贞观三年秋八月……时年二十六也”，据此以推，可知玄奘生年为隋文帝仁寿四年(604年)，其麟德元年(664年)卒时，享年六十一岁。撰著《大唐大慈恩寺三藏法师传》的慧立与彦悰，皆为玄奘门人，则其之所言，自是较“冥祥撰行状”要可靠得多。陈氏撰著《释氏疑年录》之“玄奘条”时，由于未能见到《大正藏》本《大唐大慈恩寺三藏法师传》，而有此误，甚憾。

以上所举小传传主的姓名之误与享年之误，即足可表明，广涉与精读，是小传纠谬与辨证必不可缺的两种重要途径，而崔湜《御史台精舍碑》、杜佑《通典》卷七《食货七》皆作“厍狄履温”而不作“厍狄履温”的实况，又充分证实了这一点。至若《大唐大慈恩寺三藏法师传》中的“贞观三年秋八月……时年二十六也”之所载，则更是揭示了广涉与精读在校考中的重要性。陈垣当年撰著《释氏疑年录》时，虽然见到了《大唐大慈恩寺三藏法师传》卷十之“麟德元年卒，年六十五”，但却未能发现该书卷一之“贞观三年秋八月……时年二十六也”，实属遗憾，这一例子表明，对《大唐大慈恩寺三藏法师传》这部整十卷的释氏人物传记若不细心阅读，也是很难从中发现“贞观三年秋八月……时年二十六也”之记载的。而此，也是很多人读了《大唐大慈恩寺三藏法师传》后，未能藉以订正《释氏疑年录》“玄奘条”的原因之所在。

三

如上所言，作为一部校考与辨证《全唐文》作者小传谬误之专书，从最初的读书笔记到书稿的成形、定稿与梓行，我先后对其进行了三次、四整年的修订与整理，而这种撰著之经历，在我四十余年的学术生涯中，既是仅有的一次，也是颇值得纪念的一次。

最初的读书笔记，我是将读“小传”之疑问与辨证之所获，记录在每页三百格、也即三百字的稿纸上的，共二千余页，约七十万字，既没有目录，也无较统一之体例，纯为一种读书时的随手记录。待到对《全唐文》通读一过后，这种二千多页的随手记录，即令我大为诧异，因为在四年(1984—1988 年)的时间里，我竟然记下了高达尺余的如此一大摞读《全唐文》笔记。于是，我在诧异之余，即将其略作整理。整理的内容，主要是理顺笔记中《全唐文》各卷与各页码之间的关系，以页码之等量将其分为十二份，每一份用一个公文袋装好，并于公文袋封皮写上“小传纠谬(一)”“小传纠谬(二)”的字样，以备日后作资料查找。这一次的整理，其实是对“小传纠谬”的一种截稿。

对“小传”的读书笔记或曰“小传纠谬”之再整理，是与几年前读《全唐诗》所做读书笔记“文言汇录”一同而为的，时间则在 1988 年 10 月到 1989 年 5 月，前后半年有余。这次的整理，主要是做了两方面的工作：一是对部分笔记内容进行了删削，使之由原七十万字“瘦身”为六十万字左右，并请人对其进行了重新抄写；二是将抄写好的稿本装订成十二册，并取名为《全唐文作者小传校考》(同时将读《全唐诗》之笔记取名为《唐代方言汇释》，约四十万字)。于此两项工作之外，我还在其间或稍后，将《全唐文作者小传校考》前四百卷的“小传纠谬”文字，以《全唐文作者小传校考》(一)(二)的形式，修改为十余篇论文，并先后在《唐代文学研究》等刊物上发表。待至2005年初，我又将这些已发表的论文还原为书稿样式，并以“另一种”的形式，与《唐代诗人探赜》一同交由贵州人民出版社出版。而未曾修改为论文样式的大部分《全唐文作者小传校考》稿本(约四十五万字)，则将其与《唐代方言汇释》一并束之高阁，使之沉睡于尘封中。其实，当时在尘封中沉睡的书稿，还有《李白乐府译评》《李白交游考略》《河岳英灵集校笺》《诸葛亮评传》四种，若加上《唐代方言汇释》与《全唐文作者小传校考》，共六种，约二百五十万字。除《全唐文作者小传校考》外，余五种是否能于日后整理后付梓，则是我至今都不敢作答的，原因是我所研撰的新课题甚多，根本无暇顾及这些昔年的旧稿本。一个典型的是，国内一家顶尖的出版社约我撰著一部《孟浩然集编年笺注》，但我因“新课题甚多”之故，而予以婉言谢绝。约稿尚且如此，又遑论对旧稿本的修订出版呢?

在第二次的整理中，我虽然已将“小传纠谬”改名为《全唐文作者小传校考》，但在第三次对其整理时，却又将其改名为《全唐文作者小传辨证》。之所以改为是名，是因为整部书稿的重点，已由原“校考”变为了“辨证”，即重在考订与辨证小传之各种各类的错误。对于小传之误的考订，清人劳格《读书杂识》卷八《读全唐文札记》，今人岑仲勉《唐人行第录》所附之《读全唐文札记》，均曾先后为之，但二人的同名《札记》之于小传的辨证，合计不足五千字，即其之考订乃是极为有限的。而且，劳氏之《读全唐文札记》多有错误，如因所见资料不全而擅作误断，混淆作者卷次而查无其人等(具体详下)，正因此，我于此次的整理中，即删削了多处劳氏的“札记”，而于所引岑氏《读全唐文札记》，则乃全部予以保留。但对于二者中的错误，则视情况在“附考”中予以揭示，或者辨而正之。此外，在这次的整理中，我还删削了一些其他方面的文字，使得原约六十万字的“校考”，一变而为五十余万字的“辨证”。

第三次的整理，其实是一次较全面的整理，时间虽然只有半年左右

（2018 年 6 月到 2019 年 1 月），但内容却相当丰富，对此，我在置于《全唐文作者小传辨证》卷首的《自序》中，已曾言及。其具体为：

> 这次的全面整理，除了改笔记之名《全唐文作者小传校考》为书名《全唐文作者小传辨证》外，还主要做了六个方面的工作：一是修撰凡例；二是新编目录；三是调整体例；四是补充注释；五是核对引文；六是削芜去杂。其中，补充注释与核对引文为最关键之所在。

对此六项内容之整理，虽有轻重程度之不同，但却都是甚为复杂而又各具特点的，如“补充注释”即为其例。一般而言，上个世纪末之前的学术著作，基本上是没有注释的（也有部分著作连一条注释也没有），故而，作为读书笔记的“小传纠谬”，虽然已进行了两次整理，且于后者还取名为《全唐文作者小传校考》，但其却是没有只字之注释的（仅于行文时于引文前注明作者、书名、卷次，如劳格《读书杂识》卷八等）。此次之整理，为学术规范起见，即于再改名的《全唐文作者小传辨证》中，补充了四百余条注释，并以此为契机，对全书所引原文进行了逐一核对。正因此，“核对引文”即成为了此次整理的又一重点内容。但在核对引文时，有些引文因版本之不同，而文字多有差异，着眼于我历来所遵循的“三求”原则（即求实、求是、求真，具体参见拙著《王维新考论·自序》，黄山书社 2008 年版），即将几种版本的同一文字进行比勘，之后乃择善而从（有些于引文中做了极简略的版本说明，如《四库全书》本《广卓异记》等）。而此，也是我在“本书主要引用书目”中对一种书列举几种版本的原因所在。至若“修撰凡例”“新编目录”“调整体例”等，也都是出于对由读书笔记而辨证专书的学术规范之考量，所进行的一些极具必要性的修改。

综而言之，由初始的读书笔记，到第三次的较全面之整理，其时间的跨度虽然已有三十余年之久，但每一次的修改之于我而言，都是付出了相当大的代价的，因而其印象也是相当深刻的。好在最后的这一次整理，终于使得当年的读书笔记，成为了一部少有研究者眷顾的专门之作，此于我本人来说，自然是值得庆贺的一件幸事。

四

对“小传纠谬”的整理与修改，从另一个角度审视，其实是一次再读书的过程，而且读书量之大，非常人所能想象。为便于认识与了解，这里不妨以释家之小传为例，略作介绍。《全唐文》中的释家小传，乃数以百计，我当初在对这类小传“纠谬”时，所参考之文献，主要为中华书局版《出三藏记集》《高僧传》《宋高僧传》《五灯会元》等，但在第二次、特别是第三次整理时，则发现其中有关之记载，乃与《大正藏》所收录之有关著述相佐，于是，我即对《大正藏》(日本大正一切经刊行会版)中之有关著作如《大慈恩寺三藏法师传》《唐护法沙门法琳别传》《续高僧传》《弘赞法华传》等，《续藏经》(台湾新文丰出版公司影印本)中之《圆觉经大疏钞》等，均通读一过。虽然花费了不少时日，但据此所修订的各释家小传之辨证，却是更能接受材料的检验的。同时，对《大正藏》与《续藏经》这两部大书中有关著作的通读，不仅使我掌握了许多与唐代佛教相关的文献资料与信息，而且也丰富了我的佛学知识，加深了我对佛学典籍的认识，实可谓一举而数得。

就史籍类著作而言，亦属如此。我平时对正史的通读，主要表现在《史记》《汉书》《后汉书》《三国志》《宋书》，以及《旧唐书》与《新唐书》等方面，此次则因整理小传，而对《旧五代史》《新五代史》《十国春秋》等，亦通读一遍。所以，自“小传纠谬”的整理始，每一次的整理，都使我重读或新读了不少书籍，而且，对这些书籍的重读或新读，都是因其中所存在问题之“逼迫”。这是因为，要对“小传纠谬”中所存在的问题予以辨证，材料的支撑乃为最重要者，而对材料之蒐集，只有于经常性读书中方可获得，除此乃别无捷径可走。对于经常性读书，我在修订“小传纠谬”时是如此，于“小传纠谬”之前与之后，亦是如此，所以，时间久了，也就成为了一种常态。而在我四十余年的学术生涯中，一边读书一边研撰，或者说读书与研撰互为关联者，即构成了我最平常的日常生活方式之一个方面。

读书而做笔记，就我的经历与经验而言，其实是一种很好的撰著方式。正因此，清及其前即问世了多方面的这类“笔记式”著作，如宋人王应麟《困学纪闻》二十卷，便为作者“困学”于《易》《书》《诗》《周礼》等专书后的一种“纪闻”。而清季劳格《读书杂识》一书，其“笔记式”的特点则更为明显。《读书杂识》一书，为劳格读《史记》《宋书》《北齐书》《旧唐书》《新唐书》《全唐文》等之所获，称其为“杂识”者，所表明的正是一种“笔记式”本色。据载，劳格读书时，常于案头置一空白簿，每遇疑问辄予记下，并随之稽查辨证，其病卒后，这些写在空白簿上的文字，即成为遗稿，为友人编成《读书杂识》十二卷。正因为是遗稿，且又为友人所编，故《读书杂识》卷八《读全唐文札记》乃多有错误，如卷四五九之崔淙、卷四九七之崔瓘，于中华书局影印本《全唐文》同卷中即皆查无其人，而卷三六二之韦良嗣、卷三九七之裴鼎，其“杂识”则皆乃为误(具体参见《全唐文作者小传辨证》之同卷同人小传之辨证)。虽然如此，劳格读书而做笔记的这种撰著方式，却是很值得称道的。我之读《全唐诗》《全唐文》皆做笔记者，即是受劳氏此举之影响，故特记于此，以与同道共勉。

2019 年 2 月于古隆中求是斋

后　　记

五月初，当我从俄罗斯归来未久，便收到了《全唐文作者小传辨证》责编发来的一条短信，希望我能尽快补写该书的《后记》。当时我正在计划写作莫斯科之旅的纪行文字，因之只好将忆念的思绪暂时贮存，旋即以最快的速度，撰写了这篇简短的《后记》。

诚如本书《自序》所言，这是一本由读书笔记几经整理而成的专书。正因为是专书，所以在整理时特别谨慎，唯恐出现差错，故而所作结论或正或反，皆以"有一份材料说一份话"为准绳。即便有所推测，也是建立在符合文献与逻辑的规律之上的，但这样的辨证却是绝少的。从读书笔记到本书的问世，前后三十多年的变迁(首先是读书时的种种记录，其次是整理成书稿，最后是对书稿的再整理)，却成就了我学术史上一段永远也无法抹去的记忆。有时，于闲暇中对其回忆时，所感觉到的是一种亲切与欣慰，因为其中所映现的，是我终年面壁的日日夜夜，以及因面壁而获得到的种种。

现在，这本专书在历经了三十多年的整理与再整理后，终于在"千呼万唤始出来"的景况下，可以映入学界各类读者的视野了，并且也将被收入《王辉斌学术文集》之中，这既是值得庆幸的，也是值得庆贺的!

竟陵居士王辉斌

2019 年 5 月 5 日于襄阳古隆中求是斋